浙江文化艺术发展基金资助项目
浙江省新型重点专业智库杭州国际城市学研究中心
浙江省城市治理研究中心成果

浙江智库
ZHEJIANG
THINK TANK

王国平 总主编

吴铮强 胡潮晖 编

第 **12** 册 南宋诏令编年（附金、夏、蒙元）（二）

南宋全书

南宋文献集成

浙江大学出版社·杭州
ZHEJIANG UNIVERSITY PRESS

南宋全书编纂指导委员会

南宋全书编辑委员会

总主编：王国平

编　　委：(以姓氏笔画为序)

马时雍　王　凯　王杨梅　王其煌　王剑文

尹晓宁　江山舞　寿勤泽　何忠礼　宋旭华

范立舟　尚佐文　姜青青　徐吉军　曹家齐

《南宋全书》总序

王国平

  2007 年 12 月 22 日,举世瞩目的我国南宋商船"南海一号"在广东阳江海域打捞出水。根据探测情况估计,整船金、银、铜、铁、瓷器等文物可能达到 6 万—8 万件,据说皆为稀世珍宝。迄今为止,除了中国,全世界都未曾发现过如此巨大的千年古船。"南海一号"的发现,在世界航海史上堪称一大奇迹,也填补与复原了南宋海上"丝绸之路"历史的一些空白。① 不少专家认为"南海一号"的价值和影响力将不亚于西安秦始皇兵马俑。这艘沉船虽然出现在广东海域,但反映了整个南宋经济、文化的繁荣,标志着南宋社会的开放,也表明当时南宋引领着世界经济的发展。作为南宋政治、经济、文化、科技中心的都城临安(浙江杭州),则是南宋社会繁华与开放的代表。从某种意义上讲,没有以临安为代表的南宋的繁荣与开放,就会有今日"南海一号"的发现;而"南海一号"的发现,也为我们重新审视与评价南宋,带来了最好的注解、最硬的实证。

  提起南宋,往往众说纷纭,莫衷一是。长期以来,不少人把"山外青山楼外楼,西湖歌舞几时休? 暖风熏得游人醉,直把杭州作汴州"②这首曾写在临安城一家旅店墙上的诗,当作当时南宋王朝的真实写照。虽然近现代已有海内外学者开始重新认识南宋,但相当一部分人仍认为南宋军事上妥协投降、苟且偷安,政治上腐败成风、奸相专权,经济上积贫积弱、民不聊生,生活上纸醉金迷、纵情声色,总之,把南宋王朝视为一个只图享受、不思进取的偏安小朝廷。导致这种历史误解的原因,

---

① 见《"南海一号"成功出水》一文,载《人民日报》2007 年 12 月 23 日。

② (南宋)林升:《题临安邸》,转引自田汝成:《西湖游览志余》卷二《帝王都会》,上海古籍出版社 1980 年版,第 14 页。

在很大程度上是人们对患有"恐金病"的宋高宗和权相秦桧一伙倒行逆施的义愤，这是可以理解的。但是，我们决不能坐在历史的成见之上人云亦云。只要我们以对历史负责、对时代负责、对未来负责的精神和科学求实的态度，以科学发展观为指导，对南宋进行全面、深入、系统的研究，将南宋放到当时的历史发展阶段中，放到中国社会发展的历史长河中，放到整个世界的文明进程中考察，就不难发现南宋在经济政治、思想文化、科学技术、国计民生等方面所取得的成就，就不难发现南宋对中华文明产生的巨大影响，以此对南宋做出科学、客观、公正的评价，"还原一个真实的南宋"。

宋钦宗靖康元年(1126)闰十一月，金军攻陷北宋京城开封。次年三月，金军俘徽、钦二帝北去，北宋灭亡。同年五月，宋徽宗第九子、钦宗之弟赵构，在应天府(河南商丘)即位，是为高宗，改元建炎，重建赵宋王朝。建炎三年(1129)二月，高宗来到杭州，改州治为行宫，七月升杭州为临安府。此时起，杭州实际上已成为南宋的都城。绍兴八年(1138)，南宋宣布临安府为"行在所"，正式定都临安。自建炎元年(1127)赵构重建宋室，至祥兴二年(1279)帝昺蹈海灭亡，历时 153 年，史称"南宋"。

我们认为，研究与评价南宋，不应当仅仅以王朝政权的强弱为依据，而应当坚持"以人为本"理念，以人们生存与生活状态的改善作为社会进步的根本标准。许多人评价南宋，往往把南宋朝廷作为对象，我们认为所谓"南宋"，不仅仅是一个历史王朝的称谓，而主要是指一个特定的历史阶段和历史时期。在马克思主义看来，历史的进步是社会发展和人的发展相统一的过程，"人们的社会历史始终只是他们的个体发展的历史"，[①]未来理想社会"以每个人的全面而自由的发展为基本原则"。[②] 人是社会发展的主体，人的自由与全面发展是社会进步的最高目标。这就要坚持"以人为本"的科学发展观，将人的生存与全面发展作为评价一个历史阶段的根本依据。南宋时期，虽说尚处在中国封建社会的中期，人的自由与发展受到封建集权思想与皇权统治的严重束缚，但与宋代以前漫长的封建历史时期相比，这一时期出现的对人的生存与生活的关注度以及南宋人的生活质量和创造活力达到的高度都是前所未有的。

研究与评价南宋，不应当仅仅以军事力量的大小作为评价依据，还应当以其社会经济、文化整体状况与发展水平的高低作为重要依据。我们评判一个朝代，不仅要考察其军事力量的大小，更要看其在经济、文化、科技、社会等各方面取得

---

① 《马克思恩格斯选集》第 4 卷，人民出版社 1995 年版，第 321 页。
② 《马克思恩格斯选集》第 23 卷，人民出版社 1995 年版，第 649 页。

的成就。两宋立国 320 年,虽不及汉唐、明清国土辽阔,却以在封建社会中无可比拟的繁荣和社会发展的高度,跻身于中国古代最辉煌的历史时期之列。无论文化教育的普及、文学艺术的繁荣、学术思想的活跃、科学技术的进步,还是社会生活的丰富多彩,南宋都达到了前所未有的程度,在当时世界上也都处于领先地位。著名史学家邓广铭认为"宋代的文化,在中国封建社会历史时期之内,截至明清之际西学东渐的时期为止,可以说,已经达到了登峰造极的高度"。① 研究与评价南宋,不能仅仅以某些研究的成果或所谓的"历史定论"为依据,而应当以其在人类文明进步中扮演的角色,以及对后世的影响作为重要标准。宋朝是中国封建社会里国祚最长的朝代,也是封建文化发展最为辉煌的时期。南宋虽然国土面积只有北宋的 3/5 左右,却维持了长达 153 年(1127—1279)的统治。南宋不但对中国境内同时代的少数民族政权和周边国家产生了积极影响,而且对后世中华文化产生了巨大影响。正如近代著名思想家严复认为:"中国所以成于今日现象者,为善为恶,姑不具论,而为宋人所造就,什八九可断言也。"② 近代史学大师陈寅恪先生也曾经指出:"华夏民族之文化,历数千载之演进,造极于赵宋之世。"③因此,我们既要看到南宋王朝负面的影响,更要充分肯定南宋的历史地位与历史影响,只有这样,才能"还原一个真实的南宋"。

一、在政治上,不但要看到南宋王朝外患深重、苟且偷安的一面,更要看到爱国志士精忠报国、南宋政权注重内治的一面

南宋时期民族矛盾异常尖锐,外患严重之至,前期受到北方金朝的军事讹诈和骚扰掠夺,后期又受到蒙元的野蛮侵略。这些矛盾长期威胁着南宋政权的生存与发展。在此情形下,南宋初期朝廷中以宋高宗为首的主和派,积极议和,向女真贵族纳贡称臣。南宋王朝确实存在消极抗战、苟且偷安的一面,但也要承认南宋王朝大多君王始终怀有收复中原的愿望。南宋将杭州作为"行在所",视作"临安"而非"长安",也表现了南宋统治集团不忘收复中原的意愿。我们更应该看到南宋 153 年中,涌现了以岳飞、文天祥为代表的一大批爱国将领和数百名爱国仁人志士。这是中国古代任何一个朝代都难以比拟的。

同时,南宋政权也十分注重内治,在加强中央集权制度,推行"崇尚文治"政策,倡导科举不分门第等方面均有重大建树。其主要表现在以下几方面。

1. 从军事斗争上看,南宋是造就爱国志士、民族英雄的时代

南宋王朝长期处于外族入侵的严重威胁中,为此南宋军民进行了 100 多年

① 邓广铭:《宋代文化的高度发展与宋王朝的文化政策》,《历史研究》1990 年第 1 期。
② 严复:《严几道与熊纯如书札节钞》,江苏古籍出版社 1999 年影印本,载《学衡》第 13 期。
③ 《陈寅恪先生文集》第 2 卷,上海古籍出版社 1980 年版,第 245 页。

艰苦卓绝的抵抗斗争,涌现了无数气壮山河、可歌可泣的爱国事迹和民族英雄。因而,南宋是面对强敌、英勇抗争的时代。众所周知,金朝是中国历史上继匈奴、突厥、契丹以后一个十分强大的少数民族政权,并非昔日汉唐时期的匈奴、突厥与之后明清时期的蒙古可比。金军先后灭亡了辽朝和北宋,南侵之势简直锐不可当,但南宋军民浴血奋战,虽屡经挫折,终于抵挡住了南侵金军一次又一次的进攻,使南宋在外患深重的困境中站稳了脚跟。在持久的宋金战争中,南宋的军事力量不但没有削弱,反而逐渐壮大起来。南宋后期的蒙元军队则更为强大,竟然以20年左右的时间横扫欧亚大陆,使全世界都谈"蒙"色变。南宋的军事力量尽管相对弱小,又面对当时世界上最为强大的蒙元军队,但广大军民同仇敌忾,顽强抵抗了整整45年之久,这不能不说是世界抗击蒙元战争史上的一个奇迹。①

南宋是呼唤英雄、造就英雄的时代。在旷日持久的宋金战争中,造就了以宗泽、韩世忠、岳飞、刘锜、吴玠吴璘兄弟为代表的一批南宋爱国将领。特别是民族英雄岳飞率领的岳家军,更使金军闻风丧胆。在南宋抗击蒙元的悲壮战争中,前有孟珙、王坚等杰出爱国将领,后有文天祥、谢枋得、陆秀夫、张世杰等抗元英雄。其中民族英雄文天祥领导的抗元斗争,更是可歌可泣,彪炳史册。

南宋是激发爱国热忱、孕育仁人志士的时代。仅《宋史·忠义列传》就收录有爱国志士277人,其中大部分是南宋人。② 南宋初期,宗泽力主抗金,并屡败金兵,因不能收复北宋失地而死不瞑目,临终时连呼3次"过河";洪皓出使金朝,被流放冷山,历尽艰辛,终不屈服,被比作宋代的苏武;陆游"死去元知万事空,但悲不见九州同"的诗句,表达了他渴望祖国统一的遗愿;辛弃疾的词则抒发了盼望祖国统一和反对主和误国的激情。因此,我们认为,南宋不但是造就民族英雄的时代,也是孕育爱国政治家、军事家、文学家和思想家的沃土。

2. 从政治制度上看,南宋是宋代继续加强中央集权、"干强枝弱"的时期

宋朝在建国之初,鉴于前朝藩镇割据、皇权削弱的经验教训,通过采取"强干弱枝"政策,不断加强中央集权统治。这一政策在南宋时得到了进一步强化。北宋王朝在中央权力上,实行军政、民政、财政"三权分立",削弱宰相的权力与地位;在地方权力上,中央派遣知州、知县等地方官,将原节度使兼领的"支郡"收归中央直接管辖;在官僚机构上,实行官(官品)、职(头衔)、差遣(实权)三者分离制度;在财权上,设置转运使掌管各路财赋,将原藩镇把持的地方财权收归中央;在

---

① 参见何忠礼《论南宋定都杭州对当地经济文化的重大影响》,载《杭州研究》2007年第2期。
② 俞兆鹏:《南宋人才之盛及其原因》,《杭州日报》2005年11月14日。

司法权上,设置县尉等职,将方镇节度使掌握的地方司法权收归中央;在军权上,实行禁军"三衙分掌",使握兵权与调兵权分离、兵与将分离,将各州军权牢牢地控制在中央手里,从而加强了中央对政权、财权、军权等方面的全面控制。南宋继承了北宋加强中央集权的这一系列措施,为维护国家内部统一、社会稳定和经济发展提供了良好的国内环境。尽管多次出现权相政治,但皇权仍旧稳定如故。

3. 从用人制度上看,南宋是所谓"皇帝与士大夫共治天下"的时代

两宋统治集团始终崇尚文治,尊重知识分子,重用文臣,提倡教育和养士,优待知识分子。与秦代"焚书坑儒"、汉代"罢黜百家"、明清"文字狱"相比,两宋时期可谓封建社会思想文化环境最为宽松的时期,客观上对经济、社会、文化发展起到了积极的促进作用。[①]

推行"崇尚文治"政策。宋王朝对文人士大夫采取了较为宽松宽容的态度,"欲以文化成天下",对士大夫待之以礼,"不得杀士大夫及上书言事人",[②]确立了"兴文教,抑武事"[③]的"崇文抑武"大政方针。两宋政权将"右文"定为国策。在这种政治氛围下,知识分子的思想十分活跃,参政议政的热情空前高涨,在一定程度上出现了"皇帝与士大夫共治天下"的局面,从而有力地推动了宋代思想、学术、文化的大发展。正由于两宋重用文士、优待文士,不杀文臣,因而南宋时常有正直大臣敢于上疏直谏,甚至批评朝政乃至皇帝的缺点,这与隋唐、明清时期动辄诛杀士大夫的政治状况大不相同。

采取"寒门入仕"政策。为了吸收不同阶层的知识分子参加政权,两宋对选才用人的科举制度进行了改革,消除了魏晋以来士族门阀造成的影响。两宋科举取士几乎面向社会各个阶层,再加上科举取士的名额不断增加,在社会各阶层中形成了"学而优则仕"之风。南宋时期,取士更不受出身门第的限制,只要不是重刑罪犯,即使工商、杂类、僧道、农民,甚至是杀猪宰牛的屠户,都可以应试授官。南宋的科举登第者多数为平民,如在宝祐四年(1256)登科的 601 名进士中,平民出身者就占了 70%。[④]

二、在经济上,不但要看到南宋连年岁贡不断、赋税沉重的状况,更要看到整个南宋生产发展、经济繁荣的一面

人们历来有一种误解,认为南宋从立国之日起,就存在着从北宋带来的"积贫积弱"老毛病。确实,南宋王朝由于长期处于前金后蒙的威胁之下,迫使其不

---

① 参见郭学信《试论两宋文化发展的历史特色》,载《江西社会科学》2003 年第 5 期。
② 陶宗仪:《说郛》卷三九上,《景印文渊阁四库全书》,台湾商务印书馆,1986 年版。
③ 李焘:《续资治通鉴长编》卷一八,"太平兴国二年正月丙寅"条,中华书局 2004 年版,第 392 页。
④ 俞兆鹏:《南宋人才之盛及其原因》,《杭州日报》2005 年 11 月 14 日。

得不以加强皇权统治作为核心利益,在对外关系上,以牺牲本国的经济利益为代价,采取称臣、割地、赔款等手段来换取王朝政权的安定。正因为庞大的兵力和连年向金朝贡,加重了南宋王朝财政负担和民众经济负担,也一定程度上影响了南宋的经济发展。但在另一方面,我们更应当看到,南宋时期,由于北方人口的大量南下,给南宋的经济发展带来了充足的劳动力、先进的生产技术和丰富的生产经验,再加上统治者出台一些积极措施,南宋在农业、手工业、商业、外贸等方面都取得了突出成就。南宋经济繁荣主要体现在:

1. 从农业生产看,南宋出现了古代中国南粮北调的新格局

由于南宋政府十分注重兴修水利,并采取鼓励垦荒的措施,加上北方人口大量南移和广大农民辛勤劳动,促进了流民复业和荒地开垦。人稠地少的两浙等平原地带,垦辟了众多的水田、圩田、梯田。曾经"几无人迹"的淮南地区也出现了"田野加辟""阡陌相望"的繁荣景象。南宋时期,农作物单位面积产量比唐代提高了两三倍,总体发展水平大大超过了唐代,有学者甚至将宋代农作物单位面积产量的大幅提高称为"农业革命"。[①]"苏湖熟,天下足"的谚语就出现在南宋。[②] 元初,江浙行省虽然只是元代 10 个行省中的一个,岁粮收入却占了全国的 37.10%,[③]江浙地区成了中国农业最为发达的地区,并出现了中国南粮北调的新格局。

2. 从手工业生产看,南宋达到了中国古代手工业发展的新高峰

南宋时期,随着北方手工业者大批南下和先进生产技术传入,南方的手工业生产迈上了一个新台阶。一是纺织业规模和技术都大大超过了同时代的金朝,南方自此成了中国丝织业最发达的地区。二是瓷器制造业中心从北方移至江南地区。景德镇生产的青白瓷造型优美,有"饶玉"之称;临安官窑所造青瓷极其精美,为此杭州现在官窑原址建立了官窑博物馆,将这些精美的青瓷展现给世人;龙泉青瓷达到了烧制技术的新高峰,并大量出口。三是造船业空前发展。漕船、商船、游船、渔船,数量庞大,打造奇巧,富有创造性;海船采用的多根桅杆,为前代所无;战船种类众多,功用齐全,在抗金和抗蒙元的战争中发挥了重要作用。

---

① 张邦炜:《瞻前顾后看宋代》,《河北学刊》2006 年第 5 期。
② (宋)范成大:《吴郡志》卷五〇《杂志》,《宋元方志丛刊》本,中华书局 1990 年版。
③ (元)脱脱:《元史》卷九三《食货一·税粮》,中华书局 2005 年版,第 2361 页。

3. 从商业发展看,南宋开创了古代中国商品经济发展的新时代

虽然宋代主导性的经济仍然是自然经济,但由于两宋时期冲破了历朝统治者奉行的"重农抑商"观念的束缚,确立了"农商并重"的国策,采取了惠商、恤商政策措施,使社会各阶层纷纷从事商业经营,商品经济呈现划时代的发展变化,进入一个新的历史发展阶段。一是四通八达的商业网络。随着商品贸易发展,出现了临安、建康(江苏南京)、成都等全国性的著名商业大都市,当时临安已达16万户,人口最多时有150万—160万人,①同时,还出现了50多个10万户以上的商业大城市,并涌现出一大批草市、墟市等定期集市和商业集镇,形成了"中心城市—市镇集市—边境贸易—海外市场"的通达商业网络。② 二是"市坊合一"的商业格局。两宋时期由于城市商业繁荣,冲破了长期以来作为商业贸易区的"市"与作为居民住宅区的"坊"分离的封闭式市坊制度,出现了住宅与店肆混合的"市坊合一"商业格局,街坊商家店铺林立,酒肆茶楼面街而立。从《梦粱录》和《武林旧事》的记载来看,南宋临安城内商业繁荣,甚至出现了夜市刚刚结束,早市又告兴起的繁荣景象。三是规模庞大的商品交易。南宋商品的交易量虽难考证,但从商税收入可窥见一斑。淳熙年间(1174—1189)全国正赋收入6530万缗,占全国总收入30%以上。据此推测,南宋商品交易额在20000万缗以上。可见商品交易量之巨大。③ 南宋商税加专卖收益超过农业税的收入,改变了宋以前历代王朝农业税赋占主要地位的局面。

4. 从海外贸易看,南宋开辟了古代中国东西方交流的新纪元

两宋期间,由于陆上"丝绸之路"隔断,东南方向海路成为海上对外贸易的唯一通道,海外贸易成为中外经济文化交流的主要通道。南宋海外贸易繁荣表现在:一是对外贸易港口众多。广州、泉州、临安、明州(浙江宁波)等大型海港相继兴起,与外洋通商的港口已近20个,还兴起了一大批港口城镇,形成了北起淮南、东海,中经杭州湾和福、漳、泉金三角,南到广州湾和琼州海峡的南宋万余里海岸线上全面开放的新格局。这种盛况不仅唐代未见,就是明清亦未能再现。④ 二是贸易范围大为扩展。宋前,与我国通商的海外国家和地区约20个,主要集

---

① 杨宽先生在《中国古代都城制度史》一书中认为,南宋末年咸淳年间,临安府所属九县,按户籍,主客户共三十九万一千多户,一百二十四万多口;附郭的钱塘、仁和两县主客户共十八万六千多户,四十三万二千多口,占全府人口的三分之一。宋朝的"口"是男丁数,每户平均以五人计,约九十多万人。所驻屯的军队及其家属,估计有二十万人以上,总人口当在一百二十万人左右,包括城外郊区十万人和乡村十万人。

② 陈杰林:《南宋商业发展:特点与成因》,《安庆师范学院学报》2003年第4期。

③ 陈杰林:《南宋商业发展:特点与成因》,《安庆师范学院学报》2003年第4期。

④ 葛金芳:《南宋:走向开放型市场的重大转折》,《杭州研究》2007年第2期。

中在中南半岛和印尼群岛,而与南宋有外贸关系的国家和地区增至 60 个以上,范围从南洋(今南海)、西洋(今印度洋)直至波斯湾、地中海和东非海岸。三是出口商品附加值高。宋代不但外贸范围扩大、出口商品数量增加,而且进口商品以原材料与初级制品为主,而出口商品则以手工业制成品为主,附加值高。用附加值高的制成品交换附加值低的初级产品,表明宋代外向型经济在发展程度上高于其外贸伙伴。[①]

三、在文化上,不但要看到封闭保守、颓废安逸的一面,更要看到南宋"百家争鸣、百花齐放"的繁荣局面

由于以宋高宗为首的妥协派大多患有"恐金病",加之南宋要想收复北方失地在军事上和经济上确实存在着许多困难,收复中原失地的战争,也几度受到挫折,因此在南宋统治集团中,往往笼罩着悲观失望、颓废偷安的情绪。一些皇亲贵族,只要不是兵荒马乱,就热衷于享受山水之乐和口腹之欲,出现了软弱不争、贪图享受、胸无大志、意志消沉的"颓唐之风"。反映在一些文人士大夫的文化生活中,就是"一勺西湖水。渡江来、百年歌舞,百年醉醉"的华丽浮靡之风。但是,这并不能掩盖两宋文化的历史地位与影响。宋代是中国古代文化最为光辉灿烂的时期之一。近代的中国文化,其实皆脱胎于两宋文化。著名史学家邓广铭认为:"宋代文化发展所能达到的高度,在从十世纪后半期到十三世纪中叶这一历史时期内,是居于全世界的领先地位的。"[②]日本学者则将宋代称为"东方的文艺复兴时代"。[③] 著名华裔学者刘子健认为:"此后中国近八百年来的文化,是以南宋文化为模式,以江浙一带为重点,形成了更加富有中国气派、中国风格的文化。"[④]

1. 南宋是古代中国学术思想的巅峰时期

王国维指出:"宋代学术,方面最多,进步亦最著","近世学术多发端于宋人"。宋学作为宋型文化的精神内核,是中国古代学术思想的巅峰。宋学流派纷呈,各臻其妙,大师迭出,群星璀璨,使南宋的思想文化呈现一派勃勃生机和前所未有的活跃局面。

理学思想形成。两宋统治者以文治国、以名利劝学的政策,对当时的思想、

---

① 葛金芳:《南宋:走向开放型市场的重大转折》,《杭州研究》2007 年第 2 期。

② 邓广铭:《国际宋史研讨会开幕词》,载《国际宋史研讨论文选集》,河北大学出版社 1992 年版,第 1 页。

③ [日]宫崎市定:《宫崎市定论文选集》下册,商务印书馆 1963 年版。

④ 刘子健:《代序——略论南宋的重要性》,载黄宽重主编《南宋史研究集》,台湾新文丰出版公司 1985 年版。

学术及教育产生了重要影响,最明显的一个结果是新儒学——理学思想诞生。南宋是儒学各派互争雄长的时期,各学派互相论辩、互相补充,共同构筑起中国儒学发展史上一个新的阶段。作为程朱理学集大成者的朱熹,是继孔孟以来最杰出的儒家学者。理学思想倡导国家至上、百姓至上的精神,与孟子的"君轻民贵"思想是一脉相承的。同时,两宋还倡导在儒家思想主导下的"儒佛道三教同设并行",就是在"尊孔崇儒"的同时,对佛、道两教也持尊奉的态度。理学各家出入佛老;佛门也在学理上融合儒道;道教则从佛教中汲取养分,将其融入自身的养生思想,并吸纳佛教"因果轮回"思想与儒家"纲常伦理"学说。普通百姓"读儒书、拜佛祖、做斋醮"更是习以为常。两宋"三教合流"的文化策略迎合了时代需要,使宋代儒生不同于以往之"终信一家、死守一经",从而使得南宋在思想、文化领域均有重大突破与重大建树。

思想学术界学派林立。学派林立是南宋学术思想发展的突出表现,也是当时学术界新流派勃兴的标志。在儒学复兴的思潮激荡下,尤其是在鼓励直言、自由议论的政策下,先后形成了以朱熹为代表的道学,以陆九渊为代表的心学,以叶适为代表的永嘉事功之学,以吕祖谦、陈亮为代表的永康之学等主要学派,开创了浙东学派的先河。南宋时期学派间互争雄长和欣欣向荣的景象,维持了近百年之久,形成了继春秋战国之后中国历史上第二次"百家争鸣"的盛况,为推动南宋经济文化发展起到了积极作用。尤其是浙东事功学派极力推崇义利统一,强调"商藉农而立,农赖商而行",认为只有农商并重,才能富民强国,实现国家中兴统一的目的。功利主义思想反映了当时人们希望发展南宋经济和收复北方失地的强烈愿望。

2. 南宋是古代中国文学艺术的鼎盛时期

近代国学大师王国维认为"天水一朝人智之活动与文化之多方面,前之汉唐、后之元明皆所不逮也"。[①] 南宋文学艺术繁荣的主要表现,一是宋词兴盛。宋代创造性地发展了"词"这一富有时代特征的文学形式。词的繁荣起始于北宋,鼎盛于南宋。南宋词不仅在内容上有所开拓,而且艺术上更趋于成熟。辛弃疾是南宋最伟大的爱国词人,豪放词派的最高代表,也是南宋词坛第一人,与北宋词人苏东坡一样,同为宋词成就最杰出的代表。李清照是婉约词派的代表人物,形成了别具一格的"易安体",对后世影响很大。陆游既是著名的爱国诗人,也是南宋词坛的巨匠。他的词充满了奔放激昂的爱国主义感情,与辛弃疾一起把宋词推向了艺术高峰。二是宋诗繁荣。宋诗在唐诗之后另辟蹊径,开拓了宋

---

① 王国维:《静庵文集续编·宋代之金石学》,载《王国维遗书》第 5 册,上海古籍出版社 1983 年版。

诗新境界,其影响直到清末民初。宋诗完全有资格在中国诗史上与唐诗双峰并峙,两水并流。三是话本兴起。南宋话本小说出现,在中国文学史上是一件极有意义的大事,标志着中国小说的发展已进入一个新阶段。宋代话本为中国小说的发展注入了新鲜活力,迎来了明清小说的繁荣局面。南宋还出现了以《沧浪诗话》为代表的具有现代审美特征的开创性的文学理论著作。四是南戏的出现。南宋初年,出现了具有很强的现实性和感染力的"戏文",统称"南戏"。南宋戏文是元代杂剧的先驱,它的出现标志着中国古代戏曲艺术的成熟,为我国戏剧发展奠定了雄厚基础。① 五是绘画的高峰。宋代是中国绘画史上的鼎盛时期,标志我国古代时期绘画高峰的出现。有研究者认为"吾国画法,至宋而始全"。② 宋代画家多达千人左右,以李唐、刘松年、马远、夏圭等人为代表的南宋著名画家,他们的作品在画坛至今仍享有崇高地位。此外,南宋的多位皇帝和后妃也都是绘画高手。南宋绘画题材多样,山水、人物、花鸟画等并盛于世,尤以山水画最为突出,对后世影响极大。南宋画家称西湖景色最奇者有十,这就是著名的"西湖十景"的由来。宋代工艺美术造型、装饰与总体效果堪称中国工艺史上的典范,为明清工艺美术争相效仿的对象。此外,南宋的书法、雕塑、音乐、歌舞等艺术门类也都有长足的发展。

3. 南宋是古代中国文化教育的兴盛时期

宋代统治者大力倡导学校教育,将"崇经办学"作为立国之本,使宋代的教育体制较之汉唐更加完备和发达。南宋官私学盛,彻底打破了长期以来士族地主垄断教育的局面,使文化教育下移,教育更加大众化,适应了平民百姓对文化教育的需求,推动了文化大普及,提高了全社会的文化素质,促进了南宋社会文化事业进步和发展。在科举考试推动下,南宋的中央官学、地方官学、书院和私塾村校并存,各类学校都获得了蓬勃的发展。南宋各州县普遍设立了公立学校,其规模、条件、办学水平,较之北宋有了更大发展。由于理学家的竭力提倡和科举考试的需要,南宋地方书院得到了大发展。宋代共有书院 397 所,其中南宋占310 所。③ 南宋私塾村校遍及全国各地,学校教育由城镇延伸到乡村,南宋教育达到前所未有的普及程度。

4. 南宋是古代中国史学的繁荣时期

南宋以"尊重和提倡"的形式,鼓励知识分子重视历史,研究历史,"思考历代

① 参见何忠礼、徐吉军《南宋史稿》,杭州大学出版社 1999 年版,第 657 页。
② 潘天寿:《中国绘画史》,上海人民美术出版社 1983 年版,第 158 页。
③ 何忠礼:《论南宋定都杭州对当地经济文化的重大影响》,《杭州研究》2007 年第 2 期。

治乱之迹"。陈寅恪先生指出："中国史学莫盛于宋。"①南宋史学家袁枢的《通鉴纪事本末》,创立了以重大历史事件为主体,分别立目,完整记载历史事件的纪事本末体;朱熹的《资治通鉴纲目》创立了纲目体;朱熹的《伊洛渊源录》则开启了记述学术宗派史的学案体之先河。南宋在历史上第一次提出了"经世致用"的修史思想。南宋史学家不仅重视当代史的研究,而且力主把历史与现实结合起来,从历史上寻找兴衰之源,以史培养爱国、有用的人才。这些都对后代的史学家有很大的启迪和教益。

四、在科技上,既要看到整个宋代在中国古代科技史上的地位,也要看到南宋对古代中国科学技术的杰出贡献

宋代统治集团对在科学技术上有重要发明及创造、创新之人给予物质和精神奖励,为宋代科技发展与进步注入了前所未有的强大动力。宋朝是当时世界上发明创造最多的国家,也是古代中国为世界科技发展贡献最大的时期。英国学者李约瑟说:"每当人们在中国的文献中查找一种具体的科技史料时,往往会发现它的焦点在宋代,不管在应用科学方面或纯粹科学方面都是如此。"②中国历史上的重要发明,一半以上都出现在宋朝。宋代的不少科技发明不仅在中国科技史上,而且在世界科技史上也号称第一。《梦溪笔谈》的作者沈括、活字版印刷术的发明者毕昇这两位钱塘(浙江杭州)人,都是中外公认的中国古代伟大科学巨匠。南宋的科技在北宋基础上进一步得到发展,其科技成就在很多方面居于世界领先地位。

1. 南宋对中国古代"三大发明"的贡献

活字印刷术、指南针与火药三大发明,在南宋时期获得进一步的完善和发展,并开始了大规模的实际应用。指南针在航海上的应用,始见于北宋末期,南宋时的指南针已从简单的指针,发展成为比较简易的罗盘针,并被应用于航海上,是一项具有世界意义的重大发明。李约瑟指出,指南针在航海中的应用,是"航海技艺方面的巨大改革","预示计量航海时代的来临"。中国古代火药和火药武器的大规模使用和推广也始自南宋。南宋出现的管形火器,是世界兵器史上十分重要的大事,近代的枪炮就是在这种原始的管形火器基础上发展起来的。此外,南宋还广泛使用威力巨大的火炮作战,充分反映了南宋火器制造技术的巨大进步。南宋开始推广使用活字印刷术,出现了目前世界上第一部活字印本。此外,南宋的造纸技术更为发达,生产规模大为扩展,品种繁多,质量之高,近代

---

① 陈寅恪:《陈垣〈明季滇黔佛教考〉序》《陈垣〈元西域人华化考〉序》,载《金明馆丛稿二编》,上海古籍出版社 1980 年版,第 238、240 页。

② 〔英〕李约瑟:《李约瑟文集》,辽宁科技出版社 1986 年版,第 115 页。

也多不及。

2. 南宋在农业技术理论上的重大突破

南宋陈旉所著《陈旉农书》是我国现存最早的有关南方农业生产技术与经营的农学著作。他是中国农学史上第一个提出土地利用规划技术的人。陈旉在《农书》中首先提出了土壤肥力论等多种土地的利用和改造之法,并对搞好农业经营管理提出了卓越的见解。稻麦两熟制、水旱轮作制、"耕耙耖"耕作制,在南宋境内都得到了较好的推广。植物谱录在南宋也大量涌现。《橘录》是我国最早的柑橘专著;《菌谱》是世界历史上最早的菌类专著;《全芳备祖》是世界最早的植物学辞典,比欧洲要早300多年;《梅谱》是我国最早的有关梅花的专著。

3. 南宋在制造技术上的高度成

就宋代冶金技术居世界最高水平,南宋对此作出了卓越贡献。在有色金属开采与冶炼方面,南宋发明了"冶银吹灰法"和"铜合金铁"冶炼法;在煤炭开发利用上,南宋开始使用焦煤炼铁(而欧洲人是在18世纪时才采用焦煤炼铁的),是我国冶金史上具有重大意义的里程碑。南宋是我国纺织技术高度发展时期,特别是蚕桑丝绸生产,已形成了一整套从栽桑到成衣的过程,生产工具丰富,为明清的丝绸生产技术奠定了基础。南宋的丝纺织品、织造和染色技术在前代的基础上达到了一个新水平。南宋瓷器无论在胎质、釉料,还是在制作技术上,都达到了新的高度。同时,南宋的造船、建筑、酿酒、地学、水利、天文历法、军器制造等方面技术水平,也都比过去有很大的进步。如南宋绍熙元年绘制、淳祐七年刻石的"宋淳祐天文图"(又称苏州石刻天文图)是世界上现存年代最早、存星最多的石刻天文图,绘于南宋绍定二年(1229)的石刻《平江图》,是我国现存最古老、最完整的城市规划图,至今仍完好地保存在苏州碑刻博物馆。

4. 南宋在数学领域的巨大贡献

南宋数学不仅在中国数学史上,而且在世界数学史上取得了极为辉煌的成就。南宋杰出的数学家秦九韶撰写的《数书九章》提出的"正负开方术",与现代求数学方程正根的方法基本一致,比西方早500多年。另一位杰出的数学家杨辉,编撰有《详解九章算法》《日用算法》《乘除通变本末》《田亩比类乘除捷法》《续古摘奇算法》(《乘除通变本末》《田亩比类乘除捷法》《续古摘奇算法》三者合称为《杨辉算法》)等十余种数学著作,收录了不少我国现已失传的数学著作中的算题和算法。杨辉对二阶等差级数求和的论述,使之成为继沈括之后世界上最早研究高阶等差级数的人。杨辉发明的"九归口诀",不仅提高了运算速度和精确度,而且还对我国珠算的发明起到了重要作用。李约瑟把宋代称为"伟大的代数学家的时代",认为"中国的代数学在宋代达到最高峰"。①

5.南宋在医药领域的重要贡献

南宋是中国法医学正式形成的时期。宋慈的《洗冤集录》是世界上第一部法医学专著,比西方早350余年。它不仅奠定了我国古代法医学的基础,而且被奉为我国古代"官司检验"的"金科玉律",并对世界法医学产生了广泛影响。南宋是中国针灸医学的极盛时期。王执中的《针灸资生经》和闻人耆年《备急灸法》两书,皆集历代针灸学知识之大全,反映了当时针灸学的最高水平。南宋腧穴针灸铜人是针灸学上第一具教学、临床用的实物模型。陈自明著的《外科精要》一书对指导外科的临床应用具有重要意义。陈自明的《妇人大全良方》是著名的妇产科著作,直到明清时期仍被妇科医生奉为经典。朱瑞章的《卫生家宝产科方》,被称为"产科之荟萃,医家之指南"。无名氏的《小儿卫生总微论方》和刘昉的《幼幼新书》,汇集了宋以前在儿科学方面所取得的成就,是我国历史上较早的一部比较系统、全面的儿科学著作。许叔微的《普济本事方》是中国古代一部比较完备的方剂专书。

五、在社会上,不但要看到南宋一些富豪官绅生活奢华、挥霍淫乐的一面,更要看到南宋政府关注民生、注重民生保障的一面

南宋社会生活的奢侈之风,既是南宋官僚地主腐朽的集中反映,也是南宋经济文化空前繁荣的缩影。我们不但看到南宋一些富豪官绅纵情声色、恣意挥霍的社会现象,更要看到南宋政府倡导善举、关注民生、同情民苦的客观事实。②两宋社会保障制度,在中国古代救助史上占有重要地位,并为宋后社会保障制度的建立奠定了基础。有学者认为,中国古代真正意义上的社会保障事业是从两宋开始的。同时,两宋时期随着土地依附关系逐步解除和门阀制度崩溃,逐渐冲破了以前士族地主一统天下的局面。两宋社会结构开始调整重组,出现了各阶层之间经济地位升降更替、社会等级界限松动的现象,各阶层的价值取向趋近,促进社会各阶层融合,平民化、世俗化、人文化趋势明显。两宋社会平民化,不仅体现在科举面向社会各个阶层,取士不受出身门第限制,而且体现在官民身份可以相互转化,可以由贵而贱,由贱而贵;贫富之间既可以由富而贫,也可以由贫而富。③

1.南宋农民获得了更多的人身自由

两宋时期,租佃制普遍发展,这是古代专制社会中生产关系的一次重大调

---

① 参见《中国科学技术史》第 1 卷第 1 册,科学出版社 1975 年版,第 273、284、287、292 页。
② 邓小南:《宋代历史再认识》,《河北学刊》2006 年第 5 期。
③ 郭学信:《宋代俗文化发展探源》,《西北师范大学学报》2005 年第 3 期。

整。在租佃制下,地主招募客户耕种土地,客户只向地主缴纳地租,而不必承担其他义务。客户契约期满后有退佃起移的权利,且受到政府保护,人身依附关系大为减弱。按照宋朝的户籍制度,客户直接编入国家户籍,成为国家的正式编户,并承担国家某些赋役,而不再是地主的"私属",因而获得了一定的人身自由。两宋农民在法律上可以自由迁徙,这是历史的一大进步。① 南宋时期随着商品经济发展,农民获得了更多的自由,可以自由地离土离乡,转向城市从事手工业或商业活动。

2.南宋商人社会地位得到了提高

宋前历朝一直奉行"重农轻商"政策,士、农、工、商,商人居"四民"之末,受到社会歧视。宋代商业已被视同农业,均为创造社会财富的源泉,"士、农、工、商,皆百姓之本业"②成为社会共识,使两宋商人的社会地位得到前所未有的提高。随着工商业的发展,在南宋手工业作坊中,工匠主和工匠之间形成了雇佣与被雇佣关系。南宋手工业作坊中的雇佣制度,代替了原来带有强制性的指派和差人应役招募制度,雇佣劳动与强制性的劳役比较,工匠的人身束缚大为松弛,新的经济关系推动了南宋手工业经济发展,又促进了资本主义生产关系萌芽。

3.南宋市民阶层登上了历史舞台

"坊郭户"是城市中的非农业人口。随着工商业的日益发展,宋政府将"坊郭户"单独"列籍定等"。"坊郭户"作为法定户名在两宋时期出现,标志着城市"市民阶层"形成,市民阶层开始作为一个独立群体正式登上了历史舞台,成为不可忽视的社会力量。③ 南宋时期,还实行了募兵制,人们服役大多出于自愿,从而有效保障了城乡劳力稳定和社会安定,与唐代苛重的兵役相比,显然是一个进步。

4.南宋社会保障制度更为完善

南宋的社会保障体系主要表现在:一是"荒政"制度。就是由政府无偿向灾民提供钱粮和衣物,或由政府将钱粮贷给灾民,或由政府将灾民暂时迁移到丰收区,或将粮食调拨到灾区,或动员富豪平价售粮,并在各州县较普遍地设置了"义仓",以解决暂时的粮食短缺问题。同时,遇丰收之年,政府酌量提高谷价,大量收籴,以避免谷贱伤农;遇荒饥之年,政府低价将存粮大量粜出,以照顾灾民。二是"养恤"制度。在临安等城市中,南宋政府针对不同对象设立了不同的养恤机构。有赈济流落街头的老弱病残或贫穷潦倒乞丐的福田院,有收养孤寡等贫穷

① 郭学信、张素音:《宋代商品经济发展特征及原因析论》,《聊城大学学报》2006年第5期。
② (宋)陈耆卿:《嘉定赤城志》卷三七《风土》,《宋元方志丛刊》本,中华书局1990年版。
③ 郭学信:《宋代俗文化发展探源》,《西北师范大学学报》2005年第3期。

不能自存者的居养院,有收养并医治鳏寡孤独贫病不能自存之人的安济院,有收养社会弃子弃婴的慈幼局,等等。三是"义庄"制度。义庄主要由一些科举入仕的士大夫用其秩禄买田置办,义田一般出租,租金则用于赈养族人的生活。虽然义庄设置的最初动机在于为本宗族之私,但义庄的设置在一定范围保障了族人的经济生活,对两宋官方的社会保障起到了重要的辅助作用。南宋的社会保障政策与措施对倡导善举、缓和社会矛盾、维护社会稳定等发挥了积极作用。①

六、在历史地位上,既要看到南宋在当时国际国内的地位,又要看到南宋对后世中国和世界的影响

1.南宋对东亚"儒学文化圈"和世界文明进程之影响

两宋的成就居于当时世界发展的顶峰,对周边国家和世界均产生了巨大影响。如南宋对东亚"儒学文化圈"的影响。南宋朱子学对东亚"儒学文化圈"各国文化产生了广泛而深刻的影响,至今仍然积淀在东亚各民族的文化心理中,对东亚现代化起着重要作用。在文化输入上,这些周边邻国对唐代文化主要是制度文化的模仿,而对两宋文化则侧重于精神文化的摄取,尤其是对南宋儒学、宗教、文学、艺术、政治制度的借鉴。南宋儒学文化传至东亚各国,与各国的学术思想和民族文化相融合,产生了朝鲜儒学、日本儒学、越南儒学等东亚儒学,形成了东亚"儒学文化圈"。这表明南宋儒学文化在东亚民族之间的文化交流和传播中,对高丽、日本、越南等国学术文化与东亚文明发展历史产生了重大影响,这可以说是东亚文明发展中的一大奇观。② 同时,南宋儒学文化中的优秀成分和合理精神,在现代东亚社会的政治经济、思想文化、社会生活、家庭关系等方面仍然发挥重要影响和作用。如南宋儒学中的"信义""忠诚""中庸""和""义利并取"等价值观念,在现代东亚经济社会中的积极作用显而易见。

南宋对世界经济发展的影响。随着南宋海外贸易发展,与我国通商的海外国家与地区从宋前的 20 余个增至 60 个以上。海外贸易范围从宋前中南半岛和印尼群岛,扩大到西洋(今印度洋至红海)、波斯湾、地中海和东非海岸,使雄踞于太平洋西岸的南宋帝国与印度洋地区北岸的阿拉伯帝国一起,构成了当时世界贸易圈的两大轴心。海上"丝绸之路"取代了陆上"丝绸之路",成为中外经济文化交流的主要通道。鉴于此,美籍学者马润潮把宋代视为"世界伟大海洋贸易史上的第一个时期"。同时,随着商品经济的发展,北宋出现了世界上最早的纸币——交子。至南宋时,纸币开始在全国普遍使用。有学者将纸币的产生与大

---

① 参见杜伟《略述两宋社会保障制度》,载《沙洋师范高等专科学校学报》2004 年第 1 期;陈国灿《南宋江南城市的公共事业与社会保障》,载《学术月刊》2002 年第 6 期。

② 葛金芳:《南宋:走向开放型市场的重大转折》,《杭州研究》2007 年第 2 期。

规模流通称为"金融革命"。① 纸币流通的意义远在金属铸币之上,表明我国在货币领域发展已走在世界前列。

两宋对世界文明进程的影响。宋代文化对世界文化的影响,主要表现在两宋的活字印刷术、火药、指南针的西传上。培根指出:"这三种发明已经在世界范围内把事物的全部面貌和情况都改变了:第一种是在学术方面,第二种是在战事方面,第三种是在航行方面;由此产生了无数的变化,这种变化是如此巨大,以至没有一个帝国,没有一个教派,没有一个赫赫有名的人物,能比得上这三种机械发明。"②马克思的评价则更高:"火药、指南针、印刷术——这是预告资产阶级到来的三大发明。火药把骑士阶层炸得粉碎,指南针打开了世界市场并建立了殖民地,而印刷术则变成了新教的工具和科学复兴的手段,变成对精神发展创造必要前提的强大杠杆。"③两宋"三大发明"对世界文明的决定性作用是毋庸赘言的。两宋科举考试制度也对法、美、英等西方国家选拔官吏的政治制度产生了直接作用和重要影响,被人誉为"中国的第五大发明"。

2.南宋对中国古代与近代历史发展之影响

中外学者普遍认为:"这时的文化直至 20 世纪初都是中国的典型文化。其中许多东西在以后的一千年中是中国最典型的东西,至少在唐代后期开始萌芽,而在宋代开始繁荣。"④

南宋促进了中国市民阶层的形成。随着商品经济的繁荣,两宋时期不仅出现了一大批大、中、小商业城市与集镇,而且形成了杭州、开封、成都等全国著名商业大都市,第一次出现了城市平民阶层,呈现了中国古代社会前所未有的时代开放性。南宋市民阶层的出现,世俗文化与世俗经济的形成与繁荣,意味中国市民阶层已具雏形,开启了中国社会平民化进程。正由于两宋时期出现了欧洲近代前夜的一些特征,如大城市兴起、市民阶层形成、手工业发展、商业经济繁荣、对外贸易发达、流通纸币出现、文官制度成熟等现象,美国、日本学者普遍把宋代中国称为"近代初期"。⑤

南宋促成了中国经济重心南移。由于南宋商品经济空前发展,有些学者甚至断言,宋代已经产生了资本主义萌芽。西方有学者认为南宋已处在"经济革命时代"。随着宋室南下,南宋经济的发展与繁荣,使江南成为全国经济最为发达

---

① 参见张邦炜《瞻前顾后看宋代》,载《河北学刊》2006 年第 5 期。

② [英]培根:《新工具》,商务印书馆 1984 年版,第 103 页。

③ [德]马克思:《机械、自然力和科学应用》,人民出版社 1978 年版,第 67 页。

④ [美]费正清、赖肖尔:《中国:传统与变革》,江苏人民出版社 1995 年版,第 118—119 页。

⑤ 张晓淮:《两宋文化转型的新诠释》,《学海》2002 年第 4 期。

的地区。南宋时期,全国经济重心完成了由黄河流域向长江流域的历史性转移,我国经济形态自此逐渐从自然经济转向商品经济,从封闭经济走向开放经济,从内陆型经济转向海陆型经济。这是中国传统社会发展中具有路标性意义的重大转折。① 如果没有明清的海禁和极端专制的封建统治,中国的近代化社会也许会更早地到来。

南宋推进了中华民族大融合。南宋时期,中国社会出现了第三次民族大融合。宋王朝虽然先后被同时代的女真、蒙古民族征服,但无论前金还是后蒙,在其思想文化上,都被南宋代表的先进文化折服,融入中华民族大家庭之中。10—13 世纪,中原王朝与北方游牧民族时战时和、时分时合,使以农耕文化为载体的两宋文化迅速向北扩散播迁,女真、蒙古政权深受南宋代表的先进政治制度、社会经济和思想文化影响,表示出对南宋文化认同、追随、仿效与移植,自觉不自觉地接受了先进的南宋文化,使其从文字到思想、从典章制度到风俗习惯均呈现出汉化趋势。② 南宋文化改变了这些民族的文化构成,提高了其文化层位,加速了这些民族由落后走向进步的进程,从而在整体上提高了中国北部地区少数民族的文明程度。

南宋奠定了理学在封建正统思想中的主导地位。理学的形成与发展,是南宋文化对中国古代思想文化的重大贡献。南宋理宗朝时,理学被钦定为封建正统思想和官方哲学,确立了程朱理学的独尊地位,并一直垄断元、明、清三代的思想和学术领域长达 700 余年,其影响之深广,在古代中国没有其他思想可以与之匹敌。③ 同时,两宋时期开创了中国古代儒、佛、道“三教合流”的文化格局。与汉武帝“罢黜百家、独尊儒术”不同,南宋在大兴儒学的前提下,加大了对佛、道两教的扶持,出现了“以佛修心,以道养生,以儒治世”的“三教合一”的格局。自宋后,古代中国社会基本延续了以儒学为主体,以佛、道为辅翼的文化格局。

两宋对中国后世王朝政权稳定的影响。两宋王朝虽然国土面积前不及汉唐,后不如元明清,却是中国封建史上立国时间最长的王朝之一。两宋王朝之所以在外患深重的威胁下保持长治局面,很大程度上取决于两宋精于内治,形成了一系列的中央集权制度和民族认同感,因此,自宋朝后,中华民族“大一统”思想深入人心,中国历史上再也没有出现过地方严重分裂割据的局面。

3. 南宋对杭州城市发展之影响

正是南宋经济、文化、社会各方面的高度发展,促成京城临安极度繁荣,成为

---

① 参见葛金芳《南宋:走向开放型市场的重大转折》,载《杭州研究》2007 年第 2 期。
② 参见虞云国《略论宋代文化的时代特点与历史地位》,载《浙江社会科学》2006 年第 3 期。
③ 参见何忠礼《论南宋在中国历史上的地位和影响》,载《杭州研究》2007 年第 2 期。

12—13 世纪最为繁华的世界大都会,也正是南宋带来民族文化大交流、生活方式大融合、思想观念大碰撞,形成了京城临安市民独特的生活观念、生活方式、性格特征、语言习惯。直到今天,杭州人独有的文化特质、社会习俗、生活理念,都深深地烙上了南宋社会的历史印迹。

京城临安,一座巍峨壮丽的世界级"华贵之城"。南宋朝廷立临安为行都,使杭州的城市性质与等级发生了根本性的巨大变化。从州府上升为国都,这是杭州城市发展的里程碑,杭州由此进入历史上最辉煌的时期。南宋统治者对临安城建设倾注了大量心血,并倾全国之人力、物力、财力加以精心营造。经过南宋诸帝持续的扩建和改建,南宋皇城布满了金碧辉煌、巍峨壮丽的宫殿,足可与北宋的汴京城媲美。南宋对临安府大规模地改造和扩建的杰出代表便是御街。南宋都城临安,经过 100 多年的精心营建,已发展成为百万以上人口的大城市,成为当时亚洲各国经济文化的交流中心,城市规模已名列 12—13 世纪时世界的首位。当时的杭州被意大利著名旅行家马可·波罗称赞为"世界上最美丽华贵之天城"。而 12 世纪时,美洲和大洋洲尚未被殖民者发现,非洲处于自生自灭状态,欧洲现有主要国家尚未完全形成,罗马内部四分五裂,北欧海盗肆虐,基辅大公国(俄罗斯)刚刚形成。[①] 到了南宋后期(即 13 世纪中叶)临安人口曾达到 150万—160 万人,此时,西方最大最繁华的城市威尼斯也只有 10 万人口,作为世界最著名的大都会伦敦、巴黎,直至 14 世纪的文艺复兴时期,其人口也不过 4 万—6 万人。[②] 仅从城市人口规模看,800 年前的杭州就已遥遥领先于世界各大城市。

京城临安,一座繁荣繁华的"地上天宫"。临安是全国最大的手工业生产中心。南宋临安工商业发达,手工业门类齐、制作精、分工细、规模大、档次高,造船、陶瓷、纺织、印刷、造纸等行业都建有大规模的手工业作坊,并有"四百一十四行"之说。临安是全国商业最为繁华的城市。临安城内城外集市与商行遍布,天街两侧商铺林立,早市夜市通宵达旦;城北运河樯橹相接、昼夜不舍,城南钱江两岸各地商贾海舶云集、桅杆林立。临安是璀璨夺目的文化名城。京城内先后集聚了李清照、朱熹、尤袤、陆游、杨万里、范成大、辛弃疾、陈起等一批南宋著名的文化人。临安雕版印刷为全国之冠,杭刻书籍为我国宋版书之精华。城内设有全国最高的学府——太学,规模最为宏阔,与武学、宗学合称"三学"。临安的教育事业空前繁荣。城内文化娱乐业发达,瓦子数量、百戏名目、艺人人数、娱乐项

---

① 参见何亮亮《从"南海"一号看中华复兴》,载《文汇报》2008 年 1 月 6 日。

② 参见何忠礼《论南宋在中国历史上的地位和影响》,载《杭州研究》2007 年第 2 期。

目和场所设施等方面,也都是其他城市无法比拟的。临安不但是全国政治中心,也是全国经济中心和文化中心。今日杭州之所以能成为"人间天堂",成为全国历史文化名城,成为我国七大古都之一,很大程度上就是得益于南宋定都临安,得益于南宋经济文化的高度繁荣。

京城临安,一座南北荟萃、精致和谐的生活城市。北方人口的优势,使南下的中原文化全面渗透到本土的吴越文化之中,形成了临安独特的社会生活习俗,并影响至今。临安的社会是本地居民与外来人员和谐相处的社会,临安的文化是南北文化交融、中外文化交流的结晶,临安的生活是中原风俗与江南民俗相互融合的产物。总之,南宋临安是一座兼容并蓄、精致和谐的生活城市。其表现为:一是南北交融的语言。经过 100 多年流行,北方话逐渐融合到吴越方言之中,形成了南北交融的"南宋官话"。有学者指出:"越中方言受了北方话的影响,明显地反映在今日带有'官话'色彩的杭州话里。"①二是南北荟萃的饮食。自南宋起,杭人饮食结构发生了变化,从以稻米为主,发展到米、面皆食。"南料北烹"美食佳肴,结合西湖文采,形成了具有鲜明特色的"杭帮菜系",而成为中国古代菜肴一个新高峰。丰富美味的饮食,致使临安人形成追求美食美味的饮食之风。三是精致精美的物产。南宋时期,在临安无论建筑寺观,还是园林别墅、亭台楼阁和小桥流水,无不体现了江南的精细精致,更有陶瓷、丝绸、扇子、剪刀、雨伞等工艺产品,做工讲究、小巧精美。四是休闲安逸的生活。城市的繁华与西湖的秀美,使大多临安人沉醉于歌舞升平与湖山之乐中,在辛劳之后讲究吃喝玩乐、神聊闲谈、琴棋书画、花鸟鱼虫,体现了临安人求精致、讲安逸、会休闲的生活特点,也反映了临安市民注重生活与劳作结合的城市生活特色,反映了临安文化的生活化与世俗化,并融入今日杭州人的生活观念中。

4. 借鉴南宋"体恤民生"的某些仁义之举,努力将今天的杭州建设成为一个全民共享的"生活品质之城"

南宋社会关注民生、同情民苦的仁义之举,尤其是针对不同人群建立较为完备的社会保障体系,在构建社会主义和谐社会,建设覆盖城乡、全民共享的"生活品质之城"的今天,有着特别重要的现实意义。建设覆盖城乡、全民共享的"生活品质之城",既是一项长期的历史任务,又是一个重大的现实课题。要使"发展为人民、发展靠人民、发展成果由人民共享、发展成效让人民检验"理念落到实处,就必须把老百姓的小事当作党委、政府的大事,以群众呼声为第一信号,以群众利益为第一追求,以群众满意为第一标准,树立起"亲民党委""民本政府"的良好

---

① 参见徐吉军《论南宋定都杭州对当地经济文化的重大影响》,载《杭州研究》2007 年第 2 期。

形象。要始终坚持以人为本、以民为先的理念,既要关注城市居民,又要关注农村居民;既要关注本地居民,又要关注外来创业务工人员;既要关注全体市民生活品质的整体提高,更要特别关注困难群众、弱势群体、低收入阶层生活品质的明显改善。要始终关注老百姓的衣食住行、安危冷暖、生老病死,让老百姓能就业、有保障,行得便捷、住得宽敞,买得放心、用得舒心,办得了事、办得好事,拥有安全感、安居又乐业,让全体市民共创生活品质、共享品质生活。

5.整合南宋"安逸闲适"的环境资源,推进杭州"东方休闲之都"和国际旅游休闲中心建设

杭州得天独厚的自然山水环境,经过南宋100多年来固江堤、疏西湖、治内河、凿新井、建宫城、造御街、设瓦子、引百戏等多方面的措施,形成都城左江(钱塘江)右湖(西湖)、内河(市区河道)外河(京杭运河)的格局,使杭州的生态环境、旅游环境、休闲环境大为改观,极大丰富了杭州的旅游资源。南宋不但为我们留下一块"南宋古都"的"金字招牌",还留下了安逸闲适的休闲环境和休闲氛围。在"三面云山一面城"的独特环境里,集中了江、河、湖、溪与西湖群山,出现了大批观光游览景点,并形成著名的"西湖十景"。沿湖、沿河、沿街的茶肆酒楼,鳞次栉比、生意兴隆;官私酒楼、大小餐馆充满"南料北烹"的杭帮菜肴和各地名肴;大街小巷布满大小馆舍旅店,是外地游客与应考士子的休息场所。同时,临安娱乐活动丰富多彩、节庆活动繁多。独特的自然山水、休闲的环境氛围,使临安人注重生活环境、讲究生活质量、追求生活乐趣。不但皇亲国戚、达官贵人纵情山水、赏花品茗,过着高贵奢华的休闲生活,而且文人士大夫交结士朋、寄情适趣,热衷高雅脱俗的休闲生活;就是普通百姓也会带妻携子泛舟游湖,享受人伦亲情及山水之乐。

今天的杭州人懂生活、会休闲,讲究生活质量,追求生活品质,都可以从南宋临安人闲情逸致的生活态度中找到印迹。今天的杭州正在推进新城建设、老城更新、环境保护、街区改善等工程,都可以从南宋临安对左江右湖、内河外河的治理和皇城街坊、园林建筑的建设中得到有益的启示。杭州要打造"东方休闲之都",共建共享"生活品质之城",建设国际旅游休闲中心,就必须重振"南宋古都"品牌,充分挖掘南宋文化遗产,珍惜杭州为数不多的地上南宋遗迹。进一步实施好西湖、西溪、运河、市区河道综合保护工程;推进"南宋御街"——中山路有机更新,以展示杭州自南宋以来的传统商业文化;加强对南宋"八卦田"景区的保护与利用,以展示南宋皇帝"与民同耕"的怀古场景;加强对南宋官窑遗址的保护与利用,以展示南宋杭州物产的精致与精美;加强对南宋皇城遗址和太庙遗址的保护与利用,以展示昔日南宋京城的繁荣与辉煌。进入21世纪的杭州,不但要保护

利用好南宋留下的"三面云山一面城"的"西湖时代",更要以"大气开放"的宏大气魄,努力建设好"一主三副六组团六条生态带"的大都市空间格局,形成"一江春水穿城过"的"钱塘江时代",实现具有千年古都神韵的文化名城与具有大都市风采的现代化新城同城辉映。

南宋文献集成第 12 册目录

高宗朝卷八　绍兴四年(1134)

刘洸为随张浚至关陕普转一官制
(暂系于建炎三年至绍兴四年间)

顷者大臣宣慰关陕,尔实从行,例进一阶,以酬其道路之勤。往服恩荣,毋堕乃力。

出处:《紫微集》卷一二。

考校说明:编年据张浚宦历补,见《宋史》卷二五《高宗纪》等。标题"普"字疑衍。张嵲此时未任两制,此文或为《紫微集》误收。

杨勋张曼为随张浚至川陕道涂万里
备见忠勤转成忠郎换给制
(暂系于建炎三年至绍兴四年间)

顷者大臣宣慰关陕,尔实从行。例进一阶,以酬其道路之勤。往服恩荣,毋堕乃力。

出处:《紫微集》卷一七。

考校说明:编年据张浚宦历补,见《宋史》卷二五《高宗纪》等。张嵲此时未任两制,此文或为《紫微集》误收。

赐左朝议大夫试尚书吏部侍郎郑滋乞除
知州或外官观不允诏
（绍兴三年九月至绍兴四年正月间）

　　敕郑滋：省三省进呈所乞除知州差遣或在外官观一次，事具悉。卿蚤以美才，发闻庠序。出入侍从，见谓老成。召自远方，历跻省户。允赖清通之目，庶几铨序之平。曾未期年，方观成绩，胡为引疾，遽欲外迁？宰辅以闻，殊非朕意。顾政事外修之际，惟人材难得之忧，姑安厥官，毋怀谦退。所请宜不允。故兹诏示，想宜知悉。

出处：《北海集》卷一〇。
撰者：綦崇礼
考校说明：编年据郑滋官历补，见《建炎以来系年要录》卷六八、卷七二。

令户部比较逐州军籴买数以行赏罚诏
（绍兴四年正月二日）

　　户部候今年正月终，比较逐司并逐州军已籴已起数多及籴买最少去处，具转运司并州军当职官职位、姓名申尚书省，取旨赏罚。仍先次行下逐司照会。

出处：《宋会要辑稿》食货四〇之一九。

淮浙盐钞增帖纳钱诏
（绍兴四年正月五日）

　　榷货务见卖淮浙盐钞，每袋于钞面前上添钱三贯文，省通计二十一贯文。数内揖留钱除旧数外，更行揖留六百足于盐场送纳，充再添盐本钱。其帖纳钱令本州军类聚，候及一万贯，赴行在榷货务交纳。

出处：《宋会要辑稿》食货二六之二一。又见《宋会要辑稿补编》第七八三页，《建炎以来系年要录》卷七二。

群盗发去处官兵须剿除尽静诏
（绍兴四年正月五日）

应群盗发去处，如差去官兵掩捕，即会合本地分并邻界巡尉官兵把截。若走透入别州县或别路界分，其元差官兵及本地分巡尉官兵并不以路分远近追袭，须管剿除尽静，方得回军。如违，仰逐路安抚、提刑具统兵巡尉职位、姓名申枢密院取旨，重作行遣。

出处：《宋会要辑稿》兵一三之一五。

赐龙图阁学士左中大夫枢密院都承旨充大金国军前通问使章谊辞免特赐起发钱一千贯银绢二百匹两恩命不允诏
（绍兴四年正月五日后）

敕章谊：省所奏，辞免特赐钱一千贯、银绢二百匹两恩命，事具悉。卿暂远亲颜，出从王事，靡见几微之色，备闻激切之诚。然自历修途，既有赍装之费；而还观私室，岂无服用之需？载轸朕怀，是加兹锡。初非妄予，奚足深辞？所请宜不允。故兹诏示，想宜知悉。

出处：《北海集》卷一〇。
撰者：綦崇礼
考校说明：编年据《建炎以来系年要录》卷七二补。

刘大中除右司谏制
（绍兴四年正月六日）

朕就业图治，如涉渊冰。深惟万机，犹惧有阙。敷求端实刚明之士，备耳目之官，左右规切，以开广视听。惟尔博通儒学，敢于有为。奉指观风，百吏震耸。入居宪府，志节弥厉。兹用进尔于七人之列。夫大则廷议，小则上封，谏臣之职也。尔其夙夜罄竭，辅朕不逮。《传》不云乎："千人诺诺，不如一士谔谔。"朕三复之，盖于尔有望焉。

3

出处:《华阳集》卷五。

撰者:张纲

考校说明:编年据《建炎以来系年要录》卷七二补。

禁大理寺祇应人漏泄狱情诏
（绍兴四年正月八日）

大理寺务要严密。虑有听探语言,漏泄狱情,其本寺许用元丰六年二月右治狱指挥,系公人漏泄狱情,杖一百;及许用《大观开封府六曹通用敕》"诸左、右狱内祇应人,谓狱子、行人、座婆、医人之类,但可传达漏泄者皆是。并三人为一保,如通言语漏泄者,情重者杖罪五百里编管,徒罪配千里牢城;同保人失觉察,各杖八十勒停,永不收叙;即经停而别投名者,许人告"条法,仍有告获似此之人,赏钱五十贯。

出处:《宋会要辑稿》职官二四之一八。

赐检校少保定国军节度使知枢密院事张浚请罪不允诏
（暂系于绍兴四年正月十一日）

敕张浚:省所札子奏:"富平之师,尝致败绩,不能攘敌复土,愿请罪于司寇,以惩不敏。况孀亲垂老,乞赐骸骨,以尽孝养。"事具悉。卿之引咎陈诚屡矣,而朕开谕之辞亦以数下,谓当深体,毋复有疑。兹闻趋命而来,将遂入见,虚怀以俟,渴听嘉谋;乃犹抗言,固求归养。君臣之间,情阻不通,朕用歉焉。夫卿委质以从朕于艰难旧矣,方新过家,而将母来谂,无乃非卿许国之素,而违昔人养志之谊乎? 其亟造朝,副予注意。所请宜不允,依累降指挥疾速赴行在。故兹诏示,想宜知悉。春暖,卿比平安好? 遣书,指不多及。

出处:《北海集》卷一五。

撰者:綦崇礼

考校说明:编年据《建炎以来系年要录》卷七二补。《建炎以来系年要录》卷七二:"(绍兴四年正月辛酉)初,知枢密院事张浚既至荆南,上书引咎,乞罢政,且请俟至潭州道路无虞,即赴临安府待罪。诏不许。"疑即此诏。

吏部七司选那手分帖司专一催驱点检诏
（绍兴四年正月十二日）

吏部七司复置催驱司，每司于事简案令选那手分、贴司各一名，罢本案职事，专一催驱点检。

出处:《宋会要辑稿》职官八之一九。

许行在官雇募兵士及诸色人从诏
（绍兴四年正月十二日）

今后应行在官等合破兵士及诸色人从，如所属差拨不足，并与依数批勘钱米等，许从本官雇募，仍随宜支给。

出处:《宋会要辑稿》职官三二之三二。

诚约违限不桩或擅支用和预买本钱诏
（绍兴四年正月十四日）

和预买本钱，已降指挥隔季桩办，如违限不桩或擅支用者，并徒二年。

出处:《宋会要辑稿》食货三八之一六。又见《宋会要辑稿补编》第三六六页。

赐检校少保光山军节度使知大宗正事士儦乞收叙衔在令時下允诏
（绍兴四年正月十五日）

敕士儦:省所奏札子，乞收叙，衔在令時之下，事具悉。卿蚤建戚藩，久司属籍。蔼亲贤之雅望，播在搢绅；惇骨肉之厚恩，称于宗族。适兹同列，增用耆年。虽秩异品殊，固有尊卑之次；而兄先弟后，愿从少长之伦。徐行无不悌之讥，自下得处高之道。剡章来上，陈义甚坚。欲兴廉逊之风，以励永和之行。勉成兹美，式副此怀。所请宜允。故兹诏示，想宜知悉。春寒，卿比平安好？遣书，指不多及。

出处:《北海集》卷九。
撰者:綦崇礼
考校说明:编年据《建炎以来系年要录》卷七二补。

江西漕司应副岳飞米斛诏
(绍兴四年正月十五日)

令江西漕司据本司合用米数,每岁支拨十五万应副,其权拨赴岳飞下官兵。如内有岳飞见管认钱粮数目,却于本司今来合得米内计数除豁施行。

出处:《宋会要辑稿》职官四一之一〇六。

韩膺胄除直秘阁与外任制
(绍兴四年正月十五日)

右府本兵,中台布政,分隶厥事,其来尚矣。今尔任吾宰属,以材自奋。顾于枢辅,职靡所关,乃遽引嫌,丐从外补。勉徇抗章之恳,俾升延阁之华。往服恩荣,别膺器使。

出处:《华阳集》卷五。
撰者:张纲
考校说明:编年据《建炎以来系年要录》卷七二补。

黄子游江西宪韩膺胄江东宪制
(绍兴四年正月十五日)

昔皋陶之告舜曰:"罪疑惟轻,刑故无小。"朕率是道,监于祥刑,欲有平反,谓冤滥也。而有司失指,乃以纵出有罪为贤,使被杀者入地而含冤,杀人者吁天而不死。凡四方具狱来上,疑非所疑者十之七八,反则有矣,平其谓何。此岂舜与朕之志哉?以尔子游温厚不苛,见称长者;以尔膺胄敏慧克干,是谓世家。并付使权,往司详谳。必使轻重诸罚,无借乱辞。其审克之,庶几称职。

出处：《斐然集》卷一二。

撰者：胡寅

考校说明：编年据《建炎以来系年要录》卷七二补。胡寅时为知永州（见《建炎以来系年要录》卷七〇、卷七四），此制作者或非胡寅。

赐王似卢法原吴玠玺书
（绍兴四年正月十九日）

羊祜虽居大府，必任王濬，以专征伐之图；李愬虽立殊勋，必礼裴度，以正尊卑之分。传闻敌境，尚列兵屯，宜益务于和衷，用力除于外患。

出处：《建炎以来系年要录》卷七二。

钱圻除刑部郎官制
（绍兴四年正月二十一日）

六卿之属，皆朝廷高选；而刑辟重事，掌于秋官。必资通明练达之士，庶革颇类放分之弊。以尔文学行艺称于缙绅，中外践扬，显有嘉绩，其往列于郎位，用参谳于刑章。冈非在中，尚迪有庆。

出处：《华阳集》卷五。

撰者：张纲

考校说明：编年据《建炎以来系年要录》卷七二补。

张致远除监察史制
（绍兴四年正月二十一日）

朕拔举贤能，执宪毂下，岂惟使之督察吏治，亦将励其风节，取人所难，以待异日之用。惟尔问学渊博，材猷敏强，见于设施，信其有立。是宜擢居台属，赞肃纲维。惟公无私，可以守法；惟明不蔽，可以照奸。人之言曰：柔亦不茹，刚亦不吐。无纵诡随，以谨冈极。吾将以是望汝。尚克勉之，嗣有褒宠。

出处:《华阳集》卷五。

撰者:张纲

考校说明:编年据《建炎以来系年要录》卷七二补。

临安府募僧行埋瘗遗骨诏
（绍兴四年正月二十二日）

临安府见开撩运河,如遇有遗骸,令守臣募僧行埋瘗。每及二百副,令礼部给降度牒一道,愿计价换给紫衣师号者听。

出处:《宋会要辑稿》食货六八之一二一。又见《建炎以来系年要录》卷七二。

李大有除右司制
（绍兴四年正月二十一日）

朕以二三大臣,总中台之政,设官置属,分赞左右。一事之举,差若毫厘之远,天下休戚系焉。惟尔顷由郎省,出膺郡寄,能以材术自励,治誉蔼然。则夫朝廷施设所宜于民者,亦既深究而熟讲之。兹用命尔为吾宰士,尔其悉心往共乃服,以其所见于昔,考所行于今。必使六曹万务,各当其理,若网在纲,有条而不紊。庶几流泽于下,而民有惬志,则予汝嘉。

出处:《华阳集》卷五。

撰者:张纲

考校说明:编年据《建炎以来系年要录》卷七二补。"右司",四库本及《建炎以来系年要录》卷七二作"左司"。

临安府配隶条诏
（绍兴四年正月二十二日）

敕:临安府与开封府事体无异,若有合配本府之人,权配近本府州军;所有四至州有合配本府之人,亦比附不得编配入京条。候回銮日依旧。

出处:《庆元条法事类》卷七五。又见《建炎以来系年要录》卷七二。

邵武军收买上色朱红差人管押赴左藏库诏
(绍兴四年正月二十三日)

邵武军每岁用上供钱收买上色朱红二十两,限至四月终,差人管押赴行在左藏库。

出处:《宋会要辑稿》食货五一之二七。

韩之美李恪各转一官制
(绍兴四年正月二十三日)

日者房大入襄、郢,一方为之搔动,而安陆密迩,形胜相望。尔等或任守臣,或贰郡政,严武经而外拒,固吾圉以自安,贼不敢窥,民用无扰。有司言状,朕甚嘉之。何爱一官,不为尔宠! 往服休命,益懋远图。

出处:《华阳集》卷五。
撰者:张纲
考校说明:编年据《建炎以来系年要录》卷七二补。"李恪",《建炎以来系年要录》卷七二作"李特"。

蠲免循梅潮惠四州租税诏
(绍兴四年正月二十五日)

广南东路转运司依绍兴三年二月十五日已降指挥,将循、梅、潮、惠四州实曾被劫人户合纳租税,疾速开具申尚书省,特蠲免。

出处:《宋会要辑稿》食货六三之五。

胡世将除礼部侍郎制
(绍兴四年正月二十五日)

朕当艰难之时,尤谨于礼;故凡典司之任,必择其人。眷乃秩宗,实为高选,若时置贰,用采公言。具官某夙猷静渊,器质通敏。畲发挥于事业,浸扬历于禁严。炳若词章,深得代言之体;粹于论议,屡殚造膝之忠。界方面以宣劳,总中权而兼制。化行里俗,荒畴渐复于春耕;令肃兵屯,外户不闻于夜闭。方渴论思之助,宜还表著之联。往副六卿,遂典三礼。夫出维周翰,既已臻卖刀买犊之风;则入备汉仪,岂复忧拔剑击柱之事。勉励夙夜,用副简求。

出处:《华阳集》卷五。

撰者:张纲

考校说明:编年据《建炎以来系年要录》卷七二补。

刘岑除刑部侍郎制
(绍兴四年正月二十五日)

朕惟王政,必本于仁恩,宜重万民之命。俗吏或牵于私意,靡遵三尺之公。肆求时髦,俾职司寇。具官某性资敏明,而辅以博古之学;辨论详雅,而发为华国之文。夙蔼誉于儒林,亟跻荣于要路。弥纶省闼,肃振纲维;扬历道山,蔚高领袖。察其更事之久,必能议法以情。简自朕心,宜掌邦禁。往摄贰卿之事,进联法从之班。尔其端一意以持平,审四方之奏谳。民之多辟,忍横被于非辜;法无二门,尚参决以古义。用迪咸中之庆,庶追止辟之风。

出处:《华阳集》卷五。又见《南宋文录录》卷三。

撰者:张纲

考校说明:编年据《建炎以来系年要录》卷七二补。

唐恕赠徽猷阁待制制
(绍兴四年正月二十五日)

上有旌贤录旧之德,下有生荣死哀之美。朕览观前史,有味其言,是用优宠臣工,不间存没。具官某名德之后,蹈履五常,浮沉半生,不为势屈。眷言静退之节,足以率厉本朝。召自山林,置于卿列。朕方嗟其相见之晚,人皆期以不次之除,如何老成,奄忽长逝矣!少也怀才,不见于用;晚而见用,不尽其才。追想遗德,于予心有戚焉。次对西清,参谋法从,以彰眷礼,以慰尔地下之灵。尚其有知,服我休命。

出处:《华阳集》卷五。

撰者:张纲

考校说明:编年据《建炎以来系年要录》卷七二补。

郑作肃除直秘阁制
(绍兴四年正月二十五日)

宰属要官,弥纶省闼,尔居其位,以称职闻。尚宜服勤,究乃施设。遽兹引疾,祈去周行。考厥旧章,宠升延阁。姑遂尔志,往其钦承。

出处:《华阳集》卷五。

撰者:张纲

考校说明:编年据《建炎以来系年要录》卷七二补。

赐端明殿学士左朝奉大夫江南西路安抚大使
兼知洪州赵鼎赴行在诏
(绍兴四年正月二十七日)

敕赵鼎:卿以忠纯无隐之诚,鲠亮不回之操,张明纲纪,风宪为尊,密勿枢机,话言犹在。顷就闲于真馆,荐倚重于藩符。政洽群情,军民各得其所;威闻四境,盗贼不窥其封。惟显绩之既彰,知远猷之可赖,肆更召节,趣奉觐圭。朕方渴想于仪形,卿亦得披其心腹。行无俟驾,宁辞趋命之劳;见不以时,伫副虚怀之访。已降指挥,权交安抚大使司职事并州事曾纡,诏书到日,可乘递马速疾起发赴行在奏事。故兹诏示,想宜知悉。春暖,卿比安好?遣书,指不多及。

出处:《北海集》卷八。

撰者:綦崇礼

考校说明:编年据《建炎以来系年要录》卷七二补。

韩肖胄知温州制
(绍兴四年正月二十九日)

量材受任,进贤虽协于公朝;居宠思危,引分乃全于臣节。眷予近辅,祈解要枢,爰推从欲之仁,曲示均劳之意。具官某性资夷粹,识度渊宏。蚤宣力于事功,浸升华于严近。畴若名臣之绪,凤推济美之贤。越自贰卿,登于右府。出疆万里,嘉复命之良勤;坐制四夷,方运筹之有赖。奏章俄上,去志莫回。俾辞宥密之司,往即维藩之寄。奉行诏令,其务息于民劳;益励忠规,尚无忘于王室。

出处:《华阳集》卷五。
撰者:张纲
考校说明:编年据《建炎以来系年要录》卷七二补。

赐端明殿学士左中大夫新除知温州
韩肖胄辞免恩命不允诏
(绍兴四年正月二十九日后)

敕肖胄:省所札子奏,辞免新除知温州、仍旧职恩命,伏望止以本官改授一在外宫观差遣,事具悉。卿元勋旧阀,名宰世官。有嘉济美之才,俾赞本兵之政。张旃敌境,远烦将命之勤;借箸筹帷,还赖告猷之助。方资戮力,叶济良图。顾辞之甚坚,欲留贤而不果,乃锡守符之重,仍联殿屋之华。岂不念劳,姑从均逸。维兹禁职,盖近臣出入之仪;如彼要邦,实今日便安之地。相攸以授,假宠而行,何必宫祠,始为闲退?所请宜不允。故兹诏示,想宜知悉。

出处:《北海集》卷一四。
撰者:綦崇礼
考校说明:编年据《建炎以来系年要录》卷七二补。

王存追复资政殿学士左正议大夫赠左银青光禄大夫制
(暂系于绍兴四年正月前后)

朕念泰陵忧勤天下,时有庙堂元老,左右弼谐,协成丕功,垂裕后世。岁月逝矣，遗忠隐然，尚其典刑，可励偷薄。宠荣弗及，公论谓何？具官某躬蹈古人，夙有重望。引义慷慨，见于立朝。元祐之初，首膺简用，进位丞辖，厥德茂焉。中遭烦言，陷于钩党，赍志没地，久未昭雪。朕方旌别淑慝，以定国是。肆畴勋绪，考以旧章。升秘殿之隆名，陟文阶之峻秩。垂光幽壤，流泽来裔。精爽如在，尚克钦承。

出处：《华阳集》卷五。
撰者：张纲
考校说明：编年据同集前后文时间补。

许份赠四官制
（暂系于绍兴四年正月前后）

陈力就列者，人臣之义；隐卒崇终者，朝廷之仁。嘉乃遗忠，肆推恤典。具官某嗣传家学，躬有令名。蚤被遇于熙朝，亟升华于禁路。事功克著，扬历兹多。久去周行，方遂挂冠之恳；载披奏牍，遽闻易箦之言。念其平生，为之恻怛。陟文阶之四等，贲余泽于重泉。尚其有知，服我休命。

出处：《华阳集》卷五。
撰者：张纲
考校说明：编年据同集前后文时间、许份卒年补，见《建炎以来系年要录》卷七二。

赐参知政事席益生日诏
（绍兴三年二月至绍兴四年二月间）

求贤自辅，方登间世之才；维岳降神，适届始生之日。往助家庭之庆，用颁醪饩之仪。既举邦彝，并为亲寿。今赐卿生日羊酒米面等，具如别录，至可领也。故兹诏示，想宜知悉。

出处：《北海集》卷八。
撰者：綦崇礼
考校说明：编年据席益宦历补，见《建炎以来系年要录》卷六三、卷七三。

拖欠上供钱物责罚广南东西路官吏诏
（绍兴四年二月二日）

广南东、西路转运司当职官各降一官,吏人从杖一百科断。

出处:《宋会要辑稿》食货六四之五〇。

禁诸路州县科配进奉天申节礼物诏
（绍兴四年二月三日）

自今后诸路州县进奉天申节礼物,并置场和买,毋得于民间科配。仍令刑部立法。

出处:《建炎以来系年要录》卷七三。又见《宋会要辑稿》食货三七之三五,《宋会要辑稿补编》第八九〇页。

梁汝嘉除徽猷阁待制制
（绍兴四年二月四日）

朕惟今日巡幸之邦,形胜有同于畿甸。若时浩穰之治,剸裁实赖于守臣。畴厥功庸,宜加宠异。具官某有疏通之智,有强敏之材。早自奋扬,亟蒙任使。摘山煮海,课岁入之居多;挽粟飞刍,致军储之有裕。旋委翰藩之重,俾司辇毂之繁。吏有黠奸,望风引去;事虽盘错,投刃皆虚。数引见于便殿,信乃言之底绩。升华次对,进列西清,庶同增秩之褒,庸示懋功之劝。往服明命,益励远猷。

出处:《华阳集》卷五。
撰者:张纲
考校说明:编年据《建炎以来系年要录》卷七三补。

赐左朝奉大夫试吏部尚书兼侍讲胡松年
乞除一在外宫观不允诏
（绍兴四年二月六日后）

敕松年：省所奏乞除一在外宫观，事具悉。卿以通方之学，周物之才，历事三朝，越跻八座。奉轺轩之使，而君命不辱；冠从橐之班，而时论尽倾。方坐执于铨衡，且入陪于劝讲，实资策虑，以济艰虞。顾凤夜之宣劳，偶阴阳之爽裕，俾从优告，宜即有瘳。毋辞曳履之勤，难徇抗章之恳。所请宜不允，仍给宽假将理。故兹诏示，想宜知悉。

出处：《北海集》卷一〇。
撰者：綦崇礼
考校说明：编年据《建炎以来系年要录》卷七三补。

明橐乞严禁广东私盐答诏
（绍兴四年二月八日）

依奏。如奉行苟简灭裂，令提刑司按劾以闻，当议重行黜责；监司、帅守容蔽不即举劾，一等科罪。

出处：《宋会要辑稿》食货二六之二二。

监司郡守不得违戾诏令科率百姓诏
（绍兴四年二月九日）

应今后遇有科敷及和买，监司郡守须契勘诸县实有合支钱窠名数目，方许施行。若违戾诏令科率百姓者，监司郡守并一等科罪。

出处：《宋会要辑稿》食货三八之一六。又见《宋会要辑稿补编》第六五六页。

沈与求知镇江府制
(绍兴四年二月九日)

朕观东南形胜之地,京口实当上游。方兹时巡,尤所倚重。思得折冲厌难之士,以修古方伯连帅之职,用作外屏,宽予顾忧。具官某学不守于空言,才克施于有政。蚤膺柬拔,亟置清华。执法宪台,则排奸击邪,纪纲复振;率属铨部,则扬清激浊,流品自分。玉堂推词翰之工,经幄罄论思之助。以其蓄之有素,故能用无不宜。久去周行,殊郁士论。是用起从真馆,殿此大邦,眷惟一路节制之权,加以万旅营屯之寄。非威重足以镇浮,则人不服;非惠和足以宣化,则下不安。往图厥功,奚俟多训?

出处:《华阳集》卷五。又见乾隆《镇江府志》卷四四。
撰者:张纲
考校说明:编年据《建炎以来系年要录》卷七三补。

侯延庆除太常少卿制
(绍兴四年二月九日)

朕惟六经之道同归,而礼之用为急。遭时多故,奉常之官,名存而实废。孰能为朕褒举阙遗,正其名物,庶几一代之制,尚有典刑? 惟尔博学而文,强志以敏,考其施设,誉在缙绅。比自侯邦,召置右史,时乃旧物,已试曰能。宜更锡于赞书,俾遂亚于卿列。朕方布告中外,有事郊丘,爰复举于上仪,其敢忘于旧典! 讨论制作,在尔勉之。

出处:《华阳集》卷五。
撰者:张纲
考校说明:编年据《建炎以来系年要录》卷七三补。

苏携除宗正少卿制
(绍兴四年二月九日)

朕观《周南》"麟趾"之化,而美召穆公纠合宗族之诗。眷言懿亲,曲加敦叙。

惟是图谋散逸,未克订正,属之卿寺,必推其人。以尔明纯惠和,名臣之子,更历事任,为时老成,久滋退闲,厥闻弥著。用复置于少列,俾职司宗。夫伯臣之设,非独序正属籍,辨昭穆之亲疏也,典刑视效,于是乎取之。勉尔所职,昭厥象贤之美,使吾同姓皆知蹈履先德,亦所以劝勉,顾不韪欤!

出处:《华阳集》卷五。
撰者:张纲
考校说明:编年据《建炎以来系年要录》卷七三补。

陆长民除右司制
(绍兴四年二月九日)

朕惟朝廷之官,皆为擢用,至于宰相之属,尤号要司。赞纲纪出纳之权,懋省闼弥纶之望。孰能任此,莫如汝宜!惟汝蚤奋才猷,亟蒙器使,勤劳备著,中外迭居。若时都公,实乃旧职,稽其已试之效,考以佥言之同,是为得人,往共厥服。惟明敏能会法意,惟公勤能督吏奸。使六曹无滞于所行,则万务不劳而自理。祗若予训,嗣有宠褒。

出处:《华阳集》卷五。
撰者:张纲
考校说明:编年据《建炎以来系年要录》卷七三补。

晏复除吏部郎官制
(绍兴四年二月九日)

朝廷品核人物,掌以天官,分总铨衡,惟郎是赖。尔以识度之远,材术之优,顷蒙柬求,与吾选事。今用复尔于外,俾列旧职。尔其悉意一从事于新书,使夫黠胥不能玩法,而寒微无留滞之叹,则予汝嘉。

出处:《华阳集》卷五。
撰者:张纲
考校说明:编年据《建炎以来系年要录》卷七三补。"晏复"当作"晏敦复",见《宋史》卷三八一《晏敦复传》、《建炎以来系年要录》卷七三。

胡松年除吏部尚书制
(绍兴四年二月十二日)

中台分建六职,允为喉舌之司;文部品序群材,尤重铨衡之寄。遭时艰棘,旧典逸遗。方考实以成书,思得人而总治。求于试可,宜以次迁。具官某谅直而粹温,疏通而敏博。才用众务,本于独见之明;学洞群言,辅以力行之志。蚤持从橐,克励忠规。代言西掖,而进专琐闱封驳之严;率属冬官,而兼备经幄讲论之益。会殊邻之修聘,将使指以出疆,言不见于几微,动辄得其要领。嘉乃任职,简予深衷,俾升常伯之联,用冠甘泉之列。既师言之允穆,庶邦治之协宁。昔魏用毛玠、崔琰典吏之曹,化清俭之节于多士;唐以宋璟、李乂掌选部,擅平允之誉于一时。往既厥心,古人不远。

出处:《华阳集》卷五。
撰者:张纲
考校说明:编年据《建炎以来系年要录》卷七三补。

温州万寿观会圣宫章武殿添置干办官一员诏
(绍兴四年二月十四日)

温州万寿观会圣宫章武殿见奉安神御三处,共添置干办官一员,令入内内侍省差。

出处:《宋会要辑稿》礼一三之一一一。

陈与义除礼部侍郎制
(绍兴四年二月十六日)

朕选六卿之亚,皆民誉也。故治官掌铨衡之政,而宗伯总礼文之事,然剧易之职不同。至于佐其长以率属,则协心尽悴,厥任惟均。具官某蚤以异材,亟登迩列。分职文部,期年于兹,奸弊既除,誉言无间。念方使之进陪经幄,兼直玉堂,若犹责以烦剧之劳,将恐妨于论思之益。宜从所便,易畀简曹。且礼所以治神人,和上下,岂在区区文物之间为哉?尔其勉修厥职,使夫日力有裕,而专意于问学文章,以奉我清闲之燕。

出处:《华阳集》卷五。

撰者:张纲

考校说明:编年据《建炎以来系年要录》卷七三补。

胡世将除刑部侍郎制
（绍兴四年二月十六日）

朕惟天下一物失所,尚足害政,故于刑辟之事,尤致哀矜。秋官亚卿,率属为重,朕所选畀,非贤不居。具官某学穷经术,而知其变通;智达事几,而见于施设。比自侯服,召还秩宗,虽未即于周行,已大孚于群听。会兹司寇,方务得人,载畴金言,咸曰汝可。昔者伯夷降典,要在折民惟刑;皋陶制百姓,于刑之中而曰"以教祗德"。盖二官任职,虽或不同,然一体相须,未始有间。往师古意,其审克之。

出处:《华阳集》卷五。

撰者:张纲

考校说明:编年据《建炎以来系年要录》卷七三补。

刘岑除吏部侍郎制
（绍兴四年二月十六日）

朕方肇修铨衡之法,付之文部,使天下之士咸以资格,听其考序,其职顾不重哉? 非得夫剸烦治剧之才,何以胜激浊扬清之任! 具官某学博而有守,言大而力行。擢贰秋官,掌予邦宪,以情论法,吏不敢欺。信其才高,可膺烦使。治官之亚,汝宜摄承。夫裴、马之能,述于史氏,后世称焉。往其懋勉,无愧古人,是为任职。

出处:《华阳集》卷五。

撰者:张纲

考校说明:编年据《建炎以来系年要录》卷七三补。

唐辉除中书舍人制
(绍兴四年二月十六日)

文章尔雅,训词深厚,独称西汉,而后世罕能及者,朕心慕焉。是以敷求天下修洁博习之士,置诸左右侍从之列,使备述作,庶几古人。具官某秉德粹完,操行纯固。韫椟六经之奥,服膺一善之微。番励才猷,亟蒙器使。擢居谏省,知无不言;进列史官,书必以法。朕既嘉其风节之劲,又尝考乃词章之华,宜陟纶闱,遂典书命。夫代言之任,是谓儒者之至荣;然称职为难,当识国家之大体。益勉所学,以宏厥声。

出处:《华阳集》卷五。
撰者:张纲
考校说明:编年据《建炎以来系年要录》卷七三补。

赐新除礼部侍郎陈与义辞免恩命不允诏
(绍兴四年二月十六日后)

敕与义:省所札子奏,辞免恩命,事具悉。卿以经术之深,既资劝讲;辞华之赡,兼俾代言。而任总铨曹,日撄繁务。惟精明之立断,在剸拨而有余。然而必将责吏事之能,则非所以用儒臣之意。贰卿之列,掌礼是优,品秩虽同,剧闲则异。方订裁容典,固有赖于刺经;则润色丝纶,盖无妨于视草。欲贤劳之少佚,极清选以良宜。初匪超逾,奚烦逊避?所请宜不允。故兹诏示,想宜知悉。

出处:《北海集》卷一五。
撰者:綦崇礼
考校说明:编年据《建炎以来系年要录》卷七三补。

李亦改官制
(绍兴四年二月十七日)

尔由疏远,上封自言,公车以闻,遂获召对,亦可谓遇矣。观其论奏,志有足嘉,命改厥官,庸示殊宠。夫为士者,非驰骋进取之难,立而无令名之患。往服朕训,无怠尔修。

出处:《华阳集》卷六。
撰者:张纲
考校说明:编年据《建炎以来系年要录》卷七三补。

越城门禁权依京城断罪诏
(绍兴四年二月十八日)

越城门禁,并权依京城断罪,候车驾回銮日依旧。其未修城壁,仰本路相度置铺巡防。

出处:《宋会要辑稿》方域二之一二。

綦崇礼辞免兼史馆修撰不允诏
(绍兴四年二月二十一日后)

敕某:省所奏辞免兼史馆修撰恩命事,具悉。朕永念为邦,必存信史。考之在昔,有《尚书》、《春秋》之成规;近莫如唐,以知几、吴兢为称职。肆图兹任,历选在廷,苟非其人,不以轻授。惟卿文学议论独高于一时,代言谈经皆合于朕意。望实两重,搢绅所推。必能发五例以成书,兼三长而载笔。惟我系兴之迹,实承中否之余。时当经纶,事故丛委。其重如此,非卿孰宜?休命既行,群言皆穆。何劳逊避,其趣钦承。所请宜不允。故兹诏示,想宜知悉。

出处:《北海集》附录中。
考校说明:编年据《建炎以来系年要录》卷七三补。

颁降诏书令监司关报州县诏
(绍兴四年二月二十三日)

今后诸路有颁降诏令,并仰监司关报州县,真书文字镂板印给于民间。仍约束巡尉不得以修葺粉壁为名,差人下乡骚扰。

出处:《宋会要辑稿》刑法二之一四八。

向子廉复官制
(绍兴四年二月二十三日)

朕惟钦圣功在社稷,万世永赖。遭时多故,而向氏子孙流落殆尽。惟尔幸占仕籍,乃复坐累削官。念之慨然,宜见褒序。既复文阶之峻,更升延阁之华。以宠戚藩,断自朕意。往服休命,尚盖前愆。

出处:《华阳集》卷四。
撰者:张纲
考校说明:编年据《建炎以来系年要录》卷七三补。

王革追授中大夫仍落职制
(绍兴四年二月二十五日后)

朕观前世酷吏,惨刻少恩,未尝不恻然动心;而况出于近时残鸷,殆有甚者。按其见恶,虽死不赦。具官某素行阴贼,盗窃宠荣。当政和、宣和之间,声焰熏灼,专以刑戮为暴,观望相指,陷人于罔。冤痛之声,达于上下,累仁圣好生之德,伤天地至和之气。厥罪既著,身不即诛,显秩崇名,没犹冒处,盖于尔失刑甚矣。宜从追削,少谢无辜。尔则何知,要为后来之戒。

出处:《华阳集》卷四。
撰者:张纲
考校说明:编年据《建炎以来系年要录》卷七三补。"追授"当为"追降"之误,见《建炎以来系年要录》卷七三。

蠲免蕲州上供钱物诏
(绍兴四年二月二十七日)

蕲州绍兴四年已前合起无额上供钱物,并与蠲免。

出处:《宋会要辑稿》食货六四之五〇。

张荣转遥郡观察使制
（暂系于绍兴四年二月前后）

凡赏无常,视功轻重,藏在盟府,用以劝能。具官某奋不顾身,忠于卫上。淮堧之役,捍御有闻;俾守海陵,寇莫敢犯。于是民得按堵,而盐荚之利,久废复兴。肆畴厥功,爵应加等。宜锡廉车之宠,庶昭戒垒之荣。往其钦承,勉思报效。

出处:《华阳集》卷六。
撰者:张纲
考校说明:编年据同集前后文时间、文中所述"淮堧之役,捍御有闻;俾守海陵,寇莫敢犯"补,见《建炎以来系年要录》卷六〇等。

赵鼎参知政事制
（绍兴四年三月八日）

兆开帝业,方懋于鸿图;参贰宰司,敷告于耆哲。眷言儒帅,尝斡兵权。备输忠荩之诚,大系生灵之望。肆因公论,俾赞繁机。具官赵鼎貌庄而气和,心夷而度远。王佐之学,雅志于经纶;人杰之材,凤膺于属任。爰自擢长宪府,进预筹帷,励风节以振朝纲,罄谋谟而裨庙算。臧否难夺,行藏自如。由中起于穷山,荐往临于巨镇。折冲建业,固近辅之藩篱;作屏豫章,控上游之襟带。诸将愿趋其节制,四方耸慕其威名。既锡召环,甫次行阙。断自朕志,辅以畴咨。虽未觐于朝廷,宜亟陪于大政。今兹仰成近弼,力拯多艰。惟时惟几,豫审精微之会;服休服采,咸思康济之方。国势之强弱安危,治体之后先缓急。庶易棋而致胜,将更瑟以取调。克副仰成,亶繇励翼。盖商家共政,繄图旧是先;而周室中兴,本倚贤为重。薪修明于庶政,用延登于一时。惟任礼弗私,能极规摹之远;惟惜阴无弃,能底勋绩之隆。载嘉伟人,奚俟多训。

出处:《宋宰辅编年录》卷一五。

赐新除参知政事赵鼎辞免恩命乞改除一
在外宫观差遣不允诏
(绍兴四年三月八日后)

敕赵鼎:省所札子奏辞免恩命,事具悉。朕以临政之未明,求贤而自辅。深戒取人之失,选于众而敢轻;永怀用旧之宜,简诸心而素定。率由公听,庶协金谐。卿以直道正言,历跻宪府;以嘉谋硕画,尝赞筹帷。名声推重于朝廷,风采耸闻于天下。属虚近弼,思究远猷,乃趣召于帅藩,俾参陪于国论。惟君臣之遇合,昔以为难;而政事之图维,今尤匪易。卿方得位,朕所委心。勉戮力于治功,毋执谦于辞逊。所请宜不允。故兹诏示,想宜知悉。

出处:《北海集》卷九。
撰者:慕崇礼
考校说明:编年据《建炎以来系年要录》卷七四补。

赐新除参知政事赵鼎上表辞免恩命不允仍断来章批答
(绍兴四年三月八日后)

省表具知。朕慎择辅臣,缅怀旧德。适兹虚次,趣以来归。将入见于便朝,俾即联于政路。盖知贤而既审,则断用以何疑?犹贡封章,力辞宠命。念昔之去国,曾未展于谋谟;而今也逢辰,谅克谐于志愿。矧两宫之久隔,若四境之多虞。恢定中原,抚宁百姓,咸卿言之及此,岂朕虑之有它?勉共远图,毋烦固避。所请宜不允,仍断来章。有敕:卿久去中枢,比更外镇。既稔隆于物望,宜参预于正司。犹贡忱辞,用加申谕。今差。

出处:《北海集》卷一七。
撰者:慕崇礼
考校说明:编年据《建炎以来系年要录》卷七四补。

宋辉落职制
（绍兴四年三月九日）

朕驻跸临安,视同天府,浩穰之治,付厥守臣。尔以非材,尝见属任,狱市所寄,观望为奸。始则便文自营,卒使刑放于宠。事虽既往,公议弗容。论撰之华,岂应冒处? 其从镌夺,聊戒后来。服我宽恩,毋忘省咎。

出处:《华阳集》卷六。
撰者:张纲
考校说明:编年据《建炎以来系年要录》卷七四补。

令侍从荐士诏
（绍兴四年三月十一日）

汉策贤良,博究天人之学;唐分科目,广收卿相之才。爰及本朝,亦循前轨。咸平立制,继传而至仁宗;天圣临轩,一举而得富弼。肆英髦之辈出,考名迹以相望。迨今论世之隆,最号取人之盛。顾予纂绍,履此艰难。思贻则之永图,悼设科之久废。间尝下诏,俾复旧章。迄兹三岁之期,靡觐一人之举。岂眇躬凉薄,无能徕天下之贤;将俗学湮沦,未克振斯文之敝。属当秋试,申命春官。遍咨侍从之臣,别进多闻之士。采乡评而无玷,必先行谊之修;访时务而可稽,斯取艺文之富。观其素业,待以规程。庶因选择之公,获睹治安之策。惟尔群隽,体予至怀。

出处:《宋会要辑稿》选举一一之二三。

谕杂卖场诏
（绍兴四年三月十三日）

杂卖场置交跋历,应有诸处官物,当官对历交点,方得出卖。若辄敢截留关借出外,并从杖一百科罪。杂卖场专典半年一历。所有合造帐籍;半年一易;合用行遣纸扎,每月降帖左藏东库支给。杂卖场依左藏库见出卖香等体例,每贯收头子钱二十文省,充杂支使用,仍置历收支。如有剩数,上下半年终赴左藏库送纳。杂卖场依榷货务例,顾人串省陌钱,每贯支钱六文,已交跋官物每一百斤支脚钱八十文省;般担钱至左藏库送纳,每贯支长短脚钱三文足,并于头子钱内支破。杂卖场监官差破白直兵士四人,下步军司差拨。

出处:《宋会要辑稿》食货五四之一八。

唐辉除谏议大夫制
（绍兴四年三月十三日）

朕惟一事之失,图功弗终;一行之亏,视德有愧。肆用广开公正之路,敷求謇谔之臣,盖欲亟闻谠言,磨切左右,所以成大功,全盛德,实有赖焉。而况官为正谏,表率在列,位高责重,可非其人! 具官某德蕴纯明,器凝端粹。率义不爽,蹈古人之规;遇事敢为,见仁者之勇。数任言责,咸有能称。入直蟠坳,旋升纶阁,虽词章每多于润色,而鲠亮不废于论思。有嘉造膝之忠,曾是伏蒲之旧,粤从回禁,还冠七人。昔柳公权论事不阿,风采可尚,遂由内史,屈居是官。朕稽前言,亦以命尔。往服乃事,思勉厥勤,陈古谊以启迪朕心,酌民言而规正国论。期补大化,勿崇虚名。

出处:《华阳集》卷六。
撰者:张纲
考校说明:编年据《建炎以来系年要录》卷七四补。

辛炳除御史中丞制
（绍兴四年三月十三日）

唐文宗有言:"御史台,朝廷纲纪,一台正则朝廷治,朝廷正则天下治。"国家自祖宗以来,阙大夫不置,而中执法实表率其属,以弹治不屈为职。乃者柬拔忠良,布在言路,而台无长官,朕甚恶焉。推择其人,宜以次举。具官某廉清有守,秉高世之资,谅直不回,励古人之操。辞荣求志,达于听闻,召还周行,任以言责。载观论奏之实,益信风节之强。排奸击邪,百吏震竦,国之司直,惟尔有焉。往由杂端,进居独坐,虽断自朕志,而考于公论,盖无愧矣。夫以道制法,所以处天下之事;为官择人,所以行天下之法。事有弗当于理,人有弗协于极,皆汝责也。其服朕命,益懋乃心,具陈治国之谋,毋负敢言之地,是谓称职,则予汝嘉。

出处：《华阳集》卷六。

撰者：张纲

考校说明：编年据《建炎以来系年要录》卷七四补。

赐新除御史中丞辛炳辞免恩命不许诏
（绍兴四年三月十三日后）

敕辛炳：省所奏辞免恩命，事具悉。朕尝胆而惩大难，虚心而受尽言。摧抑世权，以伸风宪之威；张明纪纲，以正朝廷之体。务奖延于忠谠，用开广于聪明。卿时之老成，邦之司直。顷就闲于乡曲，每腾誉于搢绅。迨兹三聘而肯来，何止单言而寤意？履台端之期岁，倡国是于一时。高第当迁，实才堪称。伊欲人励思无邪之志，肆俾卿专中执法之司。惟有知而必言，庶不绳而自肃。若乃收大才以振风俗，开公道以一权纲，责实而修诚，崇俭而节用，备闻斯语，深沃朕心。勉卒令猷，毋留成命。所请宜不允。故兹诏示，想宜知悉。

出处：《北海集》卷一三。

撰者：綦崇礼

考校说明：编年据《建炎以来系年要录》卷七四补。

令岳飞毋出李横所守界诏
（绍兴四年三月十四日）

敕岳飞：矧卿忠义之心，通于神明，故兵不犯令，民不厌兵，可无愧于古人矣。今朝廷从卿所请，已降画一，令卿收复襄阳数郡。惟是服者舍之，拒者伐之。追奔之际，慎无出李横所守旧界，却致引惹，有悮大计。虽立奇功，必加尔罚，务在遵禀号令而已。收复之后，安辑百姓，随宜措画，使可守御。不致班师之后复有疏虞，始可回军，依旧屯驻。朕当重置赏典，以旌尔功。故兹笔喻，无慢我言。十四日。御押。

出处：《鄂国金佗稡编》卷一。又见《忠文王纪事实录》卷一，《汤阴精忠庙志》卷四。

参谋参议官等叙官诏
(绍兴四年三月十四日)

参谋官系知州资序人,与提刑叙官;参议官系知州资序人,与转运判官叙官;机宜干办公事并依发运司主管文字叙官。

出处:《宋会要辑稿》职官四一之二九。

徐彦忠转遥郡刺史制
(绍兴四年三月十五日)

往岁虏骑控弦,瞰吾江浒。尔以偏将,鼓行先登,逐北渡淮,第功居最。有司谓尔,赏应弛恩;顾方劝能,岂限常制? 遥兼刺举之号,优示宠荣。其勉厥勤,用图报称。

出处:《华阳集》卷六。
撰者:张纲
考校说明:编年据《建炎以来系年要录》卷七四补。

胡世将除徽猷阁直学士知洪州兼安抚制置使制
(绍兴四年三月十五日)

方面之权,朝廷外屏。惟豫章古郡,实居上游,襟带湖湘,控引闽粤。爰自艰难以来,盗贼间起,疮痍吾民,故选建牧守,常重于他镇,非夫恩威并济,知大体、可畏信者,难以属其任。具官某疏通练达,文雅自将。早被柬求,登于禁近。朕固知其有折冲御侮之略,有牧人御众之才。京口大藩,试以帅事,曾未期月,果有能名。比方召复周行,俾贰司寇;而江表重寄,念非卿无可付者。是用升华延阁,以宠其行。夫一路十州,兵民大政,得专制焉,盖休戚之所系也。卿其考古忠信之长,慈惠之师,以抚安兹土,亦使夫令修于庭户。数月之间,而人自得于湖山千里之外,毋愧前哲,则予汝嘉。

出处:《华阳集》卷六。

撰者:张纲

考校说明:编年据《建炎以来系年要录》卷七四补。《建炎以来系年要录》卷七四:"(绍兴四年三月乙丑)尚书刑部侍郎胡世将充徽猷阁直学士、知洪州。后二日,诏世将兼江西安抚置制使。"

侯延庆除起居舍人制
(绍兴四年三月十七日)

昔倚相能读《三坟》《五典》《八索》《九丘》,楚王以为良史。朕敷求时髦,俾记言动,亦惟博极群书,义类通贯,然后责其任职。以尔儒学之英,奋由庠序,粹然论议,缙绅多之。顷尝擢自郎曹,固已直入螭陛。一从外补,数更除书,考之金言,宜还旧物。夫载笔之任重矣,隐善讳恶,则失之诬;因浅仍俗,则失之陋。尔宜勉焉,毋流于二者之失,予惟汝嘉。

出处:《华阳集》卷六。
撰者:张纲
考校说明:编年据《建炎以来系年要录》卷七四补。

资政殿学士张浚落职奉祠制
(绍兴四年三月十七日)

假便宜行事之势,忘人臣无将之嫌;肖内阁以招贤,拟尚方而刻印。

出处:《建炎以来系年要录》卷七四。
撰者:舒清国

舒清国除直龙图阁与郡制
(绍兴四年三月十八日)

西清五阁,祖宗谟训在焉,寓直其间,实为儒者之宠。尔顷由郎省擢备史官,既致人言,宜从外补。念其载笔之久,畀以河图之名。往举藩条,尚思报称。

出处:《华阳集》卷六。

撰者：张纲

考校说明：编年据《建炎以来系年要录》卷七四补。

戚里之家就公库等寄造酒事诏
（绍兴四年三月十九日）

应戚里许令造酒之家，若在外州军居住，并依臣僚体例，止应细算曲米价值就公库或官务寄造，以充宾祭之用，每岁不得过三十石。

出处：《宋会要辑稿》食货二一之一九。又见《建炎以来系年要录》卷七四。

胡寅除起居郎制
（绍兴四年三月二十一日）

左右置史，进联二省之华；言动必书，用纪一时之实。求称厥职，可非其人？以尔学博而文，才敏以达，有志当世，发闻自初。尝妙简于公朝，继入跻于清贯。论议不屈，气节可嘉。兹用擢于州符，付之史笔。时惟旧物，用观已试之能；往服新恩，尚勉方来之效。

出处：《华阳集》卷六。

撰者：张纲

考校说明：编年据《建炎以来系年要录》卷七四补。

王居正除太常少卿制
（绍兴四年三月二十一日）

舜命伯夷典礼，后夔典乐，各能其官，以名后世。今国家以奉常一司兼此二事，而欲责其任职，兹惟艰哉！惟尔少以美才，辅之笃学。项由简拔，入侍于螭坳；欲究设施，旋分于符竹。践更既久，中外具宜。顾兹列卿，亦尔旧物，其往为朕讨论前代之制作，绪正今日之缺遗。使夫声名文物之华，灿然复举；庶几朝觐会同之节，将有可观。朕志所期，申命惟允。

出处：《华阳集》卷六。

撰者:张纲

考校说明:编年据《建炎以来系年要录》卷七四补。

杜湛除遥郡团练使江西兵马钤辖制
(绍兴四年三月二十二日)

　　朕设勇爵,以待天下劳能之士,盖欲激昂惰气,协成武功。以尔沉鸷有谋,忠力自奋,习于行阵,屡上战多,不有宠荣,人罔攸劝。其升旧秩,往主戎团。祗服茂恩,尚图报称。

出处:《华阳集》卷六。

撰者:张纲

考校说明:编年据《建炎以来系年要录》卷七四补。

刘锡复捧日天武四厢都指挥使明州观察使
权主管殿前司公事制
(绍兴四年三月二十四日)

　　俨州庐而列卫,势克壮于宸居;提尺藉以申威,权莫专于环尹。厥惟要地,宜付伟材。具官某慷慨而喜奇谋,沉勇而多大节。抚臧宫之鸣剑,夙有志于功名;得黄石之遗编,信独传于韬略。起自将种,进超武阶。时属艰危,任当繁剧。佩边城之印,孤军屡抗于凶残;分帅阃之权,诸将敢违于纪律!既锡廉车之宠,旋膺部督之雄。辍统卫于亲兵,俾奋扬于西土。偶坐微累,颇镌要官。虽历时未久于废闲,岂一眚遂忘于委任。尽还故秩,庸示新恩。摄扈殿岩,董司禁旅,以重爪牙之寄,以昭心膂之亲。匪惟尔私,实允公议。入王宫而假寐,无忘大亮之忠;冀虎贲之得人,尚谨周公之戒。

出处:《华阳集》卷六。

撰者:张纲

考校说明:编年据《建炎以来系年要录》卷七四补。

赵霈除吏部郎官制
(绍兴四年三月二十四日)

朕以时方艰虞,吏员增溢,未能遽损。思得通敏详练之士,主吾选法,庶几衡综有序,而伪冒者不得进,则官曹流弊,不革自清。以尔学世其家,克自奋励;施于有政,誉言甚休。是用擢于典祠,俾列天官之属。进必以叙,益试尔能。往祇厥官,嗣有褒宠。

出处:《华阳集》卷六。

撰者:张纲

考校说明:编年据《建炎以来系年要录》卷七四补。

吕本中除祠部郎官制
(绍兴四年三月二十四日)

朕方举群策,以收中兴之功,顾天下士有一善可取,犹将简拔任用;而况已试之才,为朕所知者乎! 以尔富于艺文,能嗣家世,考其事业,誉在郎曹。今典祠缺员,肆以命尔。夫冰厅素号无事,固有余力,足以讲论古今。往其勉之,以待上用。

出处:《华阳集》卷六。

撰者:张纲

考校说明:编年据《建炎以来系年要录》卷七四补。

刘一止除祠部郎官制
(绍兴四年三月二十四日)

朕方举群策,以收中兴之功,顾天下士有一善可取,犹将简拔任用;而况已试之才,为朕所知者乎! 以尔行义文词,缙绅推仰。蚤膺器使,入直螭坳。嘉其久即退闲,益自坚于气节。肆以郎选,还置本朝。朕之用人,不以官职崇卑而为轻重。往祇厥服,以茂远图,嗣有褒迁,毋虚朕意。

出处:《华阳集》卷六。又见《苕溪集》卷五五。
撰者:张纲
考校说明:编年据《建炎以来系年要录》卷七四补。

汪藻转一官制
(绍兴四年三月二十五日)

朕于名器,不以假人,惟时赏劳,则靡所爱。故虽严近之列,有应公令,犹加褒录,盖所以劝也。具官某以文章得名,而能达当世之务;以气节自励,而不忘忧国之心。厌直承明,往临藩翰,政平讼理,百姓和乐,有西京循吏之风。比以军储阙供,下郡国平价以籴,而能悉意奉公,承诏趣办,朕甚嘉焉。其进一官,以为任职者之宠。祗服休命,益勉厥勤。

出处:《华阳集》卷七。
撰者:张纲
考校说明:编年据《建炎以来系年要录》卷七四补。

赐捧日天武四厢都指挥使明州观察使权主管
殿前公事刘锡辞免恩命不允诏
(绍兴四年三月二十五日后)

敕刘锡:省所奏辞免恩命,事具悉。卿才略天资,勋名世显。入典禁厢之旧,出分边阃之忧。克嗣前人,为时宿将。勤劳具在,艰险不渝。朕听鼓鼙而有思,悼干戈之未戢。眷我爪牙之旧,困于口舌之烦,坐废远方,倏更累岁,用趣还于宿卫,俾尽复于官联。朕不乃忘,卿当曷报? 尚益图于忠力,毋过饰于谦辞。所请宜不允。故兹诏示,想宜知悉。

出处:《北海集》卷一三。
撰者:綦崇礼
考校说明:编年据《建炎以来系年要录》卷七四补。

推赏和籴官诏
(绍兴四年三月二十六日)

今省仓和籴米岁终及二十万石,监官各转一官;如在任不及全年,或于数外更有增籴到斛斗,并与纽计推赏。

出处:《宋会要辑稿》食货四〇之一九。又见《宋会要辑稿补编》第六二四页。

王似卢法原吴玠任职诏
(绍兴四年三月二十六日)

王似除资政殿学士、川陕宣抚使,卢法原除端明殿学士、川陕宣抚副使,并在司治事;吴玠除川陕宣抚副使,免签书本司公事,专以措置沿边诸处战守事宜。

出处:《宋会要辑稿》职官四一之二九。

王似除资政殿学士川陕宣抚使制
(绍兴四年三月二十六日)

中原大势,实依秦蜀之雄;元帅抚封,用作藩篱之固。眷求阅礼观诗之士,就付折冲绥远之谋。宜锡赞书,以昭宿望。具官某直方而不挠,笃实而有容。雅高拯溺之材,溯大川而必济;见谓剚烦之手,投利刃以皆虚。属此艰难之时,备更中外之任,纯诚弥笃,丕绩具昭。简在深衷,可膺重寄。顾西南之外屏,壮形胜于本朝。师徒久劳,疆场多事。虽戎律已勤于妙算,而军容未正于中权。载畴金言,肆时改命。陟隆名于秘殿,总大柄于师干,是为图任之公,勉赴功名之会。予欲尊主威而强国,尔则抚御于全师;予欲御外侮以息民,尔则布宣于威令。祗服明训,益励远猷。

出处:《华阳集》卷六。
撰者:张纲
考校说明:编年据《建炎以来系年要录》卷七四补。

卢法原除端明殿学士川陕宣抚副使制
（绍兴四年三月二十六日）

当陕阻艰难之时,虑莫先于谋帅;得诗书礼乐之士,庶相协以图功。矧累朝之旧臣,副一方之重寄,宜加异数,以抚成师。具官某志在古人,名显当世。遍仪侍从,堂堂人物之英;备罄猷为,蹇蹇王臣之节。肆予图任,属此老成。会兴秦蜀之兵,俾贰军师之政。奇谋硕画,自能暗合于孙、吴;御侮伐谋,尚何远想于颇、牧。顾今方隅之未靖,况复屯戍之久勤,盍加宠于使权,庶增重于戎律。爰锡赞书之命,亟升秘殿之华,断自朕心,克符公论。四郊多垒,念方轸于至怀;千里折冲,其勉掫于远略。

出处:《华阳集》卷六。又见《南宋文录录》卷三。

撰者:张纲

考校说明:编年据《建炎以来系年要录》卷七四补。

关师古除熙河兰廓路安抚制置使马步军总管
依前统制熙秦两路军马专一招抚熙秦制
（绍兴四年三月二十六日）

朕惟王者图回大业,绥靖边隅,亦惟四方枭俊之臣,能任一时军旅之事,故得折冲御侮,坐有成功。矧今西土未宁,地居四战,选将任职,可非其人?具官某沉鸷而通,明锐以果。总戎知变,得真将军之风;却敌无前,见烈丈夫之勇。一自拔于远服,统临将士,被坚执锐,率为众先。威名既昭,人用信服。今朕擢尔安熙河之民,以总节制之任,仍兼旧职,图功允终。夫兵势无常,虽贵乎必胜之将;而安民为武,尤急于招携之谋。往服训言,毋忘报效。

出处:《华阳集》卷六。

撰者:张纲

考校说明:编年据《建炎以来系年要录》卷七四补。

刑部依旧法编类颁降续降指挥诏
（绍兴四年三月二十七日）

今年正月以后,每行续降指挥,令刑部依旧法,春秋编类颁降。

出处:《建炎以来系年要录》卷七四。

杨应诚除枢密副都承旨制
（绍兴四年三月二十七日）

宥密之司,整军经武之制在焉。方时多虞,任责尤重,孰能为朕周旋其间,奉承诏旨,虽在副介,罔不择人。具官某明智有余,深达世务;气节慷慨,老而不衰。自昔宠分州符,远持使节,颇能推其素所蓄积,见于设施。誉者翕然,达予闻听。比既起从祠馆,表率上阁,犹以九仪朝觐之事,用违所长。更锡赞书,擢兹要地。夫枢机所系,万里折冲,不密害成,古人深戒。往慎厥职,毋忘训言。

出处:《华阳集》卷六。
撰者:张纲
考校说明:编年据《建炎以来系年要录》卷七四补。

临安府失火责罚条约诏
（绍兴四年三月二十八日）

临安府失火,延烧官私仓宅及三百间以上,正犯人作情重法轻奏裁。芦草竹板屋,三间比一间。五百间以上取旨。

出处:《建炎以来系年要录》卷七四。

许广西经略安抚司奏辟准备差遣差使诏
（绍兴四年三月二十八日）

广西路经略安抚使司额管准备差遣、差使旧额合破员数,许于大小使臣内通融踏逐奏辟。

出处:《宋会要辑稿》职官四一之一〇六。

赐皇叔祖检校少傅靖海军节度使开府仪同三司嗣
濮王仲湜再上表辞免宗祀加恩断来章不允诏
（绍兴三年春或绍兴四年春）

敕仲湜:省所再上表辞宗祀加恩,事具悉。朕躬祀总章,克成熙事。维时宗室之老,介子酌献之勤。神视愿歆,祖宗来假。馂胙之福,卿则同之。增衍封租,厥有常典,胡为谦执,犹尔逊辞？涣号已孚,毋稽成命。所请不允,仍断来章。故兹诏示,想宜知悉。春暄,卿比平安好？遣书,指不多及。

出处:《北海集》卷九。
撰者:綦崇礼
考校说明:编年据綦崇礼任两制时间、赵仲湜官历及文中所述"春暄"补,见同集同卷《赐皇叔祖检校少保靖海军节度使开府仪同三司嗣濮王仲湜辞免兼大宗正事恩命不允诏》。

赐资政殿大学士左中大夫知绍兴府
王绹乞除依旧外任宫观不允诏
（绍兴三年春或绍兴四年春）

敕王绹:省所札子奏,乞除依旧外任宫观,事具悉。朕惟方面之地,势有轻重;股肱之臣,义同休戚。眷彼近邦之要,属于旧辅之良。列辟视其表仪,行朝倚为根本。方资镇静,得缓顾忧。乃贡需章,愿休闲馆。虽雅怀知止,自安身退之谋;然多士闻风,孰共时艰之虑？矧神明之尚壮,且条教之既孚。毋复告劳,为予卧治。所请宜不允。故兹诏示,想宜知悉。春暖,卿比平安好？遣书,指不多及。

出处:《北海集》卷一〇。
撰者:綦崇礼
考校说明:编年据王绹官历及文中所述"春暖"补,见《建炎以来系年要录》卷五八、卷七八。

赐资政殿大学士左中大夫知绍兴府王绚
再乞除依旧外任宫观不允诏
(绍兴三年春或绍兴四年春)

敕王绚:省所再上札子奏,乞除依旧宫观,事具悉。朕以天时少康,边候无警,方内修于庶政,其力复于丕基。虽纪律设张,本朝廷而出治;然诏条宣布,繄郡邑之承流。维彼近藩,属吾旧德。正有赖同心之助,乃继陈引疾之私。若耆宿大臣,咸欲奉身而去事;则疏远下吏,孰肯捐躯而赴功?卿犹服勤,人敢自逸?刬师庭安静,初无戎务之繁;而郡政宽平,已见民心之悦。但资坐啸,何至贤劳?朕意不移,卿辞无费。所请宜不允。故兹诏示,想宜知悉。春暖,卿比平安好?遣书,指不多及。

出处:《北海集》卷一〇。

撰者:綦崇礼

考校说明:编年据王绚官历及文中所述"春暖"补,见《建炎以来系年要录》卷五八、卷七八。此诏当在同集同卷《赐资政殿大学士左中大夫知绍兴府王绚乞除依旧外任宫观不允诏》之后。

赐徽猷阁直学士左中大夫提举江州太平观
洪拟辞免特转太中大夫恩命不允诏
(绍兴四年春)

敕洪拟:省所奏,辞免进书转官恩命,事具悉。朕惟铨选久敝,格律浸隳。盖多随事以建明,宁免临文而牴牾?乃并包于新旧,俾哀缀于科条。惟讨绎之加详,肆编摩之亟就。可缘在外,辄废前劳?信赏已行,谦辞毋固。所请宜不允。故兹诏示,想宜知悉。春寒,卿比平安?遣书,指不多及。

出处:《北海集》卷一一。

撰者:綦崇礼

考校说明:编年据洪拟官历及文中所述"春寒"补,见《建炎以来系年要录》卷六九。

赐徽猷阁直学士知鄂州刘洪道辞免
特转左太中大夫恩命不允诏
（绍兴四年春）

敕洪道：省所奏辞免恩命，事具悉。人臣效官，初无择事；朝廷制爵，本以劝功。维鄂渚之要冲，实荆湖之都会。数被兵火，鞠为墟榛。谋帅维难，得卿以往。甫涉期年之久，浸观众敝之修。城堞一新，军民咸附。营屯既列，盗贼自奔。欲必践于成言，乃特加于信赏。朕无迁令，卿勿固辞。所请宜不允。故兹诏示，想宜知悉。春暖，卿比平安好？遣书，指不多及。

出处：《北海集》卷一〇。
撰者：綦崇礼
考校说明：编年据刘洪道宦历及文中所述"春暖"补，见《建炎以来系年要录》卷六九。

韩京转左武大夫制
（暂系于绍兴四年三月前后）

朕方整军经武，立国之威，凡厥有功，必加褒赏。具官某夙推将略，雅得士心。盗扰吾民，斩获底定，战多来上，深用叹嘉。俾进一官，庸示劝奖。往服休命，益图尔勤。

出处：《华阳集》卷六。
撰者：张纲
考校说明：编年据同集前后文时间补。

姚舜明复旧职制
（暂系于绍兴四年三月前后）

朕记功忘过，不遗疏远之臣；而况出入禁近，为吾法从者乎！具官某蚤以才猷，屡更器使，六卿之亚，蔚有誉言。顷由外官，尝坐微累，阅时既久，宜见拔拭。悉还旧秩，用昭新恩。往其钦承，益思懋勉。

出处:《华阳集》卷六。

撰者:张纲

考校说明:编年据同集前后文时间补。

陈昌禹除待制知静江府制
(暂系于绍兴四年三月前后)

朕惟屏翰之重,不可属非其人。矧吾桂管要冲,控带西南之地,兵民所寄,谋帅尤难,非夫术略威权见于已试,不在兹选。具官某忠勤自励,风力有闻。简于公朝,屡更烦使。比尝付之郡政,究其施设之方,治有能名,远近信服。是用嘉其显效,畀兹巨藩,升华次对之联,增重中权之任。朕方以安民为武,耀德为威。往体至怀,毋求奇功,以烦忧顾。

出处:《华阳集》卷六。又见《粤西文载》卷二。

撰者:张纲

考校说明:编年据同集前后文时间补。

赐川陕宣抚司及官吏军民诏
(绍兴四年四月一日)

宣抚使司并川陕官吏军民等:朕念虑疆陲,览观形势,秦、蜀壤地实据要冲,自时多虞,则有戎事。憪然西顾,曾靡遑宁。昨者特遣枢臣张浚往宣恩威,任国忧寄。盖五年于彼,朕有闻焉。肆颁召命,俾还行阙,而师言未已,台谏交章。考其出使失职之辜,在于常刑,当从远窜。朕念所用吴玠等能御大敌,累立战功,许国一心,可膺委任,因是贷浚,止从薄责,庶使玠等知朕厚于劝功而略于记罪之意,感悦奋励,益建良图。应累年以来川陕诸路其实有勋劳而未逮于赏,滥被刑罚而莫当其罪,才能偏废而不用,谋猷见抑而不伸,广兴横敛而至于无涯,烦扰斯民而使之失业,赦令所颁之泽不尽推行,朝廷所差之官不获赴上,凡害民咈众之事违吾德意者,仰宣抚司求请咨访,疾速措置,以称朕恻怛轸忧之诚。庶迪惠和,亟臻嘉靖。播告有众,咸使闻知。

出处:《宋会要辑稿》职官四一之二九。又见《建炎以来系年要录》卷七五。

赐吴玠御札
（绍兴四年四月一日）

史谓赵充国沈勇有大略，其用兵以全师保胜为策，乃汉中兴良将也。朕尝思其人以济大业。比见宣抚司奏，金人拥大兵而来，有吞噬四川之心。卿能保关克敌，挫彼虎狼之锐，而壮朕兴复之威，非谋以济勇，能若是耶？朕之所思，今乃见之，但恨阻远，不得抚卿背而慰朕心也。更在不骄其志，益励军情，则所谓济朕莫大之业者，非卿而谁耶！已降亲笔，除卿宣抚使，及继以朕所御战袍、器甲等物赐卿，想已毕达。今朝廷见议赏典，先飞此数字，聊写朕怀。

出处：《三朝北盟会编》卷一九六。又见《建炎以来系年要录》卷七五。

陈桷除起居舍人制
（绍兴四年四月二日）

朕慨念艰难以来，士风不竞，偷薄之俗胜，而驰骋进取之习日滋。故于用人，尤慎厥与。方将迪简在位，取其沉厚之德，靖恭之操，以革斯弊而振起之。惟尔文学之富，蚤掇殊科，克励才猷，以蒙器使。自历中秘，陟郎曹，盖二纪于兹。一时辈流，咸见拔用，乃独退然，不以屑意。朕方嘉其有守，而誉言日闻，是用付尔史笔，俾联法从之班，以职记注之事。夫华要之选，非独为尔宠也；欲使缙绅明识朕意，知所趣向焉。益勉厥修，无负眷奖。

出处：《华阳集》卷七。
撰者：张纲
考校说明：编年据《建炎以来系年要录》卷七五补。

邵溥泸南沿边安抚使兼知泸州制
（绍兴四年四月四日）

朕宵衣旰食，思济多艰，不敢一日辄忘疆场之事。故选置师帅，必惟贤能，建威消萌，用宽忧顾。具官某奋由儒学，允蹈古人；辅以才猷，表见当世。念去禁途之久，既严召节之颁。载考金言，宜膺烦使。惟泸川地接夷族，控制西南，朝廷藩翰,得人为重。今朕畀尔以中权之宠,往殿厥服。尔其深体德意,慎守教条,无以地僻俗陋而鄙夷之。使夫并边列城,兵民咸乂,是为称职。尚勉之哉!

出处:《华阳集》卷七。

撰者:张纲

考校说明:编年据《建炎以来系年要录》卷七五补。

张成宪除金部郎官宇文师瑗除驾部郎官制
(绍兴四年四月四日)

中台六卿,总治众务,郎为之属,其选甚高。尔成宪才术之优,见于已试;尔师瑗缙绅之誉,蔼然有闻。司珍驾曹,宜以分命。往其懋勉,嗣有宠迁。

出处:《华阳集》卷七。

撰者:张纲

考校说明:编年据《建炎以来系年要录》卷七五补。

刘子羽散官白州安置制
(绍兴四年四月四日)

朕暴兵露师,经理秦、蜀,置将不善,功溃于成。由引用之非人,遂同恶以相济,误国甚矣,罪奚可逃?具官某本属庸才,乘于艰运,谬窃逾涯之宠,浸成妄作之凶。方朝廷倚重元戎,听幕府自择参佐,首以憸佞,赞其机谋。昧攻守之良图,恣刚愎以自用,协持上下,莫敢谁何。富平之师,一败涂地。既自耻于失策,欲移咎于他人。阴肆谗诬,滥行斩杀,坐令将士,卒至叛违。迨严召以促还,乃卧家而自便。观其寡谋轻敌,虽恶有所分;至于慢上侵权,则咎将谁执?其以散秩,往居遐荒。尚坚循省之心,毋负生全之赐。

出处:《华阳集》卷七。

撰者:张纲

考校说明:编年据《建炎以来系年要录》卷七五补。

程唐落职宫观制
（绍兴四年四月四日）

朕暴兵露师,经理秦、蜀,置将不善,功溃于成。由引用之非人,遂同恶以相济,误国甚矣,罪奚可逃?具官某材无寸长,志欲大用,专事权要,浸加显荣。谬为属于戎昭,曾靡遵于庙胜,富平之举,朕甚悼焉。以谀佞济轻脱之谋,以残忍成覆亡之祸,生灵涂炭,职汝之由,尚复何颜,更临藩翰?览弹章之来上,知公议之弗容。其镌延阁之华,往食真祠之禄。是为宽典,毋怠省愆。

出处:《华阳集》卷七。

撰者:张纲

考校说明:编年据《建炎以来系年要录》卷七五补。

吕聪问除吏部郎官张铢除考功郎官李元瀹除度支郎官制
（绍兴四年四月四日）

朕拔举群材,以备官使,惟时郎位,其选甚高,凡列职于其间,必考实于公论。惟尔聪问,名德之后,文雅自将;铢才术兼优,能治邦计;元瀹为属宪府,蔼然有称。皆宜进陟显途,是用各加褒擢。往践厥服,益茂尔猷。

出处:《华阳集》卷七。

撰者:张纲

考校说明:编年据《建炎以来系年要录》卷七五补。

苏携除检正制
（绍兴四年四月四日）

朕惟东西二省,政事出焉。中书揆而议之,门下审而覆之。既以二三大臣任其责矣,则又为之设属,以助其不迨。吾于是知检正之职,不可用非其人。以尔气禀粹温,临事敏达,郎曹卿寺,多所践更。比尝命列司宗之贰,而议者谓尔相臣之子,嗣德有耀,朝廷政体,生长见闻,是宜更锡赞书,擢此要地。夫一日万机,出纳当否,所系重矣。往祗厥服,益究乃心。

出处:《华阳集》卷七。

撰者:张纲

考校说明:编年据《建炎以来系年要录》卷七五补。

吕聪问除宗正少卿制
(绍兴四年四月四日)

尧慎九族,周尚同姓,千载之后,协和辑睦之风,可以想见,朕甚慕之。肆求时髦,参典属籍,庶几纠合之义,无愧于古。以尔名德之后,儒学自将,越在外服,蔚有休誉。比尝召对便坐,观其论奏,有合朕心。擢亚伯臣,公议惟允。惟昔宗寺图谍,于今仅存,褒集阙遗,以昭穆亲疏之序,则为尔职。尚其勉之。

出处:《华阳集》卷七。

撰者:张纲

考校说明:编年据《建炎以来系年要录》卷七五补。

赐朱胜非御札
(绍兴四年四月四日)

卿因母祥祭,追慕毁塞,过伤其气,朕亦恻然念之。然今乃何时,而卿谒告,使朕忧思。庙堂之政,盖非特岳、鄂、相、邓之间缓急,不测机务,随时应变,岂容留滞?且宜来早,扶疾之朝。兼朕别有所欲面道者,非可托于毫楮也。

出处:《三朝北盟会编》卷一六一。又见《建炎以来系年要录》卷七五,《宋宰辅编年录》卷一五。

潘长卿潘粹卿转一官迁团练使制
(绍兴四年四月五日)

朕钦念泰陵在宥之德,昭慈保护之功,实万世永赖,而吴国诸子,是为外孙。备历险艰,来赴行阙,此宠荣所宜及也。进官一等,仍畀使名。尚勉厥勤,以副朕崇奖之意。

出处:《华阳集》卷七。

撰者:张纲

考校说明:编年据《宋会要辑稿》帝系八补。

令广东等路漕司取勘经制无额钱当职官吏诏
(绍兴四年四月七日)

广南东、西、荆湖南路提刑司当职官吏,令逐路转运司取勘,限一月具案闻奏。

出处:《宋会要辑稿》食货三五之二一。又见同书食货六四之八八。

閤门隶中书省诏
(绍兴四年四月七日)

閤门并依祖宗旧制,隶中书省,不隶台察。

出处:《宋会要辑稿补编》第九〇页。

佘茂等与补守阙进义副尉诏
(绍兴四年四月九日)

洪州武宁县义兵首领材武人佘茂、杜长摄、忠训郎李真卿,并与补守阙进义副尉,其借补文帖令拘收,缴申尚书省毁抹。

出处:《宋会要辑稿》兵二之五九。

周纲姜师仲除监察御史制
(绍兴四年四月十一日)

士有卓然以气节自立于世,然后能有所为。矧吾中执法之属,任国风宪,以督察百吏为职,则为官择人,非有立者,不在兹选。尔纲尝任言责,阅试已孚;尔师仲行己直方,见称多士。兹用并擢御史,以举六察之政,考之公论,匪为尔私。往服训言,益坚所守。

出处:《华阳集》卷七。
撰者:张纲
考校说明:编年据《建炎以来系年要录》卷七五补。

<h1 style="text-align:center">刘大中官属推恩诏</h1>
（绍兴四年四月十二日）

秘书少监刘大中昨往江南东、西路宣谕,回程结局了当,官吏与作三等推恩施行:第一等与减二年磨勘,第二等减一年磨勘,第三等减半年磨勘,选人比类施行。内年限不同,仍依四年法比折,白身人候有名目日收使。

出处:《宋会要辑稿》职官四一之三。

<h1 style="text-align:center">赐岳飞御札</h1>
（绍兴四年四月十二日）

朕尝闻卿奏,称王贵、张宪、徐庆数立战效,深可倚办。方今正赖将佐竭力奋死,助卿报国,以济事功,理宜先有以旌赏之。其王贵等各赐撚金线战袍一领,金束带一条,至可给付也。十二日。付岳飞。御押。

出处:《鄂国金佗稡编》卷二。
考校说明:原书系绍兴十年,据《宋会要辑稿》礼六二改。

<h1 style="text-align:center">赐徽猷阁直学士右太中大夫知扬州充淮南
东路安抚使汤东野乞依旧一宫观差遣不允诏</h1>
（绍兴三年夏或绍兴四年四月一日至十四日间）

敕东野:省所状申尚书省,乞依旧一宫观差遣,事具悉。人臣事君,安危不夺其节,剧易不辞其事。卿以材能,见推当世,出入禁从,为吾迩臣,于事君之义,宜所知也。今风俗偷薄,而利害之心胜,士大夫从仕举,欲即安平之地。则吾境土不幸而更兵火者多矣,将孰与之抚凋瘵而捍牧圉也哉！姑悉乃心,以副朕意。辞难就佚,得无嫌乎？所请宜不允。故兹诏示,想宜知悉。夏热,卿比平安好？遣书,指不多及。

出处:《北海集》卷一五。

撰者:綦崇礼

考校说明:编年据汤东野宦历及文中所述“夏热”补,见《建炎以来系年要录》卷六二、卷七五。

陈桷除太常少卿制
（绍兴四年四月十四日）

左右史记言动之实,地联禁近;奉常长贰专礼乐之任,班秩甚高。朕为官择人,各使效职,攸司虽异,易地则同。尔比由望实之孚,入直螭陛,乃以亲联宰辅,引嫌自言。方兹公朝,重违其意,擢亚卿列,主吾曲台。夫以直笔叙事之才,而付之讨论制作之事,盖优为也。往服朕命,益究尔能。

出处:《华阳集》卷七。

撰者:张纲

考校说明:编年据《建炎以来系年要录》卷七五补。

王居正除起居舍人制
（绍兴四年四月十四日）

唐制,两省属皆可议朝廷事,其责重矣。而况左右载笔,记人主言动,实为异时法从之选。式序在位,尤难其人。惟尔问学渊源,论学劲正。昔尝入直螭陛,固以任职著闻。比自侯邦,擢贰卿列,会吾记注,引嫌自言,求称厥官。兹用命尔易地以处。夫奉常班秩虽峻,而职清且近,史实兼之。往祗服于新恩,益勉修于旧物。

出处:《华阳集》卷七。

撰者:张纲

考校说明:编年据《建炎以来系年要录》卷七五补。

汤东野落职官祠制
(绍兴四年四月十四日)

朕选建牧守,外作翰藩,有兵有民,任责为重。能悉心于抚御,庶少宽于顾忧。具官某蚤以材能,登于法从。维扬谋帅,初谓得人。当兵火疮残之余,付还定安集之政,所宜夙夜,务称厥职。而乃坐靡岁月,绩效弗昭,致使一方,坐弊尤甚。宜黜隆名之宠,往从祠馆之游。尚服宽恩,毋忘循省。

出处:《华阳集》卷七。
撰者:张纲
考校说明:编年据《建炎以来系年要录》卷七五补。

学士院有官充待诏及两任者优与差遣一次诏
(绍兴四年四月十五日)

学士院有官充待诏人及两任,令吏部与不依名次指射差遣恩例一次。

出处:《宋会要辑稿》职官六五之五三。

户部供纳内藏库夏季见钱事诏
(绍兴四年四月十六日)

户部供纳内藏库夏季见钱五万贯,令左藏库以金银折纳。

出处:《宋会要辑稿》食货五六之四二。

曾纡降一官制
(绍兴四年四月十六日)

朕分遣重兵,宿屯要地,惟时给饷,责在漕臣。尔才智闻于一时,何独至此,而不加勉,使吾被坚之众,行有乏食之忧?主帅以言,良哂予听。贬秩一官,姑示薄惩。往服宽恩,尚图来效。

出处:《华阳集》卷七。

撰者:张纲

考校说明:编年据《建炎以来系年要录》卷七五、《宋会要辑稿》职官七〇补。

蠲免起发淮南路上供钱物一年诏
(绍兴四年四月十七日)

淮南路绍兴四年分依格合发上供钱物,予蠲免起发一年。

出处:《宋会要辑稿》食货六三之五。

归朝官陈乞再任依归明官条约施行诏
(绍兴四年四月十七日)

自今应有归朝官陈乞再任添差差遣,并许依归明及蛮徭人条法施行。

出处:《宋会要辑稿》兵一五之三。

推恩都茶场官吏等诏
(绍兴四年四月十七日)

榷货务都茶场官吏专副、押号簿使臣、诸色祗应人,提领司、左右司、太府寺、交引库官吏,二省户房专呈新法并本房实该首尾人,并依去年收支及一千万贯推恩体例施行,余并更不推恩;愿换支赐者,依绍兴二年四月二十二日权减半指挥支给;转官碍止法人于元推恩体例内除去"行"字,止令依条回授。三省该转资人,更不支破所转资请给。

出处:《宋会要辑稿》食货五七之二六。

选人岳祠荐举法诏
(绍兴四年四月十八日)

选人前任岳祠考第依格合该磨勘,许用前宰执举状,与理当职司放行。

出处:《宋会要辑稿》职官一一之三四。

谢伋除祠部郎官温州主管神御制
(绍兴四年四月十八日)

朕时巡东南,钦惟宗庙未获妥灵,肆命有司,奉祠于近郡。以尔冬官之属,敏肃而诚,宜陟冰厅,往以从事。《诗》不云乎:"温恭朝夕,执事有恪。"尚其勉之,副予休享之意。

出处:《华阳集》卷七。
撰者:张纲
考校说明:编年据《建炎以来系年要录》卷七五补。

选人展磨勘事诏
(绍兴四年四月十九日)

选人展磨勘,候到部参选日,每展一日磨勘,对殿一日名次。

出处:《宋会要辑稿》职官一一之三四。

程千秋起复知岳州制
(绍兴四年四月十九日)

巴陵控引江湖,居国上游,兵火抢攘之后,政失其经,民未复业。今欲外强屏藩,内安流离,贵在守臣,其可不慎！以尔富于才术,尝试为郡,考其绩效,绰有能名。兹用起从倚庐之中,委以专城之寄。夺情以义,宜遵有国之常规;当官而行,尚茂折冲之远略。

出处:《华阳集》卷七。

撰者:张纲

考校说明:编年据《建炎以来系年要录》卷七五补。

今年九月有事明堂诏
（绍兴四年四月二十日）

敕内外文武臣僚等:朕享帝以诚,为民徼福。顾时难备物,订郊报之未遑;然礼有从宜,用宗祈之继举。将合袪于天地,仍并侑于祖宗。即三岁之当祠,裒百神而咸对。颇益会稽之近制,率循皇祐之前规。庶格精禋,克臻嘉贶。朕以今年九月有事于明堂。咨尔列位,庀厥攸司,相予祀事之恭,毋怠官常之责。故兹札示,想宜知悉。

出处:《中兴礼书》卷四四。又见《咸淳临安志》卷三。

出师襄阳赐岳飞御札
（绍兴四年四月二十一日）

敕岳飞:具省出师奏。以卿智勇,必遂克敌,更在竭力致身,早见平定。近刘光世乞行措置荆、襄,朕已命卿,岂易前制? 但令光世严整步骑,以为卿援,缓急动息,可行关报也。亦当令卿将佐等知,庶可益壮军心,鼓勇士气,所向无前,孰能御哉! 廿一日。御押。

出处:《鄂国金佗稡编》卷一。又见《忠文王纪事实录》卷一,《汤阴精忠庙志》卷四。

考校说明:编年年、月据文中所述史事补,见《建炎以来系年要录》卷七五。

帅府书写机宜文字不得签书诏
（绍兴四年四月二十二日）

帅府书写机宜文字,除系事干机密合书写外,其余文字并不得签书。

出处:《宋会要辑稿》职官四一之一〇七。

杨揆降官制
(绍兴四年四月二十五日)

朕惟淮楚与敌为邻,尔为守臣,凡疆外之事,义当专达。乃不以闻,违诏漏言,皆汝之咎。贬秩二等,聊戒慢官。益勉所图,以补前失。

出处:《华阳集》卷七。
撰者:张纲
考校说明:编年据《建炎以来系年要录》卷七五补。

章杰除工部郎官制
(绍兴四年四月二十五日)

朕惟百工之事,皆圣人作也。述圣人制作之意,考治百工,而使咸精其能,是谓有司之职。以尔才智明达,风力敏强,将漕外台,蔚有休誉,宜遂进登郎省,属于冬官,以修五材九范之法。克恭朕命,嗣有宠褒。

出处:《华阳集》卷七。
撰者:张纲
考校说明:编年据《建炎以来系年要录》卷七五补。

徐俯除端明殿学士官祠制
(绍兴四年四月二十七日)

忧勤图治,时方急于任贤;左右近臣,义岂容于去国。念有均劳之请,欲高易退之风,宜徇恳祈,更全体貌。具官某气节不挠,辨论可观。蔚有誉于当时,期力行于素志。起从疏远,亟联从橐之华;度越辈流,遂陟枢庭之峻。阅时未久,被遇非常。庶观整军经武之谋,折遐冲于万里;抑赖同寅协恭之助,图大政于一堂。顾属任之方深,曾设施之未究,奏章俄上,引疾甚坚。肆推从欲之仁,曲示优贤之礼。殊庭厚禄,秘殿隆名,匪曰朕私,用荣尔去。或出或处,谅不替于忧时;嘉谋嘉猷,尚毋忘于告后。

出处:《华阳集》卷七。

撰者:张纲

考校说明:编年据《建炎以来系年要录》卷七五补。

徐俯罢签书枢密院事制
(绍兴四年四月二十七日)

忧勤图治,时方急于任贤;左右近臣,义岂容于去国。念有均劳之请,欲高易退之风。宜徇恳祈,更全体貌。具官徐俯气节不挠,辨论可观。蔚有誉于当时,期力行于素志。起从疏远,亟联从橐之华;度越辈流,遂陟枢庭之峻。阅时未久,被遇非常。庶观整军轻武之谋,折遐冲于万里;抑赖同寅协恭之助,图庶政于一堂。顾属任之方深,曾设施之未究。奏章俄上,引疾甚坚。肆推从欲之仁,曲示优贤之礼。殊庭厚禄,秘殿隆名。匪曰朕私,用荣尔去。噫!或出或处,谅不替于忧时;嘉谋嘉猷,尚无忘于告后。

出处:《宋宰辅编年录》卷一五。

赐端明殿学士左中大夫新除提举临安府洞霄宫徐俯辞免依旧职名不允诏
(绍兴四年四月二十七日后)

敕徐俯:省所奏札子,辞免依旧职名,事具悉。朕惟功名之士乐朝廷,高尚之人轻轩冕。用之弗及,则琬琰有煨尘之叹;去而不顾,则山林无廊庙之殊。盖出处之累,靡留于心;故荣悴之情,莫见于色。卿之遇合,朕所简知。有不得于重轻之间,遂自决于进退之际。身已江湖之远,名奚禁殿之嫌?往体眷怀,毋烦谦逊。所请宜不允。故兹诏示,想宜知悉。夏热,卿比平安好?遣书,指不多及。

出处:《北海集》卷一一。

撰者:綦崇礼

考校说明:编年据《建炎以来系年要录》卷七五补。

53

引接贼人出首理赏诏
(绍兴四年四月二十九日)

　　诸色人能引接贼人出首赴州县者,准获级理赏;每刺面三名、老幼妇女七名,准一级。其出首归业人听指射闲田耕种,并免税役差科二年。

出处:《宋会要辑稿》兵一三之一五。

差注吏部四选广南窠阙事诏
(绍兴四年四月二十九日)

　　吏部四选广南窠阙出榜一季无人愿就者,申朝廷破格差注,又一月无人愿就,并送本路转运司。

出处:《建炎以来系年要录》卷七六。

封石人峰神诰敕
(绍兴四年四月)

　　敕信州上饶县:为前敕封灵助侯暨二神助讨永丰之贼,大震白旗之威,数年流害,一旦剿除,真为国为民神也。郡县功闻,朕宜嘉赏,用彰国典,慰答民心。神既著灵于当时,朕特褒封于今日。灵助侯进封灵助威济侯,刘太真特封助顺将军,李德胜特封助灵将军。

出处:康熙《广信府志》卷二八,雍正八年补刻本。又见同治《广信府志》卷一一,道光《上饶县志》卷三一。

赵起魏珍各转一官制
(暂系于绍兴四年四月前后)

　　朕以骁将捍边,为日滋久,来赴行阙,有嘉勤劳。矧其偏裨,协忠国事,远勒部曲,可无宠褒?其叙进于武阶,庶有光于戎律。往服休命,尚勉图功。

出处:《华阳集》卷七。

撰者:张纲

考校说明:编年据同集前后文时间补。

景兴宗转三官换给付身制
(暂系于绍兴四年四月前后)

顷者秦、蜀用师,权在主将,得以便宜行事。谓尔有劳可赏,且复会课当迁,就进文阶,亦以久矣。兹用锡尔赞书,新厥宠命。往其钦服,尚勉图功。

出处:《华阳集》卷七。

撰者:张纲

考校说明:编年据同集前后文时间补。

赵鼎加恩制
(暂系于绍兴四年四月前后)

朕日者昭事上帝,大享合宫。秩将礼之文,既荷三灵之眷;推庆成之泽,爰疏百辟之恩。矧乃洪儒,为予近弼。方有资于同德,其敢废于旧章!具官某才周而识明,器远而用博。忠嘉自奋,屡陈经世之谋;謇谔有闻,独著立朝之节。一自登于枢辅,再分领于帅权。坐申庙胜之威,益峻岩瞻之望。肆加严召,入赞于机衡;正赖明谟,用宽于宵旰。念缛仪之既举,宜庆赐之惟均。亟命有司,式敷异数。俾增封于爵号,并申衍于爰田,夫尊贤显功,所以锡便藩之宠;而忧边思职,尚宜图康济之方。祗服训言,以称朕意。

出处:《华阳集》卷七。

撰者:张纲

考校说明:编年据同集前后文时间、文中所述"一自登于枢辅,再分领于帅权……肆加严召,入赞于机衡"补,见《宋史》卷二一三《宰辅表》。

赵进之转官换给付身制
（暂系于绍兴四年四月前后）

　　川陕用师，一时官吏付之元帅，使以便宜黜陟。盖尝谓尔有功可录，进主兵团。兹用更锡赞书，新厥宠命。往其钦承，图报勿忘。

出处：《华阳集》卷七。

撰者：张纲

考校说明：编年据同集前后文时间补。

王绾除右司制
（暂系于绍兴四年四月前后）

　　中台万事之本，天下之休戚系焉。方时多故，诏敕文书，倍于畴昔。虽以二三执政提其纲维，至于左右周旋，剖决留事，则责在其属。以尔烛理明而不惑，遇事审而有断，郎曹更践，阅岁滋多，蔚有休声，达于朕听。兹用擢居宰士，以弥纶省闼。往共厥职，益务恪勤，庶几称朕所以属任之意。

出处：《华阳集》卷七。

撰者：张纲

考校说明：编年据同集前后文时间、王绾官历补，见《建炎以来系年要录》卷八一。

吉俊补官换给付身制
（暂系于绍兴四年四月前后）

　　尔顷以武勇，自奋从军。秦蜀主帅，谓其有功，补秩甚峻，录名来上，更名为真。往服宠荣，益思报效。

出处：《华阳集》卷七。

撰者：张纲

考校说明：编年据同集前后文时间补。

宋孝先起复知扬州制
（暂系于绍兴四年四月前后）

维扬古都会,控淮带江,绵地数千里。厥今屏翰之寄,视他镇为重。兵火既息,余民出于涂炭,凡厥师帅,岂独任吾折冲御侮之责,而抚绥疮痍,朕心尤所深念。以尔久蒙器使,中外践更。决滞务于都司,赞深谋于督府,皆有闻焉。朕思得疏通敏博之士,经理淮甸。尔虽以忧去职,义当夺情。锡兹赞书,往殿方面。率勤俭以劝生业,推恩信以安众心。在尔勉之,予不多训。

出处:《华阳集》卷七。
撰者:张纲
考校说明:编年据同集前后文时间、宋孝先宦历补,见《建炎以来系年要录》卷七六。

郭师中转刺史依前武功大夫换给付身制
（暂系于绍兴四年四月前后）

朕嗣承大统,文武之士,咸进厥官。今既八年,而帅司谓尔恩独未及,升刺举之号,以闻于朝。是用更锡赞书,载新宠命。往其祗服,思报所蒙。

出处:《华阳集》卷七。
撰者:张纲
考校说明:编年据同集前后文时间补。

彭玘赠吉州团练使制
（暂系于绍兴四年四月前后）

战则死绥,将帅之事也。比年兵政不修,望敌奔溃者十常八九。朕方整军经武,欲以激励士气。有能披坚执锐,奋不顾死,则褒崇之典,其可后哉!具官某资禀忠义,志摧奸凶,独当喋血之锋,遂致陨身之祸。有司具奏,朕甚痛之。其正序于戎团,庶追荣于幽壤。魂爽如在,尚克钦承。

出处:《华阳集》卷七。

撰者:张纲

考校说明:编年据同集前后文时间补。

冯赛柴斌转官换给制
(暂系于绍兴四年四月前后)

国家赏典,藏在盟府,有功则举,轻重随之。具官某素以勇闻,奋义不顾。顷者秦蜀之役,帅臣以便宜行事,谓尔劳能可录,超进武阶,具名于朝,用新厥命。恩则厚矣,可无报哉!

出处:《华阳集》卷八。

撰者:张纲

考校说明:编年据同集前后文时间补。

郭兴赠三官制
(暂系于绍兴四年四月前后)

朕以尔忠勇之资,摧坚却敌,视死不顾,卒以身膏草野,良用嗟恻。进官三等,追录尔勤,亦以慰尔地下之望。

出处:《华阳集》卷八。

撰者:张纲

考校说明:编年据同集前后文时间补。

寇宏乞遣老母将妻子诣江外安顿答诏
(绍兴四年五月一日)

宏宣力日久,今来所陈,备见忠义。朕推赤心待人,并无疑间。宜安职守,勿复有请。

出处:《建炎以来系年要录》卷七六。

赵思诚除中书舍人制
（绍兴四年五月一日）

朕惟人主有立政造事之勤，而无论思之助，则动或失中；有发号出令之信，而无制作之文，则行之不远。孰能举职，宜图旧人。具官某秉德在躬，克济美于先世；辞荣求志，尝晦迹于明时。顷自丘园，擢登禁路。论事能识大体，抗强御而不回；代言真有古风，见中和之自得。去位既久，劳予所思，其遂解于州庞，俾亟还于词掖。朕方图回大业，力济中兴。盖欲使朝廷凡几微之事，罔有愆违；亦庶几天下因播告之修，识所好恶。任责在尔，将观已试之能；服命惟新，无负见知之意。

出处：《华阳集》卷八。

撰者：张纲

考校说明：编年据《建炎以来系年要录》卷七六补。

范冲除宗正少卿制
（绍兴四年五月四日）

人主拔用贤能之士，服在要途，岂惟督责治功，亦以率励风俗。惟尔名臣之子，才术有余，澹然无求，士夫高仰。朕方敦叙皇族，思欲追迹《麟趾》信厚之化，而属有攸籍，官宜择人。往列亚卿，曰尔为可。勉赴朕命，以举伯臣之职，庶几典刑视效，于亲睦之教有助焉。

出处：《华阳集》卷八。

撰者：张纲

考校说明：编年据《建炎以来系年要录》卷七六补。

措置诸处供报铨选文字差误事诏
（绍兴四年五月五日）

除进奏官供报差误事涉重害，许从本部径送所属仍报提辖官照会外，余依绍兴三年九月十八日指挥。

出处:《宋会要辑稿》职官二之四八。

省淮南官员诏
(绍兴四年五月五日)

淮南帅臣兼营田使,知、通、县令衔内兼带"营田"二字,州推判官、县簿尉勿并置,省路分都监、巡检、监押、监当等员。

出处:《建炎以来系年要录》卷七六。

江公亮章杰仓部工部两易其任制
(绍兴四年五月五日)

天下之务,总干六卿,选建诸郎,分隶乃事。尔公亮为司庾,掌粟入之藏,以待邦用;尔杰为司平,掌五材九范之法,以率百工。盖版曹、起部,其属虽不同,至于委用,则未始或异。两易厥任,出于至公。往祗厥官,毋替朕命。

出处:《华阳集》卷八。
撰者:张纲
考校说明:编年据《宋会要辑稿》职官六一补。

归明归朝人在任身亡给养条例诏
(绍兴四年五月六日)

敕:归明、归朝人在任身亡别无食禄人,具状实口数于元住处召保官二员,并邻人结罪状备申枢密院。如在军前亡殁,亦具口数召本军使臣两员充保,经本将取索本队管当人结罪状缴申统制司,备申枢密院,出给养济札子、告。不见州军并军前保明文字,并不受理。

出处:《庆元条法事类》卷七八。

荆浙江湖通接边报州军置拨铺诏
(绍兴四年五月六日)

荆、浙、江湖通接边报州军,并置拨铺,每二十里为一铺,增递卒至五人,日增给食钱,月一更替。文书稽违,如传送金字牌法抵罪。提举官常切点检。

出处:《建炎以来系年要录》卷七六。

赐参知政事赵鼎乞罢范冲宗正少卿直史馆除命不允诏
(绍兴四年五月六日后)

敕赵鼎:省所札子奏:"新除宗正少卿、直史馆范冲系臣姻家,伏望罢冲除命。"事具悉。朕惟神宗、哲宗两朝史录更京、卞之手,笔削是非,多其私意,传之后世,实损盛德,方诏有司,俾加更定。载念当时直笔之臣今皆逝矣,而祖禹之子在,遗范未泯,召用为宜。矧列职宗卿,乃其旧物;而绅书史馆,则彼世官。断于朕心,可因卿废?昔祁奚内举犹不避子,而祐甫除吏亦多所亲,顾今事匪自卿,夫何嫌者?勉循公道,毋执谦辞。所请宜不允。故兹诏示,想宜知悉。

出处:《北海集》卷九。
撰者:綦崇礼
考校说明:编年据《建炎以来系年要录》卷七六补。

严禁伪造三省枢密院印诏
(绍兴四年五月七日)

伪造三省枢密院印者,虽奏裁,并依本法处斩,更不原贷。令所在榜谕。

出处:《建炎以来系年要录》卷七六。

张颖刘彦适降官制
(绍兴四年五月七日)

持节一路,以绳责郡吏,部使者职也。尔由选抡,将漕广右,而县令贪墨,乃置不问。朝廷耳目之寄,尚何赖焉?贬秩二等,姑示薄惩。往服宽恩,勿忘念咎。

出处:《华阳集》卷七。
撰者:张纲
考校说明:编年据《建炎以来系年要录》卷七六补。

宋孝先降两官制
(绍兴四年五月七日)

吏贪为残,害吾赤子。尔为部使者,坐视不问,事发验治,罪将奚逃?黜官二等,以为外台不职之戒。尚从宽典,省咎勿忘。

出处:《华阳集》卷八。
撰者:张纲
考校说明:编年据《建炎以来系年要录》卷七六补。

范同除祠部郎官吴次宾除刑部郎官制
(绍兴四年五月七日)

六卿之职,各有攸司,岂惟分举治功,亦以待异日华要之选。凡厥在服,必取时髦。以尔同学古有稽,敏而练达;尔次宾效官惟谨,多所践更。宜进陟于郎曹,以佐吾宗伯、司寇之事。往其率职,嗣有宠褒。

出处:《华阳集》卷八。
撰者:张纲
考校说明:编年据《建炎以来系年要录》卷七六补。

帅臣监司差待阙条诏
（绍兴四年五月八日）

帅臣、监司如差待阙替人窠阙，令宣抚使司并约程，前期每阙具三两名听旨除授；即非次见阙不可待报，许一面拟差讫奏。其余堂除及安抚茶马等司辟阙，依已得旨一面选差。元系逐路运司窠阙，即令转运使依旧法施行。

出处：《建炎以来系年要录》卷七六。又见《宋会要辑稿》职官四一之三〇。

张顺孟涓各转右武大夫制
（绍兴四年五月八日前）

国家置武功官，等秩不一，而横列处其最高。方时多艰，名器为重，非有显绩，不轻假人。具官某勇闻一时，出入行阵，尝从大将却敌有功。迨今累年，而幕府具名来上，兹用锡尔赞书，一新宠命，以光戎垒，以为众士之劝。往其祗服，图报勿忘。

出处：《华阳集》卷八。
撰者：张纲
考校说明：编年据孟涓官历补，见《建炎以来系年要录》卷七六。

监察赃吏诏
（绍兴四年五月九日）

监司、郡守常切讥察赃吏犯法，巡尉失职，并仰劾奏。如失觉察，取旨重行。

出处：《建炎以来系年要录》卷七六。

赐检校少保光山军节度使司知大宗正事士㒟
乞罢宗正职事除一外任宫观不允诏
（绍兴四年五月十二日后）

敕士㒟：省所札子奏，乞罢宗正职事，除一外任宫观，事具悉。卿顷以宗英，典兹属籍。方敌师之大入,率近族以南迁。隔阔五年,流离万里。谅备更于艰险,每深念于勤劳。幸此小康,载加趣召。嘉介圭之来觐,览需奏之上闻。愿解攸司,少休闲馆。顾忧未忘于多垒,则势有重于维城。欲彰惇睦之风,正赖表仪之旧。勉安乃职,庸副朕怀。所请宜不允。故兹诏示,想宜知悉。

出处:《北海集》卷一〇。

撰者:綦崇礼

考校说明:编年据《建炎以来系年要录》卷七六补。"光山军节度使司知大宗正事","司"字疑为"同"字之误,见《建炎以来系年要录》卷七六。

常同除起居郎制
(绍兴四年五月十四日)

朕惟天下士有以文学论议表见一时,而风节不强,不足与有为也。故凡拔用群俊,必先试所以难,观其遇事卓然有立,然后置之要地,用能举职,厌服公言。惟尔谅直多闻,深达世务。顷自远服,擢居宪台,屡殚排击之公,坐致奸邪之戢,是为试可,克协朕心。兹用俾尔进直殿坳,记予言动。且朕即位,于今八年,系日之书,缺焉未备。方选儒学之士,绪正逸典,若时记注,实与纂修。尔其勉举厥官,以谨书法,庶使笔削之善,有以副朕责成之意。

出处:《华阳集》卷八。

撰者:张纲

考校说明:编年据《建炎以来系年要录》卷七六补。

蓝珪转内侍省押班制
(绍兴四年五月十四日)

朕惟宫庭之制,则有司存。奉出入起居之严,申戒令纠禁之事,恪恭乃职,必惟其人。以尔材智自将,有劳潜邸;慎密以谨,克慕忠规。宜进长于班联,用昭示于宠渥。尚思所报,益勉厥勤。

出处:《华阳集》卷八。

撰者:张纲

考校说明:编年据《建炎以来系年要录》卷七六补。

袁正功除直秘阁与郡制
(绍兴四年五月十四日)

昔我仁祖,尝患群臣欲进者多,而求退者少,以问宰相王曾,曾谓士人贪廉,系时用舍,惟朝廷抑奔兢而崇静退,则庶几有难进之风。朕读宝训至此,未尝不三复兴叹。深念多故以来,士风不厉,正当远稽前言,以革流弊之末。今尔任吾宰属,方以治办称于一时;乃忽慨然力求补外,嘉其趣尚,义当勉从。芸阁华资,用为尔宠。往临郡寄,益茂厥修。

出处:《华阳集》卷八。
撰者:张纲
考校说明:编年据《建炎以来系年要录》卷七六补。

范宗尹除资政殿大学士知温州制
(绍兴四年五月十五日)

朕时巡东南,方倚维藩之固;选建牧守,盖先宿望之图。惟予辅臣,越在外服,宜遂分于重寄,用允穆于师言。具官某高明而有谋,敏博而能断。亟际风云之会,蚤膺梦卜之求。若涉大川,尝历艰难而求济;克勤小物,每嘉弼亮以输忠。自违机柄之烦,久即祠庭之逸。叔敖去相不悔,既誉处之弥休;申伯以作尔庸,尚藩宣之是赖。眷乃永嘉之地,实当海道之冲,正酌民言,正资抚御,徒得君重,少宽顾忧。其升秘殿之华,往对分符之宠。夫股肱旧德,固宜一体以宣劳;而膏泽下流,岂待期年而报政。勉服休命,克副眷怀。

出处:《华阳集》卷八。
撰者:张纲
考校说明:编年据《建炎以来系年要录》卷七六补。

晏敦复除左司制
(绍兴四年五月十七日)

朕惟烦剧之务,剸裁必得其人。如庖丁解牛,技经肯綮无难焉,则谈笑之间无余事矣。惟尔奋由儒学,雅以才术著称。佐吾铨曹,事至辄办。兹用进尔宰属,究其设施。夫诏条丛脞,吏胥出没,不可不察也。服我训言,往勤厥职,使夫游刃恢恢然有余地,则弥纶省闼之誉,何愧于古!

出处:《华阳集》卷八。

撰者:张纲

考校说明:编年据《建炎以来系年要录》卷七六补。

翟琮知寿春府制
(绍兴四年五月十八日)

惟古寿春,形胜甲于淮右,数更寇乱,疮痍未复,尚虞外侮,震惊吾民。图御众之才,往任捍城之寄。具官某明志勇略,闻于一时,厌难折冲,厥有成绩。兹用分以符竹,俾临要地。内则布宣德意,安集于流亡;外则震肃威名,绥靖于疆埸。是为称职,尚其勉之。

出处:《华阳集》卷八。

撰者:张纲

考校说明:编年据《建炎以来系年要录》卷七六补。

赐太尉定江昭庆军节度使神武右军都统制张俊生日诏生
(绍兴二年五月二十二日)

任掌五兵,仪肩二府。国倚良将,久宣卫社之劳;天生异材,载遇垂弧之旦。宜致饔饩之馈,用绥寿祉之休。今赐卿生日羊酒米面等,具如别录,至可领也。故兹诏示,想宜知悉。

出处:《北海集》卷八。

撰者：綦崇礼

考校说明：编年年份据綦崇礼任两制时间、张浚宦历补，见《建炎以来系年要录》卷四八。

吏部奏抄刑部断案不得无故留滞诏
（绍兴四年五月二十三日）

今后吏部奏抄刑部断案，每抄案上省，限次日报御史台。其间经涉日久，无故留滞，许本台弹劾。

出处：《宋会要辑稿》职官一五之二〇。又见同书职官五五之一八。

诸路干当短使人赏格诏
（绍兴四年五月二十三日）

诸路干当短使人，若无前任大添支人，许将合入常程短使人差拨，仍立为赏格。应系差川陕，即依吏部再差纲运重格，广南、荆湖路，即依短使稍重格，淮南沿边州郡，即依短使稍轻格酬奖。候事平日依旧。

出处：《宋会要辑稿》职官一〇之二五。

神武右军选精锐军马戍虔州诏
（绍兴四年五月二十五日）

神武右军选精锐军马三千戍虔州，专一措置虔、吉一带盗贼，权听江西帅司节制。

出处：《建炎以来系年要录》卷七六。

推恩田如鳌等诏
（绍兴四年五月二十五日）

左从事郎、枢密院编修官田如鳌杀获南安军凶贼宋破坛等，可依军功捕盗法与转一官;南安军通判魏彦杞减三年磨勘。

出处:《宋会要辑稿》兵一三之一六。

魏矼除殿中侍御史制
(绍兴四年五月二十五日)

朕推大公之心,辟众正之路,以收集士类,图回治功。其有弗协于极,败常乱政,则责在御史府以法弹治之。此风宪之任所以取重一时,苟非其人,不在兹选。惟尔文学行艺,见推士林。顷自郎曹,擢与六察,气节劲正,凛然可观。兹用进陟殿中,专以排击官邪为务。夫明足以辨是非之实,而勇足以行之,则何事之不举,何举之不当哉!往祗厥官,毋虚朕意。

出处:《华阳集》卷八。
撰者:张纲
考校说明:编年据《建炎以来系年要录》卷七六补。

孙注转官换给付身制
(暂系于绍兴四年五月前后)

朕嗣承大统,泽流海内,文武在服,咸被宠光。具官某奋义戎行,有年于此,阻以道远,恩独未及。帅司既以便宜,升进武阶,具名来上,俾更命渥,载新尔荣。往其钦承,思所以报。

出处:《华阳集》卷八。
撰者:张纲
考校说明:编年据同集前后文时间补。

种潜转官换给付身制
(暂系于绍兴四年五月前后)

赏国之典,藏在盟府,出之无常,轻重眂功。具官某材勇有闻,熟于行阵。秦蜀之役,丕绩显然。帅司既以便宜,进尔横列之峻,具名来上,用锡赞书。往祗厥官,益图报称。

出处:《华阳集》卷八。

撰者:张纲

考校说明:编年据同集前后文时间补。

曾楙转官制
（暂系于绍兴四年五月前后）

《舜典》陟明,虽九官犹不废于考绩;《周官》诏爵,更三岁则大计于群工。眷予从橐之联,宜举邦彝之旧。具官某性资酝藉,问学渊源。在昔光明盛大之时,则备献纳论思之职,眷遇甚渥,践扬居多。自均逸于祠庭,已屡更于岁籥。比观会课,于法当迁。俾膺爵秩之崇,用锡赞书之宠。往服朕命,益茂尔猷。

出处:《华阳集》卷八。

撰者:张纲

考校说明:编年据同集前后文时间补。

巨振杨琳降官制
（暂系于绍兴四年五月前后）

朕于武勇之士,锡以高爵厚禄,答其勤劳;至于干犯宪禁,亦未尝赦。具官某统率戎旅,属吾大将,不自谨畏,过恶暴列,幕府论奏,顾安所逃罪哉! 尚从轻比,姑褫一官。服我宽恩,勿忘省咎。

出处:《华阳集》卷八。

撰者:张纲

考校说明:编年据同集前后文时间补。

虞澐除检正制
（暂系于绍兴四年五月前后）

朕惟东西二省,政事出焉,中书揆而议之,门下审而覆之。既以二三大臣任

69

其重矣,则又为之设属,每事稽考,以助其不迨。吾于是知检正之职,不可用非其人。以尔敏秀而文,多所践更,宣劳之著,尤在都公。兹用更锡赞书,擢居要地。夫一日二日万几,是非当否,所系重矣。往祗厥服,益究乃心。

出处:《华阳集》卷八。

撰者:张纲

考校说明:编年据同集前后文时间、虞澐宦历补,见《建炎以来系年要录》卷七七。

张崇转右武大夫制
(暂系于绍兴四年五月前后)

国家置武功官,等级不一,而横列处其最高。方时多艰,名器为重,非有显绩,不轻假人。具官某素以勇闻,习于行阵。奋义不顾,却敌有功。宜升武秩之崇,以劝用命之士。往其钦服,思报勿忘。

出处:《华阳集》卷八。

撰者:张纲

考校说明:编年据同集前后文时间补。

汪思恭除吏部郎官主管侍郎左选制
(暂系于绍兴四年五月前后)

文部四选,皆为剧曹,而侍郎所掌七阶之士,尤号员冗。必择通材以为之属,而佐其铨序。惟尔昔尝任此,蔼有能名,稽诸金言,宜还旧服。往续已试之效,用昭申命之公。夫二年居官,十年待选,自前世患之,而今日益甚。思革其弊,在尔勉焉。

出处:《华阳集》卷八。

撰者:张纲

考校说明:编年据同集前后文时间补。

黄叔敖转一官制

（暂系于绍兴四年五月前后）

操利柄以斡山海之藏，付之成法；收赢赀以佐邦国之用，责在有司。既殚效职之勤，宜举懋功之典。具官某才周世务，学嗣家风。蚤升八座之联，独擅一时之誉。以版曹之余暇，兼管榷以宣劳。调盈虚之时，浚利源而无壅；考奇羡之入，溢岁课以居多。有嘉心计之良，实济军兴之乏。肆畴美绩，俾进文阶。时乃茂恩，往其祗服。

出处：《华阳集》卷八。

撰者：张纲

考校说明：编年据同集前后文时间、黄叔敖官历补，见《建炎以来系年要录》卷五六等。

高士瑰除直秘阁制

（暂系于绍兴四年五月前后）

图书之府，芸阁在焉，寓直其间，皆一时隽秀，是为朝廷清选。尔以才术，从军有功，畀此华资，用为褒劝。夫帅司便宜之举，所以昭示至公，具名上闻，宜新宠命。往其祗服，思报所蒙。

出处：《华阳集》卷八。

撰者：张纲

考校说明：编年据同集前后文时间、《建炎以来系年要录》卷六五补。

宋万年转一官制

（暂系于绍兴四年五月前后）

时方用武，正赖深谋；有劳不图，何以为劝！惟尔奋由儒术，洞晓韬钤。从吾将臣，参计军事，用抗强敌，屡获战多。宜加进秩之恩，以示懋功之宠。祗服朕命，图惟厥终。

出处:《华阳集》卷八。

撰者:张纲

考校说明:编年据同集前后文时间补。

司宝梁娇娘赐名从顺转郡夫人知尚书内省事制
（暂系于绍兴四年五月前后）

法天象之明,用建中台之制;赞路朝之治,尤严内省之司。爰举徽章,式图邦媛。具官某饬躬端静,迪德惠和。誉久著于宫闱,靡闻私谒;身服勤于妇职,常佩忠规。有嘉淑慎之称,宜总纲维之政。序之宠位,锡以美名。大疏汤沐之封,增重文昌之寄。兹为异数,率由至公。其益懋于厥官,庶克谐于新命。

出处:《华阳集》卷八。

撰者:张纲

考校说明:编年据同集前后文时间补。

红霞帔吕六六转掌记杨二奴转掌闱制
（暂系于绍兴四年五月前后）

后庭众治,内职主之,式序劳能,具存旧典。以尔祇勤宫掖,夙夜不违;进陟妇官,用昭异数。往共乃事,思报勿忘。

出处:《华阳集》卷八。

撰者:张纲

考校说明:编年据同集前后文时间补。

故宗朴改封惠王制
（暂系于绍兴四年五月前后）

昔我皇族,当重熙累洽之辰,并建辅藩,仿画野分疆之制。念阅时之既久,致畴邑之相重,度义不安,改封为允。具官某躬秉一德,宠遇累朝。方神祖之御图,推严尊属,以濮国之次子,奄宅王封。肆今遗列之存,尚想宗英之盛。眷予潜邸,尝胙晋康。偶同壤地之名,顾何嫌于异数;然以嗣孙之请,欲自避于殊称。爰彻尔疆，宜莫如惠。荒罗浮之胜地，易隧路之新荣。一品弥崇，尚奚加于仪物；九原未泯，宜克享于徽章。

出处：《华阳集》卷八。

撰者：张纲

考校说明：编年据同集前后文时间、《宋会要辑稿》帝系二补。

赵思诚转一官制
（暂系于绍兴四年五月前后）

朕以天官，大计群工之治；惟时法从，特循三岁之规。迨稽阀以上闻，即推恩而增秩。具官某静重有守，谅直敢为。持橐禁严，居获论思之助；分符便郡，实资屏翰之良。比载考于金言，方促加于严召，适兹会课，用进文阶。夫以积日较功，虽由铨序；至于褒贤锡宠，岂限彝章？勉图厥勤，以副朕意。

出处：《华阳集》卷八。

撰者：张纲

考校说明：编年据同集前后文时间补。

赐岳飞谕诱敌之计御札
（绍兴四年五月后）

具省卿奏。李成益兵而来，我师大获胜捷，乃卿无轻敌之心，有勇战之气之所致也。因以见贼志之小小耳，朕甚慰焉。此月九日，尝降亲笔，令卿条画守御全尽之策。若少留将兵，恐复为贼有；若师徒众多，则馈饷疲劳，乃自困之道也。卿必有以处焉。及密遣间探，要知金虏、伪齐事势强弱，点集次第，想已必达。卿宜筹画良策来上，庶几不废前功也。将来议定，卿若班师，将今留人马亦权暂少留，作守城之大计，其余设伏，而卿亦少留近境。要当致彼贼师再来，并力掩击剿除。而后虽真实少留人马，彼亦不敢有所侵犯也。卿更筹之，朕不遥制。付岳飞。御押。

出处：《鄂国金佗稡编》卷一。又见《忠文王纪事实录》卷一。

阁门供职宣赞舍人已下等特许不拘内外注授合入差遣诏
(绍兴四年六月五日)

阁门供职宣赞舍人已下,并带职提点承受等,已令不妨供职注授兼领诸司差遣。缘行在窠阙数少,自今后特许不拘内外注授合入差遣。如合经密院人,听从密院陈乞;如系外任人,候阙到日方许陈乞免罢供职。

出处:《宋会要辑稿》职官三四之五。

赐岳飞令筹画守御之策御札
(绍兴四年六月九日)

敕岳飞:朕具闻卿已到襄阳,李成望风而退。朕虽有慰于心,而深恐难善其后。此贼不战而归,其理有二:一以卿纪律素严,士皆效死,故军声远振,其锋不可当;一乃包藏祸心,俟卿班师,彼稍就绪,复来扰劫,前功遂废。卿当用心筹画全尽之策来上。若多留将兵,唯俟朝廷千里馈粮,徒成自困,终莫能守,适足以为朕忧。不知李成在彼如何措置粮食、修治壁垒,万无刘豫肯为运粮之理。今既渡江,屯泊何所? 及金国、伪齐事势强弱,卿可厚以金币,密遣间探,的确具闻,盖国计之所在也。故兹笔喻,深宜体悉。御押。

出处:《鄂国金佗稡编》卷一。又见《忠文王纪事实录》卷一。
考校说明:月、日据同书同卷《赐岳飞谕诱敌之计御札》补。

催促结绝见禁公事诏
(绍兴四年六月十一日)

大理寺临安府并钱塘、仁和两县见禁公事委御史台官、刑部郎官,诸州县刑禁委提点刑狱官,并躬亲前去务察,催促结绝。如外邑遐远去处,令提刑司选差官前去。

出处:《宋会要辑稿》刑法五之三四。

选差官考校川陕合赴省试人诏
（绍兴四年六月十四日）

川陕合赴省试人,令宣抚司于置司州军置试院,选差有出身清强见任转运使、副或提点刑狱官充监试,于逐路见任京朝官内选差有出身曾任馆职学官或有文学官充考试官。务依公精加考校,杜绝请托不公之弊。

出处:《宋会要辑稿》选举四之二四。又见《建炎以来系年要录》卷七七。

特添差官并作不厘务诏
（绍兴四年六月十四日）

自今特添差官并作不厘务,其俸给傔从并减半。

出处:《建炎以来系年要录》卷七七。

议减明堂祭器什物诏
（绍兴四年六月十六日）

明堂大礼所用逍遥子权住制造。其祭器什物,令礼官讲究其可减者。

出处:《建炎以来系年要录》卷七七。

令诸路提刑司检察州县受纳夏税和买预买绅绢诏
（绍兴四年六月十七日）

诸路专委提刑司检察州县受纳夏税、和买预买绅绢。如有故促期限及阻节、乞取诸般搔扰,并按劾闻奏,当议重置典宪;其合干人先次送狱禁勘。

出处:《宋会要辑稿》食货六八之一。又见同书食货九之二。

杂卖场置官吏诏
(绍兴四年六月二十日)

杂卖场置专知官、手分各一名,库子二名,秤子一名。内专知官以三年为界,每月添给钱一十五贯文,食钱每日二百文,踏逐曾经库务校副尉、小使臣内指名差取,与理为合入资任。界终,无旷阙,官物无少欠,与减三年磨勘。手分募充,每月料钱一十二贯文,每日食钱二百文。秤子、库子每月料钱八贯文,每日食钱一百八十文。其钱除本场已收头子钱外,每贯更收市例钱五文足,相兼充吏禄。

出处:《宋会要辑稿》食货五四之一九。

除授给告敕札子条约诏
(绍兴四年六月二十一日)

今后除授馆职、寺、监、丞、博士、御史台检法官、主簿、在外监司、帅司,并依旧法命词给告,承务郎已上差遣给敕命,惟选人止用札子。

出处:《建炎以来系年要录》卷七七。又见《宋会要辑稿》职官一一之六九。

杂卖场置打套所诏
(绍兴四年六月二十四日)

杂卖场置打套所,令本场官吏一就置局管干,以打套杂货场为名,逐旋于榷货务左藏库阙拨旧管香药杂物赴场编估。旧来编估打套系专置打套所,及杂物系专置编估局,品搭编打成套,逐处桩管。榷货务隔手投下文钞,关报逐处支给。

出处:《宋会要辑稿》食货五四之一九。

使臣效用军兵权住招收诏
(绍兴四年六月二十六日)

今后使臣效用军兵并权住招收,令张俊、杨沂中根究,将日近强刺人数并给公据,放令逐便,及约束诸军今后不得擅便招人。若更有违犯,其本头项统制、统领、将佐等一例重作停降,所遣街市强招人军兵使臣并行军法。仍立赏钱三百贯,许诸色人告捉。枢密院给黄榜晓谕。

出处:《宋会要辑稿》刑法七之三六。又见《建炎以来系年要录》卷七八。

张元亨落职送吏部制
(绍兴四年六月二十六日)

尔僭伪之族,久冒宠荣,乃敢请于朝,为郡岭外,吾忍以远方赤子饵汝哉! 中秘清涂,非尔所居,其归铨曹,尚畀尔禄。往图自效,毋重悔尤。可落职送吏部。

出处:《建炎以来系年要录》卷七七。

远配隶诏
(绍兴四年六月二十八日)

敕:除本应配广南及远恶州,而系广南、福建、江西、湖南路人合配河北、河南、河东、京西路者,即依建炎四年十一月十二日敕,权依本法配行,须各及二千里以上州军。无二千里以上州军者,止于广南东、西路从一远配指挥施行外,若诸路应计地里刺配,而出本路界,合配至河北、河东、京东、京西、陕西、淮南州军罪人,内有委实道路不通去处,权配荆湖或广西路,如系荆湖人,即配广南东、西路,各依地里配行,如不及,从一远配,候道路通日依旧。

出处:《庆元条法事类》卷七五。

诸军班直大礼赏给等事诏
(绍兴四年六月二十九日)

应诸军班直大礼赏给等,并尊用自京抄录到政和间御笔修定条格令式,并礼毕赐外路诸军赏给格全文施行。

出处:《宋会要辑稿》礼二五之一九。

赐朱胜非诏
（绍兴四年六月）

卿以雨霪，病在农亩，乞解机政，乃贤相之所为也。贤而不用，罪在朕躬。卿当为朕汲引贤才，补苴罅漏，以召和气，以慰民望，少蔽朕之不德也。勿再有陈，牵于常礼。

出处：《三朝北盟会编》卷一六一。

赐起复检校少保定国军节度使川陕宣抚副使吴玠奖谕诏
（绍兴四年夏）

敕吴玠：省王似、卢法原奏，卿智勇绝人，忠诚许国。独当一面，敢婴金钺之威；并护四川，孰睨剑门之壮。属敌师之荐入，由故道以来侵。恃众而无虞心，惩前而致死力。御兹凶焰，抗以孤军。昼出赢兵，既杀伤之过当；夜潜捣垒，遂折北而不支。委仗如山，积尸成观。酋渠各遁，营栅尽平。览三捷之继闻，知百战之良苦。嘉乃绩之甚伟，知我师之共劳。方趣第功，岂忘屡叹？已降诏宣抚使司疾速具功状保明闻奏。故兹奖谕，想宜知悉。夏热，卿比平安好？遣书，指不多及。

出处：《北海集》卷九。
撰者：綦崇礼
考校说明：编年据吴玠官历及文中所述"夏热"补，见《建炎以来系年要录》卷七五。

赐资政殿学士左通奉大夫川陕宣抚使
王似乞一宫观差遣不允诏
（绍兴四年夏）

敕王似：省所奏乞一宫观差遣，事具悉。朕遭时不幸，德薄力艰，不能固守中原，而远临江表。眷惟秦蜀，时则本根之地。间者托非其人，谋之不竞，以有富平之役。师徒溃畔，土壤侵削，岐梁之交，连岁受兵。怒然西顾，为之旰食。是用因卿庆阳之效，酌彼蜀人爱慕之情，俾代宣威，果能捍敌。方兹委重，倚以成功。捷书既闻,遽求闲退,岂朕之不明,不足以尽力欤? 不然,卿何欲去之速也? 矧所资者宿望,所贵者壮猷,庶几精神之折冲,岂以筋力而为礼? 勉近医药,毋复有云。所请宜不允。故兹诏示,想宜知悉。夏热,卿比安好? 遣书,指不多及。

出处:《北海集》卷一〇。

撰者:綦崇礼

考校说明:编年据王似官历及文中所述"夏热"补,见《建炎以来系年要录》卷七四。

赐检校少保定国军节度使川陕宣抚副使
吴玠辞免新除少保恩命不允诏
（绍兴四年夏）

敕吴玠:省所奏辞免恩命,事具悉。卿勇略无前,威名有素。拿兵百战,每闻三捷之功;捍寇四川,独倚一军之重。隐如敌国,贤其长城。自建将旄,载更岁籥。四举旌劳之典,爰颁进律之恩。增贲元戎,升华亚保。是姑从于常数,方继册于茂勋。其即钦承,毋多辞逊。所请宜不允。故兹诏示,想宜知悉。夏热,卿比平安好? 遣书,指不多及。

出处:《北海集》卷一一。

撰者:綦崇礼

考校说明:编年据吴玠官历及文中所述"夏热"补,见《建炎以来系年要录》卷六九。

讨罪诚饬诏
（建炎三年七月至建炎四年十月间或绍兴二年二月至绍兴四年七月间）

门下:朕临朝不怡,视古太息。为民父母,未免兵革之忧;俾我黎元,重罹盗贼之患。蠢兹闽越之众,窃弄潢池之兵。频年内侵,百姓俶扰。朕念方隅之弗率,悼赤子之无辜,申命尔臣,肃将师律。戎车既饬,元恶自焚,岭海底平,民夷绥服。乃眷伤残之壤,备闻愁叹之声。诛求繁多,遍于百室;力役劳苦,甚于三时。虽蟊螣已除,震于方外之寇;而疮痍未起,愧此瘠土之民。岂无旷恩,用锡尔祉。其开旧染之俗,一洗庶戮之愆。於戏! 讨罪示威,虽尔有辞于罚;好生恶杀,推朕不忍之心。

出处:《北海集》卷八。

撰者:綦崇礼

考校说明:编年据綦崇礼任两制时间补。

赐开府仪同三司嗣濮王仲湜生日诏
(建炎三年七月至建炎四年十月间或绍兴二年二月至绍兴四年七月间)

贵袭王封,尊先属籍。衮衣而联三事,特隆同姓之恩;蓬矢而射四方,载喜始生之旦。宜加宠赉,以介寿康。今赐卿生日羊酒米面等,具如别录,至可领也。故兹诏示,想宜知悉。

出处:《北海集》卷八。

撰者:綦崇礼

考校说明:编年据綦崇礼任两制时间补。

韩世忠保明苗傅刘正彦贼兵见阵赏功人
第一等武功大夫何顺等可转三官制
(建炎三年七月至建炎四年十月间或绍兴二年二月至绍兴四年七月间)

敕某等:朕比命将臣,往擒逆党。执俘折馘,师既有功;舍爵策勋,赏其敢后?尔等躬提部曲,远即戎行。各奋忠勤,用能克获。第功异等,累进厥官。益励壮心,尚观来效。可。

出处:《北海集》卷二。

撰者:綦崇礼

考校说明:编年据綦崇礼任两制时间补。

起复左武大夫忠州刺史沿江措置使司前军统制军马
郭吉御营累次差管押人船前去宣化渡济人马并无疏
虞可特与横行上转一官制
(建炎三年七月至建炎四年十月间或绍兴二年二月至绍兴四年七月间)

敕:爵赏之设,功能是程。苟率职而不愆,顾施恩而何吝?具官某奋由材力,久事戎行。方缮治于舟师,会招徕于兵众,累将渡楫,往济江津。既利涉以无虞,见服勤之有绩。宜从进秩,用以劝劳。往祗对于宠章,务进图于忠报。可。

出处:《北海集》卷二。

撰者:綦崇礼

考校说明:编年据綦崇礼任两制时间补。

奉议郎江浙制置随军转运副使朱异等转官制
(建炎三年七月至建炎四年十月间或绍兴二年二月至绍兴四年七月间)

敕具官某等:朕比命迩臣,往平逋寇。执俘振旅,师既有功;拜爵策勋,吾何爱赏? 尔等或勤馈饷,或典机筹;或供其营戍之烦,或济以师徒之助;或招徕其党与,或保固其埤堄。各奋厥忠,用成乃绩。第名来上,进秩有差。往祗锡命之荣,益励尽心之报。可。

出处:《北海集》卷二。

撰者:綦崇礼

考校说明:编年据綦崇礼任两制时间补。

翊卫大夫康州防御使知郑州董植右武大夫荣州
团练使权郑州兵马钤辖王昭远可各转一官制
(建炎三年七月至建炎四年十月间或绍兴二年二月至绍兴四年七月间)

敕:出师以律,既收克敌之功;赏不逾时,可后策勋之典? 以尔具官某等临戎共事,报国同心。遇敌骑之合围,即郡城而坚守。兵威稍见,虏众自奔。既屡捣于贼营,因大歼其丑类。载观忠荩,良用叹嘉。其升序于崇阶,以劝功于诸将。益思奋励,图报恩荣。可。

出处:《北海集》卷二。

撰者:綦崇礼

考校说明:编年据綦崇礼任两制时间补。

故奉议郎守监察御史张灏可赠直龙图阁制
(建炎三年七月至建炎四年十月间或绍兴二年二月至绍兴四年七月间)

　　敕具官某:比者遭敌内侵,移师南渡。永痛衣冠之祸,可忘忠烈之褒。尔性禀端方,气充光大。直躬不挠,绰有宪臣之风;遇事敢言,自得仁人之勇。遽兹陷阵,胁以从降。临白梃而将殒其身,骂凶徒而弗绝于口。男儿死尔,顾苟活以何为;生气凛然,想英灵之如在。载嘉节谊,深用恻伤。锡延阁之清资,慰忠魂于黄壤。尚其冥漠,识此旌崇。可。

出处:《北海集》卷二。
撰者:綦崇礼
考校说明:编年据綦崇礼任两制时间补。《建炎以来系年要录》卷二〇:"(建炎三年二月壬子)是日,鸿胪少卿黄唐俊渡江溺死,左谏议大夫李处遁为乱兵所杀,太府少卿朱端友、监察御史张灏皆不知存亡。"《建炎以来系年要录》卷四七:"(绍兴元年九月庚申)勒停人张灏复朝散郎,充徽猷阁待制、提举临安府洞霄宫。灏,孝纯子,靖康末为河东都转运使,坐失汾州,送云安军羁管,至是悉复之。"二张灏当非同一人。

朝散大夫前尚书驾部员外郎孙端可复直龙图阁制
(建炎三年七月至建炎四年十月间或绍兴二年二月至绍兴四年七月间)

　　敕具官某:龙图阁初成,章圣皇帝首命杜镐待制禁中,继召冯元更直阁下。二人者咸以名儒与选,天下高之。自是置员,非其人不轻授也。近时除授浸广,多以赏能吏。虽异故事,犹为美称。尔顷将使指,以劳得迁,入补台郎,坐事随罢。既更大霈,前职未还。自言有司,特以畀汝。夫身从吏事,名寓西清,亦云宠矣,其思有以称之。可。

出处:《北海集》卷二。
撰者:綦崇礼
考校说明:编年据綦崇礼任两制时间补。

朝请郎张纲可除吏部员外郎朝请大夫
王珩可除户部员外郎制
（建炎三年七月至建炎四年十月间或绍兴二年二月至绍兴四年七月间）

敕：选部典领人材，地官掌司邦赋，维时郎属，俱号名曹。以尔纲儒学之优，尝魁多士；以尔珩吏材之敏，夙著能名。俾分庀于攸司，以各从于其长。惟清通可以处铨管，惟强明可以济剧烦。往服官箴，嗣有褒典。可。

出处：《北海集》卷三。
撰者：綦崇礼
考校说明：编年据綦崇礼任两制时间补。

朝散大夫行祠部员外郎成大亨可除户部员外郎制
（建炎三年七月至建炎四年十月间或绍兴二年二月至绍兴四年七月间）

敕具官某：自艰难以来，生齿凋残，民力困敝，肆求忠厚之士，列属地官，庶几施为，知所宽恤。以尔奋繇儒学，久著吏能。端实而无他长，老成而有劲气。为郎白首，志节不衰。其易民曹，往佐尔长。体乎节用爱人之意，以修厥官。尔庸多矣，尚勉之哉！可。

出处：《北海集》卷三。
撰者：綦崇礼
考校说明：编年据綦崇礼任两制时间补。

朝奉郎大理正王刚可除刑部员外郎制
（建炎三年七月至建炎四年十月间或绍兴二年二月至绍兴四年七月间）

敕具官某：中台郎属，外厘庶务，皆天下之高选。而刑宪之司，生杀所系，视诸曹为重。异时选用，必取通知法令之士，庶几谳疑平决，罔失厥中。以尔久任理官，见谓明允，肆从因任，俾隶秋卿。体予钦恤之仁，毋失宽平之举。可。

出处：《北海集》卷三。

83

撰者：綦崇礼

考校说明：编年据綦崇礼任两制时间补。

故武功郎兼閤门宣赞舍人陈彦可赠
武翼大夫忠州防御使制
（建炎三年七月至建炎四年十月间或绍兴二年二月至绍兴四年七月间）

敕故具官某：士有出于戎行，而天资忠谊，能以节死事，无愧搢绅者，尔彦是也。方其扼险以抗敌师，兵力虽微，而迎拒不顾，其志亦可嘉矣。无何衅生部曲，劫以为乱，毅然不从，乃陨厥身。核实以闻，良深嗟悼。追加恤典，遥领戎防，用旌尔忠，尚知歆飨。可。

出处：《北海集》卷三。

撰者：綦崇礼

考校说明：编年据綦崇礼任两制时间补。“可赠”，清乾隆翰林院抄本作“可特赠”。

武功大夫忠州团练使边顺可特授
依前武大夫荣州防御使制
（建炎三年七月至建炎四年十月间或绍兴二年二月至绍兴四年七月间）

敕：乃者敌国内侵，王师南渡。维彼江津之险，岂无屯戍之功？具官某亲被使令，能施方略，指麾裨校，分布要冲。卒控扼以无虞，念忠劳之有绩，用稽国典，加领戎防。不徒酬前日之勤，抑亦劝将来之效。益思奋励，期称恩荣。可。

出处：《北海集》卷三。

撰者：綦崇礼

考校说明：编年据綦崇礼任两制时间补。

右武大夫知郑州董植可复康州防御使制
（建炎三年七月至建炎四年十月间或绍兴二年二月至绍兴四年七月间）

敕具官某：朕惟王者之法，盖如天道之无心，有罪而加刑，以恩而肆宥，惟适其当,初靡容私。尔材号骁雄,性资忠谊。顷由遴选,擢领要藩。遇强敌之内侵,婴孤城而失守。力诚不足,情在可矜,责以后图,止从贬秩。虽立功而论赏,官已再迁;然引赦以涤瑕,法当申叙。进列横班之贵,用畴边寄之勤。务盖前愆,伫观来效。可。

出处:《北海集》卷三。

撰者:綦崇礼

考校说明:编年据綦崇礼任两制时间补。

责授平海军节度副使李税可与复旧官除户部尚书留建康府掌户部钱斛官物及分劈钱物应副本府镇江府太平州驻札军兵制

(建炎三年七月至建炎四年十月间或绍兴二年二月至绍兴四年七月间)

敕:地官掌邦赋之繁,最称剧部;常伯居从班之首,实资辅臣。稽考国朝之旧章,参用庙堂之故弼,庶图宿望,以重厥官。具官某器博而用周,才高而识远。被道皇之眷遇,已更践于六卿;膺渊圣之简求,亟延登于二府。谋谟尽美,功烈未终,属兴祸于狄人,或归尤于使指。继从迁谪,久乃辩明。召自遐陬,对于行殿。惜才猷之尚壮,念风绩之素闻,其还省计之崇,尽复文阶之峻。昔萧何居国,常足食于军中;而刘晏笼财,不收民于赋外。维恃耆哲,无愧古人。方师徒留戍于江津,念馈饷实资于心计,勉济中兴之业,岂忘旧德之劳。往体朕怀,奚烦多训。可。

出处:《北海集》卷三。

撰者:綦崇礼

考校说明:编年据綦崇礼任两制时间补。

朝请郎吴安国可除考功员外郎制

(建炎三年七月至建炎四年十月间或绍兴二年二月至绍兴四年七月间)

敕具官某:朕裁中都之员,而台郎为重,推择之慎,顾岂异时比哉!尔以经术甲贤科,以材能使绝域。进预握兰之选,尝居考绩之司。出部郡符,未谐士论。其还故秩,以续前功。勿辞朱墨之勤,用称搢绅之誉。可。

出处：《北海集》卷三。

撰者：綦崇礼

考校说明：编年据綦崇礼任两制时间补。

从政郎充环庆路经略安抚都总管司主管
机宜文字陆赍可改宣教郎再任制
（建炎三年七月至建炎四年十月间或绍兴二年二月至绍兴四年七月间）

敕具官某：尔以阀阅如格，应改京寮，而铨曹之法，当身诣选。顾庆阳帅幕，方藉尔才，特俾就迁，仍留旧任。勉佐尔长，图称异恩。可。

出处：《北海集》卷四。又见《永乐大典》卷七三二五。

撰者：綦崇礼

考校说明：编年据綦崇礼任两制时间补。

朝请郎赵子泰可除司封员外郎制
（建炎三年七月至建炎四年十月间或绍兴二年二月至绍兴四年七月间）

敕具官某：天官郎属，最号名曹，而主爵之司，尤为清简，非时望士，不在选抡。以尔好学有称，律身无过。允为宗支之秀，久任州县之劳。省荐鹗之屡闻，俾握兰而就列。往底宠命，益励才猷。可。

出处：《北海集》卷四。

撰者：綦崇礼

考校说明：编年据綦崇礼任两制时间补。

朝请大夫提举淮东茶盐饶伯达可除直秘阁制
（建炎三年七月至建炎四年十月间或绍兴二年二月至绍兴四年七月间）

敕具官某：自防秋以来，日虞寇暴，监司郡守之吏望风辄去，不得保其官守者多矣。尔将命淮左，实司煮海之利，经营乃事，独如平时。体国宣劳，灼知忠荩。升华芸阁，用酬尔勤。益图饶羡之方，以佐军须之急。可。

出处:《北海集》卷四。

撰者:綦崇礼

考校说明:编年据綦崇礼任两制时间补。

朝奉郎权知唐州赵尚之可除直秘阁制
(建炎三年七月至建炎四年十月间或绍兴二年二月至绍兴四年七月间)

敕具官某:昔在李唐,中叶盗起,而嗣虢王巨、嗣曹王皋,皆以宗室子守藩讨贼,立功当世,书名史册,朕甚多之。以尔出自天枝,长于吏治,历典剧邑,咸有能声。假守泌阳,初无难色。谕降叛众,之官与俱。大臣以闻,良用嘉叹。升华内阁,式奖忠勤。勉建功名,追继昔人之美,以副所期。可。

出处:《北海集》卷四。

撰者:綦崇礼

考校说明:编年据綦崇礼任两制时间补。

张鼎可除度支员外郎兼权户部仓部员外郎留建康府制
(建炎三年七月至建炎四年十月间或绍兴二年二月至绍兴四年七月间)

敕具官某:朕躬巡江次,留戍要津,维时军食调度之繁,宜资心计精明之士。以尔践更中外,绰著材猷,擢置郎闱,俾司计务。非众不可以守险,非财不可以聚人。欲师徒之有功,在供饷之无乏。勉佐尔长,往宽朕忧。尚有宠章,待尔成绩。可。

出处:《北海集》卷四。

撰者:綦崇礼

考校说明:编年据綦崇礼任两制时间补。

朝请大夫尚书都官员外郎韩右可
除金部员外郎留建康府制
(建炎三年七月至建炎四年十月间或绍兴二年二月至绍兴四年七月间)

敕具官某:中台诸郎,分厘曹务,皆天下之高选。时方用武,财用是资,则金谷之司为重。尔比由才谞,擢列秋官。属相府之临戎,欲旧寮之在世,其易司珍之职,留供军戎之须。往悉乃心,以佐尔长,功事成定,朕不汝忘。可。

出处:《北海集》卷四。
撰者:綦崇礼
考校说明:编年据綦崇礼任两制时间补。

沂州防御使张宗贤可授崇信军承宣使制
(建炎三年七月至建炎四年十月间或绍兴二年二月至绍兴四年七月间)

敕:朕遭时艰难,亟登俊乂,思以御灾捍患,弭盗息兵。以尔克敌有功,临戎无懦。既良勤于任事,岂独缓于酬庸?嘉兹戎马之劳,晋以承宣之职。往膺休命,益励远猷。可。

出处:《北海集》卷四。
撰者:綦崇礼
考校说明:编年据綦崇礼任两制时间补。

中大夫直秘阁韩思永可落职与宫观制
(建炎三年七月至建炎四年十月间或绍兴二年二月至绍兴四年七月间)

敕具官某:臣无择事,义可辞难?邦有常刑,罪当苟免?尔顷违北阙,出守南阳,欲借重于军权,俾还兼于帅节。谓朝授命,当夕引途,何宿留以逾年,尚迁延于他郡。妄言就职,弗省厥官;规欲脱身,善交乃事。任人若此,误国何疑!褫内阁之清资,莅真祠之散局。犹宽尔罚,宜识朕恩。可。

出处:《北海集》卷五。
撰者:綦崇礼
考校说明:编年据綦崇礼任两制时间补。

内侍黎㮮可特降五官授武显大夫归吏部制
(建炎三年七月至建炎四年十月间或绍兴二年二月至绍兴四年七月间)

敕具官某:先王之时,大小之臣,咸怀忠良,虽侍御仆从,罔匪正人,未闻左右近习而慢令营私者也。尔结发入侍,给事禁庭,罔知恪恭,以听上命。而意所自便,不即遵承,此而可容,何以示戒! 黜官五等,归就吏铨。服我宽恩,往思而过。可。

出处:《北海集》卷五。
撰者:綦崇礼
考校说明:编年据綦崇礼任两制时间补。

权知鄜州张孝思可降两官制
(建炎三年七月至建炎四年十月间或绍兴二年二月至绍兴四年七月间)

敕:王者之法,赏罚欲均,而不可偏废。自艰难以来,旌勤忠谊之士,褒扬死节,推禄战多,未尝敢缓。如其弃城失守,避事苟生,而刑不加焉,何以示法? 具官某顷縻材力,进膺边寄,官升横列,兼领戎防。国家于汝厚矣,谓当效死以报至恩。日者敌骑深入,大帅以汝为能,檄守洛郊,制其冲要,而乃怯于当敌,委郡先奔。守土若斯,国将何赖? 黜官二等,尚宽尔刑,益讼前愆,永为后戒。可。

出处:《北海集》卷五。
撰者:綦崇礼
考校说明:编年据綦崇礼任两制时间补。

朝奉大夫权荆湖北路转运判官刘岑可降两官差唐州监酒通直郎直秘阁知鄂州成无玷降三官依旧知鄂州制
(建炎三年七月至建炎四年十月间或绍兴二年二月至绍兴四年七月间)

敕具官某等:朕委重枢臣,宣威诸道。监司州牧之吏,节制所临,是宜遵听约束,各循分守,协力一心,共济艰难。而尔二人,乃方交恶,辄因白事,遂至纷拿。后公家之急而校彼私仇,忘心竞之忠而争其口语。慢朝廷之威命,忽廉陛之等衰。平居犹然，缓急何赖？宜从贬秩，用儆在官。维尔岑举措素轻，失奉使体，其黜临管榷之卑；尔无玷设施粗见，有治郡称，姑责以抚宁之效。往祗予训，各省尔愆。兹犹不惩，刑当无赦。可。

出处：《北海集》卷五。
撰者：綦崇礼
考校说明：编年据綦崇礼任两制时间补。成无玷除知鄂州时间，《嘉泰吴兴志》卷一七作"建炎中"，《明一统志》卷四〇等作"绍兴初"。

承奉郎赵良翰可特与换忠训郎制
（建炎三年七月至建炎四年十月间或绍兴二年二月至绍兴四年七月间）

敕具官某：尔挟占卜之技，游公卿之门，夤缘受知，假托入仕。谓当益匡，稍自矜持，乃因扰攘之时，辄露奸污之迹，既伤风教，实玷搢绅。顾难冒于文阶，俾更从于武选。往安尔分，其革乃心。可。

出处：《北海集》卷五。又见《永乐大典》卷七三二六。
撰者：綦崇礼
考校说明：编年据綦崇礼任两制时间补。

奉国军奏忠翊鸣鹤巡检陈中母郭氏
年九十二可特封孺人制
（建炎三年七月至建炎四年十月间或绍兴二年二月至绍兴四年七月间）

敕具官某母郭氏：王者贵老，为其近于亲也。自两宫北狩，违慈颜温清之奉，朝夕思望，不胜陟屺之情。而中乃有母，寿将百龄，就养在官，举如其制，朕甚荣之。属以郊恩，锡兹嘉号，用为汝宠，以介寿祺。可。

出处：《北海集》卷五。又见《永乐大典》卷二九七二。
撰者：綦崇礼
考校说明：编年据綦崇礼任两制时间补。

翰林学士綦崇礼乞郡不允诏
（绍兴二年九月至绍兴四年七月间）

敕某：省所奏乞除一小郡或宫观差遣事具悉。朕延登俊义，进陟禁严，非特取翰墨之工，发挥号令，固亦资议论之益，裨赞谋猷。而卿德性纯明，才资宏博。闻望耸搢绅之列，文章增邦国之华。独步词林，久陪经幄。高文大册，远追古人之风；忠言嘉谟，挺立王臣之节。眷惟时杰，实简朕心。遽形请外之章，殊咈在廷之望。与其徇小节以进退，曷若赞中兴于艰难。宜体至怀，勿重有请。所请宜不允。故兹诏示，想宜知悉。

出处：《北海集》附录中。
考校说明：编年据綦崇礼宦历补，见《建炎以来系年要录》卷五八、卷七八。

翰林学士綦崇礼乞外不允诏
（绍兴二年九月至绍兴四年七月间）

敕某：省所奏"乞除一小郡或在外宫观差遣"事具悉。卿学问宏博，多识前世之载；文辞瑰伟，遂为一时之宗。议论畅而不阿，谋猷深而有补。兼是四者，游吾禁严，辉映先达，领袖后进。朕方自简以尽用人之道，卿可无故求便私而去哉？而况时方艰难，急贤是务，不遗尺寸，将尽求之。若杰然之材，得轻去于位著，则未用之士，或自安于丘园矣。勉体眷知，毋复有请。所请宜不允。故兹诏示，想宜知悉。

出处：《北海集》附录中。
考校说明：编年据綦崇礼宦历补，见《建炎以来系年要录》卷五八、卷七八。

翰林学士綦崇礼乞外任不允诏
（绍兴二年九月至绍兴四年七月间）

敕某：省所奏"乞解罢近职差外一次"事具悉。朕于艰难多故之余，有人物渺然之叹。爰谘执事，数下诏书，思求在野之贤，以补周行之缺。夫岂禁严之地，素重之臣，其学问文章追配于昔人，其谋猷议论宏益于当世有如卿者，可使去哉？

虽卿引疾之词至于三请而未止,顾朕留贤之意亦已屡诏而无余。勉体至怀,往安厥位。所请宜不允。故兹诏示,想宜知悉。

出处:《北海集》附录中。

考校说明:编年据綦崇礼宦历补,见《建炎以来系年要录》卷五八、卷七八。

除孟忠厚特授依前起复镇潼军节度使开府仪同三司充醴泉观使特封信安郡王加食邑食实封制
(绍兴三年四月至绍兴四年七月间)

门下:朕永怀先后,克保冲人。礼尽三年,既彻几筵之奉;泽加九族,难酬社稷之功。维时姑侄之贤,宜极侯王之贵。诞扬徽册,敷告治廷。起复镇潼军节度使、开府仪同三司、充醴泉观使、东海郡开国侯、食邑一千五百户、食实封七百户孟忠厚,好学有闻,立朝无玷。地兼居于贤戚,躬自励于材猷。仪于从班,茂献纳论思之益;建兹戎节,闻诗书礼乐之言。避远要权,从容闲馆。方倚庐之衔恤,属中壸之缠哀。窆裰甫终,尝夺苴麻之制;褒崇已尽,并联衮黻之华。及此祥除,稽诸典故。痛念音容之邈,遂隔中天;欲隆骨肉之恩,莫如裂地。乃相三吴之会,肇开异姓之封。载考济阳之始王,虽由元舅;顾如隆祐之盛烈,特鲜近亲。蔽于朕心,用作尔祉。畴其多户,衍彼爱田。以侈大于私门,庶尊安于帝室。於戏!樊宏著戒,明天道之好谦;阴兴遗辞,欲后宗之知退。追维慈训,常抑贪求。其执慰在天之灵,将尔实保家之主。往祗茂典,益勉令名。可特授依前起复镇潼军节度使、开府仪同三司、充醴泉观使,特封信安郡王,加食邑五百户、食实封三百户。主者施行。

出处:《北海集》卷七。

撰者:綦崇礼

考校说明:编年据綦崇礼任两制时间、孟忠厚宦历补,见《建炎以来系年要录》卷六四。

赐左奉议郎试尚书礼部侍郎兼侍讲兼权直学士院陈与义乞除一在外宫观或僻小一郡不允诏
(绍兴四年二月至七月间)

敕与义:省所奏,乞除一在外宫观或僻小一郡,事具悉。卿之求去,盖屡矣而不止;朕之留卿,则确然而莫移。顾委质事君,将内外之奚择;而用人立国,患贤才之未充。眷予侍从之流,有此英奇之望,平允甚宜于文部,直清复见于秩宗。矧视草禁严,方待宣公之中助;且执经帷幕,可容杨秉之外迁?卿虽自处之有辞,朕岂苟遗而无故?体兹至意,毋复固陈。所请宜不允。故兹诏示,想宜知悉。

出处:《北海集》卷一五。

撰者:慕崇礼

考校说明:编年据慕崇礼任两制时间、陈与义官历补,见《建炎以来系年要录》卷七三、卷七九。

赐左朝奉大夫试尚书刑部侍郎兼权吏部
侍郎胡交修辞免兼侍读恩命不允诏
(绍兴四年七月一日后)

敕交修:省所奏,辞免兼侍读恩命,事具悉。朕讲道艺于干戈之隙,访鸿硕于政事之余,庶博所闻,以辅不逮。卿精深之学、直谅之资,时之醇儒,古之益友。顷从禁掖,尝侍经帷,有嘉笃实之诚,每竭纷纶之辨。既复论思之近列,属虚进读之常员,惟旧是图,在今为称。往懋尽规之义,毋烦避宠之辞。所请宜不允。故兹诏示,想宜知悉。

出处:《北海集》卷一三。

撰者:慕崇礼

考校说明:编年据《建炎以来系年要录》卷七八补。

赐新除端明殿学士签书枢密院事胡松年上表
辞免恩命不允断来章批答
(绍兴四年七月一日后)

省表具知。朕以天步犹艰,邦基未定。必求当世搢绅之杰,以赞一时帷幄之筹。卿虑极几深,才优经济。介行人而专对,能备察于敌情;答使者以受辞,实参裁于密议。间从诹访,益见谋猷。惟克尽于小心,知能恤于大事。畴咨既审,登用何疑?命不可还,辞其毋固。所请宜不允,仍断来章。有敕:卿才猷可赖,望实既孚。肆升秘殿之华,俾赞中枢之政。已颁成命,难徇谦辞。今差。

出处:《北海集》卷一七。

撰者:綦崇礼

考校说明:编年据《建炎以来系年要录》卷七八补。

有赏阵亡恩泽自首之人遵依已降指挥施行诏
(绍兴四年七月六日)

若有赏阵亡恩泽自首之人,不以所犯,在今降旨挥前后,并合遵依已降指挥施行。

出处:《宋会要辑稿》刑法二之一四八。

博籴授校尉人免本身丁役诏
(绍兴四年七月七日)

博籴授校尉人与免本身丁役,许用荫承节、承信、迪功郎理为官户有田五顷者,与免差科一次;若五顷以上,令用家人充役。

出处:《建炎以来系年要录》卷七八。

除吴玠特授检校少师奉宁保静军节度使依前川陕宣抚副使进封建安郡开国侯加食邑食实封制
(绍兴四年七月九日)

门下:朕躬临江表,虑在坤维。陆海神皋,既失秦川之利;铜梁、剑阁,敢言蜀道之难。属予屏翰之良,搤彼关山之险。连摧巨敌,继上殊勋。将大筸于师瞻,用显颁于廷号。检校少保、定国军节度使、川陕宣抚副使、建安郡开国侯、食邑一千五百户、食实封六百户吴玠,沉雄而先计,壮决而尚谋。结发戎行,勇气凤闻于绝塞;建牙方面,威名自折于遐冲。顷典护军,尝资捍敌。据其胜地,初营原上之屯;克彼全师,悉殄目中之寇。能保四川之固,尽凭一战之威。何忿戾之罔悛,尚窥觑而未已。维此杀金之役,实当全蜀之蹊。豫料敌情,逆为战备。交锋百斗,尝以逸而待劳;捣垒四攻,乃用寡而覆众。酋渠各遁,党类几歼。载嘉三捷之闻,独赖一军之重。方趣第战多之赏，肆稍稽国典之行。制在中权，顾孰先于主帅；位升左棘，俾首视于孤卿。加两镇之节旄，盛元戎之仪物。肇开公社，并衍圭腴。以俾大于俊功，以昭明于褒律。於戏！懋贤贤之道，名遂亚于师臣；恢将将之模，任亦兼于连帅。往钦服命，思广尔庸。斯西鄙之载宁，觊中原之可定。繄乃忠力，岂烦训言。可特授检校少师、奉宁保静军节度使，依前川陕宣抚副使，进封安定郡开国侯，加食邑五百户、食实封二百户。主者施行。

出处：《北海集》卷六。
撰者：綦崇礼
考校说明：编年据《宋史》卷二七《高宗纪》、《建炎以来系年要录》卷七八补。

左右司岁考郎官功过诏
（绍兴四年七月十日）

自今年为始，左、右司岁考郎官功过、治状优劣，上省取旨赏罚。

出处：《建炎以来系年要录》卷七八。

追复赵哲亲卫大夫明州观察使制
（绍兴四年七月十三日）

敕：朕惟公道未开，私议相胜。横逆之至，非口舌所能争；是非之分，及成败而后定。念折冲之故将，久称屈于师言。宜复崇阶，用光幽壤。故亲卫大夫、明州观察使赵哲学通三略，智过万人。早持使节之华，屡启戎行之乘。属权臣之用事，敢专杀以肆威。壮士欲言，怅滕公之不见；百身愿赎，赋黄鸟以增悲。其还横列之名，仍假廉平之里。庶几精爽，尚克歆承。可特追复亲卫大夫、明州观察使。

出处：《三朝北盟会编》卷一五八。又见《建炎以来系年要录》卷七八。
考校说明：编年据《建炎以来系年要录》卷七八、《宋史》卷二七《高宗纪》补。

追复曲端故官制
(绍兴四年七月十三日)

属委任之非人,致刑诛之横被。申还旧秩,加贲美名。

出处:《建炎以来系年要录》卷七八。

綦崇礼宝文阁学士除知绍兴府制
(绍兴四年七月十五日)

敕:朕嘉在昔朝廷重熙,天界以人,磊落相望,抑尝考其本末。盖入则论思献纳,备侍从之列;出则折冲御侮,受方面之寄。不以内外二其心,不以远近易所守。用能全大节于一时,垂令名于后世。雍容进退,久无间焉。眷予迩臣,克配前哲。翰林学士、左奉议郎、知制诰兼侍读、史馆修撰、北海县开国男、食邑三百户、赐紫金鱼袋綦某,和顺乐易,清明敏达。博极群书,韫匮今古。崇义竑论足以赞襄帝猷,高文大册足以鼓动天下。扬于禁林,陪侍经幄,有德有言,协于士论。而乃者屡贡封章,力求退避,朕以为劳汝侍从之事,不若成汝廉静之守。升华延阁,剖符会稽。方朕东巡,繄乃巨屏。镇抚一道,总制列城,建威销萌,寄服尤重。伫闻报政,朕不汝忘。可特授依前左奉议郎,充宝文阁学士、知绍兴军府事、兼管内劝农使、充两浙东路安抚使、马步军都总管,填见阙,封、赐如故。

出处:《北海集》附录上。
考校说明:编年据《建炎以来系年要录》卷七八补。

綦崇礼辞免宝文阁学士知绍兴府不允诏
(绍兴四年七月十五日后)

敕某:省所奏辞免宝文阁学士知绍兴府恩命,改除近下职名及闲慢一郡事,具悉。卿博物洽闻,尤练国朝之故事;高文大册,独推翰苑之英声。处之经帷,则日闻儒者劝道之言;付以史笔,则能尽古人褒贬之义。夫以亲信之地委寄如斯,顾于连年屡上恩奏。乃眷股肱之郡,宜用腹心之臣。非特表尔难进易退之风,亦以平今内重外轻之势。虽价人以为藩辅,卿则有余;而学士遂去朝廷,朕所太息。

更职内阁,亦本前规。夫何逊避之为,毋乃执谦之过。趣祗朕命,勿费尔辞。所请宜不允。故兹诏示,想宜知悉。

出处:《北海集》附录中。
考校说明:编年据《建炎以来系年要录》卷七八补。

辛炳除显谟阁直学士诏
(绍兴四年七月二十一日)

御史中丞辛炳称疾既久,亦屡抗章,顾柏台非养疴之地,可遂其请。除显谟阁直学士,知漳州。

出处:《建炎以来系年要录》卷七八。

流寓举人保官不拘本贯诏
(绍兴四年七月二十五日)

应流寓举人应合召保官,不拘本贯及本路邻路官,并许充保。

出处:《宋会要辑稿》选举一六之四。又见《宋会要辑稿补编》第四八二页。

谕编估打套局事诏
(绍兴四年七月二十六日)

编估打套局今后行众逐旋供刺增减名件价数,委自杂卖场官审实,限当日实封申太府寺,本寺画时实封备申户部尚书厅,随宜增减。如有减价,即申尚书省总制司,候指挥添价,一面行□增减出卖。

出处:《宋会要辑稿》食货五四之一九。

免客人算请香药等套沿路商税诏
(绍兴四年七月二十六日)

客人算请香药等套欲出外路贩卖者,照引与免出门并沿路商税,如敢夹带不系套内官物者,依匿税法加二等。

出处:《宋会要辑稿》食货五四之一九。

复置司农寺诏
(绍兴四年七月二十七日)

复置司农寺。仓部昨并到司农寺所行支纳粮斛草料等事务并拨到手分等,并依旧归本寺。

出处:《宋会要辑稿》食货六二之一四。又见同书食货五三之三。

使臣校尉押发粮斛等到行在推恩条约诏
(绍兴四年七月二十七日)

使臣校尉押发粮斛等到行在交纳,无违程、抛失少钱或少欠不碍分厘,若纳足,不愿支给犒设钱,依立定平江府、湖州二万五千硕,秀州三万硕,减磨勘一年。

出处:《宋会要辑稿》食货四三之一九。又见同书食货四七之一六。

二广接发命官稽迟常切检察诏
(绍兴四年七月二十八日)

接发命官申奏院状,每季类聚再奏。若程限稽迟不到,并下沿路究治。仍委本路提举马递铺及渐磨当职官吏常切检察。若在路计嘱,私折藏匿,致稽迟不到者,合干递铺诸曹司、兵级、巡辖使臣正根勘,具案闻奏,重行断遣。

出处:《宋会要辑稿》仪制七之二八。

镇江府等宣抚使司行移帅司用公牒诏
（绍兴四年七月三十日）

镇江建康府、淮南东路宣抚使司行移本路帅司，用公牒，所部县并用札子。

出处：《宋会要辑稿》职官四一之三一。

逐路帅司差使以八人为额诏
（绍兴四年八月十二日）

逐路帅司各增置听候差使四人，令殿前司依条差拨，通作八人为额。其差注等事件，并依见行条法。

出处：《宋会要辑稿》职官三二之一一。

推赏用心辨验伪造新法度牒紫衣师号官吏诏
（绍兴四年八月十二日）

今后应官吏能用心首先辨验伪造新法度牒、紫衣、师号，不获犯人，比获犯人例，每合转一官资，只与减半年磨勘，用为酬赏。如人吏不愿减年，每减半年，支赏钱三十贯文。仍以收到书填度牒等靡费钱用支给。

出处：《宋会要辑稿》职官一三之三三。

刑寺狱案不得妄作疑难诏
（绍兴四年八月十七日）

刑寺自今狱案，如刑名轻重，委有疑惑，即依例巡白，令刑部与决行下；又不能决，听上都省。若有妄作疑难，立议不当之人，当议黜责。

出处：《建炎以来系年要录》卷七九。

置孳生牧马监诏
(绍兴四年八月十八日)

余杭县南上下湖地置孳生牧马监,命临安府守臣兼提举,每马五百匹为一监,牡一而牝四之。岁产驹,三分毙二分以上,皆有赏罚。

出处:《建炎以来系年要录》卷七九。又见《宋史》卷一九八《兵志》,《建炎以来朝野杂记》甲集卷一八,《中兴两朝圣政》卷一五,《宋史全文续资治通鉴》卷一九上,《咸淳临安志》卷八九。

减江西和买绢绅折纳钱诏
(绍兴四年八月十九日)

依已降指挥,折纳价钱每匹减作六贯文省,如人户愿纳本色者听。

出处:《宋会要辑稿》食货六四之三一。又见《建炎以来系年要录》卷七九。

岳飞乞罢制置职事不允诏
(绍兴四年八月中旬前后)

敕:具悉。朕惟荆楚之郊,自昔用武之地,以卿有忧国济时之志,有驭众却敌之威,故命以专制西南一面之重。比提王旅,深入盗区,折馘执俘,所向必克,舆图所复,幅员千里。朕方图尔之功,以观厥成,遽览需章,亟辞旧职,殆非朕之所期于卿者也。勉服至意,毋复有陈。所辞宜不允。

出处:《鄂国金佗续编》卷三。
考校说明:原题为《辞免神武后军统制不允诏》。王曾瑜《鄂国金佗稡编续编校注》云:"据《金佗续编》卷五《改差充神武后军统制省札》,岳飞由神武副军都统制改任神武后军统制,乃绍兴三年九月事。此诏载'舆图所复,幅员千里',而岳飞'亟辞旧职',可见应为绍兴四年秋克复襄汉六郡后,对《乞罢制置职事奏》(见《金佗稡编》卷一三第八七八页)之回诏。以《辞免神武后军统制不允诏》作标题,误。"(中华书局,一九八九年,第一一七五页)从之。此诏时间应在八月中旬左右,在除清远军节度使之前。

岳飞除清远军节度使湖北路荆襄潭州制置使特封武昌县开国子食邑五百户食实封贰伯户制
(绍兴四年八月二十五日)

　　门下:师直为壮,正天讨有罪之刑;战功曰多,得仁人无敌之勇。羽奏屡腾于戎捷,舆图亟复于圻封。肆畴进律之庸,宣告治朝之听。镇南军承宣使、神武后军统制、充江南西路、舒、蕲州、兼荆南、鄂、岳、黄、复州、汉阳军、德安府制置使岳飞精忠许国,沈毅冠军。身先百战之锋,气盖万夫之敌。机权果达,谋成而动则有功;威信著明,师行而耕者不变。久宣劳于边圉,实捍难于邦家。有公孙谦退不伐之风,有叔子怀柔初附之略。属凶渠之啸乱,乘襄汉之弛兵。窃据一隅,萃厥逋逃之薮;旁连六郡,鞠为盗贼之区。命以徂征,迄兹戡定。振王旅如飞之怒,月三捷以奏功;率宁人有指之疆,日百里而辟土。慰我后云霓之望,拯斯民涂炭之中。嘉乃成功,棽兹信赏。建旆融水,以彰分阃之专;授钺斋坛,以示元戎之重。全付西南之寄,外当屏翰之雄。开茅社于新封,锡圭腴于真食。并加徽数,式对异恩。於戏! 我伐用张,既收无竞维人之烈;惟辟作福,敢后有功见知之图。尚肩卫社之忠,益励干方之绩。钦予时训,其永有辞。可特授清远军节度使、湖北路、荆、襄、潭州制置使,依前神武后军统制,特封武昌县开国子、食邑五百户、食实封贰伯户。主者施行。

出处:《鄂国金佗续编》卷二。

岳飞辞免清远军节度使湖北路荆襄潭州制置使特封武昌县开国子食邑五百户食实封贰伯户不允诏
(绍兴四年八月二十五日后)

　　敕:具悉。朕惟明主不吝赏,所以求社稷之臣;良将不言功,所以恤国家之难。上下相与,古今一途。卿禀雄劲之姿,蕴深湛之虑。识通机变,忠贯神明。鼓勇无前,服劳先于士卒;执谦不伐,行事合于《诗》《书》。比总偏师,克平叛寇。坐复六州之故地,用苏千里之疲氓。嘉尔设施,出于谈笑。既策勋之甚茂,宜班爵之特优。建大将之鼓旗,往临三路;授元戎之铁钺,增重六师。奚为逊牒之陈,犹避宠章之渥。亟膺明命,益励远图。庶见方隅绥靖之期,乃称朝廷崇奖之意。

所请宜不允。

出处:《鄂国金佗续编》卷三。
考校说明:月、日据岳飞宦历补,见《宋史》卷二七《高宗纪》。

岳飞再辞免清远军节度使湖北路荆襄潭州
制置使及封赐不允诏
(绍兴四年八月二十五日后)

　　敕:具悉。卿忠义出于天资,忧恂著于臣节。志徇国家之急,身先行阵之劳。盖尝推功名而不居,岂复私富贵以为意。然赏国之典,轻重视功。师不淹时,役不再籍。连克六城之聚,复还千里之疆。振凯遄归,策勋可后?谦以自牧,卿虽必欲执三命之恭;赏或失劳,朕将何以为万夫之劝。勉服成命,毋复费辞。所辞宜不允。

出处:《鄂国金佗续编》卷三。

侍从已上外移知州差遣事诏
(绍兴四年八月二十六日)

　　侍从已上外移知州差遣者,并令径路之任。有合陈请事,画一申奏,俟过防秋日仍旧。

出处:《建炎以来系年要录》卷七九。

上太上皇帝表
(绍兴二年七月至十二月间或绍兴四年八月至九月间)

　　臣构言:吁天迫切,久期銮辂之还;阅岁推迁,犹阙寝门之问。想百灵之奔卫,致万福之来宜。中谢。恭惟太上道君皇帝陛下道格神明,仁沾动植。释位退托,虽殊南内之居;履时艰危,未返北征之驭。臣尚迟虞侍,每积忧思。民心徯于归君,弥极天旋之望;帝命从于与子,必谐晨省之祈。臣无任。

出处:《沈忠敏公龟溪集》卷五。

撰者:沈与求

考校说明:编年据沈与求任两制时间补。

上太上皇后表
(绍兴二年七月至十二月间或绍兴四年八月至九月间)

臣构言:慈闱犹阻,屡惊岁月之移;寿斝莫陈,每积晨昏之恋。阴知天意,密护圣躬。中谢。恭惟太上皇后殿下德庇六宫,恩涵万宇。练衣出筥,素存椒掖之规;翟驭旋途,应罢瑶池之集。臣思深语咽,望极涕零。富贵不足解忧,致孝当严于大养;疾痛则必反本,祈恩式伫于遄归。臣无任。

出处:《沈忠敏公龟溪集》卷五。

撰者:沈与求

考校说明:编年据沈与求任两制时间补。

令诸州给告填补告首作过者诏
(绍兴四年九月一日)

诸州并给承信郎以上至成忠郎告各一道。如有告首作过之人,审验诣实,书填补官讫,具已补因依申尚书省。其已补人特添差本处指使。

出处:《宋会要辑稿》兵一三之一六。又见《建炎以来系年要录》卷七九。

支破邓名世新任删定官请给御厨食钱诏
(绍兴四年九月六日)

新差详定一司敕令所删定官充史馆校勘邓名世先次供史馆校勘职事,许支破新任删定官请给、御厨食钱,依检讨官则例支破。

出处:《宋会要辑稿》职官五七之七〇。

明堂赦文

（绍兴四年九月十五日）

门下:朕绍膺丕绪,寅畏多难,顾寡昧之弗堪,悼方隅之未靖。亲乘戎辂,越在海邦。浸更八载之勤劳,祗荷三灵之保佑。营屯错处,罔闻疠疫之虞;调度繁兴,屡格丰登之候。敛时嘉况,惕若钦成。载考彝章,当严大报。然而两宫狩于绝域,靡有回銮之定期;九庙隔于故都,邈无荐裸之常所。敌疆犹扰,边遽或惊。沃野残于盗区,齐民胁于逋薮。虽厄运之抵此,谅菲躬之使然。夜揽衣而屡兴,昼当食而永叹。惟皇天后土,集成命于我家;惟艺祖太宗,垂大统于来裔。是用为民而请祷,庶几与国以迎休。爰卜杪秋,肆开世室。遵皇祐之遗则,举合祠并配之仪;续会稽之缺文,处四望六宗之位。草创庶品,绵蕝一时。物从俭而贵诚,事权宜而尚质。清明邕矣,默存精祲之交;景象屑然,恭俟神灵之下。既竭祈哀之悃,必开悔祸之图。将使函生,并济宁宇。兹诞敷于渥泽,以均锡于纯厘。云云。於戏!涓选休成,以饬威容之轶;眚灾肆赦,以颁庆赐之常。尚赖文武协心,忠义毕力,共谋戡定,迄致昇平。

出处:《中兴礼书》卷八五。
考校说明:此赦文内容以"云云"删,《建炎以来系年要录》《宋会要辑稿》载有所删部分内容,今录以备考:

勘会川陕应副军须,科使频仍,民力重困,令都督府讲究利害,革去旧弊。应襄阳府等六郡税租科役等事,并与放免三年。诸路人户经金人残破、盗贼烧劫之后,日前应干官私欠负并与除放;归业后,税役、和买、科率等更免两科;未曾离业者,免今年税役十分之四。州县违戾,令提刑司案奏,当议科除名之罪。应州县日前以军兴预借租税及钱物,并与当见今合纳税租。如依前违戾,当职官冲替。应命官因出战或捕盗中伤不堪厘务之人,当议加优恤。奉使金国,或缘差使及指名取过未回之家,与西北土人流寓东南者,令州县多方存恤,按月支行合得请给。应被金人及贼寇杀虏遗弃小儿十五岁以下,听人收养,即从其姓。残破州县,暴露遗骸,募寺观重行埋瘗,每及二百人,给度牒一道。诸处盗贼,除专降指挥不许招安原贷外,限一月出首自新,前罪一切不问;内元系头首,及能效率徒党出首者,优与转补官资。诸路合纳和买绸绢,与五分中特减一分,以偿本钱;其减下一分,令转运司置场收买,不得亏损上供额数。应捕获奸盗,及军中有犯罪当诛戮者,并令依法勘鞫,俟狱成方得行遣;如事干机速不可待者,须对众研究,审取伏状,然后加刑,仍即时报宪司验实保明以闻。如违,皆科徒三年,不以失论及以去官赦降原减;其挟私者,依本法坐罪。(《建炎以来系年要录》卷八〇。又见《宋会要辑稿》食货六八)

契勘近年以来,绸绢之价比旧增贵数倍,而和预买本钱或不时给,或给钱多有侵刻,弊事甚多,重扰百姓,仰诸路转运司将人户每岁合纳和预买绸绢于五分中特减一分,以偿本钱,免令人户赴官请领。谓如户下合纳五匹,即以一匹充本钱,只纳四匹之类,不及匹者,以丈尺纽筭,其减下一分绸绢,令本司收簇合俵本钱置场收买,依限起发,不得亏损上供额数。如有不足,据的确数目,依两浙转运司已降指挥取拨本路一分酒税钱应副,尚不足者,于建炎四年以后诸州添酒钱内支拨。仍自绍兴五年为始。(《宋会要辑稿》食货三八)

诸县选差保正副,在法以物力高下、人丁多寡、歇役久近参酌定差,务要均当。比年以来,乡司案吏于造簿攒丁差大小保长之际,预行作弊,致争讼不已,使已役之人久不承替,破荡家产,深可矜悯。仰常平司常切觉察差役不均之弊,如有违犯,重行按劾。仍限半月条具利害申尚书省。勘会福建路保正副、大小保长唯管缉捕逃亡军人,及私贩禁物、斗讼、桥路等事,其承受县司追呼公事,及催纳二税等物,并系耆户长壮丁承行。今两浙、江南等路诸县并不雇募耆壮户长,却差保正副、大小保长干办。又有责令在县祇候差使者。缘此保正副、大小保长费用不赀,每当一次,往往破荡家业,遂诡名挟户,规免差使,深可矜悯。仰逐路漕臣、宪臣同共相度,可与不可并依福建路见行事理,或量增役钱,以充雇募耆壮户长之费,仍自今不得更令保正副、大小保长在县祇候承受差使。如违,仰逐司按劾以闻,当议重行典宪。(《宋会要辑稿》食货六五)

诸州公使库岁用造酒糯米,名曰和籴,实皆抑配。访闻又有托以准备为名,不循年例,倍有科敛。仰监司觉察按劾。(《宋会要辑稿》食货二一)

诸路州县捕获奸盗,往往不究情实,假便宜之名,辄行杀戮,及因统众捕寇,缘中军违犯当诛者,亦不分事体缓急,便加极刑,深可矜悯。自今应捕获奸盗及因中军有犯罪当诛戮者,须对众研究,审取伏状,然后加刑,仍即时报宪司验实保明以闻。如违,皆科徒三年,不以失论及去官赦降原减。其挟私者,依本法坐罪。宪司按验不实,及隐匿不奏者,并坐违制之罪。(《宋会要辑稿》兵一四)

诸路州县人户所佃官田,其间佃人逃死,往往违法,只勒四邻或本保代纳,显属违法害民。仰诸县令佐根刷,如有似此田产,量减租课,依法召人承佃,仍仰监司常切觉察。诸路衙前因欠拘收抵当物产,在法许以子利偿欠,如依限纳足,却给元产,限外不足,犹许租佃。其间有自父祖以来因欠官钱,岁月渐久,官司有失举催,子孙却将抵当为己业典卖,有经三四十年,偶因告首,便行给与告人,仍追

105

钱业,为害不细。仰诸路州县守令按籍根刷,如有似此之类已经照刷者,并与销落。未及三十年者,自今冬为始起理租课,已前积欠并与放免;或愿备元欠纳者,官给还元业,再经半年,尚纳不足,即依理欠法施行。如官吏用情,并许越诉。(《宋会要辑稿》食货六一)

契勘水旱灾伤,检放官不能遍诣田所,吏缘为奸,受赇嘱托,或以少为多,或以有为无,或观望漕司,吝于检放,致贫民艰于输纳,有流离冻馁之患。今后并委提刑司检察。如有不实,按劾以闻,当议重责。(《宋会要辑稿》食货六一)

纲运作弊责罚条诏
(绍兴四年九月二十二日)

今后纲运如作弊,供申虚冒,不实用情,盗窠博易,以他物或入水拌和损湿,及纳外少欠籴填,限外有碍所立分厘,令排岸司并将犯人并押纲申解大理寺根究,依法施行。如纲运所给日限未满,未合申解大理寺间,若有事干刑禁或杖罪以下,并依绍兴三年已降指挥,就临安府施行。

出处:《宋会要辑稿》职官二六之二九。

明堂随驾军兵失仪放罪诏
(绍兴四年九月二十三日)

军头引见司:今月十五日明堂大礼回,应随驾诸班直、文武亲从亲事官、亲兵、五军将校并诸色祗应人等失仪、拽断围子、排立交互、损坏仪注军器衣甲器械等,并特与放罪,仍免估剥陪偿。

出处:《宋会要辑稿》礼二四之九〇。

许朱胜非解官持余服制
(绍兴四年九月二十四日)

人主之论一相,慎德则朝廷尊;大臣之表万民,制行为天下法。眷予宰弼,起自闵艰,既殚徇国之劳,蕲尽慕亲之志。参稽古谊,与解烦机,宣告治朝,用孚群听。起复左宣奉大夫、守尚书右仆射、同中书门下平章事、兼知枢密院事、监修国史、义阳郡开国公、食邑三千五百户、食实封一千一百户朱胜非,高明而肃乂,庄重而裕和。学足以贯天人之本原,量足以任国家之大计。蚤畴隽望,首被详延,一登纲辖之严,再秉钧衡之重。德业浸观于久大,谋谟备罄于忠嘉。自陟岵以缠哀,方倚庐而衔恤。属时多故,图厥老成。式从变礼之权,亟复经邦之任。尚资远略,共济康功。夺人子之至情,顾非得已;举三年之通谊,兹屡有陈。朕惟笃君亲之爱者,所以厚人伦;存进退之正者,所以厉臣节。重违尔请,庸慰母恩。勉循去位之私,俾遂执丧之恳。於戏! 安危普注,虽倚重于壮猷;忠孝两全,庶克终于令闻。益懋显扬之美,助成广爱之风。可从其请,解左宣奉大夫、尚书右仆射、同中书门下平章事、兼知枢密院事、监修国史、义阳县开国公、食邑三千五百户、实食封一千一百户,持余服。主者施行。

出处:《三朝北盟会编》卷一五五。又见《宋宰辅编年录》卷一五。
考校说明:原书系于绍兴三年九月,据《建炎以来系年要录》卷八〇,《宋史》卷二七《高宗纪》、卷二一三《宰辅表》等改。

左从事郎喻樗可宣教郎制
(绍兴四年九月二十五日)

自熙宁用事之臣托儒为奸,而斯文几丧五十余年。其间不以一时之是非毁誉动其心,而能审是其所学,以不失其正者,岂非豪杰之士欤? 尔少禀异才,辅之笃学,谋道力久,卒用有成,既窃伊洛之渊源,遂见古人之大体。蔼然令问,达于朕闻。燕见便朝,有嘉献纳,改锡京秩,将试尔能。夫大学之道,由诚意正心,以至于治天下、国家。此尔昔之所闻于师,而成己成物之要在是也。勉行汝知,毋负所学。

出处:《建炎以来系年要录》卷八〇。
撰者:王居正

左迪功郎仲并特改左承奉郎制
(绍兴四年九月二十六日)

孔子称可与共学,未可与适道;可与适道,未可与立;可与立,未可与权。夫知尧、舜、文王为正道,而不惑于异端者,可与共学也。自是而后适道,适道而后立,立而后权,然后而为成德之士矣。然自昔者大学之道不明,而求士之可与共学者殆不易得,况成德哉!尔资禀淳明,器质深厚。顷自妙龄,潜心问学,则知所谓是非邪正,拳拳服膺。虽于异端竞起,邪说诬民之时,能独立不惧,自信甚确,庶几孔子所谓可与共学者。朕闻而嘉之。兹用锡对便朝,改赐京秩。尔其勉哉!期进于道,用其所学,以见之于行事焉。

出处:《建炎以来系年要录》卷八〇。

抚谕四川诏
(绍兴四年九月二十七日)

朕顾怀蜀道屡困敌兵,选建枢臣往加督护。方选日以临遣,偶防秋而戒严。乃命以宰相居中,仍遥领西南军务。既总司于朝政,益增重于使权。迟俟来春,改图近弼。绥尔众士,膺副朕怀。比命属僚,就宣德意。

出处:《三朝北盟会编》卷一六四。又见《建炎以来系年要录》卷八一。

赵鼎右相制
(绍兴四年九月二十七日)

朕丕承基绪,宏济艰难。谓得贤为太平之基,而论相乃人主之职。天将降是大任,嘉靖厥功;予惟图任旧人,灼见有俊。诞孚尔众,咸听朕言。具官赵鼎弘毅而直方,纯明而笃实。学际天人之赜,资兼文武之全。以道事君,有中立无朋之操;以忠徇国,有任重不挠之风。自典正于台纲,亟延登于枢管。危言核论,屡见于排奸;敏略壮猷,允资于御侮。逮分阃制,往莅戎昭。草木知其威名,士卒为之乐死。才无施而不可,时有待而后兴。式遴政事之归,实倚邦国之济。作三军而谋帅,方需督制之能;宅百揆以亮工,尤重本根之势。苟帷幄有以制胜,则精神自能折冲。是用擢司右辅辨章之崇,兼总本兵宥密之重。超加爵秩,增衍赋畬。并申锡于徽章,用荣昭于异数。朕方揽衣待旦,侧席御朝。念国步之多虞,悼戎心之未革。人才私于好恶,未免遗贤之忧;民力罢于赋徭,岂无失职之叹。旁招俊乂,时尔之任。子惠困穷,时尔攸闻。惟一德可以享天,惟协心可以底道。若建大厦,尔惟栋梁。若济巨川,尔惟舟楫。朕其注意,以观尔成。尔则奋庸,以劢朕相。於戏!选于众而举伊尹,商汤所以成有截之疆;得其要而用黄裳,宪宗所以致中兴之治。勉服定命,共图康功。毋专美于前人,俾有辞于永世。

出处:《宋宰辅编年录》卷一五。

赐新除资政殿大学士知温州范宗尹辞
免恩命乞依旧宫祠不允诏
(绍兴四年秋)

敕宗尹:省所奏,辞免资政殿大学士、知温州恩命,乞依旧宫祠,事具悉。朕降登承弼,稽法祖宗。虽上印均劳,既中辞于机柄;而分符共理,犹外寄于藩宣。盖将倚重其德名,非以课功于吏事。嘉我钧衡之旧,即安山海之游。载想英风,出处独由于公道;还观素节,比周罔见于私交。初不自明,久斯可覆。是用起之闲馆,付以便邦,稍升秘殿之华,始正辅班之体。乃缘宠命,荐列忱辞。矧进退大臣,朕有不得已者;而铺陈往咎,卿何念之深耶?虽抱志而未伸,岂酬恩之无日?体兹深眷,毋复多云。所请宜不允,仍不许再有陈请。故兹诏示,想宜知悉。秋热,卿比平安好?遣书,指不多及。

出处:《北海集》卷一〇。
撰者:慕崇礼
考校说明:编年据范宗尹官历及文中所述"秋热"补,见《建炎以来系年要录》卷七六。

赐韩世忠御札
(绍兴四年十月四日前)

览卿承楚之奏,良用骇叹。今虏气正锐,又皆小舟轻捷,可以横江径渡。想卿谋画已定,可保无虞。更宜率励将士,戮力剿除。此亦卿前日之所论奏也。浙西趋行朝无数舍之远,朕甚忧之。卿忠愤忧图,朕所素知,协济艰难,正在今日。切更多筹,以决万全。

出处:《名臣碑传琬琰之集》卷一三《韩忠武王世忠中兴佐命定国元勋之碑》。又见《建炎以来系年要录》卷八一。
考校说明:编年据韩世忠官历补,见《建炎以来系年要录》卷八一。

赐韩世忠御札
(绍兴四年十月四日前)

朕以逆臣刘豫外挟强虏,驱率吾民,遣兵东向,观其措意,必欲图危社稷,人神所共嫉,覆载所不容。卿为国大臣,乃心王室,忠愤之气,想实同之。今贼犯真滁,已逼江上,而建康诸渡,旧为贼冲,万一透漏,存亡所系。卿宜戮力一心,以赴国家之急。先饬守备,徐图进取,无失事机,以堕贼计。朕虽不德,无以君国子民,而祖宗德泽,犹在人心,所宜深念累世涵养之恩,永垂千载忠义之烈。兴言及此,当体至怀。

出处:《名臣碑传琬琰之集》卷一三《韩忠武王世忠中兴佐命定国元勋之碑》。又见《建炎以来系年要录》卷八一。

考校说明:编年据韩世忠宦历补,见《建炎以来系年要录》卷八一。

朱震除祠部员外郎告词
(绍兴四年十月五日)

敕左宣教郎朱震:朕旁求俊乂,列置文昌,非徒使之分职率属,允厘庶事,而众正在位,则朝廷自尊。尔涉道精淳,存心乐易,强学力行,白首不衰,闻望之休,溢于予听。嘉其敷奏之美,喜见德人之容。郎选甚高,祠曹务简,往共乃职,体朕眷私。可特授依前官守尚书祠部员外郎。绍兴四年十月五日。

出处:《周易集传》附录《汉上先生履历》。

遇贼赏罚条诏
(绍兴四年十月七日)

遇缓急贼人侵犯,如能生擒贼徒及斩获首级,并当等第推恩;有立到奇功之人,格外优异加赏;其夺到贼船钱物之类,并给所获人。若逢贼退避,并依军法,乃给降黄榜晓谕。

出处:《宋会要辑稿》兵一八之三四。

权罢进讲义进故事诏
(绍兴四年十月七日)

讲读官进讲义、从官进故事权罢,候过防秋日依旧供进。其讲筵所应掌书籍,令祗应御书使臣等先次管押,于稳便州县安顿。其请给船夫等,令所在应副,仍仰常切差人防护,无令散失。

出处:《宋会要辑稿》崇儒七之三。

张浚除资政殿学士兼侍读不许辞免诏
(绍兴四年十月八日)

卿去国累月,未尝弥忘。考言询事,简在朕心。想卿志在王室,益纾筹策,毋庸固辞,便可就道,夙夜造朝。嘉谟嘉猷,仁卿入告。

出处:《三朝北盟会编》卷一六四。又见《晦庵先生朱文公文集》卷九五《张公行状》,康熙《绵竹县志》卷三。
考校说明:"八日"据《建炎以来系年要录》卷八一补。

令通泰等州限阻敌船诏
(绍兴四年十月十日)

通、泰、真、扬州守臣更切体度地利,从长措置,务要限阻敌船,及不得有妨湖泊水寨民社保聚。

出处:《建炎以来系年要录》卷八一。

以将亲征措置扈从留居官司诏
(绍兴四年十月十一日)

已降指挥,亲总六师往临大江,其扈从臣僚从官可差孙近、梁汝嘉、王居正、刘岑、台谏赵霈、张致远、都司王绹、检详陈昂、郎汪思温、李元瀹、吴并。百司官吏除侍从台谏官自合依例，并三省、枢密院已选留人吏外，百司留吏、户部、祠部、大理寺、粮料院、审计司、左藏东西库、省仓、内藏库、榷货务、官告院、驲坊、阁门、御厨、御马院、禁卫所、皇城司、通进司，并量留官吏人兵外，其余三省、枢密院诸房及应干曹部官司局所等官吏并本管下人兵，并令从便于诸州县权暂寄居。仍仰逐州县照在行在日文历已请终至接续批勘请给，内见系行在，就都历批勘，仍令户部依例分劈小历前去。合用钱米，许于诸州县应干见在储司不以是何窠名，除朝廷日近桩办下钱米不许支使外，余并许取拨应副。稍有阙误，许寄居官司官吏等径赴尚书省陈诉，具违戾当职官吏重置典宪。仍并候春暖逐旋发赴行在。

出处：《宋会要辑稿》礼五二之一四。

赐韩世忠御札
（绍兴四年十月十三日后）

闻卿独抗大敌，剿杀犬羊数以万计，攘逐过淮，全师而还，甚慰朕望。兀术举国来寇，凭陵边圉，非卿智勇冠世，忠义徇国，岂能冒犯矢石，率先士卒，以寡胜众，俊伟如此？朕深念卿躬擐甲胄之劳，将士摧锋力战之苦，凤宵震恻，痛切在躬。得卿来报，顿释朕怀。

出处：《名臣碑传琬琰之集》卷一三《韩忠武王世忠中兴佐命定国元勋之碑》。
考校说明：编年据韩世忠宦历补，见《建炎以来系年要录》卷八一。

赠朝奉郎秘阁修撰欧阳彻制
（绍兴四年十月二十日）

制曰：呜呼，古之人愿为良臣，不愿为忠臣，以谓良臣身荷美名，君都显号；忠臣已婴祸诛，君陷昏恶。呜呼，尔彻其殆有意于忠臣乎？由朕不德，使尔不幸而不为良臣也。虽尔情不得已，不失为忠臣，顾天下后世独谓朕何？此朕所以八年于兹，一食三叹而不能自已也。通阶美职，岂足为恩，以塞予哀，以彰予过。魂其有知，享朕兹意。

出处：同治《崇仁县志》卷首，同治十二年刻本。

不得私役弓手准备将领诏
（绍兴四年十月二十二日）

诸州弓手、准备将领,所管县尉如敢更似日前私有役使,及借情差占,并般挈骨肉、防护逃避之类,并仰提刑按劾闻奏。

出处:《宋会要辑稿》兵三之二三。

车驾进发赐临安府诏谕
（绍兴四年十月二十三日前）

朕以诸将之兵分屯江上,捍御敌人,暴露劳苦,今将幸其营垒,亲抚劳之,庶几戮力一心,以安宗社。疆事稍定,即议回銮。咨尔此邦之人,当体朕意。

出处:《沈忠敏公龟溪集》卷五。
撰者:沈与求
考校说明:编年据文中所述史事补,见《建炎以来系年要录》卷八一。沈与求时为参知政事。

亲征戒谕州县诏
（绍兴四年十月二十三日）

朕以逆臣刘豫称兵南向,警奏既闻,神人共愤。朕不敢复蹈往辙,为退避自安之计,而重贻江浙赤子流离屠戮之祸,乃下罪己诏,亲总六师,临幸江滨,督励将士。然兴师十万,日费千金,动众劳人,惧所不免。每一念此,恻然疚怀。尚觊监司帅守与夫郡邑小大之臣夙夜究心,体朕此意。凡借贷催科有须于众者,毋或纵吏并缘为奸。凡盗贼奸宄辄生窥伺者,务绝其萌,毋令窃发。其或乘时抢攘,恣无名之敛,容奸玩寇,失几察之方,至使吾民横罹困苦,有一于此,必罚无赦。候军事稍平,当遣廷臣循行郡国。

出处:《沈忠敏公龟溪集》卷四。又见《三朝北盟会编》卷一六四。
撰者:沈与求

考校说明:编年沈与求时为参知政事。

幸江上抚军诏
(绍兴四年十月二十三日)

天地之大,义莫重于君臣;尧舜之至,仁无先于孝悌。一自衣冠南渡,胡马北侵。五品弗明,两宫未返。念有国有家之道,必在正名;尽事父事兄之诚,讵宜安处?将时巡于郡国,以周视于军师。尔等其慎守封圻,严戒侵扰。虔共乃职,谨俟朕行。

出处:《三朝北盟会编》卷一六四。

至平江府告谕军民诏
(绍兴四年十月二十七日)

朕急父兄之难,申子弟之情。师行有名,天其助顺。将临江浒,已次吴门。言念幅隈之间,共离戎马之祸。使汝等丘墓隔绝,骨肉散亡。罪实在予一人,毒乃流于四海。咨尔将士,勿顾便安,宜共奋扬,共图恢复。

出处:《中兴小纪》卷一七。

故赠承事郎陈东欧阳澈并加赠朝奉郎秘阁修撰制
(绍兴四年十月二十七日)

呜呼!古之人愿为良臣,不愿为忠臣。以谓良臣身荷美名,君都显号;忠臣已婴祸诛,君陷昏恶。呜呼!惟尔东、尔澈,其殆将有意于忠臣乎。繇朕不德,使尔不幸而不为良臣也。虽然,尔藉不幸,不失为忠臣,顾天下后世独谓朕何!此朕所以八年于兹,一食三叹而不能自已也。通阶美职,岂足为恩,以塞予哀,以彰予过,使天下后世考古之君、饰非拒谏之主,殆不如是。魂而有知,享朕兹意。

出处:《建炎以来系年要录》卷八一。又见《四朝闻见录》卷二,说郭本《后耳目志》、《宋史全文》卷一九上,《陈少阳集》附录、《欧阳修撰集》附录。
撰者:王居正

推恩陈东之子诏
(绍兴四年十一月一日)

敕中书门下:朕建炎即位之初,昧于治体,听用非人,将布衣陈东置于极典,朕深痛之。虽已赠承事郎,并与有服亲迪功郎一名,诚未足以称朕悔枉之意。可特赐朝奉郎、秘阁修撰,仍更与两资恩泽;如无儿男,许女夫承受,仍与所居州军拨赐官田一十顷。

出处:《少阳集》卷六。又见《京口耆旧传》卷五。

江浙州县不得违令折纳夏税及和买䌷丝罗价钱诏
(绍兴四年十一月一日)

昨降指挥,江浙州县来年合纳夏税、和买䌷丝罗,并行折纳价钱。绵绢以十分为率,折纳五分。其价钱分两限,内䌷绢价钱上限至来年十二月终,下限至来年正月终;丝绵罗价钱上限至来年正月终,下限至三月终。其余本色匹帛候至来年,依条限起发。其䌷绢折纳钱降指挥明言折纳钱五贯二百文省,自合送纳省钱;丝绵罗依去年价钱折纳,即无令纳足钱之文。其余五分本色绵绢,合候来年依条限起催,即今未合催理。访闻州县并不遵禀元降指挥,辄将所折价却足钱令人户送纳,及将来年合纳五分本色绵绢一概便行催理,显属骚扰。令监司禁止,觉察闻奏。

出处:《宋会要辑稿》食货六四之三一。

刘一止除浙东提刑告词
(绍兴四年十一月一日)

敕左承议郎、新差权发遣袁州军州事刘某:乡者国家承平日久,朝廷尊荣士大夫,雅意本朝而以任,于外为失职。故部使者之任寖轻,而州县之奸弊,百姓之疾苦,遂至于不可胜救。朕方念及此其间,非出于甚不得已,而付之以事,必求端良正直之士,以充外台耳目之寄。庶几治道之兴,或由于此,尔修洁博习,直谅而文,周旋台省,声实甚休。夫明允御名平反,使四方典狱闻风皆厚,类非俗吏之所能为也！尔往钦哉,其识朕意。可特授依前官权发遣两浙东路提点刑狱公事、兼本路劝农提举河渠公事、兼提举本路常平等事。

出处:《茗溪集》卷五五。
撰者:王居正

王趋充广西经略安抚司干办公事诏
(绍兴四年十一月四日)

承事郎王趋充广南西路经略安抚司干办公事,专一提举左、右江峒丁,及收买战马等公事。

出处:《宋会要辑稿》职官四一之一○三。

汪伯彦落职制
(绍兴四年十一月四日)

朕痛念建炎之初政,实亏从谏之令名,俯仰八年,寤寐永叹。比下责躬之诏,敢为归咎之文。而论者谓汝专宥密之司,实任仰成之寄,汝言汝听,汝弼汝从,宜思广朕之聪明,何恤庶人之议政。使人主蒙拒谏之谤,而朝廷污杀士之名。仰视君亲,何施面目！朕览人言而惕若,抚往事以何追。罪固在于朕躬,谊难宽于尔责。

出处:《四朝闻见录》卷二。
撰者:王居正
考校说明:编年据《建炎以来系年要录》卷八二补。

奖谕李纲诏
(绍兴四年十一月六日)

敕李纲:所奏具己见陈为三策,捍御贼马事势,具悉。朕以豫贼通诛,敢称兵而内向;金戎助逆,共举众以来侵。覆载靡容,臣民共愤。乃亲乘于戎辂,用戡定于边隅。卿忠贯神明,虑先著蔡。料敌于千里之外,制胜于三策之间。既揽囊封,备观筹画。见大臣体国之义,得贤者爱君之诚。心在王室,而无中外之殊;忧以天下,而以安危自任。忧恤所属,嘉叹不忘。故兹奖谕,想宜知悉。冬寒,卿比平安好? 遣书指不多及。十八日。

出处:《梁溪集》卷七七。又见《梁溪先生文集》附录《梁溪先生年谱》。
考校说明:《梁溪先生年谱》系于绍兴四年十一月六日,今从之。诏末所署"十八日"当为"六日"之误,盖"六"字误分为"十八"也。

禁漏泄边机事务诏
(绍兴四年十一月六日)

应漏泄边机事务,并行军法。赏钱一千贯,许人告。仍令尚书省出榜。

出处:《宋会要辑稿》刑法二之一四八。又见《建炎以来系年要录》卷八二。
考校说明:《建炎以来系年要录》卷八二系于绍兴四年十一月五日。

谕中外亲讨刘豫诏
(绍兴四年十一月七日)

朕以两宫万里,一别九年。觊迎銮辂之还,期遂庭闱之奉。故暴虎凭河之怒,敌虽逞于凶残;而投鼠忌器之嫌,朕宁甘于屈辱。是以卑辞遣使,屈己通和。仰怀故国之庙祧,至于霣涕;俯见中原之父老,宁不汗颜? 比得强敌之情,稍有休兵之议。而叛臣刘豫惧祸及身,造为事端,间谍和好,签我赤子,胁使征行,涉地称兵,操戈犯顺。大逆不道,一至于斯! 警奏既闻,神人共愤。皆愿挺身而效死,不忍与贼以俱生。今朕此行,士气百倍。虽自纂承之后,每乖举错之方,尚念祖宗在天之灵,共刷国家累岁之耻。殪彼逆党,成此隽功。载惟凤宵跋履之勤,仍蹈锋镝战争之苦。兴言及此,无所措躬。然而能建非常之功,必有不次之赏。初诏具在,朕不食言。咨尔六师,咸体朕意。

出处:《建炎以来系年要录》卷八二。又见《中兴两朝圣政》卷一六,《中兴小纪》卷一七

117

省罢营葺诏
（绍兴四年十一月七日）

除军兵营寨外，其余修葺去处，并令孙佑不得应副。如违，官吏取旨重行黜责。

出处：《建炎以来系年要录》卷八二。

官陈东弟南省敕
（绍兴四年十一月十日）

诰赠朝奉郎、秘阁修撰陈东弟南。奉敕如右，札到奉行。绍兴四年十一月十日。

出处：《少阳集》卷六。

戒诸路借贷催科扰民手诏
（绍兴四年十一月十二日）

朕以逆臣刘豫称兵南向，警奏既闻，神人共愤，朕不敢复蹈前辙，为退避自安之计，而重贻江、浙赤子流离屠戮之祸。乃下罪己之诏，亲总六师，临幸江滨，督励将士。然而兴师十万，日费千金，动众劳人，惧所不免。每一念此，恻然疚怀。尚觊诸路监司、帅守与夫郡邑大小之臣，夙夜究心，以体朕意。凡借贷催科有须于众者，毋得纵吏并缘为奸；凡盗贼奸宄辄生窥伺者，务绝其萌，毋令窃发；其或乘时扰攘，恣无名之敛，容奸玩寇，失机察之方，致使吾民横罹困苦，有一于此，必罚无赦。候军事稍定，当遣廷臣循行郡国。

出处：《建炎以来系年要录》卷八二。

防江诸军赐燕诏
（绍兴四年十一月十五日）

防江诸军赐燕，准备将已上并预坐，遣刑部尚书章谊押伴。

出处：《建炎以来系年要录》卷八二。

令诸司放还客船诏
（绍兴四年十一月十七日）

诸司见占客船，并令日下放还。违者抵罪。

出处：《建炎以来系年要录》卷八二。

张浚尽忠竭节告谕中外诏
（绍兴四年十一月十九日）

张浚爱君忧国，出于诚心。顷履多艰，首倡大义。固有功于王室，仍雅志于中原，谓关中据天下之上游，未有舍此而能兴起者。乘虏百胜之后，慨然请行。究所施为，无愧人臣之义；论其成败，是亦兵家之常。矧权重一方，爱憎易致；远在千里，疑似难明。然则道路怨谤之言，与夫台谏风闻之误，盖无足怪。比复召浚，置之宥密，而观浚恐惧怵惕，如不自安，尚虑中外或有所未察欤。夫使尽忠竭节之臣，怀明哲保身之戒，朕甚惧焉。可令学士院降诏，出榜朝堂。

出处：《三朝北盟会编》卷一六五。又见《晦庵先生朱文公文集》卷九五《张公行状》，《建炎以来系年要录》卷八二，康熙《绵竹县志》卷三。

令岳飞率兵东下御札
（绍兴四年十一月）

近来淮上探报紧急，朕甚忧之，已降指挥，督卿全军东下。卿夙有忧国爱君之心，可即日引道，兼程前来。朕非卿到，终不安心，卿宜悉之。付岳飞。御押。

出处:《鄂国金佗稡编》卷一。

令张浚保明立功将士诏
（绍兴四年十二月三日）

诸将士能戮力用命立功之人,令张浚保明闻奏,当议优异推恩。仍令枢密院榜示诸军。

出处:《宋会要辑稿》兵一八之三四。

推赏张泽诏
（绍兴四年十二月八日）

宿迁知县张泽昨自伪境,率众来归,忠义可嘉,理宜旌赏。应所授伪齐官资并特与补正,更与转一官资,仍添差厘务差遣,优给路费津遣之任。

出处:《宋会要辑稿》兵一五之四。

招从伪士大夫诏
（绍兴四年十二月十二日）

朕惟靖康兵革之难,神器几坠。天命有在,属于眇躬,夙夜兢兢,罔敢自逸。期与尔士大夫共雪大耻,还我两宫,保有黎元,永庇中土。而强敌侵轶,迫朕一隅,叛臣乘时,盗据京邑,使我缙绅,沦陷涂炭。繇朕不德,以至于斯,北望伤心,收涕无所。亦惟尔士大夫蒙祖宗休泽,服在周行。其有失身伪廷,事非其主,顾驱胁使然,有不得已者,朕甚痛之。故若张孝纯、李邺、李侗等内外亲族不废禄仕,每饬有司常加存恤。朕之于尔厚矣,尔尚忍忘之耶? 其能洗心易虑,束身以归,当复其爵秩,待遇如初。或为奇谋秘画,立功自效,乃颁异赏,不限彝章。呜呼! 逆顺之理,祸福之机,昭然甚明,要知所择。朕方布大信以示天下,言不尔欺,有如皦日。咸务自省,体朕至怀。

出处:《沈忠敏公龟溪集》卷四。又见《三朝北盟会编》卷一六五。

撰者：沈与求

考校说明：编年沈与求时为参知政事。

谕靖康叛臣能束身以归当复爵秩手诏
（绍兴四年十二月十二日）

朕惟靖康兵革之难，神器几坠。天命有在，属于眇躬。夙夜兢兢，罔敢自逸，期与尔士大夫共雪大耻，还我两宫，保有黎元，永庇中土。而强敌侵轶，迫朕一隅，叛臣乘时，盗据京邑，使我搢绅，沦陷涂炭。繇朕不德，以至于斯，北望伤心，收涕无所。亦惟尔士大夫蒙祖宗休泽，服在周行，其肯失身伪廷，事非其主，顾驱胁使然，有不得已者，朕甚痛之。若故张孝纯、李邺、李俦等内外亲族，不废禄仕，每饬有司，常加存恤。朕之于尔厚矣，尔尚忍忘之邪？其能洗心易虑，束身以归，当复其爵秩，待遇如初。呜呼！逆顺之理，祸福之机，昭然甚明，要知所择。朕方昭大信以示天下，言不尔欺，有如皦日。咸务自省，体朕至怀。故兹诏示，想宜知悉。

出处：《鄂国金佗稡编》卷八。

奖谕将士诏
（绍兴四年十二月二十二日）

朕分遣将帅，列屯江淮，比命枢臣亲行按视，还朝之日具一奏陈。乃闻身率军行，日加训练。骑射惯习，技击精娴。戎政益修，士气弥振。既以严饬于武备，是将图建于茂勋。深察用心之忠，尤嘉报国之义！朕惟无德以服远，未能解甲以休兵。烦尔师徒，久从征役。暴露寒暑，拥持干戈。轸念于心，恻怛忘寐。惟尔怀国家抚养之恩德，愤僭伪侵陵之凶残，宜勉事于艰难，终共成于逸乐。誓当有济，用副至怀。故兹抚谕，想宜知悉。

出处：《三朝北盟会编》卷一六五。

修阙政求直言诏
(绍兴四年十二月二十五日)

朕获承祖宗休烈,夙夜兢业,寅畏天命,弗敢康宁。属者强敌侵陵,师旅未解,元元骚动,咎在朕躬。太史有言,天著大异,乃来岁正月朔日有食之。永思厥咎,朕甚惧焉。顾德弗类,灾害荐至,缪盭之气,上累三光。侧身自儆,未烛厥中。公卿大夫师尹百职各悉乃心,交修不逮。其为朕讲求阙政,察理冤狱,收辑流冗,询问病苦,举遗逸,徕直言。凡可消变弭灾者,毋匿厥指。共图应天之实,以称朕意。

出处:《宋会要辑稿》帝系九之二八。

给淮南流寓士民钱粮诏
(绍兴四年十二月二十九日)

淮南流寓士民,应有官人如材力可以任事,州县有窠阙,许令权摄;或无窠阙,京朝官大小使臣除支体分料钱外,月给食钱五贯文,选人支体分料钱,权摄官依此,支两月止。进士愿入所在学者听,依例给食。军人寄营收养,依旧支破请授。吏人指定州县收寄,有可使令者权收使;无可使令,月给钱三贯文。百姓令所在州军量给,内老弱不能自存及妇人无依倚者,依孤贫法。

出处:《宋会要辑稿》食货六九之五三。

王苹特授左迪功郎守秘书省正字制
(绍兴四年十二月)

敕右迪功郎王苹:朕于一时人材,苟其名字稍有以自见,则往往至屡试,而治不加进,于是从而求其所未试者,至于岩穴之士,庶几有称朕意焉。尔学有师承,亲闻道要,韫椟既久,声实自彰,行谊之修,溢于朕听。燕见访闻,辞约而旨深。师友渊源,朕所嘉尚。乃命锡之高第,职是校雠。岂特为儒者一时之荣,盖将使国人皆有所矜式。勉行尔志,无愧师言。可特授左迪功郎、守秘书省正字。绍兴四年十二月。

出处:《王著作集》卷一。

抚问岳飞御札
（绍兴四年十二月）

卿义勇之气,震怒无前,长驱济江,威声远畅。宜奋扬于我武,务深得于敌情。既见可乘之机,即为捣虚之计。眷兹忠略,岂俟训言。深念勤劳,往加抚问。付岳飞。御押。

出处:《鄂国金佗稡编》卷一。

高宗朝卷九　绍兴五年(1135)

召人承买官田诏
(绍兴五年正月三日)

诸路州县系官田舍,委守令取见元数,比仿邻近田亩所收租课,及屋宇价直,量度适中钱数,出榜召人实封投状承买,拘催价钱起发。

出处:《建炎以来系年要录》卷八四。

免淮南官吏去职之罪诏
(绍兴五年正月五日)

淮南州县官吏擅离职任之人,特与放罪,令依旧还任。其抛弃官物,并与除破。

出处:《建炎以来系年要录》卷八四。

询问李纲边防利害诏
(绍兴五年正月九日)

敕李纲:比以逆臣啸乱,反易天常,阴导狄人,提兵南向。朕亲乘戎辂,号令六师,将士协心,人百其勇。按甲江上,时出轻兵,所向奏功,俘馘系酋。彼势既屈,潜师遁逃。念兹却敌之初,图为善后之计。卿以旧弼,乃心王家,必能为朕深思熟讲。凡今攻战之利,守备之宜,措置之方,绥怀之略,可悉条具来上,朕将虚己以听,择善而从。君臣之间,期于无隐;利害之决,断以必行。钦仁嘉猷,冀闻确论。故兹诏谕,想宜知悉。春寒,卿比平安好? 遣书指不多及。九日。

出处:《梁溪集》卷七七。

考校说明:年、月据《建炎以来系年要录》卷八四补。

驱磨诸路去年收支茶盐钱数诏
(绍兴五年正月十日)

诸路提刑司驱磨所属州县去年收支茶盐钱数,如有违法支使,责官吏陪还,拘收赴榷货务,仍命户部以驱磨最多处申朝廷推赏。稍有隐庇灭裂,亦许案劾。

出处:《建炎以来系年要录》卷八四。

令行在官吏等条具利害以闻诏
(绍兴五年正月十三日)

江北敌马已退,应行在及从便职事官,各条具利害闻奏。

出处:《建炎以来系年要录》卷八四。

修缮建康行宫城壁诏
(绍兴五年正月十四日)

建康府行宫缮本未毕,兼城壁损坏,亦当修筑,可委江东帅臣同转运判官俞俟随宜措置,须管日近了毕。及省部百司仓库等亦仰踏逐具图来上,务从减省,不得骚扰。

出处:《宋会要辑稿》方域二之一二。

淮南路曲赦
(绍兴五年正月十五日)

朕以眇质,获承至尊,念国家积累之基,遭夷狄侵扰之患。两宫远狩,尚虚归路之期;万姓同忧,未睹升平之日。浩若涉川而思济,懔乎置器之难安。常未明而求衣,每侧席而思治。朕诚不足以感移天意,德不足以绥靖乱源。致被叛臣乘予厄运,始攘齐地,旋据都城。未厌鸱张之谋,更怀枭噬之恶。频挟虏势,来犯边陲。直渡淮滨,将窥江浒。自古滔天之巨盗,亦知逆顺之所存。未闻今日之穷凶,不顾人神之共怒。所赖诸将协力,六师争先。奋扬无或敢当,斩获莫知其计。遂令群狳知有天刑,虽逆雏偶逭于天诛,而匹马莫还于贼境。载循不道,深恻于心。俾执干戈,皆朕中原之赤子;重为驱役,亦我本朝之旧臣。迫彼暴虐之威,陷兹锋镝之苦。繇予不德,使至于斯。自初览于捷书,即首颁于诏旨,杀死者尽从于埋葬,俘降者悉处之便安。重伤而莫能自存,抚以医药之厚;愿归而无所为命,给其道途之资。申戒官司,务优存没。知朕兴怀于兼爱,本非得已而用兵。重念生灵,久罹寇扰。绎骚连于都邑,蹂践遍于田园。虽氛祲之已清,然疮痏之未起。困于斯难,嗟尔无辜。宜锡茂恩,以苏疲惫。於戏!乘时克乱,可见皇天悔祸之心;发号施仁,实推列圣保邦之泽。庶迎善气,以格昌期。咨尔群伦,体予至意。

出处:《三朝北盟会编》卷一六六。

考校说明:《三朝北盟会编》卷一六六系于绍兴五年正月十三日。据《建炎以来系年要录》卷八四,绍兴五年正月十四日辅臣进呈曲赦淮南事目,十五日颁降德音。此赦文内容已删,《建炎以来系年要录》《宋会要辑稿》载有所删部分内容,今录以备考:

淮南诸州杂犯死罪囚,释流以下。应投降女真汉儿,除已等第补官外,仰诸军并行存恤。应招捉到京东、西、陕西、河东等路签军,许令从便。应见任官退避在山水寨保聚百姓之人,令宣抚司开具推恩。(《建炎以来系年要录》卷八四)

寿春府、真、扬、楚、泗、承、泰、濠、滁州、天长、连水军人民各怀忠义,团结山水寨,保聚有功,理宜优加存恤,并予免放税役十年;其不系团结人户,曾经贼马蹂践去处,予放五年,委逐州开具保明闻奏。(《宋会要辑稿》食货六三)

应因陷敌操行不屈忠义显著众所共知之人,令逐州长贰保实闻奏。(《建炎以来系年要录》卷八四)

应州县官吏军民因战斗伤中之人,仰逐军并所在州县多方存恤医治,务要早获痊安。其死事之家应得恩数,仰所属疾速取会保明施行。(《宋会要辑稿》食货六八)

勘会诸军过江掩杀贼马,内有阵亡官兵,已降指挥令本军存恤家属,无令失所,及差人收拾遗骸前来镇江、建康府等处支破官钱,踏逐寺院比近空地,选差童行如法埋瘗,以时祭祀,每岁特与度僧一名。尚虑奉行灭裂,不致如法,仰镇江、

建康府守臣常切委官点检。(《宋会要辑稿》食货六八)

　　残破州军收复之初,务要商旅通行,贩卖耕牛、米麦,应经由去处,特与免税。
(《宋会要辑稿》食货一七)

令诸州督士卒教习诏
(绍兴五年正月十六日)

　　诸路州军弓手,选人材少壮,以十分为率取五分,专一教习弓弩手。内弓八斗以上、弩二石七斗以上,并须施放精熟。每旬委守臣按视,量与支赐。令逐州选差兵官同巡尉措置教习,委逐路提刑司岁终比较精粗,保明闻奏,其当职官依旨升擢。如弛慢不职,重行黜责。

出处:《宋会要辑稿》兵三之二三。又见《建炎以来系年要录》卷八四。

寻访马伸家属诏
(绍兴五年正月十七日)

　　故殿中侍御史马伸,顷因言事,死于贬所,忠直之操,念之蘙然。可特赠左谏议大夫,依所赐官与合得致仕遗表恩泽,令诸路州军寻访家属以闻。

出处:《建炎以来系年要录》卷八四。

马伸特赠左谏议大夫制
(绍兴五年正月十七日)

　　朕观自古奸臣,恶人议己,必罪言者,以肆志而作威,至于身不免而国家受其祸,此古今之大患也。伸操守刚正,论议凛然。方朕篡服之初,置相不善,尔御史力疏其奸,乃见贬于强敌方张、必不可守之地。尔之没也,可谓重不幸,亦岂独彼奸之罪也哉!念之蘙然,悔不可追。谏议大夫之秩,时所贵重,姑假此名,旌尔忠直,庶几少慰乎泉下。尚其不昧,体兹至意。

出处:《建炎以来系年要录》卷八四。

令诸路常平司拘收耆户长雇钱计纲赴行在诏
(绍兴五年正月十八日)

诸路常平司拘收耆户长雇钱计纲赴行在,有擅用者,依上供钱法。

出处:《建炎以来系年要录》卷八四。

韩世忠除少保诏
(绍兴五年正月十八日)

武成感德军节度使、开府仪同三司、充镇江建康府淮南东路宣抚使韩世忠除少保,依前武成感德军节度使,充淮南东路宣抚使,镇江府置司。

出处:《宋会要辑稿》职官四一之三二。

孟庾乞车驾还临安府答诏
(绍兴五年正月十九日)

朕夙严戎驾,底定边虞。小次舍于吴门,往宅师于建邺。载念江山之胜,屡经兵火之余,虽有司板筑以时,并缮官府城池之役;顾斯民襁负而至,尚无邑屋庐舍之依。复览封章,力祈还幸。见官仪而思汉,谅南北之一心;从仁人而居阁,亦父老之诚意。勉徇来牍,暂议回辕。想迟警跸之音,益尉羽旄之喜。可依所请,暂回临安府驻跸。

出处:《宋会要辑稿》方域二之一二。又见《咸淳临安志》卷一。

赐临安府官吏军民等诏书
(绍兴五年正月十九日)

朕万骑时巡,方图远略,九庙未复,其敢奠居! 比临江上之师,觊殄目中之虏。遂颁前诏,暂议还辕。汝等并倾向日之心,咸起望云之意。有嘉爱戴,谅慰忠忱。

出处:《宋会要辑稿》方域二之一三。又见《咸淳临安志》卷一。

罢淮南茶盐提刑司诏
(绍兴五年正月二十一日)

淮南转运司已省并外,茶盐提刑司并罢,置提点淮南两路公事一员兼领刑狱、茶盐、运漕、市易等事,应干合行事件,并依发运使。

出处:《宋会要辑稿》食货四九之四二。

易沿海沿江巡尉老病疲懦者诏
(绍兴五年正月二十一日)

江、浙诸郡守臣,铨量沿海沿江巡尉老病疲懦之人,择见任官材武者两易,仍令吏部今后审量差注。

出处:《建炎以来系年要录》卷八四。

宣抚司经画淮南荒闲田诏
(绍兴五年正月二十二日)

淮南诸州荒闲田段,并令宣抚司经画耕种,相兼应副军中支用。仍置图册,立界分,将来人户归业,验实给还。

出处:《建炎以来系年要录》卷八四。

权立诸路水陆纲运官酬赏格诏
(绍兴五年正月二十四日)

敕:今后诸路起发到纲运,量轻重远近分定等第,如所押官物到库务交纳,别无少欠、违程,量与推恩。今权宜立定酬奖下项:诸路水陆纲运无少欠,全纲:谓见钱二万贯以上,余物依条比折计数,金、银依已降绍兴元年九月十五日指挥计价推赏。下准此。

三千里转一官，选人比类施行，下准此。二千七百里减三年半磨勘，二千四百里减三年磨勘，二千一百里减二年半磨勘，一千八百里减二年磨勘，一千五百里减一年半磨勘，一千二百里减一年磨勘，九百里升一年名次，六百里升三季名次，三百里升半年名次。九分纲：三千里减三年半磨勘，二千七百里减三年磨勘，二千四百里减二年半磨勘，二千一百里减二年磨勘，一千八百里减一年半磨勘，一千五百里减一年磨勘，一千二百里升一年名次，九百里升三季名次，六百里升半年名次，三百里升一季名次。八分纲：三千里减三年磨勘，二千七百里减二年半磨勘，二千四百里减二年磨勘，二千一百里减一年半磨勘，一千八百里减一年磨勘，一千五百里升一年名次，一千二百里升三季名次，九百里升半年名次，六百里升一季名次，三百里支赐绢六匹半。七分纲：三千里减二年半磨勘，二千七百里减二年磨勘，二千四百里减一年半磨勘，二千一百里减一年磨勘，一千八百里升一年名次，一千五百里升三季名次，一千二百里升半年名次，九百里升一季名次，六百里支赐绢六匹半，三百里支赐绢六匹。六分纲：三千里减二年磨勘，二千七百里减一年半磨勘，二千四百里减一年磨勘，二千一百里升一年名次，一千八百里升三季名次，一千五百里升半年名次，一千二百里升一季名次，九百里支赐绢六匹半，六百里支赐绢六匹，三百里支赐绢五匹半。五分纲：三千里减一年半磨勘，二千七百里减一年磨勘，二千四百里升一年名次，二千一百里升三季名次，一千八百里升半年名次，一千五百里升一季名次，一千二百里支赐绢六匹半，九百里支赐绢六匹，六百里支赐绢五匹半，三百里支赐绢五匹。四分纲：三千里减一年磨勘，二千七百里升一年名次，二千四百里升三季名次，二千一百里升半年名次，一千八百里升一季名次，一千五百里支赐绢六匹半，一千二百里支赐绢六匹，九百里支赐绢五匹半，六百里支赐绢五匹，三百里支赐绢四匹半。三分纲：三千里升一年名次，二千七百里升三季名次，二千四百里升半年名次，二千一百里升一季名次，一千八百里支赐绢六匹半，一千五百里支赐绢六匹，一千二百里支赐绢五匹半，九百里支赐绢五匹，六百里支赐绢四匹半，三百里支赐绢四匹。二分纲：三千里升三季名次，二千七百里升半年名次，二千四百里升一季名次，二千一百里支赐绢六匹半，一千八百里支赐绢六匹，一千五百里支赐绢五匹半，一千二百里支赐绢五匹，九百里支赐绢四匹半，六百里支赐绢四匹，三百里支赐绢三匹半。一分纲：如止及一千贯以上，减半。三千里升半年名次，二千七百里升一季名次，二千四百里支赐绢六匹半，二千一百里支赐绢六匹，一千八百里支赐绢五匹半，一千五百里支赐绢五匹，一千二百里支赐绢四匹半，九百里支赐绢四匹，六百里支赐绢三匹半，三百里支赐绢三匹。

出处:《宋会要辑稿》食货四五之一四。又见《建炎以来系年要录》卷八四。

招谕陕西等处官吏军民诏
（绍兴五年正月二十四日）

陕西等处官吏军民皆系国家赤子，昨缘金贼逼胁，遂陷伪邦，盖非得已。应归降人不得杀戮，仰与存恤。戒谕诸头项官兵所至陷伪州县城寨官吏军民，各先宣导朝廷德音，务在以恩信招抚，使之怀来，非因犯抗拒，不得辄行杀戮；如有归降之人，不得夺取衣物鞍马，及加伤害，致失人心。仍多方存恤照管，无令失所。其招抚到人并与擒获人一等推恩，如人数稍多，仰保明申枢密院取旨，优异推恩。令宣抚司出榜晓谕。

出处:《宋会要辑稿》兵九之一〇。

知湖州陈与义奏教阅弓手事答诏
（绍兴五年正月二十六日）

依。其余州县依此，仰诸路安抚提刑司常切检察施行。如有违慢去处，按劾闻奏。

出处:《宋会要辑稿》兵三之二三。

给内外百司官舟船旗号诏
（绍兴五年正月二十七日）

令御史台主管禁椿所取见内外百官司船只数目，逐船各给旗号，分明书写某官司舟船，依图见本，先后资次摆泊。如将来搀先行船，或无官给旗号，其椿梢徒三年，在禁椿内依绍兴四年十一月十一日已降指挥，官员奏劾。所有旗号合用黄绢，据的实数目令户部支给，仍令文思院限三日制造。

出处:《宋会要辑稿》方域一之一三。

免濠州官吏军民因寇宏弃城权时从伪罪犯诏
(绍兴五年正月二十八日)

濠州官吏军民自宏出城之后,权时从伪,非其本心,今既复归,其日前罪犯,一切不问。

出处:《建炎以来系年要录》卷八四。

令逐路帅司约束所部不得骚扰诏
(绍兴五年正月二十九日)

令逐路帅司约束所部,应曾经残破州军县镇官吏遵依已降赦文。如尚敢巧作名目催理旧欠,非理搔扰科率,并仰按劾闻奏,官员除名勒停,人吏决配岭外。

出处:《宋会要辑稿》食货六三之五。

赐岳飞诏
(绍兴五年二月一日)

赐岳飞银、绢二千匹、两,承信郎恩泽一资,母封国夫人,孺人封号二人,冠帔三道。付岳飞。御押。

出处:《鄂国金佗续编》卷一。
考校说明:月、日据《宋会要辑稿》礼六二补。

岳飞两镇节度使加食邑制
(绍兴五年二月一日)

门下:圣人顺天地之动,师必有名;王者治夷狄之权,兵应者胜。乃眷中坚之略,协平外侮之虞,肆图厥功,诞告尔众。清远军节度使、湖北路荆襄潭州制置使、神武后军统制、武昌县开国子、食邑五百户、食实封贰伯户岳飞才全果毅,资禀沉雄。阅礼乐而厉廉隅,德逊有君子之操;援枹鼓而先士卒,忠蹇匪王臣之躬。

自奋武以专征,屡摧坚而深入。于疆于理,威行襄汉之山川;如飞如翰,名动江淮之草木。属逆鹚之挺乱,导戎羯以窥边。万骑鼓行,震天声于不测;千里转战,夺勇气于方张。力捍孤城,系俘群丑,逮潜师而奔溃,兹振旅以遄归。载畴却敌之庸,用锡相攸之祉。斋坛授钺,节兼两镇之雄;太社分茅,爵列元侯之贵。倍敦井赋,衍食畲租,爰示宠光,并昭物采。於戏!观万夫之政,尔惟肇敏于戎公;宅九有之师,我其克艰于王业。祇若予训,永肩乃心,往恢式辟之方,勿替对扬之命。可特授镇宁、崇信军节度使,依前神武后军统制,充荆湖南、北、襄阳府路制置使,进封武昌郡开国侯,加食邑五百户、食实封贰伯户。主者施行。

出处:《鄂国金佗续编》卷二。
考校说明:《建炎以来系年要录》卷八五系于绍兴五年二月二日。

岳飞辞免镇宁崇信军节度使进封武昌郡开国侯加食邑五百户食实封贰伯户不允诏
(绍兴五年二月一日后)

敕:具悉。属者襄汉之举,旌旆所指,势若破竹,荡平六郡,役不再籍。是用建尔节旄,授之斧钺,以临融水之师,而秉义抗辞,至于再三。今寇戎内侮,蹂践两淮,独提虓旅,径绝大江,鼓行西向,以挫其锋,折馘执俘,厥功茂焉。朕载披舆图,惟镇宁、崇信为时重镇,并是两节,肆以命卿。乃复逡巡恳避,形于奏牍,德逊之美,功成弗居,雍容可观,士论称叹。虽谦终可以保吉,然信赏所以示公。朕命不移,往其祇服。所请宜不允。

出处:《鄂国金佗续编》卷三。
考校说明:月、日据同书卷二《岳飞两镇节度使加食邑制》补。

岳飞再辞免同前不允诏
(绍兴五年二月一日后)

敕:具悉。朕不爱爵赏,以劝有功,授受之间,期于无愧。出节少府,叠组巨藩,匡时隽功,夫岂轻畀。卿当坚忠义之素节,念恢复之远图,迄观厥成,以称朕命。思其大者,毋事小廉。所请宜不允。

出处:《鄂国金佗续编》卷三。

考校说明:月、日据同书卷二《岳飞两镇节度使加食邑制》补。

岳飞第三辞免同前不允诏
(绍兴五年二月一日后)

敕:具悉。卿恺旋振旅,入觐于廷,舍爵策勋,赏不淹晷。朕非以是宠卿也,谓名器天下之至公,而爵禄人主之利势。有功不赏,朕将何以使能;无言不酬,卿亦思所以报上。苟曰无愧,岂必固辞。所请宜不允,仍不许再有陈请。

出处:《鄂国金佗续编》卷三。

考校说明:月、日据同书卷二《岳飞两镇节度使加食邑制》补。

令川陕宣抚司寻访眉州精晓历数人诏
(绍兴五年二月二日)

川陕宣抚司寻访眉州精晓历数人,将所降历日委官监视有无差错,申尚书省。

出处:《建炎以来系年要录》卷八五。

拣选不堪出战人送诸州赡养诏
(绍兴五年二月四日)

诸军拣选老疾不堪出战人送诸州赡养,使臣送吏部,先次注授,仍限一月。

出处:《建炎以来系年要录》卷八五。

推赏徐庆牛皋等诏
(绍兴五年二月十一日)

荆湖南北襄阳府路制置使岳飞下统制官徐庆、牛皋人马,庐州以来与蕃贼斗敌,胜捷奇功,各与转五官,第一等各与转三官资,第二等各与转两官资,第三等各与转一官资，并于正名目上收使。选人比类施行，白身人依陕西效用法补授。

出处:《宋会要辑稿》兵一八之三四。

令岳飞前去荆湖南北路招捕盗贼诏
（绍兴五年二月十二日）

岳飞除荆湖南北襄阳府路制置使、神武后军都统制，前去荆湖南北路招捕盗贼。其钱粮，江西委范振，湖南委薛弼，湖北委刘延年充随军转运。

出处:《宋会要辑稿》职官四〇之八。

张宗颜转四官制
（绍兴五年二月十二日）

国家匮武累年，观衅而动，小试江北，反虏詟焉。朕不爱勇爵之颁，作励士气，将以复祖宗境土，而恢中兴之业，非滥赏也。具官勇力持重，袭击遁师，幕府上功，谓有奇绩。蹿官四等，遥属使权。尔当贪著战功，思称冠军之保任，勿谓重赏可以幸得，而见绌于公议，然后为荣矣。

出处:《斐然集》卷一二。
撰者:胡寅
考校说明:编年据《建炎以来系年要录》卷八五补。题后原注:"遥宣。"

戚方王再兴再加两官制
（绍兴五年二月十二日）

功重而报轻，人何以劝？劳小而赏大，政则无章。朕之治军，以是为戒。果有等状，其可异科？具官蹿击敌兵，多所俘献。再阅元戎之奏，谓有殊常之绩。请与奇比，加进两阶。尔当戮力效忠，益茂功实，怯于希赏，而勇于捕敌，使不为公议所贬，乃可无愧矣。

出处:《斐然集》卷一二。

撰者:胡寅

考校说明:编年据《建炎以来系年要录》卷八五补。

赵鼎左相制
(绍兴五年二月十二日)

宪天垂象,上相列紫微之庭;稽古建邦,冢宰统百官之治。畴咨元辅,式序茂勋。不必备惟其人,庸正屡虚之位;皆曰贤然后用,亶繇师锡之公。咸告在廷,明听朕命。具官赵鼎道大而德粹,智周而行方。有运量万物之才,而济之以沉潜之几;有贯通三极之学,而抗之以高明之识。金石一意,经纶百为。自晋秉于国枢,复参厘于帝载。乃言可绩,倬彼佐王之功;丕命其承,穆若正邦之度。望实瞻于岩石,膏泽润于生民。若时登庸,爰立作相。属逆雏之内噪,道戎羯之南侵。奉革辂以徂征,专筹帷而赞画。运奇兵于尊俎,收胜算于庙堂。内则绥靖域中,与之按堵;外则号令诸将,听其指踪。谈笑折冲,措社稷于覆盂之固;从容制敌,驱犬羊于折棰之难。考实具瞻,仰成深重。是用首兹台采,冠彼魁衡。延登左揆之崇,仍兼本兵之重。尽护诸将,总统六师。远稽周公通四海之规,近取王导督诸军之号。俾兼持于二柄,用丞弼于一人。峻陟文阶,陪敦干食。以厚股肱之眷,以昭体貌之隆。於戏!鲁用仲尼而齐人归其侵疆,得真儒而无敌;商维阿衡而武王有虔秉钺,知帝命之不违。遹骏厥声,何远之有。其益恢于宏略,用永底于丕平。

出处:《宋宰辅编年录》卷一五。

张浚右相制
(绍兴五年二月十二日)

朕式观古训,祗遹大猷。周、召之辅成王,师保实为于左右;平、勃之图汉室,将相兼任于安危。盖一日万几之繁,非贤罔乂;而三军五兵之运,无竞维人。非天私我有邦,惟帝赍予良弼。延登宰席,并秉国均。肆扬显册之公,诞告治朝之众。具官张浚高明而宏达,刚大而直方。资兼文武,而可以宪万邦;学洞天人,而可以该百圣。自敷求于密勿,首协济于艰难。勤劳王家,有精贯神明之蕴;芟夷寇乱,有计安社稷之忠。知无不为,言乃可绩。宣威井络之野,经武斗枢之庭。出入浃更,险夷一致。望兼隆于师尹,名远著于夷戎。属胡马之长驱,挟逆雏而反噬。召从闲燕，付以经纶。钺时以令六师，共推于尚父；运筹而决千里，独赖于子房。方圆旅以时行，彼潜兵而宵溃。风声鹤唳，遂收不阵之功；羊狠狼贪，迄蹈自焚之祸。兹策勋于舍爵，乃孚号于扬廷。正是魁衡，授之鼎铉。宅端揆辨章之任，总中机宥密之权。内则统帅百僚，以厘帝载之熙；外则尽护诸将，以董戎旃之重。并陟联阶之峻，载陪圭食之丰。庸厚采章，益严体貌。於戏！治政事而攘戎狄，綮内外之交修；昭文德而奋武功，岂后先之或异。其斡旋于二柄，以奢定于多方。

出处：《宋宰辅编年录》卷一五。又见《三朝北盟会编》卷一六六。

赵鼎赠三代制
（绍兴五年二月十二日后）

曾　祖

三代王者谓同姓诸侯曰伯父叔父，亲之也。矧夫正位上宰，弼亮王室，协同姓之亲，而任天下之重。仰延爵命，不臻重祖，将何以称朕倚注之心，示劝有位哉！具官曾祖荣德光厥身，垂范后裔，本大末茂，弥远益昌。嘉尔曾孙之贤，服我股肱之任。爰从亚弼，擢拜元辅。观典刑之具美，识故老之遗芳，是用跻荣公台，参位师傅，疏九原之渥泽，焕百辟之光华。尔尚有知，享予休命。

曾祖母

妇人无非无仪，克守箴戒，乃有德配君子，宜其室家。义训仁风，覃及后嗣，将必有以，夫岂苟然？具官曾祖母柔惠慈祥，端庄静顺，育德望族，作嫔高门。苹藻之职孔时，尊章之礼不懈，用能光昭奕世，丕赫于曾孙，为予大臣，秉国魁柄。不有休显之数，何以增贲九泉？庸侈君封，改畀大国，式彰妇道，用格幽显。赞书宠锡，尚克钦哉！

祖　父

朕推心股肱之臣，康济艰难之运。委任既重，礼貌宜优。疏恩及于前人，锡宠自其初拜。用章眷意，仍慰孝思。具官祖友直怀宝沉潜，福基隆厚。以积善为传家之庆，于高闳知种德之深。聿生闻孙，作我元辅，计安社稷，身任安危。俾登冠于台衡，遂推仁于祖庙。式昭遗训，爰示懋章，颁一品之命书，升三公之崇秩，训辞褒大，存殁哀荣。尚其英灵，不忘歆识。

祖　母

人道本乎祖，学士大夫知尊祖矣。至于挺不朽之功业，居人臣之极地，则得追秩其三世，而加崇其祖妣。君于大邦，以永庆誉，国章维旧，朕敢忘之？具官祖母早以懿范，归配贤德，既茂宜家之庆，永垂传世之裕。佐予艰运，爰正位于台躔；繄尔有孙，迺疏荣于汤沐。相攸安定，改卜新封，申锡命书，哀荣兼至。尚惟未泯，歆此休光。

父

若昔太祖，肇造丕烈。佐命先正曰韩王普，咸有一德，奄甸万姓。朕开辟否运，寤寐英贤，爰得宗臣，置诸左右，以保我皇家之基业。慨怀祖武，若合符契，则惟大臣追贲祢庙，厥有令典，孝心如我，其可弗敦？具官父纪葆德在躬，流光裕后，道义轻乎万物，然诺重于千金。和气所钟，乃生贤子，嘉谋是赖，为国柄臣。观百善之所从，想九原之可作。爰锡上公之服，就封曲沃之邦，酬狐突之教忠，嘉毕万之有后。三牲致养，虽不逮于平生；四海知名，斯有光于来裔。尚其幽壤，服我隆恩。

母

冢宰之统百官，职已跻于上位；君子之泽五世，福当及于前人。爰锡命书，用尊母道。具官母早由淑德，来相令门，能安在馈之常，迄享充闾之庆。以外观内，灼知闺阃之肃雍；自叶流根，宜有服章之盛美。昨之大国，锡以纶言。礼等君封，义彰子贵。慰吾贤相，有念母不见之悲；俾尔臣工，知移孝为忠之效。泯而未泯，庶或有闻。

继　母

盖闻仲尼有言，积善之家必有余庆。所积有深浅大小，则其庆有淹速广狭。

若乃布衣之士，致身台衮之崇。舟楫巨川，与民俱济。苟非善积深大，何以庆流广速？显扬之报，理所当然。具官继母天资高明，德性宏大。轻财重义，有能治千人之功；以礼防身，继髦彼两髦之誓。三迁而教，易世遂昌。拓尔小君之封圻，盖自大臣之宠数。庸慰罔极之念，且旌移孝之忠。赞书哀荣，尚克钦受。

妻

朕为民父母，思天下之民，匹夫匹妇，有不被仁义之泽，故选其众，而举其英杰，以佐吾治。则于其室家，可无恩纪，以慰痌瘝之念乎？具官妻行应仪矩，化行闺门。德则可师，宜享成家之报；仁而不寿，空余异室之悲。眷尔良人，位予元弼。玉瑟之音虽断，金花之诰加荣，改卜名邦，以荐膏沐。往奠厥壤，永康后人。

出处：《斐然集》卷一四。
撰者：胡寅
考校说明：编年据文中所述"爰从亚弼，擢拜元辅"补，见《宋史》卷二一三《宰辅表》。

亲征诏
（绍兴五年二月十三日）

朕猥以寡昧，属兹艰虞。迫臣民爱戴之诚，续正统于将坠；痛父兄播迁之难，履尊位以何安？夙夜以图，策虑并用。岂不能躬擐甲胄，亲冒烟尘，乘将士欲战之心，慰黎元厌乱之意？然以两宫万里，一别九年，觊迎銮辂之还，期遂庭闱之奉。故暴虎冯河之怒，敌虽逞于凶残；而投鼠忌器之嫌，朕宁甘于屈辱。是以卑辞厚币，遣使通和。庶殚孝悌之思，必徇哀恫之请。至于土地梗绝，生齿流离。师徒怀暴露之忧，闾里起绎骚之叹。繇朕不德，嗟彼何辜。仰怀故国之庙祧，至于霣涕；俯见中原之父老，宁不汗颜？比得敌疆之情，稍有休兵之议。而叛臣刘豫惧祸及身，造为事端，间谍和好，信逆雏之狂悖，率群偷而陆梁。借彼援师，倚为威势；签我赤子，胁使征行。涉地称兵，操戈犯顺，大逆不道，一至于斯！警奏既闻，神人共愤，猛士在列，怒发上冲。以谓逆顺之理既分，胜负之形可见，皆愿挺身而效死，不忍与贼而俱生。朕乃下诏总师，卜日引道。前驱方戒，积阴顿开。天地鬼神罔不助顺，将帅辅弼罔不协心。今朕此行，士气百倍。虽自篡承之后，每乖举措之方，尚念祖宗在天之灵，共刷国家累岁之耻。殄彼逆党，成此隽功。

载惟风霜跋履之勤,仍蹈锋镝战争之苦。兴言及此,无所措躬。然而能建非常之功,必有不次之赏。初诏具在,朕不食言。

出处:《沈忠敏公龟溪集》卷四。又见《三朝北盟会编》卷一六六。
撰者:沈与求
考校说明:沈与求时为参知政事。

胡安国复徽猷阁待制知永州制
(绍兴五年二月十三日)

朕惟士君子读圣人之书,学先王之道,岂独善其身而已哉!治人治己,成己成物,易地则皆然。世俗之儒,名师孔、孟,实蹈杨、墨,可与论中庸者鲜矣。安国学优而仕,行顾于言,通经为儒者之宗,识事职治道之体。顷从时望,召置琐闱。方喜便于咨询,顾何嫌于封驳,奉身而去,亦既累年。予方思共理之良,尔安得独善于己?零陵虽小,有社有民,竹马欢迎,相望数舍。往读中兴之颂,无忘平日之言。亟怀印章,祗我明命。

出处:《建炎以来系年要录》卷八五。又见《中兴两朝圣政》卷一七。

令章杰招安湖广江西盗贼诏
(绍兴五年二月十四日)

湖广、江西盗贼已遣大军前去招捕外,缘初因州县失于抚存,以致啸聚,原其本心,实非得已。宜就委仓部郎官章杰前去因便措置抚谕。如有出首之人,但于所属州县将被虏老小给据放散,其首领令本路帅司权行收管,具名申枢密院,当议补官施行。

出处:《宋会要辑稿》兵一三之一七。

赦免黄诚杨太周伦等罪诏
(绍兴五年二月十四日)

黄诚、杨太、周伦等已前罪犯一切赦免,一行人船趁此春水,顺流疾速前来太平州、建康府以来枢密知院张浚行府并开府刘光世军前公参，当更优异转官，依旧充水军。若内有愿乞外任或邻近军州钤辖、都监差遣者听。或愿归农人，即于鼎、澧州揆赐田土、支破口食、借贷种子养赡，仍免五年税役。

出处：《宋会要辑稿》兵一○之三六。又见《建炎以来系年要录》卷八五。

谕诸路宣抚司诏
（绍兴五年二月十四日）

朝廷攘却寇盗，皆将帅之力，理须恩威兼济，使人悦服，竭节效命。自顷戎房荐至，赖二三大帅能体德意，抚驭士卒，果获其用。尚虑本军偏裨将佐不能遵守诸帅约束，非因行军，用刑过当。自今本将本队士卒有犯，依条断遣问当，有官人具情犯申枢密院量度事因，重行编置。即不得故为惨酷，因致杀害，务要士卒悦服，庶使主帅仰副朝廷责任事功之意。如遇教阅行军，合依自来条例施行。

出处：《宋会要辑稿》刑法七之三六。又见《建炎以来系年要录》卷八五。

不得伤害伪地官吏军民诏
（绍兴五年二月十四日）

伪地官吏军民皆国家赤子，仰光世严切戒约，所遣军马务在推布德意，多方抚存，非因拒捍，不得少加伤害。

出处：《宋会要辑稿》兵九之一一一。

枢密院干办官转官诏
（绍兴五年二月十六日）

枢密院干办官除扈从赏外，更转一官，减二年磨勘，尚书省户房更转一官。

出处：《建炎以来系年要录》卷八五。

朱震除秘书少监告词
(绍兴五年二月十六日)

敕左奉议郎守尚书祠部员外郎朱震:朕惟否、泰二卦论君子、小人消长之理甚明,或者谓消长系乎时数,此大不然。上下交而其志同,于时为泰,故君子以其汇征。上下不交而天下无邦,于时为否,故君子以俭德避难而已。尔学古通经,特立守正,粹然君子人也。固穷乡间,累经除召,今者惠然肯来,就我荣禄,朕以尔之避就,卜时否泰,其庶几焉。蓬山宝藏,乃今日养才之地也,用尔为贰,盖不徒然。朕知尔旧矣,奚俟深训? 可特授依前官试秘书少监。绍兴五年二月十六日。

出处:《周易集传》附录《汉上先生履历》。

尚书右仆射兼知枢密院事诏
(绍兴五年二月十七日)

尚书右仆射兼知枢密院事,进呈三省、密院文字并在西壁,与左仆射对展,陛降并由西阶。如遇押班等,依旧制。

出处:《宋会要辑稿补编》第一二六页。

赐银帛供辛炳葬诏
(绍兴五年二月十七日)

炳任中执法,操行清修,今其云亡,贫无以葬。特赐银、帛二百匹、两。

出处:《建炎以来系年要录》卷八五。

令郴虔广东群寇出首诏
(绍兴五年二月十八日)

郴、虔、广东群寇复作过,自今降指挥到日,再限两月,许令出首。内有材武之人愿赴都督府使唤，令帅司照券津遣前来，当议不次任使。

出处：《宋会要辑稿》兵一三之一七。

推赏收复襄阳府等处立功官兵诏
（绍兴五年二月十九日）

收复襄阳府等处六州军立功官兵，将第一等立功异众之人各更转一官资，于正名目上收使。

出处：《宋会要辑稿》兵一八之三五。

临安府曾得解举人与免文解一次诏
（绍兴五年二月二十一日）

临安府曾得解举人，依绍兴府驻跸恩例，与免文解一次。

出处：《宋会要辑稿》选举一六之四。

令州军按月支给在外宗室合得请给诏
（绍兴五年二月二十一日）

应在外宗室等合得请给并遗孤钱米，令所在州军按月支给。如州军应副请给之后尚有遗漏之人，仰所属具姓名申尚书省。

出处：《宋会要辑稿》帝系六之七。

令奉使金国未还之人家属陈乞恩泽诏
（绍兴五年二月二十二日）

应奉使金国未还之人，其应干恩数，令本家赍元差或干照文字赴尚书省陈乞施行。

出处:《宋会要辑稿》职官五一之一二。

<h1 style="text-align:center">推赏王德等诏</h1>

（绍兴五年二月二十二日）

江南东路淮南西路宣抚使刘光世下统制官王德等,过江前去滁州地名桑根与贼血战。实曾向前立功官兵等立奇功人,各转五官资,第一等各转三官资,内系都虞候人令枢密院特与换授;第二等各转两官资;第三等各转一官资,并于正名目上收使。

出处:《宋会要辑稿》兵一八之三五。

<h1 style="text-align:center">旬休日量行激赏神武中军事艺精熟人诏</h1>

（绍兴五年二月二十三日）

自今旬休日,令宰执摘案神武中军事艺精熟人,量行激赏,令枢密院榜谕。

出处:《建炎以来系年要录》卷八五。

<h1 style="text-align:center">四年明堂岳飞加食邑五百户食实封贰伯户封如故诏</h1>

（绍兴五年二月二十三日）

门下:朕躬履艰虞,祗膺眷祐。渊冰厉志,靡忘顾諟之诚;珪币荐衷,用格况临之祉。爰推惠衍,式奖忠劳。镇宁、崇信军节度使、神武后军都统制、充荆湖南北襄阳府路制置使、武昌郡开国侯、食邑一千户、食实封肆伯户岳飞策虑靖深,器资沉毅。有冠三军之勇,而计然后战;有长万夫之才,而谦以自持。麾兵无前,迈票姚之方略;袭敌知避,竦飞将之威名。治纪律以甚严,嘉师徒之逾整。既宣威于南纪,亟奏凯于沔川。载加斋钺之崇,增重元戎之寄。方合宫之竣事,乃大赉以疏封。增衍爰田,益陪真食,用作尔祉,庸示眷怀。於戏! 良将以功名为先,期辅成于丕烈;忠臣乃社稷之卫,宜勉卒于令图。朕方谨边场之虞,卿宜厉爪牙之用。体兹训告,务克钦承。可特授依前镇宁、崇信军节度使、神武后军都统制、充荆湖南、北、襄阳府路制置使,加食邑五百户、食实封贰伯户,封如故。主者施行。

出处:《鄂国金佗续编》卷二。

神武中军入队官兵五百人为一指挥诏
(绍兴五年二月二十五日)

神武中军见入队官兵,每五百人为一指挥,选将校置兵籍,俟就绪日,取旨赐军名。

出处:《建炎以来系年要录》卷八五。

群臣修政事诏
(绍兴五年二月二十五日)

朕以寇戎内侮,流毒两淮,赖天之灵,将相多士戮力同心,迄平外患。然中原未静,今处一隅。九庙阻越,莫致蒸尝之思;两宫远播,尚隔晨昏之养。夙夜怵惕,靡敢遑宁,若涉渊冰,罔知攸济。公卿大夫、师尹百执将何以佐朕新厥德、正厥度,以开上帝悔祸之衷,以副黎民愿治之意。其各悉意,交修不逮,用弼成我邦家。咨尔有众,宜体至怀。

出处:《三朝北盟会编》卷一六六。又见《建炎以来系年要录》卷八五。

赐昭慈圣献皇后侄忠厚田诏
(绍兴五年二月二十五日)

昭慈圣献皇后建炎以前逐年依格合得恩泽,并不曾陈乞,侄忠厚宜有宠赉。可令两浙转运司于系官田内拨三十顷给赐。

出处:《宋会要辑稿》食货六一之四七。

遣官祈雨诏
(绍兴五年二月二十五日)

雨泽稍愆,恐妨农事,应临安府界载在祀典及名山大川、神祠龙洞,在内分差从官、在外遣职事官亲诣祈雨。

出处:《宋会要辑稿》礼一八之一七。

禁杀官私牛诏
(绍兴五年二月二十五日)

应杀官私牛,罪一等,官司断罪不如法,杖一百;其告获杀官私牛及私自杀者,每头赏钱三百贯。

出处:《宋会要辑稿》刑法二之一〇五。

赐诸路宣抚制置司手诏
(绍兴五年二月二十六日)

朕以敌人远遁,边围少安,当乘无事之时,预谨不虞之备,蒐简卒乘,行视山川。比临遣于相臣,往按临于师垒,西连陇蜀,南暨江淮,既加督护之权,悉在指挥之域。有或难从于中覆,即宜专制于事几。咨尔多方,若时统率,钦承朕命,咸使闻知。

出处:《宋会要辑稿》职官三九之九。又见《建炎以来系年要录》卷八五。

命官诸色人陈乞别勘事诏
(绍兴五年二月二十八日)

应命官、诸色人陈乞别勘在条限内者,行在令刑部、在外提刑司先行责限委不干碍官体究诣实,如委涉冤抑不当,即分明开具事状申尚书省,下所属依条别勘施行。

出处:《宋会要辑稿》刑法三之七五。

王苹特授左承奉郎诏
（绍兴五年二月）

敕：左迪功郎、守秘书省正字、兼史馆校勘王苹，可特授左承奉郎、依前秘书省正字、兼史馆校勘。绍兴五年二月。

出处：《王著作集》卷一。又见乾隆《震泽县志》卷三五。

刘光世赠三代制
（绍兴五年二月后）

曾　祖

官为贰公，人臣之显位；爵胙大国，赠典之异恩。惟克尚其后人，乃能膺于追锡。具官曾祖受资劲果，结发从戎。积忠致诚，必在君父；奋勇宣略，不二险夷。谦恭无长傲之心，朴厚无虚辞之态。天之所助，福之所钟，未及百年，勋阅增大。庆流有衍，爰启曾孙，建两镇之节旄，位三孤之表著。加荣重祖之庙，惟国有章；改卜大名之封，于尔甚宠。九原可作，尚或有闻。

曾祖母

古者庙制，诸侯五，大夫三。今虽上公家庙，止于三世，视古为杀。然追命赠锡，则与周公上祀先公祭以大夫之意不殊，可谓美矣。具官曾祖母柔嘉庄顺，作嫔令族。以忠正勉其夫子，以义方贻厥孙谋，于再世而遂昌，逮曾孙而尤盛。出拥两邦之纛，入联九棘之班。捍城其民，思懋公侯之绩；无忝厥祖，爰增庙祏之光。乃泽平凉，荐尔汤沐。谅惟芳职，歆此宠灵。

祖

昔在周成，董正治官，三孤二公，其任最重。若今臣子以功自致，则于初拜之日，聿颁追赠之恩，盖眷顾于大臣，俾显荣于私庙。古今异制，典礼维时。具官祖气禀金方，家受韬略，志吞仇敌，功未及施，精诚所传，在其后裔。勋名丕显，爵位崇高,乃锡上公之封,式纾尊祖之愿。信都大国,尧壤旧邦。往奠厥居,歆兹宠命。

父

维我七庙,世都大梁,祖宗神灵,夹河卜宅。朕方用武,泛扫中原,乔木故都,寝食在念。是故委任将帅,多西北之人,又以齐晋燕秦之邦,昨其父祖,使开国邑。礼典虽旧,注意则深。具官父才术通疏,功业未究,笃生令子,能读父书。方阵圆机,纵横善应;五权七略,囊括靡遗。坐升孤棘之班,居拥将旄之重。疏恩上逮,诹地改封,乃眷常山,用锡尔祉。俾尔子思尔国之所在,为予将副予意之所图。是惟休哉,往歆命训。

母

若古爵齿,妇人从夫。厥今大臣,加赠三代。盖从夫之遗制,非子贵之陋典,行之久矣。世少知之。爰因赞书,申著正谊。具官母俭勤是守,淑慎其身。躬《茉莒》之和平,协芝兰之占兆,笃生英伟,为国勋臣。朕既取上公,加尔良人之秩;遂列名壤,侈尔小君之封。用旌义方之有成,式慰孝思之罔极。服我明命,往宅新邦。

妻

阴阳交泰,然后能成万物;夫妇义和,然后能成室家。古之名门,多由内助。视其爵秩,乃得荣名。具官妻族望高华,言容端肃。躬此庆誉,嫔于功臣。不务贵骄,克遵礼训,相彼闺中之治,协成阃外之勋。遂联孤保之崇,宜易君封之地,会稽大国,汝汤沐焉。夫闵其夫之勤劳,而劝之以义,勉之以正,载在《国风》,至于今美之。尔闲习图书,所宜自饬,以永保其富贵。

出处:《斐然集》卷一四。
撰者:胡寅
考校说明:编年据胡寅任两制时间、文中所述"遂联孤保之崇"补,见《建炎以来系年要录》卷八四。

戒饬群臣诏
（绍兴五年闰二月一日）

朕惟先王之时，小大之臣，咸怀忠良，故能竭诚体国，毕力公正。时有举措，丕应俟志，用以经理国家，无往而不济，朕甚慕之。间者总师，前临大敌，此宜臣子恐惧自竭，不忘夙夜；而乃奉命不虔，偷惰自若，顾于国家，若秦人视越人肥瘠。委质而仕，当如是乎！朕念狃于旧习，乃薄其过失，先训告而后刑罚，古之道也。而今而后，尚其砥砺，式悛尔心，慕事主之匪躬，思为臣之大戒。务尽忠赤，以公灭私，庶天下之务，靡不毕举。敢有弗共，自干宪章，令出惟行，必罚无悔。可令刑部镂板遍牒行下，仰监司、守贰、县令、太守出榜于治所晓谕施行。

出处：《三朝北盟会编》卷一六七。又见《建炎以来系年要录》卷八六。
考校说明：《建炎以来系年要录》系于绍兴五年闰二月六日。

诚谕卿大夫手诏
（绍兴五年闰二月二日）

奉法守公，克勤庶务，令尚书省给黄榜于六部门晓谕。

出处：《建炎以来系年要录》卷八六。

赐刘光世诏
（绍兴五年闰二月三日前后）

览奏，欲赴行在奏事，必有为国经理之谋，归以告朕，良用叹嘉。朕意亦欲卿一来，缘遣相臣浚往江上视师，行日甚近，又恐缘此滞留。俟浚至彼，卿可一面商量，或更有所见，具奏以闻，固所望也。卿宜悉之。

出处：《沈忠敏公龟溪集》卷五。
撰者：沈与求
考校说明：编年据文中所述"朕意亦欲卿一来，缘遣相臣（张）浚往江上视师，行日甚近，又恐缘此滞留"补，见《建炎以来系年要录》卷八六。沈与求时为参知政事。

赐刘光世张俊诏
（绍兴五年闰二月三日后）

得张浚奏，比至太平建康阅视，卿所部军马武艺精强，士气振发，他时却敌，决取成功。至于纪律严明，秋毫无扰，民旅和会，上下安定，繇卿训督所致，良用叹嘉。故兹亲笔奖谕，想宜知悉。

出处：《沈忠敏公龟溪集》卷五。

撰者：沈与求

考校说明：编年据文中所述"得张浚奏，比至太平、建康阅视"补，见《建炎以来系年要录》卷八六。沈与求时为参知政事。

禁阁门以私事径自取旨诏
（绍兴五年闰二月五日）

阁门今后不许以私事径自取旨，并须经由三省，及应干随龙人，亦不得妄有侥求。

出处：《宋会要辑稿补编》第九〇页。

范冲朱震等兼侍讲告词
（绍兴五年闰二月五日）

左奉议郎、试秘书少监朱震，可特授依前左奉议郎、试秘书少监兼侍讲。左朝奉大夫、守宗正少卿兼直史馆范冲等：学之为王者事，其已久矣，虽二帝三王，盖尝汲汲于此。朕于国家多艰之际，不废祖宗故事，爰命儒学之臣环侍便坐，讲经史，敷求政礼，以广聪明。尔等操履端方，学问该洽，通今古达于治乱之原，其必有裨吾不逮。宜自卿监之联，兼陪经幄之职。益思报称，以副旁求。可依前件。绍兴五年闰二月五日。

出处：《周易集传》附录《汉上先生履历》。

提刑司及承勘官依限结案诏
（绍兴五年闰二月六日）

令逐路提刑司及承勘官自今降指挥到,限十日勘结了当,专差人赍奏案赴行在。如敢依前违慢,当职官重置典宪,人吏决配海外。

出处:《宋会要辑稿》刑法三之七五。

权于濠州等处置市易场诏
（绍兴五年闰二月七日）

权于濠州等处置市易场,以通商货,合行事令提点司条具申尚书省。

出处:《建炎以来系年要录》卷八六。

浙东见被取勘官吏与免勘诏
（绍兴五年闰二月七日）

两浙东路州县昨因淮南军兴,应副军须事务,见被取勘官吏,并与免勘。

出处:《建炎以来系年要录》卷八六。

禁市舶务监官等诡名强买官私货物诏
（绍兴五年闰二月八日）

市舶务监官并见任诡名买市舶司及强买客旅舶货者,以违制论,仍不以赦降原减;许人告,赏钱一百贯;提举官知、通不举劾,减犯人罪二等。

出处:《宋会要辑稿补编》第六四七页。

换给宣抚处置使司付身人免召保诏
（绍兴五年闰二月八日）

今后省陈换给宣抚处置使司付身人，并免召保验实保明，与换给付身。

出处:《宋会要辑稿》职官四一之三二。

綦崇礼转承议郎制
（绍兴五年闰二月九日）

敕:考绩而陟明，乃古今之成宪;肇禋而疏宠，亦国家之旧章。乃眷从臣，并昭恩数。宝文阁学士、左奉议郎、知绍兴军府事兼管内劝农使、充两浙东路安抚使、马步军都总管、北海县开国男、食邑三百户、赐紫金鱼袋綦某才猷宏远，学术深醇。探六艺之渊源，备百家之该洽。北门视草，西学上贤。岂惟华国之文章，实有嘉谋之启沃。言语妙天下，偶厌承明之庐;岳牧用词人，聊怀会稽之绥。当三岁计群吏之治，乃五室严上帝之祠。增贲官联，叙贤劳于积日;进封侯爵，衍多户于爰田。往服便蕃，益思报称。可特授左承议郎、依前宝文阁学士、进封北海县开国子、加食邑三百户，差遣、赐如故。

出处:《北海集》附录上。

毁抹不合收使借补公据人诏
（绍兴五年闰二月十日）

缴到诸处借补公据人，已经朝廷看详不合收使者，并令赏功房毁抹。

出处:《建炎以来系年要录》卷八六。

支破太史局重造新历者食钱诏
（绍兴五年闰二月十日）

太史局重造新历，布衣陈得一支破保义郎券一道，月给厨食钱二十贯文;亲随一名，支破进武副尉券一道，日支食钱二百文；太史局判局轮过局一名，日支食钱五百文；算造官每人各日支食钱四百文；司辰局学生、人吏，每人各于见今食钱上每日贴支食钱三百文，并不理为名色次数。内陈得一并亲随，下户部出给券历。并本所合用攒造历书纸札油炭之类，并逐时聚议、犒设合用杂支钱，每月批钱一百贯文。

出处：《宋会要辑稿》职官三一之六。又见同书职官一八之八九。

赐三省铨择监司郡守诏
（绍兴五年闰二月十一日）

朕惟监司外台，耳目之寄，郡守承流宣化，惠养吾民，其委任重矣。间者朝廷辄轻以假人，将何以使民耸然听服？朕甚恶焉。继自今其慎选择，勿狃于故常，勿牵于私意以累国。其已除授人，亦铨量而去留之。或资序已深，屡更此选，虽无显过，而才非所宜，当处之外祠，稍优其禄。庶几称朕求治责成之意，而士无失职之叹。仰三省常切遵守。

出处：《沈忠敏公龟溪集》卷四。又见《建炎以来系年要录》卷八六。
撰者：沈与求
考校说明：沈与求时为参知政事。

免襄汉州军罪诏
（绍兴五年闰二月十二日）

襄、汉州军先因盗贼并伪齐占据日劫掠残杀等罪，一切不问，元劫人见在者，许其家经官识认，验实给还；即抚定后来再有违犯者，令所属治罪。

出处：《建炎以来系年要录》卷八六。

诚约进奏院诏
（绍兴五年闰二月十二日）

进奏院如将不系合报行事辄擅报行，及录与诸处札探入传报者，许人告，赏钱三百贯,犯人并重作施行。

出处:《宋会要辑稿》职官二之四九。又见《建炎以来系年要录》卷八六。

<h1 style="text-align:center">申严计分断罪诏</h1>
(绍兴五年闰二月十二日)

诸路去年分合依条计数,至今未见具奏。除已行约束外,令诸路提刑司将管下诸州禁囚病死人数遵依条敕计分断罪,仍疾速比较闻奏,不得容庇违滞。仍候指挥到,限十日专差人赍赴行在。

出处:《宋会要辑稿》刑法六之六五。

<h1 style="text-align:center">诸路提举常平并入茶盐司诏</h1>
(绍兴五年闰二月十二日)

诸路提举常平并入茶盐司,仍以"提举茶盐常平等公事"为名。内无茶盐去处,依旧令提刑兼领。

出处:《宋会要辑稿》职官四三之二三。

<h1 style="text-align:center">令两浙转运司添置三百料船五只专一济渡诏</h1>
(绍兴五年闰二月十三日)

两浙转运司限十日更令添置三百料船五只,专一济渡,不得他用。仍将见今怯薄渡船别行修换,及觉察棹梢等不得乞觅。如有违戾,重作行遣。

出处:《宋会要辑稿》食货五〇之一六。

<h1 style="text-align:center">令诸路转运司将归业人户合纳租税依限输纳诏</h1>
(绍兴五年闰二月十三日)

诸路转运司将归业人户合纳租税,并令依限输纳。仍开具自贼退之后已增收租税数目申部,以凭比较赏罚。

出处:《建炎以来系年要录》卷八六。

进纳授官事诏
(绍兴五年闰二月十六日)

进纳授官人,愿贴纳金银钱米转行至承直、从义郎者,许径赴户部陈乞,下所属仓库纳,申朝廷给降付身。

出处:《建炎以来系年要录》卷八六。

州县辟差官成考解罢许理为任诏
(绍兴五年闰二月十六日)

应州县辟差官成考解罢,不曾被受朝廷付身者,许理为任。

出处:《建炎以来系年要录》卷八六。

诸路监司属官堂除诏
(绍兴五年闰二月十九日)

诸路监司属官,除转运司主管帐司、提刑检法官外,余并堂除。内两浙转运司催促籴买官减一员,往来催促划刷起发行在米斛官二员并罢,仍并差令录以上资序曾经任人。

出处:《宋会要辑稿》职官四五之一八。

三圣庙见占基地全免役钱诏
(绍兴五年闰二月二十日)

三圣庙见占基地与全免合纳役钱,余依绍兴三年九月三十日已降指挥施行。

出处:《宋会要辑稿》食货一四之二四三。又见同书食货六五之八一。

令丞簿尉未经交割离任不许从诸军辟置诏
(绍兴五年闰二月二十一日)

自今见任县令丞簿尉未经交割离任以前,并不许辄从诸军辟置,及不得兼带军中干办职事。专委监司常切觉察,如敢隐蔽,重置以法。

出处:《宋会要辑稿》职官四八之三四。又见《建炎以来系年要录》卷八六。

陈乞宫观人等第支破添支诏
(绍兴五年闰二月二十二日)

应陈乞宫观人,在内曾任左右司郎以上,在外曾任帅臣、转运司副使、提点刑狱以上,依第二等知州例支破添支;在内曾任监察御史以上,在外曾任节镇、知州、转运判官、提举茶盐以上,依第三等知州例支破添支。

出处:《宋会要辑稿》职官五七之七一。

江东西等路差辟属官条约诏
(绍兴五年闰二月二十二日)

江东西、湖南、浙西安抚大使许置参谋、参议、主管机宜文字各一员,干办公事五员;安抚使许置参议、主管机宜文字各一员,干办公事四员;其溢额人令终满今任,所有额内并溢额人已差下替人并罢,仍依省罢法。浙东、淮南、福建、广南并依旧,仍并今逐路帅司举辟参谋、参议,辟通判已上资序,余并令录以上资序人,准备差使依旧。如通差过文臣,候今任满日,却令依旧差武臣。诸路帅司合辟差机宜,今后并差第二任知县资序人,余依已降指挥。

出处:《宋会要辑稿》职官四一之一〇七。

王璪降三官制
（绍兴五年闰二月二十二日）

朕待遇将臣，务推恩厚。非行姑息之政，欲收裁定之功。其或孤负使令，蔑闻底绩，法所难纵，罚其可辞？具官世受国恩，久提军律。河东乘塞，投戈西遁于剑门；江左援师，卷甲南趋于瓯粤。旌旗所过，井邑为空。朕贷其往愆，责以后效。所当创艾，思报宠灵。而乃长恶弗悛，乱常滋甚。躬捕湖寇，首歼舟师。反归狱于偏裨，敢便文于功状，执掠编户，补充伍符。日费千金，行苞苴而易竭；士食半菽，丰觞豆而自安。藩臣解体于中伤，计使捐躯于陵暴，官由货授，政以贿成。军心坐离，敌势愈张。自损威于一战，遂遗毒于两湖。制节乖违，已失为臣之义；玩兵放恣，不虞怙乱之嫌。罪既稔盈，人皆愤疾。屡阅纠邪之奏，谓稽司败之诛。少降官联，尚颁祠禄。往思内讼，毋速大刑。

出处：《斐然集》卷一二。
撰者：胡寅
考校说明：编年据《建炎以来系年要录》卷八六补。

章谊专切措置财用诏
（绍兴五年闰二月二十三日）

足食足兵，今日先务。户部尚书章谊可专切措置财用，参知政事孟庾提领。

出处：《建炎以来系年要录》卷八六。

故臣僚之家合破宣借人依旧法诏
（绍兴五年闰二月二十四日）

敕：应故臣僚之家合破宣借人，并依旧法，令兵部置簿，出给付身券头，于行在粮料院出给。内有已及五十年以上之家，依格减半，其请受文历令本家帮书。及不系兵部出给付身并行在粮料院给到文历之人，并仰所在州军不得勘支。如违，请人及帮书人并从诈欺法科罪；经由去处不觉察，与同罪。仍令逐路转运司常切觉察。

出处：《庆元条法事类》卷一一。又见《宋会要辑稿》职官一四之七。

江浙等路置路分总管诏
（绍兴五年闰二月二十四日）

江、浙、湖、广、福建等路，各置路分总管一员，于帅府驻札，应训练教阅调发等事，并系衔申奏，如陕西、河东北三路例。

出处：《建炎以来系年要录》卷八六。

刘一止除直显谟阁告词
（绍兴五年闰二月二十四日）

敕左承议郎、新差权发遣两浙东路提点刑狱公事、兼本路劝农提举河渠公事、兼提举本路常平等事刘某：朕躬行忠祀，加惠群工，爰因甄叙之常，式示褒扬之宠。以尔蕴高明之性而辅以中庸，挺变通之才而守以静正，惟嗜渊源之学，素高廉退之风。念去朝廷，屡更岁月，肆广合宫之需，用升延阁之班，岂独彝章？兹为异数。益思报称，祗服宠休。可特授依前官直显谟阁，差遣如故。

出处：《苕溪集》卷五五。
撰者：周纲

王俣转一官制
（绍兴五年闰二月二十五日）

朕惟人臣之义，自致其身，不待爵赏而后劝也。然有功而不见知，则待赏而后劝者，必怠于趋事，而罚之有所不胜矣，其可缓乎？以尔政事疏通，才猷敏达，践扬中外，誉处甚休。方虎旅之徂征，比革车之亲驾，奔走先后，职思其忧，军食坐丰，事不愆素。丕视功载，序进一官。勉服茂恩，益思来效。

出处：《斐然集》卷一二。
撰者：胡寅

考校说明：编年据《建炎以来系年要录》卷八六补。

江南夏税等不得抑令下户遍纳本色诏
（绍兴五年闰二月二十七日）

人户合纳夏税、和预买物帛，仰均行输纳，却不得抑令下户遍纳本色。余路依此。

出处：《宋会要辑稿》食货六四之三一。

官员参部许自录白合用告敕印纸等真本诏
（绍兴五年闰二月二十八日）

今后官员参部，许自录白合用告敕印纸等真本，于书铺对读，别无伪冒，书铺系书，即时付逐官收掌。候参部审量日，各将真本审验毕，便行给还；如书铺敢留连者，杖一百。

出处：《宋会要辑稿》职官八之二〇。又见《宋会要辑稿补编》第五七六页。

赴任宗子条约诏
（绍兴五年三月三日）

西外敦宗院赴任宗子虽不般家属前去，如至任所在十程之内，亦便行住罢本房人口钱米；如在十程之外，即计程限一月内般取。如违限，更不得支给钱米。南外宗正司依此。

出处：《宋会要辑稿》职官二〇之三九。

令职事官等各举所知充监司守令诏
（绍兴五年三月四日）

职事官监察御史至侍从并馆职正字已上，及在外侍从官监司帅守，各举所知充监司守令，限半月具奏，余依元年十一月壬子荐举诏赏罚施行。

出处:《建炎以来系年要录》卷八七。

范正己降两官罢宣抚处置司参议制
(绍兴五年三月四日)

将幕上僚,参决议论,欲其可否相济,协成事功。乃被削书,难逃黜典。尔名臣之子,宜自爱重。从军于外,规益靡闻,元戎露章,罪状显著。黜官二等,免乃攸司。既不谨前,尚思善后。

出处:《斐然集》卷一二。
撰者:胡寅
考校说明:编年据《建炎以来系年要录》卷八七补。

春秋铨试出官人等给公据诏
(绍兴五年三月六日)

自今春秋铨试出官,及试刑法教官,或文武官应举试中之人,并令所属官司出给公据,以革诈冒。

出处:《建炎以来系年要录》卷八七。

监司取会州县事诏
(绍兴五年三月八日)

应诸路监司取会州县,三经究治不报,住滞人吏杖一百,勒停;当职官申尚书省取旨。

出处:《宋会要辑稿》职官四五之一八。

川陕监司知通去替一年令转运司申尚书省诏
（绍兴五年三月八日）

川陕监司知、通去替一年，令转运司具状申尚书省，余依八路旧法差注。

出处：《建炎以来系年要录》卷八七。

赐吴玠诏
（绍兴五年三月八日后）

览所奏卢法原以疾不起，良用甍然。已降旨挥，邵溥权管宣抚司常行细务。至于军旅调发之事，疆陲控制之方，此乃国家之大计，朕既委卿独当一面，卿其以身任之。惟卿忠存庙社，威震羌胡，勤劳累年，勋伐甚茂。使陇蜀之境恃卿以安，则朕有长城之托，益所倚重。卿必深谅此意，自信不疑。近报遣兵分道四出，秦雍一带次第来归，备见规模，嘉叹不已。夫关河，天下之根本，朕未尝一日忘也。收还故土，抚宁遗黎，此所望于卿者。顾朕亦安能郁郁久居此乎！想时观衅，卿宜勉旃。比已遣张浚措置荆襄，恐有事宜，就令报应，卿可知之。

出处：《沈忠敏公龟溪集》卷四。
撰者：沈与求
考校说明：编年据文中所述"已降旨挥，邵溥权管宣抚司常行细务"补，见《建炎以来系年要录》卷八七。沈与求时为参知政事。

盗发州县取索捕盗官印纸批书违限责罚条约诏
（绍兴五年三月九日）

诸盗发州县取索捕盗官印纸批书而违限者，杖一百；监司所至，不为取索印纸点检者，更减二等。

出处：《宋会要辑稿》兵一三之一七。

邵溥兼权川陕宣抚使诏
(绍兴五年三月九日)

邵溥兼权川陕宣抚使。应军期钱粮等事,与吴玠通行主管,候正官到日罢。

出处:《宋会要辑稿》职官四一之三二。

朱震转承议郎告词
(绍兴五年三月九日)

敕左奉议郎、试秘书少监兼侍讲朱震:朕纂极之初,推旷荡之泽,士大夫京秩而上,例进一等,盖祖宗旧制也。尔方投闲在远,积有岁年而恩未沾,及恬退之风有足嘉者。序进厥官,往其祗服。可特授左承议郎,依前秘书少监兼侍讲。绍兴五年三月九日。

出处:《周易集传》附录《汉上先生履历》。

臣僚言役法之弊答诏
(绍兴五年三月十日)

于《绍圣常平免役令》"五保为一大保"字下添"通"字,"选保"字下删去"长"字。仍今后许差物力高单丁,每都不得过一人,寡妇有男为僧道成丁者同。即应充而居他乡别县或城郭及僧道,并许募人充役,官司不得追正身。余依见行条法,仍先次施行。

出处:《宋会要辑稿》食货六五之八一。又见同书食货一四之二四。

赐韩世忠手札
(绍兴五年三月十一日)

昨因敌退,议者以经理淮甸为言,人多惮行,卿独请以身任其责,朕甚嘉之!

出处:《建炎以来系年要录》卷八七。又见《名臣碑传琬琰之集》卷一三《韩忠武王世忠中兴佐命定国元勋之碑》。

赐韩世忠手札
(绍兴五年三月十二日)

今闻全师渡江,威声遐畅,卿妻子同行否? 乍到,医药饮食或恐未备。有所须,一一奏来也。

出处:《建炎以来系年要录》卷八七。又见《名臣碑传琬琰之集》卷一三《韩忠武王世忠中兴佐命定国元勋之碑》。

太府寺审会吏部公文依审覆钱法诏
(绍兴五年三月十三日)

太府寺将审会吏部公文依审覆钱法,用匣实封,赴郎官厅投下,审讫,限次日回报,实封下寺。如公据内开说不圆,本寺未得收使。

出处:《宋会要辑稿》职官二七之二八。

制造御前军器所事诏
(绍兴五年三月十四日)

制造御前军器所行移文字并系工部官衔,其提举所人吏量留一二名,候工部人吏知次第日罢,余并减罢。干办公事一员许留存,衔内除去"提举"二字;承受二员并依旧;提举所印送礼部收管。

出处:《宋会要辑稿》职官一六之七。

卢法原赠五官制
(绍兴五年三月十四日)

始终之际,人道之大常;赠恤之恩,国家之令典。矧持从橐,久总戎旃,奄忽云亡,吾心所恻。具官才刃利达,器使具宜。入侍禁严,虽在右文之旦;外分阃寄,乃当用武之辰。辑和师徒,攘却仇敌,形色已临于乾窦,阜安何止于坤维?方倚长城,以宽西顾,遽闻窀穸,不返东流。宣力四方,功著爪牙之助;锡官五等,秩隆章绶之华。既旌尔劳,又燕乃后。想其营魄,犹克钦承。

出处:《斐然集》卷一四。
撰者:胡寅
考校说明:编年据《建炎以来系年要录》卷八七补。

行在差人管押钱物往外路州郡推赏条诏
(绍兴五年三月十五日)

敕:今后行在差人管押钱物往外路州郡应副军须支遣及充籴本之类,其所押人如至交纳处别无疏虞欠损,今比照诸州郡差人管押钱物赴行在纲运参酌立定推赏等第下项:

全纲:谓见钱二万贯以上者,余物依条比折计数,金、银依已降绍兴元年九月十五日指挥,并提行在纽计推赏。三千里减三年半磨勘,选人比类施行,下准此。二千七百里减三年磨勘,二千四百里减二年半磨勘,二千一百里减二年磨勘,一千八百里减一年半磨勘,一千五百里减一年磨勘,一千二百里升一年名次,九百里升三季名次,六百里升半年名次,三百里升一季名次。

九分纲:三千里减三年磨勘,二千七百里减二年半磨勘,二千四百里减二年磨勘,二千一百里减一年半磨勘,一千八百里减一年磨勘,一千五百里升一年名次,一千二百里升三季名次,九百升半年名次,六百里升一季名次,三百里支赐绢六匹。

八分纲:三千里减二年半磨勘,二千七百里减二年磨勘,二千四百里减一年半磨勘,二千一百里减一年磨勘,一千八百里升一年名次,一千五百里升三季名次,一千二百里升半年名次,九百里升一季名次,六百里支赐绢六匹半,三百里支赐绢六匹。

七分纲:三千里减二年磨勘,二千七百里减一年半磨勘,二千四百里减一年磨勘,二千一百里升一年名次,一千八百里升三季名次,一千五百里升半年名次,一千二百里升一季名次,九百里支赐绢六匹半,六百里支赐绢六匹,三百里支赐绢五匹半。

六分纲:三千里减一年半磨勘,二千七百里减一年磨勘,二千四百里升一年名次,二千一百里升三季名次,一千八百里升半年名次,一千五百里升一季名次,一千二百里支赐绢六匹半,九百里支赐绢六匹,六百里支赐绢五匹半,三百里支赐绢五匹。

五分纲:三千里减一年磨勘,二千七百里升一年名次,二千四百里升三季名次,二千一百里升半年名次,一千八百里升一季名次,一千五百里支赐绢六匹半,一千二百里支赐绢六匹,九百里支赐绢五匹半,六百里支赐绢五匹,三百里支赐绢四匹半。

四分纲:三千里升一年名次,二千七百里升三季名次,二千四百里升半年名次,二千一百里升一季名次,一千八百里支赐绢六匹半,一千五百里支赐绢六匹,一千二百里支赐绢五匹半,九百里支赐绢五匹,六百里支赐绢四匹半,三百里支赐绢四匹。

三分纲:三千里升三季名次,二千七百里升半年名次,二千四百里升一季名次,二千一百里支赐绢六匹半,一千八百里支赐绢六匹,一千五百里支赐绢五匹半,一千二百里支赐绢五匹,九百里支赐绢四匹半,六百里支赐绢四匹,三百里支赐绢三匹半。

二分纲:三千里升半年名次,二千七百里升一季名次,二千四百里支赐绢六匹半,二千一百里支赐绢六匹,一千八百里支赐绢五匹半,一千五百里支赐绢五匹,一千二百里支赐绢四匹半,九百里支赐绢四匹,六百里支赐绢三匹半,三百里支赐绢三匹。

一分纲:如止一千贯以上,减半。三千里升一季名次,二千七百里支赐绢六匹半,二千四百里支赐绢六匹,二千一百里支赐绢五匹半,一千八百里支赐绢五匹,一千五百里支赐绢四匹半,一千二百里支赐绢四匹,九百里支赐绢三匹半,六百里支赐绢三匹,三百里支赐绢二匹半。

出处:《宋会要辑稿》食货四五之一五。

陈康伯回授封祖居仁制
(绍兴五年三月十六日)

人道以祖为本,惟仁者不忘其本,惟学士大夫则知尊祖矣。尔怀德居善,既寿而康。燕及其孙,位于朝列。加上封秩,应吾禋赉之命,赞书申劝,并为尔宠。里居称道,尚及耄期。

出处:《斐然集》卷一二。

撰者:胡寅

考校说明:编年据《宋会要辑稿》仪制一〇补。

荆湖北路安抚司人吏补官条约诏
(绍兴五年三月十七日)

荆湖北路安抚使司人吏如头名实满三年,权依江西已得指挥,与补进义副尉。

出处:《宋会要辑稿》职官四一之一〇八。

许寄居待阙官买没官等田诏
(绍兴五年三月二十九日)

出卖没官等田,今年二月二十四日已降指挥,监司州县官吏公人并不许收买外,其寄居待阙官愿买者听。

出处:《宋会要辑稿》食货六一之八。

真州别置场务诏
(绍兴五年三月三十日)

于真州别置务场给卖钞引,只许客人算请楚州盐钞,其乳香茶引不拘路分,并许给卖。既本州兴置务场,即镇江府定是入纳不多,可那移官吏前去真州,其镇江府务场依旧存留看管,不得损坏。

出处:《宋会要辑稿》食货五五之二七。

岳飞自池州移军潭州奖谕诏
(绍兴五年三月)

敕:卿远提貔虎,往戍潭、湘。连万骑之众,而桴鼓不惊;涉千里之涂,而樵苏无犯。至发行赏之泉货，用酬迎道之壶浆。所至得其欢心，斯以宽予忧顾。嘉治军之有法，虽观古以无惭。乃眷忠忧，益加咨叹。故兹奖谕，想宜知悉。

出处：《鄂国金佗续编》卷三。

招捕湖湘寇戒谕将士诏
（绍兴五年三月）

敕岳飞：眷彼南服，远于朝廷。吏情勿虔，民贫为盗。稍乘虚而肆暴，因恃险以逋诛。爰命烝徒，往平狡窟。言念驱率良善，多出于胁从；诱致流亡，或成于迕误。按罪止诛其首恶，招来余许其自新。而主将非人，师行失律。帅守无一方之任，罔思协力以济功；漕臣分两路之权，乃欲便文而专制。争快一时之忿，阴怀首鼠之端。原其本心，实阻军事。坐縻岁月，未撤师屯；环视湖湘，久缠兵革。焚剽之祸，既延及于平民；馈饷之烦，复重劳于编户。旰宵在念，涂炭兴嗟。比者易将授方，济师底伐，必期平荡，以靖方隅。凡兹牧守郡县之官，爰暨金殼转输之任，并修厥职，惟乃一心。如敢玩寇妨功，徇私怀贰，或应援之有愆几会，或馈运之有乏军兴，大则诛殛，以正典刑，小则窜流，以御魑魅。法兹无赦，朕不敢私。载念遗黎，屡经调度，财力为之凋瘵，耕织至于失时，祗俟贼平，优加恩恤。如有出奇画计，奋战摧锋，共怀敌忾之心，助成破贼之势，高爵重禄，当报尔功。朕言不渝，众听毋忽。故兹戒谕，想宜知悉。

出处：《鄂国金佗续编》卷三。

显应侯加封普惠侯制
（绍兴五年三月）

惟侯受职，宅彼思灵。大芘一方，克有常享；祷祈辄应，达于听闻。增锡徽章，以昭其实。朕命不易，尚其钦哉！

出处：《华阳集》卷八。
考校说明：编年据《宋会要辑稿》礼二〇补。张纲此时未任两制，此文或为《华阳集》误收。

知绍兴府綦崇礼乞宫观不允诏
(绍兴五年春)

敕某:省所奏"乞除一在外宫观差遣,任便居住"事具悉。用人者验于已试,则职必举;居官者久于其事,则功乃成。卿以敦诗阅礼之儒,膺谋帅作牧之任。论考绩之状,效已见于临漳;察报政之期,敏有同于东海。独当假以岁月,乃克究其才猷。朕岂夺于垂成,以蹈数易之弊;卿宜勉务展布,用副属任之专。何为上章,遽形引疾?丐闲之请,殊非所闻。宜安厥官,益图计最。所请宜不允。故兹诏示,想宜知悉。春暄,卿比平安好,遣书指不多及。

出处:《北海集》附录中。
考校说明:编年据綦崇礼官历、文中所述"春暄"补,见《嘉泰会稽志》卷二。《全宋文》系于绍兴九年春(第二〇三册,第二七九页),误。

王赟叙官制
(暂系于绍兴五年三月后)

具官某:朕明罚以惩过举,疏恩以许自新。尔顷丽刑章,再更岁籥,用从甄典,尽复故官。往体宽条,毋忘检己。

出处:《东牟集》卷七。
考校说明:编年据王赟官历补,见《建炎以来系年要录》卷七九。王洋此时未任两制,此文或为《东牟集》误收。

胡安国乞奉祠答诏
(绍兴五年四月一日)

安国经筵旧臣,引疾辞郡,重悯劳之,可从其请,提举江州太平观,令纂修《春秋传》。仍俟成书进入,以称朕崇儒重道之意。

出处:《建炎以来系年要录》卷八八。

诸路官田自宣和以后者先次出卖诏
（绍兴五年四月二日）

诸路系官田自宣和以后者，令先次出卖。其房廊白地园圃等，令见赁之家限一月自陈，依本处体例添纳租课，仍与减免二分；限满不陈，许人告，即以其地给与告人。

出处:《建炎以来系年要录》卷八六。

知通及监司失案举减犯人五等断罪诏
（绍兴五年四月三日）

诸路违法，知、通失案举，而被案于监司；诸州违法，监司失案举，而被案于台谏。各察治得实者，并减犯人罪五等；犯人系公罪，又减二等，并不以去官原免。著为令。

出处:《建炎以来系年要录》卷八六。

推赏收复寿春府等有功官兵诏
（绍兴五年四月四日）

奇功各与转一官资，更与减二年磨勘；军兵与转两资。第一等各与转一官资。第二等各与减二年磨勘，无磨勘人及军兵增倍犒设一次。第三等各与减一年磨勘，无磨勘人及军兵犒设一次。内转官资人于正名目上收使，借补人先次出给公据，候有名目日收使；白身人依陕西效用法补授。以上犒设并令本司支给，内磨勘年限不同人，依五年法比折。

出处:《宋会要辑稿》兵一八之三六。

李健直秘阁督漕制
(绍兴五年四月四日)

朕志平借乱,兼用众材,督府馈粮,尤资干敏。以尔奋由科第,即列儒馆。牙签万轴,既以饱闻。金版六韬,又能详说。亦念从军之久,必知足食之方。赐对便殿,授以使指。冀未忘于俎豆,俾寓直于图书。服我宠光,尚克自振。

出处:《斐然集》卷一二。
撰者:胡寅
考校说明:编年据《建炎以来系年要录》卷八八补。

枢密院编修计议等官差替事诏
(绍兴五年四月六日)

枢密院编修计议、敕令所删定官、寺监丞并行在堂除仓库等官,并候到任及一年以上,方差替人;已差人并别与差遣。

出处:《建炎以来系年要录》卷六八。

入内内侍省使臣遇泛恩特许转武功郎诏
(绍兴五年四月七日)

入内内侍省使臣今后遇泛恩,特许转武功郎,止并寄资。

出处:《宋会要辑稿》职官三六之二五。

押纲人选法并差拨资次理任诏
(绍兴五年四月七日)

押纲人选法并差拨资次理任,并依旧直达纲运法。内见任官如系使臣,于本任别无规避,方得正行差遣,并经本路转运司投状。如应得选法,即一面差讫,申尚书省出给付身;不圆及不经吏部审量人,不在差拨之限。

出处:《宋会要辑稿》食货四三之二一。

范正国江东漕制
(绍兴五年四月七日)

朕于元祐之臣,既追褒之,又录用其子孙,不独雪党籍之沈冤,意有能济其美者,出为吾君耳。以尔祖父世笃忠贞,遗泽未泯,必在后裔。用召尔于远服,使敷奏其言,而视其所以。乃能纂述先正忠宣之事业,成编来上,亦可以见干蛊承考之志矣。足食裕民,今日大计也。将漕一路,惟尔所谙,加贲身章,并示华宠。毋谓凭藉,可取世资,往懋厥官,以称朕命。

出处:《斐然集》卷一二。
撰者:胡寅
考校说明:编年据《建炎以来系年要录》卷九四补。

郑滋显谟阁学士宫祠制
(绍兴五年四月七日)

侍从之臣,纪纲所赖,去就之际,风俗是仪。爰锡宠章,式存礼貌。具官学殖博茂,造养和夷。羽仪禁途,多历年所,可谓服劳之旧,居闻誉处之休。辍从铨曹,屈贰民部,实重大计,岂为左迁?乃继露于忱辞,愿少休于散局。重违雅尚,毋有遐心。

出处:《斐然集》卷一二。
撰者:胡寅
考校说明:编年据《建炎以来系年要录》卷八八补。

闾丘升复职制
(绍兴五年四月八日)

朕毖祀总章,赉及臣庶。丹书所载,咸拔拭之。尔顷缘勤王,逗留左次,坐黜既久,宜克自省。还直秘府,庸示宽恩。其服训言,以图来效。

出处：《斐然集》卷一二。

撰者：胡寅

考校说明：编年据《建炎以来系年要录》卷八七补。

张戒国子丞制
（绍兴五年四月八日）

朕感诗人衿佩之篇，思先圣俎豆之对。虽时右武，未皇庠序，而存其官秩，将以为修废之渐，非冗设也。尔召自遐方，敷奏便朝。志意克修，说辞亦赡。既宠以京秩，且俾丞于胄子之宫。尔其谨守旧规，勿使坠失。益进所学，期于有成，称予奖掖之意。

出处：《斐然集》卷一二。

撰者：胡寅

考校说明：编年据《建炎以来系年要录》卷八七补。

王子献复职制
（绍兴五年四月八日）

朕谒款真室，赉及臣工。凡丽丹书，咸与洗濯。尔早以文行，擢秀士林，胡为中身，数绁清议？寓直延阁，惟尔旧联，既逢宽恩，例得甄叙。夫古人贵于改过者，将以不辱其生，岂为耄期而废称道？尚思奋励，庸称宠光。

出处：《斐然集》卷一二。

撰者：胡寅

考校说明：编年据《建炎以来系年要录》卷八七补。

拣退不堪披带使臣诏
（绍兴五年四月十二日）

诸军拣退不堪披带使臣，并许添差诸州捕盗官司使臣一次，老病不堪任职者，送忠锐将支进勇副尉俸终其身。

出处：《建炎以来系年要录》卷八八。

江南等路州军守臣体度米价依条出粜诏
（绍兴五年四月十六日）

令江南东西、两浙、福建诸州军守臣各行体度本处米价，如是腾踊，仰将见管常平米斛依条出粜，候秋成日却行收籴拨还，依旧桩管，仍令常平司拘收。

出处：《宋会要辑稿》食货六二之二六。又见同书食货五三之二三。

奖谕韩世忠岳飞诏
（绍兴五年四月十七日）

韩世忠纪律严明，岳飞治军有法，并令学士院降诏奖谕。

出处：《建炎以来系年要录》卷八八。

临安府合纳上供和买绢事诏
（绍兴五年四月十九日）

临安府合发淮衣并三分上供，和买纳绢除别指挥已减放二分外，将其余数目以三分为率，更以一分折纳价钱，每匹作五贯五百文足，如愿输本色者听，余二分依旧催纳本色。

出处：《宋会要辑稿》食货六四之三一。

户部措置到钱物限日下供申总制司诏
（绍兴五年四月二十日）

仍令户部限一日具节次措置到钱物指挥申总制司。今后遇承受到指挥，限日下供申本司，置籍拘管。仍将应措置到钱物令本部每三日一次拘收，及令行在交纳库务每日具每色纳到数目、逐路各若干申总制司照会。

出处:《宋会要辑稿》食货六四之八九。又见同书食货三五之二二。

浙江转运判官逐州守臣拘催上供诏
（绍兴五年四月二十一日）

浙江转运判官逐州守臣拘催上供,及淮衣䌷绢丝绵依条限起发。限满,令户部开具有无拖欠去处,申取朝旨。

出处:《建炎以来系年要录》卷八八。

营田租税诏
（绍兴五年四月二十一日）

诸路营田司官给种粮者,每一耕牛,岁课毋得过十石;民间自有耕牛者,除输纳税赋外,毋得抑令耕种营田。

出处:《建炎以来系年要录》卷八八。

命官理任诏
（绍兴五年四月二十二日）

命官未经铨试,以恩例陈乞祠庙之人,自合理任,余依见行条法。

出处:《建炎以来系年要录》卷八八。

命官罢任权听从便赴阙诏
（绍兴五年四月二十三日）

敕:命官罢任,并权听从便赴阙,仍放行请给,与理为磨勘。内小使臣免降罚。候事平日依旧法施行。

出处:《庆元条法事类》卷五。

存恤百姓诏
（绍兴五年四月二十三日）

令淮东、西宣抚使司多方存恤百姓，愿占闲田耕垦者，州县即时摽拨给付；军人于所至州升一等军分收管；举人、官员保明申尚书省审验，举人与免将来文解一次，官员于见今官资上转一官资，添差见阙差遣。仍仰行下所属散出榜文招谕。

出处：《宋会要辑稿》兵一五之五。

淮北来归充行在差遣使臣放行驿券诏
（绍兴五年四月二十三日）

应自淮北来归见充行在差遣使臣，如陈乞告札未了，特与权依见今官资日下放行本等驿券，其余请受候出到去失公据，依条陈乞。

出处：《宋会要辑稿》兵一五之五。

赐岳飞御札
（绍兴五年四月二十三日）

近得奏，知卿已至潭州，时方盛暑，将士良劳。朕以湖湘之寇，逋诛累年，故特委卿，为且招且捕之计，欲使恩威并济，绥靖一方。闻卿到彼，措画得宜，朕甚嘉之。然今去防秋不远，若此寇既平，则可以专意捍敌。更宜多算，决致成功，此朕所望于卿者。其他曲折，张浚既至军前，可就议也。二十三日。付岳飞。御押。

出处：《鄂国金佗稡编》卷一。

刘大中中书舍人制
(绍兴五年四月二十五日)

朕惟舜命九官,简言而尽义;商《盘》周《诰》,烦悉而尽诚。凡代予言,宜尚体要,具知恻怛之意,形于播告之修。厥惟艰哉,孰克称任? 具官好善如不及,守身如奉盈。列在谏垣,多直谅之益;出将使指,有激扬之功。台省践更,声望甚美。爰自秉笔,试之演纶,议论持正而弗阿,文词务实而有补。往即真拜,益观远猷。

出处:《斐然集》卷一二。
撰者:胡寅
考校说明:编年据《建炎以来系年要录》卷八八补。

诸县岁赋奇零剩数令通判折纳价钱别项桩管诏
(绍兴五年四月二十七日)

诸县岁赋奇零剩数,委通判点检,折纳价钱,别项桩管,专充上供诸路免役宽剩钱。除二广、福建、江东西已令起发赴行在,浙西应副大军,其浙东、湖南北剩钱,亦令起发赴行在。

出处:《建炎以来系年要录》卷八八。

孙渥川陕宣司参议制
(绍兴五年四月三十日)

古者大国三卿,其一自命,其二命于天子。自命者犹今之奏辟也;命于天子,则非臣下所得请矣。宣抚之任,盖方伯连帅之职,岂直大国哉! 凡废置其属,朕未及命而惟请之从,则推赤心,重阃寄,非苟从也。具官整军经武,见推勇略,元戎幕府,欲藉尔谋。夫所为据险宿师者,实惟保民力,固邦本耳。民力一困,虽有貔虎之士,何所仰食? 今当熟议,莫急于此。汝其勉之,以称命书之意。

出处:《斐然集》卷一二。
撰者:胡寅

考校说明：编年据《建炎以来系年要录》卷八八补。

杨时赠四官制
（绍兴五年四月）

自圣学失传，道无统纪，以佛老而乱周孔，托六艺以文奸言。聪明才智之人，溺于空虚而不知安宅；猥琐蔽蒙之士，安于卑陋而莫肯迁乔。高明中庸，析为二致。学术既坏，兴替随之。具官躬禀异材，早亲有道。德宇和粹，望而可知其贤；事业修明，用之未究所蕴。方立言而垂后，将以道而觉民。邪说渐排，正途斯辟。朕念谈经之益，爰深宪老之怀，而天不慭遗，邦其殄瘁。已诏有司，厚赙恤之礼；又给史札，取辨正之书。兹俾愍章，更加荣秩。用作兴于多士，以表著于斯文。

出处：《斐然集》卷一三。
撰者：胡寅
考校说明：编年据《宋会要辑稿》仪制一一补。

余祐之将转一官换封祖母制
（绍兴五年五月二日）

顾复之恩，有怀欲报；节行之美，视典宜褒。尔守义不渝，教孙以仕，舍官一等，请为尔荣。慈孝蔚然，出于右列。苟可以训，吾何爱焉。

出处：《斐然集》卷一二。
撰者：胡寅
考校说明：编年据《建炎以来系年要录》卷八九补。

朱震除起居郎告词
（绍兴五年五月三日）

敕左承议郎、秘书少监兼侍讲朱震：孔子称"天下归仁"，曰"非礼勿言，非礼勿动"。人君托于王公之上，一言一动，则必记之，是欲克己复礼，俾天下之归也。设官之意，其深矣乎。以尔习于《春秋》，明乎褒贬，经筵劝讲，开益为多。命尔立螭，记予言动，官分左右，职固不殊。朕知戒非礼之为，尔其谨必书之职。可特授依前左承议郎、守起居郎兼侍讲。绍兴五年五月三日。

出处:《周易集传》附录《汉上先生履历》。

马钦赠父制
(绍兴五年五月三日)

明堂敷庆,存殁毕及,以广忠孝,以昭典常。具官生于朔方,尝列显仕,克训厥子,慕华而归。官联既高,得用追赠,大夫之贵,团兵之职。并为尔宠,尚体予恩。

出处:《斐然集》卷一四。
撰者:胡寅
考校说明:编年据《宋会要辑稿》仪制一〇补。

任申先秘书少监制
(绍兴五年五月九日)

朕念党籍之人,若子若孙,无不甄录,所以来忠节也。然贤者之后未必皆贤。向者匪人,迎意掠美,乃援浮薄不肖,与尔同升。尔于是时,守正不阿,为不肖所忌,奉身而去,其后颠踬,悉如尔言。先见特立,有如此者。朕方招延英俊,养之书省,道义相率,尤资老成。往司省事,其克钦哉!

出处:《宋会要辑稿》选举九之一八。又见《宋会要辑稿补编》第七三页。

委诸路监司总领奉行出卖官田事诏
(绍兴五年五月十日)

令户部行下诸路所委官,遵依已降指挥疾速施行。如奉行有方,即优与推赏;若有违戾,重行责罚。

出处:《宋会要辑稿》食货六一之一一。

黄克柔落致仕制
（绍兴五年五月十一日）

人臣齿发逾迈，膂力既愆，则致事于君，告老而去。倘欲再用，不在此科。具官既尝乞身，想克静退。今俾复仕，勉思忠勤。毋取逸于外祠，以见贬于公议。

出处：《斐然集》卷一二。
撰者：胡寅
考校说明：编年据《建炎以来系年要录》卷八九补。

赐张浚诏
（绍兴五年五月十一日后）

比得胡世将奏，知卿已过长沙，触热引途，其勤至矣。虽卿以身任天下之重而自忘其劳，然大臣暑行，朕心则有愧焉。湖湘之寇，卿到彼指授诸将，必能克日荡平。顾朕所虑者，前此王璨轻入失利，贼势益张。今涨潦阔漫之际，彼方阻固，恐有狡谋，遣发师徒，更宜审细。且招且捕，一举成功，纾此南顾之忧，专意北事，乃朕指也。已令赵鼎谕卿，卿宜悉之。

出处：《沈忠敏公龟溪集》卷四。
撰者：沈与求
考校说明：编年据文中所述"知卿已过长沙……湖湘之寇，卿到彼指授诸将，必能克日荡平"补，见《建炎以来系年要录》卷八九。

令奖谕胡寅诏
（绍兴五年五月十三日）

中书舍人胡寅论使事，辞旨剀切详明，深得论思之体，令学士院降诏奖谕。

出处：《建炎以来系年要录》卷八九。

抚问诸军诏
（绍兴五年五月十三日）

　　诸军教阅劳苦，当此盛暑，虑有病患之人。可令委属官一员传旨抚问，仍各赐钱修合夏药。

出处:《宋会要辑稿》礼六二之六〇。

诸路不得欺隐失陷总制钱诏
（绍兴五年五月十四日）

　　诸路所收总制钱专委通判一员拘收检察，别库桩管。其所委官废弛苟简，稍有欺隐失陷，并当取旨，重作责罚。仍令提刑司常切检察。

出处:《宋会要辑稿》食货三五之二三。又见同书食货六四之九二。

王居正改台州制
（绍兴五年五月十六日）

　　古之世用人，至于可使南面则至矣。姬吕父师以圣贤之业，分茅列土，百里而止，德广于地，游刃有余。宜其为政，后莫能也。今中州下郡，犹侈于古子男之邦，而仕者小之，不顾其力，何恕己之甚欤！具官材气不群，服在迩列，辍使共理，以饶易台，自视欿然，其志远矣。往布朕德，惟既厥心，嘉靖一邦，俾无愁叹。傒闻报政，予则汝褒。

出处:《斐然集》卷一二。
撰者:胡寅
考校说明:编年据《建炎以来系年要录》卷八八补。

赵霈转官诏
（绍兴五年五月十八日）

左司谏赵霈论奏深得谏官之体，可转一官，赐紫章服。倘令尚书省将所奏修写成图进入。

出处：《宋会要辑稿》职官三之五六。

禁透漏海舟出界诏
（绍兴五年五月十九日）

诸路沿海州县应有海船人户，以五家为一保，不许透漏海舟出界，犯者籍其赀，同保人减一等。

出处：《建炎以来系年要录》卷八九。

赐陈橐钱诏
（绍兴五年五月十九日）

知台州陈橐清谨不扰，治状著闻。今丁家难，邦人颇惜其去，诣阙控陈，诚可嘉尚。特赐钱三百贯，令所在州军于上供钱内支给。

出处：《宋会要辑稿》礼六二之六〇。

外任臣僚初除带御器械事诏
（绍兴五年五月十九日）

今后外任臣僚初除带御器械，并候告谢、正谢讫供职。

出处：《宋会要辑稿》职官三四之一二。

减损绫纸诏
(绍兴五年五月二十日)

太师至尚书令绫纸,可降本格二等,用十五张色背五色绫纸,其余官并递降本格。太师至尚书令,左右仆射至开府仪同三司,并用十五张色背五色绫纸;知枢密院事至宗室环卫官,观文殿学士至观察使,并用五张白背五色绫纸;宣奉大夫至侯,用十张白绫纸;给事中至伯,八张白绫纸;中大夫至子,七张白绫纸;七寺少卿至男,和安大夫至翰林良医,尚书诸司员外郎至翰林医正,并用六张白绫纸;奉议郎至太子诸率府副率,秘书省校书郎至诸军指挥使以下、遥郡刺史以上,马步军都头至蕃落马步军都指挥使,并用五张白绫纸。

出处:《宋会要辑稿》职官一一之六九。

催促结绝刑狱诏
(绍兴五年五月二十四日)

正当时暑,窃虑刑狱淹延枝蔓,行在委刑部郎官及御史一员,临安府属县并诸路州军令监司分头点检,催促结绝见禁罪人。内干照人及事理轻者,先次勘讫奏。临安府属县徒已下罪事状分明,不该编配,及合申奏公事,或虽小节不圆,不碍大情,并许本府一面决断讫奏。杖以下应禁者,并与责保知在徐行。在外有事故不能亲行,即选官前去。仍具每到处月日、事故因依径申尚书省。

出处:《宋会要辑稿》刑法五之三四。

席益端明殿学士湖南安抚制置大使制
(绍兴五年五月二十四日)

朕以礼使臣,记功忘过。念股肱之旧,尝丽丹书;眷藩翰之劳,克孚清议。方隆施于事任,宜载锡于徽章。具官术略宏深,材猷敏达。顷留兵骑,保障湖湘。事同出于戒严,迹或疑于方命,姑从贬削,以警其余。尔乃率职甚修,干方殊懋,卒乘辑睦而无犯,闾里愁叹之不闻。眷彼长沙,分镇南楚,地接荆襄之会,水通江汉之津。惟恢拓之远图,赖忠勤之协济。升华秘殿,制节中权,以壮具瞻,用昭宠数。虽身在外，弥肩恭顺之心；自叶流根，徯报阜成之政。毋烦朕训，勉迄尔庸。

出处：《斐然集》卷一二。

撰者：胡寅

考校说明：编年据《建炎以来系年要录》卷八九补。《宋代诏令全集》以《建炎以来系年要录》卷七八为据系于绍兴四年七月三日庚戌，且言"按胡寅时尚未权中书舍人，此制是否为其所草，当考"（第二〇六二页），误。据《建炎以来系年要录》卷七七、卷七八，席益此次复端明殿学士在绍兴四年六月丁酉，充荆湖南路安抚制置大使在绍兴四年七月庚戌，非同一日。

范冲徽猷阁待制提举建隆观兼史馆修撰兼侍讲资善堂翊善制
（绍兴五年五月二十六日）

朕为宗庙社稷大计，不敢私于一身，选于属籍，得艺祖七世孙，鞠之宫中，兹择刚辰，出就外傅，宜有端良之士，以充辅导之官。博观在廷，无以易汝。冲德行文学，为时正人。乃祖发议嘉祐之初，乃父纳忠元祐之末。敷求是似，尚有典型。顾资善之方开，史馆经筵，姑仍厥旧。朕方求多闻之益，尔实兼数器之长，施及童蒙，绰有余力，蔽自朕志，宜即安之。

出处：《建炎以来系年要录》卷八九。又见《宋史全文续资治通鉴》卷一八。

诫约将帅保明功状诏
（绍兴五年五月二十九日）

令诸将帅今后保明功状，须管将出战并不入队杂役人各立项分明开说的实功效因依，即不得衮同灭裂保明。稍有违犯，其受赏人并保明所部统领将佐并一等重作施行。

出处：《宋会要辑稿》兵一八之三四。

考校说明：原书后一条系于绍兴五年二月十一日，疑此条"五月"为"正月"之误。

令玨正任观察使袭封安定郡王制
(绍兴五年六月二日)

仰惟太祖,诞受天命,列圣嗣统,百世不迁。爰自神祖以来,隆续小宗之绪,封王袭庆,遂著国章,增固本枝,其意远矣。今当继绝,必择亲贤。具官春秋既高,多阅义理,仕官已久,不闻过愆。谂于宗司之言,谓高隽望之誉。召自外职,俾绍王爵,廉使观风,并示荣宠。尔其知富贵之难保,念骄矜之当戒,乐于为善,慎厥表仪。庶几不辱训言,以长守其禄位。

出处:《斐然集》卷一二。
撰者:胡寅
考校说明:编年据《宋会要辑稿》帝系六补。

种师道谥忠宪制
(绍兴五年六月三日)

古者死而无谥,至周有之,考行易名,付之公论,褒贬予夺,莫之敢私。百世传焉,垂劝大矣。具官世载韬略,性服仁义。早亲有道,以自修饬,言行无玷,出处可观。论新法之害民,遂坐党籍;言北伐之误国,黜使退休。女真内侵,起受师柄,昌言击讨,国势所凭,和议夺之,至于祸败。驱驰出入,以没元身。四海尽伤,九原难作。夫心笃国家之念,可谓曰忠;材兼文武之资,是宜为宪。使尔不朽,名言在兹。精爽未沦,尚歆嘉宠。

出处:《斐然集》卷一三。
撰者:胡寅
考校说明:编年据《建炎以来系年要录》卷九〇补。

种师道特赠少保告词
(绍兴五年六月三日)

材弗究于当时,名愈高于后世。自古贤哲,遗恨常多。朕方听鼙鼓而增思,悼爪牙之先夺。肆加褒恤,载扬芬芳。故太尉、镇洮军节度使、同知枢密院事、赠开府仪同三司种师道，文武具宜，忠孝无爽。昔在燕山之役，每忤权臣；至于靖康之初，首陈善计。谋既沮于和议，功莫遂乎战多。饮恨而终，昌言犹在。赠典未及，人情郁然。因犹子之控陈，升亚保而作宠。夫诵诗见方、虎之烈，闻罄思颇、牧之风。梦想音容，抚嗟何已！恩章所及，其尚知歆。可特赠少保，余如故。

出处：《三朝北盟会编》卷六〇。
考校说明："三日"据《建炎以来系年要录》卷九〇补。

朱震除兼资善堂赞读告词
（绍兴五年六月三日）

敕左承议郎、守起居郎兼侍讲、赐绯鱼袋朱震：朕惟《蒙》之《象》曰："山下出泉，蒙，君子以果行育德。"盖泉之初未有所之，如人之蒙未知所适。泉决之东西，蒙导之邪正，亦惟其人而已矣。以尔纯白内备，博见洽闻。羲《易》麟经，尤所精贯；华光劝讲，宏益滋多。方开学于南宫，久注心于旧德。赞读资善，汝往惟谐。既正朕之不难，宜诲蒙之无倦。兼职虽众，应用莫穷。勿嫌拜赐之频，实繄稽古之力。其益懋哉！可特授依前官兼侍讲兼资善堂赞读。绍兴五年六月三日。

出处：《周易集传》附录《汉上先生履历》。
考校说明：《建炎以来系年要录》卷八九系于绍兴五年五月二十六日。

黄子游降一官诏
（绍兴五年六月四日）

江东转运黄子游降一官，仍令江东提刑司取问，申尚书省取旨施行。

出处：《宋会要辑稿》食货六一之一一一。

临安府相度检计南班宗室屋宇诏
（绍兴五年六月四日）

南班宗室见居屋宇窄隘，令临安府相度检计，申尚书省。

出处:《宋会要辑稿》帝系六之八。

王滋将随驾恩赏回封祖母制
(绍兴五年六月四日)

甲胄之臣,干戈卫上,必先孝顺,乃有忠勤。尔孙不忘劬劳,报以封叙,用心如此,良所叹嘉。其益教之,使立功效。予用康尔,继此未量。

出处:《斐然集》卷一二。
撰者:胡寅
考校说明:编年据《建炎以来系年要录》卷九〇补。

池守陈规失按降两官制
(绍兴五年六月五日)

赃吏病民,甚于盗贼。若祖宗之宪,必罚无赦,乃有罪刑至死。而长吏弗察,法所不纵,予何敢私? 具官智略足以捍城,忠荩见于尊主,时论称美,遂列从班。所部受赇,偶失廉刺,不以贵近而有侅罚,庶几迩遐知所惩畏。削秩二等,是为宽恩。益谨教条,以临尔属。

出处:《斐然集》卷一二。
撰者:胡寅
考校说明:编年据《建炎以来系年要录》卷九〇补。

空名告札绫纸去失事诏
(绍兴五年六月六日)

敕:申明应书填空名告札绫纸之人去失,如未曾召保保奏给到付身公据,即不合作有官人从官荫之法。若元有朝廷补授官资告札绫纸,止是去失后来书填空名迁转告札绫纸,虽未曾召保保奏给到付身公据,其元有官资自合从官荫之法。

出处:《庆元条法事类》卷七六。

引进司西上阁门及客省四方馆官员数诏
（绍兴五年六月九日）

引进司西上阁门及客省四方馆官已省废外，可只依见行员数。右武大夫以上，并称知阁门事兼客省四方馆事；若官未至右武大夫者，即称同知阁门事同兼客省四方馆事。今后并依崇宁在京通用令，以除授为序，称同知者在知阁门之下，余并依阁门事，其观察使以上即序官。

出处：《宋会要辑稿》职官三五之一一一。又见《宋会要辑稿补编》第九〇页。

峡州江陵府荆门公安军官属令王彦奏辟诏
（绍兴五年六月十日）

四郡官属，并令彦具名奏辟。内知、通朝廷审量除授，其曾充胥吏人，毋得举辟及权摄。如违，各科违制之罪。

出处：《建炎以来系年要录》卷九〇。

久旱禁诸路科率手诏
（绍兴五年六月十一日）

闻诸路久愆雨泽，繇朕不德，致使亢旱。虽恐惧修省，无所以答谴戒，弥天灾。尚虑州县违戾诏令，重扰吾民，致伤和气。除税租和预买及应副大军之外，应干科敷催驱等事，日下并罢，仍仰州县具析所罢名件申尚书省。

出处：《建炎以来系年要录》卷九〇。

建国公请给诏
（绍兴五年六月十二日）

建国公请给，依《政和禄格》内皇子节度使带国公请受则例支破，仍支给真俸，内东门司供纳。

出处:《中兴礼书》卷一九七。

赵鼎孟庾沈与求等以久旱乞赐黜责答诏
(绍兴五年六月十二日)

旱暵逾时,甘泽未应,乃朕菲德,非卿等咎,各安厥位,无得再请。

出处:《建炎以来系年要录》卷九〇。

赐张浚诏
(绍兴五年六月十二日后)

览奏,为韩世忠移屯事,遽有外祠之请,良用忱然。卿谋虑精审,宜无遗策。而世忠遣济等来,固自有意,继遣敀至,陈义激昂。其所设施,略如初议;至其曲折,方适厥中。卿复何疑而有斯请? 比以亢旱,鼎等方求罢政,使朕茫然莫知所措,已降诏趣卿还朝。当体朕怀,即日引道,勿惮徒御之劳也。

出处:《沈忠敏公龟溪集》卷四。
撰者:沈与求
考校说明:编年据文中所述"为韩世忠移屯事,遽有外祠之请"补,见《建炎以来系年要录》卷九〇。沈与求时为参知政事。

湖南久愆雨泽令席益诣南岳庙祈祷诏
(绍兴五年六月十三日)

访闻湖南久愆雨泽,可令帅臣席益恭诣南岳庙祈祷。应合用祠祭之物,并于上供钱内支破。务要精洁,庶获感应。

出处:《宋会要辑稿》礼一八之一七。

某人追复待制制
(绍兴五年六月十三日)

朋党之论,明君所恶闻也。东汉禁锢,逮于五族,终成分裂之祸;唐季报复,投诸浊流,徒增跋扈之势。天启朕心,深监前失。虽覆辙之难救,庶后车之不倾。故于在籍之沈冤,尽复平生之故秩,所以明示好恶,垂训方来。具官德由类升,尝任言责。论新法之不善,与贼卞为深仇,遂遭诋诬,继被黜逐。昔也忠贤之士,同丽丹书;今焉甄录之恩,再昭清议。皆臣子之荣遇,何死生之足论。

出处:《斐然集》卷一二。
撰者:胡寅
考校说明:编年据《建炎以来系年要录》卷九〇补。"某人"指朱师服。

福建路大龙凤并京铤茶减半起发诏
(绍兴五年六月十八日)

福建路转运司并建州每年合起大龙凤并京铤茶,并自来年为始,减半起发。

出处:《宋会要辑稿》食货三一之一。

久旱令章杰等日下回行在诏
(绍兴五年六月十八日)

诸路检察财用官度支员外郎章杰、枢密院编修官霍蠡、计议官徐康、吕用中并日下回行在,都督府干办公事范伯伦令归行府供职。

出处:《建炎以来系年要录》卷九〇。

王居正降授待制宫祠制
(绍兴五年六月十八日)

朕待遇近臣,进退以礼。若公议之有贬,岂国法之敢私?具官召从退闲,浸被任使。入则周旋台省,献纳论思;出则畀付郡章,承流宣化。自初遇合,厥有休声。逮毁谤之相摩,亦慷慨而自信。兹焉请外,曾未淹时。屡阅弹章,颇疏旧失,有无于此,汝实自知。少黜近班,尚仍次对,往分祠禄,深务省循。夫止谤莫若自修,惟责躬可以远怨。名浮于实,如雨集而潢盈;行顾其言,则鹤鸣而子和。丁宁以训,善后是图。

出处:《斐然集》卷一二。
撰者:胡寅
考校说明:编年据《建炎以来系年要录》卷九〇补。

州县收籴不得搔扰作弊诏
(绍兴五年六月二十日)

逐路转运司约束州县须趁时收籴,即不得以低价科敷,及容纵揽纳人搔扰作弊。如有违戾去处,许民户越诉,当职官吏取旨,重作施行。

出处:《宋会要辑稿》食货四〇之二〇。又见《宋会要辑稿补编》第六二四页。

惠贺州南安军举人已到行在者特许收试诏
(绍兴五年六月二十日)

惠贺州、南安军合驳放举人内已到行在人,悯其远来,特许收试。如试下,不理为举。

出处:《宋会要辑稿》选举一六之四。

省试举人条约诏
(绍兴五年六月二十二日)

应省试举人程文,许通用古今诸儒之说,并出自己意,文理优长,并为合格。行下省试院照应,及出榜晓谕。

出处:《宋会要辑稿》选举四之二五。

赐张浚手诏
（绍兴五年六月二十三日）

览奏，知湖寇已平，非卿孜孜为国，不惮勤劳，谁能宽朕忧顾？奏到之日，中外欢贺，万口一词，以谓上流既定，则川、陕、荆、襄形势连接，事力增倍，天其以中兴之功付之卿乎！

出处：《建炎以来系年要录》卷九〇。又见《晦庵先生朱文公文集》卷九五《张公行状》，康熙《绵竹县志》卷三。

禁州县催理民间积欠租税诏
（绍兴五年六月二十四日）

州县毋得催理民间积欠租税。如有违犯，及监司失于案举，并取旨，重行审责。

出处：《建炎以来系年要录》卷九〇。又见《宋会要辑稿》食货六三之五。

魏安行改官制
（绍兴五年六月二十四日）

守令民之师师，一有不善，则病吾民。而令于民为尤亲，故朕尤加意焉。尔为政有方，率职无过。信惠既著，百里安之。使凡为令者咸尔之如，吾何忧乎邦本之不固哉！嘉锡赞书，宠畀京秩。勉终课最，嗣有褒升。

出处：《斐然集》卷一二。
撰者：胡寅
考校说明：编年据《建炎以来系年要录》卷九〇补。

191

陆寘落职制
(绍兴五年六月二十五日)

朕以礼义俟君子,刑罚威小人。如尔奴隶自居,又何责焉。然玷官职之高荣,烦言章之论列。丑慝昭著,典宪未申,则奸贪肆然,自谓幸免矣。褫直中秘,尚为宽恩。往慎厥终,庶逃大谴。

出处:《斐然集》卷一二。
撰者:胡寅
考校说明:编年据《建炎以来系年要录》卷九〇补。

陆寘落职制
(绍兴五年六月二十五日)

朕以礼义俟君子,刑罚威小人。如尔仆隶自居,又何责焉? 然玷官职之高荣,烦言章而论列。丑慝昭著,典宪未伸,则奸贪肆然,自谓幸免矣。褫直中秘,尚无宽恩,往慎厥终,庶逃大谴。可落直秘阁。

出处:《建炎以来系年要录》卷九〇。

禁罢诸路监司州县假作军须名色科须诏
(绍兴五年六月二十六日)

应诸路监司州县非奉朝廷指挥,假作军须各色之作科须事件,日下并罢。如有违戾,州县仰监司按劾,监司令御史台觉察闻奏;或隐蔽,并重寘典宪。

出处:《宋会要辑稿》食货六三之五。又见《建炎以来系年要录》卷九〇。

朱震转一官制
(绍兴五年六月二十六日前后)

典谟训诰,皆上古之书;笔削《春秋》,著先王之志。其文虽史,垂世为经。朕仰奉孙谋，恭绳祖武，览裕陵之实录，悼私史之谤言。譬夫氛祲之兴，或掩昭回之象。乃诏群彦，同次旧文。具官学贯九流，趋皇极会归之要；识深五传，穷古人作述之原。顷预编摩，克明去取。兹阅奏篇之上，弥嘉汗简之劳。十九年之勋德既昭，千万世之楷模斯在。祖宗有庆，非出朕私，爵秩所加，式为尔宠。名附不刊之典，实彰有永之辞。

出处：《斐然集》卷一三。

撰者：胡寅

考校说明：编年据文中所述史事补，见《建炎以来系年要录》卷九〇。

推恩周纲等诏
（绍兴五年六月二十九日）

前广南东路转运判官周纲特转一官，籴买官各减二年磨勘，选人比类施行。人吏五人，令本司犒设一次。

出处：《宋会要辑稿》食货四〇之二〇。

周纲措置收籴转一官制
（绍兴五年六月二十九日）

建官设职，使之趋事而赴功，事功有成，于职才称。熙丰而后，以赏诱人，逮其末流，国之所赏，乃民之所病。朕甚非之。然足食足兵，欲伸志义于天下，非急功利也。人效其材，国赖其用，奖勤而示劝，岂异时僭滥之比哉！尔顷持使节，储挽有劳，民无强籴之嗟，吏谨输将之役。虽尔廉靖，无意于迁官，而以身率人，亦体国者之所乐为也。尚服训言，益励乃守。

出处：《斐然集》卷一二。

撰者：胡寅

考校说明：编年据《建炎以来系年要录》卷九〇补。

赐岳飞诏
（绍兴五年六月）

比得张浚奏,知湖湘之寇悉已肃清。纾朕顾忧,良用欣惬。非卿威名冠世,忠略济时,先声所临,人自信服,则何以平积年啸聚之党于旬朝指顾之间? 不烦诛夷,坐获嘉靖,使朕恩威兼畅,厥功茂焉。腹心之患既除,进取之图可议。缅思规画,嘉叹不忘。然恐招抚之初,人怀反侧,更宜绥辑,以安众情。措置得宜,彼自驯扰,必与卿计之熟矣。或有陈请,可具奏来。

出处:《沈忠敏公龟溪集》卷五。又见《三朝北盟会编》卷一六八,《鄂国金陀稡编》卷一。
撰者:沈与求
考校说明:沈与求时为参知政事。

刘昉宗正丞制
（绍兴五年六月）

宗伯典司属籍,其任甚重。仍置丞职,处以清流。非时俊髦不在此选。尔富于文章,达于从政,肆予命尔,往践厥官。夫立志之士,于职务清简之地,进德修业,而待世用,将有余力矣。往其懋哉?

出处:《斐然集》卷一三。
撰者:胡寅
考校说明:编年据《建炎以来系年要录》卷九〇补。

在京宫观请给人从条诏
（绍兴五年七月一日）

任在京宫观请给、人从,前宰执依见任减十分之二,阁学士以上依六曹侍郎,直学士以上依中书舍人,太中大夫以上依左右司郎中。任枢密都承旨,阁学士以上依六曹尚书,直学士以上依六曹侍郎,太中大夫以上依中书舍人。

出处:《宋会要辑稿》职官五七之七一。又见《建炎以来系年要录》卷九一。

郭仲荀宫祠制
（绍兴五年七月一日）

陈力就列，或告不能；均逸闵劳，当从所欲。矧在爪牙之任，尤推心腹之恩。具官世济勋劳，器凝庄重。比畴宿望，深倚隽功。建两纛之威仪，分四明之符竹。帷筹决胜，未施虎豹之韬；尊俎折冲，已帖鲸鲵之浪。方资卧护，遂以病辞。谅非避事于危时，姑俾奉身于闲馆。往近药石，益专精神。尚慰闻鼙之思，重烦据鞍之勇。

出处:《斐然集》卷一二。
撰者:胡寅
考校说明:编年据《建炎以来系年要录》卷九一补。

杨稜直秘阁制
（绍兴五年七月一日）

吾所幸州郡，四方辐辏，人众事夥，贵于静治。尔佐刺大府，风力敏劭。便朝赐对，所陈有取。俾寓直于中秘，增别乘之光华。是为异恩，勉思报效。

出处:《斐然集》卷一二。
撰者:胡寅
考校说明:编年据《建炎以来系年要录》卷九一补。"杨稜"，《建炎以来系年要录》卷九一作"杨橦"。

张觷直秘阁移鼎州制
（绍兴五年七月一日）

武陵为郡，界于湖湘，控制蛮猺，以捍两路。昨以官吏贪虐，政烦赋重，民穷为盗，于此六年。招徕之初，正赖绥抚，改命守将，其任重矣。以尔练达政术，无适不宜。剑津巴陵，未究材业。往临新治，善抚循之。寓直图书，并示光宠。无使令问，少损于前，则予汝嘉，奚爱爵赏！

出处:《斐然集》卷一二。
撰者:胡寅
考校说明:编年据《建炎以来系年要录》卷九一补。

李洪用循资回封祖母制
(绍兴五年七月一日)

古之典刑者莫非孝弟吉德之士,逮其流弊,则苛刻而寡恩,非其性然,盖不善推其所为也。尔孙职自法家,能笃"匪莪"之念;幼依王母,不殊"陟岵"之情。愿以一官,归上恩号,绥尔眉寿,吾用嘉之。

出处:《斐然集》卷一二。
撰者:胡寅
考校说明:编年据《建炎以来系年要录》卷九一补。

仇愈知明州兼沿海制置制
(绍兴五年七月一日)

忠智之士,立国所资;险厄之邦,维人无竞。畴克堪于重寄,有试可之近臣。具官政擅吏师,材通世务,辅以敢为之气,截然不挠之忠。眷东海之寇疆,迩鄞江之藩辅,貔虎星罗于要害,舳舻鳞次于渺茫。施置随时,惟敏果足以应变;形声格敌,非明略安能折冲? 付尔裁制之权,委尔拊循之政。钦若予训,勉图乃功。

出处:《斐然集》卷一二。又见《永乐大典》卷一三五〇七。
撰者:胡寅
考校说明:编年据《建炎以来系年要录》卷九一补。"仇愈",《建炎以来系年要录》等书作"仇念"。

逐路常平官不得失陷钱物诏
(绍兴五年七月二日)

诸路提举常平官将常平事务恪意奉行,无得苟简,致有失陷钱物。如敢少有灭裂，仰户部案劾，申尚书省取旨，重行典宪。

出处：《建炎以来系年要录》卷九一。又见《宋会要辑稿》职官四三之二四。

李光知平江制

（绍兴五年七月三日）

士有直道而行，怀忠不二。忧心悄悄，虽屡及于谤谗；明哲煌煌，终弗移其志节。予所尊用，人无间言。具官趋操端方，识虑深远。气刚大而无挠，才左右而具宜。顷在靖康，尝司言责，备罄精神之感，曷闻比附之私？事朕累年，周旋中外，望实愈著，时论所归。兹改付于大邦，仍渐还于故职。财殚民匮，更观绥辑之方；讼理政平，嗣有褒扬之宠。往钦予训，益懋尔庸。

出处：《斐然集》卷一二。
撰者：胡寅
考校说明：编年据《建炎以来系年要录》卷九一补。

存恤归朝官诏

（绍兴五年七月四日）

诸州并诸军将应归朝官常加存恤，得替流寓无差遣之人，仰守臣相度，先次与权合入差遣，支破请给，具职名申枢密院差注。如内有能通兵机及武艺出众人，具名闻奏。其寄居归明、归朝养济人，常加存抚，依时支给合破钱米，无令失所。

出处：《建炎以来系年要录》卷九一。

归朝归明官支破请给诏

（绍兴五年七月四日）

应归朝、归明官，依时支破请给，无致失所。或有诸州得替流寓无差遣之人，仰守臣相度，先次权与合入差遣。抄录出身以来付身，具职名申枢密院差注。如有能通兵机及武艺出众之人，具名闻奏。其见在诸军并今后遇到军及三年无过犯未有差遣人,亦仰具名申枢密院,余依绍兴四年六月已降指挥。又寄居归明、归朝养济人,依时支给合破钱米,无令失所。内再娶妻口之人,亦仰支破钱米,即不得过元计口数。

出处:《宋会要辑稿》兵一七之二二。

杀杨么奖谕岳飞诏
(绍兴五年七月七日)

敕岳飞:湖湘阻深,奸凶啸聚,曩命往伐,用非其人,轻敌寡谋,伤威损重,遂令孽寇,久稽灵诛。卿勇略冠军,忠义绝俗,肃将王命,隃集长沙。威棱所加,已闻声而震叠;恩信既著,宜传檄而屈降。消时内侮之虞,宣予不杀之武。盗区肃静,南服妥安,载念殊勋,不忘嘉叹。故兹奖谕,想宜知悉。

出处:《鄂国金佗续编》卷三。
考校说明:月、日据《建炎以来系年要录》卷九一、《宋史》卷二八《高宗纪》补。原题为《杀杨么赐诏奖谕》,题注云"六月"。

行在百司毋得擅行收留首身军兵诏
(绍兴五年七月七日)

行在百司首身军兵,自今并令所属取索宣帖,审验保明,申取朝旨,方许收管,毋得擅行收留。

出处:《建炎以来系年要录》卷九一。

孟庾观文知绍兴府制
(绍兴五年七月八日)

西枢宥密,方资帷幄之筹;东辅翰宣,允赖股肱之寄。具官裕和而强敏,笃实而疏通。顷畴器业之良,擢与政几之重。宣明威略,督护军师。忠嘉备罄于夙宵,勤瘁早惊于华皓。念足国富民之大计,申畀利权;有雪仇讨叛之丕图,载谋兵政。荐阅囊封之奏,恳陈膂力之愆。章屡却而复来,守甚坚而难夺。俾升华于秘殿，姑出镇于名藩。夫岂吾心，重违尔志。往虽闭阁，尚期静治之功；有以殿邦，宜共安平之福。勿忘眷注，尚服训辞。

出处：《斐然集》卷一三。

撰者：胡寅

考校说明：编年据《建炎以来系年要录》卷九一补。

申严部人结保之法诏
（绍兴五年七月九日）

尚书省复置御史刑房，专主本台所上弹劾文字。仍令六部申严部人结保之法，每三人或五人结为一保，递相觉察。凡保中有人犯罪逃走，许大理寺监锢同保人，追捉须管败获；如有不获，并与同罪，本部不得申请占留。其逃走改名复来部中之人，并重行决配；保人辄敢容隐者，亦与同罪。仍许诸色人告。

出处：《建炎以来系年要录》卷九一。

范柔中特赠直秘阁制
（绍兴五年七月九日）

士之效忠于上者，犯颜纳说，死且不顾，初岂有意于身后之名哉！然使人至此，国必随之。朕所以深监乱原，闵悼党籍，尽从昭雪，以为后日之永戒。以尔秉心端直，抗疏危言，困于凶渠，迄用沦殒。列职中秘，少湔沈冤。使披肺肝效丹赤者，知不朽之义在此，而不在浮云之富贵也。

出处：《斐然集》卷一三。

撰者：胡寅

考校说明：编年据《建炎以来系年要录》卷九一补。

赐李纲诏
（绍兴五年七月十一日）

朕昨总戎车，前临敌垒。洎潜师之引遁，劳戍役以言还。惕若眇躬，惧兹多难。幸求善后之计,敢蹈护前之非。博访旧臣,屡形深诏。卿首陈三策,适投却敌之机;继上六条,大阐兴邦之略。意拳拳而曲折,言懔懔而高明。有发予衷,如对卿语。此乃卿精忠许国,诚节表时。虽在燕闲之中,不忘开济之事。肆披凤蕴,因致良规。省阅再三,嘉叹不已。至若议和避地之失,练兵积粟之方,将议改图,共期底绩。临朝愿治,顾策虑之是资;当馈思贤,念话言之可想。宜从疾置,时告嘉猷。终藉经纶之才,助成戡定之烈。故兹亲笔,以示至怀。

出处:《沈忠敏公龟溪集》卷四。又见《梁溪集》卷七九。

撰者:沈与求

考校说明:编年据《建炎以来系年要录》卷九一、《梁溪集》卷七九《谢亲笔表》补。沈与求时为参知政事。此文《全宋文》《宋代诏令全集》皆重收。《全宋文》(第二〇三册,第二五页)、《宋代诏令全集》(第七七二〇页)一系于绍兴五年春,误。《宋代诏令全集》一系于绍兴五年七月十七日(第七七二二页),七月十七日当是李纲接到诏书之日,非下诏之日。

岳飞乞罢制置使畀以祠禄不允诏
(绍兴五年七月十一日)

敕:具悉。任才者常患不能尽其用,建功者常患不克图厥终,傥匪上下之相符,是为古今之深戒。卿肃持将钺,勤宣王灵,北定荆、襄,南清湖、岭,恩信甚洽,威名益彰。欲资帅阃之雄,增重上游之势。忽览奏牍,祈解使权。属兹艰虞,方深注倚,遽求间逸,殊骇听闻。俾朕贻用才不尽之讥,在卿乖图功攸终之义。揆之于理,夫岂宜为? 卿当厉忠愤之素心,雪国家之积耻,勉副朕志,助成大勋,往体眷怀,勿复有请。所请宜不允。

出处:《鄂国金佗续编》卷三。

许忻宗知台州制
(绍兴五年七月十一日)

士君子有所蕴积,然后能安于退闲。退不克安,而以忧世自名,汲汲求用者衒鬻之道,朕不取也。以尔顷在靖康,已服吏职。十年远外,放意山樊,廉靖无求,谅非徒尔。召对便座,言足听闻。俾班内阁之华,往试临海之政。夫民所利病，在尔知之宜熟矣。勉布朕德，以观尔成。

出处：《斐然集》卷一二。

撰者：胡寅

考校说明：编年据《建炎以来系年要录》卷九一补。

选人岳庙应格者更支食钱诏
（绍兴五年七月十二日）

选人岳庙应格之人与支本身请受外，支食钱五贯；破格之人止与支破本身料钱，更不支破食钱。

出处：《宋会要辑稿》职官五七之七一。

刑狱官司承受案发命官犯赃公事事诏
（绍兴五年七月十五日）

今后刑狱官司承受案发命官犯赃公事，仰先次拘留正身，候听参对，依条决绝。如失行拘留，致得逃窜，当职官吏仰提刑司按劾，申尚书省取旨，重作行遣。

出处：《宋会要辑稿》刑法三之七五。

湖南漕薛弼湖北漕刘延年并直秘阁制
（绍兴五年七月十五日）

属者临遣辅臣，督视师旅，荡平湖寇，不日告功，亦惟输将之臣，克举馈饷之事。进直中秘，是为异恩。悦于见知，当益自励。

出处：《斐然集》卷一三。

撰者：胡寅

考校说明：编年据《建炎以来系年要录》卷九一补。

知宣州赵不群直龙图阁再任制
(绍兴五年七月十五日)

朕闻有定主然后可责其下以忠,有定民然后可责其下以化。江左之治,昔称元嘉,得非任守宰以六期为断乎? 或谓久任而非其人,何以贤于数易? 如朕意者,吏为民病,将不终日而去之;民所愿事,将使终其官而不徙,惟其当而已矣。以尔宗属隽茂,所治称最,秩当岁满,民适安之,吾不忍夺也。羲图寓直,以示劝奖。慎终如始,惟既乃心。

出处:《斐然集》卷一三。
撰者:胡寅
考校说明:编年据《建炎以来系年要录》卷九一补。

程千秋转一官制
(绍兴五年七月十五日)

国家法令,皆保民之具。官吏能守,奚寇盗之兴? 以有违慢而出一切之政者,民用不堪,弄兵苟免,究其所自,予忍杀乎? 尔能劳来之,降者颇众,肆用进官一等,以为服劳之劝。夫殄戮治民而谓之有才,苛急办事而谓之赴功者,致寇之道也。尔其念之,乃称宠命。

出处:《斐然集》卷一三。
撰者:胡寅
考校说明:编年据《建炎以来系年要录》卷九一补。

韩驹转一官致仕制
(绍兴五年七月十六日)

逢时取位,亦既蒙荣;抱疾引年,所宜从欲。具官早以词艺,跻于禁严。附丽匪人,饭蔬奚怨,中更赦宥,不汝瑕疵。复班缀于西清,俾优游于真馆,庶几善后,以获令终。兹陈告老之章,更轸遗簪之念,进官一等,式宠其归。往复恩纶,尚绥寿嘏。

出处:《斐然集》卷一三。

撰者:胡寅

考校说明:编年据《建炎以来系年要录》卷九一补。

省试举人更取十名诏
(绍兴五年七月十七日)

今次省试举人除合取人数外,特更取十名,有官锁、应宗子零分,特更取一名。

出处:《宋会要辑稿》选举四之二五。又见同书职官一三之九。

宗室南班支给诏
(绍兴五年七月十七日)

南班不带遥郡大将军至率府副率,特依御厨第等食折支钱例支给,其见折支羊肉钱更不支破。

出处:《宋会要辑稿》帝系六九。

郭执中秘阁修撰督府咨谋制
(绍兴五年七月十七日)

鼎澧之民,弄兵沅沚之间,六年未平,深介吾念。比命次辅,往督师征,灵旗所麾,不战而下。惟是幕中之画,岂无口伐之功? 以尔识虑精详,尤习军事,往从咨议,果协成绩。中秘论撰,以旌厥勤。钦乃攸司,益务罄竭。

出处:《斐然集》卷一三。

撰者:胡寅

考校说明:编年据《建炎以来系年要录》卷九一补。

赵子俩特转朝奉郎秘阁修撰与郡制
(绍兴五年七月十七日)

汉唐宗室之盛,其文武政事,昭当年而垂后世者,史有传焉。居今而慕古,则亦劝勉之道有未至耳。以尔佐刺近郡,达于从政,被服儒素之习,驰骋仁义之途。敷奏以言,实副厥誉。既俾升其秩任,又界以论撰之职。吾用是劝,尔尚勉哉。好学谨礼。以持乃身,守法奉公,以保乃位。则于古人,何远之有?

出处:《斐然集》卷一三。
撰者:胡寅
考校说明:编年据《建炎以来系年要录》卷九一补。

宽恤淮北归附人民诏
(绍兴五年七月十九日)

淮北归附人民所至州县,实计口数,每人支钱一贯,于提刑司应干钱为支给。所给耕种闲田,开垦之初与免税役五年外,仰所属州军申尚书省,如尚未就绪,即更与宽展年限。军人请给衣赐等,依时支给,不得积压。举人官员免罪解转官差遣,依已降指挥外,如有阙少路费,仰所属州县应副津遣前来。归付人仰州县严行约束,如敢搔扰,许人户经本路宣抚、安抚、提刑司越诉,赏钱一百贯;犯人并依军法;当职官失觉察,取旨重行窜责。今来宽恤事件如州县奉行违戾,朝廷体访得实,当职官重置典宪,事件即仰随宜措置,先次施行讫,申尚书省,务使归附之人早获安业,并令逐路宣抚司多出文榜晓谕。

出处:《宋会要辑稿》兵一五之五。

文臣非格法改官被赏等更不审量诏
(绍兴五年七月二十一日)

文臣非格法改官,内间有立定赏格,如养马及千匹,及州县官被差管押燕山免夫钱、部押人夫进筑、运粮、开河、修城被赏之类,今后更不审量。

出处：《宋会要辑稿》职官一〇之六。又见《建炎以来系年要录》卷九一。

任申先左史制
（绍兴五年七月二十一日）

史，国典也。昔有奸臣，尊尚私记，遂参实录，以诬神祖。朕用愤之，选官订正。尔总职策府，紬书金匮，是非去取既有功矣。维时记注，东华入侍，尤资端亮，乃可传信。以尔文学行谊，世济其美，老而益壮，气节凛然。古人不云乎，作而不记，非盛德也。朕方克励，以是自期。若夫有举不书，书而不法，论思之际，独无责哉！往钦新命，仍卒前业，以称委属之重。

出处：《斐然集》卷一三。
撰者：胡寅
考校说明：编年据《建炎以来系年要录》卷九一补。《宋代诏令全集》考证曰："左史：疑当作'右史'，即起居舍人。考《建炎以来系年要录》卷九一，任申先于绍兴五年七月二十一日壬辰试起居舍人兼直史馆，而无左史即起居郎之除。当再考。"（第一五五三页）当以为是。《宋中兴纪事本末》卷三四云"先是，起居郎任申先乞追赠其父伯雨官"，或亦误，《建炎以来系年要录》卷九二作"先是，伯雨之子起居舍人申先乞赠其父官"。

残破州县亲民官计户口考殿最诏
（绍兴五年七月二十三日）

诸路曾经残破州县最亲民官到任日，据见存户口实数批上印纸，任满亦如之，以考殿最。

出处：《建炎以来系年要录》卷九一。

中大夫以下陈乞致仕身亡程限诏
（绍兴五年七月二十三日）

中大夫以下陈乞致仕身亡月日，计理程限，在合给敕之后者，即听于所在州军陈乞荫补。

出处:《建炎以来系年要录》卷九一。

饶守董耘降一官制
(绍兴五年七月二十八日)

官无大小,职无内外,食禄受任,咸曰事君。职分之中而有不举,则其处心积虑及于弗恭,可无小惩,用存大戒? 具官以列尚书之重,膺殿学士之荣,出绾郡章,不闻报政。按章来上,弛慢有端。何昔者悉心竭力于权幸之人,而今乃旷事瘝官于君父之役? 削官一等,尚免严科。往思循省,毋重后悔。

出处:《斐然集》卷一二。
撰者:胡寅
考校说明:编年据《建炎以来系年要录》卷九一补。

王缙秘阁知温州制
(绍兴五年七月二十八日)

永嘉为郡,介乎山海之间。其士则学道而爱人,其民则劝善而易使。苟无君子,斯焉取斯? 朕命守臣,奚敢不慎? 以尔禀资忠孝,有学有才。所临之方,治课必最。辍自郎迁,为我出牧。升华中秘,式宠其行。尔益以古之从政者自期,使治效有加于前日。乃称予意,可不勉哉!

出处:《斐然集》卷一二。
撰者:胡寅
考校说明:编年据《建炎以来系年要录》卷九一补。

沈长卿秘书省正字制
(绍兴五年七月二十八日)

昔仲尼无所不学,而于疑则阙焉,其不疑者,尤慎言之。故除黜《丘》《索》,考正《颂》《雅》,而于鲁史则有损而不能益也。而后之人以私意更易古书者多矣,岂圣人之训哉! 以尔学识明审,趋操端亮,书林订正之职,宜以命汝。古之人正心以正身,正己以正物。汝服膺此道,以懋远业,则于鱼鲁之辨,又何难哉!

出处:《斐然集》卷一三。

撰者:胡寅

考校说明:编年据《建炎以来系年要录》卷九一补。

李公懋著作佐郎制
(绍兴五年七月)

承明金马著作之庭,群处大雅著作国史,文学清选也。以尔敦朴而文,劲正而通,列职书林,士论甚美。其升东观,益究撰述,使一代施设,后世有考焉。往其勉哉,以称明命。

出处:《斐然集》卷一三。

撰者:胡寅

考校说明:编年据《南宋馆阁录》卷七补。

赵嵘赠官制
(绍兴五年七月)

宣力服劳,既致为臣之义;饰终厚往,宜昭有国之恩。具官胄出名门,时逢熙旦。早以材谞,荐更猷为,联议论之崇官,列禁严之近职。清郡访道,尚期寿履之绥;夜窒移舟,遽起沦亡之叹。既追锡于名秩,复推恩于后人。存殁哀荣,吾心有慊。谅惟冥漠,能服命书。

出处:《斐然集》卷一四。

撰者:胡寅

考校说明:编年据《宋会要辑稿》仪制一一补。

何彦度支员外郎制
(绍兴五年二月至八月间)

文昌六职,郎选甚高,民曹诸属,司度为重。非有资望,则不轻授。以尔行能谨饬,中外践更,赐对察言,益见练达。毋鄙出纳之吝,而废有司之事。往懋厥职,以若训旨。

出处:《斐然集》卷一三。

撰者:胡寅

考校说明:编年据胡寅任两制时间、何意宦历补,见《建炎以来系年要录》卷九二。

宣和以前酬赏未收使者不许陈乞诏
(绍兴五年八月一日)

应宣和以前酬赏,如后苑作排办彩山、抚定燕云、定鼎押乐之类,其未收使者,今后不许陈请;已收使者,令吏部具申取旨。

出处:《宋会要辑稿》职官一○之六。

王缙监察御史制
(绍兴五年八月一日)

宪府置纠察御史,乃进居言职之渐,负中外观望,为朝廷重轻,其任亦难矣。以尔忠信恺悌,才识俱优,更练事为,所居可纪,俾辍郡寄,往冠惠文。夫善恶是非,出于人之良心,自古至今,不可泯也。然直言不闻,毁誉乱真,则为国家病,有甚于三辰失行,螟蝗水旱之变,朕所深畏也。若夫有司簿书不报期会之政,廉按常职耳,岂朕用尔之意哉!

出处:《斐然集》卷一三。又见《湟川足征录》文部。

撰者:胡寅

考校说明:编年据《建炎以来系年要录》卷九二补。

赵霈大谏制
(绍兴五年八月一日)

古者人臣皆得进谏其君,官与世变,乃专设一职,选之既遴,则责之尤重。得其人,乃能置君于无过之地;非其人,则变是非移黑白,为患有不可胜言者。此朕所以原省因任而不敢苟也。具官久服谏垣，多所陈述。蔽自朕志，就正大夫之位。夫朕躬得失，施于有政，惟台谏二三人任耳目之寄，聪明蔽塞，罔不由之。尔当以先正清献所以事朕祖宗者事朕，毋求姑贤于近世之士而足，则予之德，惟乃之休。

出处：《斐然集》卷一三。

撰者：胡寅

考校说明：编年据《建炎以来系年要录》卷九二补。

向子𧮝落致仕知江州制
（绍兴五年八月三日）

浔城为郡，据大江之中流。在昔宿劲兵为重镇，地有常险，则守有常势。苟非其人，险不足恃也。爰择材望，乃畀符竹。以尔秉节立义，术略疏通，总六路之权，当大邦之寄，屡履变故，不怀二心。夷貊知名，奸回破胆。自以危行，告老而归，闻精力之尚强，正艰难之所赖。为朕复起，往守九江，必有忠谋，以宽忧顾。能益光于世业，斯无忝于训言。

出处：《斐然集》卷一三。

撰者：胡寅

考校说明：编年据《建炎以来系年要录》卷九二补。

随张浚措置军事官吏军兵诸色人推恩诏
（绍兴五年八月四日）

都督府一行官吏、军兵、诸色人等，昨自行在随从张浚前去江上措置军事，并招捕杨么等了当，方盛暑，水陆万里，备见勤劳。可特先次各转一官资。内用心得力差委干事有功之人，令张浚别行保明，当与更加超转。

出处：《宋会要辑稿》职官三九之九。

诸州军曾兼主管常平官罢任到行在取索印纸点检诏
（绍兴五年八月七日）

应诸州军曾兼主管常平官罢任到行在，如系合堂除差遣人，令阁门候朝见日，具职位、姓名报吏部，依元降指挥取索印纸点检。如不经批书，即具状申中书门下省，未得与堂除差遣。

出处：《宋会要辑稿》职官四三之二四。

官赵普五世孙六房各二资诏
（绍兴五年八月八日）

赵普佐太祖开基，非其他勋臣之比，官其五世孙六房各二资。

出处：《建炎以来系年要录》卷九二。

邵伯温赠殿撰制
（绍兴五年八月八日）

士君子依仁守义，虽不见用，乃有追录褒赠之典，施于既死之后。使闻其风者，兴起尚论，如见其人，亦何存没之间哉！维先民康节学贯三《易》，怀宝遁世，而尔以孝谨为之子。维先正弼、光、公著、纯仁，道德勋贤，表仪百代，而尔以学行受其知。浮沈下僚，迄不大试。柄臣有请，朕用慨然，宠以论撰之华资，庸示儒林之深劝。

出处：《斐然集》卷一三。
撰者：胡寅
考校说明：编年据《建炎以来系年要录》卷九二补。

梁焘复资政制
（绍兴五年八月八日）

维元祐大臣，咸有功于宗社，久陷党籍，天下冤之。自朕疢心以次昭叙，岂伊丞弼，尚阏赞书？具官劲节深忠，遭时委质。有犯无隐，夙高谏诤之风；同寅协恭，遂格平康之化。巧言既作，遐窜不还。行直道于三代之间，吾谁毁誉；考公议于百年之后，彼自爱憎。追秩故官，参联峻职。昔也贤哲之士，俱丽丹书；今焉湔雪之恩，再光清议。皆臣子之荣遇，何死生之足论？

出处：《斐然集》卷一三。
撰者：胡寅
考校说明：编年据《建炎以来系年要录》卷九二补。

薛弼刘延年转官制
（绍兴五年八月十日）

尔等分使两湖，军兴不乏。列职中秘，亦既疏恩。载阅将臣之章，以是为未足也。维庆赏予夺，皆自朕出。进官一等，益务靖共。

出处：《斐然集》卷一三。
撰者：胡寅
考校说明：编年据《建炎以来系年要录》卷九二补。

淮南山水寨都巡检各听守令节制诏
（绍兴五年八月十一日）

淮南山水寨都巡检各听守令节制，本寨应干事件，并申取州县指挥，不得一面施行。

出处：《建炎以来系年要录》卷九二。

叶焕复待制制
（绍兴五年八月十一日）

西清次对，儒学高选。时方右武，亦以赏能。具官起从久废之中，往当一面之寄，稔闻政术，颇著勤劳。俾复列于近班，以有光于藩翰。尔当益戒前失，深图来效。使清议之无贬也，可不钦哉！

出处：《斐然集》卷一三。

撰者：胡寅

考校说明：编年据《建炎以来系年要录》卷九二补。

朱震中书舍人制
（绍兴五年八月十二日）

昔者周穆继南征之后，而无讨贼之心；至于平王为东迁之君，而无兴复之志。观其书命，与成康之世无异，君子是以知周德之衰矣。呜呼！有能宣我恻怛难喻之情，如奉天制书，以助中兴之烈者乎？具官学博而造深，行和而志正，以道献替，简于朕心。擢升纶诰之司，兼率金华之业，尚贤西学，谕教如初。夫士以得君为难，朕之待尔者厚矣。论思润色，尚克钦哉！必无愧于古人，乃有辞于永世。

出处：《斐然集》卷一二。

撰者：胡寅

考校说明：编年据《建炎以来系年要录》卷九二补。

刘大中吏部侍郎制
（绍兴五年八月十二日）

惟用武之时，入官者众；而经兵之后，冒法者多。诡迹谰辞，漫无稽考。用宽则滥，尚严则怨。天官贰卿，可不得其人乎？具官守正笃义，无所枉挠，践更台省之久，备形献纳之忠。辍从祠闱，往试小宰。昔韦陟刚肠嫉恶，则伪集退听；崔暐介然自守，则选司畏之。汝必优为，奚俟吾训？

出处：《斐然集》卷一二。

撰者：胡寅

考校说明：编年据《建炎以来系年要录》卷九二补。

张谊龙图阁学士知温州制
（绍兴五年八月十二日）

卿士分职，已高八座之名；师帅承流，爰慎六条之寄。具官猷为敏劭，业履强明。志在爱君，不惮死生之变；义深许国，罔辞险阻之尝。自陟迩联，久司大计，疏利源而无壅，足兵饷而不愆。方期协济于事功，何乃屡陈于恳款？永嘉山水，维东土之名邦；羲阁典谟，号西清之极选。遂尔便亲之欲，分吾共理之忧。服此宠光，无忘报效。

出处：《斐然集》卷一三。

撰者：胡寅

考校说明：编年据《建炎以来系年要录》卷九二补。"张谊"当为"章谊"之误。然《建炎以来系年要录》卷九二载："（绍兴五年八月）癸丑，户部尚书兼详定一司敕令、提举制造御前军器所兼权措置财用章谊充徽猷阁学士、知温州，从所请也。"与此文所载不同。

程克俊兵部吕丕问工部陶恺金部并郎官制
（绍兴五年八月十二日）

六曹郎选，各有司存。而众建材能以待进用，皆异时卿相之储也，其任岂不重哉！以尔克俊器业端良，以尔丕问见闻远大，以尔恺操守坚正，或就加于升擢，或初预于柬除。勉罄猷为，称予光命。

出处：《斐然集》卷一三。

撰者：胡寅

考校说明：编年据《建炎以来系年要录》卷九二补。

吕祉权兵部侍郎制
(绍兴五年八月十二日)

朕以父兄遭狩,戎马生郊,讲武训兵,九年于此,思得俊义,协成丕烈。维时武部,尤念得人。具官材识疏通,志在当世。顷备谏列,知无不言,持节奉藩,咸著声绩。践扬既久,器业益宏。擢自省联,俾贰兵政。若通和遣使之失,朕已晓然;而伐仇讨叛之图,众多疑者。勿以司存之常守,而望献纳之嘉谋。惟究乃心,钦予时命。

出处:《斐然集》卷一三。
撰者:胡寅
考校说明:编年据《建炎以来系年要录》卷九二补。

潘良贵秘书少监制
(绍兴五年八月十二日)

朕遍阅群材,仰稽治道,思皇直谅之士,共开公正之途。人皆曰贤,吾然后用。以尔志刚而气劲,行肃而言端。久矣践扬,凤高风望,澹然安静,莫掩旦评。简在朕心,召还秘府。领袖群彦,虽多图史之娱;谈论古先,当有箴规之益。往复训命,嗣承宠光。

出处:《斐然集》卷一三。
撰者:胡寅
考校说明:编年据《建炎以来系年要录》卷九二补。

张致远户部侍郎制
(绍兴五年八月十二日)

孟子谈农桑于战争之际,光武勤稼穑成中兴之功。王道所先,民食为急。今百姓已弊,六师方张。将竭泽而渔,岂无后患;不加赋而足,安得此言?若时版曹,慎选卿贰。具官持心近厚,经德不回,数总利权,独推善计。辍从选部,往佐司农。必使下不病民,上能裕国。头会箕敛,罔贻今昔之讥;食足兵强,一洒乾坤之愤。是为称职,可不勉哉!

出处:《斐然集》卷一三。又见《永乐大典》卷七三〇三。
撰者:胡寅
考校说明:编年据《建炎以来系年要录》卷九二补。

王良存度支员外郎制
(绍兴五年八月十三日)

文昌诸郎,一时遴选。非有材业,畴可冒居? 以尔吏治详明,向公奉法,民曹摄事,备见勤劳。因任所长,往司支计。益思自勉,以称宠光。

出处:《斐然集》卷一二。
撰者:胡寅
考校说明:编年据《建炎以来系年要录》卷九二补。

赐岳飞诏
(暂系于绍兴五年八月十四日)

敕岳飞:武昌控制上流,淮甸只隔一水,可多方措置,遣得力人间探,无使寇攘窥伺。即今动息如何? 莫谓未有警报,而缓图之。事不素定,难以应猝。卿其用心体国,万一有警,当极力捍御,乘势扫戮,无少疏虞,即卿之功。日具的实动息奏来。十四日。付岳飞。御押。

出处:《鄂国金佗稡编》卷一。
考校说明:原书于此诏前云:"湖湘平,还屯武昌,赐御札戒先臣(岳飞)豫备。"未注明何月。《全宋文》(第二〇三册,第五七页)、《宋代诏令全集》(第七七二二页)皆系于八月,姑从之。

孙安道赠三官制
(绍兴五年八月十五日)

人臣克致其身,立天下之大闲,则宜有褒嘉,以为在位之劝。尔当总兵京辅,不屈强敌,耻与偷生失节自同于犬彘者伍。朕闻而壮之,追锡名秩,用慰忠魂。尔虽死而犹生也,可谓荣矣。

出处:《斐然集》卷一三。

撰者:胡寅

考校说明:编年据《建炎以来系年要录》卷九二补。

何抡著作制
(绍兴五年八月十六日)

自崇、观而后,时政阙焉不记。朕广揽髦士,付以制作。阅岁滋久,成书未上,使右文用武之际,来世无考,可乎? 以尔殚见洽闻,词藻清丽,召自西蜀,入直东观。其服训词之宠,肆观良史之才。

出处:《斐然集》卷一三。

撰者:胡寅

考校说明:编年据《建炎以来系年要录》卷九二补。

编集粮料院见行条法及前后申请指挥诏
(绍兴五年八月十七日)

粮料院见行条法及前后续降申请指挥,编集成册,次第经由太府寺、户部看定,用印给付。如有牴牾疑惑,申明朝廷可否行下。

出处:《建炎以来系年要录》卷九二。

李寀上殿改官制
(绍兴五年八月十七日)

朕夙兴御朝,延见多士。一言动听,赏辄随之。非为泛然之恩,盖将以示劝勉之道也。尔敷奏详慎,不辱所知。其从易秩之荣,勉称懋官之宠。

出处:《斐然集》卷一三。

撰者：胡寅
考校说明：编年据《建炎以来系年要录》卷九二补。

周鼎特赠待制制
（绍兴五年八月十七日）

朋党之论，不闻于帝王盛时，而起于汉唐季世。夫举贤才之士，目以附罔，而加之罪辟，其效至于戎马在郊，中原板荡。既往之祸，岂不痛哉！朕深惩艾，尽湔沈冤，激劝具寮，为世永戒。具官秉心端亮，尽言无讳，受材肃给，所至有声。昔蒙邪慝之名，今见忠良之实。西清次对，追贲九泉。尚其有知，服我休命。

出处：《斐然集》卷一三。
撰者：胡寅
考校说明：编年据《建炎以来系年要录》卷九二补。

王缙殿中侍御史制
（绍兴五年八月十七日）

朕慕帝舜达聪而圣谠说，好问而察迩言，托耳目于二三言责之臣，使司天下毁誉之实。苟非良士，孰副吾意？具官疏通笃厚，练达世务，擢自台察，置于副端，越次而升，时论维允。夫辨小事而不及大政，弹小吏而不及大官；居其位有所不知，知之有所不言，言之有所不行，行之而善人病焉，小人怙焉。君子以是为御史之责也？往祗予训，以增宪府之重。

出处：《斐然集》卷一三。
撰者：胡寅
考校说明：编年据《建炎以来系年要录》卷九二补。

行遣章惇蔡卞诏
（绍兴五年八月十八日）

朕比览元符谏臣任伯雨章疏，论列章惇、蔡卞诋诬宣仁圣烈太后，欲追废为庶人。谁无母慈，何忍至此？赖哲宗皇帝圣明灼见，不从所请。向使其言施用，岂不蔑太母九年保祐之功,累泰陵终身仁孝之德? 自朕篡服,是用疚心,昭雪党人,刊正国史。虽崇宁而后,迷国猾众,推原本始,实自绍圣惇、卞窃位之时。而谖慝未彰,公论犹郁,将何以仰慰在天,称朕尊严宗庙之意哉! 可令三省取索见存干照文字,议罪来上,当正典刑,布告天下,为万世臣子之戒。

出处:《斐然集》卷一四。又见《建炎以来系年要录》卷九二,《名贤氏族言行类稿》卷三三,《南轩集》卷三三。

撰者:胡寅

考校说明:"十八日"据《建炎以来系年要录》卷九二补。题后原注:"奉旨撰。"

任伯雨赠右谏议大夫制
（绍兴五年八月十八日后）

仰惟宣仁太皇太后御帘听政,功在社稷,圣睿贤德,克嗣徽音,盖与任姒比隆,而高出汉唐之右。小人诬毁,罔复顾忌,天下愤之,莫敢式遏。具官精忠直道,不负言责,力排奸贼之计,独谪瘴海之外。自今遐想,凛有生气。朕表章坤德,而刊正谤史,昭雪钩党,以祗慰在天,又取正谏美官,为尔光宠。使世知公论之不可灭,谗慝之不可行,而尽言纳忠之士,虽绌于初,终得申白,垂劝之义大矣。

出处:《斐然集》卷一三。

撰者:胡寅

考校说明:编年据《建炎以来系年要录》卷九二补。

试正奏名进士制策
（绍兴五年八月二十二日）

朕德菲陋,绍承大统,遭家多难,永济未获,是以博延豪俊,咸造在廷,觊闻治道之要,子大夫其必尽精极虑,乐为朕言之。盖闻在昔圣王之治天下,正心诚意,躬行乎上者,固自有道,而措诸事业之间,则或宽或猛,或质或文,变通随时,不胶于迹,故其成效布在方册,昭昭乎其可观也,朕甚慕之。越自即位,九年于此矣,思欲雪父兄之耻,而复祖宗之烈,夙夜祗惧,罔敢荒宁,而施为缪盭,治效缺然,深惟其故,不惮改作。间者乃下铨量之令以择吏,而真才犹未显也;严科敛之禁以恤民,而实惠犹未孚也;谨简练之法以治兵,而冗食犹未革也。夫吏道未肃,民力未苏,兵势未强,朕之治所以未效也。顾何以辑事功弭祸乱哉？而建议之臣并欲考课以校殿最,省官以抑奉稍。力役不足以供饷馈也,为之屯戍营田以宽之；赋入不足给调度也,为之平准均输以佐之；爵赏未艾也,为之定武功之等；纪律未明也,为之参府卫之制。凡若此者,其合于古便于今乎？其或有不然者耶？虽然,此治之迹也,上之欲三辰明,四时序,灾沴不生,而动植遂性；下之欲风化行,习俗厚,奸宄不作,而中外协心。兹可以占天人之助矣！夫何敌不克,何难不济,兴复大业,其庶几乎。子大夫以为何修何营而可以臻此,其条列而茂明之,务适于用,朕将有稽焉。

出处:《宋会要辑稿》选举八之三。又见《建炎以来系年要录》卷九二,《沈忠敏公龟溪集》卷一一。

撰者:沈与求。

考校说明:《沈忠敏公龟溪集》卷一一题作《拟御试策题》。沈与求时任参知政事。

诸盗平德音
（绍兴五年八月二十四日）

龙阳军乡村坊廓人户科配差役、系官屋税之类,已降指挥并免放五年,尚虑不切遵奉,仰本路帅臣严行觉察,如有违犯之人,重行断配。如五年之后尚未就绪,仰保明以闻,当议勘量,更予免放。

出处:《宋会要辑稿》食货六三之六。

应潭、郴、鼎、澧、岳、复州,荆南、龙阳军,循、梅、潮、惠、英、广、韶、南雄、虔、吉、抚州,南安、临江军,汀州管内,访闻昨来作过首领多是占据民田,或虽不占据而令田主出纳租课。今来既已出首公参,尚虑依旧拘占,人户畏惧,不敢争讼,仰州县多出文榜晓谕,限一月陈首退还。元主如依前占吝,许人户陈诉,官为断还。

出处:《宋会要辑稿》刑法三之四七。

应潭、郴、鼎、澧、岳、复州,荆南、龙阳军,循、梅、惠、英、广、韶、南雄、虔、吉、抚州,南安、临江军,汀州管内应名山大川,及历代圣帝明王、忠臣烈士,有功及民、载于祀典者,委所在差官严洁致祭。

出处:《宋会要辑稿》礼一八之一八。

访闻广南东路多缘飓风亢旱,损伤禾稼,在法自有合放数,仰本路转运司委官前去体度,如实被灾伤去处,依条检视施行。

出处:《宋会要辑稿》食货一之八。

应潭、郴、鼎、澧、岳、复州,荆南、龙阳军,循、梅、潮、惠、英、广、韶、南雄、虔、吉、抚州、南安、临安军,汀州管内,已降指挥人户阡种营,并主户下客丁官中科种,收课数多,缘此流移,未肯归业。应人户已请官种,种苗在地,比每年减半送纳,自来年并免附种。并诸军预先抑勒俵散和雇栽种人工钱,夺其工力,益见困乏,已令诸军不许预俵雇夫钱。尚虑不切遵禀,仰荆湖北路安抚转运司依所降指挥施行,毋致违戾。仍仰帅臣、监司常切遵守,戒谕诸军不得抑勒预俵工钱,如违,仰宪司取勘闻奏。荆湖人户耕牛已降指挥与免拘籍,并已请官种种苗在地者减半送纳官课,自来年更不科种营田。仰安抚司检察州县,不得科敷。

出处:《宋会要辑稿》食货二之一四。

荆湖附近水寨摽拨田土阙少耕牛,令招诱客人兴贩前去,与免沿路商税。并龙阳军官私起盖屋宇材木物料等,免沿路抽解收税一年。

出处:《宋会要辑稿》食货一七之三五。

应潭、郴、鼎、澧、岳、复州,荆南、龙阳军,循、梅、潮、惠、英、广、韶、南雄、虔、吉、抚州,南安、临江军,汀州管内,访闻逐路州县昨因捕盗,创置军期司,行移公文,追科差役,猾胥奸吏以此恐吓良善,无所不坚。今来军事已定,仰提刑司委官点检,并行住罢。如尚敢存留,按劾以闻,当议重置典宪。又前项管内州军应见收藏驱虏到人,或展转雇卖,买人知情,至今未令逐便。如限满,依旧拘留,并从略人为女使法科罪;邻保知而不纠,减犯人罪一等;许被虏人或亲属次第陈诉。

出处:《宋会要辑稿》刑法二之一四九。

张浚加光禄大夫制
（绍兴五年八月二十八日）

朕登建哲辅,协图康功,内则总一万类,以制枢极之机;外则经营四方,以广威怀之略。既告成于远绩,当受祉于勤归。乃先饮至之期,诞锡扬廷之命。具官张浚才全而用溥,道大而声宏。诚足以感会天人而消氛祲之微,识足以贯通古今而应事物之变。遭时奋节,身徇国家,仗义扶颠,功存社稷。出入参厘于二柄,险夷更阅于百为。复专机幄之前筹，来扈戎车之亲驾。爰立作相，遹观厥成。讲明法度之原，修饰甲兵之备。革人谋之回遹，正国步之抢攘。首端本于朝廷，躬视师于江浒。总提纪律，昭示王灵，周履山川，究观地利。劳三军于细柳，犹亲巡六尺之舆；翦群盗于绿林，初不烦一夫之戟。湖湘底定，肃清蛇豕之区；秦蜀相望，增重金汤之势。阻深躓跋，雾潦郁蒸。历寒暑者三时，计往来者万里。宜加宠数，以答忠劳。登峻秩于文阶，昭仪刑于揆路。兹厚保衡之寄，益隆体貌之尊。於戏！邦国定而王心以宁，股肱良而元首斯起。赤舄几几，周公何信宿之迟；四牡骙骙，樊仲有遄归之喜。正是百辟，弼予一人。迄乎耆定之休，永辑无穷之祉。

出处：《三朝北盟会编》卷一六八。

张宦秘书郎制

（绍兴五年八月）

麟台置郎，参治书府众务。虽非文字之任，然自昔分典四部，通掌三阁，处于无竞之地，多为起家之选。实维清职，非才不授。尔修洁博雅，达予听闻，敷奏以言，克孚众誉。往服新命，益观器业之成。

出处：《斐然集》卷一二。
撰者：胡寅
考校说明：编年据《南宋馆阁录》卷八补。

张嵲秘书正字制

（绍兴五年八月）

朕惟丧乱以来，文籍散落，屡诏有司，网罗天下放失旧闻，又选英髦，分职雠正。考古以建事，育材而待用，两有冀焉。尔赐对便朝，策文制苑，辞藻温润，议论正平。擢置书林，俾益涵养。夫有志于世者，立德立功是谓不朽。若夫词章末技，非予所以望于多士也。尔其勉哉！

出处：《斐然集》卷一二。
撰者：胡寅
考校说明：编年据《南宋馆阁录》卷八补。

罢总制常平司增收诸色钱诏
(绍兴五年九月一日)

总制司近取漕司杂税及常平增收头子钱、钞旁勘合钱、耆户长顾钱、常平一分宽剩钱、正税零畸剩数等,并罢。

出处:《建炎以来系年要录》卷九三。

遇边机调发兵马权许便宜从事诏
(绍兴五年九月二日)

如遇边机调发军马,不可待报,权许便宜从事讫闻奏,候过防秋日依旧。

出处:《宋会要辑稿》兵一四之九。又见《建炎以来系年要录》卷九三。

受纳苗米所收水脚市例糜费等钱每硕不得过二百文诏
(绍兴五年九月三日)

受纳苗米所收水脚、市例、糜费等钱,每硕不过二百文省。如不及二百文处,依旧数收纳。其自来不曾收纳去处,即不得创行增纳。

出处:《宋会要辑稿》食货九之三。又见同书食货六八之二,《庆元条法事类》卷四一、四七。

淮北归附官吏军民占逃绝空闲庄舍居止事诏
(绍兴五年九月三日)

应淮北归附官吏军民愿占逃绝空闲庄舍居止者,令所属差官量度口数摽拨给付,仍依泰州邵彪申明召人请佃荒田指挥。如在五年外元业主归识认,官司辩认文契诣实,别踏逐逃绝屋依数拨填。

出处:《宋会要辑稿》兵一五之五。

梁弁监察御史制
（绍兴五年九月十一日）

朕求直谅之士，置诸宪台，于其所言，考其取舍，以灼知其心术，公卿侍从多由此出。其或弗称，为台之羞。厥选重矣！尔以才行，达于听闻，召从外官，奏言有取，擢备察史，时惟茂恩。其服训词，将观尔守。

出处：《斐然集》卷一三。
撰者：胡寅
考校说明：编年据《建炎以来系年要录》卷九三补。

岳飞检校少保加食邑制
（绍兴五年九月十一日）

门下：若昔帝王之经武，本七德以和众安民；惟我祖宗之有邦，逮百年而胜残去杀。眷彼南服，远于朝廷。赤子弄兵，始由失职，一方受病，迄至用师。乃嘉将帅之良，能尽威怀之义。肆扬孚号，庸报桢功。镇宁、崇信军节度使、神武后军都统制、充荆湖南北、襄阳府路、蕲、黄州制置使、武昌郡开国侯、食邑一千五百户、食实封陆伯户岳飞忠力济时，忱诚徇国。沉勇多算，有马燧制敌之机；廉约小心，得祭遵好礼之实。自出陪于艰运，久专总于戎昭。锋对无前，以征必克；师行有纪，所至孔安。成绩著于邦家，威名震于夷貊。比饬鹰扬之旅，往临鼠盗之区。孚以惠心，开其善意。得好生于朕志，新旧染于吾民。支党内携，争掀狡窟；渠魁面缚，自至和门。服矢弢弓，尽散潢池之啸聚；带牛佩犊，悉归田里之流逋。清湖湘累岁荡汩之灾，增秦蜀千里贯通之势。惟时底绩，可后畴庸？孤棘位朝，其视仪于亚保；戎驿导节，仍叠组于中权。肇开公社之封，益衍韭腴之赋。於戏！出车之劳还率，所以知臣下之勤；彤弓之锡有功，所以庆人君之赏。往对扬于休命，终克励于壮猷。尚弼一人，永清四海。可特授检校少保，依前镇宁、崇信军节度使、神武后军都统制、充荆湖南、北、襄阳府路、蕲、黄州制置使，加食邑五百户、食实封贰伯户，进封开国公，封如故。主者施行。

出处：《鄂国金佗续编》卷二。

钱叶都司制
(绍兴五年九月十三日)

惟用武既久,都官之籍日众,能否真伪,朕疑其淆而不核也。循名而进之,他日安取官阙给是哉! 以尔茂文劭行,尝为察吏,兹服新命,列职司仆。必也,参稽成宪,疏理近弊,使无壅积伪冒之患。以昔之察人者今而自察,然后为称。若余所典,亦罔不钦。

出处:《斐然集》卷一三。

撰者:胡寅

考校说明:编年据《建炎以来系年要录》卷九三补。

董弅少常制
(绍兴五年九月十三日)

朕以孝弟之情未伸,虽郊禋大祭,毋敢以乐。若夫格宗庙以一民志,训军旅以严等威,谨邦交之聘好,示天下以君臣父子之大伦,必得鸿硕之士,典朕三礼,厥任岂不重乎? 以尔文史足用,劲正自将。出使观风,不畏强御;召还敷奏,持论据经。兹擢贰于奉常,实一时之妙简。尔其深惟天秩之意,以丕承明训。直清夙夜,尚克钦哉!

出处:《斐然集》卷一三。

撰者:胡寅

考校说明:编年据《建炎以来系年要录》卷九三补。"董弅"当为"董弅"之误。

范直方闽宪制
(绍兴五年九月十三日)

用刑者疑而后有谳议,滥而后有平反。若夫纵释罪人,谓之阴德,使良民无告,讼狱不公,此岂朕好生之意哉! 尔勋贤之后,辨治详明,辍从天台,往按闽部。惟闽之俗明恩仇,尚气义,御失其道,狙诈亦兴。往慎刺举之权,去其陷民于罪者。朕将阅奏牍多寡,下酌民言,以考尔之赋政,可不勉哉!

出处：《斐然集》卷一三。

撰者：胡寅

考校说明：编年据《建炎以来系年要录》卷九三补。

陈桷直龙图阁知泉州制
（绍兴五年九月十三日）

七闽贫瘠，异时调敛不及焉。惟泉南负海，有舶市之饶，未尝罹兵革之祸，于今为望郡。然造舟舰，鬻僧牒以佐军兴民，不能无事矣。而贾寇大盗出没乎渺茫，其患方滋，朕所以南顾眷焉，求良二千石而付之也。尔学修而行洁，志静而虑周，台省践扬，恬然自守。惟此为政，必有可观者矣。寓直延阁，善抚吾民，治最上闻，褒典奚吝？

出处：《斐然集》卷一三。

撰者：胡寅

考校说明：编年据《建炎以来系年要录》卷九三补。

禁临安府寄付充便钱会子出城诏
（绍兴五年九月十五日）

临安府在城寄付充便钱会子毋得出，仍依在京小平钱法，立定刑名。

出处：《建炎以来系年要录》卷九三。

诫约臣僚悉心措置钱物诏
（绍兴五年九月十七日）

户部开坐州军应干上供钱物、粮解、绸绢、丝绵等合起发赴行在名色数目，镂板遍下监司州郡，通知当职官，各仰身体今来训诫之意，当思国步艰虞，屯兵众广，用度增多，恪守条令，悉心措置，专意收籴，如期起发，资助军国大计。监司常切检点催督，户部每限类聚每路每州有无拖欠，开具以闻。如尚敢违慢，或循情纵弛，即依条劾罪，当议重加惩责，以为官吏不恤国事之诫；监司、户部失觉察，御史台得以弹奏。

出处:《建炎以来系年要录》卷九三。

大理寺临安府等处杖以下罪一面断遣具名申台诏
(绍兴五年九月十七日)

大理寺、临安府等处杖以下罪,并令一面断遣,具名申台,从本台检察。有挟情曲法鬻狱等,弹劾施行。

出处:《宋会要辑稿》职官五五之一九。

余应求江西宪制
(绍兴五年九月十九日)

阴惨阳舒,天之大德;五刑五用,所以宪天。间者典狱之臣,罔烛厥理,舍奸戾法,谬谓从宽,使柔善之民,冤愤不伸,于朕心有戚戚焉。尔守身直谅,久从闲旷,所养宜厚矣。俾持宪节,往慎折衷。而况江右列城,半罹贼虐,昏顽诖误,亦两有之。必清心迪智,则下不敢欺;必推恕及人,则刑斯无滥。克若予训,岂忘汝嘉。

出处:《斐然集》卷一三。
撰者:胡寅
考校说明:编年据《建炎以来系年要录》卷九三补。

谢惇德上书改官与升擢差遣制
(绍兴五年九月十九日)

朕好闻直谅有益之言,虽小人怨詈,犹惕然康色以受之,而况所陈中理者乎?尔为远邑小吏,誊书来献,议论可用,实嘉乃心。既易其官,又擢其所任,非独为尔之报,盖使志义之士,皆将轻千里而来告予以善也。

出处:《斐然集》卷一三。

撰者:胡寅

考校说明:编年据《建炎以来系年要录》卷九三补。

外路起发钱物纲运推赏事诏
(绍兴五年九月二十四日)

敕:今后外路合起赴行在钱物,承朝廷指挥支移起发应付别路州军屯驻军兵支遣,令交纳处勘验所押钱物、纲运,如无欠损、违程,保明申尚书省,降下所属,依绍兴五年三月十五日行在支降钱物往他处州军支遣立定等第推赏。

出处:《宋会要辑稿》食货四五之一七。

徐度李谊宋之才孙雄飞除馆职制
(绍兴五年九月二十五日)

若古有训,大亨养贤。将开拓丕基,永图康济,必搜罗群彦,以俟选抡。尔等行义洁修,文词敏妙,试言来上,陈谊甚高。俾接武于英躔,共雠书于秘府。惟志趣远大,不萌富贵之心;则涵养博深,必著事功之美。淑慎尔止,明听朕言。

出处:《斐然集》卷一三。

撰者:胡寅

考校说明:编年据《建炎以来系年要录》卷九三补。

赵子湛判西外大宗正司制
(绍兴五年九月二十八日)

朕遭家之多难,思宗子之维城,眷求亲贤,分典属籍,推吾惇叙之意,助成信厚之风。以尔天禀浚明,吏能超迈。有文好学,早读元王之诗;近义亲仁,不忘穆生之醴。曩缘进锐以得过,亦既退闲而省愆,艰难备尝,齿德俱劭。召从远外,逡巡持克慎之心;入对咨询,慷慨多可行之论。用还旧职,俾正外司。抑抑威仪,往笃本支之庆;振振公族,庶几磐石之宗。

出处:《斐然集》卷一三。

撰者：胡寅

考校说明：编年据《建炎以来系年要录》卷九三补。

岳飞辞免检校少保进封开国公加食邑
五百户食实封贰伯户不允诏
（绍兴五年九月）

敕：具悉。湖湘之役，玩寇老师，累年于兹，一方受弊。卿往摅远略，迄定内虞。捣其巢窟，离其支党，系致元恶，绥靖良臣，厥功楙矣！赏国之典，岂朕敢私？成命既孚，师言维允。毋庸谦执，其亟钦承。所辞宜不允。

出处：《鄂国金佗续编》卷三。

抚问张浚制
（绍兴五年二月至十月间）

卿心存社稷，志殄寇仇。初陪端揆之司，未遑暖席；首念大江之险，请往视师。貔虎奋其积威，旌旗改其旧观。纾思凤驾，行次上流。裴度勤劳，克底蔡方之绩；孔明开济，先收赤壁之功。惟尔忠诚，体予忧顾。规模既定，委付得宜，式遄其归，毋久于外。运筹决胜，方资帷幄之谋；论道经邦，何独兵甲之问？今俾信使，往谕朕怀。

出处：《斐然集》卷一四。又见《永乐大典》卷一三四九七。

撰者：胡寅

考校说明：编年据胡寅任两制时间、文中所述史事补，见《建炎以来系年要录》卷九四等。题后原注："奉旨撰。"

四川沿边州县城寨官等委宣抚司选差诏
（绍兴五年十月二日）

四川沿边州县城寨官及一时应副军期，并委宣抚司选差，其堂除并本路阙窠，皆从旧制。

出处:《建炎以来系年要录》卷九四。

邵溥与赵开即永康军等置场以茶博马诏
（绍兴五年十月三日）

州陕宣抚副使邵溥同提举买马官赵开措置,即永康军、威、茂州置场,以茶博马。俟就绪日,起纲赴行在。

出处:《建炎以来系年要录》卷九四。

何伯熊改官制
（绍兴五年十月三日）

尔以学行,著称乎西南,而达于听闻。召对考言,有足嘉者。锡以书命,易其官荣。谨守尔身,将有任使。

出处:《斐然集》卷一三。
撰者:胡寅
考校说明:编年据《建炎以来系年要录》卷九四补。

李弼直太常博士制
（绍兴五年十月三日）

奉常礼乐之所自出,凡有大典,询度订正,必及于属士。历世以来,皆为清选。尔学识趣正,文艺宏博。往践厥职,夙夜惟寅。使议论屈服于诸儒,礼仪不专于胥吏,是为称矣,可不勉哉!

出处:《斐然集》卷一四。
撰者:胡寅
考校说明:编年据《建炎以来系年要录》卷九四补。

权罢县丞种植榆柳推赏诏
(绍兴五年十月六日)

敕:勘会种植榆柳林木之类,本为修筑埽岸,堤备黄河,及官司营缮,以充财植。扰攘以来,黄河无修筑,官司罢营缮。将县丞种植榆柳木推赏权罢,候边事宁息日依旧。

出处:《庆元条法事类》卷四九。

及第进士第一人汪应辰授官诏
(绍兴五年十月六日)

以及第进士第一人汪应辰为左承事郎、签书镇东军节度判官厅公事。

出处:《宋会要辑稿》选举二之一六

周葵殿中侍御史制
(绍兴五年十月六日)

朕惟祖宗盛世,斯民直道而行矣,犹汲汲于求忠良,开言路。矧今邪说趋利而作,毁誉不核其真,辨政事则规一切而忘远功,论人才则以一眚而掩大德。至于九法斁,三纲沦,国家安危所在,则未有能正之者也。然则居耳目之官非难,不惑朕之聪明为不易耳。尔学修而行美,有意乎当世。廉察向久,今庸次升。勉竭乃衷,无忝明命。

出处:《斐然集》卷一三。
撰者:胡寅
考校说明:编年据《建炎以来系年要录》卷九四补。

按发官吏事诏
（绍兴五年十月九日）

敕：州军按发属吏已申监司，如有陈诉，监司不作妨碍。其监司按发官吏，除初按发一司外，余司并不作妨碍。

出处：《庆元条法事类》卷七。

御辇院界满副知转官条约诏
（绍兴五年十月十三日）

御辇院见今界满，副知徐易，依专条，未帐入省，不候审覆，先次补进武副尉，应日立界，充专知官；候界满，将合转承信郎恩例止减二年磨勘，依便臣比折；见管人各依名次递迁。其专副并应今年十月一日立界。今后专知官界满通及七年有余，依徐易出补减年外，如有少短年限人，并依条展减。

出处：《宋会要辑稿》职官一九之一六。

董弅右司制
（绍兴五年十月十五日）

左右司置郎，文昌高选，宰相之属也。弥纶阙失，裨赞庶务，非取其奉行成事而已。间者典籍散亡，人有求于法之所不可者。六曹具上，必付都公，而吏以其情先拟所决，抱牍丛进，请占书之，习以成风，是将何赖？尔才识明敏，志操端方，所临有声，宜任此职。必使庙堂之上无过举，胥史之志不得伸。当官而行，何强之有？

出处：《斐然集》卷一三。
撰者：胡寅
考校说明：编年据《建炎以来系年要录》卷九四补。"董弅"当为"董弅"之误。

何悫太常少卿制
(绍兴五年十月十五日)

中国之所以久安长治者,有礼乐以节文仁义而导迎和气也。自昔承平既久,人欲肆行,而天秩不建,以致雅废之祸。今将拨乱世反之正,则凡礼之所不可不为,与其所不必为,及夫流习承误而当损益因革者亦众矣。秩宗之任,必惟其人。以尔学行明粹,智虑详谨,兹由宰士,擢贰奉常。其思训言,往懋乃职。

出处:《斐然集》卷一三。
撰者:胡寅
考校说明:编年据《建炎以来系年要录》卷九四补。

李纲江西安抚制置大使制
(绍兴五年十月十六日)

朕观自古立德立功之人,必有一定不可易之计。终身固守,以克有成。子房为韩报仇,孔明志在复汉,皆其素所蓄积,用则举而措之,扶持大伦,垂训万世。岂吾臣子,曾是才难。具官器资英明,业县高迈。能断大事,先见如蓍龟;永坚一心,后凋如松柏。爰自奋庸之日,已陈雪耻之谋。民所具瞻,邦之表干。中排掣于邪论,嗟备尝于艰难,治世之业益宏,许国之志弥励。朕以怨仇未殄,寝食不康,厌闻避敌之言,灼见和戎之失。知卿秉义,可继前修,起于祠庭,付以方面,兼隆节制之号,用侈蕃宣之仪。其早迄于外庸,以对扬于休命。

出处:《斐然集》卷一二。
撰者:胡寅
考校说明:编年据《建炎以来系年要录》卷九四补。

吕颐浩湖南安抚制置大使制
(绍兴五年十月十六日)

惟三湘东南上流,土瘠而民匮。自敌兵残破,虽无屈辱,而盗贼盘据,常有奸谋。奉公守法之人,爱而莫助;蠹国病民之吏,恃以肆行。俗既甚偷,人又重困。

逮王旅扫平之后,值天灾旱暵之伤,军食尚兴,道殣相望。念民惟邦本,当厚于拊循;必政擅吏师,乃膺于委寄。具官精勤应务,权略投机,早宣力于四方,屡奋庸于百揆。尝佐勤王之举,独高卫上之功,既将相之迭居,乃安危之注意。其释闲馆,往临大藩。尔当慎柬官僚,蠲除疾苦,惟谨度可以制节,非敦信不能立民。无纵诡随,式遏寇虐。毕公保厘而正色率下,方叔元老而克壮其犹。尚服训言,聿观绩效。

出处:《斐然集》卷一二。

撰者:胡寅

考校说明:编年据《建炎以来系年要录》卷九四补。

胡世将兵部侍郎制
(绍兴五年十月十六日)

六官贰卿,侍臣高选,古大夫之职也。闻事而不闻政,大夫耻之。然则守绳墨簿书之细,而于周公分职之本旨不及知焉,岂侍臣之体哉!具官才气敏达,辅以艺文。由持橐之近联,当维藩之重寄,具有声实,孚于师言。兹用召还,为小司寇。今四郊多垒,奸宄窃发,尔其思明邦禁,诘暴乱之道,祗佐戎辟,勿以有司自处。尚克钦哉!

出处:《斐然集》卷一三。

撰者:胡寅

考校说明:编年据《建炎以来系年要录》卷九四补。

席益成都利州梓夔潼川安抚制置大使制
(绍兴五年十月十六日)

朕自南渡以来,不忘北向之念。慨昔者经邦之多误,致中原宿盗之未平,下拓两淮,中收汉沔,渐规进取,期殄寇仇。乃眷西南,地连关陇。猛士如雨,待弦矢之机;岷山导江,有襟带之势。内蕃王室,外张天声。非得杰才,曷胜重寄?具官器度凝远,智术通方。入预政几,忠嘉屡告;出当方面,威望孔昭。勿辞沂峡之难,往懋干方之绩。况益部之甘棠不蔚,而渭川之草木知名。吾方因任于世臣,尔盍勉移于忠荩?昔孔明治蜀,光照古今,以集众思存设教之心,以攻己阙为平贼之本。故能临大节而不可夺,处经事而知其宜。兹委使权,仍加职序。思蹈前规,期于有成。

出处:《斐然集》卷一三。
撰者:胡寅
考校说明:编年据《建炎以来系年要录》卷九四补。

向子谨江东漕制
(绍兴五年十月十六日)

古之大夫老而得谢,则不复可仕。其或寿耇康宁,时之所赖,亦不以年及而听其去。盖知足者一身之事,而用贤者国家之计也。况能齿发初艾,精力未愆,才智足以周事为,气节可以壮形势。而乃确然坚卧,以必退为高,失出处之宜,非朕所望也。今江南之民,困穷日甚,以丰凶相半之岁,给云屯待哺之卒。将漕充使,非尔孰堪?毋执小谦,久稽成命,能副期待之意,是乃世臣之忠。

出处:《斐然集》卷一三。
撰者:胡寅
考校说明:编年据《建炎以来系年要录》卷九四补。

赵子渟江西运使制
(绍兴五年十月十六日)

自军旅之兴,九年于此,土宇未辟,而兵食日众,赋于百姓者悉矣。既不得已敛民以养兵,则亦岂可厚兵而残民?思得通材,付以利柄,庶几士饱而歌,攘敌于外,民安其业,守邦于内,上下交济,是惟难哉!具官才刃优游,心计精敏,久于闲散,虑患克深。自初召还,逡巡以进。及此委寄,辞避靡宁。先圣不云乎:慎斯术也以往,其无所失矣?江西之地,寇旱相属。往思厥职,务弭师言。

出处:《斐然集》卷一三。
撰者:胡寅
考校说明:编年据《建炎以来系年要录》卷九四补。

李迨两浙运使制
(绍兴五年十月十六日)

国以民为本,以兵为卫。今辅弼大臣诏朕均节于上,而计司守令率职供亿于下,日不遑给,兵事聿艰。深惟其方,必得公勤智能之士,以总输将调度之计,取之有制,用之有节,犹庶几焉耳。具官才智强明,吏事肃给。盘根错节,游刃有余,至于理财,尤见推许。今二浙之稔,国用所资,而嗣岁之丰,天时难必。都漕置使,莫如汝谐。职思其忧,以副朕命。

出处:《斐然集》卷一三。
撰者:胡寅
考校说明:编年据《建炎以来系年要录》卷九四补。

范直方枢密院检详官制
(绍兴五年十月十六日)

本兵宥府,几务实繁。前之所行,后以为例,视已成事,详处厥中。必待更练之才,乃副司属之任。尔议论明发,才周事为。朕思文正、忠宣,肇敏戎公,而不得见;访求后裔,倘或有闻。尔宜以奕世之所传,参今日兵政之治否,告于而长,岂曰小补之哉!

出处:《斐然集》卷一四。
撰者:胡寅
考校说明:编年据《建炎以来系年要录》卷九四补。

陈昂直徽猷阁知信州制
(绍兴五年十月十六日)

朕之用人,必内外剧易,无所不试,然后其才之宜否,灼见不疑。尔顷由荐论,超列枢属,柔懦退默,不露其锋。褒扬和议之人,以赞本兵之政,吾固知尔之所存矣。俾联内阁,出剖郡符。更观所为,尚服休命。

出处:《斐然集》卷一四。

撰者:胡寅

考校说明:编年据《建炎以来系年要录》卷九四补。

李谟知润州制

(绍兴五年十月十六日)

维京口重镇,自昔南北之际,必谨守以固国。今城池高深,天堑截然,其险阻之势自如也。独以数罹寇攘,民散不复,而供亿军师之资,重困遗黎,是皆守险所当念者,可不务乎? 尔学优而仕,扬历有闻。曩在北方,尝著干城之略;兹为敌使,益高足食之能。矧尔乡邦,润为北境,又尝摄事,恩信已孚。往祗厥官,勉建勋绩。

出处:《斐然集》卷一四。

撰者:胡寅

考校说明:编年据《建炎以来系年要录》卷九四补。其时润州已升为镇江府。

范正平赠直秘阁制

(绍兴五年十月十八日)

朕观士大夫守正者必疾邪,为恶者必遏善。方诈力取胜,则小人有时而肆行;及公道既伸,则君子岂至于久屈? 顺天休命,吾职则然。尔志操刚方,孝义有闻。以小吏而抗大奸,终守其节,遂陷党籍,德名愈光。朕于元祐之臣,苟贤且忠,不间末微,咸用褒秩。所以申广劝戒,非尔一人之为也。死而不朽,岂不在兹?

出处:《斐然集》卷一三。

撰者:胡寅

考校说明:编年据《建炎以来系年要录》卷九四补。

朱震转一官制
（绍兴五年十月十九日）

朕惟帝王之治，求端于天，本天理而时措之。后世用智力判天人，凡历象授民之妙，散为术家。至于闰余失次，摄提无纪，以为是固然，而不知其拂天害民，乱之大者也。具官学深象数，智潜幽眇，会于道要，得其本元。属历法之有差，视算家而参正。成书来上，七政以齐。虽史迁之起《太初》，子云之明《三统》，不得专美，予用嘉之。序进一官，少旌劳勚。是谓德赏，往其钦承。

出处：《斐然集》卷一四。
撰者：胡寅
考校说明：编年据《建炎以来系年要录》卷九四补。

陈得一赐号通微处士制
（绍兴五年十月十九日）

朕稽若上古，治历明时。岁久或差，未之有改。尔潜心数学，高步算家，推往知来，无一不合。成书既上，正朔以齐。用锡宠名，少旌笃志。归荣华皓，服此训言。

出处：《斐然集》卷一四。
撰者：胡寅
考校说明：编年据《建炎以来系年要录》卷九四补。

刘大中回授祖一官制
（绍兴五年十月二十一日）

盖闻木落粪本，水深则回。德善之修，既覃其后裔；孝爱之报，必光于前人。天理固然，朕心所尚。尔质直而好义，泛爱而亲仁，言行信于乡间，气节厚于风俗。轻财重士，教子起家，遂生闻孙，靖共正直，居朕左右，为国羽仪。会修史而迁官，愿疏恩而追贵。特屈常法，旌其念祖之心；尚有英知，歆此漏泉之渥。用为世劝，岂独尔私。

出处:《斐然集》卷一四。

撰者:胡寅

考校说明:编年据《建炎以来系年要录》卷九四补。

郭执中枢密都承旨制
(绍兴五年十月二十五日)

朕以世仇未复,军政是修。既任大臣,分典内枢之地;乃选良士,入参宥密之联。俾几务之与闻,实嘉谋之有赖。久虚厥位,必惟其人。具官气果而才通,识明而论辨。早周旋于塞上,更事已多;晚谂议于军中,临机辄应。挺忠诚而自竭,当勤劬而罔辞。其次对于西清,以近承于中旨,尚询黄发,勿云膂力之愆;益馨丹心,思佐戎衣之烈。

出处:《斐然集》卷一四。又见《永乐大典》卷一〇一一六。

撰者:胡寅

考校说明:编年据《建炎以来系年要录》卷九四补。

王权转一官制
(绍兴五年十月二十六日)

侵败王略,偏师御之,捷音上闻,可无懋赏?具官忠于卫国,勇可冠军。总貔貅以前驱,斗艨艟而尽获,淮埛不耸,纪律无哗。超进兵团,用为众劝。益思远绩,别对宠光。

出处:《斐然集》卷一四。

撰者:胡寅

考校说明:编年据《建炎以来系年要录》卷九四补。

苏符司勋郎官制
(绍兴五年十月二十八日)

朕器使人才,厚于褒劝,典司功籍,必资通敏之士,然后六赏有等,轻重不颇。

以尔名臣之后，词学甚优，内外践更，名实相副。宠以儒科之目，往从勋府之联。益究尔能，对兹荣训。

出处：《斐然集》卷一三。
撰者：胡寅
考校说明：编年据《建炎以来系年要录》卷九四补。

福建路钞盐钱依旧认发二十万贯诏
（绍兴五年十月二十九日）

福建钞盐钱旧来认发二万贯，为有日前算出文钞，权免五万贯，今来住罢钞法已久，令每岁依旧认发二十万贯。

出处：《宋会要辑稿》食货二六之二五。

体度市价增损税物诏
（绍兴五年十月三十日）

令两浙、江西都转运、诸路转运司取索本路应干税物则例，体度市价增损，务令适中。仍将诸色税物合收税钱则例大字榜示，使客旅通知。今后仰所委官每半年一次再行体度市价，依此增损施行。

出处：《宋会要辑稿》食货一七之三六。

两浙转运司计当给职田租实数权行收籴诏
（绍兴五年十月三十日）

两浙转运司据本路州县官一岁应合给职田租会定实数，权宜并行收籴一次，价直每斗五百文省。其本钱许令本司通融拘截本路诸州应干合赴行在上供等钱内取拨，其价钱以官职高低，从下支给。

出处：《宋会要辑稿》职官五八之二四。又见《建炎以来系年要录》卷九四。

赐李纲诏
（绍兴五年十月）

朕以大江之西俗轻，而悍兵之寇无岁无之。师旅荐兴，民益凋瘵，肆图旧弼，往填临之。卿威名德望，耸动一时，风采想闻，人自慑服。起于闲馆，作我价藩。匪惟指顾之间，一变潢地之习，先声所暨，谅折遐冲。朕之用卿审矣，卿宜以安社稷为己任，勿间中外，勉为朕行，不必数有请也。故兹亲笔诏谕，卿其悉之。

出处：《沈忠敏公龟溪集》卷五。又见《三朝北盟会编》卷一六八，《梁溪集》卷八〇，《建炎以来系年要录》卷九四。
撰者：沈与求

赐吕颐浩诏
（绍兴五年十月）

朕以湖湘八州之地西通巴蜀，为国上游，往连盗区，一方骚动。比者招辑虽已略平，而民俗剽轻，或易生变，允藉耆德往填抚之，乃起卿燕闲之中，而属以方面之事。庶期谈笑坐以销萌，慰彼黎元，增重形势。而抗章固避，殊咈于怀。惟卿社稷元老，身任安危，必不以内外为间，谅应闻命，慨然引途。故兹亲笔诏谕，卿宜悉之。

出处：《沈忠敏公龟溪集》卷五。又见《三朝北盟会编》卷一六八。
撰者：沈与求

某人赠直秘阁制
（暂系于绍兴五年十月）

昔元祐初，登用先正司马光，天下贤材，由类而至。小人不利，党论兴焉。自今观之，孰邪孰正？朕所以昭洗冤愤，而次第施恩，实惟垂劝方来，非独有悯于既往者也。尔得所附丽，名挂于籍，阅世之后，清议皎然。兹用追锡以中秘之美，其视为谀邪窃富贵，死而与草木俱腐者，亦相远矣。尚服明训，增尔之光。

出处：《斐然集》卷一四。

撰者：胡寅

考校说明：编年据文中所述史事补，见《建炎以来系年要录》卷九四。"某人"疑为范正平或吴俦。《建炎以来系年要录》卷九四："（绍兴五年十月丁巳）故文林郎范正平赠直秘阁，予一子官。正平，纯仁长子也，以忤蔡京故，陷党籍不出仕，终身为选人……庚申，故承议郎吴俦赠直秘阁，官其家一人。俦，育孙也，名在党籍，用其家请而赐之。"

仲儡自外官换环卫制
（暂系于绍兴五年二月至十一月间）

夫枝叶茂蕃，而后本根有所庇。自敌骑南驰，同姓剪落，朕读《角弓》《葛藟》之诗，未尝不三复而永慨焉。以尔濮园之后，属近行尊。顷缘便私，愿试外吏。宿卫益缺，司宗有言，良惬予怀，俾奉朝请。尔其务信厚，修恪恭，自期于贤公子，以称兹意。

出处：《斐然集》卷一二。

撰者：胡寅

考校说明：编年据胡寅任两制时间、赵仲儡官历补，见《宋会要辑稿》职官二〇等。

祖秀实叙官制
（暂系于绍兴五年二月至十一月间）

朕祗祀太室，大赍臣工。凡丽丹书，咸与洗濯。矧惟修士，其可弗甄？尔受寄祥刑，常失使指，遂坐贬削，既阅岁时。虽不谨前，谅深内讼，稍还旧秩，庸示宽恩。夫人各有才，贵于审己，量力受任，则无不胜。若尔者质直廉清，时论所与，益思勉励，以俟宠嘉。

出处：《斐然集》卷一二。

撰者：胡寅

考校说明：编年据胡寅任两制时间、赵仲儡官历补，见《宋会要辑稿》职官二〇等。

昆山县静济侯加静济永应侯制
（绍兴五年二月至十一月间）

式观祭典之文曰："山林川泽能出云为风雨见怪物者皆曰神。"有天下者祭百神，此古谊也。尔神保兹穹阜，蓄泄蒸泽，惠于民庶，可信不诬。有司上闻，加隆爵号。其歆予宠命，以无失职而孤民望，则惟尔休。

出处：《斐然集》卷一二。

撰者：胡寅

考校说明：编年据胡寅任两制时间、《宋会要辑稿》礼二〇补。

仲儡转一官制
（暂系于绍兴五年二月至十一月间）

武秩所以劝武功也。我国家强干弱枝，是以宗子多在右列。矧今单削，又思培植之道，凡可官爵者，吾何爱焉？尔既自外官，入备环卫矣，以尔母遗奏，加进一阶。朕非徇私，犹前志也。其益思忠慎，勉从振振之习，乃称茂宠。

出处：《斐然集》卷一二。

撰者：胡寅

考校说明：编年据胡寅任两制时间、赵仲儡宦历补，见《宋会要辑稿》职官二〇等。此制当作于同集同卷《仲儡自外官换环卫制》之后。

张宗元转官制
（暂系于绍兴五年二月至十一月间）

臣服其劳，君施其赏，非相为赐也，上下之交，施报之道，如是然后称尔。以尔才识精敏，政术通明，比从军麾，宣力陕蜀，王事鞅掌，不已于行。忠勤具昭，可无嘉劳？序进官秩，既已有功而见知；勉趋事为，尚思无德之不报。

出处：《斐然集》卷一二。

撰者：胡寅

考校说明：编年据胡寅任两制时间、张宗元宦历补，见《建炎以来系年要录》卷五八、卷一一四、卷一二七等。

贾若谷成都运副制
（绍兴五年二月至十一月间）

均输有无，上下俱济，计臣之职也。今以理财自名者，严刑峻令，督责郡邑，取目前之办，幸赏而去耳，吾民何以堪之？尔材谞有闻，馈饷无缺。元戎剡上，改漕益部。夫兵籍不加于旧，而调度之费岁倍，民力不胜其困，而科敛之势日增。朕心忧之，汝必有以处此矣。钦若训命，尚勉之哉。

出处：《斐然集》卷一二。
撰者：胡寅
考校说明：编年据胡寅任两制时间、贾若谷宦历补，见《建炎以来系年要录》卷一〇四。

李健应副收光州钱粮转一官制
（绍兴五年二月至十一月间）

夫所以克复郡邑者，擒其主守，攘而斥之，使封疆无亏，民人有恃者也。弋阳之克，元戎以功状闻。尔服勤输将，使军食弗缺，亦云懋矣，可无赏乎？序进一官，益思后效。

出处：《斐然集》卷一二。
撰者：胡寅
考校说明：编年据胡寅任两制时间、李健宦历补，见《建炎以来系年要录》卷八二、卷一〇五等。

马观国直显谟阁添差江东帅司参议制
（绍兴五年二月至十一月间）

凡帅幕预议论之臣，必得智谋忠信之士，乃能裨赞，协成事功。尔进对便朝，所陈可采。往处宾筵之右，仍加内阁之名。祗吾训言，思自馨竭。

出处:《斐然集》卷一三。

撰者:胡寅

考校说明:编年据胡寅任两制时间、马观国宦历补,见《建炎以来系年要录》卷八一、《宋会要辑稿》食货二等。

陈古知泸州制
(绍兴五年二月至十一月间)

昔武侯治蜀,思先入南,故五月渡泸,用遏蛮方,庶几出师剑门,无后顾之患。今泸南列为郡县,亦已久矣。苟非抚绥得人,则平民犹能弄兵,况夷獠之风相接乎? 以尔将漕益部,见推干敏,元戎剡奏,请守是邦。往奉教条,以壮藩屏。勿谓朝廷之远而怠忽官箴,勿惮权势之威而浸渔民力。伫闻善最,自取宠荣。

出处:《斐然集》卷一三。

撰者:胡寅

考校说明:编年据胡寅任两制时间、陈古宦历补,见《建炎以来系年要录》卷七九。

詹至郭执中进阶制
(绍兴五年二月至十一月间)

顷命相臣,督护戎旅,肤功克奏,婉画是资。尔识虑端详,预闻机事。第功来上,式畀宠名。思称异恩,可无来效? 执中云:"尔识虑端详,谋有补。第功来上,加进崇阶"。

出处:《斐然集》卷一三。

撰者:胡寅

考校说明:编年据胡寅任两制时间、郭执中宦历补,见《建炎以来系年要录》卷一〇四。

陈彦忠转一官制
(绍兴五年二月至十一月间)

顷命相臣,督护戎旅。凡厥官属,咸有劳能。具官材力敏强,克总行务。第功来上，加进官联。思称异恩，可无来效？

出处：《斐然集》卷一三。

撰者：胡寅

考校说明：编年据胡寅任两制时间、张浚（"相臣"）官历补，见《宋史》卷三六一《张浚传》等。

张浚母计氏改封蜀国太夫人制
（绍兴五年二月至十一月间）

朕念恢复土宇，莫若内修，肃清江湖，实系良弼。及褒扬而懋赏，乃谦畏而辞荣。嘉哉诚节之彰，尚矣义方之效。可无宠锡，以表庆覃？某氏懿范慈祥，清风肃穆。靡他守志，恪遵卫妇之规；为子择邻，远寄轲亲之识。浚仗孤忠而许国，尔能万里而移书，不形姑息之言，纯是激昂之戒。行光往牒，福萃高门。王珪之交友皆贤，固宜有立；陶侃之功名浸盛，可见所原。庸侈君封，以华邦号。昔先正作股肱而泪养，荣孰此如；维冲人慕父母而报仇，功殊未建。益康乃后，用相我家。

出处：《斐然集》卷一三。

撰者：胡寅

考校说明：编年据胡寅任两制时间、《建炎以来系年要录》卷一一〇补。

汪应辰改官制
（绍兴五年二月至十一月间）

属者延见多士，问以治道。尔年未及冠，而能推明帝王躬行之本，无曲学阿世之态，遂冠时髦，名震中外。夫学于圣门者，必辨义利之分，正其义不谋其利，则为舜何难焉。苟以利为义，其去跖亦不远矣。尔益自勉，以成远业。初从京秩，服此训言。

出处：《斐然集》卷一四。

撰者：胡寅

考校说明：编年据胡寅任两制时间、文中所述"初从京秩"补，见《建炎以来系年要录》卷一一八。

赵伯牛湖北提刑制
(绍兴五年二月至十一月间)

　　大湖之北,土沃俗富。自军兴赋重,吏缘为奸,讼郁政烦,民不堪命,乃相保聚,以延岁月。今既荡定,吾加惠焉。按临列城,尤在良吏。以尔才艺之美,性质之厚,用付使节,俾司祥刑。问俗观风,举才刺否。尔其正身率下,宽刑省苛,勿庸喜怒之私,惟民便否是视。庶几遗黎,知朕德意,安其生业。往思勉之。

出处:《斐然集》卷一四。
撰者:胡寅
考校说明:编年据胡寅任两制时间、赵伯牛官历补,见《建炎以来系年要录》卷一〇一。

马扩转一官制
(绍兴五年二月至十一月间)

　　比命相臣,督护戎旅。凡厥将属,咸著劳能。具官韬略从横,晓畅军事。朕勤于外,绩用甚昭,加进官联,用为众劝。其祗新命,益务远猷。

出处:《斐然集》卷一四。
撰者:胡寅
考校说明:编年据胡寅任两制时间、张浚("相臣")官历补,见《宋史》卷三六一《张浚传》等。

李弥逊直宝文阁知吉州制
(绍兴五年二月至十一月间)

　　庐陵之俗,喜争而嚚讼,赋输所入,乃甲于江西。自顷邻邦寇残,或逮属邑,赤子流散,鲜安南亩。是以大农所仰,数减于旧,而习俗利弊乃甚于前。与我共理者,其惟良二千石乎?以尔才智疏通,吏能肃给,践更中外,咸著嘉称。兹俾对扬,有言动听,进班延阁,往服郡章。其推吾子养百姓之心,以善尔拊循千里之最。

出处：《斐然集》卷一四。

撰者：胡寅

考校说明：编年据胡寅任两制时间、《筠溪集》卷末《筠溪李公家传》补。

林季仲吏部右选制
（暂系于绍兴五年五月至十一月间）

铨曹右选，于今多事。涤除宿弊，非明不能烛；钤制奸吏，非断不可行。司列大夫，其选匪易。以尔学知原本，行有持循，为郎文昌，才望甚美。因能叙进，以究所长。祗服训言，往修厥职。

出处：《斐然集》卷一三。

撰者：胡寅

考校说明：编年据胡寅任两制时间、林季仲官历补，见《建炎以来系年要录》卷八九等。

郝晸遥郡刺史制
（暂系于绍兴五年六月至十一月间）

洞庭之寇，为南国患久矣。比命大将，往荡平之，尔协心招徕，不待讨杀。刺史之任，古人所荣，今寓武联，非功不授。予用嘉尔，以劝有劳。勉竭乃心，毋怠报国。

出处：《斐然集》卷一三。

撰者：胡寅

考校说明：编年据胡寅任两制时间、文中所述"洞庭之寇，为南国患久矣。比命大将，往荡平之"补，见《建炎以来系年要录》卷九〇。

韩璜广西提刑制
（绍兴五年七月至十一月间）

朕阅诸道谳奏，病庶威夺货，颇类放纷，未尝不申饬宪曹，再三钦慎。矧八桂二十余郡,远在数千里外,大姓侵渔州县,小民讼狱失平。言者上闻,朕所隐恻。以尔廉明公介,学道而爱人,为吏南方,声实甚著,就易使节,俾按祥刑。夫岭海僻陋之邦,华夷杂居,俗本无事,庸人扰之耳。惟力去其为民害者,则讼理而政平矣。

出处:《斐然集》卷一四。

撰者:胡寅

考校说明:编年据胡寅任两制时间补、韩璜官历补,见《建炎以来系年要录》卷九一。

州县出卖户帖事诏
(绍兴五年十一月一日)

诸路州县出卖户帖,令民间自行开具所管地宅田亩间架之数而输其直,仍立式行下。

出处:《建炎以来系年要录》卷九五。又见《文献通考》卷一九。

推恩孙纬等诏
(绍兴五年十一月二日)

宗正寺编类修纂《仙源庆系属籍总要》已投进了当,专一修纂官寺丞孙纬与转一官,胥长、胥吏各支绢五匹,胥佐三匹,贴书楷书二匹。

出处:《宋会要辑稿》职官二〇之一二。

守臣死节昭著令帅司保奏赐谥诏
(绍兴五年十一月四日)

应守丞守御,临难不屈,死节昭著,不以官品高下,并令帅司保奏,特与赐谥。

出处:《建炎以来系年要录》卷九五。

未有名目人磨勘事诏
（绍兴五年十一月四日）

未有名目人，并候出职或有官日收使，年限不同人依四年法比折。

出处：《宋会要辑稿》职官一〇之二五。

文臣光禄大夫武臣节度使以上身亡定谥诏
（绍兴五年十一月四日）

文臣光禄大夫、武臣节度使以上身亡，依条取索本家行状，方许定谥。自军兴以来，因金贼侵犯，守臣守御，临难不屈、死节昭著之人，若限以官品赐谥，即节义之人其名不显，无以激劝。应守臣守御临难不屈，死节昭著，不以官爵上下，取旨特赐谥。

出处：《宋会要辑稿》礼五八之六。

特授颜邵等官职制
（绍兴五年十一月六日）

敕颜邵等：惟尔□祖尽忠于唐，刚强之节，凛如秋霜。朕读旧史，想见遗烈，故命有司悉官其后，以为天下臣子之劝。汝其勉以自力，无忝而所生。颜邵特授右修职郎，颜卓补右迪功郎，颜彦补下州文学。

出处：《陋巷志》卷五。
考校说明：月、日据《建炎以来系年要录》卷九五补。

潘良贵起居郎制
（绍兴五年十一月六日）

左右史秉笔入侍，言动必书，凡有嘉谋，直许进对。惟不欺可以信后世，惟有学可以宏规益。久虚其选，畴克当之？以尔瑚琏守身，冰霜励操，达于世务，心在国家。德誉日隆,朕所器重。入联东省,莫若汝谐。以无玷之身修,行可移之忠顺,不独俾司于记注,实将有取于论思。尚服训言,以对光宠。

出处:《斐然集》卷一四。

撰者:胡寅

考校说明:编年据《建炎以来系年要录》卷九五补。

尹焞除崇政殿说书告词
(绍兴五年十一月六日)

敕和靖处士尹焞:先王之道,具存方策,非得深纯笃厚之士,传其师学,敷绎于前,则道固隐而不彰矣。朕博求硕儒,发明治要,闻尔安贫乐道,澹然无求,执德不回,久而益固,是用縻以好爵,列之经帏。勉从弓招,副朕虚伫。可特授左宣教郎,充崇政殿说书。绍兴五年十一月初八日。

出处:《尹和靖集》卷首。

撰者:朱震

考校说明:"六日"据《建炎以来系年要录》卷九五补。

武臣丁忧归正归附人等止给式假百日诏
(绍兴五年十一月九日)

敕:武臣丁忧,归正、归附人,忠顺官同。并不解官,止给式假百日,愿解官持服者听。其缘边任使丁忧,见任人与给式假一十五日。如待次未曾赴上,候式假满日阙到,依旧赴任。

出处:《庆元条法事类》卷一一。

犒川陕使臣军校诏
(绍兴五年十一月十三日)

川陕宣抚副使邵溥遣参议官一员,往诸寨传宣赐燕,自统制官以下至将校并坐,使臣、军校皆犒之。

出处：《建炎以来系年要录》卷九五。

赐刘光世韩世忠张浚诏
（绍兴五年十一月十七日）

朕自渡江以来，志在恢复，深惟足食足兵之计，夙夜疚怀。凡财赋所入，未尝一毫妄费，悉用养兵而已。故比年训练，士卒精强，而器械亦皆犀利，比之曩昔，实不相侔。是以去冬敌人之来，卒赖卿等极力捍御，致彼遁归，盖前此所未有也，朕甚嘉之。然中原之未复，二圣未还，而僭伪之徒，方挟强国之援，狡谋日急。顾我所以胜之者，惟是上下内外合为一家，如报私仇，乃克有济。傥或各以其职，自分彼此，日复一日，成功实难。卿为国重臣，安危所系，谅必察此，不待朕言。今国用空殚，民力耗竭，虽有司锱铢积累，而费出之数，日以浸广。苟无以继，何以聚人？每一念之，心常怵惕，想卿亦为朕虑及于此也。至于差辟官属，保明功赏，军须用度之类，更在精核，勿至泛滥。使赏当而爵禄不私，用足而资给不匮，则存养事力，渐图进取，朕与卿等同享无穷之利，顾不美哉！布朕此意，卿宜悉之。

出处：《沈忠敏公龟溪集》卷四。又见《三朝北盟会编》卷一六六。
撰者：沈与求
考校说明：沈与求时为参知政事。"张浚"，万历本、四库本均作"张俊"，当以为是。

张浚荆江视师手诏
（绍兴五年十一月十七日）

朕仰惟二圣远狩，九年于兹，虽迎请之使屡驰，而侍膳之期尚远。晨昏在念，怵惕靡容。闲缘酋虏之来归，每谕两宫之安报。呜呼！朕为人之子，而未获养其父；为人之弟，而未能拯其兄。瞻望情伤，不知涕泗。惟孝弟之至，固可通于神明；而小大之臣，当共坚于忠义。庶戡多难，克济厥功。以尔资父事君之诚，副朕念亲从兄之志。咨尔有众，咸体朕怀。

出处：《三朝北盟会编》卷一六八。
考校说明：《三朝北盟会编》卷一六八系于绍兴五年十月十一日，据《建炎以来系年要录》卷九五、《宋史》卷二八《高宗纪》改。

令张浚视师谕诸路诏
（绍兴五年十一月十七日）

荆、襄、川、陕见宿大兵，措置事宜委任至重，虽已除席益制置大使，而调发节制，隶在督府。可令张浚往视师，仍诏谕诸路。

出处:《建炎以来系年要录》卷九五。

川陕逐州兵马隶安抚制置大使司诏
（绍兴五年十一月十八日）

十一月十八日逐州兵马自合并隶安抚制置大使司，如遇有边防紧切大事，即令宣抚司措置。

出处:《宋会要辑稿》职官四〇之八。

川陕宣抚司试特奏名进士诏
（绍兴五年十一月十九日）

令川陕宣抚司将今次合该特奏名进士置院差官试时务策一道，其取人分数并推恩等第，令礼部开具申尚书省，行下本司照会。

出处:《宋会要辑稿》选举四之二五。

川陕类试推恩诏
（绍兴五年十一月十九日）

川陕类试，过省第一人特赐进士及第，与依行在殿试第三人恩例，余并赐同进士出身。仍令川陕宣抚司开具姓名，申尚书省给敕。

出处:《宋会要辑稿补编》第三四二页。

私贩川茶至伪界十里内捉获犯人并从军法诏
（绍兴五年十一月二十三日）

私贩川茶已过抵接顺蕃处州县，于顺蕃界首及相去伪界十里内捉获犯人，并从军法；若入抵接顺蕃处州县界未至顺蕃界首捉获者，减一等。许人捕，所贩物货并给充赏。如物货不及一千贯，即依绍兴五年十月三日已降指挥支给赏钱。其经由透漏州县当职官吏、公人、兵级，并合减犯人罪一等。

出处：《宋会要辑稿》食货三一之三。又见《宋会要辑稿补编》第七〇四页，《建炎以来系年要录》卷九五。

禁预借民户和买绸绢二分抑纳金银诏
（绍兴五年十一月二十八日）

预借民户和买绸绢二分，止令输见缗，毋得抑纳金银。除头子钱外，每千收糜费钱毋得过十文。

出处：《建炎以来系年要录》卷九五。

禁重叠催理旱伤民户苗米诏
（绍兴五年十一月二十八日）

江西帅宪司觉察漕司及州县，毋得重叠催理旱伤民户苗米。

出处：《建炎以来系年要录》卷九五。

谕岳飞等行屯田之制诏
（绍兴五年十二月一日）

敕襄阳府路帅臣：朕考观古昔，斟酌时宜，欲丰军食之储，必讲屯田之制。故充国经画于金城，而兼得十二便之利；曹操始用于许下，而遂收百万斛之饶。先积粟以为资，乃厉兵而必战。况今寇戎未靖，征成方兴。赖将帅之同寅，致士卒之乐附。顾尺籍所隶之数日以增多,而经赋所入之常岁有定限。既不可剥下以取给,固莫若兴田而力耕。卿等叶志合谋,悉忠体国,率励众士,和协一心,勿惮朝夕之劳,共建久长之策。故兹诏示,想宜知悉。

出处:《宋会要辑稿》食货二之一四。又见同书食货六三之九八,《鄂国金佗续编》卷四。

考校说明:《鄂国金佗续编》卷四误编于绍兴十年,题作"先于荆襄湖北措置屯田军食省馈过半赐以御书诸葛亮曹操羊祜三事复赐此诏"。

令王利用等赴都堂审察诏
(绍兴五年十二月一日)

果州团练推官王利用、知阴平县丁则、江原县丞冯时行、知苍溪县常明、左迪功郎曹彦时并召赴都堂审察,如未能远来,令宣抚司与升擢差遣。

出处:《建炎以来系年要录》卷九六。

杨沂中差权主管殿前司公事诏
(绍兴五年十二月一日)

杨沂中差权主管殿前司公事。应本军统制统领改充殿前司统制统领官,余官依此。

出处:《宋会要辑稿》职官三二之一一。

改神武军等军号诏
(绍兴五年十二月二日)

神武系北齐军号,久欲厘正,宜以"行营护军"为名。神武前军改称"中护军",左军称"前护军",后军称"后护军"。刘光世所部人马称"左护军",吴玠所部人马称"右护军",并听本路宣抚招讨司节制;王彦所部人马称"前护副军",听荆南安抚司节制。应统制官已下,请给资任军分如旧。

出处：《建炎以来系年要录》卷九六。

禁服用翠羽诏
（绍兴五年十二月七日）

以翠羽为服饰者,依销金罪赏并徒三年;赏钱三百千,许人告;工匠同之。邻里不觉察者抵罪,赏钱二百千。已造者三日不毁弃,同此。

出处：《建炎以来系年要录》卷九六。

江南西路转运司乞支苗米答诏
（绍兴五年十二月七日）

已令收籴米斛六万石准备赈济,今乞支苗米,难议施行。内劝谕人纳稻谷依入纳米补官便作官户一节,见别作施行外,余并依,仍委知、通劝谕有力之人出粜斛斗接济,不得搔扰。

出处：《宋会要辑稿》食货五九之二五。又见同书食货六八之五八。

赐诸军柴炭钱诏
（绍兴五年十二月八日）

时雪天寒,戍边士卒暴露不易,可特赐柴炭钱。韩世忠、刘光世、张俊、岳飞军各一万五千贯,杨沂中军八千贯,仰逐军逐队支散,仍各就本军见桩排月钱内日前先次借拨给散。内韩世忠、刘光世、张俊、杨沂中军借过钱,却令建康府榷货务依数拨还。

出处：《宋会要辑稿》礼六二之六〇。

令学士院降敕奖谕吴玠诏
（绍兴五年十二月八日）

吴玠于梁、洋及关外成、凤、岷州措置官庄屯田,今已就绪,渐省馈运,以宽民力。亮兹忠勤,深可嘉尚。可令学士院降敕奖谕。

出处:《宋会要辑稿》食货二之一五。又见同书食货六三之九九。

内军器库监门窠阙理三年为任诏
(绍兴五年十二月八日)

内军器库监门窠阙依旧法,理三年为任,永为定制。

出处:《宋会要辑稿》食货五二之二七。

赈济临安民诏
(绍兴五年十二月九日)

雪寒,细民阙食,可令临安府分委官措置,依赈济人例支米三日。

出处:《宋会要辑稿》食货五九之二五。又见同书食货六八之一二二。

命两淮川陕荆襄荆南诸帅府参谋官提点屯田诏
(绍兴五年十二月十五日)

淮南西路宣抚使司差李健,淮南东路宣抚使司差陈桷,江南东路宣抚使司差郤渐,川陕宣抚使司差陈远猷,湖北襄阳府路招讨使司差李若虚,荆南府路归峡州荆门军安抚使司差李佚,并兼提点本司屯田公事。

出处:《宋会要辑稿》食货六三之九九。又见同书食货二之一五。

杨迈知夔州制
(绍兴五年十二月十六日)

敕具官某:夔居楚蜀之间,控临三峡,是为咽喉之地,建牙分阃,重于他邦。尔迈敏识绝人,通才识变,更阅既久,誉称其实。我图帅守,佥曰汝宜。绥靖兵民,布宣惠泽,汝之职也,往其懋哉。可。

出处:《苕溪集》卷四六。

考校说明:编年据《建炎以来系年要录》卷九六补。刘一止时任两浙东路提点刑狱公事(见《建炎以来系年要录》卷八六、卷一〇二),此文或为《苕溪集》误收。

降度牒分下州县付上户打买舟船诏
(绍兴五年十二月二十二日)

昨降度牒分下州县,付上户打买舟船,虽江海平海样制不同,但堪乘载,并就本县交纳,县差人管押赴州,州团纲差人押赴转运司,限日下交纳。如有些小未备,下船场修整。敢有邀阻乞觅,依非泛科取受钱物指挥施行。

出处:《宋会要辑稿》食货五〇之一七。

州县开具税赋帐状不得勾呼搔扰民户诏
(绍兴五年十二月二十三日)

户部令州县遵依已降指挥,止以见在簿籍内所管数目出给,今来全在州县官用心措置,务要简便,于民不扰,早得给付。如敢乘此差人下乡根括,勾呼搔扰,并当重行停降;因而容纵公吏乞取,除公吏以枉法论坐罪外,官比公吏减一等。仍仰提刑司常切觉察,及许人户诣本司越诉。

出处:《宋会要辑稿》食货一一之一七。又见同书食货六九之二二。

朔望参用官诏
(绍兴五年十二月三十日)

朔参官用在京通直郎以上,望参用厘务通直郎以上。除宣制及非时庆贺以望参官,余并令朔参官趋赴。

出处:《建炎以来系年要录》卷九六。

岳飞辞免湖北襄阳府路招讨使不允诏
（绍兴五年十二月）

敕：具悉。卿纪绩旂常，视仪孤棘。式严阃制，增重使权。名非苟以假人，位必期于称德。尚兹谦执，殆咈眷怀。难得者时，当毕力功名之会；有劳于国，亦何嫌爵禄之加。亟服綍恩，益思来效。所辞宜不允。

出处：《鄂国金佗续编》卷三。

赐逢汝霖手诏
（绍兴五年）

朕以诸路去岁旱灾，深虑细民艰食，而州县府库空虚，不知拯救之术，恻然在念，夙夜不忘。唯吾帅守监司委付一路，分朕忧顾者也，必不忍坐视不恤。其协力悉心，多方劝诱积米之家，俾其食用之余，尽以出粜，尚庶几济此数月流殍之苦。务修乃职，以副朕意。同治

出处：同治《安仁县志》卷三〇之一，同治十一年刻本。
考校说明：此诏文字与《梁溪集》卷八四《亲笔赈济诏书》基本相同，存疑待考。

任文荐加官制
（绍兴五年后）

营卒结徒，谋为不逞，而尔密闻凶计，开白守臣。既锄孽萌，宜有嘉奖，循阶一秩，往服异恩。

出处：《东牟集》卷七。
考校说明：编年据任文荐宦历补，见弘治《八闽通志》卷四六。王洋此时未任两制，此文当为《东牟集》误收。

高宗朝卷十　绍兴六年(1136)

置药局诏
（绍兴六年正月四日）

置药局，以行在太医局熟药东、西、南、北四所为名，内将药局一所以和剂局为名。和剂局置监官文武各一员，差京朝官或大使臣，依杂卖场请给。熟药所各差小使臣或选人一员，除请受外，月支钱一十二贯，遇入局日，支食钱二百五十文。

出处：《宋会要辑稿》职官二七之六六。

王渊恩泽换给官田诏
（绍兴六年正月五日）

故签书枢密院事王渊系元帅府将佐，令常州于宜兴县系官田内换给两顷，余人不得援例。其已给两资恩泽札子，令尚书省毁抹。

出处：《宋会要辑稿》食货六一之四七。

梁兴赵云李进先于靖康因金人攻破太原以南侵犯不
肯顺番首先率本府及绛州管界忠义人兵措置收复河
东怀泽州隆德平阳府渡河寻归本朝有伪齐占据黄河
以南隔绝前来不得复渡河北与番人大军战斗一十余
年大小数百阵前后约杀头目三百余人坚守忠节永不
顺番自后思本朝于绍兴五年内前来归朝梁兴武经郎
阁门宣赞舍人赵云敦武郎李进修武郎制
（绍兴六年正月五日后）

敕：朕惟河朔诸郡，间沦陷于干戈俶扰之余；忠义遗民，终不谖乎国家涵养之
德。尔等转徙十年之后，间关百战之余，脱身归来，深用嘉叹。俾跻荣于秩序，且
风示于迩遐。益励远图，以卒前志。可。

出处：《紫微集》卷一九。
考校说明：编年据文中所述史事补，见《建炎以来系年要录》卷九七。张嵲此时未
任两制，此文或为《紫微集》误收。

纳粟补官人不得注亲民刑法官诏
（绍兴六年正月九日）

今后应纳粟别作名目补官人，不得注亲民、刑法官，见在任人罢任，到部别作
注授，仍不注司理、司法。自今到部隐漏不实者，抵其罪。

出处：《宋会要辑稿》职官五五之四五。又见《建炎以来系年要录》卷九七。

存恤民户手诏
（绍兴六年正月十一日）

朕以菲德，致滋旱灾。痛念斯人流离穷苦，屡诏诸路常加抚存。尚虑未能深
体此怀，奉承弗谨。今仰三省检会累次降旨宽恤事件，布告中外，悉力推行，务在
实惠及民，毋使诏书徒为具文。又勘会荆湖南、北、江东、西路旱伤，湖南委吕颐

浩,江西委李纲,各选差近上属官分诣管下,往来点检赈济。其湖北、江东并委帅守依此。

出处:《建炎以来系年要录》卷九七。又见《中兴两朝圣政》卷一九。

湖南转运司存留上供米充赈济用诏
（绍兴六年正月十三日）

令湖南转运司于已科拨去年上供米内存留三万石,从本路帅司量度灾伤轻重,分拨付州县,专充赈济使用。

出处:《宋会要辑稿》食货五九之二五。又见同书食货五九之二五、食货六八之五八。

吴玠专切战守事诏
（绍兴六年正月十三日）

吴玠依旧充川陕宣抚使,并依江东、淮南宣抚司体例,专切训练军马,计备器甲、边防事务,其绵州一司可减罢,所管军马听吴玠分拨使唤。应干钱物,令赵开拘收,充应副宣抚司钱粮使用,仍限半月结局。

出处:《宋会要辑稿》职官四一之三二。

朱震除给事中告词
（绍兴六年正月十六日）

敕:自昔有事殿内之臣,不过侍左右、掌顾问而已,然犹遴择名儒,以充此选。矧今万务出入,皆属东台,时当艰危,动关兴废,其或行事不协于中,任官不厌于众,虽有君命,皆得驳而正之,其职可谓重矣!肆求闻人,今以命汝。左朝请郎、试中书舍人兼侍讲兼资善堂翊善、赐紫金鱼袋朱震,学际天人,识穷理乱。年德俱懋,望实素隆。演诰西垣,荣问益畅;进司琐闼,公议允谐。夫纠其乖违,俾庶政孚于群听;审其奏述,使下情得而上通。则朕为得人,而汝为称职,岂不休哉!可特授依前左朝请郎试给事中,余如故。绍兴六年正月十六日。

出处:《周易集传》附录《汉上先生履历》。

诫约诸路监司帅臣诏
(绍兴六年正月二十三日)

朕以督护之重,付在相臣,临遣视师,俾分阃制。凡所措画,动干事机,惟尔监司帅守郡县之官,宜皆戮力同心,协济国事。苟或怀私害公,慢令失职,已命张浚就加黜陟以闻。国有常典,朕不敢贷。咨尔众士,毋敢弗虔。

出处:《建炎以来系年要录》卷九七。

刘大中兼侍讲制
(绍兴六年正月二十三日)

朕惟王教典籍,皆先圣所以致治之成法也。属时多艰,不忘稽古,设官劝讲,岂直蹈故事而已哉!慨念熙宁以来,王氏之学行六十余年,邪说横兴,正途壅塞,学士大夫心术大坏,陵夷至于今日之祸,有不忍言者。故孟氏以杨、墨之害甚于猛兽、乱臣贼子与夫洪水为患之烈,信斯言也。朕方闲邪存诚,正心以正百官,推而至于天下之心,自非直谅多闻,所谓益友者,孰与考质疑义,以辅朕之不逮?大中博洽古今,持论不阿,擢自论思,俾充此选。夫作于心而害于政,念既往之不足惩;尊所闻而行所知,庶将来之有可复。朕冈敢不勉,尔宜悉其所蕴。

出处:《建炎以来系年要录》卷九七。

赈江湖福建浙东饥民诏
(绍兴六年正月二十六日)

令江东西、湖南北、福建、浙东提举常平官体认前后诏令,各仰躬亲不住往来于旱伤州县,遵依前后指挥,一一检察赈济存恤,如有流移人户,亦仰措置踏逐寺院及系官屋宇多方安存,依条支破钱米养济。仍仰帅臣严察督责所委属官并逐州通判职官、诸县令佐,各仰依此极力推行,无致少有流移死损。仍日具见今如何措置并赈济过饥民人数,及有无死损,结罪保明状入急递闻奏,仍遍于灾伤去处乡村大字出榜晓谕。

出处:《宋会要辑稿》食货六九之五五。

客省四方馆乞支给纸札朱红答诏
（绍兴六年正月二十六日）

依旧逐司请受都历批勘,令赴左藏库支给所破纸札朱红,以四分为率,支破一分。

出处:《宋会要辑稿》职官三五之一二。

淮东豪民买官升补条例诏
（绍兴六年正月三十日）

淮南东路豪民已曾买官愿就都督行府官资差遣人,许于元名目上升补官资,或带阁职、赐带。文臣见系迪功郎升补承直郎,一万五千贯;特改宣教郎,七万贯;特改通直郎,九万贯。武臣见系进义校尉升补保义郎,一万贯;升补修武郎,二万贯;见系承信郎升补修武郎,一万五千贯;升补敦武郎,一万七千贯;见系承节郎升补修武郎,一万三千贯;升补敦武郎,一万五千贯;见系保义郎以上带阁门祗候,三万贯;见系武翼郎以上带阁门宣赞舍人,十万贯。已系有官人特赐金带,五万贯,其金带重二十两,特行给付。以上并作军功,理选限,依立定格目与见阙逐遣,日下便行起支请给,其家并作官户;本户见充保副正,当差役,官中科敷,自升补官资赐带日,并行蠲免。其余一切并依奏补出身条法施行,仍免铨试。

出处:《宋会要辑稿》职官五五之四五。

赐岳飞诏
（绍兴六年正月）

朕以寡昧之资,履艰难之运,虽夙宵自励,冀恢复于丕基;而奸凶未销,尚凭陵于方夏。殆欲亲蒙矢石,身属囊鞬,报两宫迁越之仇,拯百姓流离之苦。坐薪尝胆,疾首痛心,十年于兹,终食屡叹。今委宰辅督护戎昭,而卿以柱石之资,总貔虎之众,居怀愤激,期于荡平。然念王者之师本于伐叛,天下之将专以靖民,俾号令之申严,慰云霓之徯望,毋窥近效,有害成功。必使部伍无哗,田闾不扰,副我抚绥之意,共成戡定之功。舍爵策勋,朕不敢忽。故兹亲笔,卿宜悉之。付岳飞。御押。

出处:《鄂国金佗稡编》卷一。

赐岳飞诏
（绍兴六年正月）

朕以父兄蒙尘,中原陷没,痛心尝胆,不敢遑宁。已命相臣往专经画,正赖尔等深体此怀,各奋精忠,勉图报效。傥有几会,无或后时。所冀二圣还归,故疆恢复,用副朕平日眷待责成之意。付岳飞。御押。

出处:《鄂国金佗稡编》卷一。

江西转运司拨去年上供米付帅司为赈济支用诏
（绍兴六年二月一日）

令江西转运司于去年上供米内支拨一万石付本路帅司,斟量灾伤轻重,与常平米相兼均俵赈济支用。即不得有妨应付岳飞一军米数。

出处:《宋会要辑稿》食货五九之二六。又见同书食货五七之一七,《建炎以来系年要录》卷九八。

诸路给卖帖钱不得妄乱申请诏
（绍兴六年二月二日）

诸路给卖帖钱,依限逐旋催纳起发,毋得希觊,妄乱申请。

出处:《建炎以来系年要录》卷九八。

奖谕李迨诏
（绍兴六年二月二日）

李迨备见体国，修举职事，可降诏奖谕。

出处：《宋会要辑稿》食货四九之四二。

和剂局药材令杂买务收买诏
（绍兴六年二月四日）

和剂局药材令杂买务收买，仍就令太府寺准备差使、杂买务监门机察钱物出入。除本身请给外，每月添支和剂局监门官日支食钱一色。杂买务收买药材，除旧额专副手分攒司库子外，添置手分一名，书手一名。杂买务收买药材，依杂卖场例，每贯收头子钱二十文省，市例钱五文足，应付脚剩等杂支使用，置历收支，年终将剩数并入息钱。所有熟药所纳钱看掏，并依左藏库条法。其纳到钱除纳支药材价钱外，见在钱并行桩管。杂买务令临安府轮差兵士一十五人，充把门搜检、巡防等役使。

出处：《宋会要辑稿》食货五九之一八。

州县文案疾速依条覆实以闻诏
（绍兴六年二月八日）

令诸路转运司行下州县，如有文案可照曾行检踏者，疾速依条覆实以闻。

出处：《宋会要辑稿》食货六一之七五。又见同书食货一之八。

江西转运司籴发客贩米斛诏
（绍兴六年二月十一日）

江西转运司相度，以旱伤州县下户所纳苗米价钱，于江次籴发客贩米斛。

出处:《建炎以来系年要录》卷九八。

邹浩赐谥诰
(绍兴六年二月十一日)

身名俱泰,孰不愿为良臣;忠孝难全,盍亦从其大者。此古人事上之义,亦当时各志于仁。朝有直声,世为昌运。故承议郎、追复龙图阁待制、赐紫金鱼袋邹浩昔居谏溜,擢自泰陵。会椒房议立之初,欲禆圣主,遂草疏论救其失,取嫉权臣,激怒九重,投荒万里。生与母诀,死绝身谋。未数月而召还,复遭诙而见逐。朕念我宋得此诤臣,隆加华阁之名,再锡命书之宠。叹九泉之莫作,谥一字之惟忠。下逮魄荣,上承恩渥。可特赠宝文阁直学士,谥曰忠。

出处:《思贤录》卷一。
考校说明:编年据《建炎以来系年要录》卷九八补。

赐川陕宣抚处置使司诏
(绍兴六年二月十二日)

朕绍国丕基,遭时多难。饬戎车于江左,为怀经略之图;列将钺于关中,欲存根本之势。岂虞强国,专逞淫威。敌劲弗支,兵拿未解。嗟苍天之不弔,宜悔祸于我家;悯赤子之无辜,重流毒于兹土。寡德所致,悼心何言。赖我股肱之臣,总护爪牙之任。一战克捷,群丑歼夷。王灵由是复加,士气于焉再振。然念兴师累岁,转斗一方。被夷狄之系累,宁无沦陷之党;思祖宗之涵养,岂有背叛之心。凭陵使然,蹭蹬至此。傥存疑阻,殊咈招徕。将束身而欲归,或惧刑诛之惨;比复业而奠处,或忧赋役之烦。或立效而襄赏未加,或负才而禄秩未称。疾苦无告,愁恨何聊。仄席以思,当馈而叹。于是下哀痛之诏,布至意以宣昭;施旷荡之恩,洗庶辜而扗拭。沿边将士应陷蕃之人,非抗王师及侵掠入寇者,并不得诛杀。虏骑冯陵之际,陷没州县官吏将士军民,皆缘事力不能捍御,致有胁从,或遭驱虏。至今困居本土,或旅寓远边,实为残破,无曰背叛。陷蕃之人能立功来归者,仰沿边帅守保举,申宣抚司一面旌擢优赏。其次虽未能立功,而心在本朝,有意怀来者,各以元旧官职任使;兵级弓箭手依旧职名收管,民兵愿归业者听。其间才力可用,特与拔擢。或有以前罪犯,怀疑自危,一切原贷。或先曾立功,未曾推赏,即特与推赏。因陷蕃废业失所者,宽其租赋,免其征役。昨缘道路不通,号令壅隔,致远方之民疾苦无所赴诉，专委宣抚司讲究措置，并从宽恤，遍下诸处官司施行。咨尔有众，咸识朕心。各坚奋励之诚，亟臻休息之效。故兹诏示，想宜知悉。

出处：《沈忠敏公龟溪集》卷四。又见《三朝北盟会编》卷一六九。
撰者：沈与求
考校说明：沈与求时为参知政事。

令江浙等路有司榜谕人户投买户绝田等诏
（绍兴六年二月十二日）

令江、浙、闽、广逐路总领卖田监司检坐见行条法及节次所降指挥，大字雕印文出榜告谕人户，仰依限投状。其买到乡村户绝并没官及贼徒田舍与江涨沙田海道泥田，昨为兼并之家小立租额佃赁者，永为己业，更无改易。仍令户部与监司州县除出卖田舍疑惑及增润事合行申明外，其余并不得申请少有更改，各仰常切遵守施行。

出处：《宋会要辑稿》食货六一之一二。又见《建炎以来系年要录》卷九八。

王缙为右司谏制
（绍兴六年二月十二日）

古者天子有诤臣七人，谓辅弼疑丞，大臣之职，朝夕纳诲，务引君以当道者也。后世事任言责，析为二途，官以谏为名，而所用未必贤，于是大臣不得尽其规，而人主不得闻其过矣。况未济艰难，虑多阙失，顾兹任属，尤难其人。缙孝谨忠信，有古人之志德，称于士友，而达于朝廷。顷自郎闱，擢居宪府，三院御史，尔历其二焉。不好讦以为直，不挠法以掩奸，不为人飞走以搏吠所憎。肆惟汝嘉，俾升谏列。夫孝有移忠之道，直在尽言之地。勉行尔志，以弼予违。

出处：《建炎以来系年要录》卷九八。

赐吴玠王彦关师古奖谕敕书
（绍兴六年二月十二日）

朕乘历运之中微，属方隅之多故。兵尘数起，边候屡惊。永怀秦雍之区，久罹夷狄之祸，暴骨满野，连城为墟。兴言贾心，引望流涕。式资骁锐之将，屏此腥膻；庶使创残之民，脱于涂炭。卿世家陇右，气禀山西。摅忠愤于胸中，燀威棱于塞外。运奇合变，并施九拒之谋；鼓勇争先，悉用万全之略。潜军一举，迸骑四驰。折虏势于方骄，激士心而复振。兹为社稷之卫，良慰鼓鼙之思。然念岁月倭迟，风霜匮薄。勤勤虽由于尔力，咎责实归于朕躬。更奋鹰扬之师，益歼蚁附之众。溇复疆土，抚定黎氓。赤囊之捷系传，功既存于庙祐；丹书之誓永固，福自及于子孙。各坚乃诚，勿忘朕训。

出处:《沈忠敏公龟溪集》卷五。又见《三朝北盟会编》卷一六九。
撰者:沈与求
考校说明:沈与求时为参知政事。《全宋文》误系于绍兴元年二月十二日（第一七六册,第二二七页）。

命官出限请假月日并不支破请给职田供给诏
（绍兴六年二月二十日）

命官三年为任处，请假通过两月；二年为任处，通过一月。通计在职月日过本任及今来立定日限，其出限请假月日，请给职田供给之类，并不支破。如违，计赃论。余依见行条法。

出处:《庆元条法事类》卷一一。

客旅会聚州军权置市易务诏
（绍兴六年二月二十日）

诸路常平司于管下客旅会聚州军，权置市易务，候事平日罢。

出处:《建炎以来系年要录》卷九八。

和剂局药事诏
（绍兴六年二月二十三日）

今后交跂到熟药虚称阙绝者,并从太府寺觉察,从杖一百科罪。和剂局般担药至熟药所,并轮差巡防兵士,令本局量破脚钱,以药息钱支给。

出处:《宋会要辑稿》职官二七之六六。

太府寺置牙人收买和剂局药材诏
（绍兴六年二月二十三日）

太府寺置牙人四名,收买和剂局药材,每贯支牙钱五文,于客人卖药材钱内支。如入中,依市直定价,责牙人辩验无伪滥勘充修合状,监官再行审验,定价收买。如受情中卖伪滥,牙人例外收受钱物,许人告,每名支赏钱五十贯,并依伪滥律断罪;及官知情,各与同罪,不觉察,减二等。

出处:《宋会要辑稿》食货六四之四三。又见同书食货五九之一八。

朱震辞免翰林学士不允诏
（绍兴六年二月二十四日后）

敕朱震:省所奏辞免翰林学士知制诰恩命事具悉。昔陆贽为学士,国有大政,参裁可否,兴元戡难之功,实多文怀之助。卿学造壶域,识通系表。文章典雅,无愧昔人;议论坚明,有补当世。越朕初载,杖策军门,谊先国家,节贯华皓。老成在服,厥有典刑,俾代予言,以纾素缊。岂特资其讨论润色之益,亦将托以腹心耳目之寄焉。尚执谦抑,殆非所望。亟共乃服,毋复费辞。所请宜不允。故兹诏示,想宜知悉。

出处:《周易集传》附录《汉上先生履历》。
考校说明:编年据《建炎以来系年要录》卷一〇一补。

减临安府民间僦舍钱白地钱诏
（绍兴六年二月二十五日）

临安府民间僦舍钱,不以多寡,并三分中减一分,白地钱减四分之一。

出处:《建炎以来系年要录》卷九八。

刘宁止前去应副四大军钱粮诏
（绍兴六年二月二十八日）

权户部侍郎刘宁止前去应副四大军钱粮。应诸路监司、州县事干钱粮,如有违慢,许奏劾。内通判以下许一面对移,沿边州军依条取勘。

出处:《宋会要辑稿》食货五六之四三。

置到军器于内军器库桩管诏
（绍兴六年二月二十八日）

诸军器甲渐已足备,自今置到军器等,并于内军器库桩管。虽奉特旨,亦许执奏。

出处:《建炎以来系年要录》卷九八。

赐岳飞及将佐诏
（绍兴六年二月）

朕惟国之用武,必据形胜,以为地利。今西南之重,实占上游。既已委卿移屯要害,深图战守之计。卿宜以朕此意,敦喻将佐,抚劳士卒,勉思忠义,戮力一心,协赞事几,庶克攸济。有功必报,朕不汝忘。赐岳飞并本军将佐等。御押。

出处:《鄂国金佗稡编》卷一。

浙东州县守令劝诱上户出粜诏
（绍兴六年三月二日）

浙东州县守令劝诱上户广行出粜，如粜及三千石已上之家，依已降旨等第补官；若有顽猾上户依前闭籴之人，亦仰断遣。仍令提举官躬亲检察。

出处：《建炎以来系年要录》卷九九。

岳飞武胜定国军节度使充湖北京西路
宣抚副使置司襄阳加食邑制
（绍兴六年三月二日）

门下：朕还顾宛、洛之郊，旁连江、汉之纪。人谋误国，致赤子之沦胥；祖武造邦，本皇天之全付。思拯民于水火，用申画于山川。即命元戎，往分忧寄；宣兹有众，咸听朕言。检校少保、镇宁、崇信军节度使、神武后军都统制、充荆湖南北、襄阳府路、蕲、黄州制置使、武昌郡开国公、食邑二千户、食实封捌伯户岳飞沉毅而闳中，诚纯而特立。纵横奇正，谋足以应料敌之几；险阻艰难，器足以任扶危之重。志徇国家之急，身居矢石之先。翦乱夷凶，所当者破；陈师鞠旅，其众无哗。乃眷西南，久勤经略。将规恢于远驭，宜增重于使权。草木知名，谅威声之震詟；旌旗改色，亦士勇之贾前。矧兹涂炭之余，积有云霓之望。洛都甫迩，王气犹在于伊瀍；陵寝具存，庙貌未移于钟簴。其共乃服，以究尔庸。易两镇之戎旃，就颛节制；衍多田之干食，益侈舆封。断自予衷，叠兹异数。盖示龙光之渥，式昭闾寄之隆。於戏！整六师以修戎，朕既得惟人之竞；辟四方而彻土，尔其恢绥远之猷。惟一德以定功，兹万邦而为宪，往钦无敌，其永有辞。可特授武胜、定国军节度使，依前检校少保，充湖北、京西路宣抚副使、兼营田使，襄阳府置司，加食邑五百户、食实封贰伯户，余如故。主者施行。

出处：《鄂国金佗续编》卷二。

岳飞辞免易武胜定国军节度使宣抚副使加食邑五百户食实封贰伯户不允诏
（绍兴六年三月二日后）

敕:具悉。汉高帝一日得韩信,斋戒筑坛,拜为大将,授数万之众。虽举军尽惊,而高帝不以为过,与待绛、灌、樊、郦辈计级受赏者,盖有间矣。岂非用人杰之才,固自有体邪?卿智勇兼资,忠义尤笃,计无遗策,动必有成,勋伐之盛,焜耀一时,岂止与淮阴侯初遇高祖为比哉!朕之报功者,褒显已厚,爵位已崇,今复侈大使名,用增重于阃寄,所以示优异之,宠不为越,而卿辞之,何也?往祗茂恩,毋复有请。所辞宜不允。

出处:《鄂国金佗续编》卷三。
考校说明:月、日据同书卷二《武胜定国军节度使充湖北京西路宣抚副使置司襄阳加食邑制》补。

蠲旱伤州县民积欠钱帛租税诏
（绍兴六年三月四日）

令诸路转运司契勘管下去年旱伤及四分以上州军拖欠下绍兴四年已前年分钱帛租税等,并予除放。

出处:《宋会要辑稿》食货六三之六。又见《建炎以来系年要录》卷九九。

旱伤四分地分民户盗劫米谷酌情减等刺配诏
（绍兴六年三月四日）

旱伤四分地分阙食民户盗劫米谷食物之属,不曾殴伤人罪至死者,听知、通酌情减等刺配,俟麦成日如旧。各降敕付本州遵守,仍不下司。

出处:《建炎以来系年要录》卷九九。

湖南诸州减下吏人雇食钱权裁留作籴本诏
（绍兴六年三月五日）

荆湖南路所起诸州县减下吏人雇食钱,权暂裁留作本,添助趁时广行籴米,以备赈济。候将来出粜到价钱,依限起发赴行在送纳。

出处:《宋会要辑稿》食货五三之二三。又见同书食货六二之二七。

令赵开措置水运诏
（绍兴六年三月五日）

令赵开躬亲前去军前极力措置水运。如委实般发迟缓,不能接济军前见今急阙,即随宜从长措置施行,务要按月粮斛足办。如少有稽滞,重作施行。

出处:《宋会要辑稿》食货四三之二一。

选差兵士节级赴和剂局充般担杂用诏
（绍兴六年三月六日）

和剂局令步军司更行选差少壮兵士一十五人、节级一人赴局充般担杂用,每人日支食钱五十文。内东所添作七十文,西所一百文,于本局降到料次内支给。

出处:《宋会要辑稿》职官二七之六六。

席益乞赈济东西两川答诏
（绍兴六年三月七日）

令赵开除应副军粮外,将其余应干米斛宽剩拨付四川安抚制置大使司,量度逐路灾伤去处,均行赈粜。

出处:《宋会要辑稿》食货五九之二七。又见同书食货六八之五八。

昊天玉皇上帝并帝后神御迎奉赴行在所奉安诏
(绍兴六年三月十三日)

温州见权奉安天章阁万寿观祖宗帝后神御圣像,除圣祖圣像依旧留景灵宫前殿奉安外,其昊天玉皇上帝并帝后神御令干办官黄彦节迎奉赴行在所,仍令天章阁于皇城内踏逐去处奉安,四孟行朝献之礼。

出处:《宋会要辑稿补编》第三〇页。又见《建炎以来系年要录》卷九九。
考校说明:《建炎以来系年要录》卷九九系于绍兴六年三月十四日。

强劫盗在狱身死不理为推赏人数诏
(绍兴六年三月十七日)

命官诸色人捕获凶恶强盗,未经结录已前在狱身死,更不理为推赏人数。

出处:《建炎以来系年要录》卷九九。

宽四川灾伤州县户帖钱之半诏
(绍兴六年三月二十五日)

四川灾伤州县委实失于检放,人所纳户帖钱权与倚阁一半,灾伤至重去处全行倚阁,并俟秋成日依已降指挥催理。

出处:《建炎以来系年要录》卷九九。又见《宋会要辑稿》食货六三之六。

禁诸县扰民诏
(绍兴六年三月二十七日)

诸县非有公事拘留平民,或受讼输纳,多端乞取,及多收米麦剩耗、造酒聚饮等,令诸路帅臣监司按劾以闻。

出处:《宋会要辑稿》职官四八之三四。

诸路灾伤户放税诏
（绍兴六年三月二十八日）

江南西路洪、吉等八州军将灾伤本户放税五分，以上等、四等以下逃移人户合纳今年夏秋二税以十分为率，每料各与倚阁二分，候来年随本料送纳，即不得将不系逃移人户一例倚阁。余路依此。

出处：《宋会要辑稿》食货六九之五五。

令诸路常平官遍诣所部诫约守令多方劝农诏
（绍兴六年三月二十九日）

令诸路提举常平官躬亲遍诣所部州县巡按觉察。如有违戾去处，按劾闻奏。其提举官失觉察，令御史台纠劾。

出处：《宋会要辑稿》食货五七之一八。又见同书食货五九之二七。

赐韩世忠御札
（绍兴六年四月前）

卿诚存报国，义独奋身，长驱济淮，力战破贼，俘获群丑，抚辑遗黎。眷言忠劳，实所嘉叹。然王师之出，本以吊民，上将之威，尤宜持重，军旅之外，毋爽节宣。深体至怀，副朕倚注。

出处：《名臣碑传琬琰之集》卷一三《韩忠武王世忠中兴佐命定国元勋之碑》。
考校说明：编年据韩世忠宦历补，见《宋史》卷二八《高宗纪》。

周秘乞严考课答诏
（绍兴六年四月三日）

令吏部申严行下诸路常切遵守。如违，仰御史台纠劾以闻。余依奏。

出处:《宋会要辑稿》职官五九之一九。

韩世忠淮阳获捷赐张浚手书
(绍兴六年四月五日)

世忠既捷,整军还屯,进退合宜,中外忻悦。每患世忠发愤直前,奋身不顾,今乃审择利便,不失事机,亦卿指授之方。卿宜明审虚实,徐为后图。或遣岳飞一窥陈、蔡,使贼支吾不暇,以逸待劳。

出处:《晦庵先生朱文公文集》卷九五《张公行状》。又见《建炎以来系年要录》卷一〇〇,《三朝北盟会编》卷一六九,康熙《绵竹县志》卷三。
考校说明:月、日据《建炎以来系年要录》卷一〇〇补。

令岳飞日下主管军马措置边事诏
(绍兴六年四月八日)

湖北京西宣抚使岳飞丁母忧,已择日降制起复。缘见措置进兵渡江,不可等待。令岳飞日下主管军马,措置边事,不得辞免。

出处:《建炎以来系年要录》卷一〇〇。

岳飞内艰起复制
(绍兴六年四月九日)

门下:考礼则丧无二事,心独致杯圈之思;命将而任重三军,义在先国家之急。眷时阃制,属我杰才。方膺易镇之荣,奄及终堂之恤。肆扬出綍,敷告在廷。持服前检校少保、武胜、定国军节度使、充湖北、京西路宣抚副使、兼营田使、襄阳府置司、武昌郡开国公、食邑二千五百户、食实封壹阡户岳飞精深而善谋,沉鸷而孔武。被威名于草木,昭勋绩于旂常。国尔忘家,厉票姚辞第之志;卑以自牧,履冯异不伐之谦。本忧恫之确诚,形纯笃之内行。出从王事,每切望云之情;入慰母心,初无齧臂之誓。期永就养,遽遭闵艰。念乃情重罹于至忧,轸予心良增于深恻。属此干方之日,岂曰居庐之时,虽难忘顾复之厚恩,可少怠凭陵之宿愤。朕当馈而叹,中夜以兴。思有指之土疆,倚图上之方略。斯拱而俟,趣起勿迟。

仍视亚保之威仪，载界两藩之旌钺。用昭隆眷，亻宁奏肤公。於戏！鲁侯即丧而誓师，平徐夷之作难；晋人始墨而变礼，由殽岭以从戎。若功名克显于君亲，则忠孝兼全于家国。勉服成命，益励壮猷。可特起复检校少保、武胜、定国军节度使、充湖北、京西路宣抚副使、兼营田使、武昌郡开国公、食邑二千五百户、食实封壹阡户，依旧襄阳府置司。主者施行。

出处：《鄂国金佗续编》卷二。
考校说明：题后原注"九月"，误，据同书卷二九《乞起复奏》改。

趣岳飞起复御札
（绍兴六年四月九日）

比阅军中奏，知卿奄遭内艰，倚注之深，良用震怛。然人臣大义，国耳忘家，移孝为忠，斯为两得。已降制命，趣卿起复，卿宜体几事之重，略常礼之烦，无用抗辞，即祗旧服。乘吏士锐气，念家国世仇，建立殊勋，以遂扬名显亲之美，斯孝之至也。故兹亲笔，谅悉至怀。付岳飞。御押。

出处：《鄂国金佗稡编》卷一。
考校说明：题后原注"九月"，误，据同书卷二九《乞起复奏》改。

岳飞辞免起复不允诏
（绍兴六年四月九日后）

敕：具悉。委质为臣，义无有己，要绖服事，礼有从权。虽陟屺之思，恩莫隆于母子；而枹鼓之急，身必先于国家。矧三军之耳目，待其指纵；一时之利害，间不容发。岂可忽安危之大计，谨苫块之私哀。尔其择忠孝之宜，审重轻之势，亟视军政，往赴事机。所请宜不允，仍不许再有陈请。依已降指挥，日下主管军马，措置调发，不管少失机会。

出处：《鄂国金佗续编》卷三。
考校说明：月、日据同书卷一《趣岳飞起复御札》、卷二《岳飞内艰起复制》、卷二九《乞起复奏》补。

徐文中特落致仕诏
(绍兴六年四月十日)

左朝奉郎、前权通判吉州徐文中,昨缘虔寇侵犯吉州迎敌,肋间中枪,守本官致仕,今已痊安,理宜悯恤。可特落致仕。

出处:《宋会要辑稿》职官七七之六七。

陈绍业等补官诏
(绍兴六年四月十二日)

川陕宣抚司类省试武举合格陈绍业等四人并补官,并文士所赐敕,降付制置大使司换给。

出处:《建炎以来系年要录》卷一〇〇。

推恩呼延通等诏
(绍兴六年四月十七日)

统制官呼延通除正任防御使,诸将王权、刘宝、乐超、鱼泽并特除遥郡观察使,许世安、刘锐并特除遥郡团练使,赵润于阶官上转三官,仍特除遥郡刺州,李仪特除遥除遥郡刺史,王胜、王升、崔德明、吕超、单德忠各于阶官上转行三官,吴超、杜琳、臣振、石世达各于阶官上转行两官,解元与转三官,依条回授。

出处:《宋会要辑稿》兵一八之三七。

降高安上高两县当职官一官诏
(绍兴六年四月二十三日)

筠州高安、上高两县当职官各先次特降一官放罢,令本路提刑司取勘,具案闻奏。

出处:《宋会要辑稿》食货五七之一八。又见同书食货五九之二七。

都督行府支银绢应副韩世忠军诏
(绍兴六年四月二十六日)

令都督行府支银、绢各五千匹两,应副淮南东路兼镇江府宣抚使韩世忠支俵,激励将士。

出处:《宋会要辑稿》兵一八之三七。

罢减俸指挥诏
(绍兴六年四月二十九日)

昨降指挥权减行在官吏俸禄,所减不多,无补国用。其绍兴五年十一月十五日以后减俸指挥可罢。

出处:《宋会要辑稿》职官五七之七一。

选择提举茶盐常平官事诏
(绍兴六年五月一日)

自今诸路提举茶盐常平官有阙,并取资历已深、呈实素著之人,或于郎官以上选择任用。

出处:《宋会要辑稿》职官四三之二四。

行在诸仓监官磨勘转官事诏
(绍兴六年五月三日)

行在诸仓监官任满受纳不扰,及无欠折,与减三年磨勘。

出处:《建炎以来系年要录》卷一〇一。

按格拟差诏
(绍兴六年五月八日)

除见任知州以上及尝任侍从官依旧堂除宫观外,余并令吏部按格拟差。

出处:《建炎以来系年要录》卷一〇一。

席益按劾四川监司违戾事件奏闻诏
(绍兴六年五月十一日)

四川监司应有违戾事件,并令四川制置大使席益按劾奏闻,其监司见兼宣司职事者并罢。

出处:《建炎以来系年要录》卷一〇一。

归朝归明人身故之家养济诏
(绍兴六年五月十三日)

敕:归朝归明白身、效用无差使人,归朝归明官效用等身故之家老小,依节次指挥计口数养济,不分北界,并广南、荆湖南、北路等处归明归朝,并一概支给钱米养济。

出处:《庆元条法事类》卷七八。

收买药材事诏
(绍兴六年五月十五日)

收买药材,令临安府市令司每日开具药物名件、实直、价例报杂买务,申太府寺照会。

出处:《宋会要辑稿》食货五五之一八。

诫约两浙江东监司州县悉心体国诏
（绍兴六年五月二十三日）

两浙、江东监司州县悉心体国，应行府措置调发事务，毋得少有住滞，仍令户部侍郎刘宁止常切催督，劾其违者以闻。

出处：《建炎以来系年要录》卷一〇一。

令江东桩管义仓米诏
（绍兴六年五月二十五日）

令江南东路转运、常平司行下所部州县，将本路应未纳并今后合纳职田租米，令输纳本色，随市价尽数收籴，充义仓米别项桩管，专充赈济支用。其合支本钱，许取拨本路常平司所管钱，如不足，将本路系省钱相兼应副旱伤阙食。余路州军有职田去处，依此施行。

出处：《宋会要辑稿》职官四三之二四。

禁销钱及私铸铜器诏
（绍兴六年五月二十七日）

自今铸镕钱宝及私以碙铜制造器物及买卖兴贩之人，一两以上，并依服用翡翠法徒二年，本罪重者，自从重。偿钱三百千，许人告。邻保失察铸造者，并杖一百，偿钱二百千。仍令州县每季检举。州县官奉行灭裂，仰监司体访，按劾以闻。令尚书省榜谕。

出处：《建炎以来系年要录》卷一〇一。又见《宋会要辑稿》刑法二之四八。

赐岳飞手书
（绍兴六年五月二十八日）

三年之丧，古今之通礼也；卿母终天年，连请守制者，经也。然国事多艰之

281

秋,正人臣干蛊之日,反经行权,以墨缞视事,古人亦尝行之,不独卿始,何必过奏
之耶! 且命练兵襄阳,以窥中原,乃卿素志。诸将正在矢师效力,卿□□一日离
军。当以恢复为□,尽孝于忠,更为所难。卿其勉之! 绍兴六年五月二十八日,
皇帝书赐岳飞。

出处:《三朝北盟会编》卷一六九录乾隆中朱文藻校引。

立虑囚法诏
(绍兴六年五月二十九日)

诸州县禁囚,监司每季亲虑不能遍及者,听差官。即检察不尽,致误岁终赏
罚者,徒一年。著为令。

出处:《建炎以来系年要录》卷一〇一。

奖谕狱空诏
(绍兴六年六月三日)

朕钦恤庶狱,明慎用刑。爰诏有司,俾无留讼。汝能体朕好生之德,举行宽
大之书。狴犴空虚,桁杨栖置。实为称职,良用叹嘉。绍兴六年六月己亥。

出处:《咸淳临安志》卷六。

推恩裴公孙诏
(绍兴六年六月五日)

武功大夫兼阁门宣赞舍人裴公孙自政和四年到阁门供职,实及一十七年,可
将建炎覃恩并平江府扈从赏合得回授两官并与收使,于见今官上特与转行遥郡
一官,其已给回授公据,令吏部拘收毁抹。

出处:《宋会要辑稿》职官三四之五。

谕帅守监司诏
（绍兴六年六月七日）

帅守监司,今后县令庸懦不才者,依法对移;赃污不法者,依法按劾。自余并遵诏令,不得横肆凌逼。

出处:《宋会要辑稿》职官四八之三四。

捕捉结集五愿断绝饮酒者诏
（绍兴六年六月八日）

结集五愿断绝饮酒为首人,徒二年,邻州编管,从者减二等。并许人告,赏钱三百贯。巡尉、厢耆巡察人并邻保失觉察,杖一百。

出处:《宋会要辑稿》刑法二之一一一。

外路监司承勘公事依条根勘结绝诏
（绍兴六年六月八日）

今后外路诸司应承勘公事,并仰依条根勘结绝。若计程过半年不见申奏到案状,令刑部具被受官司职位、姓名申尚书省,取旨行遣。其见勘未结绝去处,各仰照应元降指挥勘结施行,不得依前住滞。

出处:《宋会要辑稿》刑法三之七六。

求直言手诏
（绍兴六年六月十三日）

朕以菲德,奉承大统,遭时艰厄,虏伪相挻;军旅方兴,赋役重困,寤寐恫矜,未知攸济。乃六月乙巳地震,朕甚惧焉。政之失中,吏之无良,怨讟滋彰,乖气致沴,坤厚之载,摇动靡宁,变不虚生,缘类而应。永思厥咎,在予一人。凡内外臣庶有可以应变辅朕之不逮者,其各悉意以言,毋讳朕躬,毋悼后害;州郡守长近民之官,宜为朕惠养凋瘵,安辑流亡,察冤系,禁苛扰,毋倚法以削,毋纵吏为奸。惟兹卿士,小大协恭,各祇乃事,以副朕寅畏天地、侧身销变之意。

出处:《建炎以来系年要录》卷一○二。又见《宋会要辑稿》帝系九之二八、瑞异三之三七。

考校说明:《宋会要辑稿》瑞异三系于绍兴六年六月十一日。

禁监司州县公人兵级擅入盐亭场诏
(绍兴六年六月十五日)

监司、州县并巡尉下公人兵级,非缘公、虽缘公而无所执印头引,并不得擅入亭场。如违,以违制论。因而搔扰乞取盐货,计赃坐罪。所属当职并场监官失觉察,并取旨行遣。许亭户越诉。

出处:《宋会要辑稿》食货二六之二五。又见《宋会要辑稿补编》第七八四页。

军器所减罢官吏诏
(绍兴六年六月十八日)

干办、提辖、监造、受纳、监门官各减一员,内干办官存留兼权人;受给下专副、库子各减一名。提辖、监造并为一所,职事通行管干;监造下专副、手分并罢。合罢官依省罢法施行。

出处:《宋会要辑稿》职官一六之七。

新补医官等与差遣一次诏
(绍兴六年六月二十六日)

医官局近收试到新补医官及续到局人,未经差遣,可令本局将先会到合破驻泊去处,不以轻重远近,理到局次序,与差注一次。

出处:《宋会要辑稿》职官二二之四○。

许告委保举人避亲牒试不实诏
（绍兴六年六月二十八日）

自今委保举人避亲牒试不实者，许人告，保官先降一官，然后取勘合负罪犯。

出处：《建炎以来系年要录》卷一〇二。

流寓举人解额诏
（绍兴六年六月二十八日）

自今流寓举人每十五人解一名；余分或不及十五人，亦许解一名；不及五人处，预牒本路转运司类聚附试，仍不拘路分召文臣二员结除名罪委保，所保不得过三人。

出处：《宋会要辑稿》选举一六之五。又见《宋会要辑稿补编》第四八二页，《建炎以来系年要录》卷一〇二。

孙近乞罢权翰林学士答诏
（绍兴六年七月六日）

学士之职，古无定员，贞观以来，时多兼领。在明皇世常置者六人，于穆宗朝并用者三俊。资卿才德，典朕训辞。于国有光，视唐无愧。得一二文翰之士，虽曰朋来；岂罔尺对扬之英，遽先引去？正藉耆儒之重，方欣君子之多。勿复固辞，往□厥位。

出处：《宋会要辑稿》职官六之五四。

樊宾提领营田公事制
（绍兴六年七月六日）

呜呼，为君难，未有甚于今日者也！中原未复，不可去兵，而再三发输，民力已困，旰食宵衣，凡以为此。日者颁营田之政于四方，而未有大效，孰能为朕趋时

285

赴功,以纾兵民之急乎! 尔才力治行,有闻于时,为郎田部,知其曲折。其以少农,遂董斯政,吾将循名以责尔实,其惟勉励,克就尔庸。

出处:《建炎以来系年要录》卷一〇三。

新法绫纸度牒更不给降诏
(绍兴六年七月七日)

新法绫纸度牒,除换给使用外,其余今后更不给降。应童行试经,并权住三年,仍自今年为始。其已前年分未给之数,亦令住给。

出处:《宋会要辑稿》职官一三之三三。又见《建炎以来系年要录》卷一〇三。

吕本中赐进士出身除起居舍人制
(绍兴六年七月七日)

本中学术渊源,本乎前哲;文采声誉,绝于搢绅。更历险夷,遂为耆旧。可特赐进士出身。

出处:《建炎以来系年要录》卷一〇三。又见《宋会要辑稿》选举九之一八。

去失告敕无照验者磨勘事诏
(绍兴六年七月十日)

应去失告敕无照验者,其磨勘并依投状陈理去失日为始。如投状月日不明,即以给公据日为始。

出处:《宋会要辑稿》职官一一之三五。

内侍官不得额外增添诏
(绍兴六年七月十一日)

内侍官已裁减外,各有定额,今后不得额外增添。

出处:《宋会要辑稿》职官三六之二五。

和剂局熟药所合行事件诏
（绍兴六年七月十六日）

和剂局、熟药所监官,每月从本部于一文息钱内添支犒设钱一十贯文。卖到药钱,每五日一次送纳药材所,听就支用药材价钱外,将见在钱纳杂买务。熟药局并和剂局令临安府差拨兵级巡防。内和剂局一十人,卖药局各四人。熟药四所分轮双只日启闭,遇启即出卖汤药,遇闭即计算前日一卖到钱数编排见在。

出处:《宋会要辑稿》职官二七之六六。

令张浚赴行在奏事诏
（绍兴六年七月十七日）

敕张浚:卿肃将天威,铺敦淮浦。久离环卫,想见英姿。盖心之精微不可以书谕,而道之曲折必待于指陈。当呕命于仆夫,其入趋于帷幄。勿惮驱驰之远,副予梦寐之劳。诏书到日,卿可暂赴行在所奏事。故兹诏示,想宜知悉。

出处:《宋会要辑稿》职官三九之一〇。

罢川陕监司守倅未受朝廷告敕者诏
（绍兴六年七月二十七日）

川陕监司守倅,内系宣抚司便宜所差未受朝廷告敕之人,日下并罢。

出处:《建炎以来系年要录》卷一〇三。

营田课子诏
（绍兴六年七月二十八日）

营田课子除桩出种子外,且令官收四分,客户收六分。次年已后,即中停均分。自今请佃官庄仿此。

出处:《建炎以来系年要录》卷一○三。

赐孟庾诏
(暂系于绍兴五年七月至绍兴六年八月间)

闻知会稽县向子固有褚遂良所临《兰亭序》,后有米芾题识,卿可取进来,欲一阅之。十四日。付孟庾。押。《兰亭叙》却付卿。二十四日。押。

出处:《石刻铺叙》卷下。
考校说明:编年据孟庾宦历补,见《嘉泰会稽志》卷二。

赐岳飞诏
(绍兴六年七月至八月间)

朕将遣大兵,控临边境,军须调度,不可愆时。应守、令、监司措置饷运,不扰而办者,卿可具名来上,当议褒擢。其或不虔,致误国事,亦即按劾以闻。邦有常刑,朕不敢贷。付岳飞。御押。

出处:《鄂国金佗稡编》卷一。

寺监正等官去替半年方许差人诏
(绍兴六年八月一日)

寺监正、丞、博士、司直、评事、六院仓场库务、编修删计议、进奏官去替半年,方许差人。其已差替人并见阙未到人,并别与差遣。归吏部注授之人,特依省罢法,与指射差遣一次。愿就宫观岳庙者听。

出处:《宋会要辑稿》职官二之四九。又见《建炎以来系年要录》卷一○四。

登闻检鼓院去替半年方许差人诏
（绍兴六年八月二日）

登闻检鼓院并去替半年方许差人。其已差下替人并见阙未到人，并别与差遣；或归吏部注授之人，特依省罢法，与指射差遣一次；愿就宫观岳庙听。

出处：《宋会要辑稿》职官三之六八。

陈公辅赐三品服诏
（绍兴六年八月五日）

公辅论奏深得谏臣之体，可赐三品服，令尚书省以其奏疏修写成图进入。

出处：《建炎以来系年要录》卷一〇四。

谕将士将亲征手诏
（绍兴六年八月九日）

乃者强敌乱常，阻兵猾夏。两宫北狩，六驭南巡。霜露十年，关河万里。朕为人之子，而《鸡鸣》之问不至；为人之弟，而《鸰原》之难不闻。眷言臣子之心，谁无父兄之念？而又干戈未息，疆埸多虞。遣戍经时，不离甲胄；飞刍越险，久弃室家。尔则效忠，朕宁不愧？是用当馈投匕，未明求衣。弗辞马上之劳，以便军中之务。若投机制胜，朕将亲抚于六师；若蓄锐待时，朕则辑和于百姓。且黄帝以车为棬，岂不知九重之安？汉文按辔而行，岂不知四体之逸？盖国家急先务者，况祸难至于此乎？天实临之，民亦劳止。谅彼同舟之众，知兹发轫之情。咨尔有官，各扬其职。布告中外，悉使闻知。

出处：《宋会要辑稿》兵七之九。又见《建炎以来系年要录》卷一〇四，《中兴礼书》卷二三一，《中兴两朝圣政》卷二〇，《咸淳临安志》卷一，《宋史全文续资治通鉴》卷一八。

减百司随从人诏
（绍兴六年八月九日）

百司随从人比四年三分减一。应军旅非泛支降钱谷差出，并随行在所处分；其余百司常程事务，留临安府，听行宫留守司予决；内有不可予决者，即申奏行在所。

出处：《建炎以来系年要录》卷一〇四。

将来车驾进发处置临安府事务诏
（绍兴六年八月九日）

将来进发，三省、枢密院、百司以绍兴四年随从人数三分为率，差拨二分前去。应军旅非泛支降钱谷、差除，并随行在所处分外，其余百司常程事务并留临安府依旧行遣，听行宫留守司与决。内事有不决者，即申奏行在所。令解潜于本司所管军马内，拣选精锐一千人随逐前去。边顺留临安府弹压，兼治殿前马军司事务。侍从官更互赴行在所共职。应一行事务并桩办移运钱粮、草料之类，并令随军都转运使梁汝嘉措置应办。合行事件，仰疾速条具申尚书省。

出处：《宋会要辑稿》礼五二之一六。

命解潜率精兵扈从诏
（绍兴六年八月十日）

权主管侍樨马军司公事兼权殿前司解潜，以所部精锐千人扈从，权主管步军司公事边顺留临安府弹压，兼治殿前马军司事务。

出处：《建炎以来系年要录》卷一〇四。

赐沿江诸帅诏
（绍兴六年八月十三日）

天地之大义,莫重于君臣;尧舜之至仁,无先于孝悌。一自衣冠南渡,敌马北侵,五品弗明,两宫未返。念有国有家之道,必在正名;尽事父事君之诚,讵宜安处?将时巡于郡国,以周视于军师。尔其慎守封圻,严戒侵扰,虔共乃职,谨俟朕行。

出处:《建炎以来系年要录》卷一〇四。又见《中兴礼书》卷二三一。

复商虢二州及伪镇汝军抚问岳飞诏
（绍兴六年八月十三日后）

敕:叛臣逆命,屡寇边垂,长策待时,始行天讨。卿义不避敌,智能察微。密布锐兵,指纵裨将。陈师鞠旅,进貔虎以凭陵;斩馘执俘,戮鲸鲵于顷刻。遂复商于之地,尽收虢略之城。夫暇叔盈麌蝥弧以登,勇闻旧许;公子偃蒙皋比而犯,功止乘丘。犹能著在遗编,名垂后世。有如卿者,抑又过之。长驱将入于三川,震响傍惊于五路。握兵之要,坐图累捷之功;夺人之心,已慑群凶之气。精忠若此,嘉叹不忘。故兹抚问,想宜知悉。

出处:《鄂国金佗续编》卷三。
考校说明:月、日据《鄂国金陀稡编》卷七《行实编年》补。

大理寺左断刑人吏不许诸处指差诏
（绍兴六年八月十四日）

大理寺左断刑人吏,依右治狱已得绍兴二年十月五日指挥施行,不许诸处指差。虽画降指挥,亦令执奏。

出处:《宋会要辑稿》职官二四之二〇。

除放虔州经残破之家欠负诏
（绍兴六年八月十五日）

虔州诸县管下曾经残破之家,委令佐札姓名,本州核实,将日前欠负特予除放。

出处:《宋会要辑稿》食货六三之六。

杂卖场置提辖官诏
（绍兴六年八月十五日）

杂买务杂卖场置提辖官一员,依文思院提辖官体例。

出处:《宋会要辑稿》食货五四之一九。

对移四川不职知县诏
（绍兴六年八月十七日）

四川知县有不可倚杖之人,令安抚使置大使司依已降指挥,先次对移闻奏。

出处:《宋会要辑稿》职官四八之三四。

责罚龙泉县民不纳税赋官物者诏
（绍兴六年八月十九日）

有官人特勒停,余人杖一百,有荫人仍不用荫。又一月不足,并送远恶州军编管。

出处:《建炎以来系年要录》卷一〇四。

章奏房舍进入用宝事诏
（绍兴六年八月二十一日）

应章奏房舍进入用宝降奏出状，不候画宝，先次作奉御宝，留守司用印付所属施行。

出处：《建炎以来系年要录》卷一〇四。

特支寺监丞等米诏
（绍兴六年八月二十五日）

寺监丞、太常博士、馆职、御史台主簿、检法、大理寺司直、评事，每月特支米三石，计议、编修官二石，自今年九月为始。

出处：《宋会要辑稿》职官五七之七二。

刘长源与监当差遣制
（绍兴六年八月二十五日）

御史耳目之寄，自非刚明不惑之士，鲜克胜任。尔识趣卑陋，学术肤浅，尝谓其恬退不竞，擢置台察，今兹论奏，殊骇听闻。朕于人才，唯贤是用，一付之公议，汝为是说，意必有在，匪出于憎恶，则有所阿党。不然，则汝之昏憒无知也。乃若引用事实，尤害风教，何至是哉！纪纲之地，非汝宜处，斥归铨选，往莅榷征。循省之余，勉思学问。

出处：《建炎以来系年要录》卷一〇四。

枢密院乞推恩薛安靖答诏
（绍兴六年八月二十六日）

更转三官，内一官与转行遥郡；仍差充沿海制置使司参议官，与李文渊同共措置海道事务。

出处:《宋会要辑稿》兵一五之五。

王莘特授左承奉郎秘书省著作佐郎诏
（绍兴六年八月）

敕左承奉郎、秘书省正字、兼史馆校勘王莘:熙、丰尚经义而废《春秋》,崇、观行舍法而罢科举,使自信笃学之士,无以售于有司。尔独守遗经,不追时好。昔人所谓为人臣子而不可不知者,尔既知之矣,是用特起布衣,擢居东观。嘉此老成之望,蔼然英俊之躔。爰自校雠,俾参撰述。益思懋勉,嗣有褒升。可特授依前左承奉郎、秘书省著作佐郎。绍兴六年八月。

出处:《王著作集》卷一。又见乾隆《震泽县志》卷三五。

平江府更不拆门诏
（绍兴六年九月四日）

御舟至平江府,止于水门外进辇,可行下本府,更不拆门。

出处:《宋会要辑稿》方域二之一三。

蠲免湖北州军拖欠银诏
（绍兴六年九月六日）

荆湖北路管下州军,因旱伤拖欠绍兴四年分天申节银二千五百五十两,进奉大礼银三千三百两,绢二千六百匹,特予蠲免。

出处:《宋会要辑稿》食货六三之六。

谕大理寺推司诏
（绍兴六年九月八日）

大理寺推司如遇省台点检,若止系行遣稽违失错,别无取受情弊,及出入人罪所犯情轻，许与赎罚上簿；若杖以下罪非情轻合行断决，依临安府例，将当行正领人断决外，其余连书人行下本寺依条施行。

出处：《宋会要辑稿》职官二四之二〇。

车驾巡幸令告谕军民通知诏
（绍兴六年九月十日）

令诸路帅首、监司散出文榜，分明告谕军民通知，仍多方措置，弹压盗贼，务要境内肃静，毋致纷扰生事。

出处：《宋会要辑稿》方域二之一三。

汪藻所辟编类诏旨官理在任月日诏
（绍兴六年九月十六日）

龙图阁直学士汪藻所辟编类诏旨官二员，并理在任月日，俟成书投进日，比附自来修书体例取旨推恩。

出处：《建炎以来系年要录》卷一〇五。

赐张浚手诏
（绍兴六年九月二十九日）

朕近以边防所疑事咨问于卿，今览卿奏，措置方略，审料敌情，条理明甚，俾朕释然，无复忧顾。非卿识虑高远，出人意表，何以臻此！

出处：《晦庵先生朱文公文集》卷九五《张公行状》。又见《建炎以来系年要录》卷一〇六，《三朝北盟会编》卷一七〇，康熙《绵竹县志》卷三。

赐杨沂中御札
（绍兴六年九月）

近降亲笔,责卿破贼。以卿忘身殉国,必能体朕此意。今闻逆□亲统贼众,冲突□以此贼遗朕,俾卿首建奇功之时也。卿其合军,戮力鼓率将士,鏖战取之,酬朕平日恩顾之厚,不可失此机会,并遗后患。故兹亲笔,卿宜知悉。付沂中。押。

出处:《式古堂书画汇考》卷一三。又见《赵氏铁网珊瑚》卷二。

考校说明:《式古堂书画汇考》《赵氏铁网珊瑚》所收宋高宗、宋孝宗赐杨沂中（杨存中）、杨倓御札之系年,如无特别说明均从《全宋文》,以下不再一一说明。

赐岳飞御札
（绍兴六年九月）

近张浚奏,知卿病目,已差医官为卿医治。然戎务至繁,边报甚急,累降诏旨,促卿提兵东下。卿宜体朕至怀,善自调摄,其他细务委之僚佐,而军中大计须卿决之。如兵之在远者,自当日下抽还,赴此期会。想卿不以微疾,遂忘国事。朕将亲临江浒矣,卿并悉之。付岳飞。御押。

出处:《鄂国金佗稡编》卷一。

赐岳飞御札
（绍兴六年九月）

比屡诏卿提兵东下,今淮西贼遁,未有他警,已谕张浚从长措置,卿之大军未须遽发也。如闻卿果以目疾为苦,不至妨军务否? 近差医者疾驰,往卿所看视,卿宜省思虑,慎药饵,安静调养。至于求闲之请,非朕所知,虽累请无益也。故兹亲笔,以示眷怀。付岳飞。御押。

出处:《鄂国金佗稡编》卷一。

赐岳飞御札
（绍兴六年九月）

闻卿目疾小愈，即提兵东下，委身徇国，竭节事君，于卿见之，良用嘉叹。今淮西既定，别无他警，卿更不须进发。其或襄、邓、陈、蔡有机可乘，即依张浚已行事理从长措置，亦卿平日之志也。故兹亲诏，卿宜知悉。付岳飞。御押。

出处：《鄂国金佗稡编》卷一。又见《永乐大典》卷六六九七。

招西北流寓人补阙禁军诏
（绍兴六年十月二日）

令诸路帅臣行下诸州军，委自守贰，将西北流移无归人民情愿充军堪披带少壮人疾速措置招填阙额禁军。

出处：《宋会要辑稿》食货六九之五六。又见《建炎以来系年要录》卷一〇六。

州县官劝诱豪民纳粟推赏条约诏
（绍兴六年十月二日）

诸州劝诱豪民进纳及三十万贯以上，知、通、县令、当职官各减二年磨勘；及二十万贯以上，知、通、县令、当职官各减一年磨勘。仍令都督行府核实，如别无抑配骚扰，依此推赏。

出处：《宋会要辑稿》职官五五之四六。

和剂局熟药所事诏
（绍兴六年十月四日）

今后除本局合药糜费外，其应干官司等处钱物并罢，不许应副。虽奉特旨，亦令户部执奏。和剂局差专知官一名、手分二人、书手二名、生熟药库子、秤子各一名；熟药所各差专知官一名、书手一名、卖药库子三人，依法召募。内专知官于校、副尉内踏逐,其请给并依杂卖场见请则例,专知官添给钱一十五贯,每日食钱三百文,手分料钱一十二贯,每日食钱二百文,书手、库子每月料钱八贯,每日食钱一百八十文。并推行仓法,内专知官与理当重格。

出处:《宋会要辑稿》职官二七之六六。

赐王德御札
(绍兴六年十月八日前)

卿宜竭力协济事功,副朕平日眷待之意。

出处:《三朝北盟会编》卷一七〇。

和剂局诸事诏
(绍兴六年十月八日)

和剂局专副知、手分并日支食钱三百文,书手二百五十文,库子、秤子二百五十文;熟药所专、库、书手等并依此则例。杂买务收买药材,依杂卖场例,每贯收头子钱二十文省,市例钱五文足,应副脚剩钱等杂支使用,置历收支,年终将剩数并入息钱。所有熟药所纳钱看掏,并依左藏库条法。其纳到钱就支药材价钱外,余并行桩管。和剂局合用工钱,每料五百贯文,申太府寺降帖下杂买务支给。药局印记以"和剂局记"四字为文,熟药东、西、南、北四所各以"之记"六字为文。撰合假药,伪造贴子、印记作官药货卖,并依伪造条法。熟药所、和剂局监专公吏轮留宿直。遇夜,民间缓急赎药,不即出卖,从杖一百科罪。药局作匠并不得占使。如违,从杖一百科罪;经时乃坐,许诸色人经部越诉。和剂局药材令杂买务收买,仍就令太府寺准备差使兼杂买务监门,机察钱物出入。除本身请给外,每月添支和剂局监门官日支食钱一色。

出处:《宋会要辑稿》职官二七之六六。

御史台所受词讼事诏
（绍兴六年十月八日）

御史台所受诸路词讼，如有事理重害、日久不决者，具申尚书省取索看详。其监司州县留滞经时，裁处失当，亦许依法弹奏。

出处：《宋会要辑稿》职官五五之一九。又见《建炎以来系年要录》卷一〇六。

诸路州军通判悉心拘收总制司钱诏
（绍兴六年十月八日）

总制司钱令诸路州军通判依已降指挥悉心拘收，别用库银桩管，依限起发。非专降朝旨，不以是何官司并不得应副。如违，通判先降二官放罢。仍令提刑司检察。

出处：《建炎以来系年要录》卷一〇六。

广西路行使小平二钱诏
（绍兴六年十月八日）

广西路宣和官铸当二小平钱，并令行使。有鼓唱为毛钱之人，重行决配。

出处：《建炎以来系年要录》卷一〇六。

赐杨沂中御札
（绍兴六年十月上旬）

比报伪兵节次渡淮，已令光世、张俊并兵破贼。卿等各宜竭力，协济事功，副朕平日眷待之意。策勋第赏，朕不敢吝。故兹亲笔，卿可悉之。付沂中。押。

出处：《式古堂书画汇考》卷一三。又见《赵氏铁网珊瑚》卷二。

文思院铸造行在所藏东西印诏
(绍兴六年十月十四日)

文思院铸造行在所左藏东西印各一面,候铸到日,将见使旧印牒送行宫本库,候将来并库日申缴。今来行在所印赴礼部置柜封锁,遇从车驾巡幸,关请行使。

出处:《宋会要辑稿》食货五一之二八。

赐张浚诏
(绍兴六年十月十七日)

贼豫阻兵,枭雏犯顺,夹淮而阵,侵寿及濠。卿奖率师旅,分布要害。临敌益勇,仗义直前。箕张翼舒,风驰电扫。遂使豪渠宵遁,同恶自焚。观草木以成兵,委沟壑而不顾。昔周瑜赤壁之举,谈笑而成;谢安淝水之师,指挥而定。得贤之效,与古何殊! 寤寐忠勤,不忘嘉叹。

出处:《三朝北盟会编》卷一七〇。又见《晦庵先生朱文公文集》卷九五《张公行状》,《建炎以来系年要录》卷一〇六,康熙《绵竹县志》卷三。

胡珵特改左宣教郎制
(绍兴六年十月十七日)

朕侧席图治,渴闻谠言。尔顷在难言之日,锐然献忠,以取窜逐,岂知有今日之遇乎? 爰因造朝,召对便殿,遂俾改秩,锡以赞书,庶几四方知朕好恶。

出处:《建炎以来系年要录》卷一〇六。

给降过籴本关子许民间从便使用诏
(绍兴六年十月二十一日)

敕:应给降过籴本关子,听民间从便使用,即不得辄有减落。如有妄说事端,贱价兑买之人,立赏钱五百贯,许诸色人陈告,其犯人取旨从重断罪。

出处:《庆元条法事类》卷三七。

令户部申差药局修合并辨验药材官诏
(绍兴六年十月二十五日)

药局修合并辨验药材官,令本部于医官局并有官人及在外有名目医流内踏逐申差,其请给依和剂局监官例,添破茶汤钱八贯文,如系有官人,亦与理为资任。

出处:《宋会要辑稿》职官二七之六七。

检坐受纳及销钞等见行条法诏
(绍兴六年十月二十六日)

令户部检坐受纳及销钞等见行法令并前后约束,申严行下,仍委诸路常平、茶盐、提刑、转运官分定州县,躬亲体究有无前项违犯情弊搔扰事件去处,保明申尚书省。如纵容隐庇,体访得知,保明官司并违戾州县并令取旨,重行贬窜。

出处:《宋会要辑稿》食货六八之三。又见同书食货九之四。

赐岳飞御札
(绍兴六年十月)

古之人见无礼于君者,必思有以杀之。今刘豫、刘麟四出文榜,指朕为孽庶首恶,毁斥诟骂,无所不至。朕固不德,有以招致此言,卿蒙被国恩,尚忍闻之不动心乎? 备录全文,密以示卿,主辱臣死,卿其念之。付岳飞。御押。

出处:《鄂国金佗续编》卷一。

赐杨沂中御札
(绍兴六年十月)

连日闻叛贼已从霍丘谋渡,若有舟船,必亦不多。一行军兵老小,想非一日可过,料卿军行之速,必能及之。若是淮水有浅处,可以徒涉而过,则王师□可涉过淮追击,出其不意,是一机会。卿可禀张俊审度事势,并力前进,是卿收大功之日也。付沂中。押。

出处:《式古堂书画汇考》卷一三。又见《赵氏铁网珊瑚》卷二。

赐岳飞御札
(绍兴六年十月至十一月间)

览奏,知卿出师汉上,规模素定,必不徒行。方冬远涉,将士良苦,卿更勤加抚劳,用副朕意。付岳飞。御押。

出处:《鄂国金佗稡编》卷一。

赐岳飞御札
(绍兴六年十月至十一月间)

卿志存忧国,义专报君,式总兵戎,再临襄汉。顾霜露之冒犯,想徒御之勤劳。深副简知,自宜神相。朕当食而叹,中夜以思,非我忠臣,莫雪大耻。所祈勉力,用究远图。卿目疾迩来更好安否?故兹亲谕,想宜悉之。付岳飞。御押。

出处:《鄂国金佗稡编》卷一。

赐岳飞御札
(绍兴六年十月至十一月间)

卿学深筹略,动中事机,加兵宛、叶之间,夺险松柏之塞。仍俘甲马,就食糗粮。登闻三捷之功,实冠万人之勇。朕方申严漕挽,督责计臣,俾远赴师期,庶士无饥色。卿其胜敌益戒，用心愈刚。毋少狃于前劳，用克当于大敌。但使先声后实，我武既扬；将见左枝右捂，敌人自病。朕所望者，卿其勉旃！付岳飞。御押。

出处:《鄂国金佗稡编》卷一。

朱震转左朝奉大夫告词
（绍兴六年十一月三日）

敕:朕深惟国本，茂建宗支。朝夕端士之亲，冀性习于为善；博约前言之识，俾学富于多闻。聿就终篇，可无褒律。翰林学士、左朝请郎、知制诰兼侍读兼资善堂翊善、赐紫金鱼袋朱震，心潜六艺，文贯九流。廷论倚如蓍龟，正人赖为领袖。雍容视草，何独润色之工；密勿告猷，备罄论思之益。属宗藩之谕教，嘉术业之向成。畴稽古之勤，既车服之是锡；懋增秩之渥，抑典故之具存。尚坚调护之功，用究师儒之效。眷予耆艾，奚假训词。可特授左朝奉大夫、依前翰林学士知制诰，余如故。绍兴六年十一月三日。

出处:《周易集传》附录《汉上先生履历》。

转对官有疾故许实封投进文字诏
（绍兴六年十一月四日）

应转对官如有疾故，许实封投进文字，更不引对。

出处:《建炎以来系年要录》卷一〇六。

刑部开具体量取勘公事住滞尤甚者申旨施行诏
（绍兴六年十一月七日）

诸路体量取勘公事人，刑部开具住滞尤甚者，申尚书省取旨施行。

出处:《宋会要辑稿》刑法三之七七。

奖谕吴玠诏
（绍兴六年十一月十三日）

吴玠诚心体国,措置籴买,实边固本,两皆可嘉,令学士院降诏奖谕。

出处:《宋会要辑稿》食货四〇之二二。又见《宋会要辑稿补编》第六二五页。

诸路宣抚司属官许本司奏辟诏
（绍兴六年十一月十四日）

诸路宣抚司属官许本司奏辟或朝廷差除。内京官并以二年为任,愿留再任者取旨。

出处:《建炎以来系年要录》卷一〇六。

奖谕韩世忠诏
（绍兴六年十一月十六日）

韩世忠驻军淮上,简练有方,金、豫畏服,不敢轻犯。令学士院降诏,遣内侍卢祖道往军前抚问,仍以银合茶药赐之。

出处:《建炎以来系年要录》卷一〇六。

奖谕席益诏
（绍兴六年十一月十八日）

益前项措置事理曲尽利害,备见体国之诚,令学士院降诏奖谕。

出处:《宋会要辑稿》食货四七之二〇。

张浚保明都督行府江上措置边事官吏军兵诏
（绍兴六年十一月二十日）

都督行府江上措置边事一行官吏军兵诸色人等,备见勤劳,可令张浚等第保明以闻。

出处:《宋会要辑稿》职官三九之一一一。

传报漏泄天象依太史局条法诏
（绍兴六年十一月二十日）

翰林天文局学生、诸色人等传报漏泄天象,并依太史局见行条。

出处:《宋会要辑稿》职官三六之一〇八。

赈济平江府乞丐诏
（绍兴六年十一月二十二日）

天气寒凛,令平江府子细抄札乞丐,依临安府已降指挥赈济。

出处:《宋会要辑稿》食货六〇之八。

与高丽国王书
（绍兴六年十一月）

干戈震扰,老稚转移。赖前好之不忘,悯吾民之久寓。假舟楫之利,既获以归;返庐井之安,各得其所。尚虑遗氓之多有,更烦惠泽以哀斯。俾涉信潮,尽离遐峤。画疆而守,虽有限于封圻;爱人之心,谅无分于南北。有嘉诚节,深副朕怀。

出处:《高丽史》卷一六。
考校说明:编年据《建炎以来系年要录》卷一〇六补。

淮南路德音
（绍兴六年十二月一日）

朕以眇质,获承至尊。念国家积累之基,遭外侮侵陵之患,诚不足以感移天意,德不足以绥靖乱源,致彼叛臣,乘予厄运,频挟敌势,来犯边隅,直渡淮滨,将窥江浒。所赖诸将协力,六师争先,虽逆雏暂逭于天诛,而匹马莫还于贼境。载循不道,深恻于心。俾执干戈,皆朕中原之赤子;重为驱役,亦有本朝之旧臣。迫彼暴虐之威,陷兹锋镝之苦,繇予不德,使至于斯。申戒官司,务优存没。知朕兴怀于兼爱,本非得已而用兵。宜锡茂恩,以苏罢俗。

出处:《建炎以来系年要录》卷一〇七。
撰者:朱震
考校说明:此德音内容原书未载,《宋会要辑稿》载有部分内容,今录以备考:

寿春府及濠州定远县一带,曾经贼马蹂践,民间耕牛多被杀虏,已降指挥,令营田司广行支拨,委自守令借给人民耕种,免纳租课,候收成日,分作五年还纳价钱。窃虑州县散给邀阻,不及贫下人户;或巧作名目,别有掊敛。仰本路营田使严行觉察,如有违犯,按劾闻奏。(《宋会要辑稿》食货一)

访闻陷贼百姓苦其残虐,多欲归附,仰沿淮州县多方接纳。如愿耕佃官田,令营田司摽拨,仍于已免租课年限外,更免三年。其带到物货,仰州县给据,经田场务验认免税。(《宋会要辑稿》兵一五)

访闻自来保明功赏,间以无功之人冒列其中,致无以激励士气,可令逐路宣抚司聚集将士,推排功状,具实以闻,不得泛滥。近者贼马侵犯,其光世下女真、契丹、汉儿访闻内有用命出战之人,仰疾速保明闻奏,当议优异推恩。(《宋会要辑稿》兵一八)

赈济临安府被火灾民户诏
（绍兴六年十二月五日）

临安府遗火,窃虑民户暴露不易,令行宫留守司依旧例于户部取拨米二千硕,专委本府守臣差官,据被烧民户计口日给米二升十日。内见扈从官吏、诸色人被烧之家,亦仰留守司量度支给钱米存恤。

出处：《宋会要辑稿》食货五九之二八。又见同书食货六八之一二二。

寇成等擅杀贼兵宣谕岳飞戒励诸军诏
（绍兴六年十二月六日）

　　敕：国家以叛逆不道，狂狡乱常，遂至行师，本非得已。并用威怀之略，不专诛伐之图。盖念中原之民，皆吾赤子；迫于暴虐之故，来犯王师。自非交锋，何忍轻戮？庶几广列圣好生之德，开皇天悔祸之衷。卿其明体朕怀，深戒将士；务恢远驭，不必专威。凡有俘擒，悉加存抚。将使戴商之旧，益坚思汉之心。蚤致中兴，是为伟绩。毋或贪杀，失朕训言。故兹宣谕，想宜知悉。

出处：《鄂国金佗续编》卷三。又见《建炎以来系年要录》卷一〇七。

令范直方宣谕川陕诏
（绍兴六年十二月九日）

　　差右司员外郎范直方宣谕川陕诸郡，及抚问吴玠一行将士，并给赐御札历子，令采访逐路见任官廉污能否书上历子，荐削以闻。

出处：《宋会要辑稿》职官四一之四。

行军襄汉正当雪寒抚谕岳飞一行将士诏
（绍兴六年十二月十日）

　　敕岳飞一行将士、军兵等：叛臣不道，窃据中原。赖七庙之威灵，尚存遗泽；致四方之忠义，皆有奋心。惟尔一军，备经百战。遥闻征杀，颇犯雪寒。以予露盖之劳，知尔执戈之苦。眷言体国，良极叹嘉；重念忘身，又兴恻怛。所恨阻修之道路，不能亲抚于师徒。惟深体于眷怀，务亟成于伟绩。故兹抚谕，想宜知悉。

出处：《鄂国金佗续编》卷三。
考校说明：月、日据《建炎以来系年要录》卷一〇七补。

赐岳飞战鞍等物御札
（绍兴六年十二月十日）

战鞍、绣鞍各一对，龙涎香一千饼，龙茶一合，灵宝丹一合，铁简一对赐卿，至可领也。付岳飞。御押。

出处：《鄂国金佗粹编》卷一。

赵鼎罢左相制
（绍兴六年十二月十二日）

周人之蕃王室，加一等以出封；汉制之命鼎司，帅诸侯而就国。盖示倚毗之重，初无内外之殊。乃眷良臣，实位冢宰，勤劳底绩，用穆师言。逡巡弗居，愿上相印，爰孚大号，播告治廷。具官赵鼎惇厚以有容，静重而不挠。金石弗移于燥湿，盐梅交致于和平。粤惟入辅之初，密赞亲征之议，力与同德，共济多虞。协股肱心膂之为，张貔虎熊罴之气。之纲之纪，分吾宵旰之忧；我陵我阿，成是边疆之利。捷方奏而祈去，章屡却而复来。崇止足以辞荣，虽高勇退；尚清闲而闭阁，谅以优为。矧兹瓯粤之区，无若会稽之善，在形势有金汤之固，于封圻为唇齿之邦。不劳施为，可以卧治。是用升华秘殿，锡宠兵符，以彰体貌之隆，以厚始终之遇。於戏！奉身而去，循大臣进退之方；无施不宜，本儒者经术之效。往帅尔属，勉为朕行。当毋有于退心，期不忘于辰告。

出处：《宋宰辅编年录》卷一五。
撰者：朱震

张俊加少保镇洮崇信奉宁军节度使手诏
（绍兴六年十二月十四日）

卿议论持重，深达敌情，兼闻挽强之士多至数万人。卿等报国如此，朕复何虑？卿所部士卒精锐，为诸军冠，闻之深慰。平昔内外之臣谓朕待卿独厚。其仰体眷怀，益思勉励。

出处:《三朝北盟会编》卷一七〇。又见《海陵集》卷二三《张俊神道碑》。

监司郡守秩满考其善状迁擢诏
（绍兴六年十二月十四日）

朝廷设官分职,本以为民,比年以来,重内经外,殊失治道之本,朕甚不取。可自今监司、郡守秩满,考其善状,量与迁擢。治效著闻,即除行在差遣。其郎官未历民事者,效职通及二年,复加铨择,使之承流于外。仍令中书、御史台籍记姓名,俟到阙日检举引对,参考善否,取旨升黜。庶几天下百姓蒙被实惠,以称朕意。

出处:《建炎以来系年要录》卷一〇七。

宣抚司属官事诏
（绍兴六年十二月十四日）

应宣抚司属官许本司奏辟,或朝廷差除。选人依旧三年外,余并以二年为任。如愿留再任者听,本司申取朝廷指挥。

出处:《宋会要辑稿》职官四一之三三。

奖谕李纲赈济诏书
（绍兴六年十二月十四日后）

敕李纲:省所奏,赈济饥民、招还流亡事具悉。朕临朝愿治,当宁兴嗟。念百姓之多艰,恐一夫之失所。而去岁亢旱,遍及江湖。诵《云汉》之诗而不敢康,致桑林之祷而不敢怠。申饬使者,分拯黎元。移粟他州,备修荒政。究兹惠术,责在帅臣。惟予廊庙旧弼之贤,能体国家勤恤之意。抚绥罢病,安辑流亡。方略敷施,功效显著。推霖雨之余润,活一路之生灵。眷言忠勤,实副倚赖。为之嘉叹,至于再三。故兹奖谕,想宜知悉。

出处:《梁溪先生文集》卷九三。
考校说明:编年据《建炎以来系年要录》卷一〇七补。

诫约监司郡守勤职手诏
(绍兴六年十二月十五日)

朕惟养兵之费,皆取于民。吾民甚苦,而吏莫之恤,夤缘军须,掊敛无艺,朕甚悼之。监司、郡守,朕所委寄以惠养元元者也,今漫不加省,复何赖焉! 其各勤乃职,察吏之侵渔纳贿者,劾按以闻。已戒敕三省官,闲遣信使周行诸路。苟庇覆弗治,流毒百姓,朕不汝贷。自今军事所须,并令州县揭榜晓谕。余依绍兴元年五月二十四日诏旨施行,无或违戾。

出处:《建炎以来系年要录》卷一〇七。又见《宋史》卷一七四《食货志》。

川陕进士省试依旧例施行诏
(绍兴六年十二月十五日)

川陕进士将来省试,令四川制置大使司依旧例施行。其合预殿试人并赴行在,仍给五人衙门驿券,经由州县依条施行。

出处:《建炎以来系年要录》卷一〇七。又见《宋会要辑稿》选举八之四二。

令四川郡守县令赈济饥民诏
(绍兴六年十二月十五日)

四川去岁旱荒之后,继以疾疫,流亡甚众,深用恻然。其郡守、县令有能赒给困穷,抚存凋瘵,善状最著者,令席益体访诣实,保明来上,当议奖擢,以为能吏之劝。或废慢诏令,坐视不恤,按劾闻奏,亦当重置典宪。

出处:《宋会要辑稿》食货五九之二九。又见同书食货五七之一九、食货六八之五九,《宋会要辑稿补编》第五九二页。

四川租税不得折科诏
（绍兴六年十二月十五日）

四川租税令遵依祖宗旧法,不得折科。如敢违戾,仰提刑司觉察闻奏。

出处:《宋会要辑稿》食货九之二七。

赐岳飞枪样御札
（绍兴六年十二月十五日）

卿军中见用长枪,似未尽善。此物须是铦利劲决,即用之借助人力。今降枪样去,可依此制造,尽改旧样不用。十五日。付岳飞。御押。

出处:《鄂国金佗稡编》卷一。

官吏磨勘转官诏
（绍兴六年十二月十七日）

官职如在职二年已上知县资序人与除大郡通判,通判资序人与除知州军。任满到阙,令阁门引见上殿,当参考治状善否,取旨升黜。仍令中书省、御史台籍记姓名。

出处:《建炎以来系年要录》卷一○七。

慎选监司守贰诏
（绍兴六年十二月十八日）

监司、守贰,委寄非轻,除授非人,百姓受弊。比年员多阙少,致有除代数政去处,尚虑选择失当,其间不无望实未副之人。可令中书省开具已除监司守贰职位、姓名,送中书后省、御史台照会。仍令今后遇阙到前半年,取索以次待阙官出身历任脚色,并加铨量。如有不可任用之人,具诣实闻奏,与改作自陈宫观。

出处：《宋会要辑稿》职官四五之一九。又见《建炎以来系年要录》卷一〇七。

原书系于绍兴五年，据《建炎以来系年要录》改。

三省言吏部员多阙少答诏
（绍兴六年十二月十八日）

知、通除依旧格堂除并量留外，余阙并寺监正、丞、博士、登闻、检鼓、进奏、官告、文思诸司，诸军粮审院、仓场、库务局所、法寺官，外路学官，并令吏部按法差注。

出处：《建炎以来系年要录》卷一〇七。

来春试枢密院督府效士诏
（绍兴六年十二月十八日）

应见今行在所及行宫、枢密院、都督府效士，并令附来年春试选入类试所，试时务策一道，分优、平两等考校，具合格姓名申尚书省。其试中优等人再令学士院召试，访以时务，文理优异者取旨推恩。

出处：《宋会要辑稿》选举三一之二一。又见《建炎以来系年要录》卷一〇七。

遣官设黄箓醮追荐淮北死者诏
（绍兴六年十二月二十三日）

淮北之民，皆朝廷赤子，迫于暴虐，使犯兵威。怜其无辜死于锋镝，可令建康府差茅山道士二七人，于藕塘镇设黄箓醮三昼夜追荐之。仍委江东安抚司应办。

出处：《建炎以来系年要录》卷一〇七。又见《宋会要辑稿》食货五九之二九。

诸路监司开具所部知县治状诏
（绍兴六年十二月二十四日）

诸路监司，今后分上下半年开具所部知县有无善政显著及谬懦不职之人，申尚书省。

出处：《宋会要辑稿》职官四八之四三。又见《建炎以来系年要录》卷一〇七。

吏部注拟知通守令诏
（绍兴六年十二月二十五日）

自今吏部注拟知、通、守令，并选择非老病及不曾犯赃与不缘民事被罪之人，仍申中书门下省审察，旬具注拟人脚色关御史台；如非其人，许本台弹奏。

出处：《建炎以来系年要录》卷一〇七。又见《皇朝中兴系年要录节要》卷八。

禁诸县酒务强行科率人户纳钱诏
（绍兴六年十二月二十五日）

诸县酒务不得强行科率人户纳钱。如违，仰监司按劾闻奏，取旨行遣，及许人户越诉。

出处：《宋会要辑稿》食货二〇之一七。

陈公辅毋得再请求去诏
（绍兴六年十二月二十六日）

公辅朕所亲擢，非由荐引，可令安职，毋得再请。

出处：《建炎以来系年要录》卷一〇七。

奖谕李纲陈防秋利害诏书
（绍兴六年冬）

敕李纲：省所奏，陈防秋利害事具悉。卿勤劳王室，作朕股肱，控制上流，实邦屏翰。方朕亲乘戎辂，抚劳江干，乃远抗于封章，仍备言于谋略，洞明利害，切中事机。虏已在吾目中，何烦聚米；肉方陈于几上，可以行师。嘉尔壮猷，副予廷望。故兹奖谕,想宜知悉。冬寒,卿比平安好? 遣书,指不多及。

出处:《梁溪先生文集》卷九三,道光刻本。

考校说明:编年据《建炎以来系年要录》卷一〇六及文中所述"冬寒"补。

宋藻加官制
(绍兴六年后)

　　具官某:闽有海寇,烦遣王师,转输虽委于漕臣,倚办亦资于厥属。载畴尔力,叙陟华阶,祗服恩光,益思报称。

出处:《东牟集》卷七。

考校说明:编年据宋藻官历补,见《建炎以来系年要录》卷一〇〇。王洋此时未任两制,此文当为《东牟集》误收。

宋藻循资制
(绍兴六年后)

　　具官某:唐刘晏固能吏也,然其属皆敏锐,故可促督倚办,以成厥功。日者王师讨闽寇,飞挽饷军,尔预有力焉。用循华阶,勉思副答。

出处:《东牟集》卷七。

考校说明:编年据宋藻官历补,见《建炎以来系年要录》卷一〇〇。王洋此时未任两制,此文当为《东牟集》误收。

高宗朝卷十一　绍兴七年(1137)

驻跸建康府诏
（绍兴七年正月一日）

朕获缵丕图，行将一纪，每念多故，惕然于心。昨以盛秋，载亲戎乘，露居于野，率示四方。属叛逆之来侵，幸以时而克定。重念两宫征驾，未还于殊俗；列圣陵寝，尚隔于妖氛。黎元多艰，兵革靡息。是惟厥咎，在予一人。其敢即安，弥忘大业？思鼓士气，以恢远猷。惟黄帝以上圣之君，无常居之位；周王当平治之日，有于迈之师。朕于斯时，敢替前轨？将乘春律，往临大江。驻跸建康，以察天意。播告遐迩，俾迪朕怀。

出处：《三朝北盟会编》卷一七一。又见《宋会要辑稿》兵七之一七，《中兴礼书》卷二三一，《建炎以来系年要录》卷一〇八，《文献通考》卷八八。

为道君皇帝修建祈福道场诏
（绍兴七年正月一日）

朕惟两宫北狩之久，痛切于中，而道君皇帝春秋益高，念无以见勤诚之意，可令入内内侍省差官一员前去建康府元符万寿宫修建祈福道场三昼夜，务令严洁，庶称朕心。

出处：《景定建康志》卷一四。

令梁汝嘉催促应办巡幸事诏
（绍兴七年正月二日）

令梁汝嘉躬亲起发前去,催促应办,仍约束经由州县,不得以应副巡幸为名,因而骚扰。如违,按劾以闻。

出处:《宋会要辑稿》方域二之一四。

赐张浚特进学士院诏
（绍兴七年正月五日）

浚躬率将士,列屯两淮,以至经理上流,皆中机会。迩者强敌拥众深入,蹂践淮西,浚亲临大江,以身督战,将士贾勇,一剿无遗;而襄汉之间,捷书屡上。勋劳显著,深用叹嘉,宜有褒升,以劝列位。

出处:《毗陵集》卷一。
考校说明:编年据《建炎以来系年要录》卷一〇八补。此诏当为《毗陵集》误收。

诸路开具钱数申尚书省诏
（绍兴七年正月六日）

令江西、湖南州军专委通判,限十日开具自绍兴六年分正月为始至十二月终,本州每月经制上供系省不系省、诸司诸色封桩不封桩钱,各通共若干数目,于内取拨应副过岳飞军月桩钱系是何名色、若干钱数支使外,逐色有无剩数,如何桩管,或作何支用了当,及有无所取窠名之外,别措置到钱数系作何名目,实支充月桩若干,有无见在数目,逐一开具诣实文状申尚书省,及具一般状申本路转运司,仰本司官因巡历所至州军,取索文状与所申数目参照稽考。如有漏落或不实不尽,并具因依闻奏,取旨施行。即不得隐庇,观望灭裂。余路分应副桩办大军月桩钱州军依此施行。

出处:《宋会要辑稿》食货六四之七九。

安辑淮甸复业人诏
（绍兴七年正月七日）

淮甸复业人户，并令守令安辑抚养，躬劝农桑，不得辄有科敷搔扰。如违，仰帅臣并提点淮南两路公事按劾闻奏。

出处：《宋会要辑稿》食货六三之二〇二。

令岳飞赈给京西陕西来归之民诏
（绍兴七年正月七日）

京西、陕西来归之民，已命湖北京西宣抚司授田给种，其令岳飞于大军粮斛内支米一万石拨付诸州，专充赈济，仍多出文榜晓谕。

出处：《建炎以来系年要录》卷一〇八。又见《宋会要辑稿》兵一五之六。

建康府营缮行宫不得华侈诏
（绍兴七年正月七日）

建康府营缮行宫，务从省约，不得华侈，仰叶宗谔等具知禀状闻奏。

出处：《宋会要辑稿》方域二之一四。

朱震再乞宫观不允诏
（绍兴七年正月十一日后）

敕朱震：乞除在外宫观事具悉。卿学高诸儒，名映一代。从朕艰难之际，实惟旧人；蔼然德义之风，信于多士。契阔累岁，登崇近班。大册高文，佐时裁难；博物强记，益朕多闻。国有老成，众无异论。朕方知九德之行，灼见三俊之心，庶无遗材，用齐多故。虽山林隐居之士，尚当结绶而来；顾朝廷领袖之贤，乃欲奉身而去。况神明之克壮，何疾病之可言？览观来章，殊咈朕眷，勉安厥位，毋复有云。所请宜不允。故兹诏示，想宜知悉。

出处:《周易集传》附录《汉上先生履历》。
考校说明:编年据《建炎以来系年要录》卷一〇八补。

朱震乞宫观差遣不允诏
(绍兴七年正月十一日后)

敕朱震:省札子奏"乞除一在外宫观差遣"事具悉。朕以王教存乎篇籍,方儒学之是咨;老成重于典刑,实朝廷之所赖。故详延于瑰硕,以参劘于古今。卿道术深明,文辞英妙。耆名高义,足以为群士之羽仪;博物洽闻,足以备一时之访问。禁林递直,岁律载周。侍经幄之燕间,谨宗藩之训导。国侨润色,非有官职之甚劳;陆贽腹心,尚倚神明之克壮。奉身而退,匪朕所闻。其体眷怀,毋重来请。所请宜不允,仍不得再有陈请。故兹诏示,想宜知悉。

出处:《周易集传》附录《汉上先生履历》。
考校说明:编年据《建炎以来系年要录》卷一〇八补。《宋代诏令全集》系于绍兴八年四月(第三九九三页),恐误。据原书编排顺序,此诏在《转左朝奉大夫告词》(绍兴六年十一月三日)之后、《辞免建国公听读尚书终篇恩命不允诏》(绍兴八年三月九日甲午后)之前。

朱震再乞宫观不允诏
(绍兴七年正月十一日后)

卿文足以达意,学足以明理,行足以正人,兼是三者,故处以视草横经之地,且使从吾嗣子之游,既有年矣。遽览奏章,引疾丐外,辞意甚切,朕为之动心焉。夫德齿俱懋,固平日之所尊;气体失平,亦老者之常事。姑务休养,以期清明。使朝廷之所宝惟贤,则四方必仰朕之德,岂小补哉!所请宜不允。故兹诏示,想宜知悉。

出处:《周易集传》附录《汉上先生履历》。
考校说明:编年据《建炎以来系年要录》卷一〇八补。《宋代诏令全集》系于绍兴八年四月(第三九九三页),恐误。据原书编排顺序,此诏在《转左朝奉大夫告词》(绍兴六年十一月三日)之后、《辞免建国公听读尚书终篇恩命不允诏》(绍兴八年三月九日甲午后)之前。

敕李纲等条陈攻守方略诏
(绍兴七年正月十五日)

敕李纲等:比以逆臣啸乱,反易天常,阴导敌人,提兵南向。朕亲乘戎辂,号令六师。将士协心,人百其勇。按甲江上,时出轻兵。所向奏功,俘馘系道。虏势既屈,潜师遁逃。念兹却敌之初,图为善后之计。卿以旧弼、乃心王家,必能为朕深思熟讲,凡今攻战之利,备守之宜,措置之方,绥怀之略,可悉条具来上,朕将屈己以听,择善而从。君臣之间,期于无隐,利害之决,断以必行。钦仁嘉猷,冀闻确论。故兹诏谕,想宜知悉。春寒,卿好?遣书,指不多及。

出处:《三朝北盟会编》卷一七一。

增减内外诸军大礼赏给诏
(绍兴七年正月二十一日)

内外诸军今年大礼合得赏给,除禁卫诸军外,并照高阳关忠顺则例,令户部酌度增减,并行一等支给。

出处:《宋会要辑稿》礼二五之二一。又见《建炎以来系年要录》卷一〇八。

沈与求同知枢密院制
(绍兴七年正月二十一日)

具官沈与求清明不烦,庄重有体。学博千载,穷古今治乱之宜;识造万微,洞文武弛张之要。慷慨负敢为之志,纵横多应变之才。历践要途,遂跻禁闼。崇论宏议,惓惓致主之忠;正色直言,凛凛立朝之节。爰稽公论,擢贰政机。

出处:《宋宰辅编年录》卷一五。
考校说明:"正月"原作"五月",据《建炎以来系年要录》卷一〇八等改。

复置枢密使副诏
(绍兴七年正月二十三日)

宥密本兵之地,事权宜重,可依祖宗故事置枢密使、副,宰相仍兼枢密使,其知院以下如旧。

出处:《建炎以来系年要录》卷一〇八。又见《梁溪漫志》卷一。

得太上皇帝宁德皇后讣音诏
(绍兴七年正月二十五日)

何藓奉使回,得大金国右副元帅书,具报太上皇帝久违和豫,厌世升遐,宁德皇后亦已上仙。祸变非常,五情崩溃,叩地号天,无所追及。凡在臣庶,悉同哀慕。

出处:《三朝北盟会编》卷一七七。又见《中兴礼书》卷二三六。

秦桧枢密使制
(绍兴七年正月二十五日)

朕总兵柄于右府,上宪斗宫之严;崇使号于弼臣,式监国朝之旧。眷予同德,尝践冢司。夙高经济之才,增重枢机之地。肆颁大号,用告群工。具官秦桧宅心高明,涉道深远。以天民之先觉,厉王臣之匪躬。大节不移,志存社稷之卫;孤忠自信,能行蛮貊之邦。往嘉仗节之归,旋畀秉钧之任。克共尔位,能恤予家。谓贤才众建,则可以立邦基;谓政事内修,则可以攘外侮。力陈自治之策,冀收全胜之功。宠利弗居,抑规摹之具在;重轻所系,固仪刑之具瞻。粤自居留,俾还劝讲。思贾生之见夫,岂问于鬼神;嘉萧相之来适,欲咨于计策。其正久虚之位,益思恢复之图。申锡爰田,增陪真食。於戏! 汲黯在汉,淮南为之寝谋;德裕佐唐,河北从而效顺。盖德之所加,则一贤可以制千里之难;而理之所在,则片言可以厉三军之师。其懋迪于乃猷,以钦承于朕训。

出处:《宋宰辅编年录》卷一五。

考校说明：原书系于绍兴七年五月二十四日，据《建炎以来系年要录》卷一〇八等改。

赐杨沂中御札
（绍兴七年正月二十五日后）

朕昨在哀迷，殆无生意，勉从群请，姑视政几。触事无聊，悲伤可述。卿，朕之腹心，义均一体，想惟痛愤，同切于怀。宜思奋扬，雪吾大耻。故兹亲谕，所宜悉之。付沂中。押。

出处：《式古堂书画汇考》卷一三。又见《赵氏铁网珊瑚》卷二。
考校说明：编年据文中所述史事补，见《建炎以来系年要录》卷一〇八。

为道君皇帝宁德皇后修建道场七昼夜诏
（绍兴七年正月二十六日）

诸路州县管内寺观，各为道君皇帝、宁德皇后修建道场七昼夜，仍令诸州县禁屠宰三日。

出处：《中兴礼书》卷二三六。

以道君皇帝宁德皇后崩赦天下诏
（绍兴七年正月二十八日）

朕惟道君皇帝临御天下二十有六年，深仁厚泽，宇内蒙休。惟我庶邦之人，自幼至壮，由壮及老，仰事俯养，恩固有归。遭值厄运，远狩沙漠。风露匽薄，春秋浸高，遂至大渐。比因回使，忽奉崩问，宁德皇后亦已上仙。殒裂于中，哀迷在疚。凡曰在生，孰无父母？念我王室，宁不蠹伤！载惟海上之盟，本出拯民之计。变生不测，翻以阶祸。越自纂承，尝胆思奋，枕戈讲武，实图奉迎，以伸子养，永怀莫逮，抱痛终天。已遣使人奔问讳日，请还梓宫。皇天上帝，悔祸之延，以时来归，卜宅陵寝。想惟四海，同朕哀诚。应见禁罪人，斗杀、劫杀、谋杀减一等刺配千里；其余死罪情理轻者，奏取指挥；流罪以下递降一等，杖罪以下释之。

出处:《中兴礼书》卷二三六。

赐岳飞御札
（绍兴七年正月至二月间）

朕惟中原官吏皆吾旧臣,迫于虏威,中致睽绝。岂弃君而从伪,实权时以保民。罪由朕躬,每深自咎。傥能怀忠体国,率众来归,当议因其官爵,更加褒宠。罪无大小,悉与宽除。天日所临,朕言必信。故兹亲笔,所宜悉之。卿可作恭被亲笔手诏,移檄中原州县官吏。付岳飞。御押。

出处:《鄂国金佗稡编》卷一。
考校说明:王曾瑜认为此诏可能作于绍兴六年(《鄂国金陀稡编续编校注》,中华书局,一九八九年,第一四页)。

赐岳飞御札
（绍兴七年正月至二月间）

刘豫亲党有能察时顺理,以众来归,自王爵以下,皆所不吝,罪无大小,一切宽贷。卿可多遣信实之人,宣谕朕意。付岳飞。御押。

出处:《鄂国金佗稡编》卷一。
考校说明:王曾瑜认为此诏可能作于绍兴六年(《鄂国金陀稡编续编校注》,中华书局,一九八九年,第一四页)。

宫中行三年之丧诏
（绍兴七年二月一日）

三年之丧,朕不忍废。卿等以军旅为言,至于六七。外朝之制,勉徇所请,朕于宫中行三年之丧也。

出处:《中兴礼书》卷二三七。又见《建炎以来系年要录》卷一〇九。

告谕中外诏
（绍兴七年二月八日）

朕以不敏不明，托于士民之上，勉求治道，思济多艰。而上帝降罚，祸延于我有家，天地崩裂，讳问远至。呜呼，朕负终身之戚，怀无穷之恨，凡我臣庶，尚忍闻之乎！今朕所赖以宏济大业，在兵与民，惟尔小大文武之臣，早夜孜孜，思所以治。

出处：《建炎以来系年要录》卷一〇九。

令学士院降诏宣谕川陕将士诏
（绍兴七年二月九日）

范直方今往川陕宣谕并抚问吴玠一行将士，其四川监司帅臣吴玠军前，并令学士院降诏，其逐路州军仰宣谕司誊写行下，内席益、吴玠仍别降口宣。

出处：《宋会要辑稿》职官四一之四。

诫谕四川帅臣监司诏
（绍兴七年二月九日）

敕成都府、潼州府、夔州、利州路帅臣监司等：朕惟戎兵，国之大事，而民邦本也，二者皆吾所重。乃军兴十有三载，转饷所资，万民若甚。朕既不敏，不能亟定海内，与之休息，中夜以兴，念有以纾吾民者。而吏或不能体朕之意，一切掊取，莫肯加恤，或敛不以时，或责非所有，或多为之数以资吏奸，或虐取其赢以济他用。甚者因以自私，靡所不至，而吾民病矣。前遣使者分察诸道，以惩以革。惟是陇、蜀、巴、汉去朝廷数千里，方宿重兵，以临关辅，虑有苛扰，如前之为，惕然于怀，曷敢忘远！夫帅镇吾所以属兵民，监司吾所以寄耳目，当宣化率下，督奸惠民，使州县之吏，知赋敛之不得已，念斯民之无堪，爱惜其民，取无乏事而已。今遣使者宣朕之意，镇抚谕告，省问风俗，平反狱讼，察官吏之善否，给以亲札御宝历，使明著其状，朕将躬览，而加黜陟焉。咨尔有位，惟兵是抚，惟民是恤，惟廉平是修，惟公正是务，毋或不迪，丽于邦宪。故兹诏谕，想宜知悉。

出处:《宋会要辑稿》职官四一之四。

寺监丞簿等任满改官未历民事者与堂除知县诏
(绍兴七年二月九日)

将寺监丞簿等任满已改官人未历民事者,各与选择堂除知县一次。

出处:《宋会要辑稿》职官四八之三四。

中外侍从举直言极谏之士诏
(绍兴七年二月九日)

朕以寡昧,御艰难之统,明不能烛,德不能绥,思闻谠言,以辅不逮。乃稽旧章,设贤良方正之科,而历载臻兹,未有应令。岂朕菲德,不足以来四方之贤欤,抑搜扬之道有未至也?朕既遭家不造,茕茕在疚,而天戒朕躬,大阳有异,氛气四合,朕甚惧焉。中外侍从之臣,其遵前后诏旨,各举直言极谏之士一人,朕将详延于廷,诹以过失,次第施行,用承天意。

出处:《宋会要辑稿》选举一一之二四。

诣平江府名山大川神祠龙洞祈雨诏
(绍兴七年二月九日)

应平江府界载在祀典及名山大川神祠龙洞,在内分差侍从、在外委所属县分知县亲诣祈雨。

出处:《宋会要辑稿》礼一八之一八。

行府减罢使臣依省罢法诏
(绍兴七年二月十一日)

行府并属官下应减罢使臣,如到府实及一年,并与依省罢法。今后依此。

出处:《宋会要辑稿》职官三九之一一一。

埋瘗太平州被火焚死者诏
（绍兴七年二月十三日）

太平州居民遗火，有走避不及致被焚死，令吕祉委太平州差人将见暴露遗尸疾速埋瘗，及优恤其家。内见任官仰保明申尚书省，作黄箓道场三昼夜追荐。

出处:《宋会要辑稿》食货六八之一二三。

中书门下籍记诸处举辟官员姓名诏
（绍兴七年二月十三日）

今后应诸处举辟官员差遣，并令中书门下省籍记所辟姓名。如任内犯入己赃徒以上罪，其元辟官取旨行遣。

出处:《宋会要辑稿》职官一之五〇。

堂除知县任满审察诏
（绍兴七年二月十五日）

应堂除知县并借绯章服，供给依签判例支给。任满，赴都堂审察。如治状有称，即与升擢差遣，内监司列荐治状显著者，当不次除擢。

出处:《宋会要辑稿》职官四八之三四。又见《建炎以来系年要录》卷一〇九。

诸州军赡军酒务所收息钱禁侵移擅用诏
（绍兴七年二月十五日）

敕:诸州军添置赡军酒务，所收息钱如侵移擅用，并依经制钱法科罪。

出处:《庆元条法事类》卷三六。

选差大理评事条约诏
(绍兴七年二月十七日)

自今大理评事阙,本寺以试中刑法第二等以上、年未六十、无赃私罪人关吏部,仍令刑寺长贰共赴吏部长贰厅审验差注;如无应格人,并申朝廷选差。

出处:《建炎以来系年要录》卷一〇九。

范直方奏川陕便宜事答诏
(绍兴七年二月十八日)

事干粮运,令与帅臣监司同共相度,关申安抚制置大使司施行。所有违戾诏条事件,依所奏先次改正外,民间论诉冤枉,体究有实,即送所属根治。余并申尚书省。

出处:《宋会要辑稿》职官四一之五。

樊宾言江淮营田赏罚事答诏
(绍兴七年二月十九日)

如将来岁终耕种最少,及不切用心措置去处,令提领司开具姓名以闻。

出处:《宋会要辑稿》食货六三之一〇九。

州郡于通衢建立褒忠庙廷诏
(绍兴七年二月二十三日)

诏州郡于通衢建立庙廷,揭以褒忠之名,旦望致酒脯之奠,春秋修典礼之祝。使忠义之节,血食无穷。

出处:《建炎以来系年要录》卷一〇九。

三省枢密院开具忠义死节者姓名取旨诏
(绍兴七年二月二十三日)

枢密院、三省赏功房开具自靖康元年后来不以大小文武吏士,应缘忠义死节之人姓名取旨。

出处:《建炎以来系年要录》卷一〇九。

亲征诏
(绍兴七年二月二十四日)

朕以菲德,获承大统。惟靖康之初,变乱既极,两宫远狩,庙社无依,以眇然一身,不获已而任天下之责。屈身忍耻,夙夜栗栗,冀以格上天之心,迎还銮舆,克致大养。不图降割,乃正月丁亥,太上皇帝、宁德皇后讳问奄至。祸变非常,振古无有,号恸殒绝,呼天不闻。《诗》不云乎,"哀哀父母,生我劬劳","欲报之德,昊天罔极"。孝子不获养其亲,人情之至痛也。朕有甚焉,抱恨终身,曷其穷也!朕君临天下,不能建德,致兵兴一纪,毒流四方,亿万生灵委骨草莽者,非其父母则其妻子兄弟。人之爱其亲一也,使至于此,咎由朕躬。思与万邦,同致此愤。已诏择日往临江浒。矧衔巨痛,何敢康宁。将以良日,遂登戎辂。咨尔中外相臣将臣,卿士大夫,下及三军,以至黎庶,共怀忠义,期济多艰,戮力一心,以承朕意。

出处:《三朝北盟会编》卷一七七。

岳飞起复太尉加食邑制
(绍兴七年二月二十五日)

门下:天生五材,莫大乎用兵之利;战有百胜,孰逾于得算之多。粤若信臣,妙持军律。援桴擐甲,屡收既克之功;饮至策勋,更励方来之效。咨尔在位,明听朕言。起复检校少保、武胜定国军节度使、充湖北京西路宣抚副使兼营田使、武昌郡开国公、食邑二千五百户、食实封壹阡户岳飞沉毅而有谋,疏通而善断。威加敌人,而其志方厉;名著甲令,而其心愈刚。有虑而后会之机,有誓不俱生之勇。曩者分遣将士,深入贼巢。荐闻斩馘之奇,尽据山川之险。至于牛蹄之役,尤嘉虎斗之强。积获齐山,俘累载道。令行塞外,已观奋击之无前;响震关中,将使覆亡之不暇。是用跻荣掌武,加重元戎。玉佩绛裳,备殊勋之典礼;雕戈金节,增上将之威棱。仍衍爰田,倍敦真食。以厚褒扬之宠,以明待遇之隆。於戏!朕不爱爵禄而用才,庶几无负;汝宜竭股肱而报上,思称所蒙。往图竹帛之光,勉徇国家之急。则朕克济垂成之业,而汝亦有无穷之闻。可特起复太尉,依前武胜定国军节度使、湖北京西路宣抚使兼营田大使,加食邑五百户、食实封贰伯户。主者施行。

出处:《鄂国金佗续编》卷二。

<h1 style="text-align:center">岳飞辞免起复太尉仍加食邑不允诏</h1>

(绍兴七年二月二十六日后)

敕:具悉。朕以戎狄作难,奸伪乘时。命南征北伐之师,得战胜攻取之将。冀攘群丑,以底不平。卿为国爪牙,董兹貔虎。功收江、汉之表,声震河、洛之郊。大破逆徒,进临要地。秋毫亡害,既昭布于上恩;壶浆以迎,遂抚宁于旧俗。仁戡大憝,亟靖中原。属兹振旅而还,式示告廷之宠。惟将军脤制阃之命,能辟国以宣威;而太尉乃掌武之官,用策勋而懋赏。斯为甚称,其勿固辞。所请宜不允。

出处:《鄂国金佗续编》卷三。
考校说明:月、日据《宋会要辑稿》职官一补。原书系于绍兴七年二月。

<h1 style="text-align:center">岳飞再辞免起复太尉仍加食邑不允诏</h1>

(绍兴七年二月二十六日后)

敕:具悉。凡赏无常,轻重视功,周之制也。太尉古官,昔在三公之右,今同二府之列。艰难以来,尤重兹任,非有大功,不以命之。卿一时人杰,董我戎旅,百战百胜,厥功茂焉。日者淮、蔡之战,王命将通于洛邑;商、虢之役,威声已振于秦川。我图尔功,宜有重赏,是用建尔久虚之位,崇以辅臣之礼。盖将以劝天下之有功者,而非以为卿私也。何为固辞,殊咈朕意,其祗成命,毋复重陈。所辞宜不允。

出处:《鄂国金佗续编》卷三。

考校说明：月、日据《宋会要辑稿》职官一补。

令于建康府名山大川等祈雨诏
（绍兴七年二月二十六日）

雨泽稍愆，恐妨农事，应建康府界载在祀典及名山大川神祠龙洞，在内分差侍从官、在外委所属县分知县亲诣祈雨。

出处：《宋会要辑稿》礼一八之一八。

两浙州县和雇舟船不得违法诏
（绍兴七年二月二十九日）

访闻两浙路诸州县比因和雇舟船般发大军钱粮，官吏并缘为奸，多是立为料次，预行过数科率民间见钱，规求赢余，妄充他费。至如欲作某用，即支第几料和雇船钱应副。公私侵欺藏隐，弊端百出，民甚苦之。除已令转运司打造官船计置纲运外，委提点刑狱官躬亲遍诣管下州县，子细体访。如有违犯去处，按劾以闻。其官吏当重置典宪；或监司隐庇不发，并当一例坐罪。仍令提刑司镂板印榜，散给州县晓示。

出处：《宋会要辑稿》食货四四之一。又见同书食货四七之二一，《宋会要辑稿补编》第五七六页。

百日大小祥并不御殿诏
（绍兴七年二月三十日）

道君皇帝、宁德皇后丧制，近虽从群臣所请，外朝以日易月，而朕躬行三年之丧。将来百日大小祥，并不御殿，作休务假；诸路州县禁作乐及屠宰一日。

出处：《中兴礼书》卷二三七。

蠲驻跸及经从州县积年逋赋诏
(绍兴七年三月三日)

应驻跸及经由州军见欠绍兴五年以前税赋,并予除放。官司辄敢举催,重置典宪。仍令提刑司常切觉察。其民间见欠官司绍兴五年以前钱物,令逐州长贰限三日条具以闻,当议蠲免。

出处:《宋会要辑稿》食货六三之七。

措置劝募淮南等失业流移人营田诏
(绍兴七年三月三日)

淮南等处失业流移之人,可令营田司措置劝募营田,无得抑勒搔扰。其余州县更有似此去处依此。

出处:《宋会要辑稿》食货六三之一〇九。

巡幸建康府许扈从臣寮戴凉笠诏
(绍兴七年三月七日)

巡幸建康府,出陆日天气稍暄,应扈从臣寮许戴凉笠。

出处:《宋会要辑稿》方域二之一四。

尚书省常程事权从参政分治诏
(绍兴七年三月十日)

军旅方兴,事务日繁,若悉从相臣省决,即于军事相妨。可除中书门下省依旧外,其尚书省常程事,权从参知政事分治,所有合行分治事,令张俊条具取旨。

出处:《建炎以来系年要录》卷一〇九。又见《宋会要辑稿》职官一之五〇。

谕王德等听岳飞号令诏
（绍兴七年三月十一日）

朕惟兵家之事，势合则雄。卿等久各宣劳，朕所眷倚。今委岳飞尽护卿等，盖将雪国家之耻，拯海内之穷。天意昭然，时不可失。所宜同心协力，勉赴功名。行赏答勋，当从优厚。听飞号令，如朕亲行。傥违斯言，邦有常宪。付王德等。御押。

出处：《鄂国金佗稡编》卷一。又见《宋史》卷三六五《岳飞传》。
考校说明："十一日"据《宋史》卷二八《高宗纪》补。

降建康府等罪囚并蠲逋赋等手诏
（绍兴七年三月十一日）

降建康府流罪已下囚及斗杀情轻者，释杖已下；建康府、太平、宣州绍兴五年以前税赋及五等户今年身丁钱并放。又免建康府五等户科敷一年，太平、宣州半年。

出处：《建炎以来系年要录》卷一〇九。

岳飞乞出师札子御批
（绍兴七年三月十一日）

览奏，事理明甚，有臣如此，顾复何忧。进止之机，朕不中制。惟敕诸将广布宽恩，无或轻杀，拂朕至意。

出处：《鄂国金佗续编》卷一。又见《宋史》卷三六五《岳飞传》。

赐岳飞御札
（绍兴七年三月十一日后）

前议已决，不久令宰臣浚至淮西视师，因召卿议事。进止之几，委卿自专，先发制人,正在今日,不可失也。所宜深悉。付岳飞。御押。

出处:《鄂国金佗续编》卷一。
考校说明:月、日据同书同卷前文《岳飞乞出师札子御批》补。

赐岳飞御札
(绍兴七年三月十一日后)

览卿近奏,毅然以恢复为请,岂天实启之,将以辅成朕志,行遂中兴邪!嘉叹不忘,至于数四。自余令相臣浚作书具道。惟卿精忠有素,朕所简知,谋议之间,要须委曲协济,庶定祸乱。卿目疾迩来必好安。故兹亲谕,所宜悉之。付岳飞。御押。

出处:《鄂国金佗续编》卷一。
考校说明:月、日据同书同卷前文《岳飞乞出师札子御批》补。

赐岳飞谕淮西合军曲折御札
(绍兴七年三月十一日后)

览奏备悉,俟卿出师有日,别降处分。淮西合军,颇有曲折。前所降王德等亲笔,须得朝廷指挥许卿节制淮西之兵,方可给付。仍具知禀奏来。付岳飞。御押。

出处:《鄂国金佗稡编》卷一。
考校说明:月、日据同书同卷前文《岳飞乞出师札子御批》、《宋史》卷二八《高宗纪》补。

给付岳飞军除正任及转横行遥郡官告诏
(绍兴七年三月十三日)

湖北京西宣抚使岳飞,所有立奇功除正任及转横行遥郡官告日下给付,免进入。

出处:《宋会要辑稿》职官一一之七〇。

赐韩京金束带等诏
(绍兴七年三月十五日)

广东路钤辖韩京御寇有功,特先赐金束带战袍、银缠笴枪。其一行官兵,支钱五千贯,等第犒设。

出处:《宋会要辑稿》礼六二之六一。

教习江浙福建禁军弓弩手诏
(绍兴七年三月十六日)

江、浙、福建五分禁军弓弩手,并拣少壮武艺高强人一半,赴都督府教习。

出处:《建炎以来系年要录》卷一〇九。

左中大夫同知枢密院事沈与求除知枢密院事制
(绍兴七年三月十六日)

履中微之运,日有冰渊之虞;念大业之难,凛若芒刺之负。时方右武,事莫急兵。乃眷枢管之臣,备宣忠力;其正机庭之位,增重本朝。具官某学洞古今,才优经济。周旋万事,有蓍龟先见之明;夷险一心,挺风雨不渝之操。任国柱石,作朕股肱。比从真馆之游,起参右府之寄。宥夙夜之密命,翼翼秉心;赞帷幄之深谋,孜孜尽节。方重安危之倚,式昭翊亮之忠。匪进陟于鸿枢,其曷副于公论! 朕将祗承天命,以戡定祸乱;所赖制胜樽俎,以辉耀威灵。益修我戎,企是机会。傥三军五兵之用,可以怀徕;彼九州四海之人,何忧弗格! 副予至意,厉尔壮猷。

出处:《忠惠集》卷一。
撰者:翟汝文
考校说明:编年据《宋宰辅编年录》卷一五、《宋史》卷二一三《宰辅表》补。翟汝文此时已致仕,此文作者或非翟汝文。

宣和皇后尊为皇太后诏
(绍兴七年三月十七日)

推立爱之道,盖本于事亲;昭钦养之诚,莫先于隆礼。爰正母仪之位,以形孝治之风。宣和皇后静顺承天,柔明育德,肃雍庆衍,是生眇冲。阴教表乎六宫,美化行于四海。闵予小子,逢此百罹。乃骨肉之至亲,偕父兄而时迈。十年地阻,怀陟岵、凯风之思;万里使还,奉上皇、宁德之讳。兴言痛惨,增慕劬劳。顾家难以何堪,惟母慈之是恃。念从狩襄城之野,远播徽音;将迎还长乐之宫,永依善训。属当在疚,亟议推崇。日用三牲,期致天下之养;母临万邦,宜极域中之尊。延望慈闻,恭加徽号。宣和皇后宜尊为皇太后,仍令所司择日奉上册宝。应合行典礼,令礼官讨论以闻。

出处:《三朝北盟会编》卷二二三。又见《中兴礼书》卷一七三,《宋会要辑稿》后妃二之五,《宋史》卷一一〇。

文思院依省样制造五斗斛颁降诸路诏
(绍兴七年三月十九日)

文思院依省样制造五斗斛,颁降诸路转运司并行在仓场各一只,其本路州军令转运司样制造降下所辖州军县镇及应给纳官司行使。

出处:《宋会要辑稿》食货六九之一〇。

抚恤将士诏
(绍兴七年三月二十一日)

朕思亲属万里,用兵十年。士卒久劳,衣不解甲,边城昼闭,马不辍鞍。冒堕指之祁寒,触流金之毒暑。违离亲属,暴露风埃。谅寝食之非宜,嗟室家之靡托。所赖将帅,抚恤勤劳,使之忘生,誓不旋踵。尚虑偏裨之未谕,不能悉体于朕怀,或狃故常,罔知存恤。庐舍风雨之不息,衣粮药物之不将。无均食同服之人,废挟纩投醪之义。朕惟待士卒如子弟,则人将尊我如父兄;待士卒如腹心,则人将捍我如头目。有施必报,其理甚昭。夫师克在和,恩贵素蓄。将用军师之命,当明劳苦之情。朕虽宅忧,敢忘尔众! 宜思辑睦,以副朕心。

出处:《三朝北盟会编》卷一七七。

王彦授洪州观察使知邵州制
(绍兴七年三月二十三日)

出入累年,闻望愈显,而再三自言,力求避事。朕嘉其冲尚之志,念其恳款之诚。复廉察之崇资,分符竹之重寄。

出处:《三朝北盟会编》卷一七七。

王德相州观察使制
(绍兴七年三月二十五日)

兹属逆雏之猖獗,首提锐旅以荡攘。凡蜂屯而蚁聚,咸电扫而风驱。

出处:《三朝北盟会编》卷一七〇。又见《江苏金石志》卷一一《王公神道碑》。
考校说明:编年据《建炎以来系年要录》卷一〇九补。

不允李纲宫观诏书
(绍兴七年春)

敕李纲:所奏乞除宫观差遣事具悉。惟豫章之故郡,实吴会之捍关。控制上流,巩固南服。以卿辅弼,宽吾顾忧。抚潢池弄兵之民,当饥馑相望之后。易彼俭岁,化为丰年。治最彰闻,玺书屡下。方倚蕃宣之重,共图社稷之安。乃抗封章,恳祈避谤。且伏阙之往事,皆不根之浮辞。排邪议以用卿,断由朕志;守夙心而自信,无恤人言。勿复有云,往安厥位。所请宜不允。故兹诏示,想宜知悉。春暖,卿比平安好? 遣书,指不多及。

出处:《梁溪集》卷九三。
考校说明:编年据原书前后文时间、文中所述"春暖"补。

岳飞辞男云转三官授武略大夫所请宜允诏
（绍兴七年三月后）

敕：具悉。朕以卿肃提师律，进辟土疆，功在必酬，既举策勋之典，宠惟无斁，用昭延赏之私。卿乃力抗封章，推先将士，谓名器之虚授，将磨厉以何繇。朕思其言，所见者远。盖不特固执谦逊，耻同汉将之争功；而使其自立勋劳，复见西平之有子。载深嘉叹，姑务勉从。所请宜允。

出处：《鄂国金佗续编》卷三。

考校说明：《鄂国金佗稡编》卷一四有《辞男云转三官第二札子》，王曾瑜《鄂国金佗稡编续编校注》（中华书局，一九八九年，第九〇三页）认为此札作于绍兴七年三月。此诏当作于《辞男云转三官第二札子》之后。

配隶罪人事诏
（绍兴七年四月二日）

敕：诸州合配三千里罪人，如系道路不通州军，权令配二千里以上州军；如罪人数多，或二千里州军数少，并权分配二千里以下、千里以上重役军分，先从远配。候路通日依旧。

出处：《庆元条法事类》卷七五。

禁诸路船场打造座船诏
（绍兴七年四月五日）

诸路船场不许打造座船，虽奉特旨，仰彼官司执奏不行。其年额纲船不得依前拖欠。如有见造座船，改作粮船使用。

出处：《宋会要辑稿》食货五〇之一七。

今年九月有事明堂诏
（绍兴七年四月八日）

敕内外文武臣僚等：朕荷三灵之祐，思报本以荐诚；蒙列圣之休，当奉先而追孝。乃虔修于大享，将卜用于杪秋。虽亮阴不言，适在亲祠之岁；而越绋行事，宜遵制礼之权。祈为黎元，辑兹祉福。惟汉世明堂之建，受记尝格于诸神；而周家宗祀之修，秉德实资于多士。爰敷大号，式戒先期。朕以今年九月有事于明堂。咨尔攸司，各扬厥职，相予肆祀，罔或不恭。故兹札示，想宜知悉。

出处：《中兴礼书》卷四四。

州县官职田禁辄令保正催纳诏
（绍兴七年四月十二日）

今后州县官职田，不得辄令保正催纳。如违，仰提刑司按劾。

出处：《宋会要辑稿》职官五八之二四。

岳飞乞解兵柄答诏
（绍兴七年四月十六日前）

奏札复还卿，国事至重，要当子细商量，期于有济。可速起发见张浚，仍具奏来。付岳飞。御押。

出处：《鄂国金佗稡编》卷一。
考校说明：月、日据《宋史》卷二八《高宗纪》补。

赐岳飞不许持余服御札
（绍兴七年四月十六日）

再览来奏，欲持余服，良用愕然。卿忠勇冠世，志在国家，朕方倚卿以恢复之事。近者探报，贼计狂狡，将窥我两淮，正赖日夕措置，有以待之。卿乃欲求闲自便,岂所望哉! 张浚已过淮西视师,卿可亟往,商议军事,勿复再有陈请。今封还元奏。故兹亲笔,宜体至怀。付岳飞。御押。

出处:《鄂国金佗稡编》卷一。
考校说明:月、日据《宋史》卷二八《高宗纪》补。

<h2 style="text-align:center">赐岳飞不许持余服御札</h2>

(绍兴七年四月十六日后)

比降亲笔,喻朕至意。再览卿奏,以浑珹自期,正朕所望于卿者,良深嘉叹。国家多事之际,卿为大臣,所当同恤。见遣中使,宣卿赴张浚处详议军事。《传》曰:"将相和,则士豫附。"卿其勿事形迹,以济功勋。今再封还来奏,勿复有请。付岳飞。御押。

出处:《鄂国金佗稡编》卷一。
考校说明:月、日据《宋史》卷二八《高宗纪》补。

<h2 style="text-align:center">群臣吉服及禁屠禁乐事诏</h2>

(绍兴七年四月二十一日)

群臣俟祔庙毕,纯吉服;卒哭日,建康、临安府禁屠宰三日;大小祥,诸路州县禁乐七日、屠宰三日。

出处:《建炎以来系年要录》卷一一〇。

<h2 style="text-align:center">禁搔扰民户诏</h2>

(绍兴七年四月二十二日)

临安府寄留诸军家属,已命赴行在,沿路毋得一毫扰民。犯者,许越诉,管押官重置于法。

出处:《建炎以来系年要录》卷一一〇。

褒录杨邦乂制
(绍兴七年四月二十二日)

　　故忠襄公云云:方胡马之绝江,以贰车而捍敌。守既屈膝,胁众士以偕降;尔独挺身,婴孤城而益厉。抗彼虎狼之众,奋乎锋镝之间。骂不绝音,死而后已。朕方规复土宇,进幸江滨。览万里之山川,考累朝之人物。舍生取义,如汝几人?故老兴悲,有叹息而谈者;英风激懦,思奋迅以从之。顾庙貌之具存,凛精爽之如在。虽已加于赠恤,念未究于哀荣。爰升次对之联,用彰仁者之勇。九原可作,其随会之与归;千载犹生,叹相如之不泯。

出处:《名臣言行录》续集卷七。
考校说明:月、日据《建炎以来系年要录》卷一一〇补。

赡军酒库所息钱等赴左藏库送纳诏
(绍兴七年四月二十四日)

　　措置户部赡军酒库所,已降指挥之将所得息钱等每旬赴左藏库送纳,令项桩管,听候朝廷指挥支使。

出处:《宋会要辑稿》食货二〇之一七。

罢淮南提点刑狱司诏
(绍兴七年四月二十九日)

　　淮南东、西路各置转运一员,兼提点刑狱、提举茶盐常平事。蒋璨除淮东路转运判官,韩琎除淮西路转运判官。提点两路公事司官吏并罢。

出处:《宋会要辑稿》食货四九之四三。

责罚张汇正等诏
(绍兴七年五月五日)

大理寺丞勘吏部人吏种永和等公事,行遣迁枉,故作注滞,其当行官吏理合惩戒。少卿张汇正、赵公权各特罚铜十斤,丞林悫、都辖张昭亮各降一官,职级、推司并令临安府从杖一百科断。

出处:《宋会要辑稿》职官二四之二一。

临安府余杭县南北湖不许出卖诏
(绍兴七年五月十二日)

临安府余杭县南、北湖依旧存留,灌溉民田等用,不许辄便出卖。

出处:《宋会要辑稿》食货六一之一〇九。

刑寺议刑事诏
(绍兴七年五月十五日)

刑寺今后应议刑不同,限次日禀白刑部;若所断未定,则刑部长贰限两日率法寺官赴堂禀决。

出处:《宋会要辑稿》职官二四之二一。

行在职事厘务官并宗子应举条约诏
(绍兴七年五月二十一日)

行在职事、厘务官并宗子应举,取应及有官人,并于行在赴国子监试。

出处:《宋会要辑稿》选举一六之五。又见《宋会要辑稿补编》第四八二页。

责罚臣僚荐士不如所举者诏
(绍兴七年五月二十四日)

自今内外臣僚荐士,或不如所举,及罪当并案者,必罚毋赦。自今犯赃私罪者,举主递降二等;其以子弟亲戚互荐者,令台臣察之。

出处:《建炎以来系年要录》卷一一一。

监司除授事诏
(绍兴七年五月二十六日)

监司除授依祖宗法施行,内本贯系置司州军者,即行回避。

出处:《宋会要辑稿》职官四五之一九。

住给度牒诏
(绍兴七年六月四日)

度牒应臣僚恩例及试经拨放并给降支使等,并依已降旨挥住给,虽奉特旨,令礼部执奏不行。

出处:《宋会要辑稿》职官一三之三三。又见《庆元条法事类》卷五〇。

诸路安抚转运司兼领营田事诏
(绍兴七年六月五日)

淮东委蒋璨、淮西韩珰、江东俞俟、浙西汪思温,湖南北、京西南路帅臣并带提领营田,内有见带营田大使、营田使,即依旧。各将本路州县应营田官庄并租佃田土、州县官勤惰,并依营田司前后已得指挥施行。仍各严切督责州县当职官疾速趁时接续措置,召客耕佃,毋致荒废田土。候措置增广,取旨推恩。其提领营田司限一月结局。

出处：《宋会要辑稿》食货六三之一一○。

史馆重加考订神宗实录御笔
（绍兴七年六月六日）

史馆重修《神宗皇帝实录》，尚有详略失中，去取未当，恐不可垂信传后。宜令本馆更加研考，逐项贴说进入，以俟亲览。

出处：《建炎以来系年要录》卷一一一。

令诸路差官祈雨诏
（绍兴七年六月七日）

诸路如有阙雨去处，令转运司行下逐州县差官祈祷。

出处：《宋会要辑稿》礼一八之一八。

岳飞上章乞骸有旨不允继赴行在入见待罪慰谕诏
（绍兴七年六月七日）

敕岳飞：省札子奏"臣妄有奏陈乞骸之罪，明正典刑，以示天下，臣待罪"事具悉。朕究观自昔之将帅，罔不归重于朝廷。盖将既尊君，则下知从令。协致爪牙之利，用成社稷之功。此所以名书鼎彝，庆流孙子，而君臣并受其福者也。卿识洞韬钤，天资忠孝，龙骧虎视，声动四方，眷遇之隆，超越今昔，而乃误于闻听，轻有奏陈。及承命而造朝，能抗章而引咎，深达君臣之义，尤知名分之严。维石庆之以谨闻，吴汉之自谴责，质之古道，何以加诸。夫有志者事必成，无咎者善补过。本无瑕疵，何以谢为，三复忧辞，不忘嘉叹。故兹诏示，想宜知悉。

出处：《鄂国金佗续编》卷三。
考校说明："七日"据《宋史》卷二八《高宗纪》补。

赈钦廉邕州灾民诏
（绍兴七年六月十八日）

钦、廉、邕州去岁大水，米踊贵，令本路常平官蠲赋税，赈饥乏，其公私欠负皆停之。

出处：《建炎以来系年要录》卷一一一。

赐席益银合等物诏
（绍兴七年六月十八日）

席益镇守川蜀，治效著闻，颇宽忧顾，遣兵入卫，忠诚可嘉。特赐银合、茶药、笋头、金带、牙笏。

出处：《宋会要辑稿》礼六二之六一。

禁诸司辰太史生学生等擅离局所诏
（绍兴七年六月十九日）

诸司辰、太史生、学生、玉漏学生擅离局所，杖八十；为首诐引家人者，加二等，仍奏裁。

出处：《宋会要辑稿》职官三六之一〇八。

祈雨禁屠宰三日诏
（绍兴七年六月二十日）

已迎请上天竺观音就法慧寺祈求雨泽，令临安府禁屠宰三日，并鸡鸭之类，并不得宰杀。

出处：《宋会要辑稿》礼一八之一九。

回易库拨隶都督府诏
(绍兴七年六月二十九日)

回易库拨隶都督府,权户部侍郎王俣仍旧总领,其事务苛细者皆除之。

出处:《建炎以来系年要录》卷一一一。

张宗元奏军旅精锐奖谕岳飞诏
(绍兴七年六月后)

敕:朕致天之讨,仗义而行。秉律成师,誓清乎螽贼;整军经武,必藉于虎臣。眷予南服之区,实捍上流之势。卿肃持斋钺,洞照玉钤。菇苦分甘,与下同欲;裹粮坐甲,唯敌是求。旗甲精明,卒乘辑睦,士闻金鼓而乐奋,人怀忠孝而易从。动焉如飘风,固可以深入;延之如长刃,何畏乎横行。览从臣之奏封,知将帅之能事。卿诚如此,朕复何忧。想钜鹿李齐之贤,未尝忘者;闻细柳亚夫之令,称善久之。故兹奖谕,想宜知悉。

出处:《鄂国金佗续编》卷三。

在外陈乞致仕遗表事诏
(绍兴七年七月九日)

敕:应在外陈乞致仕遗表等恩泽之家,先令身亡人母、妻陈乞;如母、妻并亡,许其人下的亲子孙陈乞;如无子孙,即许本房近亲尊长陈乞。令本州勘会陈乞人,委是诣实,别无隔蓦违碍,日后委得别无人争论,及于保状内分明声说,方许依条保奏。

出处:《庆元条法事类》卷一二。

差官祈雨诏
（绍兴七年七月十三日）

稍愆雨泽,恐伤禾稼,可差官祈祷。天地差参知政事陈与义,宗庙差宣州观察使仲鸎,社稷差户部侍郎王俣,五岳、五镇差礼部侍郎吴表臣,四海、四渎差礼部侍郎陈公辅,雨师、雷师差太府少卿郑作肃。

出处:《宋会要辑稿》礼一八之一八。

申严禁谒之制诏
（绍兴七年七月十五日）

令刑部再检坐条法申严,委御史台常切觉察,仍出榜晓谕。如有违犯之人,具名闻奏。

出处:《宋会要辑稿》刑法二之一一三。

召王勋诏
（绍兴七年七月十八日前）

王勋召赴行在所。

出处:《攻媿集》卷九九《王公墓志铭》。
考校说明:编年据王勋官历补,见《建炎以来系年要录》卷一一二。

久旱命中外臣庶实封言事诏
（绍兴七年七月二十三日）

朕获奉祖宗基绪,若涉渊冰,罔知攸济,夙夜祗畏,恐弗克胜。乃夏秋之交,阳亢为沴,黎民愁叹,朕甚惧焉。顾德寡昧,上累阴阳之和,彻膳省躬,未烛厥理。公卿大夫、师尹御事下及庶民,咸听直言,无有隐讳。凡朕之过失与思虑之所不逮,阙政冤狱,人之疾苦、吏之不良,朕乐闻之,将以消弭天灾,导迎善气,副畏天之诚焉。应中外臣僚以至民庶,各许实封言事。在内于合属去处投进,在外许于所在州军附递以闻。布告遐迩,咸知朕意。

出处:《宋会要辑稿》帝系九之二八。又见《建炎以来系年要录》卷一一二。

宰臣张浚等以久旱引咎乞罢不允诏
(绍兴七年七月二十三日)

亢阳未雨,忧心如熏,咎在一人,非卿等罪。各安乃位,勿复陈词。夙夜勉旃,以辅台德。

出处:《建炎以来系年要录》卷一一二。

遣医行视建康府内外居民病患者诏
(绍兴七年七月二十四日)

建康府内外居民病患者,令翰林院差官四员分诣看诊。其合用药,令户部药局应副,仍置历除破。如有死亡,委实贫乏,令本府量度给钱助葬,仍具已支数申尚书省除破。

出处:《宋会要辑稿》食货五九之二九。又见同书食货六八之一二三、职官三六之一〇三。

除放逋赋诏
(绍兴七年七月二十四日)

诸路州县民户见欠绍兴五年以前税赋并予除放,官司钱物令长贰限三日条具以闻,当议蠲免;及诸州起发纲运赴行在交纳,因估剥亏官并抛失少欠,见令监理追纳补发,自绍兴五年以前亏官数目并予除放;其见催理去处,取见诣实,如委无情弊,一面先次权住催理,具状保明闻奏,当议亦予除放。州县因灾伤逃移,并不曾离业人户布种未尽田亩,依已降指挥,合免税租。访闻州县违戾,以拘催上供为名,复行催纳。自今降指挥到日,并免催理。如违,令提刑司觉察,按劾以闻,当重行科断。其绍兴四年、五年终前项人户拖欠未纳上供税苗,令提刑司取见所免催理数,如州县委实无从出办,具数保明闻奏,当议特予除放。诸路民户买扑场务,昨因拖欠净课利,钱物收执当折填外,尚有欠少数目委无可纳者,绍兴五年正月以前数目亦予除放。诸路常平司诸色田产人户承佃合输租课,绍兴五年以前拖欠之数,令长贰限三日条具以闻,当议免。其宽恤事务要实惠及民,如州县巧作名目,辄敢催理,委提刑司按劾以闻,当重置典宪。

出处:《宋会要辑稿》食货六三之七。

诸路归业民垦田及八年始输全税诏
（绍兴七年七月二十六日）

诸路州县逃亡民户未开垦田亩,通限八年输全税。

出处:《建炎以来系年要录》卷一一二。

令给舍看详士民奏陈诏
（绍兴七年七月二十七日）

今后士民陈献利害,令给舍子细看详。其可采者,取旨施行。

出处:《建炎以来系年要录》卷一一二。

诸路州军奏勘公事稽滞尤甚者取旨施行诏
（绍兴七年七月二十八日）

诸路州军奏勘公事,令刑部开具稽滞尤甚三五处,申尚书省取旨施行。

出处:《宋会要辑稿》职官一五之二〇。

户部长贰迭出巡按诸路诏
（绍兴七年七月二十八日）

户部逐时轮挪长贰一员,出外巡按,其奉行诏令违戾等事,按劾以闻;州县财赋利病并考究措置,事大条具闻奏,余听一面行讫具申朝廷,仍依本等奉使格法。

出处:《宋会要辑稿》食货五六之四三。

令逐路转运司约束管下州县恪意遵守宽恤指挥诏
(绍兴七年七月二十八日)

令逐路转运司约束管下州县恪意遵行,务要实惠。如州县敢有违戾,或因缘追呼搔扰,许人户径诣本路帅臣、监司或朝廷台部越诉。若所陈自实,官当取旨重行审责,人吏决配。及令提刑司分委官遍诣州县点检觉察,具违戾去处当职姓名,按劾闻奏。

出处:《宋会要辑稿》食货六三之八。

令提刑官催督结绝见禁公事诏
(绍兴七年七月二十九日)

已降指挥,诸路州县刑狱官司并令提刑躬亲疾速催促结绝见禁公事,僻远委官前去,逐旋具已结绝过件数申尚书省,仍令诸路提刑遵禀已降指挥,恪意详审。即不得将不系僻远去处一例差官前去,须于旬申已结绝公事名件状内具无冤滥申尚书省。

出处:《宋会要辑稿》刑法五之三五。

褒谕岳飞御札
(绍兴七年八月前)

览卿来奏,备见忠诚,深用嘉叹。恢复之事,朕未尝一日敢忘于心,正赖卿等乘机料敌,力图大功。如卿一军士马精锐,纪律修明,鼓而用之,可保全胜。卿其勉之,副朕注意。付岳飞。御押。

出处:《鄂国金佗稡编》卷一。
考校说明:月份据同书卷四《编年行实》、《建炎以来系年要录》卷一一三补。

逐路转运司桩还借兑过常平钱诏
（绍兴七年八月二日）

令逐路转运司据借兑过常平数目，候起纳税日，并限一月，依数先次桩还。仍令常平司不住催促，各具已交还数足文状申尚书省。

出处：《宋会要辑稿》职官四三之二五。

张宗元枢密都承旨制
（绍兴七年八月五日）

右府本兵之地，西清次对之班，掌出纳以导王言，备论思以赞国论。惟职清而地近，故任重而选高。必得时髦，式符公议。具官某静粹不挠，通敏有为。远略可以济时，余事长于治剧。蚤缘闻望，浸被简知，入侍禁林，久参帅幕。密赞运筹之策，力陈前席之谟。逮出抚于军师，实上宽于忧顾。惟兹多绩，允协师言，其升清切之联，以宣宥密之旨。亲贤为务，朕方仿于谋猷；告后之诚，尔毋忘于凤夜。往祗明训，益懋远图。

出处：《竹溪先生文集》卷四。
撰者：李弥逊
考校说明：编年据《建炎以来系年要录》卷一一三补。

曾开中书舍人制
（绍兴七年八月五日）

西掖极诸儒之选，中书本庶务之原。宣德意以形四方，孚号令以鼓天下。任人图旧，出命惟新。具官某端靖不渝，冲和无竞，辞有典要，德为老成。忠节著于三朝，威略伸于两镇。兹起真祠之秩，来归禁路之华。惟坦明之文，动于群听，深切之论，沃于朕心。使老瘝扶杖以期生，悍武闻风而思奋，时汝称职，助予图功。

出处：《竹溪先生文集》卷四。
撰者：李弥逊

考校说明:编年据《建炎以来系年要录》卷一一三补。

赵思诚中书舍人制
(绍兴七年八月五日)

上词同。具官某学博而资深,辞华而知要。早擅翩翩之誉,备输蹇蹇之忠,廉靖有常,笃信无倦。兹赐环于祠馆,归持橐于禁林。下词同。

出处:《竹溪先生文集》卷四。
撰者:李弥逊
考校说明:编年据《建炎以来系年要录》卷一一三补。

常明秘书省正字制
(绍兴七年八月五日)

朕储书中秘,以萃群英,推择成材,出为时用。尔绩文种学,望誉甚休。尔雅之词,见于已试。其往游于藏室,以纵览于秘文。藏器待时,嗣有褒宠。

出处:《竹溪先生文集》卷四。
撰者:李弥逊
考校说明:编年据《建炎以来系年要录》卷一一三补。

霍蠡特转一官诏
(绍兴七年八月六日)

户部员外郎霍蠡出使湖北,均节财用,检察诸军请受,不失朝廷委使之意,特转一官。

出处:《宋会要辑稿》食货五六之四四。

霍蠡总领荆湘财用转一官制
（绍兴七年八月六日）

朕宿兵边隅，坐制羌虏。预为足食之计，曲尽理财之方。而吏或侵渔，军多冗滥，致馈饷不继于道，征求荐及于民，朕甚病之。尔以才猷，列于郎位。将命以往，知无不为，力究弊原，不畏强御，连营尽得其军实，列郡悉知其吏奸。风力隐然，济以心计，有臣如此，朕何虑焉？超进一官，姑以示劝。益恭乃事，朕不汝忘。

出处：《竹溪先生文集》卷四。
撰者：李弥逊
考校说明：编年据《建炎以来系年要录》卷一一三补。

令戒谕席益李迨诏
（绍兴七年八月七日）

川蜀去朝廷甚远，全藉两司协济国事。今览益、迨所奏，务为嫌隙，必致生事，深以为忧。可令学士院赐诏戒谕，仍当深体朕意，毋得因今旨在告待罪，妨废职事。

出处：《建炎以来系年要录》卷一一三。

四十大邑许通除选人诏
（绍兴七年八月七日）

四十大邑许通除选人，供给依职官例，代还甄擢如先诏。

出处：《建炎以来系年要录》卷一一三。

朱松校书郎制
（绍兴七年八月七日）

朕寤寐求贤，思得天下之士。未见君子，犹恐失之。尔学行有闻，达于予听。

便朝赐对，敷纳可嘉。肆颁命秩之荣，分职书林之秘。麒麟天禄，尔所旧游，勉副柬求，益务涵养。

出处：《竹溪先生文集》卷四。

撰者：李弥逊

考校说明：编年据《建炎以来系年要录》卷一一三补。

知荆南府王庶复徽猷阁直学士制
（绍兴七年八月八日）

荆湘万里，实国上游；师帅一方，为时重寄。爰择西清之望，往绥南服之民。善最既闻，褒嘉可后？具官某才猷敏济，气节刚方。洞明韬略而本之《诗》《书》，妙达权谋而由于法度。肆畴嘉绩，作镇巨藩。迨兹报政之优，备著宣劳之效。流庸自占，仁风浃于遗黎；桴鼓不惊，威名慑于邻敌。允资控制，以宽顾忧。载升延阁之华，用益帅旄之重。虽尔旧物，惟予茂恩。勉图终功，嗣有休命。

出处：《竹溪先生文集》卷四。

撰者：李弥逊

考校说明：编年据《建炎以来系年要录》卷一一三补。

谕郦琼等手诏
（绍兴七年八月十一日）

朕躬抚将士，今逾十年。汝等力殄寇仇，殆将百战。比令入卫于王室，盖念久戍于边陲，当思召汝还归，方加亲信，岂可辄怀反侧，遂欲散亡？倘朕之处分或未尽于事宜，汝之诚心或未达于上听，或以营垒方就而不乐于迁徙，或以形便既得而愿奋于征战，其悉以闻，当从所便。应庐州屯驻行营左护军出城副都统制以下将佐军兵，诏书到日以前犯罪，不以大小一切不问，并与赦除。

出处：《建炎以来系年要录》卷一一三。

赵鼎观文殿大学士太一宫使兼侍讲制
（暂系于绍兴七年八月十四日前）

朕顺考古训,康济时艰。穷六经典要之辞,庶明大道;监历代兴亡之迹,用阐丕图。敷求一德之良,俾获多闻之裕。眷予旧弼,允协师言。具官某惇大而惠和,深醇而直亮。闳才经体,周万务以通明;奥学逢原,贯九流而博极。节不渝于夷险,身每系于安危。顷与政机,旋登揆路。新美百度,熙帝载以奋庸;张皇六师,畅天威而震叠。靖江淮之俶扰,致华夏之底宁。虽玄龄善谋,必资如晦之断;惟张仲处内,遂收吉甫之功。相须而成,同归于正。志恢土宇,方陈辟国之谟;力避钧衡,遽受拥旄之寄。深郁具瞻之望,每驰侧席之思。其即锋车,来游琳馆,冠清班于禁殿,侍间燕于经帷。益尊所闻,以辅台德。咏周王之颂,缉熙将极于光明;服商相之言,终始敢忘于逊敏！尚勤入告,式副虚怀。

出处:《竹溪先生文集》卷四。
撰者:李弥逊
考校说明:编年据赵鼎宦历补,见《建炎以来系年要录》卷一一三。此制疑未施行。《建炎以来系年要录》卷一一三:"(绍兴七年八月)甲辰,御笔观文殿大学士、两浙东路安抚制置大使兼知绍兴府赵鼎充万寿观使兼侍读,疾速赴行在。"

楼炤秘阁修撰知温州制
（绍兴七年八月十四日）

萃图书于中秘,独高论撰之班;剖符竹于外藩,尤重承宣之寄。眷被永嘉之望,辍予近列之良。尔学有师承,辞知体要。握兰省户,备罄猷为;载笔宸廷,时推廉靖。方忧国赖忠言之告,而爱亲兴志养之思。有嘉锡类之诚,肆颁从欲之命,往分厘于便郡,仍升践于华资。尔其布政以扬王之休,推恩以及人之老,遂安远俗,毋忘本朝。

出处:《竹溪先生文集》卷四。
撰者:李弥逊
考校说明:编年据《建炎以来系年要录》卷一一三补。

勾涛起居舍人制
(绍兴七年八月十九日)

朕统临兆民,若驭六马,言动之间,罔不抑畏。故左右置史,簪笔对仗,分侍便坐,系日而书之,所以儆今垂后,其任顾不重哉? 以尔老于文学,辞华蔚然,好是正直,气节不挠,力求古人之心,有意当世之务。雍容省闼,望重一时。肆予命汝以记注之事,往践右省,职清而地近。其体柬注之意,益励乃为,嗣有褒宠。

出处:《竹溪先生文集》卷四。
撰者:李弥逊
考校说明:编年据《建炎以来系年要录》卷一一三补。

令岳飞掩捕郦琼叛军御札
(绍兴七年八月中旬)

国家以疆场多虞,已及防秋,比降指挥,除张俊为淮西宣抚使,杨沂中为制置使。而庐州统制官郦琼意谓朝廷欲分其兵马,遂怀反侧,不能自安,于八日胁众叛去。朕已降诏开谕招抚,兼遣大兵,如无归意,即行掩捕。卿宜知悉。比览裁减官吏奏状,知卿体国爱民之意,深契朕心,嘉叹无已。付岳飞。御押。

出处:《鄂国金佗稡编》卷一。

令岳飞使人往谕郦琼御札
(绍兴七年八月中旬)

近日郦琼领军北去,止缘除杨沂中为淮西制置使,众情疑虑。虽琼忠义有素,而不能自信,仓卒之间,遂成大变。朕降亲笔,与琼委曲喻之,使知朝廷本意,乃已不及。闻琼与卿同乡里,又素服卿之威望,卿宜为朕选一、二可委人,持书与琼,晓以朕意:若能率众还归,不特已前罪犯一切不问,当优授官爵,更加于前。朕已复召刘光世,不晚到行在。琼之田产布在淮、浙诸郡,已降指挥,令元佃人看守,以待琼归。卿是国之大将,朕所倚注,凡朕素怀,卿之所悉,可子细喻琼,使其洞然无疑,复为忠义,在卿一言也。付岳飞。御押。

出处:《鄂国金佗续编》卷一。

乔仲福赠正任承宣使张景正任观察使
刘承衡友遥郡观察使制
（绍兴七年八月二十一日）

朕以节义望天下士,于今有年,而见危致命,求之荐绅,尚不多得。于吾行阵之间,乃有人焉。具官某勇冠三军,身鏖百战。夙赖干城之略,方迟敌忾之功。属叛党背德,鼓众不返,而能怀忠守节,义不俱生,视死如归,不为国辱。峻陟使名,疏恩后嗣。岂独重义,为九泉之荣;盖将显忠,为三军之劝。尚其不昧,歆此宠休。

出处:《竹溪先生文集》卷四。

撰者:李弥逊

考校说明:编年据《建炎以来系年要录》卷一一三补。"刘承衡"当为"刘永衡"之误,见《建炎以来系年要录》卷一一三、《宋史》卷三七〇《吕祉传》。

置行在排岸司诏
（绍兴七年八月二十二日）

行在建康府置文臣排岸司监官一员,以行在排岸司为名,依本府排岸司请给,从行在勘给,二年为任。仍许招置手分二人,依行在省仓手分请给,推行仓法。

出处:《宋会要辑稿》职官二六之三〇。

命官犯赃听朝廷裁断诏
（绍兴七年八月二十四日）

自今似此案状,令刑部更不坐例,止申朝廷酌情断遣。

出处:《建炎以来系年要录》卷一一三。

阎夏特与补右迪功郎诏
（绍兴七年八月二十四日）

进士阎夏所进六论，议论优长；及召试中书后省，文辞可采。特与补右迪功郎，令阁门引见上殿。

出处：《宋会要辑稿》选举三一之二一。

来年礼部奏名进士更不临轩策试诏
（绍兴七年八月二十五日）

来年礼部奏名进士，可依祖宗故事，更不临轩策试。

出处：《宋会要辑稿》选举八之四二。又见《建炎以来系年要录》卷一一三。

当讲日止令讲读官供进口义诏
（绍兴七年八月二十九日）

自今当讲日，只令讲读官供进口义，更不亲临讲筵。

出处：《建炎以来系年要录》卷一一三。

衡州茶陵县广泽公封明灵广泽公制
（绍兴七年八月）

朕以道御世，无间幽明，有功于民，必加崇奖。尔威行千里，惠及一方，雨旸以时，无祷不应。虽民和降之以福，惟正直则依人而行。其锡隆名，用旌灵贶。益敷利泽，以答宠荣。

出处：《竹溪先生文集》卷四。
撰者：李弥逊
考校说明：编年据《宋会要辑稿》礼二〇补。

张世显张世修补承信郎制
（绍兴七年八月后）

昔淮西之难，尔祖以忠死焉，恤孤之恩，施以及汝。命不易得，往惟念哉。

出处：《永乐大典》卷七三二七。

撰者：任希夷

考校说明：编年据淮西兵变时间补，见《建炎以来系年要录》卷一一三。题后原附：“赠光州观蔡使张景母马氏状：先任行营左获军、中军统制，出军在庐州，因郦琼反，男景拒抗不从，被害身死。得恩泽四资，已将两资收使外，有两资乞与男景长孙世显、世修。”据此可知此文时间与任希夷任两制时间相距甚远，作者当非任希夷。

李擢袁州李正民筠州制
（绍兴七年九月前）

筠、袁之间，盗贼连壤，户口耗于剽掠，郡县为之绎骚。必择循良之臣，以施安集之政。具官某嘉猷敏济，懋德纯成。被遇两朝，馨献纳论思之益；周旋一纪，宣藩维屏翰之劳。念方图旧而与之赴功，岂容遗贤而久于均逸？往分郡寄，共拯民艰。广汉之治在颍川，力回犷俗；龚遂之安于渤海，坐致淳风。其酌猛宽，以图治效。

出处：《竹溪先生文集》卷四。

撰者：李弥逊

考校说明：编年据李擢宦历补，见《宋会要辑稿》职官六一。

李纲奏陈淮西事宜奖谕诏书
（绍兴七年九月十二日）

敕李纲：省所奏陈淮西事宜，切中事机，事具悉。昔留侯以八难止食其之说，买臣以十策屈公孙之谋。盖人主有广览兼听之明，则臣下有竭智尽忠之益。卿位隆将相，计安国家。身虽任于藩方，心实存于王室。比阅淮壖之议，蔚有汉臣之风。去两短、集两长,所愿闻于药石;画一奇、出一策,尚不废于刍荛。矧乃嘉猷,毋忘入告。故兹奖谕,想宜知悉。秋冷,卿比平安好?遣书,指不多及。

出处:《梁溪集》卷九九。
考校说明:编年据《建炎以来系年要录》卷一一四补。

张浚罢右相制
(绍兴七年九月十三日)

《春秋》之义,责重于股肱;赏罚之行,必先于贵近。朕行法而待人以恕,议罪而不忘其功。用能全君臣进退之恩,成风俗忠厚之美。粤有定命,告于外廷。具官张浚顷尝奋身,事朕初载。入勤王室,位冠枢机;出捍疆陲,谋颛帷幄。乃畴凤望,俾践台司。期左右于一人,庶赞襄于万务。属者式遏戎寇,经理淮壖,番休御侮之师,更戍乘边之将,而乃抚御失当,委付非才,军心乖离,卒伍亡叛。邮传沓至,骇闻怨怒之词;封奏踵来,请正失谋之罚。然念始终之分,察其畴昔之怀,许上印章,退休真馆,锡名秘殿,庸示眷私。於戏!枸邑遣兵,邓禹致威名之损;街亭违律,武侯何贬抑之深。尚继前修,往图来效。

出处:《宋宰辅编年录》卷一五。又见《建炎以来系年要录》卷一一四。
撰者:朱震

参政轮日当笔权三省事诏
(绍兴七年九月十四日)

三省事权从参知政事轮日当笔,俟除相日依旧,更不分治常程事。

出处:《建炎以来系年要录》卷一一四。

三省职事诏
(绍兴七年九月十四日)

三省合行事并拨隶三省,其钱物令三省、枢密院同共桩管。

出处:《宋会要辑稿》职官三九之一一一。

赐岳飞诏
（绍兴七年九月十四日后）

览卿来奏,备见爱君忠义之诚。朕怀国家之大耻,竭尽民力,以养兵训戎,恢复之事,未尝一日少忘于心。但以近者张浚谋之不臧,淮西兵叛,事既异前,未遑亟举。而议者谓朕当不常厥居,使敌人莫测,建康、临安,以时往来,固不害为恢复之图也。唯俟几会,以决大策。地远,不得与卿面言,卿其益励壮猷,副朕责成之意。付岳飞。御押。

出处:《鄂国金佗稡编》卷二。
考校说明:月、日据文中所述史事补,见《建炎以来系年要录》卷一一四。

赐岳飞诏
（绍兴七年九月十四日后）

卿盛秋之际,提兵按边,风霜已寒,征驭良苦。如是别有事宜,可密奏来。朝廷以淮西军叛之后,每加过虑。长江上流一带,缓急之际,全藉卿军照管。可更戒饬所留军马,训练整齐,常若寇至。蕲阳、江州两处水军,亦宜遣发,以防意外。如卿体国,岂待多言。付岳飞。御押。

出处:《鄂国金佗稡编》卷二。
考校说明:月、日据同书同卷前文时间补。

张浚落职诏
（绍兴七年九月十五日）

张浚可落职,依旧宫祠。右札付刑部疾速施行,仍关合属去处。

出处:《三朝北盟会编》卷一七九。

赵鼎左仆射制
(绍兴七年九月十七日)

朕观六星之文而置相,以承上帝之休;察万民之情而用贤,思济中兴之运。粤若安危之注意,必参中外之具瞻。龟弗克违,既验询谋之协;人惟求旧,莫如图任之良。播告廷绅,诞扬孚号。具官赵鼎刚毅而正直,惇大而裕和。用舍不概于中,进退必循于义。奄帝枢府,擢冠秘庭。同寅协恭,乃克有济。发号施令,冈或不臧。曩屡请于均劳,尚远厪于入告。矧兹多难,政籍全能。非渊深不足以合嘉谟,非健决不足以断大事。是用赐环于越,正位文昌。增以荣阶,授之魁柄。尊人主堂陛之势,示北斗喉舌之司。锡山土田,备物典册。眷遇弥厚,宠数愈隆。於戏!古有成言,功崇惟志。予欲式是百辟,汝为樊侯;予欲经营四方,汝为召伯。益光前烈,务称朕衷。

出处:《宋宰辅编年录》卷一五。

明堂前二日朝献景灵宫圣祖天尊大帝册文
(绍兴七年九月二十日)

赫赫在上、实右序于国家,俾炽而昌,世昨明德,其流有衍,施及冲人。吉蠲精明,用严孝祀。

出处:《中兴礼书》卷七七。

显恭皇后谥册文
(绍兴七年九月二十一日)

孝子嗣皇帝臣某。伏以生而媲德宸极,实赞于皇猷;死而升侑宗祊,必从于帝。后不专谥,礼有故常。在汉则光烈之于光武,在唐则文德之于文皇。爰泊本朝,垂宗室昭宪之规,更定陵五后之号,盖古今之通议也。虽仙游已邈,而遗范具存,用诏方来,丕昭景铄。恭惟惠恭皇后坤灵肖静,月体储精,钟庆勋门,来仪潜邸。翼六龙而御极,正重翟以居中。肃雍之德本乎天成,勤约之风行乎宇内。协祐初政,恪恭东朝。饬身刑家,率礼不越;进贤建下,视古有光。功既茂于补天,

祥眚开于梦日,诞肖元司,禅膺宝图。岂期盛年,遽弃昭代? 顾以冲眇,逮兹纂
承,虽莫觌于母仪,尚钦闻于内则。向者已固考实于肜史,易名于闷宫,逾三十
年。祸发意表,上皇帝厌世,讳问奄闻。复以梓宫隔于要荒,祐室稽于荐飨。藏
鼎湖之弓剑,殆未有期;游高庙之衣冠,非所当后。是宜卜日升祔,因时正名。盍
推谇于皇天,既推崇于先烈;而系号乎帝,乃稽合于旧章。载扬徽音,以"显"易
"惠"。永严禋祀,对越在天。谨奉册宝上尊谥曰"显恭皇后"。伏惟明灵,观膺受
典,迪我昭考,燕兹新宫,益绵鸿休,施于罔极。谨言。

出处:《宋会要辑稿》礼五八之七五。

撰者:张守

考校说明:张守时为参知政事。

明堂飨昊天上帝册文
(绍兴七年九月二十二日)

明明在上,临照四方,惟我邦家,凤膺景命,□修禋类,猥及冲人。祇见合宫,
敢忘其旧!

出处:《中兴礼书》卷七七。

明堂告皇地祇册文
(绍兴七年九月二十二日)

肇禋明堂,飨帝之盛,于赫厚载,与天同尊。二仪合祛,厥有常典。敢罄斋
栗,用祈顾歆。

出处:《中兴礼书》卷七七。

明堂飨太祖太宗皇帝册文
(绍兴七年九月二十二日)

于皇祖宗,肇有四海。陟配上帝,百年于兹。眇然冲人,嗣主兹祭。报以崇
极,旧章敢忘!

出处:《中兴礼书》卷七七。

明堂赦文
（绍兴七年九月二十二日）

门下:朕祇膺宝历,嗣守丕基。以承上下神祇,将一周于岁纪;获执牺牲圭币,实四展于亲祠。冀格皇天,以宁区夏。虽丧无二事,属在亮阴之年;而祭不废尊,敢坠明禋之典。顾礼文之弗备,尚精意以交孚。爰念多垒在郊,旧都陷贼。未雪邦家之愤,当勤宵旰之图。振旅抚师,将士有战征之苦;飞刍挽粟,民人疲转饷之烦。朕深怀恻怛之心,屡下宽大之诏。方连兵而不解,欲省赋以未能。所期祸乱之削平,永与黎元而休息。惟是三灵垂佑,集大命于眇冲;列圣储休,浃深仁于普率。尊君亲上者既久无斁,去顺效逆者虽众必离。将兴运之有开,庶哀祈之能格。是用前卜杪秋之吉,载躅路寝之严。追孝奉先,既歌德于清庙;絜诚报本,遂合祭于大神。乃祠官之祝釐,为庶民而敛福。宜敷渥泽,用洽多方。云云。於戏!戒精专,既荷上灵之嘉向;严恭寅畏,敢忘昭事之小心。尚赖文武尽忠,内外协力,共勘大难,永底丕平。

出处:《中兴礼书》卷八五。

仲湜赠少傅制
（绍兴七年九月）

朕广睦族之恩,以本王化;崇饰终之礼,以厚人伦。矧予藩戚之尊,夙奉濮园之祀,岂无异数,写此永怀? 具官某深厚而粹和,恪恭而清慎。惟东平无富贵之累,若楚元阅礼义之多。董治宗盟,率宪章而励众;视仪宰路,谨言行以端朝。有隆磐石之基,克壮维城之势。方资夹辅,奄叹考中。介帻贤冠,正联班于帝傅;金玺繁绶,备仪物于王封。追赍佳城,并昭茂典。尚钦承于休命,以永保于后昆。

出处:《竹溪先生文集》卷五。
撰者:李弥逊
考校说明:编年据《宋会要辑稿》帝系三补。"少傅",《宋会要辑稿》帝系三作"太傅"。

李光封赠故父制
（绍兴七年九月后）

朕大飨合宫，受厘宣室。诞布自天之佑，普沾在服之臣。具位某父某，韫玉积躬，籯金垂训。流风甚远，于公之门既高；种德方兴，毕万之后必大。是生俊杰，为予忠良。属兹俎豆之陈，方倚藩维之寄，肆颁茂典，追贲幽扄。慰其罔极之思，示我无私之泽。

出处：《竹溪先生文集》卷四。
撰者：李弥逊
考校说明：编年据南宋明堂大礼时间补，见《宋史》卷二八《高宗纪》。

张俊封赠三代制
（绍兴七年九月后）

曾　祖

朕稽三代之礼文，参九筵之遗制，大飨上帝，并侑祖宗。用答神明之休，均锡中外之福。具官某潜德不彰，庆流后裔，是生贤杰，为予虎臣。兹禋祀之克修，宜庬禧之咸被。进阶帝保，时国上公。尚其有知，歆此殊宠。

曾祖妣

朕卜季秋之吉，有事合宫。俎豆既彻，爰锡大赉。矧予上将之先，可后褒崇之礼！某氏妇德淑慎，流福后昆。有孙而才，为朕信布。是用延敷帝祉，肆锡命书，进加大国之封，式示重泉之宠。魂其不昧，尚克钦承。

祖

朕尝胆艰难，注意将帅。乃者受厘宣室，昭答神休。念予推毂之臣，不预执筮之事。申及先世，咸锡异恩。某官慎行修身，隐躬不耀。惟时上将，系尔闻孙，肆予飨帝之成，广霈荣亲之泽。位隆帝傅，宠及九泉。朕之待将帅之礼，无不极矣。尚祈精爽,不昧钦承。

祖　妣

源深者流必长,本大者末必茂。国有上将,功盖一时,推荣其先,可后褒典?某氏德配君子,行著闺门,遗芳流祉,至孙而大。兹者肇隆新礼,均锡鸿禧。爰增大国之封,以正小君之位。时为茂宠,用贲泉扃。

父

朕念飨亲尊祖,莫大于配天,故绵蕝新仪,参稽古制,荐馨神灵,上下昭格。是用推亲亲之恩,以慰天下之为人后者,况予寄阃之臣乎? 具官某种德不遇,为时遗贤。义方之训,知以教子,俾予登坛仗钺之将,忧君许国,忠贯日月者,其来盖有自矣。逮兹祗祀,宜享神禧。进位公师,用昭异数。精诚如在,服我宠灵。

母

朕思考叔之孝,詠《南陔》之章,则知人情,生以养亲为先,死以显亲为大也。故礼成太室,泽浃在廷,爰及幽冥,悉加叙进。某氏积行于躬,克配令德。粤有贤嗣,辅我中兴。兹大飨之既成,宜洪休之咸被。是用大汤沐之封,焕夜台之宠。尚其不昧,歆此恩荣。

出处:《竹谿先生文集》卷四。
撰者:李弥逊
考校说明:编年据南宋明堂大礼时间补,见《宋史》卷二八《高宗纪》。

赵子岩广东运判制
(绍兴七年八月至十月间)

五岭以南,无虑数十百郡县,分命部使者察之。惟时计臣,虽总转输,而吏奸民隐,皆得上闻。实耳目所寄,流惠化于万里者也。尔蚤以材能,浸被器使,祥刑南服,誉处甚休。就易使华,往按东道。其奉诏条,宣德泽,治财赋,明刺举。毋以接荒徼而怠拊循,毋以远廷朝而略法度,靖共尔位,称朕意焉。

出处:《竹溪先生文集》卷四。
撰者:李弥逊
考校说明:编年据李弥逊任两制时间、赵子岩官历补,见康熙《新修广州府志》卷一八。

赵康直赠待制制
(绍兴七年十月五日)

昔许远之守睢阳,以军事听于巡而与之婴城,卒生致于贼以死。盖其忠愤所激,不求苟免,故身轻于羽,而意有泰山之重。朕其嘉之。具官某解纷排难,夙著显庸,隐然长城,专予阃寄。既遂及瓜而代,不为接淅之行。锋蝟斧螳,敢肆凶逆,见危之节,庶几古人。呜呼!朕遭家多难,谓国有人,而求仗节死谊之士,仅可一二数。顾何惜美官,不一旌其忠,以为后劝哉?西清之职,肆以命尔。尚期英爽,服我哀荣。

出处:《竹溪先生文集》卷四。
撰者:李弥逊
考校说明:编年据《建炎以来系年要录》卷一一六补。

推赏景兴宗等诏
(绍兴七年十月八日)

潼川府守臣景兴宗升一职,广安军守臣李瞻、果州守臣王骘、前吏部郎中冯楫、汉州守臣王梅各转一官,知成都府席益令学士院降诏奖谕。仍令四川安抚大使司开具其余各转官人职位、姓名以闻。

出处:《宋会要辑稿》食货五七之一九。又见同书食货五九之二九。

知泗州刘纲特除遥郡刺史制
(绍兴七年十月九日后)

朕疆理淮甸,控制边陲。眷惟屏翰之邦,备先御侮;爰得爪牙之卫,力可折冲。尔沈毅有谋,忠勇不惧。夙赖干城之略,坐销多垒之虞。事出万全,功存千里。宜宠分于州刺,用增重于兵权。惟政简可以安民,师和乃能敌忾。服予休命,勉赴懋功。

出处:《竹溪先生文集》卷五。

撰者:李弥逊

考校说明:编年据《建炎以来系年要录》卷一一五补。

大将监司守令恤民训兵手诏
(绍兴七年十月十一日)

朕惟立国之务,惟兵与民,宵旰以图,十年于此。赖帝垂祐,无甚荒岁,得资元元之力,以给诸军。比年以来,兵籍浸广,而教士益精,庶几国势遂振,以俟皇天悔祸之期。而朕不敏不明,误用柄臣,寄以兵政,乃谋猷乖戾,委付非才,致淮西一军怀疑反侧,而莫以告朕,遂使积年忠义之众,一旦陷于叛亡之罪,凡取于民力以事此军者,皆委于空虚而无效。此朕所以慨惜叛者而深愧吾民也。中外文武,将何以副朕焦劳愿治之意?应监司、守令,各务存恤百姓,非供军费,定数之外,无得妄取于民,将帅之臣,抚绥其众,无使失所,训练整齐,毋使骄惰。毋怠毋忽,助朕远图。有违朕言,则有常罚。

出处:《三朝北盟会编》卷一七九。又见《建炎以来系年要录》卷一七九。

考校说明:原书系于绍兴七年九月二十一日,据《建炎以来系年要录》改。

张浚分司居永州制
(绍兴七年十月十五日)

浚奋自孤生,骤膺重寄。既执庙堂之柄,遂专帷幄之筹。独幸成功,力排众议。委用非人,而境土侵削;绥怀无策,而将士叛离。广费以蠹邦财,重敛而屈民力。乃至丐赐田以探主意,请卫卒而为身谋。论其前后之愆,难以一二而数。念尝奋身以赴国家之急,提兵而拯社稷之危。屈法申恩,姑投善地。记功闵旧,忍置严科。尚体宽容,毋忘循省。

出处:《建炎以来系年要录》卷一一五。

薛弼霍蠡同共总领措置五路财赋诏
(绍兴七年十月十七日)

薛弼、霍蠡同共总领措置五路应干财赋,仍常留一员在鄂州本司,拘催本军合得钱粮应副支用。

出处:《宋会要辑稿》职官四一之四五。

收取营田官庄课子诏
(绍兴七年十月二十五日)

诸路营田官庄收到课子,除桩留次年种子外,今后且以十分为率,官收四分,客户六分。

出处:《宋会要辑稿》食货六三之一一一。

四川金银纲运酬赏条约诏
(绍兴七年闰十月一日)

敕:四川金银纲运,令比仿路押纲赏格重别参酌,量轻重远近,分定等第酬赏。如所押官物到库务交纳,别无少欠、违程,并依立定赏格纽计推赏。今重别参酌,权宜立定酬奖下项:四川路水陆纲运无少欠,全纲:谓见钱二万贯以上者,余物依条比折计数,金银依已降绍兴元年九月十五日指挥计价,以金六万贯、银四万贯各为一纲推赏。下准此。六千五百里,转一官,减三年磨勘;选人比类施行,下准此。六千里,转一官,减二年半磨勘;五千五百里,转一官,减二年磨勘;五千里,转一官,减一年半磨勘;四千五百里,转一官,减一年磨勘;四千里,转一官,升一年名次;三千五百里,转一官,升半年名次;三千里,转一官。九分纲:六千五百里,转一官,减二年半磨勘;六千里,转一官,减二年磨勘;五千五百里,转一官,减一年半磨勘;五千里,转一官,减一年磨勘;四千五百里,转一官,升一年名次;四千里,转一官,升半年名次;三千五百里,转一官;三千里,减三年半磨勘。八分纲:六千五百里,转一官,减二年磨勘;六千里,转一官,减一年半磨勘;五千五百里,转一官,减一年磨勘;五千里,转一官,升一年名次;四千五百里,转一官,升半年名次;四千里,转一官;

三千五百里，减三年半磨勘；三千里，减三年磨勘。七分纲：六千五百里，转一官，减一年半磨勘；六千里，转一官，减一年磨勘；五千五百里，转一官，升一年名次；五千里，转一官，升半年名次；四千五百里，转一官；四千里，减三年半磨勘；三千五百里，减三年磨勘；三千里，减二年半磨勘。六分纲：六千五百里，转一官，减一年磨勘；六千里，转一官，升一年名次；五千五百里，转一官，升半年名次；五千里，转一官；四千五百里，减三年半磨勘；四千里，减三年磨勘；三千五百里，减二年半磨勘；三千里，减二年磨勘。五分纲：六千五百里，转一官，升一年名次；六千里，转一官，升半年名次；五千五百里，转一官；五千里，减三年半磨勘；四千五百里，减三年磨勘；四千里，减二年半磨勘；三千五百里，减二年磨勘；三千里，减一年半磨勘。四分纲：六千五百里，转一官，升半年名次；六千里，转一官；五千五百里，减三年半磨勘；五千里，减三年磨勘；四千五百里，减二年半磨勘；四千里，减二年磨勘；三千五百里，减一年半磨勘；三千里，减一年磨勘。三分纲：六千五百里，转一官；六千里，减三年半磨勘；五千五百里，减三年磨勘；五千里，减二年半磨勘；四千五百里，减二年磨勘；四千里，减一年半磨勘；三千五百里，减一年磨勘；三千里，升一年名次。二分纲：六千五百里，减三年半磨勘；六千里，减三年磨勘；五千五百里，减二年半磨勘；五千里，减二年磨勘；四千五百里，减一年半磨勘；四千里，减一年磨勘；三千五百里，升一年名次；三千里，升三季名次。一分纲：如止及一千贯以上，减半。六千五百里，减三年磨勘；六千里，减二年半磨勘；五千五百里，减二年磨勘；五千里，减一年半磨勘；四千五百里，减一年磨勘；四千里，升一年名次；三千五百里，升三季名次；三千里，升半年名次。

出处：《宋会要辑稿》食货四五之一七。

金安节殿中侍御史制
（绍兴七年闰十月二日）

朝廷自公卿大夫，至于百执事，凡几品秩。惟御史耳目，纲纪之寄，选任非他官比。必奏言试功见贤焉，然后用之。以尔刚毅不回，静重有守，前席之陈，深动予听，是用置之监理之任。阅时未久，擢升副端，不几乎不试而用乎？夫朕之所以待尔者如此，其思所以勉之。惟直道可以事上，惟厉行可以律人，俾庶政无阙而百工知做，则予汝嘉。

出处：《竹溪先生文集》卷四。

撰者：李弥逊

考校说明：编年据《建炎以来系年要录》卷一一六补。

户部侍郎王俣落权字制
（绍兴七年闰十月二日）

　　力久则工能善其事，因任则人能尽其才。朕率是道以驭群工，故虽侍从之臣，亦或试而后进。具官某才为世用，学可致君。蚤稽公言，浸置显路。自摄贰卿于民部，亦将两阅于星周。载畴试可之功，就锡为真之命。方今师老财匮，庙堂钱谷之问，不胜其烦，生财之道竭矣，而理财之方不得施，尚何术以济之？夫任既久则见益尽，名既正则责益专，献可之猷，勿俟朝夕。

出处：《竹溪先生文集》卷四。

撰者：李弥逊

考校说明：编年据《建炎以来系年要录》卷一一六补。

吕本中太常少卿制
（绍兴七年闰十月二日）

　　礼乐政化之所自出，后世文胜道隐，浸失圣人之旨。朕欲息邪距诐而反之正，思得好古博雅之士以辩明之。尔操履之正，克世其家，问学之醇，不悖于道。发为词章，炳然其华。顷由柱史，遽起丘园之兴，真祠均逸，亦既逾年，今予命尔以秩宗之事。昔鲁不弃礼，而齐亲之，治乱一轨，百世可循。益尊所闻，追还邃古之风，以成予治。朕之所以望尔，顾岂钟鼓玉帛云乎哉？

出处：《竹溪先生文集》卷四。

撰者：李弥逊

考校说明：编年据《建炎以来系年要录》卷一一六补。

吏部侍郎刘宁止落权字制
（绍兴七年闰十月二日）

　　力久则工能善其事，因任则人能尽其才。朕率是道以驭群工，故虽侍从之臣,亦或序而后进。具官某才优而有济,学博而可行。蚤稽公言,浸置显路。自摄贰卿于铨部,亦将两阅于星周。载畴试可之功,就锡为真之命。方今仕流甚冗,而朝或乏才;官曹虽多,而士或失职。朕甚惑之。夫任既久则见益尽,名既正则责益专。献可之猷,勿俟朝夕。

出处:《竹溪先生文集》卷四。

撰者:李弥逊

考校说明:编年据《建炎以来系年要录》卷一一六补。

王绚赠官制
（绍兴七年闰十月二日）

委质策名,当尽匪躬之节;饰终隐卒,必崇归厚之风。怆予旧弼之良,遽起哲人之叹。肆颁命典,庸示褒怀。具官某奥学造微,闳才经世。早赴功名之会,遂登丞辖之司。许国以忠,亦艰难险阻之备至;保身而退,知用舍行藏之有为。朕方体大舜之同人,稽成汤之图旧。亟闻沦谢,良用盡伤。锡以崇阶,用追贲于泉壤;禄及后嗣,将益大其门闾。尚克有知,服我休命。

出处:《竹溪先生文集》卷四。

撰者:李弥逊

考校说明:编年据《建炎以来系年要录》卷一一六补。

范璹枢密院检详制
（绍兴七年闰十月二日）

国家多事而来,政令赏罚自右府出,较之中台,或相倍蓰。故张官设属,必得明慎通练之吏,庶几事举而奸弊不作。以尔言行有则,悃愊无华,久于郎潜,有蕴未试。往联宥密之属,凡政令之出纳、赏罚之重轻,必致详焉。毋使善誉,减于为郎,尚慎之哉!

出处:《竹溪先生文集》卷四。

撰者:李弥逊

考校说明:编年据《建炎以来系年要录》卷一一六补。

林季仲检正诸房公事制
（绍兴七年闰十月二日）

东西台总万方之务，而丞弼以佐理为任。非事重体大，则为之属者，皆得以弥缝董正之，其选顾不重哉？尔学足以饰身，智足以周事。翱翔显路，声问蔼然。有意斯民，力求自试。朕举能任官，用分命尔，列属枢机之地。其益殚乃心，以佐而长，使朝廷之上，事无不理，时汝之职。我有好爵，恭俟朕命。

出处：《竹溪先生文集》卷四。
撰者：李弥逊
考校说明：编年据《建炎以来系年要录》卷一一六补。

董弅知严州制
（绍兴七年闰十月五日）

守牧之任，莫先惠养。近岁县官，急于调度，吏苟逃责，他置不问。甚者头会箕敛，重为法而民不胜。呜呼，岂古循良之治哉？具官某学博而文，克传家法；仕优而果，夙著能声。顷自纶闱，出司琳馆。朕深轸黎元，不安畎亩，思见颍川渤海之风。次对近班，严陵上郡，用起汝于闲散之地，德至渥也。勿云吏道以法令为师，惟行之以简，怀之以惠，阜安吾民，所以报朕。

出处：《竹溪先生文集》卷四。
撰者：李弥逊
考校说明：编年据《建炎以来系年要录》卷一一六补。

尹焞秘书郎兼崇政殿说书制
（绍兴七年闰十月八日）

孔子之道，轲死不传。学者不求放心而尊记问之师，去古滋远，其谁使正之？尔学有师承，本于自得，笃信力行，不惑于世。日者安车，何止三反？朕恨见之晚，而高卧益坚。是用趣侍金华，仍置养材之地。非特朕乐闻朝夕之益，亦使后学知所模范焉。

出处:《竹溪先生文集》卷四。

撰者:李弥逊

考校说明:编年据《建炎以来系年要录》卷一一六补。

赵涣江西提刑制
(绍兴七年闰十月八日)

总按一道,理察百司,皆予耳目之官也。择人而付,无间内外。尔质直好义,不诡于行。备官兰台,百废以举。方将试之言责,以观謇谔之风,而抗章累来,力求自便。按刑江右,其为朕行。移尔纪纲辇毂之方,以成澄清郡邑之治,使朝廷威惠,浸以及远,则为尽职。

出处:《竹溪先生文集》卷四。

撰者:李弥逊

考校说明:编年据《建炎以来系年要录》卷一一六补。

尹焞除秘书郎制
(绍兴七年闰十月八日)

敕左宣教郎充崇政殿说书尹焞:孔子之道,轲死不传。学者不求于心,而尊记问之师,去古滋远,其谁使正之? 尔学有师承,本于自得,笃信力行,下不惑于百世。日者安车,何止三反? 朕恨见之晚,而高卧益坚,是用促侍金华,仍置养才之地,非特乐闻朝夕之益,亦使后学知所模范焉。可特授依前官除秘书省秘书郎兼崇政殿说书。绍兴七年闰十月八日。

出处:《尹和靖集》附录。

丁则转一官制
(绍兴七年闰十月九日)

朕以阃外之事,委之将帅,而金商道阻,民俗军旅之利病,难于必闻,朝廷患之。尔以材能,效官帅幕,驰驱王事。千里而来,见之便殿,乃以民情军实,悉达予听。进官一等，以慰尔劳。其体朕所以待遇远臣之意，归告而长，益坚其忠，以图报效。

出处：《竹溪先生文集》卷四。

撰者：李弥逊

考校说明：编年据《建炎以来系年要录》卷一一四补。《建炎以来系年要录》卷一一四系于"十月丁卯"，然该年十月并无丁卯日，"十月"当为"闰十月"之误。

侍从官各选可为监司郡守之人具名以闻诏
（绍兴七年闰十月十二日）

侍从官各选可为监司、郡守之人，不限员数，具名以闻。务令实惠及民，不为文具。

出处：《建炎以来系年要录》卷一一六。

修圣文仁德显孝皇帝实录诏
（绍兴七年闰十月十四日）

史馆见修纂《圣文仁德显孝皇帝日历》，依祖宗实录体格，据见到文字逐旋攒类，候有接续添入，仍以实录为名。

出处：《宋会要辑稿》职官一八之六〇。

赈济建康府贫民乞丐诏
（绍兴七年闰十月十九日）

天气寒凛，贫民乞丐，令建康疾速踏逐舍屋，于户部支拨钱米，依临安府例支散。候就绪日，申取朝廷指挥，为始收养。

出处：《宋会要辑稿》食货六八之一三九。

王庶兵部侍郎制
（绍兴七年闰十月二十一日）

朕求贤于诗书礼乐之间,用贤以社稷民人之事,历考成绩,兼收实能,遴柬之难,庶几得士,而况予侍从之臣哉!具官某蕴可行之学,负有为之才,久赖折冲,老于师帅。威名憺乎西鄙,闻誉达于中朝。朕方登延群材,图回庶政,使其力安于远俗,曷若坐制于外夷?是用趣还禁密之班,副予九伐五兵之任。尔其深监前辙,益摅壮猷。冀闻借箸之奇,遂成归马之效。

出处:《竹溪先生文集》卷四。
撰者:李弥逊
考校说明:编年据《建炎以来系年要录》卷一一六补。

刘大中礼部尚书制
（绍兴七年闰十月二十一日）

朕眷有家之多难,乘大业之将兴,敷求真贤,共济当务。矧居常伯之任,实高法从之班,允副畴咨,孰先旧德?具官某智周而密,学富而通。直谅之诚,言斯可绩,刚大之气,见于有为。早推吏道之师,旋陟禁林之表。绣衣谕俗,问不及于狐狸;皂盖临民,名亦知于草木。惟汲黯可攘于敌国,而望之久去于本朝。想闻曳履之声,亟下赐环之命。典朕三礼,位予六卿。询之金言,莫如汝作。大事则从其长,既不溺于情文;众美以效之君,尚勿忘于启沃。益输忠谠,以迓宠光。

出处:《竹溪先生文集》卷五。
撰者:李弥逊
考校说明:编年据《建炎以来系年要录》卷一一六补。

许世安左武大夫和州团练使制
（暂系于绍兴七年闰十月二十二日后）

士被铠甲,十有余年,凡赏视功,无小不录,而况御众制胜,积有战多者哉!具官某勇冠三军,身鏖百战,用昭显绩,峻阶横列,进职遥团,朕之所以酬尔至矣。

尔其尽忠竭节,十全之功以自效焉。

出处:《竹溪先生文集》卷五。

撰者:李弥逊

考校说明:编年据《建炎以来系年要录》卷一一六补。

王迪左司郎官制
(绍兴七年闰十月二十五日)

文昌天府,众务渊薮,左右置属,分掌列曹。凡事之出纳,皆得折衷之而听于长。得其要若挈裘领,不然治丝而棼之,不胜应矣。尔才可剸烦,知能摘伏,弥纶省闼,强济日闻。爰因其能,就升厥次。益恭乃事,以审法令,以明辨诉,以谨文书案牍之程度。毋习故常,惮于绳纠,驯致庶政之弊,则惟尔休。

出处:《竹溪先生文集》卷四。

撰者:李弥逊

考校说明:编年据《建炎以来系年要录》卷一一六补。

邓名世校书郎兼史馆校勘制
(绍兴七年闰十月二十九日)

朕念人材之难,既得天下之士,则乐与终始作成而器使之。尔顷以材名,擢居策府。以忧去位,终制造朝。问学之工,久而益粹。其还雠校之职,仍参笔削之官。眷任之意,思所称焉。

出处:《竹溪先生文集》卷四。

撰者:李弥逊

考校说明:编年据《建炎以来系年要录》卷一一六补。

淮西脱归使臣先次支破本等请给诏
(绍兴七年闰十月三十日)

应淮西脱归使臣,不候整会失去,并先次支破本等请给。如有冒滥,即坐以法。

出处:《建炎以来系年要录》卷一一六。

丁则太府丞制
（绍兴七年九月至十一月间）

外府货财所聚,丞实佐于事,无所不掌。以尔囊封论奏,陈义甚高,赐对治廷,有言动听。朕欲观汝能,姑试以事。往践厥职,以俟宠光。

出处:《竹溪先生文集》卷四。
撰者:李弥逊
考校说明:编年据丁则宦历补,见《建炎以来系年要录》卷一一四。

诸州军差到军器所造弓弩人匠一年一替诏
（绍兴七年十一月二日）

诸州军差到军器所造弓弩人匠,依旧一年一替,令本州差人前来交替。如内有不愿交替之人,依旧造作,支破请给。

出处:《宋会要辑稿》职官一六之八。

叶宗谔江西运使制
（绍兴七年十一月二日）

大江而西,沃壤丰俗,县官之所仰给。然军兴以来,月收岁取,陆走水运,民力竭矣。尔才术之优,无施不可,牧民治计,咸见所长。肆予命尔耳目之司,足食足民,悉以赖尔。其酌取予之宜,以宽公私之急。惟官不委吏,吏不纵奸,则事办治,而民不告病矣。

出处:《竹溪先生文集》卷四。
撰者:李弥逊
考校说明:编年据《建炎以来系年要录》卷一一七补。

萧振浙西提刑制
（绍兴七年十一月五日）

朕礼遇庶工，孝治天下。欲为臣者必获于上，惧为子而不得乎亲。用舍之间，姑从其欲。尔以端亮方严，任予耳目之寄。而抗章有请，以亲为辞，却之复来，志不可夺。夫远而有光华，可以荣亲；必也使无讼，乃能善俗。其推锡类之诚，以施及人之惠。体兹明训，往务钦承。

出处：《竹溪先生文集》卷五。

撰者：李弥逊

考校说明：编年据《建炎以来系年要录》卷一一七补。

李光知洪州制
（绍兴七年十一月九日）

朕据险阻以制强胡，倚循良以安远俗。眷豫章之重镇，实江右之名区，非兼文武之资，曷副兵民之托？载畴在服，允得其人。具官某操行直方，秉心端亮。备罄匪躬之节，屡陈告后之谋。入冠六卿，出当一面。忠嘉自许，见松柏之后凋；威名所临，信藜藿之不采。其往厘于南土，以坐控于上游。方淮楚环多垒之师，章贡群弄兵之寇，先事而预防则近扰，患至而无备则易危，尚赖折冲，用宽忧顾。克祗明训，益状远猷。

出处：《竹溪先生文集》卷四。

撰者：李弥逊

考校说明：编年据《建炎以来系年要录》卷一一七补。

梁泽民淮西运判制
（绍兴七年十一月十一日）

朕眷淮右疮痍之余，蠲其赋敛，飞刍他道，以给军食。部使者之职，惠养斯民安集之。尔才学之优，习于吏治，周旋外服，灼知民艰。其为朕往抚凋瘵之方，奉法绳吏，去其害民，使流庸自占，经界复兴，庶几还其旧俗。克祗厥事，嗣有宠嘉。

出处:《竹溪先生文集》卷五。

撰者:李弥逊

考校说明:编年据《建炎以来系年要录》卷一一七补。

淮西运判梁泽民直秘阁制
(绍兴七年十一月十四日)

使臣以礼则忠,有功见知则说。朕于用人,苟藉其才,先之以宠,而责其效,可谓至矣。尔儒雅饰吏,从政有方。比命从臣,推择实材,而奏书来上,佥曰汝能。内阁图书之府也,往参其直,朕之所以待汝,岂特飞挽之事哉? 其体兹意,益慎厥修。

出处:《竹溪先生文集》卷五。

撰者:李弥逊

考校说明:编年据《建炎以来系年要录》卷一一七补。

丁则朱斐大理寺丞制
(绍兴七年十一月十四日)

圣人钦慎于狱,君子尽心于刑。朕若古训,其敢忽诸? 尔以能莅官,多所更练。知夫捶楚之下,何求而不得? 往丞廷尉,其审克之,毋或一人之非辜,以广朕德,则予汝嘉。

出处:《竹溪先生文集》卷五。

撰者:李弥逊

考校说明:编年据《建炎以来系年要录》卷一一四补。

李絪押赴贬所诏
(绍兴七年十一月十八日)

浔州编管内侍李絪留滞衢、抚州,逾年不去,令两路宪臣体访,押赴贬所。

出处：《建炎以来系年要录》卷一一七。

游辅特起复左朝奉郎依旧充临江军使兼知潮州程乡县制
（绍兴七年十一月十八日）

方时多艰，御侮之寄，非人不可。尔却敌摧坚，有功百里，以忧去任，亦既逾时。其夺苦块之情，勉从军旅之事。

出处：《宋会要辑稿》职官七七之一八。

程江军使游辅起复制
（绍兴七年十一月十九日）

墨绖以从王事，于古有之。方时多艰，御侮之寄，非人不可。尔却敌摧坚，有功百里，以忧去位，亦既逾时。其夺苦块之情，勉从军旅之政。事君之义，移孝为忠，益励远图，伫观来效。

出处：《竹溪先生文集》卷五。
撰者：李弥逊
考校说明：编年据《建炎以来系年要录》卷一一七。《宋会要辑稿》职官七七系于绍兴七年十一月十八日。"程江军使"，《宋会要辑稿》职官七七误作"临江军使"。

陈师锡赠谏议大夫制
（绍兴七年十一月十九日）

江河竞注，仰太华之弥高；玉石俱焚，见精金之百炼。士有所守，何独不然？具官某操尚端方，风规峻整。当先帝龙飞之运，为中朝骨鲠之臣。旋被谤伤，遂连钩党。惟人心之助信，亦天道之好还。念彼同升，既追荣于禁路；岂容遗直，独衔愤于幽扃？是用宠以谏垣，跻之法从。嗟乎弗及，见贾生而席前；尚其有知，从朱游于地下。谅惟英爽，歆此哀荣。

出处：《竹溪先生文集》卷五。
撰者：李弥逊

考校说明:编年据《建炎以来系年要录》卷一一七补。

李时雨上书可采转一官制
(绍兴七年十一月二十三日)

　　朕辟忠谠之门,以来踔绝之士。庶资群策,用济多艰。尔驰誉儒林,游心兵略,皂囊来上,陈义甚高。已收堂上之奇,何虑目中之虏?肆增秩序,用示宠光。勉行所闻,嗣有休命。

出处:《竹溪先生文集》卷五。
撰者:李弥逊
考校说明:编年据《建炎以来系年要录》卷一一七补。

韩彦直秘阁制
(绍兴七年十一月二十八日)

　　中秘储书,以待寒隽,非所以赏有功也。惟尔父有非常之功,故报之以非常之典。延阁之直,肆以命尔,朕之所以待将臣者至矣。往服异恩,益图报塞。

出处:《竹溪先生文集》卷四。
撰者:李弥逊
考校说明:编年据《建炎以来系年要录》卷一一七补。

军器局并归军器所诏
(绍兴七年十一月)

　　军器局废罢,并归军器所。其人匠物料等,令提举官杨忠悯等管押装发,赴临安府军器所交割收受。

出处:《宋会要辑稿》职官一六之八。

胡铨保守吉州转通直郎制
（绍兴七年十一月）

乘障之功,非所以责贤;腐儒之说,或至于败事。尔以文艺,擢置甲科。下帷穷经,十年不调。当胡虏乱华,蹂践郡邑,而能率众仗义,坏其机牙,使奸不得发,一方以宁。朕甚嘉之,其进官资,以示褒宠。

出处:《竹溪先生文集》卷四。
撰者:李弥逊
考校说明:编年据《建炎以来系年要录》卷一一七补。

李发转三官制
（绍兴七年十一月前后）

尔忠勇自奋,万里一身,能致敌情,助我制胜。夫责之难则报之重,晋官三等,是为异恩。往服宠荣,益思勉励。

出处:《竹溪先生文集》卷四。
撰者:李弥逊
考校说明:编年据《建炎以来系年要录》卷一一七补。

赐岳飞御书
（绍兴七年十一月后）

比降旨,令卿领兵应援淮、浙,庶几王室尊安,中外宁谧。闻卿即日就道,已屯九江,悯劳跋履之勤,良用嘉叹。今遣江谘赐卿茶、药、酒、果,及燕犒将士,仍令谕朕委曲之意。卿其悉之。付岳飞。御押。

出处:《鄂国金佗稡编》卷二。又见《永乐大典》卷六六九七。
考校说明:编年据文中所述史事补,见《三朝北盟会编》卷一八〇。

来春复幸浙江诏
(绍兴七年十二月一日)

防秋之际,闲慢官司发往临安府,庶几朝廷专意军务。候来春复幸浙江。

出处:《中兴礼书》卷二三一。

禁内侍将销金翠毛入内诏
(绍兴七年十二月二日)

约束本省使臣,不得将分毫销金翠毛入内,令互相觉察奏闻。

出处:《宋会要辑稿》职官三六之二五。

逃亡军兵依疏决赦条收管诏
(绍兴七年十二月三日)

逃亡军兵既有赦限及疏决所立条限免罪,许收管。令逐处勘会诣实,保明申所属,省部依疏决赦条收管,更不申取朝廷指挥。

出处:《宋会要辑稿》职官一四之七。

赵成之改合入官制
(绍兴七年十二月四日)

县令近民,而远于朝廷,剧责众,有功难于上达。比遣信臣,察其勤惰以闻而黜陟之。尔效官百里,实在盗区,治状卓然,达于予听。朕观其所为主而又延见便朝,益信其行矣。锡之命秩,非曰示恩。亦俾尔识朕见知之意,益自励焉。

出处:《竹溪先生文集》卷五。
撰者:李弥逊
考校说明:编年据《建炎以来系年要录》卷一一七补。

审计司官任满计日推赏诏
（绍兴七年十二月七日）

粮审院、审计司监官任满改移后不满界，并已满未罢，合得减三年磨勘，依南、北仓监官例计日推赏。

出处：《宋会要辑稿》职官二七之五九。又见同书职官二七之六二。

庞琳王宗等归正制
（绍兴七年十二月十一日）

朕惟中原染于腥膻，军士坠于涂炭，寤寐以思，不遑宁处。尔守节仗义，不变于夷，帅众来归，可见忠荩。晋官三等，庸示异恩。往服宠荣，益图报称。

出处：《竹溪先生文集》卷五。
撰者：李弥逊
考校说明：编年据《宋会要辑稿》兵一五补。

徽宗皇帝显肃皇后祔庙毕仍不视朝诏
（绍兴七年十二月十三日）

朕宫中行三年之丧，朔、望御殿，情实不安。可并依旧。其百官俟过小祥取旨。

出处：《中兴礼书》卷二三七。又见《建炎以来系年要录》卷一一七。
考校说明：《建炎以来系年要录》卷一一七系于绍兴七年十二月十日。

赐韩世忠诏
（绍兴七年十二月十三日）

览奏，欲依旧留屯淮甸，誓与敌人决于一战，已悉。朕迫于强敌，越在海隅，每慨然有恢复中原之志。顾以频年事力未振，姑郁郁于此。自去冬敌人深入，卿首挫其锋,鼓我六师,人百其勇。既至,潜师引遁,而卿复率先移屯淮甸。进取之计,恃此为基,朕甚嘉之。前日恐老小或有未便,委卿相度。今得所奏,益见忠诚,虽古名将,殆无以过。使朕竦然兴叹,以谓有臣如此,祸难不足平也。古人有言:"阃外之事,将军制之。"今既营屯安便,控制得宜,卿可施置自便,勿复拘执。至于军饷等事,已令三省施行。方此酷暑,将士良劳,行饬使人赏赐夏药抚问,卿并宜知之。

出处:《沈忠敏公龟溪集》卷四。又见《三朝北盟会编》卷一六七,《建炎以来系年要录》卷一一七,《中兴两朝圣政》卷二二,《皇宋中兴系年节要》卷九,《宋史全文续资治通鉴》卷二〇上,《名臣碑传琬琰之集》卷一三《韩忠武王世忠中兴佐命定国元勋之碑》。

考校说明:《三朝北盟会编》卷一六七系于绍兴五年四月,与《名臣碑传琬琰之集》卷一三《韩忠武王世忠中兴佐命定国元勋之碑》所记"金人废刘豫"云云不合。《建炎以来以来系年要录》等书均系于绍兴七年十二月十三日,姑从之。《全宋文》重收此诏,一系于绍兴五年四月(第一七六册,第二一九页),一系于绍兴七年十二月十三日(第二〇三册,第二三七页)。沈与求卒于绍兴七年六月,不知此诏是否为《沈忠敏公龟溪集》误收。

翟汝文落致仕提举临安府洞霄宫制
(绍兴七年十二月十四日)

国家当多难之时,莫先于得士;臣子处俭德之世,不忘于爱君。矧惟辅弼之良,凤赞枢机之重,义在捐躯而许国,理无谢事以屏居。具位某远识见几,清规绝俗。自信独行之操,人高靖退之风。志在黔黎,治每优于共理;忠存社稷,言备罄于同寅。蚤辞轩冕之荣,深得江山之助。然贼未授首,非明哲保身之时;士而怀居,岂王臣匪躬之故?谅久安于恬养,亦深念于艰危。其还神武之衣冠,勉奉洞霄之香火。亟祗眷渥,益励猷为。倚闻告后之谋,式副贪贤之望。

出处:《竹溪先生文集》卷四。
撰者:李弥逊
考校说明:编年据《建炎以来系年要录》卷一一七补。

折彦质知福州制
（绍兴七年十二月十六日）

朕嘉惠多方，将责成于师帅；敷求懿德，尤注意于老成。倚予左右之臣，殿彼东南之服。肆颁明命，允协师言。具位某秉德粹夷，宅心刚大，闳才可以经远，达识至于造微。武略文韬，夙拥元戎之节；朱轓皂盖，屡专方伯之权。逮密勿于枢廷，实维持于王度。亟辞机务，久奉真游。眷长乐之巨藩，为七闽之胜地。故家安堵，民知陇亩之安；腐粟积仓，官无飞挽之役。盖不烦于卧治，其勿驻于前驱。用宽南顾之忧，行俟东归之命。体兹明训，克迈远猷。

出处：《竹溪先生文集》卷四。
撰者：李弥逊
考校说明：编年据《建炎以来系年要录》卷一一七补。

刘岑知镇江府制
（绍兴七年十二月十九日）

京口东南之巨镇，接畛淮甸，控扼江隅。当高垒之时，为设险之地。任予填抚之寄，安得折冲之才？具官某早茂英声，发于文采。夙推能誉，见于事功，尤高杖节之风，独妙流钱之算。辍从禁路，出殿侯邦。朕方按辔秣陵，倚比郡为辅车之势，益兵除器，以戒不虞。询于在庭，肆以命尔；其思预防之策，益严驭众之方，力卫王室，以安吾民，勿云用武，而忘绥怀之政。斯朕所以命尔之意。

出处：《竹溪先生文集》卷五。
撰者：李弥逊
考校说明：编年据《建炎以来系年要录》卷一一七补。

罗孝芬提举湖南茶盐制
（绍兴七年十二月二十二日）

摘山煮海之利，岁有常课，非特操其赢赀以佐军兴，所以使田里无加赋之民，而足调度也。尔嗜可行之学，熟未见之书，必能达于义利之分，而体建官立法之意。故假之使华,以总其事。唯奉法谨度,俾官不扰而民不侵,则为称职。无以朕之所以养人者害人也。

出处:《竹溪先生文集》卷五。

撰者:李弥逊

考校说明:编年据《建炎以来系年要录》卷一一七补。

常同御史中丞制
(绍兴七年十二月二十四日)

进正可以正邦,举直可以直枉。予欲绳肃于百僚,表仪于多士,俾正士之醇、风俗之厚,则夫中执法之官,可非其人哉?具官某直谅之风,承家不替,方严之操,临事不回。佐邦礼于秩宗,代予言于词掖。践履之素,趋尚益坚。兹密侍于燕间,既灼知其忠说,载稽朝论,擢长台纲。夫事有当为而难责速成之效,才有可用而耻投求合之机。于进退可否之间,实治乱安危之系。罔违于道,以酌厥中。推汝所知,助予图治。

出处:《竹溪先生文集》卷五。

撰者:李弥逊

考校说明:编年据《建炎以来系年要录》卷一一七补。

勾涛中书舍人制
(绍兴七年十二月)

朕眷中原之未靖,嘉与卿士大夫力图去危即安之策。任予献纳之司,必求通于古训,达于治体,淹练博洽之士,岂但取其文词敏妙而已?具官某端谅融明,老于文学。夙抱济时之志,屡陈辟国之谋,载笔赤墀,书法不隐。是用擢置掖垣清切之地,俾预论思,行其所学。尔惟监前世治乱之繇,酌今日当务之急,明以告朕。至于坦明深厚之辞,所以慰老癃而感悍武,盖汝之优为而已试者,又奚训焉?

出处:《竹溪先生文集》卷五。

撰者:李弥逊

考校说明:编年据《建炎以来系年要录》卷一一七补。

勾龙如渊起居舍人制
（绍兴七年十二月）

朕惟广延四方之俊，列于庶位，寤寐求之，如弗及焉。既拔其尤，待以不次，顾岂循尊卑疏戚之间哉？尔周行之秀，儒学之英，久于郎潜，挺然自表。朕得之公听，试以实能，擢居言动之司，俾雍容殿陛，得陈当世之务。尔其追古良史之风，载笔不隐，善恶必书。庶几朕无过举之虞，尔亦有常德之誉。

出处：《竹溪先生文集》卷五。
撰者：李弥逊
考校说明：编年据《建炎以来系年要录》卷一一七补。

赵不独授建康府兵马都监制
（绍兴七年后）

赵某忠义可嘉……以劝臣节。

出处：《诚斋集》卷一二八《赵公墓志铭》。

高宗朝卷十二　绍兴八年(1138)

向子谌徽猷阁待制两浙都转运使制
（绍兴八年正月七日）

朕縻好爵，以待天下之士。至于戚属之近，则非有异能显绩，不以轻授，示天下以公尔，而况要官华职，所慎惜者哉！具官某士林之秀，戚苑之英，风光足以戢奸，才猷足以济剧。总飞挽转输之事，于艰难险阻之中，谷不胜食，民不加赋。心计之善，独高一时。是用增重使权，升华次对。稽之公论，非朕尔私。予欲足食足兵，吏皆奉法，民不告病，何术以至此？尔将命于外，而居论思之职，皆得以言之，无负朕选任之意焉。

出处:《竹溪先生文集》卷五。

撰者:李弥逊

考校说明:编年据《建炎以来系年要录》卷一一八补。

陈古直秘阁知兴元府制
（绍兴八年正月九日）

朕夙夜图治，焦心劳思。念每先于赤子，兵革未休，军须间出，吏缘为奸，诚不堪命。慎选共理之臣，以究其弊。得人则害除而利兴，苟非其人，患可胜道？以尔详于治民，优于为政，付以师帅之重，往治汉中。芸阁清名，益隆宠任。夫治道贵清静，不使远民扰而无告，则虽古循良，无以过此，尚勉之哉！

出处:《竹溪先生文集》卷五。

撰者:李弥逊

考校说明：编年据《建炎以来系年要录》卷一一八补。

席益起复诏
（绍兴八年正月十一日）

资政殿学士、左中大夫、成都潼川府夔州利州等路安抚制置大使、兼知成都府席益起复，依旧充四川安抚制置大使、兼知成都府。令入内内侍省差内侍一员星夜前去宣押之任，候主管职事讫，回赴行在所。

出处：《宋会要辑稿》职官七七之一九。

席益起复知成都府制
（绍兴八年正月十一日）

朕眷坤维之重地，方整于六师；倚台辅之旧臣，往护于诸将。属尔家庭之感，难于军旅之容。然义或可以断恩，经亦存于变礼。具官某宏规经世，迈德降民，谋猷馨于弼谐，威惠优于绥抚。自总临于全蜀，遂控制于强胡。遽缠陟岵之悲，愿解剖符之务。念腰绖金革之事，既见于古人；而坐筹帷幄之功，允资于硕望。其释居庐之慕，仍还制阃之权。岂朕待遇臣邻，乃欲夺人之孝？惟尔悦安社稷，必先许国之诚。尚克移忠，庶几达节。

出处：《竹溪先生文集》卷四。
撰者：李弥逊
考校说明：编年据《建炎以来系年要录》卷一一八补。

张守资政殿大学士转一官加食邑知婺州制
（绍兴八年正月十一日）

朕思济多艰，绍隆祖宗之业；眷求同德，缉熙社稷之勋。得视君腹心之臣，俾作朕股肱之任。台德是辅，民瞻所依。既力请而抗章，宜闵劳而均逸。具官某闳规经远，恢量镇浮。不吐刚而茹柔，岂澄清而挠浊？顷居风宪，非尧舜之道不陈于前；两预政机，有谋猷之嘉则告于内。允赖协恭之助，遽形引疾之辞。时虽急于念功，士则难于知止。勉从雅志，实郁公言。峻秘殿之荣名，分武阳之重寄，并超叙秩,增衍真封。惟兹锡命之蕃,庸示优贤之异。终始之遇,朕无替于臣邻;进退之间,尔曲全于礼义。姑烦卧治,尚倚远图。

出处:《竹溪先生文集》卷四。
撰者:李弥逊
考校说明:编年据《建炎以来系年要录》卷一一八补。

广西运判林师说再任制
(绍兴八年正月十二日)

广右远于朝廷,吏鲜奉法。刺举之任,一不得人,则民不胜其弊。尔以才猷,蚤见推择。绣衣虎节,岁满政成,吏奸民隐,俱在目中矣。比命从臣,旁招俊杰,奏书来上,佥曰汝能,用申命尔以转输之任。其益励远业,勉继前功,无以久于其官而怠乃事也。

出处:《竹溪先生文集》卷五。
撰者:李弥逊
考校说明:编年据《建炎以来系年要录》卷一一八补。

差杨沂中充车驾巡幸总领诏
(绍兴八年正月十四日)

复幸浙西,已定二月七日进发,差杨沂中充车驾巡幸总领,弹压一行事务。

出处:《宋会要辑稿》方域二之一四。

李公懋湖北提刑制
(绍兴八年正月十四日)

具官某:《书》曰本固邦宁,《易》曰厚下安宅。朕履危思安,稽于古训。凡立政造事,必求所以厚下固本之道。尔端劲不拔,质直无华,言必及民,志先体国。虽纪纲之地不可去贤,然欲禁暴戢奸,以除民害,非有惠爱之术而深达朕言意者不能也。湖湘之间,残于摽掠,困于征求。肆予命尔,按兹祥刑。一方之治,悉所当察。尔惟力行所见之学，能践昔日之言，则朕于斯民复何虑焉？

出处：《竹溪先生文集》卷四。

撰者：李弥逊

考校说明：编年据《建炎以来系年要录》卷一一八补。

<h2 style="text-align:center">张绚殿中侍御史制</h2>
（绍兴八年正月十四日）

御史自副端而上，皆与言天下事，所赖以绳愆纠缪而适于正。选用惟人，蔽自朕志。不因媒介而得，所以责其报也。尔以纯明之资，守坚正之操。顷居言责，忠謇有称，朝廷赖之以理，搢绅悦闻其风。去国而来，恨不见之久，将以辅吾不及焉。其还旧物，以继前功。尔惟力行所学，知无不言。俾厥后正，百官肃，庶事举，则有无穷之闻。

出处：《竹溪先生文集》卷五。

撰者：李弥逊

考校说明：编年据《建炎以来系年要录》卷一一八补。

<h2 style="text-align:center">方庭实礼部郎官范振考功郎官陈橐司勋郎官制</h2>
（绍兴八年正月十五日）

中台万务之原，分曹列属，相须而成。譬诸作室，殆非一木之枝。尔庭实粹然之质，有蕴未施。尔振行能之修，济以更练。尔橐操履之固，可以有为。或端靖之节著于立朝，或循良之声见于为郡。其推已试之效，共成中兴之功。夫南省舍人，时为清选，司绩主爵之任，皆天官之剧曹。往究乃心，用观汝绩，嗣有褒嘉之命。

出处：《竹溪先生文集》卷五。

撰者：李弥逊

考校说明：编年据《建炎以来系年要录》卷一一八补。

辛次膺湖南提刑制
（绍兴八年正月十九日）

具官某:颖考叔一言而施及庄公,人心所同,若执符契,怳得其合,孰不为之动听？尔才通而有守,言高而可行。久司谏垣,赖其朝夕之益。将母之请,实隐予怀。朕方以孝治天下,忍违其欲,使不得致养于亲哉！寓直道山,以为尔宠,按刑湖外,以便尔私。若夫扬清激浊而厉在位,布德施仁而绥远俗,斯尔畴昔之所勉朕者,尚奚多训！

出处:《竹溪先生文集》卷四。
撰者:李弥逊
考校说明:编年据《建炎以来系年要录》卷一一八补。

曾开刑部侍郎制
（绍兴八年正月十九日）

朕操爵禄之柄,以驭庶功,而以礼义廉耻崇天下士。盖非能则无以责实,非贤则无以激贪懦之风。朕得其人,置之近列。具官某端庄之蕴,本于自然,刚直之行,见其所养。翱翔法从,垂二十年,闲剧屡更,不易其守。顷膺召节,何止千里而来;继上恳章,未逾三月而去。止足之义,舆诵所高。肆命促还禁严,典朕小司寇之事。非特表其廉退,以示在服,将使推所不为,见之有为也。体兹明训,益茂远猷。

出处:《竹溪先生文集》卷五。
撰者:李弥逊
考校说明:编年据《建炎以来系年要录》卷一一八补。《建炎以来系年要录》卷一一八:"(绍兴八年正月)丙午,宝文阁待制、知镇江府曾开试尚书礼部侍郎。"此处"礼部侍郎"当为"刑部侍郎"之误。《宋史》卷三八二《曾开传》:"屡请去,进宝文阁待制,知镇江府兼沿江安抚使。召为刑部侍郎……迁礼部侍郎兼直学士院。"《建炎以来系年要录》卷一一九:"(绍兴八年四月丁卯)户部侍郎李弥逊,权刑部侍郎曾开,给事中吴表臣、张致远,中书舍人勾涛、吕本中奏建州进士刘勉之学有渊源,行可师法,闽中士人无不推仰,伏望特赐录用,诏召赴行在……己巳,尚书刑部侍郎曾开试礼部侍郎。"

范冲知婺州制
（绍兴八年正月十九日）

烹鲜贵乎不扰，止浊始于能定。狱市所寄，无以异此。朕慎选牧守，必先敦厚博硕之士，将以安之尔。具官某名臣之后，清直承家。践更中外而达于事情，综贯古今而明于理义。日者密侍经帷，仍专史笔，赖其讲明是正之功。而力求闲退，以遂安恬，有年于兹，良郁公议。金华虽小，然时丰俗富，事省民醇，今日之上郡也。其为朕往抚循之。夫惟简可以临下，惟正可以率人，惟去其害民，可以成忠厚之俗，皆尔所乐，推以及物者，尚力行之。

出处：《竹溪先生文集》卷五。
撰者：李弥逊
考校说明：编年据《建炎以来系年要录》卷一一八补。

张深都大主管茶马监牧公事制
（绍兴八年正月二十日前）

秦蜀地连多马之野，俗富摘山之利。异时置使贸易，駃牝之蕃，动以万计。近岁官无专掌，职亦随废，而利不归于州县官矣。尔通敏之才，见于盘错，顷为使属，悉其利病。比命有司，分职建官，一循故事，而首以命尔，盖因任也。其体朕意，往究乃心，俾在野之牧，毋愧鲁郊，则惟汝嘉。

出处：《竹溪先生文集》卷五。
撰者：李弥逊
考校说明：编年据《建炎以来系年要录》卷一一六补。

诸路监司知通等官除代员额诏
（绍兴八年正月二十一日）

今后诸路监司、知通、提举坑冶茶盐市舶常平主管官除代，不得过一员，监司属官、诸州教授除代不得过二员。

出处:《宋会要辑稿》职官四五之二〇。又见同书职官四三之二五。

任申先徽猷阁待制制
（绍兴八年正月二十一日）

左右持橐之臣,皆得以陈天下事而献其可否。惟克用常德,罔非吉士,则于予一人有尽规之义。具官某名臣之裔,端亮不渝,自信独行,险夷一节。朕起诸沦落之中,置彼荐绅之上。载笔螭陛,代言纶闱,书法摛词,无愧前识。逾年去国,有郁公言。其还近班,晋寓西清之直。惟乃父正色立朝,危言悟主,遗风凛然,久而弥著。今朕亦以此望尔。尔其益懋贤业,勿替家声,以永无穷之誉。

出处:《竹溪先生文集》卷四。
撰者:李弥逊
考校说明:编年据《建炎以来系年要录》卷一一八补。

胡世将枢密直学士四川安抚制置使知成都府制
（绍兴八年正月二十一日）

益州西南之都会,地控全蜀,势连三秦。险阻之深,可备于他盗;风俗之厚,不犯于有司。惟政令之去苛,则郡邑以大治。师帅之任,必得其人。具官某望重一时,才兼数器。文章可以华国,直节可以端朝。南土承流,咸歌召杜之政;北门视草,屡陈颇牧之谟。需作镇于坤维,用借贤于禁路。枢廷寓直,宠以久虚;帅阃颁符,擢之不次。五十城之重寄,兆已见于梦刀;六千里之畏涂,谅无难于叱驭。力除宿弊,留爱远民。昔文翁化行于礼乐之间,张咏政成于兵革之后。尚追前美,以茂远图。

出处:《竹溪先生文集》卷五。
撰者:李弥逊
考校说明:编年据《建炎以来系年要录》卷一一八补。

承议郎李新元符中上书论政事阙失陈备防
十事言辞切直特赠一官制
（绍兴八年正月二十二日）

朕辟公正之门，延忠谠之士，一言之善，无远不褒。尔当元符之间，陈备防之策，不顾时讳，力排巨奸，端亮有闻，久而益著。朕独不得与此人同时哉！一官之宠，九泉之荣。尚其有知，歆此明命。

出处：《竹溪先生文集》卷五。

撰者：李弥逊

考校说明：编年据《建炎以来系年要录》卷一一八补。

石公揆直龙图阁知抚州制
（绍兴八年正月二十六日）

君之视臣如手足，佐佑之助，不可须臾离，而休戚之间，义均同体，岂责其所甚难者哉？以尔清直自修，审固不挠，顷畴时望，擢置宪台。期月之间，历迁三院。予欲振举庶事，绳肃百工，观其纠正之效，而抗章累来，力祈闲远。虽昔者疾而今愈，亦闵其劳而重违。河图遽职，临川近郡，并以命尔，庶几卧而治之，副朕委任之意，不以中外为间也。夫执法尚于方严，牧人先于慈惠，易猛以宽，而适于治。

出处：《竹溪先生文集》卷五。

撰者：李弥逊

考校说明：编年据《建炎以来系年要录》卷一一八补。

任申先转一官致仕制
（绍兴八年正月二十七日）

亏盈益谦者，天之道难进易退也。士之常惟富贵贫贱不以动其心，则用舍行藏皆能适于正。具官某承家有端直之誉，治己以廉劲之规。善刀而藏，几老于世；韫玉而待，卒闻于朝。朕置彼周行，擢之法从。虽陈蕃之志未遂，而贾谊之言略施。远揽抗章,恳求谢事。既独高于止足,俾交养于智恬。肆颁增秩之荣,姑遂挂冠之逸。冀无妄而勿药,庶厥疾之有瘳。尚体眷怀,勉思后效。

出处:《竹溪先生文集》卷四。
撰者:李弥逊
考校说明:编年据《建炎以来系年要录》卷一一八补。

任申先上遗表特赠四官制
(绍兴八年正月二十七日后)

朕求贤惟恐其不及,用贤惟恐其不尽。至于中道而失,不能与之终始事功,朕所闵焉。具官某风节之劲,问学之醇,赍于丘园,老而无悔。日者起之闲散,而置诸法从之旧班,许之谢事,而犹冀疾恙之可已。朕于贪贤,可以无愧。盖棺乃已,亡之命夫!进官四等,以慰九原,是为不次之恩,以示有终之眷。尚期英爽,服我宠灵。

出处:《竹溪先生文集》卷五。
撰者:李弥逊
考校说明:编年据《建炎以来系年要录》卷一一八补。

诚谕州县不得搔扰民户诏
(绍兴八年正月二十八日)

令逐路监司遍诣州县抚谕,如有搔扰去处,按劾以闻,仍晓谕民间通知。

出处:《宋会要辑稿》职官四二之七三。

王俣夔路提刑制
(暂系于绍兴八年正月后)

朕钦慎庶狱,宁失不经,常恐一夫,不被其泽。必慎求于成德,以总治于祥刑。以尔忠厚有余,靖共自守。早冠多士,尝参迩联,久分剖竹之符,屡下赐环之命。谓不容于俟驾,乃未闻于造朝。爰锡命书,按刑巴峡。惟吏克知畏,而民以不冤,则为称职。尚往钦哉!

出处:《竹溪先生文集》卷四。

撰者:李弥逊

考校说明:编年据王俣宦历补,见《建炎以来系年要录》卷一一八等。

唐重赠端明殿学士制
(绍兴七年八月至绍兴八年二月间)

节义为天下之闲,莫先于许国;爵禄驭群臣之柄,可后于报功?惟时共理之良,能致见危之命,肆加褒恤,庸示哀荣。具官某蚤预英游,浸阶腼仕,望出周行之表,位高法从之联。淹历岁时,践更中外。属关陕之分帅,会胡虏之弄兵,仗义不回,婴城自守。率疲散之卒,抗方张之师,意轻犬羊,身陷锋镝。天其付之全节,人亦高其令名。宜追贲于幽扃,用增崇于秘殿,以激懦夫之气,以教为臣之忠。尚期有知,服我休命。

出处:《竹溪先生文集》卷四。

撰者:李弥逊

考校说明:编年据李弥逊任两制时间补。据《宋会要辑稿》仪制一一,唐重建炎二年二月已赠资政殿学士,待考。

赵令矜都官员外郎制
(绍兴七年八月至绍兴八年二月间)

尚书郎列属中台,其选甚高,非疏明儒雅之士,不轻以畀也。尔公族之秀,贤科入官,而学问美身,优于从政。顷在靖康,抗章论事,有闻于时,坐废累年,靖共自守。便朝赐对,占奏详明。其往践秋官之联,思称予遴柬之意。

出处:《竹溪先生文集》卷四。

撰者:李弥逊

考校说明:编年据李弥逊任两制时间补。

阎亮等承节郎制
（绍兴七年八月至绍兴八年二月间）

胡马乱华,列城震扰。尔等被坚御侮,贾勇鏖战,具有劳绩。爰升品秩,再锡命书。往服恩荣,益思报效。

出处:《竹溪先生文集》卷四。又见《永乐大典》卷七三二六。

撰者:李弥逊

考校说明:编年据李弥逊任两制时间补。

黄积厚都官郎中制
（绍兴七年八月至绍兴八年二月间）

列曹诸郎,各有秩叙,至于用人,则无重轻之间。然非不得已,不使后来者居上也。尔学行之懿,自朕亲擢,优游省户,强敏有闻。姑从次迁,以俟褒识。往钦乃事,勿怠厥修。

出处:《竹溪先生文集》卷四。

撰者:李弥逊

考校说明:编年据李弥逊任两制时间补。

押马毋丘廉转一官制
（绍兴七年八月至绍兴八年二月间）

尔驰驱王事,道阻且长。能使牧人,去其害马。进官一等,以旌汝劳。

出处:《竹溪先生文集》卷四。

撰者:李弥逊

考校说明:编年据李弥逊任两制时间补。

彭大节补承信郎制
（绍兴七年八月至绍兴八年二月间）

毁家以纾国难，麟经褒焉。尔祖以赀奉公，军用不乏。一官及汝，以报其忠。往服宠休，益务恭恪。

出处：《竹溪先生文集》卷四。又见《永乐大典》卷七三二七。
撰者：李弥逊
考校说明：编年据李弥逊任两制时间补。

魏安行大理寺丞制
（绍兴七年八月至绍兴八年二月间）

汉朝先经术以用人，仲舒本《春秋》以议狱。尔文雅饰吏，平易近民。因其所长，必能为朕持天下之平，使刑不滥而民不冤。廷尉之属，肆以命尔，尚往钦哉！

出处：《竹溪先生文集》卷四。
撰者：李弥逊
考校说明：编年据李弥逊任两制时间补。

知邓州穰县杜琮转二官制
（绍兴七年八月至绍兴八年二月间）

朕慎惜名器，不以假人。惟时战功，无小不录。尔备吏百里，乃于拔城陷阵，具有劳焉。进官二级，增气三军。毋怠钦承，往思报称。

出处：《竹溪先生文集》卷四。
撰者：李弥逊
考校说明：编年据李弥逊任两制时间补。

郭沔阁门祗候制
（绍兴七年八月至绍兴八年二月间）

祗事上阁,出入禁庭,右列高选也。尔勤劳王事,茂著厥功。肆予命汝,是为异恩。益务恪恭,以思报称。

出处:《竹溪先生文集》卷四。
撰者:李弥逊
考校说明:编年据李弥逊任两制时间补。

杨举直循一资制
（绍兴七年八月至绍兴八年二月间）

昔者王师致讨,运营淮上,飞刍挽粟,人用告劳。尔令行百里,运不绝道,使军不乏而士益振,以迄有成,赏可后哉！进资一等,以示褒嘉。

出处:《竹溪先生文集》卷四。
撰者:李弥逊
考校说明:编年据李弥逊任两制时间补。

马士存赠两官与一子恩泽制
（绍兴七年八月至绍兴八年二月间）

朕求节谊之士,于戎马以来,固未多得。盖处死之难,人情所同。尔许国以忠,久从金革,临难不夺,至于陨身。可无褒荣,以慰泉壤？晋官二级,禄及后昆。尚克钦承,毋忘结草。

出处:《竹溪先生文集》卷四。
撰者:李弥逊
考校说明:编年据李弥逊任两制时间补。

霍兴赠承信郎制

（绍兴七年八月至绍兴八年二月间）

舍生取义,知命者所难。而尔能体国奋忠,殒身王事。锡官一等,追赉九原。魂其有知,歆此殊宠。

出处:《竹溪先生文集》卷四。又见《永乐大典》卷七三二七。

撰者:李弥逊

考校说明:编年据李弥逊任两制时间补。

章承祖循一资制

（绍兴七年八月至绍兴八年二月间）

千里馈粮,师不宿饱,其责甚重。顷者屯兵淮壖,转饷为急,飞挽之事,尔或有劳。进资一等,姑以示劝,尚其勉之。

出处:《竹溪先生文集》卷四。

撰者:李弥逊

考校说明:编年据李弥逊任两制时间补。

燕仰之大理评事制

（绍兴七年八月至绍兴八年二月间）

万方之狱,决于廷尉,而左右平专可否于情法之间。一失其当,死者不可复生矣。尔以材称,习于法令,往居是职,可不慎哉!

出处:《竹溪先生文集》卷四。

撰者:李弥逊

考校说明:编年据李弥逊任两制时间补。

夔州通判崔仲通转一官制
(绍兴七年八月至绍兴八年二月间)

坚壁挫敌,兵家所难。虽曰金汤可恃,而临敌不惧,失之毫厘,民不堪命矣。尔顷丞蜀郡,多垒在郊,御侮之功,克全千里。其增命秩,用劝为臣。使知夫仗节守谊,临难毋苟免也。

出处:《竹溪先生文集》卷四。

撰者:李弥逊

考校说明:编年据李弥逊任两制时间补。

郭贵赠两官成忠郎制
(绍兴七年八月至绍兴八年二月间)

出处:《春秋》之法,死王事加二等。尔临敌致命,奋不顾身,朕何惜不追进官资,以为尔地下之荣乎? 尚其有知,歆此殊宠。

出处:《竹溪先生文集》卷四。又见《永乐大典》卷七三二六。

撰者:李弥逊

考校说明:编年据李弥逊任两制时间补。

陈珍转一官制
(绍兴七年八月至绍兴八年二月间)

尔比整舟师,备御海道,淹留岁月,灼见宣劳。进秩一阶,以示褒劝。

出处:《竹溪先生文集》卷四。

撰者:李弥逊

考校说明:编年据李弥逊任两制时间补。

张安国换给承节郎制
（绍兴七年八月至绍兴八年二月间）

尔以劳入官，越时既久。比加考覆，载锡命书。祗服恩荣，益恭乃事。

出处：《竹溪先生文集》卷四。又见《永乐大典》卷七三二六。
撰者：李弥逊
考校说明：编年据李弥逊任两制时间补。

曾慥湖北兼京西路运副制
（绍兴七年八月至绍兴八年二月间）

襄邓疆理之初，荆湖剽掠之后，疮痍未合，师旅荐兴。所以饷给而拊循之，非通敏忠厚之吏，不以轻付也。尔蚤以材猷，见推士类，久司计漕，绩用有闻。其进官联，兼荆襄转输之任，俾惟新之俗，民不告病，既老之师，士不阻饥。时为汝职，尚其勉之。

出处：《竹溪先生文集》卷四。
撰者：李弥逊
考校说明：编年据李弥逊任两制时间补。

蒋璨淮东运副制
（绍兴七年八月至绍兴八年二月间）

朕疆理淮甸，克复神州。环寇之师，殆将百万，致粟一石，率当几钟。维兹转给之功，必得开敏之吏。尔儒雅自将，才猷可倚，总挽粟飞刍之任，无伤财害民之讥。奏言便朝，灼见心计，载颁宠数，增重使华。其上体于眷怀，益务修于职业。俾粮不绝道，赋不加民，而用度足，则予汝嘉。

出处：《竹溪先生文集》卷四。
撰者：李弥逊
考校说明：编年据李弥逊任两制时间补。

长入祗候陈胜转一官制
(绍兴七年八月至绍兴八年二月间)

尔拥卫宫闱,周旋羁绁,勤劳备著,褒典可忘?增秩之荣,仰思所报。

出处:《竹溪先生文集》卷四。
撰者:李弥逊
考校说明:编年据李弥逊任两制时间补。

梁仲敏太府寺丞制
(绍兴七年八月至绍兴八年二月间)

朕于养材,如养木然,拱把而上皆扶持封植之,以遂其成。尔种学绩文,未有所试。虽丞于寺事,皆在所察,而无专责,得以时暇,亦朕养材之地也。往居而职,自公而退,毋忘所能。

出处:《竹溪先生文集》卷四。
撰者:李弥逊
考校说明:编年据李弥逊任两制时间补。

王利见赠承务郎制
(绍兴七年八月至绍兴八年二月间)

汉之狄山,以博士乘鄣,致殒其身。虽其自取,亦用非所长也。尔实儒生,以忠及难,朕甚悯之。肆颁命秩,追贲九原。魂其有知,服我休宠。

出处:《竹溪先生文集》卷四。
撰者:李弥逊
考校说明:编年据李弥逊任两制时间补。

寇遽起复淮西宣抚司将领制
（绍兴七年八月至绍兴八年二月间）

墨绖以从军事，于古有之。尔御众有方，久临行阵，以忧谢事，曾未逾时。比命将臣，出师边徼，而抗章来上，请汝以行。其夺苫块之情，以从金革之事。移忠之义，视君犹亲。往服训辞，益思自效。

出处：《竹溪先生文集》卷四。
撰者：李弥逊
考校说明：编年据李弥逊任两制时间补。

浙西提举茶盐钱堪转一官制
（绍兴七年八月至绍兴八年二月间）

煮海之利，食货所先。有司用是宽敛息民而足邦计。尔顷将使指，奉法不苟，能致羡增，以佐军食。朕信赏必罚，小善不遗，超进一官，以示能者之劝。

出处：《竹溪先生文集》卷四。
撰者：李弥逊
考校说明：编年据李弥逊任两制时间补。钱堪绍兴七年四月已任满，见《绍定吴郡志》卷七。

冯义由解围番贼转两官制
（绍兴七年八月至绍兴八年二月间）

排难解纷，见臣子保邦之节；报功崇德，为人君驭众之恩。尔素敦诗书，晚从金革，遭时多难，报国一身。有嘉乘鄣之功，肆颁增秩之命。保兹荣宠，毋怠钦承。

出处：《竹溪先生文集》卷五。
撰者：李弥逊
考校说明：编年据李弥逊任两制时间补。

胡舜陟买马及额转一官制
（绍兴七年八月至绍兴八年二月间）

国家偃武之久,归马不闲,兴师有年,折棰可渡,而犹务益之,将以制胡虏之长技,非得已也。具官某风猷敏济,器度闳深,久践禁途,出分帅阃。惟桂林、象郡,旁连多马之野,岁取骏良,厥有常数。乃能率下应期,不扰而集,既富在坰之牧,无烦请苑之师。虽曰守官,实为体国,宜载加于命秩,以昭示于涣恩。尚服宠光,益思忠荩。

出处:《竹溪先生文集》卷五。

撰者:李弥逊

考校说明:编年据李弥逊任两制时间补。

刘公达转一官制
（绍兴七年八月至绍兴八年二月间）

仗节守谊者臣之忠,信赏必罚者君之柄。尔临难有守,不与贼俱,姑进一阶,以为众劝。往服予命,益励汝为。

出处:《竹溪先生文集》卷五。

撰者:李弥逊

考校说明:编年据李弥逊任两制时间补。

张戒兵部郎官制
（绍兴七年八月至绍兴八年二月间）

尚书郎朝廷之高选,近岁官不必备,率以它曹通掌。非开敏博达兼人之才,不以居是职也。尔器识深闳,操履纯固。顷繇儒馆,出领使华。中台武部之属,姑试之事,以观汝能。其励乃躬,率乃职,称朕所以选任之意焉。

出处:《竹溪先生文集》卷五。

撰者:李弥逊

考校说明：编年据李弥逊任两制时间补。

杨晟惇换给事中大夫直徽猷阁制
（绍兴七年八月至绍兴八年二月间）

朕惟师老敌坚，士苦于战，有功必录，凡赏无常。而况于发纵指示、御众制胜者哉！尔素敦诗书，深明韬略，振斩将搴旗之旅，收执俘获丑之功。比命相臣，付以阃外之事，而崇阶华职，并以命尔。载畴勋庸，良见忠荩，肆颁纶綍之宠，以为阀阅之光。尚体眷怀，益输奇节。

出处：《竹溪先生文集》卷五。
撰者：李弥逊
考校说明：编年据李弥逊任两制时间补。

张球等转一官制
（绍兴七年八月至绍兴八年二月间）

鲁人以"思马斯才"，颂僖公能遵伯禽之业，比命方伯，市骏桂林、象郡之间。而尔令行千里，劝督有方，致其土地之宜，相予军旅之事。载嘉体国，可后酬庸？超进一阶，以示褒劝。

出处：《竹溪先生文集》卷五。
撰者：李弥逊
考校说明：编年据李弥逊任两制时间补。

唐时转一官制
（绍兴七年八月至绍兴八年二月间）

朕咏《鸿雁》之章，修安集之政，慎选百里，惠养元元，以尽为民父母之道。尔莅官江县，声闻于朝。部使者谓尔奉公洁己，戢吏恤民，徭役均平，催科不扰。有令如此，朕于斯民无负矣。何惜一官，不为尔劝哉？

出处：《竹溪先生文集》卷五。

撰者:李弥逊

考校说明:编年据李弥逊任两制时间补。

王震湖南运判制
(绍兴七年八月至绍兴八年二月间)

朕抚御远民,如行宫庭之政。异时遣使问俗,休戚必闻。时巡以来,急调度而缓农事,非朕意也。尔才优敏强,习于吏治,周旋外服,益见所长。荆湘转输之任,其为朕往。惟奉法绳吏,去其害民,使下不扰而赋用足。斯为称职,尚往钦哉!

出处:《竹溪先生文集》卷五。

撰者:李弥逊

考校说明:编年据李弥逊任两制时间补。

晁谦之再任福建运判制
(绍兴七年八月至绍兴八年二月间)

瓯闽地偏而俗悍,吏鲜奉法。刺举之任,一不得人,则民不胜其弊。尔以才猷,蚤见推择。绣衣虎节,岁满政成,吏奸民隐,俱在目中矣。是用因汝之能,以顺民望,申命尔以转输之任。尔其益励远业,以继前功,毋以久于其官而怠乃事也。

出处:《竹溪先生文集》卷五。

撰者:李弥逊

考校说明:编年据李弥逊任两制时间补。

魏永昇换给武翼郎制
(绍兴七年八月至绍兴八年二月间)

朕念师老敌坚,士卒苦战,有功必录,不以疑废。尔久于行伍,累赏得官。执符而来,不加考覆,而易以真命,可谓优矣。其勉尔忠,以图报称。

出处:《竹溪先生文集》卷五。又见《永乐大典》卷七三二六。

撰者:李弥逊

考校说明:编年据李弥逊任两制时间补。

衡嗣兴补承信郎制
(绍兴七年八月至绍兴八年二月间)

仗节死谊,知命者所难。尔父忠勇帅众,至于陨身,朕甚悯焉。既峻其秩,复命尔官,恩则厚矣,其思所以保之。

出处:《竹溪先生文集》卷五。又见《永乐大典》卷七三二七。

撰者:李弥逊

考校说明:编年据李弥逊任两制时间补。

张子华军器监丞制
(绍兴七年八月至绍兴八年二月间)

除戎器于萃聚之时,所以戒不虞,而况用武之际乎?尔将臣之子,余力学文,往饬百工,尽其审曲面势之艺。函人惟恐伤人,矢人惟恐不伤人。俾各善其事,时汝之职。

出处:《竹溪先生文集》卷五。

撰者:李弥逊

考校说明:编年据李弥逊任两制时间补。

赵不忮等转官制
(绍兴七年八月至绍兴八年二月间)

不变于夷,古言其难。尔脱身异域,仗义而来。嘉汝尽忠,可罔报称。爰颁迁秩之恩,以劝为臣之节。

出处:《竹溪先生文集》卷五。

撰者:李弥逊

考校说明:编年据李弥逊任两制时间补。

张承司农寺丞制
(绍兴七年八月至绍兴八年二月间)

农臣掌九谷之府,收敛盖藏,以待振发。足兵以来,急于馈饷,无后红腐之积矣。尔老于吏治,更练详密,其往丞于寺事。惟出纳之吝,俾廪有余粟,而岁用不乏,时汝之职。

出处:《竹溪先生文集》卷五。
撰者:李弥逊
考校说明:编年据李弥逊任两制时间补。

喻汝砺夔州路提刑制
(绍兴七年八月至绍兴八年二月间)

朕钦慎庶狱,宁失不经,唯恐一夫,不被其泽。况门庭远于万里,任予耳目之寄,可非其人哉?尔早擅文声,夙推能誉,惠爱之政,及于所临。必能推恩狴犴之间,俾无冤民,以称朕哀矜之意焉。夔峡之俗,尔所习知,按兹祥刑,钦哉毋忽。

出处:《竹溪先生文集》卷五。
撰者:李弥逊
考校说明:编年据李弥逊任两制时间补。《宋史翼》卷八《喻汝砺传》系于绍兴九年八月,误。《建炎以来系年要录》卷一三一:"(绍兴九年八月甲寅)右朝奉大夫、新夔州路提点刑狱公事喻汝砺行驾部员外郎。"

施廷臣监察御史制
(绍兴七年八月至绍兴八年二月间)

司宪纪纲之地,张官设属,选之重独高一时,必惟常德之彦,则在位化之,有《羔羊》之风焉。尔学积于躬,行著于外,粹然之色,如玉在山。天禄石渠,久于涵养。其辍校雠,以司纠正之任。异时明目张胆,陈义于正色之地,朕庶几乎见之。往祇明命,益励汝为。

出处:《竹溪先生文集》卷五。

撰者:李弥逊

考校说明:编年据李弥逊任两制时间补。

丁祀转一官制
(绍兴七年八月至绍兴八年二月间)

疆埸之事,备于未然,恃吾有以待之尔。尔分符边郡,施设有方,御侮之功,克安千里。惟郡守增秩之命,汉所以待循吏者,今朕用以宠汝,重疆事也。其体异恩,益输奇节。

出处:《竹溪先生文集》卷五。

撰者:李弥逊

考校说明:编年据李弥逊任两制时间补。

赵思诚知泉州制
(绍兴八年正月至二月间)

朕视海隅苍生,若在王畿之内,患乎德泽不能下究,休戚难于上闻。非得良二千石,将何赖焉? 具官某端直之守,信而力行,廉靖之风,易于勇退。顷居禁掖,屡形深厚之词;久寓它邦,习知东南之俗。必能布宣王灵,轸恤民隐,解刀剑而授襦袴,易愁恨而为歌谣。用是命尔,殿彼温陵,就分师帅之寄。夫待之既厚,望之则深。其推尔尊主庇民之心,以成予仁民爱物之政。

出处:《竹溪先生文集》卷五。

撰者:李弥逊

考校说明:编年据李弥逊任两制时间、乾隆《泉州府志》卷二六补。

高棪夔州路李观成都路并运判制
(绍兴七年八月至绍兴八年二月间)

国家分遣耳目之官,将以澄清天下,察民利病,以告于上。兴师以来,足食之余,悉置不问,岂朕意哉?尔治剧拨烦,绰有能誉,久于外服,益见所长。峡巴李观云"西州"。转输之命,肆以命尔。夫亩有常税,不可损也。使出于私家,入于公家,无追胥侵扰之弊,则民安作而士不阻饥。毋纵吏逞欲,阴取过制,而曰吾不加赋于民。服我休命,尔尚勉之。

出处:《竹溪先生文集》卷五。

撰者:李弥逊

考校说明:编年据李弥逊任两制时间补。

曹琏宗正丞制
（绍兴七年八月至绍兴八年二月间）

朕网罗天下之士,一善必录,计官资之崇庳而处之,以待用焉。尔蚤以才名,扬于士类,回旋外服,更练既多。肆予命尔,往佐属籍之治,凡寺之事,时汝之职。克修厥官,嗣有褒宠。

出处:《竹溪先生文集》卷五。

撰者:李弥逊

考校说明:编年据李弥逊任两制时间补。

黄积厚福建运判制
（绍兴七年八月至绍兴八年二月间）

汉郎官出宰百里,不以内外为重轻。况专一道刺举之任,而为朕耳目之寄哉!尔开敏之才,见于已试,久于剧部,以办治称。议者欲通东南之货,以佐军乏,患不得其术,则下徒扰而利不归于上,故命尔以七闽转漕之职。尔通于治道而爱民之深者,其为朕察其利否,求所以兼济之策,闻焉毋忽。

出处:《竹溪先生文集》卷五。

撰者:李弥逊

考校说明:编年据李弥逊任两制时间补。

王龢司封郎官制
(绍兴七年八月至绍兴八年二月间)

铨综高于诸部,封爵简于他曹。斯朝廷养贤之地,为郎之清选也。尔薰然慈仁,济以问学,优游省户,人无间言。擢升高简之司,以表靖共之操。往服予采,益励汝为。

出处:《竹溪先生文集》卷五。
撰者:李弥逊
考校说明:编年据李弥逊任两制时间补。

建康府通判李宏应办宣力特转一官制
(绍兴七年八月至绍兴八年二月间)

士有可用之才,不求闻达,隐于下吏,朕欲闻而未得者。尔为郡丞,能竭其才,以佐而长,阖郡之事以办治称,亦可嘉矣。进秩一阶,既为尔宠,亦所以劝有功。

出处:《竹溪先生文集》卷五。
撰者:李弥逊
考校说明:编年据李弥逊任两制时间补。

李吉被众驱拥过淮脱身归朝转一官制
(绍兴七年八月至绍兴八年二月间)

日者蚁众悖德,迫胁忠良。尔仗义来归,脱身锋镝。虽薰莸不可同器,而玉石几于俱焚。超晋一官,以旌尔节。往膺宠渥,益效忠勤。

出处:《竹溪先生文集》卷五。
撰者:李弥逊
考校说明:编年据李弥逊任两制时间补。

忠训郎吴从捉获伪券冒请转两官制
(绍兴七年八月至绍兴八年二月间)

鼠蠹肆欺,冒伪契券。尔为小吏,暴白其奸。嘉尔之能,进官二等。益思报效,以称恩休。

出处:《竹溪先生文集》卷五。
撰者:李弥逊
考校说明:编年据李弥逊任两制时间补。

张九成落致仕制
(绍兴七年八月至绍兴八年二月间)

李绛有云:知人诚难,尧舜以为病。然循其名,验以事,所得十七。朕体是道,进退群材于贤不肖之间。以尔儒学之英,名冠多士,行义之洁,善及一乡。蚤游著作之庭,高尚其事,未老而归。予欲举廉靖以励士风,岂借贤异代哉?其还旧班,以服新命。亟弹冠而就道,勿俟驾而有辞。

出处:《竹溪先生文集》卷五。
撰者:李弥逊
考校说明:编年据李弥逊任两制时间补。

刘子翼广东运判制
(绍兴七年八月至绍兴八年二月间)

朕抚御远民,如行宫庭之政。异时遣使问俗,休戚必闻。省方以来,急调度而缓农事,非朕意也。尔才术敏强,习于吏治,试之要剧,益见所长。南海转输之任,其为朕往。惟奉法绳吏,去其害民,使下不扰而赋用足,斯为尽职。尚往钦哉!

出处:《竹溪先生文集》卷五。
撰者:李弥逊

考校说明：编年据李弥逊任两制时间补。

周葵江东提刑制
（绍兴七年八月至绍兴八年二月间）

朕嘉惠多方，钦慎庶狱。患乎德泽不能下究，思得明习朝廷正体之士，往宣明之，其庶几乎！尔顷司风宪，遇事必陈，直谅纯明，介然有守。是用命尔，按兹祥刑。大江之东，实今要地；耳目之寄，付畀非轻。俾吏不肆暴，民以不冤，法行惠洽，各得其所，治成如斯，嗣有异宠。

出处：《竹溪先生文集》卷五。
撰者：李弥逊
考校说明：编年据李弥逊任两制时间补。

土豪承节郎刘亶等转一官制
（绍兴七年八月至绍兴八年二月间）

顷者盗集海隅，觊觎南下。尔等体国奋忠，有功捍御。陟官之宠，时为茂恩，其思所以称此。

出处：《竹溪先生文集》卷五。
撰者：李弥逊
考校说明：编年据李弥逊任两制时间补。

刘子羽赠父韐少师制
（绍兴七年八月至绍兴八年二月间）

朕稽三代之礼文，法九筵之遗制。大飨上帝，并侑祖宗，用答神明之休，均锡中外之福。某官才高济世，望重盖时。历严近于两朝，蹈险夷而一节。功存寄阃，有奋不顾身之忠；义在平戎，见誓不俱生之志。是多贤嗣，为时俊良。念风木怀陟岵之悲，而《诗》、《礼》本过庭之训。宜昭异数，进位公师，以旌追远之恩，以示显亲之意。尚其精爽，不昧钦承。

出处:《竹溪先生文集》卷五。又见《永乐大典》卷九一八。

撰者:李弥逊

考校说明:编年据李弥逊任两制时间补。此制标题疑当作《刘子羽父韐赠少师制》。

王珍转两官阁门宣赞舍人制
(绍兴七年八月至绍兴八年二月间)

朕抚养军士,若保赤子,十年于兹。而乃者凶徒背德,率众叛亡,天人所共愤也。尔等怀忠许国,不与之俱,戮力诛锄,孤军独返,克全大节,可后褒嘉!其进崇阶,宾赞上阁,是为异恩,非特旌尔,亦以激三军之气,使知我介胄之间有人焉。

出处:《竹溪先生文集》卷五。

撰者:李弥逊

考校说明:编年据李弥逊任两制时间补。

孙政换给武翼大夫制
(绍兴七年八月至绍兴八年二月间)

赏罚用命不用命,所以励众而劝有功也。尔久于行阵,临难不苟,乃能贾勇鏖战,以张吾军功,在所劝者。比加考覆,申锡命书。往服恩荣,益思报称。

出处:《竹溪先生文集》卷五。

撰者:李弥逊

考校说明:编年据李弥逊任两制时间补。

王庶兵部尚书制
(绍兴八年二月一日)

礼乐征伐所自出,盖天子之至权;俎豆军旅虽不同,皆儒者之能事。长是兵戎之职,必资文武之才。与其拔士以逾尊,孰若因能而任旧?具官某规摹闳远,局量邃深。临事之几,金百炼而益砺;履危之节,水万折而必东。早接武于禁途,久宣威于边阃。折冲制胜,赏不战以屈人;为大图难,屡有嘉而告后。是用擢自贰卿之列,升之常伯之联。方上穷示转祸之机,而中原起来苏之望,兵戎弗戢,师克在和。尔其明自治之政以儆予,庶几收复古之功以垂世。往服朕命,尚启乃心。

出处:《竹溪先生文集》卷五。

撰者:李弥逊

考校说明:编年据《建炎以来系年要录》卷一一八补。

富直柔知衢州制
(绍兴八年二月四日)

朕驻跸江隅,回舆浙部。惟时西安,乃在千里之内,所以夹辅王室,抚绥邦人,非予旧弼之臣,畴足以宽朕忧顾哉? 具官某秉德宽裕,宅心粹和。懿行可以度人,宏规可以经国。朕以三朝元老,故家遗泽,尚有典刑,举而置之宥密之地,而力辞政机,归栖真馆。侧席之念,于兹累年。其释燕闲之居,往分民社之寄。非独资于共理,盖亦便于告猷。俾朝廷有屏翰之崇,郡邑知岩石之重,上下之治,相须而成。岂不休哉?

出处:《竹溪先生文集》卷五。

撰者:李弥逊

考校说明:编年据《建炎以来系年要录》卷一一八补。

吕本中中书舍人制
(绍兴八年二月四日)

朕寤寐中兴,焦劳庶事。惟中书之地,一日万几,而内史之职,于命令之将行,皆得以可否而献替之。苟非其人,则安能杜渐防微,救过于未然哉? 具官某袭芳名胄,济以多闻。粲然泉涌之文,粹矣玉温之质。侍严香案,议礼曲台,人物之优,允符金论。其辍九卿之列,来联四户之班。夫事固有一言之非而驷马弗及,一日之失而终身为忧。于号令出纳之微,系社稷安危之重。其体兹训,知无不言。毋使政事之行,人得以议,而朝廷有涣汗之讥,所以望于尔者。

出处:《竹溪先生文集》卷五。

撰者:李弥逊

考校说明:编年据《建炎以来系年要录》卷一一八补。

张澄集英殿修撰知临安府制
(绍兴八年二月四日)

汉三辅皆治长安,而以二千石高第入守京兆,浩穰之地,非通练敏济之才不足以居其任。尔才猷之美,风力之强,治剧剸烦,雍容而办。分符持节,屡试有成。朕省方南还,清跸所临,无异辇毂。是用移尔建业之风,以成武林之治,论撰之职,并以示宠。惟首善之地,四方是式。尔其惠养柔良,弹压奸暴,以成中和之治,则尔之休,岂独及于王畿之内哉?

出处:《竹溪先生文集》卷五。

撰者:李弥逊

考校说明:编年据《建炎以来系年要录》卷一一八补。

夏珙特令再任诏
(绍兴八年二月六日)

湖北运判夏珙职事修举,候今任满日,特令再任,仍升充转运副使。

出处:《宋会要辑稿》食货四九之四三。

建康府本贯曾得解举人特与免文解一次诏
(绍兴八年二月六日)

建康府本贯曾得解举人,并依临安府驻跸例,特与免文解一次。

出处:《宋会要辑稿》选举一六之五。

知鄂州赵士輵职事修举除直秘阁制
(绍兴八年二月六日)

武昌接襄汉之上游,连荆湖之多盗。急军食则催科及于耕农,缓民力则飞挽绝于粮道。不扰而济,未见其人。尔戚畹之英,夙有才誉。千里之治,期月而成。有嘉汝能,可为众劝。蓬莱道山之直,儒者荣之,今以命尔。惟国之大事,在兵与农。尔其思所以固本之道,勿专以办治为务,而害吾惠养之政。

出处:《竹溪先生文集》卷五。
撰者:李弥逊
考校说明:编年据《建炎以来系年要录》卷一一八补。

湖北运判夏珙职事修举特令再任
(绍兴八年二月六日)

艰难以来,士或失职。至于当更而留,非有异能显绩,惠及一方,不以当是选也。尔以才猷,早见推择,为部使者而富民足食,绩用有闻。是用因汝之能,以顺民望,俾修旧职,增重使权,柬遇之优,并以示宠。尔其益励远业,勉继前功,无以久于其官而怠乃事也。

出处:《竹溪先生文集》卷五。
撰者:李弥逊
考校说明:编年据《建炎以来系年要录》卷一一八、《宋会要辑稿》食货四九补。

知邓州韩逌知筠州格禧措置有方各转一官制
(绍兴八年二月六日)

朕疆理襄汉,以备不虞。尔以才猷,久分千里之寄,控制外侮,拊循斯民,才术之优,达于予听。进官一等,以旌尔庸。往服茂恩,益输奇节。

出处:《竹溪先生文集》卷五。
撰者:李弥逊

考校说明:编年据《建炎以来系年要录》卷一一八补。

胡安国辞免宝文阁直学士不允诏
(绍兴八年二月十日后)

朕悯邪说之诬民,惧斯文之坠地,肆求鸿硕,爰命纂修。卿发心要之未传,洞见天人之阃奥,明圣师之独断,大陈治乱之权衡。俾给札于上方,旋观书于乙夜。往承朕意,勿复固辞。

出处:《斐然集》卷二五《先公行状》。
考校说明:编年据胡安国官历补,见《宋史》卷二九《高宗纪》。

章谊端明殿学士建康留守制
(绍兴八年二月十三日)

朕远御中原,时巡吴会,眷金陵之近屏,视京邑之陪都。必资御侮之雄,用畀居留之重。肆求迩列,爰属宝臣。具官某德宇粹温,气守沈毅。夙持风宪,输面折廷争之忠;荐总计司,著国富兵强之效。受命不闻于择事,居官皆可以策勋。兹辍侍于禁林,往分忧于江表。升华秘殿,增贲侯藩,大连城师帅之权,专行台管钥之寄。式勤远略,庸示眷怀。昔萧何以谨信委关中,寇恂以文武守河内。尔其固龙蟠虎踞之势,以为干城;宣风声鹤唳之威,以恢土宇。庶几嘉绩,无愧古人。

出处:《竹溪先生文集》卷五。
撰者:李弥逊
考校说明:编年据《建炎以来系年要录》卷一一八补。

移跸临安诚谕帅守监司诏
(绍兴八年三月二日)

昔在光武之兴,虽定都于洛,而车驾往反,见于前史者非一,用能奋扬英威,递行天讨,上继炎汉,朕甚慕之!朕荷祖宗之休,克绍大统,夙夜危惧,不常厥居。比者巡幸建康,抚绥淮甸。既已申固边围,奖率大军,是故复还临安,内修政事,缮治甲兵,以安基业。非厌霜露之苦,而图宫室之安也。自今而后,应诸路宣抚制置使等阙，其深戒不虞，益励士卒常若敌至，以听号令。帅守、监司其合力同心，共济军务，罔或不勤，以副朕经营之意。故兹昭示，想宜知悉。

出处：《三朝北盟会编》卷一八三。又见《宋会要辑稿》方域二之一五，《乾道临安志》卷一，《咸淳临安志》卷一，《舆地纪胜》卷一，《方舆胜览》卷一。

尹焞秘书少监依旧崇政殿说书诏
（绍兴八年三月三日）

敕：伊洛之间有君子焉。明千载不传之学，祛诸儒久蔽之惑，孟氏以来，一人而已。而尔亲从之游，得其奥旨，修身慎行，垂三十年。浮湛里间，晚为朕起，已试之效，绰焉可观。图书之府，豪俊所聚，俾尔往为之长，以称吾尊德乐道之意。尔其为吾推明所学，尽见所蕴，使后进之士咸有所矜式焉。则朕之得人，亦见不愧于古矣。尔尚勉之！可特授依前官试秘书少监兼崇政殿说书。绍兴八年三月三日。

出处：《尹和靖集》附录。

秦桧拜右相制
（绍兴八年三月七日）

忠为天下之闲，圣人所以卫社稷；诚者政事之本，君子所以治国家。故汲黯在朝而邪僻为之寝谋，杨绾入相而豪侈以之自化。惟此钧衡之任，曾何今古之殊。我得其人，明告在位。具官秦桧秉德敦裕，涉道渊微。守经事而知其宜，临大节而不可夺。迨兹图旧，付以本兵。忧国忘家，持心无二，献可替否，守正不阿。蕴蓍龟先见之明，有松柏后凋之操。朕念朝夕之诲，必资左右之良。在宣帝时有若丙吉、魏相，在明皇时有若姚崇、宋璟。一则同心辅政，而汉氏中兴；一则以道纳君，而唐室大竞。是用擢居右揆，晋处文昌。蹑三等之荣阶，衍爱田之多赋。期尽协恭之义，式观相济之能。於戏！启乃心、沃朕心，予欲闻于入告；有其善、丧厥善，汝毋怠于旁招。往践攸司，钦承休命。

出处：《宋宰辅编年录》卷一五。
撰者：朱震

诫约诸路遵守前后营田指挥诏
（绍兴八年三月八日）

令诸路提领营田官严切约束所属州县,常加遵守前后约束指挥。如有违戾去处,仰具名按劾,当重置典宪。

出处:《宋会要辑稿》食货六三之一一一。

朱震辞免建国公听读尚书终篇恩命不允诏
（绍兴八年三月九日后）

敕朱震:所奏辞免转一官恩命事具悉。朕择本支以隆国势,修劝导而备官司。其有成劳,可无褒命！卿经术深邃,独高诸儒;德性纯明,自倾多士。为时耆旧,适副简求。日陈道义之言,助子诗礼之训。肆稽故事,以宠毕章。朕方擢先王历世之规,通天下赴功之志。虽疏远之吏,摽末之庸,并录不遗,以劝为善,况如卿者,其可辞乎？何为上书,遽求反令。固难曲徇,其趣钦承。所请宜不允。

出处:《周易集传》附录《汉上先生履历》。
考校说明:编年据《建炎以来系年要录》卷一一八补。

朱震再辞免建国公听读尚书终篇恩命不允诏
（绍兴八年三月九日后）

朕以卿道艺深明,行能高妙,传授经业,训迪宗藩。俾通上古之书,宜从增秩之赏。而乃屡陈悃幅,力避宠荣。夫尊贤显功,盖人主驭臣之柄;而难进易避,亦师儒厉俗之规。使勤劳而见知者尚或固辞,则虚伪而幸进者庶几有耻。岂惟勉从于尔志,抑亦少劝于士风。载亮冲怀,不忘嘉叹。

出处:《周易集传》附录《汉上先生履历》。
考校说明:编年据《建炎以来系年要录》卷一一八补。

平江府本贯曾得解举人免文解一次诏
（绍兴八年三月九日）

平江府本贯曾得解举人，依建康府驻跸例，特与免文解一次。

出处：《宋会要辑稿》选举一六之五。

冯康国直显谟阁知夔州制
（绍兴八年三月十三日前）

朕以不忍人之心，行不忍人之政，治远以近，视民如伤，曲思所以庇护之方。与我共理者，其惟良二千石乎！尔忧国之忠，济时之策，前席陈义，朕既知之；而持节外台，分职剧部，历试中外，亦已十年。其于御众牧人，盖优为之。云安重地，不远桑梓之邦。辍从宰属，升之延阁，而往厘之，可谓宠矣。尔其体朝廷之德意，究风俗之利病，以广朕不忍人之术，勿云居外，而有退心。倚需政成，嗣有褒命。

出处：《竹溪先生文集》卷五。
撰者：李弥逊
考校说明：编年据《建炎以来系年要录》卷一一八补。

蠲所过州县民积欠税赋诏
（绍兴八年三月二十二日）

建康复幸，其浙西经由州县应办人户见欠绍兴六年十二月终以前税赋，并予除放。官司辄敢举催，重置典宪，仍令提刑司常切觉察。

出处：《宋会要辑稿》食货六三之八。又见《建炎以来系年要录》卷一一八。

小使臣不许除授亲民等官诏
（绍兴八年三月二十二日）

小使臣因泛滥及应奉祗应有劳等补授名目之人,虽已经关升,不许注授亲民等官。

出处:《建炎以来系年要录》卷一一八。

韩忠彦配享徽宗庙廷诏
（绍兴八年三月二十三日）

门下:古之有功于国者,书于太常,祭于大烝,凡与飨于先王,则司勋诏之,所以彰善于无穷也。故左光禄大夫、尚书左仆射兼门下侍郎、赠太师、魏国公谥文定韩忠彦,纯诚端亮,终始如一,德业之盛,不忝前人。建中之初,入践家司,损益施设,成天下之务。开不讳之门,塞私邪之路。选贤任能,各当其职。一时忠鲠之士,遂能击强御凶,所向摧折,当乎人心,后世赖之,以克有济。朕览旧史,慨然嘉叹。允所谓世济其美、不陨其名者也。夫善建者其择必远,厚施者所报必隆。其以忠彦配飨徽宗皇帝庙庭。

出处:《中兴礼书》卷一〇〇。又见《宋会要辑稿》礼五九之一八。

张九成试宗正少卿制
（绍兴八年三月二十八日）

朕于敦厚廉退之士,知之惟恐不尽,用之惟恐不至,庶几丕变贪懦之俗,而一洗浇薄之风。向之论者,曾不恤此,颠倒白黑,务逞其私,以迎合一时之好恶。朕既聖谖说而远壬人,则名节之士宜其复用矣。尔以深厚之词,蚤魁多士,止足之操,尝致为臣,风节凛然,士林推重。宗卿之贰,其选甚高,庶使天下之士靡然向风,以自振拔于苟贱不廉之地,岂无助欤!

出处:《建炎以来系年要录》卷一一八。

綦崇礼转朝奉郎制
（绍兴八年四月三日）

敕：朕惟三载考绩之法，以驭庶工，虽侍从之臣，能应格法，始以叙进，所以示天下之公。凡百庶尹，考其殿最，四岁一迁，而法从之贵，率以三载，所以优近臣之礼。著为定令，付在有司，吾何私焉？宝文阁学士、左承议郎、提举江州太平观、北海县开国子、食邑六百户、赐紫金鱼袋綦某，文为国华，器适时用。翱翔禁近，誉望独高。有司考尔阀阅，当用陟明之典。往服新渥，蕲称茂恩。可特授左朝奉郎，依前宝文阁学士，进封开国伯，加食邑三百户，差遣、赐如故。

出处：《北海集》附录上。

遣王庶巡视江淮边防诏
（绍兴八年四月七日）

朕临遣枢臣，协济军务，按行营垒，周视山川。乘斯闲暇之时，经画久常之利。凡尔监司群帅，郡县之官，各尽乃心，以康庶事；傥或弛慢失职，已令王庶密具以闻。

出处：《建炎以来系年要录》卷一一九。

朱震乞宫观不允诏
（绍兴八年四月二十五日后）

朕寤怀英贤，共图康济。虽山林隐逸之士，尚不倦于招徕；矧朝廷耆艾之儒，岂忍使其轻去？卿学穷圣域，行允廷金，论必据经，文推华国。扬历禁涂之久，备观辰告之忠。不独朕知卿之既深，亦惟卿守义之甚固。老成在列，多士朋来。胡为抗章，遽欲引退。与其洁身而辞位，希廉士之风；孰若尽道以致君，卒贤人之业。勉体至意，毋重有陈。所请宜不允。

出处：《周易集传》附录《汉上先生履历》。
考校说明：编年据《建炎以来系年要录》卷一一九补。《宋代诏令全集》系于绍兴七年正月(第三九九一页),恐误。据原书编排顺序,此诏在《再辞免建国公听读尚书终篇恩命不允诏》之后、《赠官告词》之前。

三衙管军依旧通轮内宿诏
(绍兴八年四月二十八日)

令三衙管军依旧通轮内宿,惟殿前都虞候杨沂中许保明近上统制官一员在内守宿,诸班直宿卫亲兵并听节制。

出处:《建炎以来系年要录》卷一一九。又见《宋会要辑稿》职官三二之一一。

追废王安石配飨诏
(绍兴五年二月至十一月间或绍兴八年四月至五月间)

仰惟神祖英睿之资,励精图治,将以阜安宇内,威服四夷,甚盛德也。王安石首被眷求,进秉国政,所当致君尧舜,措俗成康,以副委属之重。而乃文饰奸说,附会圣经,名师帝王,实慕非鞅。以聚敛为仁术,以法律为德政。排摈故老,汲引憸人。变乱旧章,戕毁根本。高言大论,诋訾名节,历事五代者谓之知道,剧秦美新者谓之合变。逮其流弊之极,贤人伏处,天地闭塞,祸乱相踵,率兽食人,三纲五常,浸以堙灭。而习俗既久,犹未以为安石罪,朕甚惧焉。昔者世衰道微,暴行有作,孔子拨乱反正,寓王法于《春秋》,以俟后世。朕临政愿治,表章斯文,将以正人心,息邪说,使不沦胥于异学。荆舒祸本,可不惩乎?安石废绝《春秋》,实与乱贼造始。今其父子从祀孔庙,礼文失秩,当议黜之。夫安石之学不息,则孔子之道不著。子大夫体朕至意,倡率于下,塞源拔本,无俾世迷。庶几于抑水膺戎,驱猛诅詖,崇夫子之事,为圣人之徒,则予一人有辞于永世,惟子大夫之休烈。尚明听之哉!

出处:《斐然集》卷一四。
撰者:胡寅
考校说明:编年据胡寅任两制时间补。题后原注:"奉旨撰。"此诏或未施行。

吴革升职名制
（绍兴五年二月至十一月间或绍兴八年四月至五月间）

国家建延阁,使儒学之士寓直其间,其有趋事赴功,亦预兹选,所以广懋赏,俟群才也。以尔风力敏强,见推能吏,屡将使指,功绪可稽。肆予临戎,整旅诛叛,输将尽瘁,军不乏兴。宜疏加职之荣,庸示报勤之劝。尔其念兵食之当足,民力之已殚,益究乃心,称此光宠。

出处:《斐然集》卷一二。

撰者:胡寅

考校说明:编年据胡寅任两制时间补。

温厚母年九十封太孺人制
（绍兴五年二月至十一月间或绍兴八年四月至五月间）

仁善之报冠于五福,子孙所愿于其亲者,孰加于此? 明堂敷庆,燕及高年。尔克膺之,申锡书命。古人不云乎,贵老为其近于亲也。夫此岂独为尔一门慈孝之赉,盖所以见朕志焉。

出处:《斐然集》卷一二。

撰者:胡寅

考校说明:编年据胡寅任两制时间补。

陈宥复景福殿使制
（绍兴五年二月至十一月间或绍兴八年四月至五月间）

朕祗祀明堂,均福臣庶,凡陷于戾,咸与维新。具官见谓小心,偶坐薄谪。会赦当叙,在法靡私。俾还旧官,以责来效。惟避权利,可以保爵禄;惟蹈忠信,可以远罪愆。益励乃衷,毋忝明命。

出处:《斐然集》卷一二。

撰者:胡寅

考校说明:编年据胡寅任两制时间补。

吕源复一官制
(绍兴五年二月至十一月间或绍兴八年四月至五月间)

朕愍祀总章,覃福在序。丹书所载,咸与惟新。以尔屡更剧烦,见称才吏。庐陵之政,以过举闻;坐法削官,会赦当叙。稍还旧秩,渐洗往愆。夫风力悍强者多违于仁厚,智术皎厉者或短于笃诚。能抑其有余而勉其不足,则何过之有? 祗服明训,益励乃猷。

出处:《斐然集》卷一二。
撰者:胡寅
考校说明:编年据胡寅任两制时间补。

宇文渊刘伋排转制
(绍兴五年二月至十一月间或绍兴八年四月至五月间)

周庐之卫,待遇加隆。矧执羁靮,而从者可无爵赏之劝乎? 以尔祗扈戎行,勤力可尚,序进军麾之列,遥分州刺之荣。益思效忠,以报恩宠。

出处:《斐然集》卷一二。
撰者:胡寅
考校说明:编年据胡寅任两制时间补。

宇文渊南荆门归峡公安安抚使制
(绍兴五年二月至十一月间或绍兴八年四月至五月间)

朕惟古鄀名城,上流重镇。北据汉沔,西通巴蜀,南蔽湖岭,东连吴会。其土沃衍,可以足货食;其人壮力,可以充甲兵。顷缘寇残,鞠为茂草,改命帅守,夫岂苟然? 具官才智有闻,忠勇自奋,久领师众,颇著勤劳。擢从宣司,全委方面之政;罢易镇使,首还绥抚之权。注意既深,图功可缓? 夫盛军容而入国,仗将钺以临民,非宽猛得兼济之宜,则本根有先拨之患。尔其奉法择吏,务农通商,必使民力富强,然后兵威震叠。坐成南纪之势,可以进规中原;宽于西顾之忧,岂特捍御外侮？克若明训,嗣有宠嘉。

出处:《斐然集》卷一二。

撰者:胡寅

考校说明:编年据胡寅任两制时间补。

李璆转一官制
（绍兴五年二月至十一月间或绍兴八年四月至五月间）

郡守兼军旅之寄,训兵以义,销患于未萌,职也。至于欲危其上,以告而后殄之,抑末矣。又赏及焉,则亦为中材之劝,不虞之戒耳。以尔持橐旧侍,剖符大邦,发摘凶谋,剪平煽乱。行己有耻,初不自明。连帅以闻,遂应褒典。进官一等,岂为尔私？其深服于训言,以克臻于静治。

出处:《斐然集》卷一二。

撰者:胡寅

考校说明:编年据胡寅任两制时间补。

向子忞复职制
（绍兴五年二月至十一月间或绍兴八年四月至五月间）

朕毖祀太室,赉及臣工。凡丽丹书,咸与甄叙。尔屡分符竹,所至有声。不肯曲从,久坐直废。乃能勇于进学,思亢厥宗。俾还直于图书,以渐阶于进用。夫自克之士,缓于责人,育德既深,乃能致远。倘益勉励,人其舍诸？

出处:《斐然集》卷一二。

撰者:胡寅

考校说明:编年据胡寅任两制时间补。

宋唐卿入内内侍省都知制
（绍兴五年二月至十一月间或绍兴八年四月至五月间）

出处:《书》称文武之盛,以小大之臣咸怀忠良,侍御仆从罔非正人。夙夜承弼,然后其君动无违礼,言无非法。朕甚慕之,于诸常侍,必择而后任,又况其贵者乎!具官廉介畏慎,不蹈过愆。召于退休,俾尹内省。夫恭显甫节之事,至今人犹疾之,则吕强、张承业之美,岂非汝之可愿欤?勉服朕训,以永终誉。

出处:《斐然集》卷一二。

撰者:胡寅

考校说明:编年据胡寅任两制时间补。《建炎以来系年要录》卷一四五:"(绍兴十二年六月)戊辰,御史中丞万俟卨为攒宫按行使,入内内侍省副都知宋唐卿为副使。"与此制不合。《宋史》卷四七四《万俟卨传》则称宋唐卿为"内侍省副都知"。

某人入内内侍省副都知制
(绍兴五年二月至十一月间或绍兴八年四月至五月间)

朕监祖宗之宪,惩近世之失。于诸近习,不借以权,必择端良,然后委使,所以保全之也。以尔习知文书,克自检戒,服事甚密,不犯公议。参典禁省,以示褒擢。夫前人之美恶成败,后人之师也。益务恪恭,称此光宠。

出处:《斐然集》卷一二。

撰者:胡寅

考校说明:编年据胡寅任两制时间补。

任仕安立功转一官仍贵州刺史制
(绍兴五年二月至十一月间或绍兴八年四月至五月间)

朕不爱官爵以待有功,矧时战多,岂复稽赏?以尔勇力自奋,久总师旅。顷在闽粤,尝建奇绩,及戍湘楚,亦称勤劳。元戎露章,请从褒序,进加名秩,仍分州荣。克底楼船之绩,尚推《杕杜》之恩。

出处:《斐然集》卷一二。

撰者:胡寅

考校说明:编年据胡寅任两制时间补。

皇叔士猝磨勘制
（绍兴五年二月至十一月间或绍兴八年四月至五月间）

宗籍无吏责，故其考绩之法，俟之最久。久而后计，则黜陟明而功罪当，其得赏也不为过，而益知所劝矣。以尔属在诸父，惟慎惟恭，不以过闻，至于十稔。进官一等，尔实宜之。尚勉厥修，以称明训。

出处：《斐然集》卷一二。
撰者：胡寅
考校说明：编年据胡寅任两制时间补。

张顺换翊卫大夫制
（绍兴五年二月至十一月间或绍兴八年四月至五月间）

强敌侵暴，国家之仇；父兄不还，吾怨不释。具官尝从主将，协力往捕，虽未成擒，亦见忠勇。迁进官秩，用劝有功。益务战多，当受重赏。

出处：《斐然集》卷一二。
撰者：胡寅
考校说明：编年据胡寅任两制时间补。

子剧赠威德军节度使封嘉国公制
（绍兴五年二月至十一月间或绍兴八年四月至五月间）

生而显仕，既敦睦族之恩；没有追褒，乃厚饰终之典。具官本支隽望，肺腑懿亲。知为善最乐，而脱屣膏粱之风；以博古为贤，而捐情狗马之好。谓宜寿禄，遽尔湮沦。当戎尘暗阙之时，未皇劭恤；念祖父流芳之绪，良为尽伤。稽故实以疏荣，称情文而示宠。斋坛授钺，当帅阃之雄权；名壤分茅，列公圭之贵爵。下以慰尔子孝思之请，上以昭予家惇叙之规。英识尚存，钦承无致。

出处：《斐然集》卷一二。
撰者：胡寅

考校说明:编年据胡寅任两制时间补。"赵子剧"其人待考。

崔邦弼转一官制

(绍兴五年二月至十一月间或绍兴八年四月至五月间)

良民之心,畏兵为甚;勇将之烈,杀贼为贤。尔久提师徒,颇有纪律。往捕反寇,克奏成功。序进一官,用为劝赏。益思自奋,以取宠荣。

出处:《斐然集》卷一二。
撰者:胡寅
考校说明:编年据胡寅任两制时间补。

间丘吁叙官制

(绍兴五年二月至十一月间或绍兴八年四月至五月间)

朕慕虞舜宥过之道,凡诸臣自陷于戾者,待以岁月,得用赦原,忠厚之至也。以尔顷缘保任,有乖审详,继被驱驰,又涉稽慢。并坐黜削,亦既省循,稍复旧阶;庸示矜贷。过而能改,可不务乎?

出处:《斐然集》卷一二。
撰者:胡寅
考校说明:编年据胡寅任两制时间补。

皇兄安时用遗表转一官制

(绍兴五年二月至十一月间或绍兴八年四月至五月间)

廉车之寄,武职高选。若时宗子,效官于外者,无次迁之文,可谓重矣。具官以英皇近孙,赖叔父遗表,服在南列,遂膺此除。尔其恭顺自持,阅习义理,以贵骄为可戒,乃能保其荣禄矣。

出处:《斐然集》卷一二。
撰者:胡寅
考校说明:编年据胡寅任两制时间补。

王亦特叙翊卫大夫制
（绍兴五年二月至十一月间或绍兴八年四月至五月间）

朕祀明堂，大赉四海，凡有宿愆，咸与洗涤。具官顷提军律，不能驭下，纵逸部曲，害及郡县，遂从远黜，兹稍甄叙。尔其自省往过，深革厥心。思报宠光，勉立来效。

出处：《斐然集》卷一二。
撰者：胡寅
考校说明：编年据胡寅任两制时间补。

赵椿大理寺丞石淑问军器监丞制
（绍兴五年二月至十一月间或绍兴八年四月至五月间）

人命至重在狱，国之大事在戎。分职置官，慎选其属。尔椿其明慎刑罚，体予好生之德。尔淑问其饬除器械，备师御侮之用。往丞而长，毋怠厥职，以称选任之意。

出处：《斐然集》卷一二。
撰者：胡寅
考校说明：编年据胡寅任两制时间补。

郭沦潼川府路提刑制
（绍兴五年二月至十一月间或绍兴八年四月至五月间）

民之多辟，非在位者有以致之乎？比其丽于刑也，又忽而不察，欲百姓之不冤难矣。则授使指，可不慎乎？以尔明慎恺乐，政术通敏，肆予命尔，详谳一道。必也故犯，罚之无赦，如其不幸，矜之勿喜。一付于法，无容心焉。则梓潼之风，虽在西南数千里之外，若朕亲决其曲直，岂非尔之美欤？

出处：《斐然集》卷一二。
撰者：胡寅

考校说明:编年据胡寅任两制时间补。

王世忠转武功大夫刺史制
(绍兴五年二月至十一月间或绍兴八年四月至五月间)

边塞不和,称兵南骛。凡将士有能,戮力斩捕者,吾厚赐之。盖为祖宗基业,父兄愤耻,非我一人之私也。具官忠勇自奋,颇著勤劳,超进官荣,仍廉郡刺。益思灭敌之计,勉立非常之功,则予赏汝,又有加焉。

出处:《斐然集》卷一三。
撰者:胡寅
考校说明:编年据胡寅任两制时间补。

孙逸大理少卿制
(绍兴五年二月至十一月间或绍兴八年四月至五月间)

典狱贱事也,然民命之存亡,天意之喜怒,国体之安危在焉,则其事重矣。朕所尽心而不敢兼也。肆于廷尉之任,慎择所寄。以尔详练忠恕,久更事为,必能审克辜功,兹俾贰于棘寺。夫希意迎合以取赏于明,纵出有罪以幸福于幽,听狱者之大疵也。汝当以古人自期,庶几于民自以为不冤者,乃称予意。

出处:《斐然集》卷一三。
撰者:胡寅
考校说明:编年据胡寅任两制时间补。

田钦亮改初等官制
(绍兴五年二月至十一月间或绍兴八年四月至五月间)

朕推心魁将,倚集大勋。凡所奏陈,多即听许。状功来上,以尔名闻。总叙勤劳,愿从改秩。观其保任之力,必无侥觊之文。往服官荣,益思报效。

出处:《斐然集》卷一三。
撰者:胡寅

考校说明：编年据胡寅任两制时间补。

靳博文夔路提刑制
（绍兴五年二月至十一月间或绍兴八年四月至五月间）

民惟邦本，狱系人命。广朕好生之德，实赖按刑之臣。以尔持节选方，谨奉宪度，忠厚明允，不闻过愆。其易使华，往司详谳。若冤滥之有实，则当平反；或奸宄之无良，亦难故纵。式钦训命，庸副选抡。

出处：《斐然集》卷一三。
撰者：胡寅
考校说明：编年据胡寅任两制时间补。

晏孝本大理丞制
（绍兴五年二月至十一月间或绍兴八年四月至五月间）

廷尉有丞，所以佐其长平刑狱之事，人命所系，其选亦难。昔狄仁杰尝居是官，岁中断滞狱万有千七人，无冤诉者，最号称职。以尔名臣之后，克承家法，初从委用，其往钦哉！

出处：《斐然集》卷一三。
撰者：胡寅
考校说明：编年据胡寅任两制时间补。

任良臣司农丞制
（绍兴五年二月至十一月间或绍兴八年四月至五月间）

大农掌金谷出入，国计所资，则其属官亦岂轻授哉！以尔名臣之孙，克自修饬，俾丞司稼，以观厥能。益励乃心，称此光宠。

出处：《斐然集》卷一三。
撰者：胡寅
考校说明：编年据胡寅任两制时间补。

刘登礼部郎官制
(绍兴五年二月至十一月间或绍兴八年四月至五月间)

仪曹郎掌式度笺奏,为文昌清望之地。必时鸿硕,乃堪此选。以尔文学纯茂,行谊端饬,久于奉常之属,庶几稷嗣之誉。因才而用,必有可观。往服训言,以光厥职。

出处:《斐然集》卷一三。

撰者:胡寅

考校说明:编年据胡寅任两制时间补。

曾懋知福州制
(绍兴五年二月至十一月间或绍兴八年四月至五月间)

维福州自昔割据以来,崇尚异端,以规利益,遗俗至今而未殄。名田沃壤,归浮图者十六;请谒行货,挠官府者纷然。政化不行,民彝泯乱。此非帅守之任,为人上者之耻乎? 具官清修不竞,恬淡寡求,扬历禁途,践更内外。稽誉处以无玷,观政术而有方。式是南邦,今以命汝。夫使民兴于孝悌,不失其良心;直道而行,不惑于邪说,此致治息兵之本务也。祗服予训,往其钦哉。

出处:《斐然集》卷一三。

撰者:胡寅

考校说明:编年据胡寅任两制时间补。

董将刑部制
(绍兴五年二月至十一月间或绍兴八年四月至五月间)

昔汉高以宽大除去秦苛法,三章之约,民至于今安之,固不以杀人者不死为德也。我国家本仁尚义,法之所制,民自以为不冤。逮熙宁用事之臣,析言破律,以举首之似,乱刑名之实,流弊至今而未止。朕欲变而更化久矣。尔强慎明恕,为时望郎。兹以次升,列职宪部。其佐而长,监于旧章,使轻重有伦,不蹈前失,以称予恤刑之意。可不勉哉!

出处:《斐然集》卷一三。

撰者:胡寅

考校说明:编年据胡寅任两制时间补。

某人司农丞制
(绍兴五年二月至十一月间或绍兴八年四月至五月间)

自昔寺监丞贰,进为台省之用,出为郡守部使者,故非材效已著,不预是选。省并以来,用人不次,几于轻矣。然诚得其人,朕亦何忧乎? 尔学求有用,留意乎世务,往丞大府,试才之始也。夫为委吏而会计,当圣师犹尽心焉,可不勉哉!

出处:《斐然集》卷一三。

撰者:胡寅

考校说明:编年据胡寅任两制时间补。

辅逵马师谨邢舜举与郡制
(绍兴五年二月至十一月间或绍兴八年四月至五月间)

比命虎臣,出平寇盗。凡在将领,咸有劳能。尔既克摧锋,又能抚纳。师谨云:"尔期会不愆,敏于招纳"。舜举云:"尔敏有才能,恪恭师次"。第功来上,宠畀郡符。思称异恩,可无来效?

出处:《斐然集》卷一三。

撰者:胡寅

考校说明:编年据胡寅任两制时间补。

韩仲通大理寺丞再任制
(绍兴五年二月至十一月间或绍兴八年四月至五月间)

廷尉用法,天下取平焉。属者未闻审克之誉,而有徇情出入之讥。朕思得守正不挠者,往革其弊。尔为佐理卿,见谓谙练,请尔久于其事,谅非私举矣。谨遵法律,将考尔之成绩。

出处:《斐然集》卷一三。

撰者:胡寅

考校说明:编年据胡寅任两制时间补。

吴革福建提刑制

(绍兴五年二月至十一月间或绍兴八年四月至五月间)

任力者必劳逸相半,然后所任不黩,用才亦然。苟勤其才而不闵其勩,此《北山》之诗所以刺役使之不均,而叹从事之犹贤也。尔屡领漕寄,未尝辞难。军不乏兴,厥绩既茂。稍从休假,俾按祥刑。咨尔七闽,僻在一隅,大盗之后,已渐安堵。能使讼狱平允,民谓不冤,刺举无私,吏知所畏,则尔之职亦不劳而称矣。

出处:《斐然集》卷一四。

撰者:胡寅

考校说明:编年据胡寅任两制时间补。

陈葵将作监丞制

(绍兴五年二月至十一月间或绍兴八年四月至五月间)

朕卑宫陋室,不敢少安,营缮之事,蠲省久矣。而大匠官属犹存不废者,意将恢复中原,则左宗庙,右社稷,面朝后市之制,有其人而后政举,非为冗设也。肆其命尔,往丞于监,勿谓无事而忘职思。

出处:《斐然集》卷一四。

撰者:胡寅

考校说明:编年据胡寅任两制时间补。

吴超等转官制

(绍兴五年二月至十一月间或绍兴八年四月至五月间)

侵败王略,偏师御之,捷音上闻,可无懋赏? 其官忠于敌忾,勇克摧锋,战舰孤骞,敌舟尽覆,淮壖不耸,纪律无哗。旌以郡符,余人云"超进官联"。用为劝众。

出处:《斐然集》卷一四。
撰者:胡寅
考校说明:编年据胡寅任两制时间补。

孟某赠直秘阁制
(绍兴五年二月至十一月间或绍兴八年四月至五月间)

有国家者养才劝善,如艺嘉木,扶持拱把,以须合抱之成。而或夭于斧斤,遭彼霜露,匠伯睥睨,尚且叹惜,况佳子弟近出戚属,不幸类此,吾怀如何? 以尔天质茂明,有志自立,以积学为富,以敏行为贵。维我昭慈,先后庆门,所赖秀而不实,孰测其然? 中秘萃资,儒林妙选,今以赠尔,虽死而犹生矣。

出处:《斐然集》卷一四。
撰者:胡寅
考校说明:编年据胡寅任两制时间补。

某人太府丞制
(绍兴五年二月至十一月间或绍兴八年四月至五月间)

外府受藏,国用所待,凡厥官属,非才孰宜? 尔来自远方,见称行治。往司丞职,益究所能。克谨有司之常,当被陟明之典。

出处:《斐然集》卷一四。
撰者:胡寅
考校说明:编年据胡寅任两制时间补。

某人改合入官制
(绍兴五年二月至十一月间或绍兴八年四月至五月间)

属者临遣使臣,宣谕诸道,委以刺举之事。尔才学行治;克膺荐论,赐对便朝,审如所举。俾易京秩,庸示宠嘉。服此训言,以永终誉。

出处:《斐然集》卷一四。

撰者:胡寅

考校说明:编年据胡寅任两制时间补。

<h1 style="text-align:center">某人加职制</h1>
(绍兴五年二月至十一月间或绍兴八年四月至五月间)

朕选忠智之士,佐议于军师。又时亲考其策画,以观中否。尔以职事入奏,所陈辨达,可谓能矣。夫言适于用,好谋而成,朕之所乐闻也。增界荣序,益思厥绩。

出处:《斐然集》卷一四。

撰者:胡寅

考校说明:编年据胡寅任两制时间补。

<h1 style="text-align:center">吴玠赠三代制</h1>
(绍兴五年二月至十一月间或绍兴八年四月至五月间)

<h2 style="text-align:center">曾 祖</h2>

朕方用武,西顾秦关,爰有虎臣,为时而出。居秉钺建牙之位,贰宣威抚俗之权。克奏肤公,以佐戎辟。想其庆衍,盖有福基。属恁祀于合宫,用均恩于幽显,以明积善之效,而慰孝孙之心。具官曾祖隐约自修,沉潜弗耀。仁深德厚,报虽不在其身;本固末蕃,久而克昌厥后。东朝二品,名宠秩尊,加赍愍书,以重褒典。朕之所以惠尔三世,而玠之所以逮其重祖者,可谓盛矣。殁而未泯,尚克歆兹。

<h2 style="text-align:center">曾祖母</h2>

人臣忠力自奋,虽起孤单,逮其功绩既昭,官尊职巨,则所以宠之者,上及其三世。盖欲为服劳者之劝,而示天下以积德累仁之有报也。具官曾祖母静专闺淑,嫔于令门。流泽既长,启佑乃后。时予御侮之士,实尔多才之孙。付以节旄,任重陕蜀。合宫敷庆,追锡有章,登崇号名,易界嘉郡。往奠厥壤,歆承茂恩。

祖　父

朕祗率旧典，禋祀总章。五福之敷广覃于民庶，四簋之惠下及于翟阘。矧时仗钺之臣，久懋侯方之烈。远承祖武，克亨宗祧。爰有彝章，岂忘追赉？具官祖怀实不售，种德自深，义训所覃，戎昭是力。念功原始，加秩疏恩。东朝之孤，傅位最宠，愍书申赉，兼示哀荣。俾致告于烝尝，尚无忘于祗服。

祖　母

朕惟妇人功用不得表于世，而于其子孙观焉。才力忠勤，能捍门户之寇；谦恭谨畏，罔干典宪之文。富贵不离其身，以克光大勋阀，则其祖姒之所以教，亦可考矣。疏荣上达，厥有国常，禋赉方颁，追褒可缓？具官祖母行应仪矩，化行闺门，祚其材孙，作我名将。易封上郡，申锡赞书，扬于庙中，服兹宠渥。

父

盖闻父爱其子，则因其材而教之；君爱其臣，则俟其功而褒之。既褒其功，以是为未足也，则又推其义方之所自。愍有加宠，位不次授，奖忠劝孝，各得其宜。然后吾所以待臣子之心，于是为无歉。具官父蕴材抱器，虽不自见，而其后嗣能读父书，瑞节虎符，佐使秦蜀，功名浸美，克大其门。惟尔教忠，衍有兹庆。明堂大赉，恤典致隆。贰子官师，名秩尊宠。尚其如在，服此茂恩。

母

人子爱其父母，孰不愿于显扬？人臣致其勋劳，乃克膺于追报。得预兹典，岂非至荣？具官母作德懿纯，慈而能教，锡羡流庆，在尔后人。兹有事于总章，迺均赉于存殁。许国之忠既效，终天之念不孤。豆笾致隆，那复"大隧"之赋；膏沐赠腆，改卜小君之封。尚其灵明，服膺宠号。

妻

部伍致众，犹家人仆妾之蕃；原野陈兵，积鞭挞谴惩而大。我有材将，克成武功。想其闺门，必有贤助。推齐家之道，资驭众之方，副笄六珈，是宜偕老。矧当庆赞，可后褒封？具官妻懿淑令仪，归嫔勋阀。妇职恭顺，母道慈严。尔夫所以能忠于君而临其下者，盖有取矣。山河象德，汤沐君封，祗服恩荣，永宜家室。

出处：《斐然集》卷一四。

撰者：胡寅

考校说明：编年据胡寅任两制时间补。

冯氏封太孺人制
（绍兴五年二月至十一月间或绍兴八年四月至五月间）

学士大夫则知尊祖矣，尔孙仲服在右列，乃能请损小君之封，以归荣其大母，朕用嘉之。咨尔冯氏，其服宠章。勉修慈仁，永绥眉寿。

出处：《斐然集》卷一四。

撰者：胡寅

考校说明：编年据胡寅任两制时间补。

韩治赠官制
（绍兴五年二月至十一月间或绍兴八年四月至五月间）

朕有先正之臣曰忠献魏王，德在生民，功在宗祐。福泽所播，克有贤孙。慎守其身，不忝厥祖，而位不称德，美名独彰。朕见乔木而兴怀，念九原之难作。属当禋赉，国有故常，申锡宠灵，以昭幽魄。具官行谊甚饬，政术有方。冠绅累朝，而典籍是好；富贵奕叶，而家声不颓。知以义荣，肯为利动？迄不大试，尚其后人，赞吾事枢，繄尔是赖。爰自宫师之重，升联亚保之崇，加锡赞书，声于其庙。岂特大官高位，著韩氏家传之盛，盖将表仁旌善，为具僚立宗之劝。明命如此，汝其享哉。

出处：《斐然集》卷一四。

撰者：胡寅

考校说明：编年据胡寅任两制时间补。

余殊封官制

（绍兴五年二月至十一月间或绍兴八年四月至五月间）

明堂敷庆，燕及耆老，所以劝夫为慈与孝者也。尔以眉寿，克膺此宠，其益教尔子，以孝为忠焉。

出处：《斐然集》卷一四。
撰者：胡寅
考校说明：编年据胡寅任两制时间补。

陈规赠父制

（绍兴五年二月至十一月间或绍兴八年四月至五月间）

总章毖祀，徼福于神祇；需宥施恩，兼荣于存殁。以尔躬积至善，克生令子，忠以卫上，干城一方。遂服列于从臣，以克膺夫追锡，加畀显秩，为尔宠光。魂而有知，尚其歆受。

出处：《斐然集》卷一四。
撰者：胡寅
考校说明：编年据胡寅任两制时间补。

折彦质赠父制

（绍兴五年二月至十一月间或绍兴八年四月至五月间）

朕御戎衣而愤国家之辱，闻鼙鼓而兴将帅之思。眷昔虎臣，克当阃寄。属兹禋赉，宜锡愍章。具官河曲令门，山西贤将。不由附丽，自致功名。谋辟天都，戎妪弃帷而远塞；功成夜帐，泰陵受凯以临朝。未殚金柜之奇，已静玉关之柝。泽流后裔，世有显人，赞予宥密之谋，繄尔猷为之绪。九原难作，故国兴怀，用追秩于庭槐，以增光于泉壤。尚惟精爽，能体哀荣。

出处：《斐然集》卷一四。
撰者：胡寅

考校说明:编年据胡寅任两制时间补。

张婕妤赠二代制
(绍兴五年二月至十一月间或绍兴八年四月至五月间)

祖

祗祀明堂,均福臣庶。矧时内职,法等外官,得以追恩,上及祖庙。国有常典,其可废乎? 某人祖积善在躬,久而愈著。有孙令淑,进列九嫔,位视上卿,岂非余庆? 聿加显秩,为尔之光。精爽未忘,尚克歆受。

祖 母

宗祈祓事,霈泽流恩。凡欲显扬其祖先,盖均式典于中外。某人祖母作配名族,德为女师。爰咨令孙,入备嫔御。淑慎厥职,弗累其宗,得援敷锡之恩,加赉大母之号。申以书命,尚其歆承。

父

祀于明堂,示民以孝,爰及庆赉之典,庸慰显扬之心。矧时女卿,均法外职,疏荣上逮,可废国常? 某人父德善甚丰,源流有衍,克生贤女,进列贵嫔。罔极之思,欲报以德,追赠加秩,是为茂恩。想克有知,服此光命。

母

若古宗祀,敛福锡民。欲显其亲,无不如志,用广孝道,内外惟均。某人母淑令慈祥,宜其家室。庆流之美,有女甚贤,登进掖庭,光列嫔御。藐矣归安之日,终然顾复之情。改界新书,以昭旧号。没而未泯,犹克有闻。

继 母

总章告庆,民皆受福之人;褒赠及亲,国有追封之典。若时内职,视法外庭。某人继母允蹈柔嘉,不愆训范,克生令女,进预内卿。念温养之无从,庶显扬之有慰。美号虽仍于旧贯,命书庸示于新恩。芳识如存,谅知歆受。

出处:《斐然集》卷一四。

撰者:胡寅

考校说明:编年据胡寅任两制时间补。

吕源落职制
(绍兴五年二月至十一月间或绍兴八年四月至五月间)

城郭沟池之固,守臣所当尽心也。劳民费财,而无见功者,以尔喜兴作,急功利,志在希赏而不恤百姓也。比以霈恩,既还旧职,兹缘按举,复黜除之。一予一夺,咸尔自取,朕何容心哉! 往思省愆,毋重后悔。

出处:《斐然集》卷一四。

撰者:胡寅

考校说明:编年据胡寅任两制时间补。

故杨时父赠正议大夫制
(绍兴五年四月至十一月间或绍兴八年四月至五月间)

禋祀敷恩,凡大小之臣皆得以官封追荣其先世。若夫仁人君子,垂裕之庆,显扬之心,而膺此典礼,则其荣当有甚焉。具官隐约弗耀,沉潜自珍。阅躬有数世之仁,种德为百年之计,是生贤哲,为世名儒。宠秩闳章,上覃祢庙。又惟尔子,天不慭遗,既有请而遽亡,怅疏恩之不嗣。精爽如在,尚服休光。

出处:《斐然集》卷一四。

撰者:胡寅

考校说明:编年据胡寅任两制时间、杨时卒年补,见《建炎以来系年要录》卷八八。

太上皇后赠三代制
（绍兴八年四月至五月间）

曾　祖

朕躬饬清祼,祇荐明禋,昭格神祇,导迎景贶。近以福于九族,远以覃于庶民。有异姓王,实予舅祖。疏恩追赉,又可后乎? 具位曾祖积善在躬,贻庆厥裔。如木之根深本固,其华实繁以滋多;如水之源远流长,其浸润广而莫御。母仪四海,燕及眇躬,揆厥所原,实尔孙子。荆州三楚之大国,既启曩封;尧都五服之上游,更申令命。庶加荣于英魄,用遥慰于母怀。精爽未沦,歆承无斁。

曾祖母

祇祀明堂,爰有大赉,凡一命以上,犹得以恩荣及其父母,况予舅族,维国戚藩,可无徽章以昭令典? 具位曾祖母心迪至善,躬蹈深仁,种德隐约之中,收报光明之旦。宣和大练,惟尔令孙。母仪四方,王爵三代。凡有锡庆之事,又隆加赠之名。兼君大邦,改卜韩楚,非特著我心之恻怛,亦将慰吾母之悲思。服此宠灵,尚绥厥后。

祖

所贵乎子孙者,谓其能显荣祖考,有隆而勿替也。若夫裂土以封之,因袭以崇之,至于奄有大邦,爵臻王号,以极人臣之位,其于显荣,又岂常人之可拟? 则非懿戚,夫孰宜然? 具位祖阴德不赀,流光甚远,遂启女孙之淑,肇开文母之祥。既已追上隆名,国于南郑,今兹大赉,改畀周疆。藏剑履于庙庭,侈旌麾于门户,以举中朝之典,式昭外戚之荣。想未沦亡,谅能祇服。

祖　母

明堂之祀,示天下以孝也。匹夫庶人,有孝爱之志而不预其仪;公卿大夫,遂显扬之心而未极其礼。若时母后,追赉外家,恩典之行,于斯为盛。具位祖母秉德庄静,宅心慈仁。作嫔高门,种庆孙女,观福基之隆厚,验流泽之深长。岂惟一世之功，必本百年之积，是用加荣其祖妣，庶几少慰于母仪。其释夏商之旧封，往君吴越之大国。丝纶宠锡，泉壤蒙休。

父

朕惟国家盛时，太上皇后母仪天下，有《葛覃》之本，归安父母；上皇抑制外族，不假以权，将以常保其富贵。抚今念昔，眷焉永伤。适均庆赉之恩，可后追封之礼？具位父怀仁蹈善，德厚流光。六五黄裳，惟尔淑女，母仪天下，垂二十年。榮戟高门，邈不可见。传龟袭紫，尔有庆而可贻；路车乘黄，吾欲赠而无与。茅土命社，改图新封，莫如博平，往奠厥壤。以写母怀之爱，以昭国典之常。英识尚存，服兹休命。

母

妇人之心，爱女为甚；女子之德，报母为勤。朔居椒屋之尊，不逮《葛覃》之化，适降庆赉，宜笃追荣。具位母气涵太和，行率至善。肇佳祥而梦月，中元吉以承天，泽及四方，爵隆三代。自昔母怀之爱，爰告爰归；于今宗祀之恩，或燕或誉。相坤维之大国，疏汤沐之新封，以隆厚于舅家，以昭明于国典。芳灵未泯，尚克有闻。

继　母

昔者西汉皇后封其母为平原君，而邓后以新野为其母爵邑，汤沐万户，世不以为过，何者？为天下母而孝爱其亲，亦其礼宜也。又况庆赉疏恩，有国家之旧典乎？具位继母行蹈仪训，德蕴粹和。百祥所钟，爰有淑女，配俪霄极，厚载群生。归宁之化日徂，追锡之章未憖。按图考地，改定尔封，天水大邦，庸荐汤沐。申以赞书之宠，兼纾存殁之怀。

出处：《斐然集》卷一四。
撰者：胡寅
考校说明：编年据胡寅任两制时间、宋高宗母韦氏尊为皇太后时间补，见《建炎以来系年要录》卷一〇九、《宋会要辑稿》后妃一。

仲偶磨勘制
(暂系于绍兴八年四月至五月间)

考绩之法,三岁而迁。独于宗子,俟之尤久。为其居佚禄厚,鲜能寡过,至于十年而无犯,则亦可以陟矣。以尔守身恭顺,不事贵骄,作正外宗,克有仪矩。兹缘大计,叙进一官。益务恪勤,以永终誉。

出处:《斐然集》卷一二。
撰者:胡寅
考校说明:编年据胡寅任两制时间、文中所述"不事贵骄,作正外宗……兹缘大计,叙进一官"补,见《宋会要辑稿》帝系六、职官二〇。

录用存恤曹觐等家诏
(绍兴八年五月二日)

曹觐、赵师旦、耿傅忠节昭著,可寻访其家,录用存恤。

出处:《建炎以来系年要录》卷一一九。

冯康国特起复诏
(绍兴八年五月九日)

知夔州兼主管本路安抚使司公事冯康国特起复,依已得旨,疾速起发前去川陕宣抚司军前抚谕,商议军事,仍不得辞免。

出处:《宋会要辑稿》职官七七之一九。

御史台选差充点检文字诏
(绍兴八年五月十一日)

御史台于六察使臣及书吏内,从上选差一人,充点检文字。

出处：《宋会要辑稿》职官五五之一九。

昌黎集许出题取士诏
（绍兴八年五月十二日）

韩愈《昌黎集》中，有佐佑六经、不牴牾于圣人之道者，许依《白虎通》、《说文》例，出题以取士。

出处：《建炎以来系年要录》卷一一九。又见《宋会要辑稿》选举四之二五。

给州县乡村坊郭贫乏之家生男女钱诏
（绍兴八年五月十六日）

应州县乡村第五等、坊郭第七等以下人户，及无等贫乏之家，生男女而不能养赡者，每人支钱四贯，于常平或免役宽剩钱内支给。官吏违慢，以违制论。仍委守令劝谕本处土豪父老及名德僧行常切晓喻祸福，或加赒给。守令满替，并以生齿增减为殿最之首。如奉行如法，存活数多，许本路监司保明并推赏。

出处：《宋会要辑稿》刑法二之一四七。又见《建炎以来系年要录》卷一一九。

胡安国赐谥文定制
（绍兴八年五月十七日）

朕悯士大夫高爵禄而下礼义，尚权势而薄廉耻。祸败之衅，职此之由。惟予近臣守死善道，服仁体义，老而不衰，生多显名，没有遗美，顾此褒恤，岂限彝章？具官某以名世杰出之才，探千载不传之学，穷《春秋》奥旨，续前圣微言，旁贯诸经，网罗百氏，优游餍饫，久自得之。不可以势利回，不可以威武屈，近代以来，数人而已。是用致尊名之义，广崇德之风，以训后人，以明吾志。凡尔有学，尚克继之。可赐谥曰文定。

出处：《斐然集》卷二五《先公行状》。
考校说明：编年据《宋史全文续资治通鉴》卷二〇补。

编估无用赃物诏
(绍兴八年五月二十六日)

三路市舶司香药物货并诸州军起到无用赃物等,系左藏东、西库收纳,先经编估局编拣,定等第色额,估价申金部,下所属复估审验了当,本部连降估帐行下打套局施行。

出处:《宋会要辑稿》食货五六之六。

预行排办制造锡赐大金人使物色诏
(绍兴八年五月二十八日)

将来大金人使到行在,应干锡赐物色等,并令有司预行排办制造。

出处:《宋会要辑稿》职官三六之四三。

王苹特授左宣义郎制
(绍兴八年五月)

敕左承奉郎、新差权通判常州军州兼管内劝农事王苹:绍圣、元符之间,奸人得志,首陈绍述之说,以胁持上下;次为废立之议,以诬谤宣仁,伤泰陵孝治之风,失神祖励精之意。凡是群邪之举措,皆非当日之本心。贻患至今,余风未殄。载观旧史,实骇予闻。爰命儒臣,复加笔削。以尔苹亲见大儒,得其要妙。维此一代之典,遂为不刊之书。增秩之荣,厥有故实,尚思奋励,朕不尔遗。可特授左宣义郎,差遣如故。绍兴八年五月。

出处:《王著作集》卷一。又见乾隆《震泽县志》卷三五。

广东西盐钞法诏
(绍兴八年六月六日)

广西盐岁以二分令雷、廉、高、化州官卖人户食盐,余八分行钞法。广东盐九分行钞法，一分产盐州县出卖，皆不出岭。

出处：《建炎以来系年要录》卷一二〇。又见《宋会要辑稿》食货二六之二五。

考校说明：《宋会要辑稿》食货二六所载与此略异："广东、西钞盐以十分为率，内二分产盐州县零卖人户食盐，各不得出本州界，余八分行钞法。"

令浙西提刑催促结绝见禁公事诏
（绍兴八年六月十八日）

近雨泽稍愆，可令浙西提刑躬亲遍诣刑狱官司催促结绝见禁公事，内僻远州县不能周遍，许委官前去，诸路阙雨去处依此。

出处：《宋会要辑稿》刑法五之三五。

除六曹尚书未应资格人带权字诏
（绍兴八年六月二十二日）

今后除六曹尚书，未应资格人，依元祐例带权字，俸赐如正侍郎，满二年取旨。

出处：《建炎以来系年要录》卷一二〇。

诊御脉并内宿医官不许免宿直诏
（绍兴八年六月二十四日）

诊御脉并内宿医官，不许免宿直。虽降到特旨，更不执奏，不令施行。

出处：《宋会要辑稿》职官三六之一〇三。

差枢密院使臣起发广钞诏
（绍兴八年六月二十五日）

起发广钞差枢密院使臣管押，除身分驿券外，每员依本务号簿官往回每日支食钱五百文省。起发日,从交引库勘会的实程数合支钱报本务支给。仍每员支起发钱一十五贯文,月给赡家钱一十贯文。出门起支,入门日住给。止于本务头子市例钱内支给。

出处:《宋会要辑稿》食货五五之二八。

王俊彦补承信郎阵亡恩泽制
(绍兴五年十一月至绍兴八年七月间)

敕具官某:叛逆干常,将士用命,既第战功之赏,尤先死事之人。衍其恩荣,俾及亲属,是为渥泽,盖以劝忠。往其祗钦,毋忘报称。可。

出处:《永乐大典》卷七三二七。
撰者:潘良贵
考校说明:编年据潘良贵任两制时间补。

朱震赠官告词
(绍兴八年七月三日)

敕:死生之道通乎昼夜,达者以为当然;君臣之义笃于始终,有国以为令典。逮此告终之问,敢忘哀赠之恩?故翰林学士、左朝奉大夫致仕、长林县开国男、食邑三百户、赐紫金鱼袋朱震蚤以词华,亟跻膴仕,晚由学术,荐更禁涂。惊怛化之无常,怅徽音之如在。予有惄遗之感,人怀珍瘁之悲。考于故常,申此赠典。百身可赎,兴怀不朽之规;一鉴云亡,徒有无从之涕。精爽不昧,宜歆此恩。可特赠左中大夫,余如故。绍兴八年七月三日。

出处:《周易集传》附录《汉上先生履历》。

攒剩羊口数申明省部改拨充数使用诏
(绍兴八年七月十八日)

今后牛羊司遇有攒剩羊口数目,令本司具的确数目,本省部审验诣实,即行拨充别项使用;及遇有讲筵并非泛等合用羊口数,内有剩数,亦令本司申明,省部改拨充数使用。

出处:《宋会要辑稿》职官二一之一三。

行在排岸司添置前行等诏

（绍兴八年七月二十四日）

行在排岸司比附在京日添置前行一名书押文字,依条迁补,其请给依本司手分,每月添钱三贯文、米贰斗五胜。仍招置贴司二名,依南北仓攒司请给,遇职级、手分有阙,次第试补。

出处:《宋会要辑稿》职官二六之三○。

殿前司别遣一军往庐州诏

（绍兴八年七月二十七日）

殿前司策选锋军统制吴锡还行在,令本司别遣一军往庐州,权听帅臣张宗颜节制。

出处:《建炎以来系年要录》卷一二一。

杂卖场监官添食钱诏

（绍兴八年七月二十九日）

杂卖场监官依杂买务官,每月食钱二十贯文,添支一十五贯文,第四等折食钱三十二贯五百文。

出处:《宋会要辑稿》食货五四之二○。

范如圭特改左宣义郎制

（绍兴八年七月二十九日）

绍圣、元符之间,奸人得志,首陈绍述之说,以胁持上下;次为废立之议,以诬谤宣仁，伤泰陵孝治之风，失神祖励精之意。凡是群邪之举措，皆非当日之本心。贻患至今，余风未殄，载观旧史，实骇予闻。爰命儒臣，复加笔削。以尔如圭承外家之学，怀疾邪之心，维此一代之书，遂为不刊之典。改秩之宠，厥有故常。尚悉所闻，以究而事。

出处：《建炎以来系年要录》卷一二一。

申饬边备诏
（绍兴八年八月八日）

日者复遣使人报聘上国，申问讳日，祈还梓宫。尚虞疆埸之臣未谕朝廷之意，遂弛边备，以疑众心，忽于远图，安于无事。所以遏奔冲为守备者，或至阙略；练甲兵训士卒者，因废讲求。保御乏善后之谋，临敌无决胜之策。方秋多警，实轸予衷。尔其严饬属城，明告部曲，必谨必戒，无忘捍御之方；愈远愈坚，更念久长之计。以求无穷之固，以成不拔之基。凡尔有官，咸体朕意。

出处：《三朝北盟会编》卷一八四。又见《建炎以来系年要录》卷一二一，《宋史记》卷一〇。

考校说明：《宋会要辑稿》系于绍兴八年八月五日。

赐银帛令湖南监司应副胡安国葬事诏
（绍兴八年八月十二日）

安国所进《春秋解义》，著百王之大法，朕朝夕省览，以考治道。方欲擢用，遽闻沦亡。可拨赐银帛三百匹两，令湖南监司应副葬事，赐田十顷，以给其孤。

出处：《建炎以来系年要录》卷一一九。又见《宋史全文续资治通鉴》卷二〇，《斐然集》卷六《赐先公银绢谢表》、卷二五《先公行状》。

禁妄认田土诏
（绍兴八年八月二十日）

如妄认，计赃论罪，轻者杖一百，许人告，赏钱一百贯。诸路更有似此处依此。

出处：《宋会要辑稿》食货六九之五六。

委监察御史招捕盗贼诏
（绍兴八年八月二十七日）

招捕盗贼事，可委监察御史一员前去宣谕。

出处：《宋会要辑稿》兵一三之一八。

应副吴国长公主等请给诏
（绍兴八年九月十二日）

吴国长公主同驸马都尉潘正夫将带一行见今在外从便居止，所至州军仰守臣常切应副请给等，毋令欠阙。

出处：《宋会要辑稿》帝系八之三四。

刘一止除秘书少监告词
（绍兴八年九月二十一日）

敕左朝奉郎、直显谟阁刘某：尔顷者擢自稠人，置之左右，所以自立者，固尝有闻于人矣，久留于外，士论惜之。图书之府，英俊所萃，以尔之耆德宿望而富于艺文故，使往为之长。至于国史之得失，邪正之是非，非尔之纯静以正，则不足以有所辨别也，尔其勉之。可特授依前官试秘书少监。

出处：《苕溪集》卷五五。
撰者：吕本中

选享先农时日事诏

（绍兴八年九月二十四日）

自今后遇选享先农时日,如孟春月内无吉亥日,止用上辛后亥日行礼。

出处:《宋会要辑稿补编》第一四八页。

赵鼎迁特进制

（绍兴八年九月二十四日）

谓合晋、楚之成,不若尊王而贱霸;谓散牛、李之党,未如明是而去非。惟尔一心,与予同德。

出处:《建炎以来系年要录》卷一二二。又见《宋史》卷三七六《吕本中传》,《南宋书》卷二三《吕本中传》,《续资治通鉴》卷一二〇。
撰者:吕本中

权遣归诸路州军差到工匠诏

（绍兴八年九月二十九日）

今来军器所制造军器不多,其诸路州军元差到工匠并权发遣归元来去处,仍仰户部各与依例支给盘缠。

出处:《宋会要辑稿》职官一六之八。

邵博进士出身行秘书省校书郎制

（绍兴八年十月三日）

祖父道德学术为万世师,而父经明行洁。博趣操文词,不忝父祖。

出处:《宋会要辑稿》选举九之一八。又见《宋会要辑稿补编》第七三页。

南北仓监官籴米推恩诏
（绍兴八年十月四日）

南北仓各籴米每及五万石,监官减半年磨勘;如不及五万石,更不纽计。

出处:《宋会要辑稿》食货六二之一四。

参知政事刘大中除资政殿学士知处州制
（绍兴八年十月四日）

选用贤能,建置辅弼,欲以肃清内外,图济艰危。然以采之不广,则难以得人;任之不久,则难以责效。至于畏远权柄,以疾为辞,恳避宠名,以事而解,亦不得固留也。具官某以劲挺之资,守中庸之学。沉几敏识,足以有为于时;同寅协恭,足以不愧于昔。自擢参于大政,实有副于具瞻。而称疾病者至于再三,上印绶者至于数四。朕惟眷倚之重,中外则均;进退之宜,始终以礼。是以畀括苍之旧镇,加秘殿之隆名,以便尔私,以从尔请。夫官盛任使,固古人所以劝大臣之道;而易禄难畜,亦儒者所以为自处之常。惟益究于乃心,则有光于朕命。

出处:《忠惠集》卷一。
撰者:翟汝文
考校说明:编年据《建炎以来系年要录》卷一二二补。翟汝文时任提举临安府洞霄宫(见《建炎以来系年要录》卷一一七、卷一四二),此制作者或非翟汝文。

皮剥所受纳官物给印诏
（绍兴八年十月十日）

皮剥所铸铜印一颗,以"行在皮剥所记"六字为文。皮剥所受纳官物,合给钞木团印一颗,以"行在皮剥所绍兴八年分受纳官物团印"一十六字为文,逐年一易,从文思院给降。

出处:《宋会要辑稿》职官六之三八。

赵鼎罢左相制

(绍兴八年十月二十一日)

倚大柄于元崇,天示佐唐之意;隆异恩于君奭,地膺分陕之荣。眷夫左右之良,当极始终之遇。诞扬涣号,敷告治朝。具官赵鼎宽肃而敏明,惇大而和裕。茂蕴济时之略,默存应变之机。思致主于华勋,自觉言谟之合;欲追风于晋、郑,遂兼爱直之遗。济领台司,益孚群望。谓见义不为无勇,故当仁不逊于师。虏尝震于合肥,决汉祖亲征之计;民未安于建业,赞商盘旧土之迁。凡厥施为,皆切几会。方今政事仅修,而纪纲未振。边廷不警,而备豫尤深。恢疆未识于素谋,择邑莫知其定所。倡予和汝,正资一德以相扶;萧规曹随,亦赖同心而共济。遽乃抗章引去,力挽莫回。朕顾夫引疾甚劳,憨烦以政。锡齐旆于定海,畀辅郡于山阴。以宠其行,以惇厥旧。於戏!君臣之义,中外本同。将相得人,星直四门之次;京师蒙福,河润九里之余。益茂乃猷,答我休命。

出处:《宋宰辅编年录》卷一五。又见《宋会要辑稿》职官七八之四〇。

知洪州李光除吏部尚书制

(绍兴八年十月二十二日)

朕忧勤在御,当馈兴嗟,思得耆艾骨鲠、谋国不贰之臣,献纳论思,以禆予治,以表庶工,俾四方万里之远,耸闻而趍慕,知朝廷之尊,不待告令而民自化焉,顾不伟哉。具官某师古圣贤,执义坚固,志节之厉,凛如秋霜。被遇累朝,始终惟一;出入中外,险夷屡更。朕熟察其所言,又详试之以事,盖有日矣,是用召从藩屏,还长天官。激浊扬清,惟尔之旧,谋猷告后,益罄厥忠。使朕知人之明不愧于古,尔则与有无穷之闻。可。

出处:《苕溪集》卷三一。
撰者:刘一止
考校说明:编年据《建炎以来系年要录》卷一二二补。

令诸路帅司委官催促勘结见禁公事诏
(绍兴八年十一月五日)

诸路帅司各选委强明官一员,将本路应见禁一年已上公事并专一催趣勘结,仍逐旋具已勘结过名件申尚书省。

出处:《宋会要辑稿》刑法三之七九。又见《建炎以来系年要录》卷一二三。

令侍从台谏详思讲和利害条奏诏
(绍兴八年十一月十九日)

有大金遣使至境。朕以梓宫未还,母后在远,陵寝宫阙久稽汛埽,兄弟宗族未得会聚,南北军民十余年闲不得休息,欲屈己就和。在廷侍从台谏之臣,其详思所宜,条奏来上,限一日进入。

出处:《三朝北盟会编》卷一八五。又见《建炎以来系年要录》卷一二三。

赐韩世忠手诏
(绍兴八年十一月十九日)

朕勉从人欲,嗣有大器。而梓宫未还,母后在远,陵寝宫禁尚尔隔绝,兄弟宗族未遂会聚,十余年间,兵民不得休息。早夜念之,何以为心? 所宜屈己和戎,以图所欲。赖卿同心,其克有济。卿其保护来使,无致疏虞。

出处:《建炎以来系年要录》卷一二三。

梁汝嘉户部侍郎制
(绍兴八年十一月十九日)

敕:朕念军兴以来,费出无艺,邦计之任,付委匪轻,博选一时之良,莫如已试之可。具官某智周于物,用适其时。左画方而右画圆,从容不乱;进成规而退成矩,风猷可观。荐更剧烦,迭处中外,益信乃言之可绩,宁惟所至之有称。方今民食尚艰,舆地未服,户口之赋既狭,山泽之利浸微。官曹睨廪以指期,师旅列屯而待哺。惟尔得古人心计之妙,知天下利源之归。观厥盈虚,制其出入,倘生众用寡而济以通融之术,则贯朽粟腐有同于全盛之时。惟既厥心,毋乏我事。可。

出处:《苕溪集》卷三二。又见《永乐大典》卷七三〇三。

撰者:刘一止

考校说明:编年据《建炎以来系年要录》卷一二三补。

尹焞除礼部侍郎兼侍讲制
(绍兴八年十一月十九日)

得遗贤而万邦宁,举逸民而天下服。自季路、原宪于游艺以争先,而蒋诩、薛方亦称述之未广。流风既远,此道浸衰。我得其人,跻诸近列。具官尹焞口诵百氏,腹笥九经。先王遗言,闻诸师训;君子所养,得自躬行。盖动静之有常,以进退之可度。申公已老,屡辞加璧之招;裴秀居申,时赴追锋之召。奏篇迭上,圣道益明。顾我荷橐之班,谋我佚贤之地。擢居宗伯,仍侍金华。往其钦哉,服我休命。

出处:《三朝北盟会编》卷一八五。

向子諲转一官致仕制
(绍兴八年十一月二十一日)

敕:乐于进为,则以逢时是幸;安于静退,则以得去为荣。钟鼎山林,各存志慕,朕又乌能必以官职之事累之哉?具官某修洁博习,甚敏而文,励行砥名,自殊肺腑。阅历多故,勤劳百为。顷辞法从之班,出领辅藩之重。浩然请老,去不待年。结社香山,岂特栖心于澹泊;角巾东路,殆将卒岁以优游。贤哉大夫,自此远矣,进官一等,用宠其行。服我训辞,益绥寿祉。可。

出处:《苕溪集》卷四三。

撰者:刘一止

考校说明:编年据《建炎以来系年要录》卷一二三补。

枢密副使左通议大夫王庶除资政殿学士知潭州制
(绍兴八年十一月二十二日)

朕缉熙庶政,允资左右之良;体貌大臣,务极始终之遇。虽进退之间或异,而内外之势惟均。具官王某气禀直方,学兼文武,夙负敢为之略,独高应变之方。草木知其威名,夷狄问其年状。朕念兵民之大计,求缙绅之实能,召自远方,俾还近列。旋授枢机之柄,方须帷幄之筹。何引疾之甚坚,屡抗章而莫止。眷湖湘襟带之地,连东南形势之区,疲氓未苏,邻盗仅息。是用开元戎之巨屏,锡秘殿之隆名。勉为朕行,徒得君重。勿谓长沙之地狭,不足回旋;当思陇右之风流,尚在忼慨。服我明命,伫观壮猷。可。

出处:《苕溪集》卷三一。

撰者:刘一止

考校说明:编年据《建炎以来系年要录》卷一二三补。

中书舍人勾龙如渊除御史中丞制
(绍兴八年十一月二十二日)

御史列职,皆朕耳目之官,而中执法实为之长,其任重矣。苟非其人,朕不虚授。具官某蕴经济之术,负绝特之才,授自时髦,荐更器使。学通以博,若贾谊之明治安;论政而坚,若陆贽之本仁义。每献可而替否,不吐刚而茹柔。逮其立言,足以华国。考稽公议,益简朕心。是用命尔总持宪纲,以肃在位,俾中外士夫知朝廷之尊,有简书之畏,则予汝嘉,是曰称职。可。

出处:《苕溪集》卷三一。

撰者:刘一止

考校说明:编年据《建炎以来系年要录》卷一二三补。

王利用除秘书郎制
(绍兴八年十一月二十二日)

敕具官某:图书之府,储养英俊,犹艺林于圃,时而用之。尔文学志行,秀于士林,所谓豫章梗楠者也。承郎之职,其选甚高,益励尔修,以俟采择。可。

出处:《苕溪集》卷三一。

撰者:刘一止

考校说明:编年据《建炎以来系年要录》卷一二三补。

魏良臣吏部郎中制
（绍兴八年十一月二十二日）

敕具官某:铨衡之任,虽号剧烦,人无觊觎,一本资格。然而用非其人,则吏得以持可否之似以见欺,士或至怀抑厌之嗟而莫诉,此朕所以遴选而不敢轻也。尔顷以隽才,尝更任使,秉心忠实,不敢告劳,肆予命尔,列职天官。往究厥心,以佐而长,惟察惟法,则庶几焉。可。

出处:《苕溪集》卷三二。

撰者:刘一止

考校说明:编年据《建炎以来系年要录》卷一二三补。

王缙直秘阁知常州制
（绍兴八年十一月二十五日）

敕具官某:自昔良二千石,未尝不以奉法循理为先,而以畏严辅之,锄其强梗害民者而已。今则不然,以苛刻为吏能,以惠爱为选懦,鞭笞赤子,以取办给。岂非为治之意,初不在民,苟欲自见其才者耶? 呜呼,兹非朕之所闻也。毗陵近郡,股肱行朝,以尔遗补之旧,慈惠明察,识朕爱民之意,不求知闻,锡之左符,重以中秘寓直之宠,往其勉之。可。

出处:《苕溪集》卷三二。

撰者:刘一止

考校说明:编年据《建炎以来系年要录》卷一二三补。

汪藻修史成书升显谟阁学士制
（绍兴八年十一月二十五日）

敕：朕任贤能而责实，惟恐或遗；懋爵赏以劝功，不敢有爱。矧禁林之旧德，著艺苑之殊劳，可无涣恩，以昭至意？具官某学贯九渊之邃，才绝千人之英。昔膺使令，服在近密，崇论宏议，有补于时，大册高文，悉出其手。悼念两朝之故实，曾无一字之遗余，出自尔心，不烦朕训，缉文辞于断简，问黜陟于故家。远近异同，靡差岁月，品汇条贯，灿若日星。搜罗旁逮于测幽，诵意不忘于寤寐。左思作赋，既殚十稔之勤，马迁成书，自立一家之法。此其来上，深用叹嘉，就升延阁之华，申锡赞书之宠。岂惟今日见国体之增光，抑使异时并尔名而不朽。服我休命，益励厥修。可。

出处：《苕溪集》卷三三。
撰者：刘一止
考校说明：编年据《建炎以来系年要录》卷一二三补。

皮剥所事诏
（绍兴八年十一月二十六日）

皮剥所收到筋、皮、角，令军器所取拨使用；鬃、尾，令杂卖场出卖。其收到买名净利价钱等，并赴左藏库送纳桩管，听候枢密院指挥。

出处：《宋会要辑稿》职官六之三八。

刘一止再除起居郎制
（绍兴八年十一月二十七日）

敕左朝奉郎、试秘书少监刘某：自起居注行，而著作之官遂分；自时政记作，而二史之职几废。允为贤哲，昭示典型。褚遂良知人臣之当守官，规模远矣；魏谟不敢陷人主于非法，论谏兼之。我得其人，可追二子。尔威仪有则，恂恂无华。谈子房、季札之闻，兼彦辅、安仁之美。蔚辞章于正体，奖议论于醇风。自去阙廷，屡更岁月。几条善政，下转而上闻；一部谏书，朝奏而暮召。遂从蓬观，仍侍螭蚴。稔白璧之无瑕,觉青毡之有旧。尔惟善恶必记,是非自明。因以告猷,兹惟朕志。可特授依前官守起居郎。

出处:《茗溪集》卷五五。又见《三朝北盟会编》卷一八八,《宋代蜀文辑存》卷三八。

撰者:句龙如渊

答秦桧孙近诏
（绍兴八年十一月二十九日）

卿等所陈,初无过论,朕志固定,择其可行。中外或致于忧疑,道路未详其本末。至彼小吏,轻诋柄臣,久将自明,何罪之有?

出处:《建炎以来系年要录》卷一二三。

胡铨除名勒停送昭州编管批旨
（绍兴八年十一月二十九日）

北使及境,朝廷夙夜讲究,务欲上下安帖,贵得和好久远。胡铨身为枢属,既有所见,自合就使长建白。乃狂妄上书,语言凶悖,仍多散副本,意在鼓众,劫持朝廷。可追毁出身以来文字,除名勒停,送昭州编管,永不收叙。令临安府差使臣兵级押发前去,候到,具日月闻奏。仍令学士院降诏,布告中外,深知朕安民和众之意。

出处:《建炎以来系年要录》卷一二三。又见周必大《省斋文稿》卷三〇《胡忠简公神道碑》。

田永年乞将父实为建州军贼杀死恩泽补女夫许登承信郎制
（暂系于绍兴八年十一月前后）

敕具官某:朕于死事之臣,未尝不恻焉动心,恩其族类,惟恐或失,所以劝义士而羞叛人也。尔其异姓之亲,与沾命秩,宜知自节,以称所蒙。可。

出处:《苕溪集》卷三一。又见《永乐大典》卷七三二七。

撰者:刘一止

考校说明:编年据同集前后文时间补。"实",清抄本作"宝"。

桂阳监司理李士权平阳县令赵景韩推恩各合循一资制
(暂系于绍兴八年十一月前后)

敕具官某:日者湖湘之寇,负固阻险,侵轶郡县,至烦王师,仅乃克灭。军须办给,尔与有劳,第赏进阶,国之常典。可。

出处:《苕溪集》卷三一。

撰者:刘一止

考校说明:编年据同集前后文时间补。

吴希祥降一官仍罢邵武军通判制
(暂系于绍兴八年十一月前后)

敕具官某:朕念大江之西,俗习轻悍,选择能吏,固将安之。尔为州治中,始闻潢池弄兵之警,诡求避去,便文自营,朕何赖焉?论者以闻,罪其可逭?贬秩一等,免所居官,自为宽典,念恩循省。可。

出处:《苕溪集》卷三一。

撰者:刘一止

考校说明:编年据同集前后文时间补。

前辰州沅溪令王汲御盗有功循一次制
(暂系于绍兴八年十一月前后)

敕具官某:曩者鼎、澧之间,盗贼窃发,迄于平定,尔与有劳,赏以懋功,国之典也。可。宗亚昌云"曩者荆江郡县",陈朴云"狂寇弄兵,侵轶旁近",下词同。

出处:《苕溪集》卷三一。

撰者:刘一止

考校说明:编年据同集前后文时间补。"一次"当为"一资"之误。

进武校尉张安道王正臣差赍文字过界各与转一官制
(暂系于绍兴八年十一月前后)

　　敕具官某:尔等传命越疆,咸以能选,进官一等,以为尔宠,往其勉之。可。

出处:《苕溪集》卷三一。

撰者:刘一止

考校说明:编年据同集前后文时间补。

游损除太府寺丞制
(暂系于绍兴八年十一月前后)

　　敕具官某:太府之职,出纳邦财,丞于其间,事任惟剧。尔详练通敏,有称于时,往究乃心,用观来效。可。

出处:《苕溪集》卷三一。

撰者:刘一止

考校说明:编年据同集前后文时间补。

郭师伟宋元换给付身制
(暂系于绍兴八年十一月前后)

　　敕具官某:尔等往者奋于行阵,尝有显劳。赏不逾时,既沾涣渥,申以书命,其益知荣。可。

出处:《苕溪集》卷三一。

撰者:刘一止

考校说明:编年据同集前后文时间补。

宋亮臣干事回转官两资高震转官一资制
（暂系于绍兴八年十一月前后）

敕具官某:服勤奔走,尝有显劳,序进一官,以为尔宠,且用以劝来者。可。

出处:《苕溪集》卷三一。

撰者:刘一止

考校说明:编年据同集前后文时间补。

吴世才世荣以父殁于王事各合得恩泽一资制
（暂系于绍兴八年十一月前后）

敕:尔父董所兵部,与贼决战,至于殒身,朕心悯焉。疏恩其孤,以慰九泉,以为尔宠。可。

出处:《苕溪集》卷三一。

撰者:刘一止

考校说明:编年据同集前后文时间补。

李珏赠官制
（暂系于绍兴八年十一月前后）

敕具官某:昨者虏犯河朔,远近俶扰,士大夫去职避难、志求苟免者,终不得免焉。尔以州从事之卑,奋厉捍敌,与城俱亡,可谓知所处矣。自古有死,尔亦何恨。畀官二等,升录其孤,精爽如存,尚克知享。可。

出处:《苕溪集》卷三一。

撰者:刘一止

考校说明:编年据同集前后文时间补。

高承仪军中起复制
（暂系于绍兴八年十一月前后）

张全同，安思同。自昔名贤虽宰一邑，而要经从戎，当世不议其非，盖知所急也。况尔有位于军，服勤既久，乃欲以家难去职，其可乎哉？孝有移忠，礼有夺情，尔无恨焉。可。

出处：《苕溪集》卷三一。
撰者：刘一止
考校说明：编年据同集前后文时间补。

曹琏除湖北路提刑宗樗除潼川府路提刑制
（暂系于绍兴八年十一月前后）

敕具官某：朕惟荆湖巴蜀之北，远于朝廷，刑之颇数，狱之颇纷，吏治之无良，民情之多疚，至有不得而闻者，况得察治之乎？则部使者之责，固亦重矣。尔等性资通明，艺能果达，或选自郎省，或擢从外官。分界一道之权，以观底绩。《书》曰："钦哉钦哉，惟刑之恤哉。"《诗》曰："刚亦不吐，柔亦不茹。无从诡随，以谨罔极。"刺举之能，于是乎在。其勉服古训，以副朕心。可。

出处：《苕溪集》卷三一。
撰者：刘一止
考校说明：编年据同集前后文时间补。

安郍除荆湖北路运判李伦清除淮南东路制
（暂系于绍兴八年十一月前后）

敕具官某：朕念荆湖之北，长淮之东，民食尚艰，兵储未广。惟时漕计之臣，非有机智绝人，彷彿刘晏之流者，岂足以当是任哉？尔郍通于吏道，誉处甚休；尔伦清才高识明，动有可纪。是用命尔分行一道，其庶几悉乃心力，体朕至怀，俾民不病敛，士无饥色，则惟尔能，嗣有褒宠。可。

出处:《苕溪集》卷三一。

撰者:刘一止

考校说明:编年据同集前后文时间补。清抄本"淮南东路"后有"运判"二字。

周秘知婺州制
（暂系于绍兴八年十一月前后）

续改绍兴府朕修明庶政,加惠黎元,聿求法从之良,增重蕃宣之寄。矧惟婺女,股肱行朝,川壤相连,俗习未远。顾所与共理,俾无愁叹之声,则选任之门,讵可不遴。具官某沈毅而有断,疏通而不浮,尽见古今之书,周知事物之变。粤从简授,屡罄忠嘉,编为耳目之官,实任纪纲之责。奉祠均佚,阅日既多,复畀名邦,蔽自朕志。尔其服我训诰,兼懋德威,绥厥善良,锄其蟊贼。岂特一方之民,安尔之政,亦使列辟闻风而劝焉,顾不韪哉。可。

出处:《苕溪集》卷三二。

撰者:刘一止

考校说明:编年据同集前文时间、周秘官历补,见《建炎以来系年要录》卷一二六。

欧阳懋知平江府制
（暂系于绍兴八年十一月前后）

敕:眷惟吴门,密迩王所,今为重地,雄视他州,必得秉心有常之人,任以与我共理之责。具官某行义纯固,得于心成,问学渊源,实由世济。顷从禁路,出典辅藩,不求赫赫之名,绰有优优之政。奉祠均佚,阅岁滋多,爰锡命书,再分符竹。尚体丁宁之意,毋忘岂弟之风。俾润泽及于京师,愁叹消于田里,是乃称职,则予汝嘉。可。

出处:《苕溪集》卷三二。

撰者:刘一止

考校说明:编年据同集前后文时间、《绍定吴郡志》卷一一补。

书令史稔洪出职与叙右迪功郎制
（暂系于绍兴八年十一月前后）

敕具官某：尔服勤职事，阅岁既多，俾列文阶，往从补外，其尚知勉，称以茂恩。可。

出处:《苕溪集》卷三二。又见《永乐大典》卷七三二五。

撰者:刘一止

考校说明:编年据同集前后文时间补。

陈惟忠以父阵亡恩泽补承信郎制
（暂系于绍兴八年十一月前后）

敕具官某：昨者虏犯襄汉，尔父抗敌，至殒厥躯，朕心悯焉，疏恩其孤，以劝义士，以慰九泉。可。

出处:《苕溪集》卷三二。又见《永乐大典》卷七三二七。

撰者:刘一止

考校说明:编年据同集前后文时间补。

柴萃拟右宣义郎袭封崇义公监周陵庙制
（暂系于绍兴八年十一月前后）

敕具官某：朕若稽前古，于先代之后，恩有加而不替焉，礼也。尔周之裔孙，于次当封，俾进文阶，以承祀事。往其钦哉。可。

出处:《苕溪集》卷三二。

撰者:刘一止

考校说明:编年据同集前后文时间补。

崔邦弼朱中兴叙复军赏转官制
(暂系于绍兴八年十一月前后)

敕具官某:尔捐躯抗敌,屡立战多,载畴昔劳,申以书命,益思勉励,以称所蒙。可。

出处:《苕溪集》卷三三。

撰者:刘一止

考校说明:编年据同集前后文时间补。

鲍廷祖孟处义各转一官制
(暂系于绍兴八年十一月前后)

敕具官某:朕惟军兴以来,典籍散逸,两朝故实,罔有遗余。肆命儒臣,俾加纂集,成书来上,焕若日星。载嘉积岁之劳,抑有乃僚之助。尔等修洁博习,富于艺文,懋赏称功,就官一列。服我休命,其尚知荣。可。

出处:《苕溪集》卷三三。

撰者:刘一止

考校说明:编年据同集前后文时间补。

康顺苟得以军功各转一官制
(暂系于绍兴八年十一月前后)

敕具官某:尔乡者奋身捍敌,第功甚明,懋赏进阶,以为尔宠,其尚勉旃。可。

出处:《苕溪集》卷三三。

撰者:刘一止

考校说明:编年据同集前后文时间补。"康顺苟",清抄本作"康顺荀"。

曹芬循文林郎制
(暂系于绍兴八年十一月前后)

敕具官某:向者南安近邑,狐鼠啸呼,旋踵就擒,尔与有力。进官一等,其尚勉之。可。

出处:《苕溪集》卷三三。
撰者:刘一止
考校说明:编年据同集前后文时间补。

张学换给付身补右从侍郎制
(暂系于绍兴八年十一月前后)

敕具官某:尔以白丁从军,屡进官秩,阅日既多。朕方懋爵赏以劝功,虽若尔者,亦不遐弃。申以书命,其益知荣。可。

出处:《苕溪集》卷三三。 又见《永乐大典》卷七三二五。
撰者:刘一止
考校说明:编年据同集前后文时间补。"从侍郎",宋代无此阶官,疑为"从事郎"之误。

李彪换给父阵亡恩泽付身制
(暂系于绍兴八年十一月前后)

敕具官某:向者尔父奋身抗敌,死于忠义,恩逮其子,既阅岁时,申锡命书,以光存殁。可。

出处:《苕溪集》卷三三。
撰者:刘一止
考校说明:编年据同集前后文时间补。

夏侯旦捕寇有功循右从事郎制
(暂系于绍兴八年十一月前后)

敕具官某:海隅之民,凭恃险阻,杀掠人而夺之货,无岁无之。尔督捕俘获,厥职甚修,朕心嘉焉。懋赏进阶,其益知劝。可。

出处:《苕溪集》卷三三。又见《永乐大典》卷七三二五。
撰者:刘一止
考校说明:编年据同集前后文时间补。

王胜叙复敦武郎制
(暂系于绍兴八年十一月前后)

敕具官某:尔以事贬秩,在洗心前,甄叙之恩,务从优比。宜知奋励,以称宠荣。可。

出处:《苕溪集》卷三三。又见《永乐大典》卷七三二六。
撰者:刘一止
考校说明:编年据同集前后文时间补。

江端卿王琮刘居海并赠官与一子恩泽制
(暂系于绍兴八年十一月前后)

敕具官某:尔等为督部之官,捍贼殒身,职也。人孰不死,泯然无称,与草木共腐者多矣,尔何怅焉。用锡愍章,并录其子,以慰尔灵,以为义士之劝。可。

出处:《苕溪集》卷三三。
撰者:刘一止
考校说明:编年据同集前后文时间补。

吴武陵献更化论循两资制
(暂系于绍兴八年十一月前后)

敕具官某:昔汉文帝戒张释之毋甚高论,令今可行,朕于是知人主所求,贵适于用,非以甚高难行之言,不可企及之事为足说也。尔献书公车,勉朕更化,条陈部别,粹然可观。《诗》曰"无言不酬",懋赏进阶,以为尔宠,且为能言者之劝。可。

出处:《苕溪集》卷三三。
撰者:刘一止
考校说明:编年据同集前后文时间补。

刘敦常向子昌祝师龙各降一官制
(暂系于绍兴八年十一月前后)

敕具官某:大农之钱,实国经费,凡其出纳,各有司存。尔等无所禀承,果于移用,章劾既至,朕何敢私,聊褫一官,以戒来者。可。

出处:《苕溪集》卷三三。
撰者:刘一止
考校说明:编年据同集前后文时间补。

吴时泽降两官制
(暂系于绍兴八年十一月前后)

敕具官某:尔律身不严,陷于吏议,比从阅实,过恶暴陈。服我宽恩,毋忘自讼。可。

出处:《苕溪集》卷三三。
撰者:刘一止
考校说明:编年据同集前后文时间补。

韩昭叙复右中大夫制
(暂系于绍兴八年十一月前后)

敕具官某:曩者命将授师,列屯江右,船粟往哺,尔期积愆。念颇阅于岁时,亦既经于荡宥,甄叙官秩,以观后图。可。

出处:《苕溪集》卷三三。
撰者:刘一止
考校说明:编年据同集前后文时间补。

刘子翼上官瑛许克明蔡宰陈大辅并降一官制
(暂系于绍兴八年十一月前后)

敕具官某:国之经费,实在大农,其郡邑赋租,与户口登耗之数,有不得不察。乃者命取其凡,上之省户,稽其多寡而劝惩焉。今部使者以尔过期不报,劾章上闻。罪其可逭,贬秩一等,以罚其偷,且为来者之戒。可。

出处:《苕溪集》卷三三。
撰者:刘一止
考校说明:编年据同集前后文时间补。

赵俊等以战功转官制
(暂系于绍兴八年十一月前后)

敕具官某:曩者濒江郡邑,群盗肆行,尔等擐甲先登,屡见俊获。有嘉忠勇,序进官联,服我茂恩,尚图来效。可。

出处:《苕溪集》卷三三。
撰者:刘一止
考校说明:编年据同集前后文时间补。

左修职郎陈最改左承事郎制
（暂系于绍兴八年十一月前后）

敕具官某：尔以儒生习于韬略，论议根据，靡靡不穷。沈伏下僚，莫克施用。以功自见，朕用汝嘉。锡之涣恩，俾阶京秩。其思勉励，以称所蒙。可。

出处：《苕溪集》卷三三。又见《永乐大典》卷七三二五。
撰者：刘一止
考校说明：编年据同集前后文时间补。

魏尧臣等起复补官制
（暂系于绍兴八年十一月前后）

敕具官某：朕得忠贤，授以使指，俾其考度，自择乃僚。尔等起自夺情，就加命秩，是为异数，往服厥勤。可。

出处：《苕溪集》卷三三。
撰者：刘一止
考校说明：编年据同集前后文时间补。

淮西参议官李健叙复左朝散大夫制
（暂系于绍兴八年十一月前后）

敕具官某：尔向者坐累贬秩，在洗心前，更阅岁时，复见录用。甄叙一等，涤尔丹书，服我茂恩，尚图来效。可。

出处：《苕溪集》卷三三。
撰者：刘一止
考校说明：编年据同集前后文时间补。

孙参政近封赠三代并妻制
（绍兴八年十一月后）

曾祖吉甫可特赠太子少保

敕：朕眷求真贤，置诸左右，乃一德一心，共图庶政。既登进厥位，爰锡涣恩，追贲其父祖以及大王父，于典礼旧矣。具官某曾祖某抱负仁义，含章不耀，积善之庆，燕及后人，用能有此曾孙，始大厥家。东宫之孤，正秩二品，告于幽泉，尚克知享。可。

曾祖母张氏可特赠昌元郡夫人

敕：国朝之典，中外百执事，秩通朝籍，与法从之臣，追贲其先，大者仅及父祖。惟执政之官，宠逮三世，其积深者其报远，其体重者其数优，盖事之称也。具官某曾祖母张氏柔嘉之德，惠于宗工，勤俭之风，闻于里闬。庆钟其后，是生曾孙，为我硕辅。故于登用之始，爰加脂泽之封。正位小君，以光泉壤。可。

祖珦可特赠太子太保

敕：盛德之报，古有成言，不于其身，于其孙子，故高门以俟廷尉，植槐以望三公，自是不疑，应若影响。而况苦心焦思，种学绩文，不售于时，赍志以殁，则造物者憝焉。启其后人，贻以祉福，亦何足怪哉。具官某祖某负绝特之义，通古今之书，四与计偕，声华作伟。一命勿逮，再世而昌，厥有贤孙，登贰柄政，为予腹心，是宜疏恩，宠贲私庙。青宫亚傅，礼秩兼优，用侈尔有孙之荣，亦昭我得贤之庆。可。

祖母张氏可特赠德阳郡夫人

敕：天之报施善人，初若无意，夷考其事，实相后先。譬彼服田，是穮是蓘，乃克有秋；譬彼泉源，是疏是凿，其流则长，盖所谓疏而不失者也。具官某祖母张氏婉嬺德行，宜其家人，报不及身，溢于尔后，惟时闻孙，作朕良弼。登用之始，疏锡大邦，尚其不亡，服此光显。可。

父故赠光禄大夫择可特赠太子太师

敕：士有砥名励节，见于身修，沈伏下僚，勿克施用，以训其子，为时英贤，光辅国家，泽及庶类，则褒崇之典，贲其私庙，盖理之宜，而朕不敢有爱者也。具官某父赠光禄大夫某，学圣人之道，为君子之儒。孝友名于一乡，视古卓行而无愧；惠爱存于两邑，方今循吏为加优。位不称德，报不及身，施于弼臣，始大光耀，谋猷入告，皆尔之余。《诗》曰："惟其有之，是以似之。"正位宫师，申加愍典，以显教忠之效，以宽陟岵之思。可。

母金城郡夫人李氏可特赠博平郡夫人

敕：《春秋》之义，母以子贵。石窌之赐，实始启封。视命数之等威，为褒荣之隆杀。至于忠孝克备，名位两崇，自非德门，其谁有此。具官某母金城郡夫人李氏，率宪蹈礼，蔚为妇师，令则休称，益于女史。是生贤息，为朕实臣。于其柄政之初，载稽彝典，锡尔名郡，于前有光。陟岵之思，顾莫追于既往；奉尝之宠，尚克诏于无穷。可。

妻淑人鲍氏可特封永嘉郡夫人

敕：朕惟公侯之贵，得位与时，化刑于家，泽逮其下，岂特身修之效，抑其内助之由。故《鹊巢》、《采蘩》之作，见于《国风》，其来久矣。若其命之不淑，弗克同其安荣，在于人情，有歉然者，则追贲之典，其可后哉。具官某妻淑人鲍氏柔惠肃雍，能执妇道，克相君子，以成其贤。虽善行有加，而福禄未究，爰正小君之号，仍开大郡之封。襐服之华，副珈之饰，并为尔宠，尚克钦承。可。

出处：《苕溪集》卷三二。
撰者：刘一止
考校说明：编年据孙近官历补，见《建炎以来系年要录》卷一二三。

右迪功郎李鼐循右从事郎制
（绍兴八年十一月后）

使华修睦，尔与有行，畴其旧劳，不废褒律，进官一等，尚克丕钦。

出处：《永乐大典》卷七三二五。

撰者：洪遵

考校说明：编年据苏符官历补，见《建炎以来系年要录》卷一二三。题后原注："奉使大金国信使苏符下引接官。"此时洪遵未任两制，此文作者或非洪遵。

陈桷除福建路转运副使制
（绍兴八年十月至十二月间）

敕具官某：朕惟在昔之君，为官择人，非特量才授职而求其称焉，抑威畏所加，一方之人，素所服习，而爱慕畏仰之，则令行禁止，期月而已可也，况于久乎。尔文学行义，照映朝绅。乡自近班，出临闽郡，越数岁矣，民思之若父母。然朕于是知因任之道，莫此为先。惟时将输，肆复命汝。庶几毋怠吾事，且慰彼民，尔往茂哉！可。

出处：《苕溪集》卷四〇。

撰者：刘一止

考校说明：编年据刘一止任两制时间、《宋史》卷三七七《陈桷传》补。"陈桶"当为"陈桷"之误，见《宋史》卷三七七《陈桷传》。

杜琳降官制
（绍兴八年十二月二日）

敕：兵法曰："令素行则人服，令素不行则人不服。"一军之中，如身使臂，臂使指，上下内外，罔敢差池，一有不严，则为乱阶，渐不可长。具官某早以材武，见推辈流，命统偏师，列屯以守。而乃奉令不恪，遣卒越疆，规求锥刀，旋至亡失。大将言状，朕不敢私，姑贬阶官，以戒来者。是谓宽典，其务省循。可。

出处：《苕溪集》卷三四。

撰者：刘一止

考校说明：编年据《建炎以来系年要录》卷一二四补。

戒谕和诏
（绍兴八年十二月四日）

朕以眇躬，抚兹艰运。越自初载，痛二帝之蒙尘；故兹累年，每卑辞而遣使。不难屈己，徒以为亲。虽悉意以经营，终未得其要领。昨者惊传讳问，恭请梓宫，彼方以讲和而来，此固当度宜而应。朕念陵寝在远，母兄未还，伤宗族之流离，哀军民之重困。深惟所处，务得厥中。既朝虑而夕思，又广询而博访。言或同异，正在兼收；事有从来，固非创议。枢密院编修官胡铨职在枢机之属，分乖帝陛之仪，遽上封章，肆为凶悖。初投匦而未出，已誊稿而四传。首倡陵犯之风，阴怀劫持之计。傥诚心于为国，但合输忠；唯专意于取名，故兹眩众。闵其浅虑，告尔多方，勿惑胥动之浮言，庶图长久之大计。

出处：《三朝北盟会编》卷二八八。又见《建炎以来系年要录》卷一二四。

考校说明：原书系于绍兴八年十二月一日，据《建炎以来系年要录》改。

李回追复资政殿学士依条与遗表恩泽制
（绍兴八年十二月六日）

敕：朕礼遇故臣，事存懿典。极哀荣之终始，惮生死之乖暌，爰锡赞书，用昭至意。具官某早登膴仕，被遇累朝，践更使令，出入中外，辅朕艰难之际，粗殚夙夜之勤。继绾兵符，出临方面，属毁言之坐至，顾显状之未闻，方从真馆之游，遽有重泉之恨。念既经于荡宥，亦颇阅于岁时。悯尔沈冤，假之异数，正隆名于祇殿，衍余泽于后人。朕无愧于昭天，尔尚图于结草。可。

出处：《苕溪集》卷三三。

撰者：刘一止

考校说明：编年据《建炎以来系年要录》卷一二四补。

颜鲁公远孙师与补右迪功郎制
（绍兴八年十二月六日）

敕具官某：朕遭世中否，思古兴怀。眷唐室之多贤，壮平原之大节。英风可想，恨不与之同时；遗像俨然，至今犹有生气。访求远裔，仅齿齐民，肆加异恩，宠以命秩。录功臣之世，朕无诮于周诗；对前人之光，尔尚存于家范。可。

出处：《苕溪集》卷三四。又见《永乐大典》卷七三二五。

撰者：刘一止

考校说明：编年据《建炎以来系年要录》卷一二四补。《宋会要辑稿》崇儒六系于绍兴八年十二月五日。

礼部侍郎曾开除宝文阁待制提举江州太平观制
（绍兴八年十二月六日后）

敕：侍从之臣，朕所倚重，虽出处之事各异，而礼遇之意不殊。具官某早以文学志行，受知先朝，亟登要路，淹留江海，积有岁时。朕眷求名贤，服在近列，庶几论思之益，共济中兴。曾阅日之几何，乃抗章而别去，辞情恳至，慨莫得留。宠之延阁之华，俾即真祠之秩。忘尔身之在外，惟我后之告猷。时乃之休，抑朕所望。可。

出处：《苕溪集》卷三五。

撰者：刘一止

考校说明：编年据《建炎以来系年要录》卷一二四补。

刘大中落职依旧宫祠制
（绍兴八年十二月十一日）

敕：含齿之类，共知笃于爱亲；垂髫之童，亦复羞称不孝。岂有居仪刑之重任，为名教之罪人？民罔具瞻，朕有逸罚。具官某顷由过听，擢在要津，猥以小才，遂当大用。忘所生之天属，视厥父如路人，炊烟不同，寝疾弗问。事皆有状，闻者寒心；人谁无亲，诚所切齿。览弹章之沓至，知公议之靡容。其镌秘殿之崇，尚即真祠之旧。噫,始终之遇,朕犹屈于彝章;喜惧之年,尔盍图于改事。可。

出处:《苕溪集》卷三四。又见《三朝北盟会编》卷一九〇。
撰者:刘一止
考校说明:编年据《建炎以来系年要录》卷一二四补。

莫将令阁门引见上殿诏
(绍兴八年十二月十二日)

太府寺丞莫将所上封事通达世务,议论可采,令阁门引见上殿。

出处:《建炎以来系年要录》卷一二四。

拨上供米给绍兴府南班不带遥郡宗室诏
(绍兴八年十二月十三日)

绍兴府南班不带遥郡宗室十八员,岁拨上供米五百斛,令同判大宗正事士庞均给之。

出处:《建炎以来系年要录》卷一二四。

王庶落职宫祠制
(绍兴八年十二月十四日)

敕:朕履兹艰虞,靡敢宁处,惟是二三执政,任之不疑,庶几左右宅师,用底于治。脱或怀徇私之志,无忧国之风,论日以乖,朕将安赖?具官某曩更中外,粗阅岁时,召自藩维,服在近密,授以枢机之柄,俾参帷幄之筹,所冀同寅,以克有济。而乃大言惑众,小智饰奸,既陈立异之辞,旋有坏成之意。倘谓和戎之非策,则虽执义以何惭;乃因知己之莫留,始欲脱身而要誉。第务死党,宁知有君。顾已照其肺肝,尚曲全于体貌,假之异数,出殿大邦。属公议之既喧,匪私心之敢贷。其镌秘殿,往即真祠。噫,才各有长,尔岂无用;任过其量,朕则使然。服此训言,毋忘循省。可。

出处:《苕溪集》卷三四。又见《三朝北盟会编》卷一九〇。

撰者:刘一止

考校说明:编年据《建炎以来系年要录》卷一二四补。《宋代诏令全集》称"《三朝北盟会编》卷一九〇系于'一日癸丑'"(第三二二〇页)。《三朝北盟会编》卷一九〇:"(绍兴八年十二月一日癸丑)枢密副使王庶罢为资政殿学士、知潭州兼湖南安抚制置大使……《遗史》曰:刘大中已得宫祠,王庶除知潭州。萧振言大中不孝,庶沮挠讲和事,大中落职,依旧宫祠。刘一止行词,大中词曰:'含齿之类,共知笃于爱亲。垂髫之童,亦羞称于不孝。岂有居仪型之重任,为名教之罪人。'又曰:'亡所生之天属,视厥父如路人。爨烟不同,寝疾弗问。事皆有状,闻者寒心。'庶词曰:'大言惑众,小智饰奸。既陈立异之辞,旋有坏成之意。傥谓和戎之非策,则虽执义以何惭。乃因知己之莫留,始欲脱身而邀誉。第务死党,不知有君。'"此处"大中落职,依旧宫祠"恐为"庶落职,依旧宫祠"之误。据《三朝北盟会编》,十二月一日乃王庶由枢密副使罢为资政殿学士、知潭州兼湖南安抚制置大使之日,非王庶落职与宫祠之日。

皮剥所踏逐副尉一名充专知官诏
(绍兴八年十二月十六日)

皮剥所许依坊监例,从本所踏逐副尉一名充专知官,其请给依坊监见役人支破。

出处:《宋会要辑稿》职官六之三九。

接续修纂太祖太宗秦王下仙源庆系属籍总要诏
(绍兴八年十二月十七日)

宗正寺编修太祖、太宗、秦王下《仙源庆系属籍总要》,令接续修纂。合行事件,并依已得指挥。

出处:《宋会要辑稿》职官二〇之一三。

赐岳飞御札
(绍兴八年十二月十九日后)

朕昨与卿等面议金国讲和事,今金人已差张通古、萧哲前来议和。朕以梓宫未还,母、兄、宗族在远,夙夜痛心,不免屈意商量。然皆卿等戮力练兵,国威稍振,是致敌人革心如此。卿等之功,朕岂可忘? 若境土来复,自今尤当谨饬边备,切宜体朕此意,益加训练兵马,当作不虞之戒,以图永久安固。付此亲札,想宜知悉。付岳飞。御押。

出处:《鄂国金佗稡编》卷一。

考校说明:月、日据文中所述史事补,见《建炎以来系年要录》卷一二四。

令尚书省以金使来意榜谕士民诏
(绍兴八年十二月二十五日)

大金遣使前来,止为尽割陕西、河南故地,与我讲和,许还梓宫、母兄亲族,余无须索。虑士民不知,妄煽惑,令尚书省榜谕。

出处:《建炎以来系年要录》卷一二四。又见《宋史》卷二九《高宗纪》。

赐岳飞御札
(绍兴八年十二月二十七日后)

今月二十七日,已得大金国书。朕在谅阴中,难行吉礼,止是宰执代受。书中无一须索,止是割还河南诸路州城。此皆卿等扶危持颠之效,功有所归,朕其可忘? 尚期饬备,以保全勋。故兹亲札,各宜体悉。付岳飞。御押。

出处:《鄂国金佗稡编》卷二。

考校说明:月、日据文中所述"今月二十七日,已得大金国书"补,见《建炎以来系年要录》卷一二四。

都虞侯郭永王金刘千等遇明堂大礼合该换授忠训郎制
（暂系于绍兴八年十二月前后）

敕具官某：尔等各在赤籍，积日累劳，易界官联，是为旧典。往祗厥事，以称茂恩。可。

出处：《苕溪集》卷三四。又见《永乐大典》卷七三二六。

撰者：刘一止

考校说明：编年据同集前后文时间补。

成忠郎杨青军中失火降一官制
（暂系于绍兴八年十二月前后）

敕具官某：尔居师屯，不戒于火，自速咎戾，其又奚言？姑褫一官，俾知循省。可。

出处：《苕溪集》卷三四。

撰者：刘一止

考校说明：编年据同集前后文时间补。

忠训郎魏存谋要打劫降五官制
（暂系于绍兴八年十二月前后）

敕具官某：尔为田官，不能谨身，容纳匪人，与通奸利，贬秩五等，是为宽恩。可。

出处：《苕溪集》卷三四。

撰者：刘一止

考校说明：编年据同集前后文时间补。

郎诚以妻父朱弃奉使未回恩泽补承信郎制
(暂系于绍兴八年十二月前后)

敕具官某:信使出疆,淹时未返,惕然兴念,厚恤其家。尔惟外姓,膺此命秩,其知自饬,以称宠荣。可。

出处:《苕溪集》卷三四。又见《永乐大典》卷七三二七。

撰者:刘一止

考校说明:编年据同集前后文时间补。

寇忠阵亡赠承信郎与一子恩泽制
(暂系于绍兴八年十二月前后)

敕具官某:尔奋于行阵,固敌是求,令尔殒身,朕实有愧,宠以命秩,并录其孤。魂而有知,歆此至意。可。

出处:《苕溪集》卷三四。又见《永乐大典》卷七三二七。

撰者:刘一止

考校说明:编年据同集前后文时间补。

林子尧等补保义郎系从贼党出首自新制
(暂系于绍兴八年十二月前后)

敕具官某:庆赏之设,非但劝善,苟知过而自新,则亦在所录焉,盖忠厚之至也。尔顷陷非类,晚而悔之,转败为功,审于自择,宠之命秩,其尚知荣。可。

出处:《苕溪集》卷三四。又见《永乐大典》卷七三二六。

撰者:刘一止

考校说明:编年据同集前后文时间补。

殿前司托试到旧行门孙佐王节周宣
李胜等武艺与换敦武郎制
（暂系于绍兴八年十二月前后）

敕具官某：尔以虎士，警卫周庐，易界官联，是惟旧典。服此休命，无放厥勤。可。

出处：《苕溪集》卷三四。又见《永乐大典》卷七三二六。

撰者：刘一止

考校说明：编年据同集前后文时间补。"托试"，清抄本作"拍试"，当以为是。

泗州兵马钤辖赵时奉命有劳转一官制
（暂系于绍兴八年十二月前后）

敕具官某：尔总戎之官，厥职既修，传命越疆，亦著劳效，进秩一等，以示宠褒。可。

出处：《苕溪集》卷三四。

撰者：刘一止

考校说明：编年据同集前后文时间补。

保义郎李全御贼阵亡赠两官制
（暂系于绍兴八年十二月前后）

敕具官某：尔以小吏奋身抗贼，死不返顾，彼爵崇禄厚者，能毋愧乎！古语有之："宁以义死，不营幸生。"于尔见焉。进官二等，用锡愍章，尚其不亡，钦此至意。可。

出处：《苕溪集》卷三四。

撰者：刘一止

考校说明：编年据同集前后文时间补。

吴蔼以妻父陈思恭阵亡恩泽补承信郎制
(暂系于绍兴八年十二月前后)

敕具官某:朕悯夫忠义之士,殒身矢石,不得终于牖下也,厚恤其家,以及姻党,亦获沾命秩。其思所以称之。可。

出处:《苕溪集》卷三四。又见《永乐大典》卷七三二七。

撰者:刘一止

考校说明:编年据同集前后文时间补。

贾进贼党自首补承信郎制
(暂系于绍兴八年十二月前后)

史宣归正转承节郎换给付身词云:"尔耻于从伪,自择其明,有嘉其忠,超进官秩,申以书命,其尚知荣。"敕具官某:尔审于自择,转败为功,可谓忠矣,锡之命秩,其尚知荣。可。

出处:《苕溪集》卷三四。又见《永乐大典》卷七三二七。

考校说明:编年据同集前后文时间补。《宋会要辑稿》兵一二:"(宣和七年)三月十二日,中奉大夫、徽猷阁待制、知海州钱伯言奏:招收山东贼贾进等静尽。诏补官有差。"此制或为《苕溪集》误收。

武平县丞宗诚彦平虔贼有劳循一次制
(暂系于绍兴八年十二月前后)

敕具官某:邻盗弄兵,侵轶尔疆,捍御之劳,达于朕听,进阶一等,以示宠褒。可。

出处:《苕溪集》卷三四。

撰者:刘一止

考校说明:编年据同集前后文时间补。"宗诚彦",清抄本作"宋诚彦"。晋江有宣和六年特奏名进士宋诚彦(见弘治《八闽通志》卷五〇等),不知是否为同一人。

嘉州第四将官高觊犯贼罪降一官冲替制
（暂系于绍兴八年十二月前后）

敕具官某：尔不自饬，陷于吏议，罪涉己私，勿可追已。贬秩一等，免所居官，其自今戒哉。可。

出处：《苕溪集》卷三四。

撰者：刘一止

考校说明：编年据同集前后文时间补。"犯贼罪"，清抄本作"犯私罪"。

权南丰巡检高腾因本寨兵卒聂成等
作乱剿杀净尽转一官制
（暂系于绍兴八年十二月前后）

敕具官某：卒骄倡乱，威不素行，非一日之积也。录尔仓猝弭乱之功，而略其不素训整之罪，兹可谓厚矣。进官一等，其克钦承。可。

出处：《苕溪集》卷三四。又见《横塘集》卷七。

撰者：刘一止

考校说明：编年据同集前后文时间补。此文又见《横塘集》卷七，《横塘集》作者许景衡于钦宗朝任两制官，待考。

忠翊郎李优元系尚书省额外都事陈状乞比换使臣
出职吏部勘当申省状内刮补添注举发到官虚妄特
降一官依冲替人例制
（暂系于绍兴八年十二月前后）

敕具官某：铨曹天下之公，不容以私浼。尔不知畏，以自速辜，聊示薄惩，且戒来者。可。

出处：《苕溪集》卷三四。

撰者：刘一止

考校说明:编年据同集前后文时间补。

柴瑾降官制
（暂系于绍兴八年后）

　　具官某:簿领贵于勾稽,闾阎戒于烦扰。尔居官纵吏,督赋挠民,聊镌一阶,尚服宽典。

出处:《东牟集》卷八。
考校说明:编年据柴瑾宦历补,见弘治《衢州府志》卷一〇。王洋此时未任两制,此文或为《东牟集》误收。

高宗朝卷十三　绍兴九年(1139)

官司行移文字不得诋斥大金诏
(绍兴九年正月一日)

大金已遣使通和,割还故地。应官司行移文字,务存两国大体,不得辄加诋斥。布告中外,各令知悉。

出处:《建炎以来系年要录》卷一二五。

亲从亲事官宿卫亲兵逃走首身免罪诏
(绍兴九年正月五日)

应亲从亲事官、宿卫亲兵逃走,为有专一断罪不许收留条法致不敢出首者,限百日首身免罪,依旧收管。限满不首,复罪如初。

出处:《宋会要辑稿》职官三四之三六。
考校说明:同日有楼炤所撰《赐新复河南州军敕》,此篇或为敕文内容。

赐新复河南州军敕
(绍兴九年正月五日)

门下:朕以眇躬,嗣承丕绪,明不能烛,德不能绥,为人子孙不能保其所付,为人父母不能全其所安。虽穷宵旰之勤,未息边隅之警。当国难军兴之既久,而师老财匮之是忧。被甲荷戈者苦暴露之劳,行赍居送者困征求之扰。衣冠流离而失所,黎元憔悴而靡堪。由朕一人,昧于治理,祸贻尔众,罪在朕躬,胡颜以宁,侧身思咎。至于宗祧缅隔,陵寝久荒,梓宫未卜于阴山,天属尚留于远域,荼苦斯极,振古未闻。赖将相之元臣尽忠协德,资爪牙之众士戮力同心。缮甲治兵,内以训练于行伍;固军峻垒,外以保守于封陲。上穷开悔过之期,大金报许和之约。割河南之境土,归我舆图;戢宇内之干戈,用全民命。自兹爱养士卒,免罹转战之伤;蠲减赋征,渐息编氓之力。俾南北悉臻于绥靖,而国家遂致于敉宁。嘉与群生,格于康乂,肆颁旷荡之恩,用慰迩遐之俗。於戏! 睦邻修好,既通两国之欢;和众安民,以图万世之利。尚赖文武之士同寅协恭,疆场之臣慎终如始,共扶兴运,永底丕平。咨尔多方,体予至意。

出处:《三朝北盟会编》卷一九一。

撰者:楼炤

考校说明:此赦文内容原书未载,《宋会要辑稿》载有部分内容,今录以备考:

自祖宗朝,谅阴中特奏名进士五等人,并许出官。今来绍兴八年特奏名进士试在第五等人,并与特依下州文学恩例施行。(《宋会要辑稿》选举二)

王伦除同签书枢密院事迎请梓宫太后交割
地界使仍赐同进士出身制
(绍兴九年正月五日)

敕:朕总揽群工,图回万务。眷言宥密,实秉枢机,体隆参伍之联,位在凝丞之次,亶惟用德,亦以功功。具官某宇量坦夷,机神敏悟,出先正名贤之后,有流风遗范之存。事不辞难,行不择利。奉万里之使,无以家为;道二国之言,皆如意出。卓尔倾河之辩,毅然叱驭之忠。郦生凭轼以下齐城,毛遂定盟而重赵国。揆其成效,有溢前闻。朕念陵寝久荒,梓宫未返。东朝契阔,星纪既周;北道讴吟,民心未改。幸信书之来谂,知永好之不渝。尔其肃迓还辕,就承故壤。爰陟本兵之重,仍兼赐第之荣。惟既厥心,毋乏吾事。噫,复文武之境,朕将无愧于古人;合晋楚之成,尔乃增光于史册。可。

出处:《苕溪集》卷三五。又见《三朝北盟会编》卷一九一,《宋宰辅编年录》卷一五。

撰者:刘一止

考校说明:编年据《建炎以来系年要录》卷一二五补。

蓝公佐除宣州观察使借保信军节度使提举万寿观充副使制
（绍兴九年正月五日）

敕:行人之选,自古所难,故叔向进子员于朝,以为道二国之言无私。周家遣使,必曰周爰咨询,盖惟忠信之人而后可用,信乎其不可不审也。具官某淹练敏明,习于故事,服在近密,颇阅岁时。俾使殊邻,有嘉忠实,是用命尔,复为朕行。今通好息兵,既有成约,舆地将复,梓宫将还,母后宗亲,指期可俟。往从而长,益殚厥勤。肃迓还辕,就成故壤。陟尔廉车之峻,以为行色之光。服我茂恩,尚图来效。可。

出处:《苕溪集》卷三五。

撰者:刘一止

考校说明:编年据《建炎以来系年要录》卷一二五补。

刘一止除中书舍人告词
（绍兴九年正月五日）

敕:天以雷风鼓舞万物,后以书命号令四方。俾代予言,是为重任,不有君子,孰能厥官？左朝奉郎、守起居郎刘某,文字雍容,老于儒学,议论博雅,达于古今。徊翔中外之联,稔熟声光之美,用演纶告,足为国华。且侍臣职在于论思,而中书基本于政事,弥缝庶绩,协赞治功。斯有赖于图回,况匪专于润色,其推素尚,以副简知。可特授依前官试中书舍人。

出处:《苕溪集》卷五五。

撰者:苏符

左承务郎程迈差充赵士儦祗谒陵寝属官先次转一官制
（绍兴九年正月七日后）

敕具官某:朕念陵寝,泛扫久稽,肆命宗英,往祗厥事。尔等咸以才选,往佐其行,序进一官,以为尔宠。可。

出处：《苕溪集》卷三九。

撰者：刘一止

考校说明：编年据赵士傈宦历补，见《建炎以来系年要录》卷一二五。

张浚叙复左宣奉大夫提举临安府洞霄宫制
（绍兴九年正月八日）

敕：朕福威在己，操八柄以驭臣；忠厚宅心，不一眚而掩德。矧惟旧弼，尝总百工，可无投报之恩，以示终始之遇。具官某天姿英特，谋府靓深，奋身孤远之中，相朕艰危之际，忠勤有伟，勋伐未忘。丧孟明殽陵之师，事非意出；分孔戢东都之务，岁已再更。比通好于殊邻，既言归于故壤，肆均庆赉，用慰遐迩。稍还官秩之崇，俾遂祠庭之侠。朕心尔识，报礼是图。可。

出处：《苕溪集》卷三六。

撰者：刘一止

考校说明：编年据《建炎以来系年要录》卷一二五补。

汪伯彦复观文殿学士依旧宫祠制
（绍兴九年正月八日）

敕：上词同张浚。具官某器资方重，德宇靓深，早依日月之光，乃际风云之会。相朕初载，共济多艰。一德保躬，自适隐岩之乐；十年去国，每动故老之思。比通好于殊邻，既言归于故壤，肆均庆泽，以慰遐迩。申加秘殿之崇，仍即祠庭之旧。朕心尔识，报礼是图。可。

出处：《苕溪集》卷三六。

撰者：刘一止

考校说明：编年据《建炎以来系年要录》卷一二五补。

刘锡知鼎州制
(绍兴九年正月九日)

敕:鼎为湖湘望郡,异时创残,行旅萧然,今流亡既归,田野加辟,惟是存劳安集之政,属于守臣,朕所遴择。具官某执宪蹈义,饰以文雅。顷侍殿岩,识朕爱民之意,剖分符竹,往慰彼民。惟既尔心,无俟多训。可。

出处:《苕溪集》卷三五。
撰者:刘一止
考校说明:编年据《建炎以来系年要录》卷一二五补。

岳飞开府仪同三司加食邑制
(绍兴九年正月十一日)

门下:蒐卒乘而缮甲兵,尤谨艰难之日;听鼓鼙而思将帅,不忘闲暇之时。乃眷爪牙之臣,夙勤疆场之卫。爰加褒律,丕告治廷。太尉、武胜定国军节度使、充湖北京西路宣抚使兼营田大使、武昌郡开国公、食邑三千五百户、食实封壹阡肆伯户岳飞票卫有闻,沉勇多算。有岑公之信义,足以威三军;有贾复之威名,足以折千里。临敌而意气自若,决策则机智若神。陷阵摧坚,屡致濯征之利;抚剑抵掌,每陈深入之谋。眷彼荆襄,实勤经略。边鄙不耸,几卧鼓而灭烽;流亡还归,皆授田而占籍。奠兹南纪,隐若长城。属邻邦讲好之初,念将阃宣劳之久。肆因庆泽,式表高勋。是用进同三事之仪,仍总两藩之节。衍封多井,增实腴租。以昭名器之崇,以就龙光之渥。於戏! 丰报显赏,盖以褒善而劝功;远虑深谋,尚思有备而无患。祗若予训,益壮尔猷。可特授开府仪同三司,依前武胜定国军节度使、湖北京西路宣抚使兼营田大使,加食邑五百户、食实封叁伯户,封如故。主者施行。

出处:《鄂国金佗续编》卷二。

解潜罢军职特除正仕承宣郎制
(绍兴九年正月十二日)

敕:侍卫之臣,朕所倚重,虽出处之事各异,而眷遇之意惟均。具官某忠谨不浮,沈深有断。屡著捍城之略,夙推经远之才。召自遐方,再司军政。忽露章而引去,谅雅志之莫回,勉徇其私,以均劳佚。留务之职,式宠其行。惟尔以勋业自期,见谓忼慨,尚观他日,益展壮猷。可。

出处:《苕溪集》卷三五。

撰者:刘一止

考校说明:编年据《建炎以来系年要录》卷一二五补。"正仕承宣郎",清抄本作"正任承宣使",当以为是。

王铚进七朝国史列传重加添补成书共
二百一十五册特与转一官制
(绍兴九年正月十五日)

敕具官某:朕修废典于风尘之后,访遗书于煨烬之余,既累岁矣。顾中秘所得,外有愧于士大夫之家,而史氏阙文,亦或未补,朕心闵焉。尔好古博雅,自其先世,属辞比事,度越辈流。乃者裒集累朝故实,而附益以其所闻,成书来上,有嘉其勤。序进官联,以为尔宠,且以为多士之劝。可。

出处:《苕溪集》卷三六。

撰者:刘一止

考校说明:编年据《建炎以来系年要录》卷一二五补。

曾统殿中侍御史制
(绍兴九年正月十六日)

敕具官某:朕于远近之臣,不能周知其才,问其所主与为所主而已。主于风宪之地,实寄耳目,义均一体,必出自择,不以迁次高下为重轻焉。尔行师古人,学有家法,顷由简拔,更践华要,谋猷之益,亦既稔闻。朕思见老成,召从外服,俾再居言路,益广聪明。惟吏之无良,政之多颣,纪纲未尽振举,仁贤不肖未尽袭情,此耳目之臣当任其责,而朕之所图于尔者也,可不勉哉! 可。

出处:《苕溪集》卷三七。

撰者:刘一止

考校说明:编年据《建炎以来系年要录》卷一二五补。

郭仲荀除东京副留守兼节制军马制
(绍兴九年正月十七日)

敕:诸侯朝于方岳,未忘巡狩之勤;王略及于旧都,实重居留之任。肆颁明命,庸示眷怀。具官某赋性通明,受材英特,兼子房之智勇,慕郤縠之诗书。夷险屡更,忠勤不替。执干戈以卫国,援枹鼓而忘身。入侍殿岩,载肃貔貅之众;出分帅阃,每宽疆场之忧。建大将之节旄,加三公之位号。功高不伐,宠至益谦。朕永念神州,荐更戍垒,怅遗民稔祸之久,属殊邻修好之初,故臣流落以焉归,行旅凋零而未集,是用畴咨宿望,申锡涣恩,往司管籥之严,仍总兵符之重。惟尔拊摩疲瘵,劳来散亡,慰父老之讴吟,消田里之愁叹,俾知朕指,有若亲临,则予汝嘉,嗣有褒宠。可。

出处:《苕溪集》卷三六。又见《三朝北盟会编》卷一九四。

撰者:刘一止

考校说明:编年据《建炎以来系年要录》卷一二五补。《三朝北盟会编》卷一九四系于绍兴九年三月四日甲申。

王伦除东京留守制
(绍兴九年正月十七日)

将命殊邻,修两国之好。且以境土,复归舆图。

出处:《宋会要辑稿补编》第七三页。

迎请皇太后合行事件诏
(绍兴九年正月十八日)

皇太后昨从徽宗皇帝北狩日,未正位号,虑本殿阙人使唤,可令王伦等踏逐使臣四人前去,转官请给依中节例。迎奉御幄、仪物、礼数,可令礼部、太常寺议定闻奏。

出处:《宋会要辑稿》后妃二之五。

李弥逊除徽猷阁直学士知漳州制
(绍兴九年正月二十九日)

敕:瓯闽一方,被山带海,其地狭隘险阻,其俗趋利剽轻,其人多文学艺能之士。朕选择贤能为之师帅,庶几风化之美不易其宜,而阴有革焉。具官某气邃识明,行义甚修,被遇先朝,践更试用。朕召从外服,置在近班。西掖代言,多润色论思之益;地官分职,有阜财足国之方。引疾执章,遽求补郡,辞情恳到,挽留莫获。眷是漳浦,有鱼盐之饶,民裕而安,于今为烈。爰锡左符之命,仍升延阁之华。朕辍侍从之良,俾之均佚,其自为计若疏,而于远民则厚矣。体兹至训,益懋尔猷。可。

出处:《苕溪集》卷三七。
撰者:刘一止
考校说明:编年据《建炎以来系年要录》卷一二五补。

蓝公佐父安石特赠节度使制
(绍兴九年正月)

敕:朕用心广爱,御于家邦,厚往饬终,存乎礼典。具官某提身有裕,率礼不违,祗事宫闱,浸更岁月,死而未泯,尚克教忠。爰申追锡之恩,懋建节旄之重。神灵如在,庶或知荣。可。

出处:《苕溪集》卷三五。

撰者:刘一止

考校说明:编年据《宋会要辑稿》仪制一三补。

恭州壁山普泽庙神封威济侯制
(绍兴九年正月)

敕某神:朕闵夫农夫之望岁,惴惴朝夕,雨旸小愆,吁天号呼,若无所托命焉。故于命祀之神,有德于民,一方是赖,则惕然动容,不爱褒崇之典,以宠灵之,且俾其民知所报,事有永而无替也。今有司以尔神聪明正直,未尝出其灵响,惟水旱疾苦之事,有谒必获。闻于朕听,是用钦嘉,锡之侯封,以答神贶。其服我休命,益相彼民,毋俾岁艰,神亦与有饮食。可。

出处:《苕溪集》卷三五。

撰者:刘一止

考校说明:编年据《宋会要辑稿》礼二〇补。

右千牛卫将军士濛依例合换武节郎制
(暂系于绍兴九年正月前后)

敕具官某:朕惇叙近属,列处环卫,厚其廪秩而不烦以官职之事,至有欲自见其才,愿出补吏者,亦所不拒焉。尔寅恭造朝,阅岁既久,因其有请,易畀官序,俾之从政。其率义蹈宪,毋或惰偷,以速官谤,则予汝嘉。可。

出处:《苕溪集》卷三五。又见《永乐大典》卷七三二八。

撰者:刘一止

考校说明:编年据同集前后文时间补。

傅嗣延等二十九人从使出疆有官人转官无官人补授制
(暂系于绍兴九年正月前后)

白身先补承信郎,进士先补上州文学,有官人先转三官。敕具官某:朕选任近弼,出使殊邻,一时从行,悉听自择。惟川途之修邈,念王事之驰驱,锡以典恩,超进官秩。初补官人云"俾沾命秩"。尚思黾勉,以称宠荣。可。

出处:《苕溪集》卷三五。

撰者:刘一止

考校说明:编年据同集前后文时间补。

和安大夫惠州刺史李安仁特落致仕发赴之行在供职制
(暂系于绍兴九年正月前后)

敕具官某:尔以和绥之术,历事累朝,绩效著闻,度越流辈。虽告老得谢,而精爽未衰,其服故官,益修尔职。可。

出处:《苕溪集》卷三五。

撰者:刘一止

考校说明:编年据同集前后文时间补。

南剑州沙县民兵首领乐辉亲获凶贼
余胜等七人特与转一官制
(暂系于绍兴九年正月前后)

敕具官某:尔以智能,率众捍寇,执俘献馘,尝有显劳,懋赏进阶,以为尔宠。可。

出处:《苕溪集》卷三五。

撰者:刘一止

考校说明:编年据同集前后文时间补。

右承直郎杨抗特改次等合入官制
(暂系于绍兴九年正月前后)

敕具官某:乃者选任近列,出使殊邻,载嘉体国之忠,抑有乃僚之助。称功第赏,尔实居先,并叙旧劳,俾更秩序。尚图后效,以答茂恩。可。

出处:《苕溪集》卷三五。

撰者：刘一止

考校说明：编年据同集前后文时间补。

韩世良特与转行左武大夫遥郡防御使制
（暂系于绍兴九年正月前后）

敕：朕制横列之官，以待异能之士，其选重矣，苟非其人，不以轻授。具官某沈机服众，义勇冠军，屡立战功，不自矜伐。典司军政，亦既淹时，肆因庆赉之行，陟此高华之秩。兼崇使号，并示眷私。尔其服我训辞，益殚夙夜，要使旂常之绩，独高伯仲之间，则予汝嘉，是曰报称。可。

出处：《苕溪集》卷三五。

撰者：刘一止

考校说明：编年据同集前后文时间补。

右承直郎陈扬上书可采特与改合一官制
（暂系于绍兴九年正月前后）

敕具官某：朕不爱爵赏，以求至言，苟可施行，则若己出。尔以孤外，忼慨献书，论议详明，有当朕心，锡以涣恩，俾更秩序。其益勉励，以称所蒙。可。

出处：《苕溪集》卷三五。

撰者：刘一止

考校说明：编年据同集前后文时间补。"改合一官"，清抄本作"改合入官"，当以为是。

忠训郎閤门看班祗候蓝师稷换授右承务郎制
（暂系于绍兴九年正月前后）

敕具官某：朕申遣信使，远适殊邻，被以宠光，悉无所爱。尔以从行之赏，就易文阶，有荣耀焉，其思称此。可。

出处：《苕溪集》卷三五。

撰者:刘一止

考校说明:编年据同集前后文时间补。

将仕郎钟离咸亨以昨充计议使属官循一资合入修职郎制
(暂系于绍兴九年正月前后)

　　敕具官某:向是委任信使,通好殊邻,休兵息民,既有成约,从行之赏,朕何敢忘。其服茂恩,益思报称。可。

出处:《苕溪集》卷三五。又见《永乐大典》卷七三二五。

撰者:刘一止

考校说明:编年据同集前后文时间补。

权同知阁门事何彦良特与落权同字除右武大夫制
(暂系于绍兴九年正月前后)

　　敕:爵赏之设,用劝臣工,凡官修其方,吏宿其业,所应褒进者,朕无所爱焉。具官某谨愿恪恭,服在近密,更阅岁月,无改厥勤。方将申九宾胪句之文,候百辟会朝之礼,简求尔类,无易旧人。进秩横阶,正多上閤,益思称职,以答茂恩。可。

出处:《苕溪集》卷三五。

撰者:刘一止

考校说明:编年据同集前后文时间补。

赵瓘王昇陈裕赵轼差充皇太后本殿准备使
换转官请给依中节人例施行制
(暂系于绍兴九年正月前后)

　　敕:朕念东朝在道,川陆阻修,岂惟跋履之甚勤,抑惧奉承之不肃。尔等出自选择,超进官联,惟勤惟忠,则为报称。可。

出处:《苕溪集》卷三六。

撰者:刘一止

考校说明:编年据同集前后文时间补。

右修职郎新邵州录事参军王健以
叔伦奉使恩泽改合入官制
(暂系于绍兴九年正月前后)

敕具官某:朕委任近弼,远使殊邻,宠赉所加,惟其自请。尔以犹子,超进官联,服此茂恩,其思报称。可。

出处:《苕溪集》卷三六。

撰者:刘一止

考校说明:编年据同集前后文时间补。

进武林尉王用因军功转四资换授付身制
(暂系于绍兴九年正月前后)

敕具官某:尔服在戎行,屡沾赏秩,易俾书命,于前有光,益究乃心,以图所报。可。

出处:《苕溪集》卷三六。

撰者:刘一止

考校说明:编年据同集前后文时间补。"进武林尉",清抄本作"进武校尉",当以为是。

左修职郎潮州司理王晞韩权及推正平人
蔡城等九人疏放赏转两资制
(暂系于绍兴九年正月前后)

敕具官某:朕哀矜庶狱之不辜,屡降诏旨,丁宁熟复,俾四方司政典狱之官,知所钦焉。今尔以平反受赏,朕所乐闻,服此茂恩,更图来效。可。

出处:《苕溪集》卷三六。

撰者:刘一止

考校说明：编年据同集前后文时间补。"韩权"，清抄本作"韩平"。

明州观察使入内内侍省都知梁邦彦祗
应大金人使有劳遥郡上转一官制
（暂系于绍兴九年正月前后）

敕：朕严责实之政，而以恕行之，苟有劳能，虽小不弃。具官某机神敏悟，多所践更，祗事宫闱，见谓忠谨。乃者授馆邻使，事每肃然，不见缺遗。虽尔以礼法自闲，无所求取，顾于褒赏，出自朕心。其服训辞，益思来效。可。

出处：《苕溪集》卷三六。

撰者：刘一止

考校说明：编年据同集前后文时间补。

陈永锡等二十七人各转一官制
（暂系于绍兴九年正月前后）

敕具官某：上四句同前词。乃者授馆邻使，尔等莅事办给，罔有缺遗，有嘉其勤，序进官秩。非特为尔之宠，俾后之奉公有若尔者，皆知劝焉。可。

出处：《苕溪集》卷三六。

撰者：刘一止

考校说明：编年据同集前后文时间补。

左儒林郎前知南剑州顺昌县江铀获贼改官制
（暂系于绍兴九年正月前后）

敕具官某：爵禄国之砥石，所以厉世磨钝，而无所私焉。今有司言汝有捍寇执俘之劳，故于懋赏，亦思所以称此，超进官秩，是为汝荣，其尚勉之。可。

出处：《苕溪集》卷三六。

撰者：刘一止

考校说明：编年据同集前后文时间补。

徽猷阁待制潼川府路宣抚使邵溥误收试举人降一官制
（暂系于绍兴九年正月前后）

敕:法者天下之公,无间远近,苟戾于此,朕不敢私。具官某顷以时髦,擢登禁路,出总藩翰,分国顾忧。乃者试士礼闱,弗惩其滥,有司言状,咎当谁执。贬秩一等,以戒惰偷,非特为尔识也。服我明训,尚厉后图。可。

出处:《苕溪集》卷三六。
撰者:刘一止
考校说明:编年据同集前后文时间补。

蓝师夔除閤门宣赞舍人制
（暂系于绍兴九年正月前后）

敕具官某:上阁之职,实相礼仪,非性识通明,不在此选。尔闻见习熟,度越辈流,往祗厥官,无忘报称。可。

出处:《苕溪集》卷三六。
撰者:刘一止
考校说明:编年据同集前后文时间补。

梁伟陈靖并为閤门祗候落看班字制
（暂系于绍兴九年正月前后）

敕具官某:上四句同蓝师夔。尔已试之效,见推辈流,其正厥官,益思报称。可。

出处:《苕溪集》卷三六。
撰者:刘一止
考校说明:编年据同集前后文时间补。

忠翊郎成道阵亡特赠两官与一子恩泽制
(暂系于绍兴九年正月前后)

石瑀同敕具官某:死者人之所必不免也,至于死义死职之臣,则惕然愧之,若不自胜,惧其名之不扬也。褒进官秩,以录其孤,使闻者哀而荣之。呜呼,兹可以识朕心矣。可。

出处:《苕溪集》卷三六。
撰者:刘一止
考校说明:编年据同集前后文时间补。

武功大夫温州刺史吴本降一官制
(暂系于绍兴九年正月前后)

敕具官某:尔所治郡,旁连五溪,盗窃肆行,俗习相冒,非成德素著,未有能绥靖者也。今部使者言尔治无善状,权移吏胥,至于行旅居人,起相挞击,兹可谓无政也已。贬秩一等,以戒惰偷,服我宽恩,尚图来效。可。

出处:《苕溪集》卷三六。
撰者:刘一止
考校说明:编年据同集前后文时间补。

右承直郎侯公达换给付身制
(暂系于绍兴九年正月前后)

敕具官某:尔以儒服,奋身戎行,亦既畴劳,与沾官秩。载申书命,益观尔能,尚勉之哉。可。

出处:《苕溪集》卷三六。
撰者:刘一止
考校说明:编年据同集前后文时间补。

右朝散大夫程昌禹叙元降一官制
（暂系于绍兴九年正月前后）

赵开亦同，皆曾任徽猷阁待制。敕：赏勉罚偷者，繄国之典；赦过宥罪者，时予之仁。尔名在丹书，事存白简，颇阅岁时之久，仍更荡宥之恩，补复故官，俾从叙格。服我明训，励尔后图。可。

出处：《苕溪集》卷三六。

撰者：刘一止

考校说明：编年据同集前后文时间补。

侯公达准差赍诏抚谕陕西先与改合入官制
（暂系于绍兴九年正月前后）

敕具官某：朕惟关陇久隔王灵，爰降诏音，往宣至意。尔以才选，倍道疾驱。锡以恩纶，俾更秩序，于汝厚矣，亦思报乎？ 可。

出处：《苕溪集》卷三七。

撰者：刘一止

考校说明：编年据同集前后文时间补。

黄熟转一官制
（暂系于绍兴九年正月前后）

敕具官某：日者盗犯南安，有婴城固守之劳，第赏进阶，往其祗服。可。

出处：《苕溪集》卷三七。

撰者：刘一止

考校说明：编年据同集前后文时间补。

袁楠除大理评事填见阙制
(暂系于绍兴九年正月前后)

敕具官某:廷尉设属,责任惟均,尔以才称,参与谳决,惟明克允,古有成言,往究厥心,以佐而长。可。

出处:《苕溪集》卷三七。
撰者:刘一止
考校说明:编年据同集前后文时间补。

左从政郎李棠充东京留守司干办官先次循两资制
(暂系于绍兴九年正月前后)

敕具官某:朕眷中都,久更戎垒,留钥之重,属于近臣,惟时乃僚,序进官秩,以宠其行。尔其勉哉!可。

出处:《苕溪集》卷三七。
撰者:刘一止
考校说明:编年据同集前后文时间补。

莫渊等军中过犯降官制
(暂系于绍兴九年正月前后)

敕具官某:尔等服在戎行,自贻厥咎,姑从薄罚,以戒弗虔,其自今勉之。可。

出处:《苕溪集》卷三七。
撰者:刘一止
考校说明:编年据同集前后文时间补。

张希亮国子监丞制
（绍兴九年二月前）

敕：时巡以来，监学之官，与弟子员皆阙而不置，惟学政之不可废者，属之于丞焉。尔行能甚修，见推朋辈，往祗厥事毋或堕。可。

出处：《苕溪集》卷三二。

撰者：刘一止

考校说明：编年据张希亮宦历补，见《宋会要辑稿》礼一四。

中书舍人苏符磨勘转官制
（绍兴八年十一月至绍兴九年二月间）

敕：朕稽有虞考绩之规，参成周计吏之法，命秩有等，率三岁而听迁，资格既明，乃一定而不易。具官某砥名励节，见于身修，种学绩文，自其家法。召从孤外，擢置周行，领中秘之英游，订曲台之茂典。旋跻禁路，命演纶言，岂特尔雅深厚之辞增光乎国体，抑亦稽古礼文之事有益于前闻。至于会课三迁，进官一列，报虽由于积日，宠实自于知劳。益懋乃猷，以观来效。可。

出处：《苕溪集》卷三二。

撰者：刘一止

考校说明：编年据苏符宦历补，见《建炎以来系年要录》卷一二三、卷一二六。

国信所阙额事诏
（绍兴九年二月一日）

见阙后行一名，依例于本所孔目官内选填，请给、迁补、出职，并依见行条例。其退下孔目名阙，依条例差填施行。兼本所掌行事务繁重，不可阙人，自今后依旧额内裁减，差置守阙贴司、私名各二人，更不支破请给。向去有阙，依条迁补。

出处：《宋会要辑稿》职官三六之四四。

楼炤除翰林学士制
（绍兴九年二月二日）

敕：自昔有道之世，建立规模，必有能言之臣，发挥德意，非特功名之会，亦惟声气之求。用能训诰誓命之敷，不匮厥指；庶几虞夏商周之盛，复见于今。念方畴咨，莫如试可。具官某养刚大之气，好深湛之思，强识博闻，足以华国，焕文懋德，可用为仪。继东台批敕之风，擅西掖演纶之誉，蔽自朕志，兼直禁林。当二国玉帛之往来，正一时书诏之填委，意坦明而有体，词曲折而不烦。义激武夫，茂兴元戡难之略；人知圣主，似建武中兴之年。遂拜为真，固应锡命。惟尔抱适用之器，处可为之时，岂徒润色之工，更赖告猷之益。使朕小雅之政，见称复古；则尔内相之任，其永有辞。可。

出处：《苕溪集》卷三六。又见《三朝北盟会编》卷一九三。
撰者：刘一止
考校说明：编年据《建炎以来系年要录》卷一二六补。

苏符除给事中制
（绍兴九年二月二日）

敕：朕敷求俊乂，协济事功。惟东台封验之司，在禁闼枢密之地，出纳所系，付委实艰，有非其人，不在此选。具官某学穷壶奥，业茂经纶，躬古人品行之醇，有先世流风之似。顷从识拔，备见猷为，旋升法从之崇，遂掌纶言之重。文章体裁，累汉家深厚之辞；论议规模，畀郑国讨论之事。载稽人望，有简朕心，是用峻陟琐闱，亟颁名命。尔其深维事任，益罄忠规，远追批敕之风，毋堕回天之力。尚观来效，有溢前闻。可。

出处：《苕溪集》卷三七。
撰者：刘一止
考校说明：编年据《建炎以来系年要录》卷一二六补。

谢祖信太常少卿制
（绍兴九年二月二日）

敕具官某：朕惟多故以来，礼文缺废，无所更索，肆命儒臣，考昔据经，讲求参订，庶乎一代之典，垂绝而仅存，无甚恶焉。尔问学渊源，见谓博洽，志节砥砺，称于荐绅。顷为耳目之官，已效谋猷之益。曲台之贰，其选甚高，佥曰汝宜，抑朕所属。勉摅蕴藉，蒐补旧闻，踵事增华，则为称职。可。

出处：《苕溪集》卷三七。
撰者：刘一止
考校说明：编年据《建炎以来系年要录》卷一二六补。

赐楼炤辞免恩命不允诏
（绍兴九年二月二日后）

敕楼炤：省所奏，乞辞免新除翰林学士恩命，具悉。翰墨之林，儒者以为极任；文章之职，他才不可得兼。昔有成言，朕所遴选。严助在汉，称淮南谕意之辞；陆贽居唐，见山东挥涕之诏。岂特讨论修饰之有赖，抑亦理乱安危之是资。卿以卓越之才，渊源之学，仪于要路，绰有令名。顷自东台，既兼北户。当疆场盈宁之始，属书诏填委之时，文殆类于天成，意悉如于朕出。爰正为真之命，属于已试之良，众谓当然，予犹恨晚。而乃过形逊避，殊咈眷怀。况大号之已行，奚小廉之足尚。所请宜不允。故兹诏示，想宜知悉。

出处：《苕溪集》卷四七。
撰者：刘一止
考校说明：编年据《建炎以来系年要录》卷一二六补。

周聿充陕西路宣谕使乞差盖闳张致平
充准备差使先次转一官制
（绍兴九年二月二日后）

敕具官某：我有使指，往临西秦，惟时从行，悉听自择，进官之荣，用劝尔劳。

511

留守辟则云"留都之重,我得信臣"。

出处:《苕溪集》卷三八。

撰者:刘一止

考校说明:编年据周聿官历补,见《建炎以来系年要录》卷一二六。

王利用监察御史制
(绍兴九年二月四日)

敕具官某:御史一员,为朕耳目之官,而六察分掌列曹之事,纠其稽伪慢命者,以告于上而诛赏之,其任盖亦匪轻。尔强识博闻,度越流辈,执谊坚固,耻于自售,退然如不能。《传》曰:"人有不为也,而后可以有为。"朕有虞于尔矣,其思所以称焉。可。

出处:《苕溪集》卷三七。

撰者:刘一止

考校说明:编年据《建炎以来系年要录》卷一二六补。

和剂局熟药所监官等减磨勘转官诏
(绍兴九年二月五日)

和剂局、熟药所监官任满,京朝官、使臣并减二年磨勘,选人循一资;监门官、辨验药材官任满,诸局所专副界满,并减一年磨勘。如监官、监门、医官任内有碍赏罪名,及专副有旷缺事件,并不推赏。若不满任,即比附推赏。

出处:《宋会要辑稿》职官二七之六七。

周聿权刑部侍郎制
(绍兴九年二月六日)

敕:《书》曰:"伯夷降典,折民惟刑。士制百姓于刑之中,以教祗德。"盖礼刑之官,相为后先,刑辟之说,匪用为威,用以弼教,是亦教焉而已。呜呼,使四方司政典狱之吏,皆知此道,其庶几不失忠厚,以称朕心。具官某端亮有守,忠实不浮,钩贯六经,兼通三史。官在廷尉,颇阅岁时,平恕之称,孚于朕听。是用擢尔摄司寇贰卿,接武法从,有荣耀焉。惟尔念死者不得复生,益究乃心,省阅成牍,无爽古义,可为汝嘉。可。

出处:《苕溪集》卷三七。

撰者:刘一止

考校说明:编年据《建炎以来系年要录》卷一二六补。

谢祖信改除殿中侍御史制
（绍兴九年二月七日）

敕具官某:尔学慕古人,识通今事,顷由简拔,更践华要,亦既稔闻,生之奇论。召从外服,俾列旧班;辍自曲台,再居言路。益观蕴藉,广朕聪明。上下词同殿中侍御史曾统。

出处:《苕溪集》卷三七。

撰者:刘一止

考校说明:编年据《建炎以来系年要录》卷一二六补。

曾统改除左谏议大夫制
（绍兴九年二月七日）

敕。汉谏大夫秩八百石,与掌论议,至国朝始制从班,居内禁朕心之地,上广聪明,俾补遗阙,于人主莫亲焉,非但肃正官邪、执持风裁而已。畴咨列位,我得其人。具官某行义之修,不越坛宇;忠节之励,凛如冰霜。多见异书,明习故事,是其能任献替之责,引君于当道者也。虽然朕之望尔若是其至,尔将何以增其所未能。救其所既先,使朕日闻其过,劘切浸润,知自求之益而不得已焉,岂不休哉!可。

出处:《苕溪集》卷三七。

撰者:刘一止

考校说明:编年据《建炎以来系年要录》卷一二六补。

吴革除直龙图阁京畿都转运使兼开封少尹制
(绍兴九年二月七日)

敕具官某:朕慨念中都,久更戎垒,王畿千里,行旅萧然,遗黎凋残,今其余几。比遣忠信之常,往任保厘之托,宣道至意,摩手拊之。至于观风问俗之使,寄朕耳目,岂可缓哉?尔以通才敏识,扬历中外,所临有声,是用付以输将之职,并贰尹事。河图之峻,庸示宠私,尚须尔成,嗣有褒典。可。

出处:《苕溪集》卷三七。
撰者:刘一止
考校说明:编年据《建炎以来系年要录》卷一二六补。

张柄除授直秘阁京畿提刑兼提举大内不去制
(绍兴九年二月七日)

敕具官某:上同词。尔以通才敏识,所临有称,辍自望郎,俾持外宪,并省视宫闱之事,寓直中秘,以宠其行。尚须尔成,嗣有褒典。可。

出处:《苕溪集》卷三七。
撰者:刘一止
考校说明:编年据《建炎以来系年要录》卷一二六补。

赵开复右文殿修撰除都大主管成都府利州熙河兰廓秦凤等路茶事兼提举陕西等路买马监牧公事填见阙制
(绍兴九年二月七日)

敕具官某:摘山市骏,通番汉之利,肇自元丰,置司设监,总领之任,其选甚高。军兴以来,秦蜀道阻,懋迁之政,无复存焉。尔才术之优,见于已试,心计之妙,不减古人,肆命尔复领是事。尔惟整肃纲条,时其出纳,与夫除蓁置廏,洁泉美荐,勿替于昔,则以谷量马,将在于中国。论撰之职,用劝尔功,尚其勉之。可。

出处:《苕溪集》卷三七。

撰者:刘一止
考校说明:编年据《建炎以来系年要录》卷一二六补。

赐吕颐浩御札
(绍兴九年二月七日)

朕以河南新复境土,陕西最为重地,惟卿旧弼元臣,威望素著,欲勤卿往调护诸将,拊循遗民。当体朕意,趣装亟来,以济事机,毋为辞避常礼也。

出处:《景定建康志》卷四八。又见《至大金陵志》卷一三上之下。

赐李纲辞免知潭州不允诏
(绍兴九年二月八日后)

承命益恭,传嘉考父;闻诏引道,史称汾阳。朕思见古人,置食三叹,故于任用之际,未尝不加省焉。卿气节之高,议论之伟,以身殉国,略见于前。其自视宜在考父、汾阳之间,抑朕以是望卿。湖湘帅藩,徒得召重,而封章再至,退托不能,似未亮于至怀,亦少违于素志,兹朕所以惑也。卿其深体训言,亟祗厥服,无使始终之义,有愧前闻,则朕亦与有知人之称,岂不韪哉!所请宜不允。

出处:《苕溪集》卷四七。
撰者:刘一止
考校说明:编年据《建炎以来系年要录》卷一二六补。

赐张浚辞免知福州不允诏
(绍兴九年二月八日后)

敕张浚:省所札子奏,辞免资政殿大学士、福建路安抚大使兼知福州恩命事,具悉。卿出入将相,许国以身,阅历多艰,忠勤不替。朕方与民休息,宣布惠慈,增重帅垣,载畴宿望。矧瓯闽雄胜,卿所经行,观览山川,固尝周知民隐,雍容樽俎,足以消弭奸萌,分朕顾忧,非卿孰可?往兹厥服,无事小廉。所请宜不允。

出处:《苕溪集》卷四七。

撰者:刘一止

考校说明:编年据《建炎以来系年要录》卷一二六补。

赐张浚再辞免知福州不允诏
(绍兴九年二月八日后)

敕张浚:云云具悉。朕惟长乐,为今名区,分阃之严,盖畴宿望。卿以出将入相之器,席经文纬武之才,分朕顾忧,金言惟允。矧山川胜丽,未减昔游,饰版舆以奉亲,凭熊轼以问俗,为卿择地,无以加焉。兹荐览于来章,似未孚于至意,往其祗服,勿复有辞。所请宜不允。

出处:《苕溪集》卷四七。

撰者:刘一止

考校说明:编年据《建炎以来系年要录》卷一二六补。

朱胜非知湖州制
(绍兴九年二月八日)

敕:朕增隆辅郡,任不敢轻,眷怀弼臣,起以自近,庶得股肱之托,有同心膂之亲。具官某道际圣贤,学通今古,体方重而任大事,抱纯诚而经远图。方时多虞,惟尔一德,才干十枢之运,力扶天步之艰。入告谋猷,有舟楫济川之利;不动声气,措宗社覆盂之安。辞功名而弗居,寄山林而均佚。粤从得请,亦既淹时,爰锡命于家庭,俾就临于方面。眷惟苕霅,望最江吴。鲁公之名节尚存,谢傅之风流未泯。矧孝思不远,时得觐于松楸;而仁政所加,爱不殊于桑梓。苟愁叹消于田里,则润泽及于京师。其服训辞,勉思报塞。可。

出处:《苕溪集》卷三七。又见《三朝北盟会编》卷一九三。

撰者:刘一止

考校说明:编年据《建炎以来系年要录》卷一二六补。

李纲知潭州兼安抚大使制
(绍兴九年二月八日)

改除宫祠敕:入总百揆,作股肱耳目之臣;出殿大邦,号礼乐诗书之帅。任是安危之责,孰逾耆旧之贤。具官某识洞几微,气全英特。修身自昔,非孔孟之言不师;许国以来,惟伊吕之心是志。屡展经纶之学,实兼文武之资。忼慨百为,夷险一意。方且辞功名而不有,占数泽以自娱。未忘忧国之风,忍袖济时之手? 眷长沙之巨屏,居南纪之上游。地控荆湘,势临吴楚。惟威声之先暨,奸慝自消;矧条教之旧孚,歌谣犹在。淮扬之徒得君重,其勿留行;方叔之克壮其猷,岂能无望。祗服朕训,有光前闻。可。

出处:《苕溪集》卷三八。又见《三朝北盟会编》卷一九三。
撰者:刘一止
考校说明:编年据《建炎以来系年要录》卷一二六补。

周葵太常少卿制
(绍兴九年二月九日)

敕具官某:朕念边境肃清,民物绥靖,宜公朝典礼之事,增重于观瞻,顾曲台论议之臣,不轻于付畀。尔文备体要,学通天人,顿被简知,荐居华要。召从外服,命典奉常,益观博物之能,垂训责成之意。制度多缺,冀贾谊之有陈;仪注复尊,赖叔孙之知变。尚思称职,无愧前闻。可。

出处:《苕溪集》卷三七。
撰者:刘一止
考校说明:编年据《建炎以来系年要录》卷一二六补。

王次翁起居舍人制
(绍兴九年二月九日)

敕具官某:柱史之任,其选甚高,进直殿垴,职书言动,缀两禁近臣之列,为一时儒者之荣,匪曰能贤,将焉称此。尔学通以博,气粹而刚,蓄养亭涵,不求近用。

天官之属,册府之贰,践更未几,誉望已孚,载锡命书,俾司记注。往其祗服,益励尔修。可。

出处:《苕溪集》卷三八。
撰者:刘一止
考校说明:编年据《建炎以来系年要录》卷一二六补。

杨应诚落致仕差充提举京城四壁检察
诸门兼节制军马司参议官制
(绍兴九年二月九日)

敕:大夫年高,则告老于朝,不以官职之事累焉,古之制也。至于精爽未衰,忠义内激,与国休戚,独能恝然如秦越人之相视哉?具官某智识不群,亲贤好义,廉靖之操,有如冰霜。服在近班,见称忠谨;挂冠神武,亦复淹时。属中都之既宁,委近臣而居守。眷尔养恬之久,起于得谢之余,俾赞军谋,往固封守。魏公虽老,尚堪一行;马援据鞍,故可矍铄。体朕至意,益恢远图。可。

出处:《苕溪集》卷三八。又见《永乐大典》卷一三五〇七。
撰者:刘一止
考校说明:编年据《建炎以来系年要录》卷一二六补。

郑刚中秘书少监制
(绍兴九年二月十一日)

敕具官某:中秘图书之藏,其属皆一时人物之英,朕所乐育以待用者也。平居商确古今,考稽得失,论议切磨,参错后先,非文行兼优,过人数等,朕不使为之长也。尔志节端亮,见于践更,强识博闻,足以华国。兹用命尔领袖众俊,优游书史之间,其自今益观其所学焉。可。

出处:《苕溪集》卷三八。
撰者:刘一止
考校说明:编年据《建炎以来系年要录》卷一二六补。

方庭实宗正少卿制
（绍兴九年二月十一日）

　　敕具官某：自昔帝王，施德于宗族厚矣，抑有政焉，在尧称敦叙之仁，于周有辨亲疏之义。政在司宗，理当遴选。以尔文行之懿，咸有古风，气识之高，不求近用。辍从六察，擢贰列卿。尔其广朕亲睦之恩，而谨其序录之事，则为称职。尚勉之哉！可。

出处：《苕溪集》卷三八。

撰者：刘一止

考校说明：编年据《建炎以来系年要录》卷一二六补。

李谊中书舍人兼直学士院兼侍讲制
（绍兴九年二月十一日）

　　敕。唐虞之制，莫尚于坦明；商周之书，独称于灏噩。盖斯文之兴替，关治道之污隆。惟兹播告之修，不匪厥指，则若卜筮之事，罔不是孚。代言之难，于斯为重。具官某学探圣域，文有古风。顷以时髦，荐更亲擢，肃宪纲于台察，尽规益于棘垣。拳拳致主之忠，表表济时之略，载稽公议，益简朕心。用锡赞书，就升辞掖，兼禁林之典册，侍经帏之深严。非尔之能，其谁有此。尚思称塞，以对宠休。可。

出处：《苕溪集》卷三八。

撰者：刘一止

考校说明：编年据《建炎以来系年要录》卷一二六补。

张浚复资政殿大学士充福建路安抚大使兼知福州制
（绍兴九年二月十一日）

　　敕：朕当馈思贤，剧安危之注意；殿邦作牧，赖文武之兼资。乃眷迩臣，实惟旧德，肆颁名命，庸示宠私。具官某笃实思和，刚明卓伟，忠可贯于金石，信自通于神明。许国以来，视身何有。相朕艰难之际，备殚夙夜之勤。功在王家，事藏盟府。慨念投闲之久,属当谋帅之初。惟长乐之奥区,盖七闽之重镇,耕桑阜盛,民俗安恬。欲并协于师虞,宜莫如于宿望。通籍秘殿,增光元戎。风物不殊,曾是经行之旧;旌麾所指,共知条教之新。勉为朕行,徒得君重。可。

出处:《苕溪集》卷三八。

撰者:刘一止

考校说明:编年据《建炎以来系年要录》卷一二六补。

责施廷臣勾龙如渊诏
(绍兴九年二月十二日)

廷臣语言狂率,责监广州都盐仓;如渊失风宪体,可罢中丞,提举江州太平观,日下出门。

出处:《建炎以来系年要录》卷一二六。

赐郭仲荀等银绢诏
(绍兴九年二月十二日)

郭仲荀已除东京同留守,士庞、张焘祗谒陵寝,周聿差陕西宣谕,方庭寔三京、淮北宣谕,并特支赐银绢,士庞、郭仲荀各三百匹两,张焘、周聿各二百匹两,方庭寔一百五十匹两。

出处:《宋会要辑稿》礼六二之六二。

勾龙如渊罢御史中丞提举宫观制
(绍兴九年二月十二日)

敕:朕于废置予夺之命,若天地之化,春生秋杀,未尝有心。至于子大夫自有罪,朕亦不得而私焉。具官某顷以时才,仪于要路,粤自词掖,执宪中司。庶几肃将纪纲,以警有位,而狂言之发,乃在尔僚。事既稽于上闻,忿实由于交恶。颇失近臣之体,难逃不敏之愆。免所居官,奉祠真馆,其思循省,毋重悔尤。可。

出处:《苕溪集》卷三八。

撰者:刘一止

考校说明:编年据《建炎以来系年要录》卷一二六补。

江东西湖南两浙转运司重斟量均定桩发大军钱诏
(绍兴九年二月十三日)

令逐路转运司将偏重不均去处,委本司官以县州大小、所入财赋多寡重别斟量均定,务要轻重适当,易于桩办。仍仰据合取拨窠名先次收桩月桩钱数足,方许应副其他窠名支使;如未足,诸司并不得占留他用,致科扰及民。敢有敷敛,仰提刑司按劾奏闻,违戾官吏并当重行贬窜;仍许人户赴诉。

出处:《宋会要辑稿》食货六四之八〇。

监进奏院罗万杨适各降一官制
(绍兴九年二月十三日)

敕具官某:尔等奉职不审,事乖后先,贬秩之愆,盖其自速。尚知循省,以励后图。可。

出处:《苕溪集》卷三八。

撰者:刘一止

考校说明:编年据《建炎以来系年要录》卷一二六补。

郭仲荀男武翼郎阁门宣赞舍人及之换授右通直郎制
(绍兴九年二月十三日)

敕具官某:尔以文任得官,升华上阁,亦既荣矣。时方右武,尔独慕文,勉徇厥私,是为异数。可。

出处:《苕溪集》卷三八。

撰者:刘一止

考校说明:编年据《建炎以来系年要录》卷一二六补。

宋辉复秘阁修撰除京西路转运副使制
(绍兴九年二月十五日)

敕具官某：畿甸之右,都邑相望,赋入浩繁,雄视他路。军兴以来,政令废格,讴吟父老,思见汉官,必得慈惠明察之臣,省观风俗,问所疾苦,布宣德泽,以慰斯民,朕心庶几焉。以尔才任拨烦,用罔不济,忠能体国,事靡辞难,复升论撰之华,命总输将之寄。伫观成绩,嗣有褒宠。可。

出处:《苕溪集》卷三九。
撰者:刘一止
考校说明:编年据《建炎以来系年要录》卷一二六补。

行在皮剥所收到肉脏等钱赴内藏库送纳诏
(绍兴九年二月十七日)

行在皮剥所收到肉脏等钱,今后遵依旧法,并赴内藏库送纳,其日前已赴左藏库送纳讫钱数,仍限三日依数拨还。

出处:《宋会要辑稿》食货六四之八三。又见同书职官六之三九。

郭浩除龙神卫四厢都指挥使陕西宣谕使制
(绍兴九年二月十八日)

敕:朕眷惟秦陇,久隔王灵。通好殊邻,既有息兵之约;可无肤使,往宣问俗之恩？具官某义勇冠军,精诚许国,奋犹将种,能袭世劳。顾契阔以淹时,岂怀归之不欲。今朕有命,惟尔克将,慰父老之讴吟,道朝廷之德意,俾皆谕指,宛若亲临。爰升环列之崇,用侈轺车之宠。是为异数,毋或留行。可。

出处:《苕溪集》卷三九。
撰者:刘一止
考校说明:编年据《建炎以来系年要录》卷一二六补。

楼炤除兼侍读制
（绍兴九年二月十八日）

　　敕：朕长育英才，置之华近，将使左右前后，罔匪正人。从容帷幄之间，绅绎圣贤之蕴，谓天下之乐，无以加焉。具官某该贯六经，沈涵百氏，渊源所自，不愧古人。仰惟祖宗，垂裕后嗣，具存谟训，奉以周旋。爰资诵说之明，以发见闻之蔽。益者三友，非汝而谁？可。

出处：《苕溪集》卷三九。
撰者：刘一止
考校说明：编年据《建炎以来系年要录》卷一二六补。

萧振兼侍讲制
（绍兴九年二月十八日）

　　敕：朕思得耆艾魁垒之士，置诸左右，考稽疑义，敷绎古今，究治乱之所以然，如汉虎观故事。增其所未闻，信其所已得，顾黄卷中自有乐地，不可忘也。具官某养气邃深，植学淹贯，周知事物之变，尽见圣贤之书。用以谈经，宜探蕴奥，劝讲之任，舍尔其谁。尚思切摩之工，以副简求之意。可。

出处：《苕溪集》卷三九。
撰者：刘一止
考校说明：编年据《建炎以来系年要录》卷一二六补。

赵鼎知泉州制
（绍兴九年二月二十一日）

　　敕：朕履运艰虞，省躬祗惧。默通上帝，旋闻悔祸之期；嘉与斯民，共享消兵之福。肆颁庆赍，均逮臣工，矧予旧弼之贤，敢后拜州之宠？具官某器宇刚特，谋猷靓深。通达事机，夙负敢为之略；执持魁柄，既更再入之荣。方注意以仰成，遽露章而引去。眷泉南之名郡，实闽峤之奥区，分此顾忧，莫如宿望。噫，朕任四方父母之责，念慈惠之当先；尔居千里师帅之隆，宜德威之并立。益恢治具，无俟训言。可。

出处:《苕溪集》卷三九。

撰者:刘一止

考校说明:编年据《建炎以来系年要录》卷一二六补。

<h2 style="text-align:center">置实录院修撰徽宗实录诏</h2>
（绍兴九年二月二十二日）

　　史馆见修《徽宗实录》,以实录院为名,置提举官一员。修撰、同修撰、检讨官无定员。应干事件并依史馆例。将史馆前厅充实录院,作角门,通过史馆并秘书省。实录院下礼部关借奉使印一面行使,候结局日送纳。实录院修撰、同修撰,依史馆修撰各差破二人,检讨官依史馆校勘、著作郎佐各差一名,其所差楷书并本院有官人吏,并依史馆下楷书已得指挥。实录院依史馆例,已差三省供检文字各二人外,每省各更差二人。宰臣秦桧兼提举实录院,其修撰、同修撰、检讨官并令秦桧辟差。

出处:《宋会要辑稿》职官一八之六一。

<h2 style="text-align:center">李寀广西提刑制</h2>
（绍兴九年二月二十二日）

　　敕具官某:御史出使,布宣德泽,廉察吏奸,求民之瘼,威声所暨,山岳可摇。尔顷以才称,旋见录用,遣临江右,绥靖寇攘,而乃督战无谋,亡失吏士。肆命尔更使一道,按刑峤南,察民之冤,除其残虐,则惟尔职,毋重愧焉。可。

出处:《苕溪集》卷三九。

撰者:刘一止

考校说明:编年据《建炎以来系年要录》卷一二六补。

刘一止除兼侍讲告词
（绍兴九年二月二十四日）

　　敕：朕惟唐虞三代之世，载于《诗》、《书》、《礼》、《乐》之文者，尚或可考也。悦闻其风，庶几所为，故博延鸿儒宿学入侍左右，与之探讨其原，而敷绎其旨，盖以广朕之志焉。左朝奉郎、试中书舍人赐紫金鱼袋刘某，以忠厚之性、纯一之德，而辅之以广大精微之学，儒林艺苑，兼出缙绅。自登词掖，实代予言，温厚尔雅，比俪西京，朕甚嘉之。朕永念古今治乱之端，思得直谅多闻之益，朝夕帏幄，以备顾问。畴咨在位，莫如老成，肆以是命尔。夫启乃心沃朕心，尔之职也，其勉之哉！可特授依前官试中书舍人兼侍讲，赐如故。

出处：《苕溪集》卷五五。
撰者：李谊

户部长贰岁举本属四人充京官诏
（绍兴九年二月二十九日）

　　户部长贰岁举本属各四人充京官，如系独员，权令通举。

出处：《建炎以来系年要录》卷一二六。

右宣义郎丘奂等充二京淮北宣谕司属官各先转一资制
（暂系于绍兴九年二月前后）

　　敕具官某：朕惟二京生灵，久隔讴吟之俗，思见汉官，爰授使指，宣道至怀。尔等从行，皆以才选，稍进官秩，以示宠光。尚其勉之。可。

出处：《苕溪集》卷三八。
撰者：刘一止
考校说明：编年据同集前后文时间补。"二京"，清抄本作"三京"。

郑谌差从郭仲荀前去东京特与横行上转行一官制
(暂系于绍兴九年二月前后)

敕:朕惟王略,治及旧都,委任近臣,往司管籥,惟时僚属,悉听选抡。具官某有位于军,见推忠孝,肃持军律,式位其行。序进横阶,是为异数,服我休命,益励尔修。可。

出处:《苕溪集》卷三八。

撰者:刘一止

考校说明:编年据同集前后文时间补。

故嗣濮王仲湜婿承节郎孟思恭可阁门祗候免供职制
(暂系于绍兴九年二月前后)

敕具官某:上阁之职,号称华要,选择惟遴,不以假人。尔以王邸之亲,获膺是宠,其思自饬,以称所蒙。可。

出处:《苕溪集》卷三八。又见《永乐大典》卷一三四九九。

撰者:刘一止

考校说明:编年据同集前后文时间补。

右迪功郎张楹前任钱塘尉卖盐增倍循一资制
(暂系于绍兴九年二月前后)

宋林同此词。敕具官某:尔奉职恪勤,应于赏格,进阶之宠,用勉后图。可。

出处:《苕溪集》卷三八。

撰者:刘一止

考校说明:编年据同集前后文时间补。

左朝议大夫充秘阁修撰徐公裕因赦叙元降一官制
（暂系于绍兴九年二月前后）

敕具官某:尔坐累贬秩,名在丹书,念颇阅于岁时,亦既更于荡宥,俾从甄叙,兹乃彝章。服宠惟新,尚图称塞。可。

出处:《苕溪集》卷三八。

撰者:刘一止

考校说明:编年据同集前后文时间补。

侯公达暴露赏转一官制
（暂系于绍兴九年二月前后）

敕具官某:曩者大将出师,荡平寇孽,匽薄凤露,尔亦良勤。序进一官,是为殊宠。可。

出处:《苕溪集》卷三八。

撰者:刘一止

考校说明:编年据同集前后文时间补。

承节郎陈仕澄诡诈图利依断降一官制
（暂系于绍兴九年二月前后）

敕具官某:尔率情忘行,事由规利,比从吏议,罪涉己私。故褫一官,以戒不悝。可。

出处:《苕溪集》卷三八。

撰者:刘一止

考校说明:编年据同集前后文时间补。

右宣义郎张澹前知吉州万安县辍差弓手监欠税人致阿陈等锁索遗火烧死事依法寺断降一官冲替制
（暂系于绍兴九年二月前后）

敕具官某：尔为县大夫，视民如寇，至遣乡兵，程督赋人，事生意外，职汝之由。免所居官，贬秩一等，是为宽典，其务省循。可。

出处：《苕溪集》卷三八。

撰者：刘一止

考校说明：编年据同集前后文时间补。

忠训郎王毂乞改正转官别给告命制
（暂系于绍兴九年二月前后）

敕具官某：尔昔者以劳进官，有司过差，致乖秩序，兹从更定，申以书命。可。

出处：《苕溪集》卷三八。

撰者：刘一止

考校说明：编年据同集前后文时间补。

秉义郎陆甫特除阁门祗候制
（暂系于绍兴九年二月前后）

敕具官某：上阁之职，日侍禁严；右选之华，无以易此。尔才能小异，膺受宠荣，宜励厥修，以图称塞。可。

出处：《苕溪集》卷三八。

撰者：刘一止

考校说明：编年据同集前后文时间补。

修武郎曲庆祖等差充陕西六路宣谕司干办官先次各转一官制
（暂系于绍兴九年二月前后）

敕具官某：朕以全秦之地，久隔王灵，肆命近臣，宣道至意。尔为山西将种，世济忠孝，其佐而长，往殚厥勤。序进一官，以为尔宠。可。

出处：《苕溪集》卷三九。

撰者：刘一止

考校说明：编年据同集前后文时间补。

张宦驾部郎中制
（暂系于绍兴九年二月前后）

敕具官某：文昌政事之本，而郎官上应列宿，其选甚高，非一时真才，不以轻授。尔问学该洽，行义洁修，召置周行，专司辇乘。舆马之政，事简职要，所以优贤，尚其勉之。可。

出处：《苕溪集》卷三九。

撰者：刘一止

考校说明：编年据同集前后文时间补。

马延之大理寺丞制
（暂系于绍兴九年二月前后）

敕具官某：刑者侀也，一成而不变，故君子尽心焉。汝志行清修，卓尔不群，肆命汝为廷尉之属。惟明克允，无失厥中，则予汝嘉。可。

出处：《苕溪集》卷三九。

撰者：刘一止

考校说明：编年据同集前后文时间补。

程迈磨勘转左朝议大夫制
（暂系于绍兴九年二月前后）

敕：国朝稽尧舜考绩之规，参成周计吏之法，虽黜陟诛赏不由此途，而阶秩序进，三岁听迁，一定而不易，抑无所私焉。具官某法从老成，才德俱茂，植立中外，闻誉蔚然。会课三铨，就官一列，兹亦知劳之赐，岂惟阅日之勤。往哉钦承，毋堕乃力。可。

出处：《苕溪集》卷三九。
撰者：刘一止
考校说明：编年据同集前后文时间补。

岳飞辞免开府仪同三司加食邑五百户
食实封叁伯户不允诏
（绍兴九年二月后）

敕：具悉。朕永念艰难之日，未酬于战多；逮兹恢复之时，不忘于武备。爰颁涣宠，用表殊勋；蔽自朕心，非云滥典。卿疏通而能断，果毅而有谋。勋载旂常，令行襄汉。眷惟休渥，允协师言。何未谅于忱诚，尚或形于谦逊？朕命不易，可无复辞。所辞宜不允。

出处：《鄂国金佗续编》卷四。
考校说明：原书系于绍兴九年正月十一日。王曾瑜《鄂国金佗稡编续编校注》考证云："据《金佗稡编》卷七、《金佗续编》卷二《开府仪同三司加食邑制》与《建炎以来系年要录》卷一二五，宋廷发表岳飞为开府仪同三司，时为正月十一日壬辰。岳飞《辞开府札子》（《金佗稡编》卷一四）写于二月。可知此不允诏发布时间决非'正月十一日'。"（中华书局，一九八九年，第一一八九页）

岳飞再辞免开府仪同三司及封赐不允诏
（绍兴九年二月后）

敕：具悉。朕嗣承艰难之业，忧勤十年，肆成恢复之图。亦惟二、三将臣宣劳之久,以克有济。是用宠卿仪物,峻陟三台,盖非特以示报功,抑亦赖卿远猷,以永臻于绥靖也。《诗》不云乎:"无德不报",朕方勉焉。宜趣奉承,无烦训告。所辞宜不允。

出处:《鄂国金佗续编》卷四。

岳飞第三辞免开府仪同三司及封赐不允诏
(绍兴九年二月后)

敕:具悉。朕惟文武异宜,弛张迭用。招携怀远,虽资文德之修;折冲消萌,亦赖武功之助。古今未尝以偏废,名器岂徒于假人。卿勋烈著于旂常,威名震于夷夏。每怀忠愤之志,欲图恢复之功。军声既张,国势益振。致邻邦之讲好,归故地以效诚。凭力师干,庸固多矣;疏荣赏典,事岂偶然。辞之不足为廉,受之无伤于义。往其祗若,勿复重陈。所辞宜不允。

出处:《鄂国金佗续编》卷四。

岳飞第四辞免开府仪同三司及封赐不允诏
(绍兴九年二月后)

敕:具悉。卿位居上将,绩纪太常。郤縠守学而弥敦,祭遵克己而愈约。甘苦同于士卒,故虽万众而犹一心;号令行于师徒,故虽千里而如在目。久展干方之略,备宣卫社之忠。济此艰难,助予兴复。高秩厚礼,允答于元功;华衮命圭,肆同于三事。而乃过形逊德,荐饰谦词。顾丕号之已扬,岂涣恩之可反。毋烦再四,以怫予怀。所辞宜不允,仍不许再有陈请。

出处:《鄂国金佗续编》卷四。

右通直郎权尚书刑部侍郎陕西宣谕使周幸磨勘转右奉议郎制
(绍兴九年二月后)

敕:朕以官职之事烦子大夫,用之则以公,待之则以恕,故于三岁进阶之典,苟无过咎,则不弃焉,而况宣力四方者乎?具官某执义甚坚,提身有道,服勤王事,靡敢辞难。再稽积日之劳,乃应序选之格。虽非异数,庸示至怀,尚体训辞,更思后效。可。

出处:《苕溪集》卷四○。

撰者:刘一止

考校说明:编年据周聿官历补,见《建炎以来系年要录》卷一二六。"周幸",清抄本作"周聿",当以为是,见《建炎以来系年要录》卷一二六、《宋史》卷二九《高宗纪》。

韩京除观察使制
(暂系于绍兴六年九月至绍兴九年三月间)

敕:志在靖民,莫先除盗;信于用赏,所以劝功。既宣擒捕之劳,宜示褒嘉之宠。具官某材资劲果,风力敏强,莅众总戎,克振乃职。比遍历于数路,绝平荡于群凶,宜联官之就升,俾使组之增焕。往钦兹命,益究乃心。可。

出处:《樵溪居士集》卷五。

考校说明:编年据韩京官历补,见《建炎以来系年要录》卷一○五、卷一二七。此文或为《樵溪居士集》误收。

蒋璨除淮南东路转运副使制
(绍兴七年六月至绍兴九年三月间)

敕具官某:朕图回大业,国用为先,故于将漕之臣,尤慎推择。责新进之吏,不若倚诸老成;求经远之功,不若得诸已试。以尔学术精审,吏能敏强,深识利源之归,益闻上世之训,周旋数路,卓有能名。朕惟长淮以东,财赋所聚,倘经理粗得其要领,则事力岂减于平时。往励尔为,以究令誉。

出处:《东窗集》卷六。

考校说明:编年据蒋璨官历补,见《建炎以来系年要录》卷一一一、卷一二七。此文疑为《东窗集》误收。

张澄除徽猷阁直学士依旧知临安府制
（绍兴九年三月八日后）

敕：眷惟帅守，视古诸侯。德施于民，礼有加地进律之赏；效见于事，史有增秩赐金之文。匪惟劝功，亦以久任，且使斯民服习其政，而知所畏慕者也。具官某沈静有断，疏通不浮，敏以吏能，被以儒雅。惟警跸之所驻，类京邑之浩烦，人所谓难，尔独甚暇。采诸舆论，益简朕心，躐升筵阁之华，仍俾左符之重。知劳而授，有荣耀焉。尚究乃心，以图称塞。可。

出处：《苕溪集》卷三九。

撰者：刘一止

考校说明：编年据《建炎以来系年要录》卷一二七补。

蒋璨两浙运副梁泽民江西运判米友仁浙西提举
茶盐郑侨年江东提举茶盐王榕江西提举茶盐制
（绍兴九年三月八日后）

敕具官某：朕经理中原，费出尚广，惟是四方赋租之入，山泽之利，以佐大农，部使者实总其事，故于选任之际，所不敢轻。尔璨通练明敏，闻于朕听，尔泽民莅事不苟，屡试有称，其为朕服输将之勤，勿愆于素。尔友仁、尔侨年、尔榕实业之茂，咸有可观，通货阜财，惟尔之责。其祗若予训，懋乃职守。"罔曰弗克，惟既厥心"，《书》之戒也，今朕亦云。可。

出处：《苕溪集》卷四二。

撰者：刘一止

考校说明：编年据《建炎以来系年要录》卷一二七补。"两浙运副"，《建炎以来系年要录》卷一二七作"浙西转运副使"，当以"两浙"为是，见《建炎以来系年要录》卷一三六、《乾道临安志》卷三等。

赐吕颐浩手札
(绍兴九年三月十日前)

朕以陕西重寄,非卿勋德素望不能任此。出自朕意,欲烦卿行。可即日就道,俟到,面议当处画事。卿宜深体至意,毋更执谦。

出处:《建炎以来系年要录》卷一二七。

分河南为三路诏
(绍兴九年三月十九日)

分河南为三路:京畿路治东京,河南府路治西京,应天府路治南京。以帅臣兼留守,三路各置漕臣一员兼提刑。

出处:《建炎以来系年要录》卷一二七。

刘昉除祠部郎官陶恺除金部郎官制
(绍兴九年三月十九日)

敕具官某:朕简求实能,分任庶政,爰重诸郎之选,以清列宿之行。尔等才识之优,论议之懿,见于已试,甚有休闻。兹锡赞书,以尔昉治邦礼,以尔恺治邦财。尚勉之哉,无忝朕命。可。

出处:《苕溪集》卷四〇。
撰者:刘一止
考校说明:编年据《建炎以来系年要录》卷一二七补。

楼炤除端明殿学士签书枢密院事制
(绍兴九年三月二十一日)

敕:天武地文,所以妙生成之化;左仁右义,所以行威德之权。深惟拨乱之原,实在本兵之地。体隆参五,位亚疑丞,敷求得人,兹朕有命。具官某惇大笃实,疏通敏明,学博古而通今,气绝群而迈往。蹈履圣贤之域,从容礼义之间。大册高文,悉出其手;崇论宏议,有补于时。力佐中兴,功居大半。蔽自朕志,申锡赍书,爰升秘殿之华,进贰枢廷之重。并加徽数,庸示宠私。噫,留公在朝,已觉强藩之悔过;干木为政,岂止诸侯之息兵。尚殚不贰之谋,以永无穷之闻。可。

出处:《苕溪集》卷四〇。

撰者:刘一止

考校说明:编年据《建炎以来系年要录》卷一二七补。

宋辉改除应天府路转运副使依旧权京畿都转运使制
(绍兴九年三月二十二日)

敕具官某:朕惟兴王之都,郊坼千里,自更戎垒,田莱多荒。今舆地之来归,想遗黎之鼓舞,乃命肤使,周爰咨诹。尔简易纯诚,济以精敏,荐膺试用,厥闻甚休。往敷及物之仁,毋堕观风之职。至于将输之事,尔所习焉。惟既厥心,嗣有褒宠。可。

出处:《苕溪集》卷四〇。

撰者:刘一止

考校说明:编年据《建炎以来系年要录》卷一二七补。

吴表臣兼侍讲制
(绍兴九年三月二十三日)

敕:朕承祖宗之贻训,绍金华之绝业,爰开经幄,燕见近臣,维绎至言,考质疑义,庶几讲习之学,与子大夫共之。以尔具官某行如古人,学探圣域,论议雅奥,实获我心,是用升尔劝讲之官,益广旧闻,非但举行故事而已。尔其懋哉!可。

出处:《苕溪集》卷四〇。

撰者:刘一止

考校说明:编年据《建炎以来系年要录》卷一二七补。据《建炎以来系年要录》卷一一一,绍兴七年六月,吴表臣由权礼部侍郎兼侍讲,然此时刘一止未任两制。《宋代诏令全集》:"侍讲:据《建炎以来系年要录》卷一二七,似当作'侍读'。"(第一九一六页）当以为是。

冯楫兼侍讲制
（绍兴九年三月二十三日）

敕：天子之学，谓之太学，自致知格物、诚意正心推而上之，至于明明德于天下，非但离文析字，分别异同，类章句儒而已也。以尔具官某行谊高洁，不替家风，论议渊源，率有师祖。锡以赞书之宠，俾参帷幄之荣。惟尔敷绎所闻，见之问辩，庶几三道之要，有开朕心，岂不韪哉。可。

出处：《苕溪集》卷四〇。

撰者：刘一止

考校说明：编年据《建炎以来系年要录》卷一二七补。

李利用除河南府路转运判官制
（绍兴九年三月二十七日）

敕具官某：畿右一道，分隶陪都，异时浩烦，弊于兵赋。既周星纪，版图复归，敷求忠信之良，往布惠绥之政。以尔性识警敏，达于事机，厉志激昂，行不择利，兹用付以输将之任。尔其懋哉！俾利疚日闻，奸欺屏息，桴鼓不鸣于闾里，遗黎自劝于耕桑，而公私无匮急之忧，则予汝嘉，是曰称职。可。

出处：《苕溪集》卷四〇。

撰者：刘一止

考校说明：编年据《建炎以来系年要录》卷一二七补。

吕颐浩除少傅依前镇南军节度使成国公致仕制
（绍兴九年三月）

敕：昔太公九十，秉旄仗钺，犹未告老。盖古之大臣，出将入相，以天下之重自任者，身虽老而志愈笃，不以退为高，不以大夫引年之礼自例也。若其不幸，婴于疾疢，以筋力为请，则又焉能强之哉？具官某辅朕初载，遭时多虞，忧勤百为，终始一节。屡即斋坛之拜，再登鼎铉之司。位与年高，功惟德称。适故疆之未复,惟元帅之是谋。方资卫社之忠,遽上乞骸之疏。察其诚悃,匪出伪为,朕不敢以官职之事烦焉。进秩一等,拥节归荣。其近药物、专精神以自辅,俾尔寿臧,尚有后渥。可。

出处:《苕溪集》卷四一。又见《三朝北盟会编》卷一九三。

撰者:刘一止

考校说明:编年据《三朝北盟会编》卷一九三补。

潘全合等转官制
(暂系于绍兴九年三月前后)

敕具官某:尔等知仰王明,奉琛效顺,有嘉其意,序进厥官。往其钦承,益思自饬。可。

出处:《苕溪集》卷三九。

撰者:刘一止

考校说明:编年据同集前后文时间补。

吴彦璋除太府寺丞制
(暂系于绍兴九年三月前后)

敕具官某:太府掌贡赋之事,受其货贿之入,以时出之。丞视列卿之属,其任惟剧。以尔才识精敏,无施不可,召自乘轺,还归班著。往佐而长,益懋乃猷。可。

出处:《苕溪集》卷三九。

撰者:刘一止

考校说明:编年据同集前后文时间补。

陈宾卿太常博士制
(暂系于绍兴九年三月前后)

敕具官某:列属奉常,为时遴选,蒐补礼文之缺,导扬升降之仪。以尔问学淹该,论议不苟,俾居厥次,必有可观。尊尔所闻,见之行事。可。

出处:《苕溪集》卷三九。

撰者:刘一止

考校说明:编年据同集前后文时间补。

林叔豹除江东运判制
(暂系于绍兴九年三月前后)

敕具官某:使者之任,寄朕耳目,号称外台,维持纪纲,以肃所部。若御史执法,日临其前,奸欺屏息,无敢蘖芽,则虽四方万里之远,朕可以无忧矣,况于迩乎?尔文学志行,自辈古人,揽辔澄清,不待多训。转输之责,邦计是资,尔尚勉之。江吴壤连,朕听不远,将于是观政焉。可。

出处:《苕溪集》卷三九。

撰者:刘一止

考校说明:编年据同集前后文时间补。

赵彬除左正议大夫徽猷阁直学士充环庆路经略安抚使制
(暂系于绍兴九年三月前后)

敕:朕东巡吴会,西顾陕关,痛疆事之绎骚,念远臣之暌隔。逮此舆图之复,始闻音驿之传,可无涣恩,昭示至意。具官某负绝群之器,茂经远之才,身蹈险艰,岁月滋久,心存丹赤,始终不渝。仰周室之中兴,幸汉官之复见,封章首至,诚恫昭然,兹用叹嘉,载颁宠赍。总一道兵民之寄,参五官英俊之游,于尔有光,岂予敢吝。噫,以安以治,在威德之并行;惟孝惟忠,见君亲之两重。祗服明命,益懋壮猷。可。

出处:《苕溪集》卷四〇。

撰者:刘一止

考校说明:编年据同集前后文时间补。

王松改转敦武郎制
（暂系于绍兴九年三月前后）

敕具官某：尔奋身戎行，以劳见录，并升官秩，是曰异恩。益励后图，无羞朕命。可。

出处：《苕溪集》卷四〇。又见《永乐大典》卷七三二六。

撰者：刘一止

考校说明：编年据同集前后文时间补。

楼炤磨勘转左朝奉大夫制
（暂系于绍兴九年三月前后）

敕：朕操八柄以驭臣，用三载而考绩，爰定进阶之典，以为经久之规。凡厥有官，率由此道。具官某识洞今古，学通天人，擢自时髦，偏仪要路。更两禁腹心之重，司内朝典册之严。会课三铨，颇念服劳之久；进官一列，兹惟锡命之新。益懋猷为，嗣有褒宠。可。

出处：《苕溪集》卷四〇。

撰者：刘一止

考校说明：编年据同集前后文时间补。

崇奉几筵内人掌字邢念二转典字红霞帔岳不惜陈荣奴陈庆惜刘伴儿任嘉奴王大娘等并转掌字制
（暂系于绍兴九年三月前后）

敕：掖庭之选，必自良家；女御之员，实参内治。尔等率义蹈宪，温而有仪，相予诚孝之思，不失敬恭之指。就升秩序，是用劝劳。祗服宠荣，尚图称塞。可。

出处：《苕溪集》卷四〇。

撰者：刘一止

考校说明：编年据同集前后文时间补。

蔡年世任太平州通判修复官私圩田增收到租米七万九千八百六十三石奉圣旨转一官制
（暂系于绍兴九年三月前后）

敕具官某：朕惟农天下之大本，民所恃以养生者也，故乡者下营田之令，督劝农之官，且察其勤惰而赏罚加焉。尔奉职恪虔，绩效著见，进阶一等，以示宠荣。尚其勉旃，服此明训。可。

出处：《苕溪集》卷四〇。

撰者：刘一止

考校说明：编年据同集前后文时间补。

经武大夫兼阁门宣赞舍人侍卫步军司统制军马武纠依赦书内指挥转一官制
（暂系于绍兴九年三月前后）

敕具官某：尔有位于军，服勤既久，肆因庆赉，俾进官联。尚勉之哉，无忘报称。可。

出处：《苕溪集》卷四〇。

撰者：刘一止

考校说明：编年据同集前后文时间补。"经武大夫"，清抄本作"武经大夫"，当以为是。

右武大夫魏俊换给付身制
（暂系于绍兴九年三月前后）

敕具官某：尔有位于军，服勤既久，载稽功伐，锡以命书。尚体训言，更图来效。可。

出处：《苕溪集》卷四〇。

撰者：刘一止

考校说明：编年据同集前后文时间补。

令楼炤宣谕陕西新复境土诏
（绍兴九年四月二日）

差签书枢密院事楼炤前去宣谕陕西诸路新复境土。所有随行合用军马，令殿前司差官兵一千人、将官二员，内马军一百人。其经过州县，虑有啸聚盗贼，令枢密院给降招抚金字牌旗榜一十副，并令学士院降诏，付陕西逐路州军帅守施行。

出处：《宋会要辑稿》职官四一之七。

许监司士庶条陈河南新复州军民间利害诏
（绍兴九年四月四日）

昨以巡幸在远，号令不通，缅怀凋瘵之民，如在方域之外，昼方食而屡叹，夜不寐以隐忧。今者境土初还，版图来上，欲革烦苛之令，抚以宽大之条，稽九功以厚生，约三章而解挠，与之更始，庶几小康。惟利之所当兴，顺人心而施设；害之所宜去，求民瘼以蠲除。乃临政愿治之所先，岂明目达聪之可后？咨尔在位，暨于庶民，各陈切己之言，用广兼听之益。虚心以伫，择善而从。因革弛张，用咸稽于众志；休息涵养，将共乐于丕平。宜悉乃心，靡有所隐。应河南新复诸路州军民间利病，许监司守臣条陈，余官及士庶上书，经所在州军缴奏。

出处：《宋会要辑稿》帝系九之二九。又见《建炎以来系年要录》卷一二七。

陈规知顺昌府制
（绍兴九年四月四日）

敕：颍阴天下名郡，异时牧守多名卿贤大夫，善政流风，犹有存者。诏令暌隔，一纪于兹。今舆地之来归，想遗黎之鼓舞，兼求慈惠之长，往敷布涣之仁。以尔具官某性本纯诚，才兼文武，忠以许国，说以使民。锡之左符，绥厥旧俗，庶几底绩，有当朕心。《书》曰："不刚不柔，厥德允修。"尔其懋焉。可。

出处:《苕溪集》卷四〇。

撰者:刘一止

考校说明:编年据《建炎以来系年要录》卷一二七补。

晏敦复宝文阁直学士知衢州制
(绍兴九年四月四日)

敕:侍从之臣,入则献可替否,效论思之益,出则承流宣化,躬捍城之劳。盖其志在国家,而不在于其身,则朕之所以委任责成与待遇优礼之意,亦示无有内外之间焉。具官某养气纯全,执义坚固。粤从简拔,黾勉事功。旋居封驳之司,再领铨衡之任,果敢健决,初无所私。朕允兹耆艾之谋,未觉岁时之久,抗章引疾,慨莫得留。爰升延阁之华,仍俾左符之重。衢当孔道,股肱行朝,尔见吏民,宜敷惠泽,俾民服朕化,吏畏尔明,则为称职。尚勉之哉!可。

出处:《苕溪集》卷四〇。

撰者:刘一止

考校说明:编年据《建炎以来系年要录》卷一二七补。

令诸州县隐寄冒占财产之人依限自首诏
(绍兴九年四月五日)

令两浙、福建、江南、荆湖、广南东、西、四川路转运司将诸州县有隐寄财产及假借户名或立诡名挟户之人,限一年内自陈,并归一户;今日以前人户冒占田产舍屋,每三县于本州或不干碍县分见任官内选委清强有风力官一员,如不及三县,亦委一员,取见逃户姓名、田屋等数目,逐一体究括责见系其姓名人户佃赁、逐户各有无官司给到凭据。如无,即系冒占,仰本县比仿邻近田舍立定租课,令依旧佃赁。仍令所委官立定状式,镂板遍下乡村出榜晓谕,许限一月投状自首立租,特与免罪,及更不追理以前租课。将逐项田舍令本县置籍,分明开坐乡村人户姓名著落去处、合纳租课数目,逐一拘管。如违限不首,许诸色人告,其犯人依条断遣,及追理以前租课,仍将隐寄所冒田产屋宇等项顷亩间架估计实直,于犯人名下追理,依见行条法给赏,先次拘收没官,仍须管限一季结绝。即不得关留人户经宿,及少涉搔扰。如违,取旨重行降黜。候了毕,令运司开具体究出首陈告田产顷亩间架、合纳租课数目,与所委官职姓名,分立等第,保明申尚书省取旨推恩。

出处:《宋会要辑稿》食货六一之一二。又见《建炎以来系年要录》卷一二七。

谢祖信权吏部侍郎制
(绍兴九年四月五日)

敕:朕于《虞书》求知人任使之道,而得两言,曰"敷奏以言,明试以功"而已。然后知言之足以观人也审矣,而况见之于行事者乎? 具官某学探古今之秘,识穷事物之几。粤自简知,载为御史,抱纯诚而不贰,嫉奸恶其如仇。朕用嘉之,擢登法从之联,授以天官之副,非特以为宠也。铨总之任,条目至烦,弗究其原,则予夺之公,或乱于可否之似,朕于此试功焉。尔其懋哉! 可。

出处:《苕溪集》卷四〇。
撰者:刘一止
考校说明:编年据《建炎以来系年要录》卷一二七补。

常平司干办官巡按州县许差破般担人诏
(绍兴九年四月六日)

令后诸路常平司干办官遇出陆巡按州县,许差破般担人一十名。

出处:《宋会要辑稿》职官四三之二六。

郑刚中充陕西宣谕司参谋官李若虚参议官制
(绍兴九年四月九日)

敕具官某:朕惟关陕之民,思见汉官,阅日既久,肆命近弼,往谕至怀。惟时官僚,实出遴选。尔智识之明,议论之伟,从容册府,李若虚云"从容省户"。誉处甚休。其为朕行,往佐而长,进官一等,庸示宠私。可。

出处:《苕溪集》卷四一。
撰者:刘一止

考校说明:编年据《建炎以来系年要录》卷一二七补。

赐李纲再辞免知潭州允诏
(绍兴九年四月十日)

朕轸念远民,且以湖湘帅阃之重,简求宿望,往镇临之。卿许国之忠,不择地而安,有自来矣。兹览来疏,至于再三,是何辞之力也。重违卿意,且复以真祠之禄,从所便安,抑不失朕体貌之意焉。所请宜不允。

出处:《苕溪集》卷四七。又见《梁溪集》卷一○二。
撰者:刘一止
考校说明:编年据《建炎以来系年要录》卷一二七补。

王继先特于遥郡上转一官诏
(绍兴九年四月十三日)

昨缘服药,王继先医治有功,可特于遥郡上转一官,余人不得援例。

出处:《宋会要辑稿》职官三六之一○四。

岳飞乞同齐安郡王士庞等祗谒陵寝以观敌衅答诏
(绍兴九年四月十四日)

敕:具悉。朕以伊、瀍顷隔于照临,陵寝久稽于汛扫,逮兹恢复之日,亟修谒款之仪。卿慨然陈情,请为朕往,虽王事固先于尽瘁,然将阃不可以久虚。殆难辍于抚绥,徒有怀于忠荩,寤寐于是,嘉叹不忘。已降指挥,止差将官一、两员,部押壕寨人匠、军马,共一千人,随士庞、张宪前去,卿不须亲往。故兹诏示,想宜知悉。

出处:《鄂国金佗续编》卷四。

令楼炤询究陕西不拘三省枢密院事诏
（绍兴九年四月十五日）

已差签书枢密院事楼炤往陕西诸路宣谕德意，合措置事非一，可令就便询究不拘三省、枢密院事，并逐一措置闻奏。

出处：《宋会要辑稿》职官四一之七。

路允迪除知应天府兼充南京留守制
（绍兴九年四月十五日）

敕：阏伯之墟，肇兴王业；留钥之重，属于大臣。粤自多虞，遗黎久隔，及兹十稔，舆地始归。简求慈惠之师，布宣宽大之泽。具官某学探圣贤之蕴，识穷事物之几，被遇两朝，尝膺宠任。逮朕初政，再秉事枢，志已淡于功名，身自安于闲旷。眷尔土乡之旧，颇更戎垒之余，桑梓相望，闾里未改。惟风俗之既稔，度教条之易孚。其体至怀，勉恢治具。可。

出处：《苕溪集》卷四一。
撰者：刘一止
考校说明：编年据《建炎以来系年要录》卷一二七补。

陈渊陈确除监察御史制
（绍兴九年四月十五日）

敕具官某：御史列职，皆耳目之官，非胸腹有治具，足以广朕聪明者，弗以授也。尔渊论议坚正，学有家法，尔确执义退默，蓄养邃深，朕得于所闻审矣。文昌六属，政事出焉，纠其稽违慢命者，以告于上而赏罚之，尔之职也，尚其勉之。可。

出处：《苕溪集》卷四一。
撰者：刘一止
考校说明：编年据《建炎以来系年要录》卷一二七补。

孟庾除知河南府兼充西京留守制
(绍兴九年四月十五日)

敕:入闻机政,参帷幄之筹;出殿方维,居牧伯之任。我图旧德,用锡宠章。具官某气禀天全,识周世变,履险挺不渝之操,事君怀尽瘁之忠。更践居多,声华益茂。顷辞辅郡,均伏真祠。眷言西雒之雄,实庋神州之右。留钥之寄,属于大臣;帅阃之严,兹惟重地。当风尘之初靖,念条教之未孚,资尔老成,为朕卧护。噫,吏以循良为称职,政以平易而近民。拊摩凋瘵之余,宣布惠绥之实,祗若休命,遹观厥成。可。

出处:《苕溪集》卷四二。
撰者:刘一止
考校说明:编年据《建炎以来系年要录》卷一二七补。

朱敦儒除秘书郎制
(绍兴九年四月十九日)

敕具官某:汉家得人之盛,史氏所称,考之于事,犹有恨焉。廷有大议,诸先生莫能言;盗发境外,见文人无可使。岂亦储养之不豫哉?朕自艰难以来,首开册府,以收众俊,庶几人才足用,比隆于古。尔老于文学,器度不浮。丞郎位高,实治省事,简求其称,佥曰汝宜。尚励尔修,以须采擢。可。

出处:《苕溪集》卷三九。
撰者:刘一止
考校说明:编年据《建炎以来系年要录》卷一二七补。

俞俟知扬州制
(绍兴九年四月十九日)

敕具官某:广陵斗牛之枢,地控淮海,为一都会,自昔守臣,有连率之重。以尔屡试烦剧,才具有余,吏畏其明,民怀其惠,肆以命汝,盖不惟其官惟其人之意也。尔其布宣德泽,拊其凋瘵,使一方安尔之政,则为称塞。

出处:《苕溪集》卷四二。

撰者:刘一止

考校说明:编年据《建炎以来系年要录》卷一二七补。

<h2 style="text-align:center">赵霈知平江府制</h2>
(绍兴九年四月二十四日)

敕:姑苏望于东南,壮哉郡也。地广民众,股肱王所,共理之责,其选实艰,非左右侍从之臣,有慈惠明察之誉,朕弗以付之。具官某学问邃深,才识通敏,历谏省腹心之任,佐中台政事之司。名实具孚,未忘简记,剖分符竹,益试尔能。川陆相望,朕听不远,庶几治效,期月有闻。尚勉之哉! 可。

出处:《苕溪集》卷四二。

撰者:刘一止

考校说明:编年据《建炎以来系年要录》卷一二七补。

<h2 style="text-align:center">草土席益特赠五官依条与致仕遗表恩泽词</h2>
(绍兴九年四月二十五日后)

敕:生而有位于朝,死则追赉其第,此人臣之哀荣,有国之彝典也,而况服在朕列,为朕股肱者哉! 具官某学足以济时,文足以华国,识足以见形于未兆,辩足以应变于无穷。唾手而取功名,俛首而拾富贵。回翔要路,被遇先朝。属朕多艰,入参机政,智略辐凑,风采想闻。继出镇于坤维,旋遭罹于家祸,孰云去位,遽殁元身。以彼其才,何适不偶,而天啬之年,弗与位称,朕心悼焉。于是知命有所制,人力之不足恃也。赐颁异数,超进文阶,流泽及其裔孙,愍册光于厚夜。英魂如在,尚克鉴兹。可。

出处:《苕溪集》卷四二。

撰者:刘一止

考校说明:编年据席益卒年补,见《建炎以来系年要录》卷一二七。"土"原作"上",《朝野类要》卷五:"丁忧者既发丧居忧,如具衔只称'草土臣'。"《全宋文》称席益卒于绍兴九年三月(第一五二册,第五六页),误。

朱澣吏部郎官贺允中仓部郎官邵相户部郎官钱叶兵部郎官制
（绍兴九年四月二十七日）

敕具官某：文昌列属，居治教政事礼刑之职，以佐其长而施行焉，区别户分，责任惟等。以尔澣才识超诣，已试有闻，尔允中廉静无营，遇事勇决，尔相有当官之誉，尔叶有行义之称，锡以赞书，各事其事。《书》不云乎："功崇惟志，业广惟勤。"尔往懋哉，毋弃朕命。可。

出处：《苕溪集》卷四二。

撰者：刘一止

考校说明：编年据《建炎以来系年要录》卷一二七补。"朱澣"，清抄本作"宋澣"《毗陵集》卷七《荐王庭秀等札子》、《鸿庆居士集》卷三五《宋故文林郎梁府君墓志铭》皆有载"宋澣"，当以为是。

询访先朝宰执等及子孙知当时故实者诏
（绍兴九年四月二十八日）

令诸州长吏询访先朝宰执、侍从台谏及其子孙，有知当时故实及收藏先帝宸翰，并令抄录缴申。有补史事，从本院保明，优加旌赏。

出处：《宋会要辑稿》职官一八之六一。

廖刚磨勘转左朝请郎常同转左朝奉大夫制
（暂系于绍兴九年四月前后）

敕：朕承奕世之诒谋，遵有虞之遗法。克施庶政，执两端而用中；以驭群臣，率三载而考绩。爰立序迁之典，是为经久之规。具官某具绝特超诣之才，懋笃实深醇之学，升华法从，为时老成，载稽积日之勤，乃进应阶之格。虽非异数，庸示不忘。尚励远猷，以须后效焉。可。

出处：《苕溪集》卷四〇。

撰者：刘一止

考校说明：编年据同集前后文时间补。

王师心大理寺丞制
（暂系于绍兴九年四月前后）

敕具官某：廷尉列属，议法持平，非忠恕明允之士，弗以处也。考择之际，佥曰汝能。尚其勉之。可。

出处：《苕溪集》卷四〇。

撰者：刘一止

考校说明：编年据同集前后文时间补。

单孝忠昨权提举河东常平日因贼围太原守
御城陷死节报国追赠五官与两子恩泽制
（暂系于绍兴九年四月前后）

敕具官某：昨者寇犯太原，尔以部使者厉兵捍格，与城俱亡。报国以身，英风可想。得其死矣，复何憾焉。锡以命书，畀官五等，并录其子，尚其鉴哉。可。

出处：《苕溪集》卷四一。

撰者：刘一止

考校说明：编年据同集前后文时间补。

江少虞等充宣谕司属官制
（暂系于绍兴九年四月前后）

敕具官某：朕念三秦父老思汉讴吟，为日久矣，肆命近弼，布宣王猷，谕道德意，一时僚属，考择异能。尔等咸以才称，见谓通敏，进阶之典，用宠其行。尚其勉之。可。

出处：《苕溪集》卷四一。

撰者：刘一止

考校说明：编年据同集前后文时间补。

李棠特改合入官制
(暂系于绍兴九年四月前后)

敕具官某:尔留都之属,以职入觐,敷奏所闻,有嘉其勤,县进秩序。虽然,朕之恩汝亦数矣,其思所以报焉。可。

出处:《苕溪集》卷四一。

撰者:刘一止

考校说明:编年据同集前后文时间补。

李孝恭充枢密府提举一行钱粮事务先转一官制
(暂系于绍兴九年四月前后)

敕具官某:弼臣将命,远通奈关,惟尔从行,实以才选。进官一等,是用劝劳。可。

出处:《苕溪集》卷四一。

撰者:刘一止

考校说明:编年据同集前后文时间补。

武功大夫黄仕成修武郎白彦忠秉义郎崔佺自川陕前来行在投下机密文字各与优异推恩仕成与遥郡刺史白彦忠崔佺转两官制
(暂系于绍兴九年四月前后)

敕具官某:朕惟关陇,久隔王灵,逮兹音驿之通,尽袭汉官之旧。尔驰驱长道,入奏囊封,有嘉其勤,锡以书命。升刺列郡,是为异恩,益励尔忠,以图称塞。可。白彦忠、崔佺文特进官秩。

出处:《苕溪集》卷四一。

撰者:刘一止

考校说明:编年据同集前后文时间补。

武功大夫李怀军中探报有功特除遥郡刺史制
（暂系于绍兴九年四月前后）

敕具官某：乡者疆事绎骚，尔谨候人之职，功宜受赏，久乃未伸。郡刺之荣，是为异典，往其祗服，益励后图。可。

出处：《苕溪集》卷四二。
撰者：刘一止
考校说明：编年据同集前后文时间补。

临汝军等处差来投进表章等兵郭思温成
谨龚宥各转一官仍支赐钱若干制
（暂系于绍兴九年四月前后）

敕具官某：尔等奉章诣阙，跋履甚勤，进秩赐金，以为尔宠。可。

出处：《苕溪集》卷四二。
撰者：刘一止
考校说明：编年据同集前后文时间补。

郑鬲除宗正寺丞制
（暂系于绍兴九年四月前后）

敕具官某：司宗之臣，总揽名籍，佐朕惇叙之政，凡其僚属，使任惟均。尔智识敏明，闻于朕听，俾居厥次，以观汝能，尚其勉之。可。

出处：《苕溪集》卷四二。
撰者：刘一止
考校说明：编年据同集前后文时间补。

李櫂磨勘转左朝散大夫进封开国伯加食邑三百户制
（暂系于绍兴九年四月前后）

敕：朕颁爵制禄，以为天下之公；黜幽陟明，以为人才之劝。由左右侍从之列，暨中外大小之臣，稽厥岁成，俾从序进。具官某学探圣域，才擅国华，荐更内禁之严，旋位六官之长。辞荣丹陛，均侍殊庭。属会课以知劳，宜懋官而锡命。仍加徽猷，庸示眷怀。毋怠尔修，以须后渥。可。

出处：《苕溪集》卷四二。

撰者：刘一止

考校说明：编年据同集前后文时间补。

朱彪御史台检法官制
（暂系于绍兴九年四月前后）

敕具官某：御史列属，从长官自择，于令中旧矣。以尔志尚清高，才力强敏，见于表荐，人无间言。钦厥攸忠，以佐尔长。可。

出处：《苕溪集》卷四二。

撰者：刘一止

考校说明：编年据同集前后文时间补。

崔佺自川陕至行在投下机密文字忠义
远来理宜优异特转两官制
（暂系于绍兴九年四月前后）

张挽、段庭珪词云："尔奉章诣阙，跋履良劳，序进一官，以为尔宠。"敕具官某：尔奉章诣阙，备见忠勤，蹿进官联，锡以书命，于尔厚矣，其尚勉之。可。

出处：《苕溪集》卷四二。

撰者：刘一止

考校说明：编年据同集前后文时间补。

榷货务都茶场监管冯延之等推赏转官制
（暂系于绍兴九年四月前后）

　　敕具官某：尔等职事告办，应于赏格，进官一等，是用劝劳。尚励厥修，以须后渥。可。

出处：《苕溪集》卷四二。
撰者：刘一止
考校说明：编年据同集前后文时间补。"冯延之"疑为"马延之"之误。同集卷三九有《马延之大理寺丞制》，《东窗集》卷九有《马延之提举江东路茶盐李莫信提举广东西路茶盐制》。

岳州通判王观国失收总制钱特降一官制
（暂系于绍兴九年四月前后）

　　敕具官某：郡县羡财，佐国经费，凡其出纳，盖有司存。尔为州事，其实掌斯事，而漫不加省，至于逸遗。使至以闻，咎将谁执；褫官一等，姑罚其偷。服我宽恩，毋忘自讼。可。

出处：《苕溪集》卷四二。
撰者：刘一止
考校说明：编年据同集前后文时间补。

签书枢密院事楼炤封赠三代并妻制
（绍兴九年四月后）

曾祖赠职方员外郎关可特赠正奉大夫

　　敕：朕敷求哲人，与之共政，既进服大任，推本其先，宠逮三代，盖国之典也。具官某曾祖赠职方员外郎某秉志纯笃，行义甚修。含光韬华，初则未耀，蓄积之庆，益于后人，是生闻孙，惇大敏明，用励相我家，以宏贲尔宗。兹朕升尔位秩于正三品，俾告幽泉。没而有灵，服此休命。可。

曾祖母永昌县太君吴氏可特赠恩平郡夫人

敕:人之为善,在隐约幽闲之中,知自信而已,不知有他日之报也。譬彼服田,我度我荒,既臻于成,乃富厥藏,虽欲谢之,其可得乎?具官某曾祖母永昌县太君吴氏言行无疵,礼仪有度,克相君子,肇开庆基。有嘉曾孙,为朕哲辅,图任之始,用锡涣恩,正位小君,疏封大郡。光灵未泯,尚克鉴兹。可。

祖赠金紫光禄大夫定国可特赠太子太保

敕:士有率义蹈礼,以律其身,强识博闻,以昌其业,而位不称德,实浮于名,流泽之长,乃在后嗣。较其所得,孰寡孰多?具官某祖赠金紫光禄大夫某儒学起家,休有闻誉,饮水厉志,清畏人知。然职不越州县,禄不过下大夫。再世而昌,自远有耀,惟时闻孙,作我良弼,硕大之庆,于兹鼎来。朕于是知为善之报,弗克躬享,固未为不幸也。东宫之孤,秩视二品,告于幽隧,用慰尔灵。可。

祖母华原郡夫人郎氏特赠永宁郡夫人

敕:为善之报,不差毫发,而耳目所及,则有远近,故议者惑焉。具官某祖母华原郡夫人郎氏,婉娩肃恭,动合礼法,流庆之远,在其贤孙。登用之初,国有彝典,疏封大郡,申锡宠章。呜呼,亦足以少慰矣。可。

祖母宜人葛氏可特赠德阳郡夫人

敕:女子之行,在于幽闺,所不得闻也。逮其积累之厚,天亦必阴报之,庆之所钟,再世乃大,岂非疏而不失者乎。具官某祖母宜人葛氏冲静俭勤,不越壶则,启相后裔,秉执事枢。爰疏大郡之封,肇正小君之号。告尔私庙,以为闾里之荣,不亦休哉!可。

父见任右通议大夫致仕居明可特封右通奉大夫致仕

敕:朕惟前代盛王,靡不尊德尚齿,以为风化之原,故于耆艾之英,上大夫之贵,去位而家居者,则肃然慕之,见于言色。况其有子,位列弼臣,为朕倚毗者乎?

具官某父右通议大夫致仕某修身为君子之儒,赋政得古人之秘。洁廉厉操,有若冰霜;公恕临民,具有矩范。挂冠神武,自乐丘园,亦既久矣。尔子某以忠恪辅朕,秉执事枢,谋谟之良,悉由义训。逮兹图任之始,敢后褒崇之恩,申锡赞书,进阶一列。惟尔备福,鲜其比焉。可。

母硕人范氏可特赠硕人

敕:人子之于亲,皆欲极报崇之典,然出身事主,遇合实难,非其志行之修,自致通显,未有无所恨焉者也。具官某母赠硕人范氏淑顺祗肃,表于宗门,克相其夫,不愆礼义。遗泽所逮,有此哲人。既进位于枢庭,益侈大于厥家,申锡愍章,为尔光宠。神灵如在,其克钦承。可。

母硕人欧阳氏可特赠硕人

敕:朕惟明伦善俗,孝为之本;因心广爱,政之所先。顾所与二三大臣共图风化,未尝不加意于斯焉。至于褒崇其亲,在典礼所当然者,朕其敢有爱乎哉!具官某母硕人欧阳氏妇顺母慈,仪于宗党,德行之懿,久而弥芳,是生宝臣,克辅国家。独不得遂偕老之宜,□南陔之养,朕心悯焉。申锡命书,告于幽扃,用侈尔有子之荣,亦昭我得贤之庆。可。

妻淑人林氏可特赠宜春郡夫人

敕:朕登进尊贤,仪刑百辟,观厥身修之懿,议其内助之由。故《鹊巢》之风,有裨政化,而象服之美,宜畀德人。倘其命之不淑,事终显荣,顾岂得无恨哉。具官某妻淑人林氏禀质惠和,出于巨族,作配君子,率义不违。虽志行日修,而寿禄小靳。疏封名郡,正号鱼轩,岂但举褒崇之章,庶几增伉俪之重。淑灵不泯,歆此异恩。可。

出处:《苕溪集》卷四一。
撰者:刘一止
考校说明:编年据楼炤官历补,见《建炎以来系年要录》卷一二七。

刘观知泸州制
(绍兴九年五月前)

敕:泸川望于剑南,壤地沃衍,控临蛮徼,委寄之重,选任惟艰。具官某文有古风,学通今事。顷委六官之贰,仍更两禁之严,气节凛然,声华籍甚。我图守帅,佥曰汝宜。惟尔习于土风,知民利疚,布宣惠泽,绥靖边隅。行乎勉之,毋堕乃力。可。

出处:《苕溪集》卷四二。
撰者:刘一止
考校说明:编年据刘观官历补,见《建炎以来系年要录》卷一二八。

间丘沂权吏部侍郎制
(绍兴九年五月一日)

敕:吏部铨叙人品,激浊扬清,古之制也。今也一切从事,于法无所变更,察吏之欺而已,然吏固不易察也。具官某学行纯茂,智识明敏。粤自台僚,进居宰属,扬于厥职,守道不回。爰锡赞书,俾参禁路,小宰之事,尔则优为。惟公足以服人,惟明足以见事,而予夺之制,不得以疑似见欺。尚勉之哉,无替朕命。可。

出处:《苕溪集》卷四二。
撰者:刘一止
考校说明:编年据《建炎以来系年要录》卷一二八补。"间丘沂"清抄本及《建炎以来系年要录》卷一二八均作"间丘昕",当以为是。

陈橐权刑部侍郎制
(绍兴九年五月一日)

敕:惟我祖宗,以圣继圣,好生之德,无愧有虞。肆朕纂成,惟刑之恤,故于四方具狱来上,未尝不惕然动容,惧其滥及无辜,以伤列圣之德。然则小司寇之任,讵可非其人哉!具官某学通而明,气邃而刚,居家有曾、闵之孝,为吏有龚、黄之政,朕闻之审矣。居于宰士,阅日既多,摄贰秋官,佥言惟允。其体朕至训,益究乃心,无使声称减于治郡。可。

出处:《苕溪集》卷四二。

撰者:刘一止

考校说明:编年据《建炎以来系年要录》卷一二八补。

王次翁中书舍人制
（绍兴九年五月一日）

敕:代言之任,古所谓难,非以文辞之难也。赏善之言,煖然似春;罚恶之言,挈焉似秋。俾朕心腹肾肠,一见于训告誓命之间,读之者感于中而动于色,知其悉出于忠厚而无所私也,于是为至难。具官某学博而有原,志刚而不惑,纯茂笃实,远师古人。尔代予言,天下不以为欺矣。矧其辞之工耶? 西掖邃严,进班法从,论思之益,抑有望焉。可。

出处:《苕溪集》卷四二。

撰者:刘一止

考校说明:编年据《建炎以来系年要录》卷一二八补。

林待聘起居郎制
（绍兴九年五月一日）

敕具官某:柱史之职,实记言动,魏谟之善对,褚遂良之守官,朕想闻其风矣,庶几其有继焉。尔志行修洁,论议激昂,更历险夷,执义深固。召从外服,俾贰列卿。虽誉处之甚休,念猷为之未究,载颁书命,进直殿坳。勉追古人,以称朕意。可。

出处:《苕溪集》卷四二。

撰者:刘一止

考校说明:编年据《建炎以来系年要录》卷一二八补。

程克俊起居舍人制
（绍兴九年五月一日）

敕具官某：古之盛王，设敢谏之鼓，立诽谤之木，与夫近臣尽规，瞽史教诲，犹以为未至也，而命柱史之官，记其言动，且用以自警焉。呜呼，岂特为文具而已哉！尔问学邃深，行义纯固，荐更选任，稍见设施。进直螭坳，退居鸾省，儒者之遇，宠莫加焉。尔究乃心，职思其称，无使直笔之誉有愧前闻。可。

出处：《苕溪集》卷四二。

撰者：刘一止

考校说明：编年据《建炎以来系年要录》卷一二八补。

范瑑王铢左司郎官潘特谏魏良臣右司郎官制
（绍兴九年五月一日）

敕具官某：文昌政事之本，分曹设属，序于左右，宰士总其凡。弥纶□轶，以佐其长，以告于上，而予夺罢行之，其任顾不重耶？尔瑑静默邃深，惟义之守；尔铢安恬乐易，遇事必为；尔特谏行顾其言，有长者之誉；尔良臣才周于事，有健敏之称。或以序迁，或由选擢。《周官》有云："以倡九牧，阜成兆民。"盖六卿之责也，尔则与焉。其思以称此，无羞朕命。可。

出处：《苕溪集》卷四三。

撰者：刘一止

考校说明：编年据《建炎以来系年要录》卷一二八补。"潘特谏"，清抄本及《建炎以来系年要录》卷一二八均作"潘特竦"，当以为是。

周纲检正晁谦之检详制
（绍兴九年五月四日）

敕具官某：二省基王命之地，右府本兵柄之严，爰建属僚，总司出纳，庶几习熟闻见，为大用之阶。尔纲守道不违，持心近厚，扬历中外，蔼然休声。凡政令之事，尔其审观，无使颇僻。尔谦之名卿之胄，学有家法，徊翔省寺，见谓明敏。凡疆埸之谋,战多之赏,尔悉关决,以协事功。其各究乃心,职思其称,朕于此观能焉。可。

出处:《苕溪集》卷四三。

撰者:刘一止

考校说明:编年据《建炎以来系年要录》卷一二八补。

实录院合行事件诏
(绍兴九年五月五日)

实录院合用钱物,并从本院别行关取支使。实录院人吏就差史馆、秘书省人吏相兼祗应,仍依条招收私名四人,专一书写实录文字,请给依史馆楷书例。实录院合取会内诸司文字,从本院报皇城司关出入宫门色号一十道。实录院置翰林司厨子、制界作各一名,及下步军司差拨看管兵士六人,并与史馆相兼逐色人祗应。

出处:《宋会要辑稿》职官一八之六一。

周葵殿中侍御史制
(绍兴九年五月五日)

敕具官某:治疾以苦口之药,疾已而药可捐;治身以苦口之言,身修而言有味。君子以是知言之不可忘也。尔顷以文行为朕识擢,既居御史,知无不言,言皆有益。比其去也,朕心思焉。兹用诏除,复畀言路,上有仳政,朕所乐闻。吏之多奸,惟尔勿贷。但朕以治己之道治人,君子进为,小人退听,天下蒙福,其庶几乎。可。

出处:《苕溪集》卷四三。

撰者:刘一止

考校说明:编年据《建炎以来系年要录》卷一二八补。

何铸监察御史制
(绍兴九年五月五日)

敕具官某:御史三院,共总宪纲,而六察纠政令之稽迟,以佐朝廷之赏罚,其选惟遴。尔执义蹈礼,蕴藉深厚,见之事业,必有可观,肆朕命尔为耳目之官。往其懋哉,尚有后渥。可。

出处:《苕溪集》卷四三。

撰者:刘一止

考校说明:编年据《建炎以来系年要录》卷一二八补。

太史局礼生头名补官条诏
(绍兴九年五月六日)

太史局礼生头名满五年,通到局及二十年,与补进义副尉。

出处:《宋会要辑稿》职官一八之八九。

李迨京畿都转运使制
(绍兴九年五月八日)

敕:朕慨念旧都,中更戎垒,封圻千里,田野萧然。比命迩臣,往司管籥,可无朕使,省观民风?具官某才足以应时须,智足以周事变,荐膺选任,名实具孚。朕简求侍从之良,增重转输之寄,布宣至意,有若亲临。敛薄施丰,惟其仅足。呜呼,尔无以针砭为远,惟拊摩之是先;尔无以斧柯为功,惟萌芽之是察。勉修厥职,以副朕心。可。

出处:《苕溪集》卷四三。

撰者:刘一止

考校说明:编年据《建炎以来系年要录》卷一二八补。

周三畏大理卿制
(绍兴九年五月九日)

敕具官某：昔者谓廷尉天下平，特以持平之难也。天下之冤，至于廷尉而不得伸，则控告无所矣，夫岂容于不平？尔回翔谏寺，有年于兹，议法不私，处心近厚，人无间言。是用正位九卿，以旌尔勤。呜呼，张释之、于定国何人哉，尔其尽心，奚逊之有？可。

出处：《苕溪集》卷四三。
撰者：刘一止
考校说明：编年据《建炎以来系年要录》卷一二八补。

赵令衿福建提刑制
(绍兴九年五月九日)

敕具官某：法弊于吏，所从来久。楚汉之法非亡也，而或为之，上下其手，轻重其心，则虽曰法存，不已废乎？尔宗胄之良，见谓清审，出入中外，多所践更。揽辔一方，其为朕察其所由然者，一切以柱后惠文弹治之，俾民自以为不冤，则为称职。尔其毋怠。可。

出处：《苕溪集》卷四三。
撰者：刘一止
考校说明：编年据《建炎以来系年要录》卷一二八补。

陈远猷除四川转运副使制
(绍兴九年五月十三日)

敕具官某：全蜀之饶，弊于兵赋，兹有年矣，朕心悯焉。简求忠厚之臣，往任转输之寄。尔通才识变，敏识绝人，更践烦剧，厥有闻誉。辍从帅幕，就畀使轺，馈师牧民，悉惟汝责。通融之妙，其必有方，非朕所能知也，知汝责而已。尚其勉之。可。

出处:《苕溪集》卷四三。又见《永乐大典》卷一三五〇七。

撰者:刘一止

考校说明:编年据《建炎以来系年要录》卷一二八补。《宋代诏令全集》误作"绍兴
九年五月十四日壬辰"(第二一七一页)。

吴伟明除直秘阁应天府路提刑制
（绍兴九年五月十四日）

敕具官某:梁宋之区,封圻千里,创残十稔,版籍始归。比命迩臣往司留钥,
可无肤使,省观民风? 以尔静正寡言,循良近古,辍从治郡,易界列台。考之于
诗,盖忠信之人是任;授之以职,惟刑辟之事是专。刑乃期于无刑,讼必使之无
讼。何以臻此,尔其懋焉。庶几慈惠之风,不辱韶华之命。可。

出处:《苕溪集》卷四三。

撰者:刘一止

考校说明:编年据《建炎以来系年要录》卷一二八补。

仇愈除宝文阁直学士陕西都转运使制
（绍兴九年五月十五日）

敕:朕惟三秦之地,雄视九州,临遣漕臣,自昔任重。矧兹王略,始及旧疆,必
求忠信之称,往布惠绥之实。具官某才能卓伟,问学淹该,识每洞于几微,刃可施
于盘错。眷关陇乖暌之久,属干戈蹂躏之余,馈师牧民,观风问俗,澄清揽辔,非
汝孰宜? 升内阁之崇资,增使华之重寄,送之以礼,式勉其行。呜呼,尔惟参术之
是施,勿攻以毒;尔惟稂莠之是去,勿剪其良。服我训言,益思其称。可。

出处:《苕溪集》卷四三。

撰者:刘一止

考校说明:编年据《建炎以来系年要录》卷一二八补。"仇愈",清抄本作"仇念",
当以为是,见《建炎以来系年要录》卷一二八、《宋史》卷三九九《仇念传》。

刘昉除礼部郎官张扩祠部郎官朱敦儒都官郎官制
（绍兴九年五月十六日）

敕具官某：文昌政事之本，分曹列属，其职虽异，要其胸中皆有治具，然后授之。如昉才高识明，论议不苟，如敦儒、扩停涵蓄养，邃于学而妙于辞，盖一时之选。礼刑之事，尔等习焉，毋俟多训。可。

出处：《苕溪集》卷四四。

撰者：刘一止

考校说明：编年据《建炎以来系年要录》卷一二八补。

宋棐除江西运判蒲贽湖北运判曾律淮东提举茶盐制
（绍兴九年五月十六日）

敕具官某：经费之重，实在大农，而赋租之入，山海之利，系于邦国者，惟部刺者是贵，其选宜遴。尔棐尔赞，术业屡试，绰有能称，兹用付以输将之事。尔律名家之子，甚敏而文，通货之机，实宜受任。朕惟江湖淮海之区，利孔所出，盖非一端，所不欲闻也，责尔等者经费而已，可不懋哉。可。

出处：《苕溪集》卷四四。

撰者：刘一止

考校说明：编年据《建炎以来系年要录》卷一二八补。“曾律”，清抄本及《建炎以来系年要录》卷一二八、卷一三四均作“曾綽”。

计日推赏杂买务提辖官诏
（绍兴九年五月二十一日）

杂买务杂卖场提辖官，依文思院提辖官申降到绍兴八年九月二十六日指挥，许计日推赏。

出处：《宋会要辑稿》食货五四之二〇。

百官久任诏
(绍兴九年五月二十三日)

自今百官并久任,如有侥冒陈乞之人,取旨黜责。

出处:《建炎以来系年要录》卷一二八。

放免河南新复州军上供钱帛等诏
(绍兴九年五月二十六日)

河南诸路新复州军上供钱帛斛斗及土贡物色,及大礼进奉银绢,并放免三年。

出处:《宋会要辑稿》食货六三之八。

刘才邵除秘书丞李百药秘书郎制
(绍兴九年五月)

敕具官某:册府士之冀北,追风汗血之骏在焉,识者朝暮而取之,无留良也。尔等召自外服,问以所知,论议切至,有当朕意。丞郎之职,其选甚高,往厉尔修,以俟识拔。可。

出处:《苕溪集》卷四四。又见《永乐大典》卷一三四九九。
撰者:刘一止
考校说明:编年据《南宋馆阁录》卷七补。《宋代诏令全集》以《宋史》卷四二二《刘才邵传》为据系于绍兴十年(第一五七九页),误。《建炎以来系年要录》卷一三三绍兴九年十一月庚寅条云"秘书省丞刘才邵",亦是一证。

曹国彦改正授承节郎制
(暂系于绍兴九年五月前后)

敕具官某:尔奋身行陈,尝有显劳,载锡命书,俾更秩序。尚思黾勉,以称所蒙。可。

出处:《苕溪集》卷四二。又见《永乐大典》卷七三二六。

撰者:刘一止

考校说明:编年据同集前后文时间补。

解克换给武德大夫制
(暂系于绍兴九年五月前后)

王信同。敕具官某:尔以旧劳,既沾赏格,申以书命,其益知荣。可。

出处:《苕溪集》卷四二。

撰者:刘一止

考校说明:编年据同集前后文时间补。

右儒林郎张纲省札差往海州及
东平府干事回特与改承奉郎制
(暂系于绍兴九年五月前后)

敕具官某:尔曩者衔命驰驱,曾无废事,有嘉勤恪,超进官联,祗服异恩,宜思报塞。可。

出处:《苕溪集》卷四二。

撰者:刘一止

考校说明:编年据同集前后文时间补。

韩珉江东运判制
(暂系于绍兴九年五月前后)

敕具官某:江左地重,势临三吴,师屯列营,取给漕食。尔谨身奉法,恪勤勿懈,输将之职,公论谓宜。至于省察吏奸,访求民瘼,此部使者所当自任,毋烦训言。可。

出处:《苕溪集》卷四三。

撰者:刘一止

考校说明:编年据同集前后文时间、《景定建康志》卷二六补。

向宗厚吏部郎中制
(暂系于绍兴九年五月前后)

敕具官某:时巡以来,典籍散逸,选曹品式,几亡勤守。虽有忆之文,稍从编次,而予夺之例,出入尚多。以尔执德清夷,宅心坚正,践更中外,誉处甚休,我图老成,俾还省户。夫岂特重三铨之寄,亦庶几清列宿之行。益懋尔猷,毋俟多训。可。

出处:《苕溪集》卷四三。

撰者:刘一止

考校说明:编年据同集前后文时间补。

环庆帅臣赵彬遣敦武郎张允弼进
本路图籍等特与转两资制
(暂系于绍兴九年五月前后)

敕具官某:尔奉章诣阙,跋履修涂,有嘉其勤,进秩二等。服此光宠,益励厥修。可。

出处:《苕溪集》卷四三。

撰者:刘一止

考校说明:编年据同集前后文时间补。

王述监永通监日欺隐官物累年不行送纳特降一官冲替制
(暂系于绍兴九年五月前后)

敕具官某:尔受郡国羡财,入于泉府,乃敢稽违,不以时上,原情议法,罪其可逃?贬秩免官,兹亦恕矣。可。

出处:《苕溪集》卷四三。

撰者:刘一止

考校说明:编年据同集前后文时间补。

曾楙知潭州制
(暂系于绍兴九年五月前后)

敕。长沙居湘川之奥,人丰土辟,南通峤岭,唇齿荆雍,分阃之任,朕不敢轻。具官某笃实纯明,疏通将略,名德之懿,表于缙绅。早辞法从之班,久袖经纶之手。时方谋帅,允属老成。兹朕付尔荆湖一都会之雄,封疆数千里之广。惟所节度,有兵有民,勉思其艰,以图其易。威德两济,时乃之休。可。

出处:《苕溪集》卷四三。

撰者:刘一止

考校说明:编年据同集前后文时间补。

吕颐浩赠太傅制
(暂系于绍兴九年五月前后)

敕:砥节砺行者,为臣之能事;追往厚终者,有国之大经。矧惟耆艾之英,实受股肱之托,可无愍册,以寄予哀。具官某气禀纯全,学探蕴奥,通出将入相之略,有经文纬武之才。慷慨百为,周旋三纪。衮衣赤舄,再登揆路之崇;玉节瑞戈,屡即斋坛之拜。事书勋府,名在史官。辞富贵而勿居,处山林而寄傲。比欣入觐,旋复戎行。慕赤松之高踪,返东蒙之旧隐。仅逾浃日,遽殒元身。念一老之不遗,固中心之是悼。肆颁徽数,正位上公。惟诚意之可通,尚光灵之未泯。可。

出处:《苕溪集》卷四三。

撰者:刘一止

考校说明:编年据同集前后文时间、吕颐浩卒年补,见《建炎以来系年要录》卷一二七。

蒋汝翼特与补正左奉议郎依旧通判泾州府制
（暂系于绍兴九年五月前后）

敕具官某：尔系心王室，悔罪而归，奔走鼎来，叩阍自列。朕念华夏本吾臣民，洗涤旧污，被以新宠，俾还厥职，仍正官联。其深体于厚恩，益自期于忠孝。可。

出处：《苕溪集》卷四四。

撰者：刘一止

考校说明：编年据同集前后文时间补。清抄本标题"泾州"后无"府"字，当以为是。

忠训郎董言管押马纲稽留作过特降一官仍
依冲替人例施行制
（暂系于绍兴九年五月前后）

敕具官某：尔以右牵之事，稽留道途，乃官其私，事在必罚。免官贬秩，兹谓小惩，其尚循省。可。

出处：《苕溪集》卷四四。

撰者：刘一止

考校说明：编年据同集前后文时间补。

上殿人郑邦哲与循两资令还任制
（暂系于绍兴九年五月前后）

敕具官某：尔往从而长，将命陇蜀，选奏所闻，通练明敏，进阶二等，用答尔勤。可。

出处：《苕溪集》卷四四。

撰者：刘一止

考校说明：编年据同集前后文时间补。

左宣教郎任绅乞以所转左奉议郎一
官封母刘氏与封孺人制
（暂系于绍兴九年五月前后）

敕具官某母刘氏：朕因扩心之教，惠于百辟，不爱爵赏，以风厉之。矧其有子，孝如闵、颜，且欲以官秩之宠，易俾其亲者乎？惟尔修身，与其教子，不待言而信矣。疏封之典，其尚知荣。可。

出处：《苕溪集》卷四四。

撰者：刘一止

考校说明：编年据同集前后文时间补。

左承议郎郑縠除御史台主簿制
（暂系于绍兴九年五月前后）

敕具官某：御史府风宪所在，其属皆一时异选，簿领钩稽之职，非他有司比也。尔志行老成，谨厚通敏，俾居厥次，公论谓宜。尚勉之哉！可。

出处：《苕溪集》卷四四。又见《永乐大典》卷一四六○七。

撰者：刘一止

考校说明：编年据同集前后文时间补。

邵溥磨勘转左朝议大夫制
（暂系于绍兴九年五月前后）

胡舜陟辞自“具官某才识精敏，论议激昂，中外践更，休有誉处”，其余上下词同邵溥。敕：朕著考绩之令，校功数最，一本至公。虽侍从之臣，礼遇有异，而积日听迁，厥叙惟等。具官某才识超诣，论议有余，经学传家，典刑未泯。奉祠均佚，亦既淹时，会课三铨，就官一列。虽非异数，庸示眷怀。可。

出处：《苕溪集》卷四四。

撰者：刘一止

考校说明:编年据同集前后文时间补。

葛胜仲磨勘转左正奉大夫制
(暂系于绍兴九年五月前后)

敕:上词同邵溥。具官某文学志行,表于缙绅,进退雍容,不愆礼义,奉祠均佚,亦既淹时。会课铨曹,正秩三品。优贤求旧,庸示不忘。可。

出处:《苕溪集》卷四四。
撰者:刘一止
考校说明:编年据同集前后文时间、《丹阳集》卷二四《葛公行状》补。

郭仲荀兼营田大使制
(暂系于绍兴九年五月前后)

敕。昔赵充国驰至金城,图上方略,愿罢骑兵,为营田之策,虽玺书诘责,屡至不移。于是知贤人君子之忠于谋国,不顾其身,有如此者。魏置典农,而中原富贵;晋开汝颍,而河汴委储。足国裕民,兹为根本,付委之任,谓可非其人哉!具官某顷以真才,首膺异选,往司管钥,纲纪旧都。眷舆地之始归,慨田畴之未垦,肆颁新渥,崇建使旌。尔惟深体朕心,考稽事实,俾规制一定,功利可期。无使营平专美有汉,则予汝嘉。可。

出处:《苕溪集》卷四四。
撰者:刘一止
考校说明:编年据同集前后文时间补。

刘无极除知大宗正丞制
(暂系于绍兴九年五月前后)

敕具官某:朕以司宗之职,付之伯臣,而置丞以文士,由其政令以敦叙属籍,且教且治之。尔无极学有本原,语妙天下,蕴藉之懿,无施不宜。勉服厥官,以须后渥。可。

出处：《苕溪集》卷四四。

撰者：刘一止

考校说明：编年据同集前后文时间补。

毛敦书除大理正丞制
（暂系于绍兴九年五月前后）

敕具官某：狱者人之司命，而廷尉之事，四方取则焉。选于时才，以尔为正。盖卿之亚，非其旅也，勉修厥职，称是宠休。可。

出处：《苕溪集》卷四四。

撰者：刘一止

考校说明：编年据同集前后文时间补。

向伯奋起复充河南府留守司参议官制
（暂系于绍兴九年五月前后）

敕具官某：朕念畿右重地，久隔王灵，肆命弼臣，往司管钥。惟时僚佐，选任实艰。尔心计有余，屡更烦使，起之苫块，要经以从。孝有移忠，具存古训，勉祗厥事，尔无恨焉。可。

出处：《苕溪集》卷四四。

撰者：刘一止

考校说明：编年据同集前后文时间补。

刘式章蕴差充留守司官准备差遣先转一官制
（暂系于绍兴九年五月前后）

敕具官某：上词同前。尔等咸以才猷，权居幕府，进官一等，用宠其行。尚勉之哉，无忝朕命。可。

出处：《苕溪集》卷四四。

撰者：刘一止

考校说明:编年据同集前后文时间补。"留守司官",清抄本无"官"字。

王晞韩穆平曹云叶光宋有黄汝砺并充准备差遣制
(绍兴九年六月前)

敕具官某:弼臣将命,自择从行,进秩之荣,为尔光宠。可。

出处:《苕溪集》卷四一。

撰者:刘一止

考校说明:编年据王晞官历补,见《建炎以来系年要录》卷一二九。

岳飞乞湖北京西州县官仍旧自朝廷差注答诏
(绍兴九年六月三日后)

敕:具悉。昔苏建常责大将军卫青至尊重,不能招选贤士,青谢曰:"人臣奉法遵职而已,何与招士?"其言虽未合理,然其处功名,远权势,要当如是尔。昨者干戈未戢,道路不通,襄汉之间,凋弊尤甚。故州县之吏,上自守宰,下至寮属,权时之宜,委卿辟置。今既臻绥靖,远迩如一,铨择之柄,当在朝廷。卿所抗章,殊合事体。自非思虑之审,谦恭之至,何以及此?古人不远,嘉叹叵忘,所请宜允。故兹奖谕,想宜知悉。

出处:《鄂国金佗续编》卷四。

考校说明:编年据《建炎以来系年要录》卷一二九补。原题《先以湖北京西路累经残破州县官无人愿就许令知通以下辟差今来已复河南故地其两路并是腹心所有州县差官乞自朝廷差注得旨依奏仍赐奖谕诏》。

打套局监官减年磨勘条例诏
(绍兴九年六月四日)

打套局监官如任内职事别无旷阙不了事件,依药局监官赏格,任满,京朝官、使臣并与减二年磨勘,选人循一资,仍许计日推赏。如三年为任之人若及二年以上,并全给赏。所编估局官系左藏库中门官,兼本门已有赏格,更不推赏。

出处:《宋会要辑稿》职官二七之七〇。

陶恺除司农少卿制
(绍兴九年六月七日)

敕具官某:司农总仓廪委积之事,受而尸之,稽官吏宫掠赋粟钟庾之数,以时出焉,任至剧也。尔才识通敏,心计有余,俾亚列卿,公议惟允。勉修厥职,嗣有宠褒。可。

出处:《苕溪集》卷四四。

撰者:刘一止

考校说明:编年据《建炎以来系年要录》卷一二九补。

谢祖信除徽猷阁待制知潭州制
(绍兴九年六月十三日)

敕:长沙为一都会,襟带湖湘,唇齿荆雍,地广物夥,甲于他路,帅守之责,选任匪轻。具官某学富而文雄,才通而识敏,论议之伟,见于告猷,究观规模,朕所倚办。兹用辍自禁近,俾殿南服,假以握符之重,仍升次对之华。服我茂恩,益图乃绩,无使智略,不称在前。可。

出处:《苕溪集》卷四四。

撰者:刘一止

考校说明:编年据《建炎以来系年要录》卷一二九补。

开谕河南故地官吏诏
(绍兴九年六月十四日)

大金割还河南故地,信义甚著,尚虑新复官吏妄分彼我,怀不自安,令学士院降诏开谕。

出处:《建炎以来系年要录》卷一二九。

胡交修除兵部尚书兼权翰林学士制
(绍兴九年六月十六日)

敕:朕惟自昔圣哲之王,所以戡难定功,敉宁方夏,岂特神灵威武所变化,莫敢侮予,抑亦训诰誓命之恢洪,不匮厥指。故于简在文武之懿,列于侍从之班,未尝不当馈兴嗟,想见其人,而用以自助者也。具官某器周而用博,学茂而辞雄,早以重名,偏仪要路。粤自禁林之近,旋居常伯之尊,守道不回,孤忠自信。朕慨念典刑之老,又安湖海之游,爰锡赞书,并还旧物。总司戎之政令,兼视草之雍容,事绝前闻,兹从近比,庶几一举而美具焉。颇、牧在于禁中,燕、许擅其手笔,惟尔得位,惟朕有臣,岂不休哉!可。

出处:《苕溪集》卷四五。
撰者:刘一止
考校说明:编年据《建炎以来系年要录》卷一二九补。

新复州军官员诸色人依无过人例赦恩诏
(绍兴九年六月十七日)

新复州军官员、诸色人元系伪齐断遣,经绍兴九年正月五日赦文,不以轻重,并依无过人例。

出处:《宋会要辑稿》职官七六之五〇。

令文思院造卫士清凉伞诏
(绍兴九年六月十八日)

今后后殿坐及射殿引呈公事,日景已高,令文思院依旧制造卫士清凉伞十柄,差仪鸾司指说,札付阁门施行。

出处:《宋会要辑稿补编》第八〇三页。

编估局合行事件诏
（绍兴九年六月二十一日）

编估局官一员,专一编打三路市舶司香药物货,并诸州军起到无用赃罚衣物等,自来纳讫,牒报编估局,官吏将带合用行牙人前去就库编拣等第色额讫,差南纲牙人等同市舶司看估时值价钱讫,供申尚书金部,符下太府寺,请寺丞一员覆估讫,径申金部提振郎中厅,审验了当,申金部。内市舶香药物货等连估帐符下打套局,将合打套名件一一交跋打套。如不是打套之物,符下杂卖场,径行赴左藏库交跋,赴场出卖。其不堪支遣无用衣物等,修审覆讫,省部供申朝廷指挥。日下依此行下打套局一面交跋打套,及杂卖场径行交跋出卖施行。

出处:《宋会要辑稿》职官二七之七〇。又见同书食货五六之六。

内侍省寄班祗候以十五员为额诏
（绍兴九年六月二十三日）

内侍省寄班祗候依元丰法,今后以十五员为额。

出处:《宋会要辑稿》职官三六之二五。

遣官结绝见禁罪人诏
（绍兴九年六月二十五日）

日近雨泽稍愆,行在委刑部官及御史各一员,临安府属县并诸路州军令监司分头点检催促结绝见禁罪人。内干照人及事理轻者先次断放,临安府属县徒以下罪事状分明、不该编配,及申奏公事虽小节不圆、不碍大情,并许一面断遣讫申奏;杖以下应禁者,并责保知在。如监司有故不能亲行,仰选官前去。内僻远州县,即州委守臣,县委通判、职官。务在恪意奉行,毋致冤滥。

出处:《宋会要辑稿》刑法五之三六。

李迨辞京畿都转运使不允批答
(绍兴九年六月二十五日)

速行,不然,必重作行遣,虽与朕有潜藩之旧,不得而私也。

出处:《建炎以来系年要录》卷一二九。

王成等转一资诏
(绍兴九年六月三十日)

军器所见造御前宣赐并起样器甲工匠王成等二十五人,已及十年,工课并皆趁办,可依本所实该二年作家甲头例,各与转一资。

出处:《宋会要辑稿》职官一六之八。

梁喜分路催发回易钱稽违不往特降两官制
(暂系于绍兴九年六月前后)

敕具官某:尔受檄以出,阅岁乃还,事效蔑然,惰偷失职,褫官二等,以示薄惩。可。

出处:《苕溪集》卷四四。
撰者:刘一止
考校说明:编年据同集前后文时间补。

范振除江西提刑制
(暂系于绍兴九年六月前后)

敕具官某:部使者之职,寄朕耳目,选用之际,所不敢轻。以尔振经学邃深,文词温丽,施于政事,亦复绝人,辍自望郎,往司刑宪。夫为朕广好生之仁,谕哀矜之旨,使四方司政典狱,钦恤明允,民用不冤,兹非俗吏之所能为也。尔往懋哉,毋弃朕命。可。

出处:《苕溪集》卷四四。

撰者:刘一止

考校说明:编年据同集前后文时间补。

曾楙改知信州制
(暂系于绍兴九年六月前后)

敕:朕以牧养之政,寄之郡守,虑百姓疾苦壅于上闻,而上之德泽弗克下究,尝惕然忧,未尝怠然忘也,共理之责,顾不重哉!具官某法从老成,道广器周,功利及物,随所施用。上饶为郡,居四达之冲,有山溪之胜,土风俗习,可问而知。矧兄弟分符,疆连壤接,鲁卫之化,宜相后先,朕于彼民,可无忧矣。可。

出处:《苕溪集》卷四四。

撰者:刘一止

考校说明:编年据同集前后文时间补。

谭知柔除大理少卿制
(暂系于绍兴九年六月前后)

敕具官某:朕哀矜庶狱,明审用刑。与其杀不辜,宁失不经,尔宜知之熟矣,其亦识朕迁序劝功之意乎?尔中外践更,智识通敏,俾贰廷尉,益究厥能。《传》曰:"刑者侀也,侀者成也,一成而不可变,故君子尽心焉。"朕之训言,于是乎在。可。

出处:《苕溪集》卷四五。

撰者:刘一止

考校说明:编年据同集前后文时间补。

赵不退转右奉议郎制
(暂系于绍兴九年六月前后)

左迪功郎赵善时循资词同上。敕具官某:国家以三岁之举,网罗群彦。尔宗子之秀,刻意艺文,与寒畯等,遂膺赐第,朕心嘉焉。躐进官联,以为尔宠,抑以为尔曹之劝。可。

出处:《苕溪集》卷四五。
撰者:刘一止
考校说明:编年据同集前后文时间补。

陈良能母李氏年九十以上特封太孺人制
(暂系于绍兴九年六月前后)

敕李氏:朕敛时五福,敷锡万方,存劳百年,被以恩礼。尔积行闺壸,克享上寿,朕心嘉焉。锡之命书,以荣其老,抑以为年高德邵者之劝。可。

出处:《苕溪集》卷四五。又见《永乐大典》卷二九七二。
撰者:刘一止
考校说明:编年据同集前后文时间补。

吏部员外郎向宗厚通理知州资序合升郎中制
(暂系于绍兴九年六月前后)

敕具官某:尚书列曹,于今为重,非秩视郡守,则皆员外置也。尔出入中外,多所践更,砥节砺名,休有誉处。再居省户,正位中郎,益懋尔猷,以称兹宠。可。

出处:《苕溪集》卷四五。
撰者:刘一止
考校说明:编年据同集前后文时间补。

户部长贰合举选人改官事诏
(绍兴九年七月七日)

户部长贰每年合举选人改官员数,至岁终如系独员,权令通举。

出处:《宋会要辑稿》食货五六之四四。

晁谦之除右司郎中陈正同除枢密院检详制
(绍兴九年七月七日)

敕具官某:中台万化之原,右府本兵之地,其属皆一时妙选,而省观出纳,以佐其长,则有总司其凡者焉。尔谦之才高识明,见于屡试;尔正同志行粹美,克世其家。夫邦国之政,疆埸之事,尔悉关决而罢行之,其责重矣,盍思所以称是哉! 可。

出处:《苕溪集》卷四五。
撰者:刘一止
考校说明:编年据《建炎以来系年要录》卷一三〇补。

贺允中吏部郎官刘景真仓部郎官姜师仲刑部
郎官许忻吏部郎官陈膏工部郎官制
(绍兴九年七月七日)

敕具官某:文昌郎吏,分掌天下之事,虽任有剧易,位有等差,而选用之艰,尔等宜知之矣,亦无所以致此与迁叙之意乎? 志节清厉如允中,行义坚正如景真、师仲。忻已邃于闻誉,膏也敏于吏能。不如是,朕不以轻授也。《诗》曰:"靖共尔位,好是正直。"尔等居其位,则思所以称焉,守此两言而已。可。

出处:《苕溪集》卷四五。
撰者:刘一止
考校说明:编年据《建炎以来系年要录》卷一三〇补。

林待聘除中书舍人制
(绍兴九年七月九日)

敕:代言之重,自昔所难,眷予复古之初,将开右文之化,与司名命,允赖隽人。具官某识茂而明,学通以博,顷更简拔,备见猷为,岂惟优世叔之讨论,抑亦妙君房之言语。辍自柱史,进居掖垣,雍容清切之班,焜耀宠灵之渥。呜呼,予欲德意志虑,追三盘五诰之风;予欲号令文章,新四方万里之听。摅尔素蕴,毋羞前闻。可。

出处:《苕溪集》卷四五。

撰者:刘一止

考校说明:编年据《建炎以来系年要录》卷一三〇补。

周纲除权吏部侍郎制
(绍兴九年七月九日)

　　敕:自昔铨选有任人任法之殊,非予夺不公,则贤愚同滞,得失相混,未知孰贤。惟我国朝循用唐制,著为资格,以为利人而病法,孰若因旧而法存。遴简官曹,典司其事,检察吏欺而已。具官某蕴有用之学,负能为之才,凡所践更,皆有可纪。刃每施于盘错,操不易于风霜。比自近藩,入专宰属,虽稍闻于论议,殊未究于设施。摄贰天官,进班法从,兹为异数,庸示眷私。服我训辞,职思其称,无使居中之誉,减于治郡之时。可。

出处:《苕溪集》卷四五。

撰者:刘一止

考校说明:编年据《建炎以来系年要录》卷一三〇补。

苏携除太常少卿制
(绍兴九年七月九日)

　　敕具官某:朕惟艰难以来,制度多阙,岂惟思得博洽之士,蒐补异闻,而敷锡万方,存劳百年,被以祖宗旧典,亦欲访之故家,庶几文物之盛,无所愧焉。尔志行得于心诚,学问由于世济,更阅浸久,论议有余,往贰典台,莫如尔可。永怀先正,凛然风烈之高;喜见后人,尚有典刑之似。勉修厥职,以称简知。可。

出处:《苕溪集》卷四五。

撰者:刘一止

考校说明:编年据《建炎以来系年要录》卷一三〇补。

向宗厚除浙西提刑制
（绍兴九年七月十四日前）

敕具官某：尔昔以尚书郎出刺浙右，忠厚明察，身正而令行，民安而俗不偷。朕因任群才，无间中外，兹复命汝往司刑宪，乘轺之宠，仍异固封。虽曰外台，实在毂下，尔毋以不得居中为恨焉。益励厥修，以俟宠擢。可。

出处：《苕溪集》卷四五。
撰者：刘一止
考校说明：编年据《绍定吴郡志》卷七补。

李唐孺除直徽猷阁陕西路运副陈古除直徽猷阁秦凤等路提点刑狱鲜于翰除直秘阁永兴军路提刑制
（绍兴九年七月十四日）

敕具官某：秦陇之地，暌隔生灵，于今十稔。朕惧夫刑政之颣，有未尽更，赋役之苛，遗蠹尚在，选任使者，固将安之，且寄朕耳目者也。尔唐孺、尔古、尔翰，材术之伟，见于屡试。分行一道，省观风谣，求利疚之所以然，悉以上闻，俾朕之德泽得以下究，兹非耳目之任所当为哉？爰升延阁之华，式重轺车之宠，往其祗服，益懋厥猷。可。

出处：《苕溪集》卷四五。
撰者：刘一止
考校说明：编年据《建炎以来系年要录》卷一三〇补。

四川转运副使陈远猷除右文殿修撰张深除直徽猷阁并兼陕西路转运副使专管熙秦两路制
（绍兴九年七月十四日）

敕具官某：书殿延阁，寓直之名，所以劝功而懋德，授受之际，朕不敢私。以尔远猷智识之明，尔深声实之茂，增隆寄委，兹用序迁。夫秦蜀之饶，有无相足，乖暌十稔，始还其旧。民物利疚，两地惟均，尔等所宜知也。转输之任，其为朕并任之，取诸济而已。尚勉之哉！可。

出处：《苕溪集》卷四五。

撰者：刘一止

考校说明：编年据《建炎以来系年要录》卷一三〇补。

张焘权吏部尚书制
（绍兴九年七月十六日）

敕：天官位六卿之长，尚书总三铨之政，资格既定，古法浸亡，而辨流品、专予夺、抑贪冒、进贤能，无所与焉。朕思得端亮之臣，冠于法从，俾激浊扬清之旨，见于论议举措之间，而百吏凛然向风，知所畏慕，则铨综之妙，有不待法而存者，顾不伟哉？具官某宅心高明，养气刚大，文足以起俗习之陋，学足以探圣经之微。阅时艰难，引义忼慨，有言必尽，遇事不辞。念裨益之居多，亦回翔之既久，摄居常伯，兹用序迁。尚体训辞，益思砥砺。惟尔得尽忠之誉，则予有知人之明。可。

出处：《苕溪集》卷四五。

撰者：刘一止

考校说明：编年据《建炎以来系年要录》卷一三〇补。

上殿鲜于参典改合入官制
（绍兴九年七月十六日）

敕具官某：朕燕见臣工，访求民瘼，虽隆寒盛暑，不敢自暇，庶几广览兼听，有裨治道。尔以孤远，入对殿中，论议详明，有当朕意，进更官秩，是为异恩。其励尔修，以图称塞。可。

出处：《苕溪集》卷四六。

撰者：刘一止

考校说明：编年据《建炎以来系年要录》卷一二九补。"典"，清抄本作"与"，当以为是。

广东官序位诏
（绍兴九年七月十七日）

广东提举盐事官序位在转运判官之下，提举市舶官序位在提举盐事官之下。

出处：《宋会要辑稿补编》第一二六页。

王利用成都府路提刑制
（绍兴九年七月二十二日）

敕具官某：御史出领外台，挈持宪纲，以肃所部，盖累朝故事，示中外为一体也。尔居三院，分纠六曹，守道不回，见谓称职。夫刑辟不苟用也，刑期无刑，辟以止辟，五礼之教存焉。《经》不云乎："士制百姓于刑之中，以教祇德。"其体兹训，以图厥中。可。

出处：《苕溪集》卷四六。
撰者：刘一止
考校说明：编年据《建炎以来系年要录》卷一三〇补。

命官付身文字去失召保事诏
（绍兴九年七月二十四日）

敕：应承勘命官公事，其告敕、札子、批书等应付身文字内有去失者，虽有干照未曾陈乞保奏出给敕札之人，仰子细推究来历、补授之因，仍召保官贰员委保实是某官别无伪冒。如所保不实，科徒贰年之罪。仍限当日据所保事因批上保官印纸或告札，及于申奏案状内开说召到保官、已批书保官印纸因依。如后来到部及叙用若陈乞去失者，仍不得将结勘召保等因依作去失干照使用。

出处：《庆元条法事类》卷一七。又见同书卷七。

新复州军合降诏书事诏
（绍兴九年七月二十五日）

新复州军今后遇有合降诏书，令学士院请宝讫，赴三省、枢密院给发。

出处：《宋会要辑稿》职官六之五四。又见《建炎以来系年要录》卷一三。

徐俯知信州制
（绍兴九年七月二十八日）

敕：入闻机政，参帷幄之筹；出镇坤维，居师帅之任。我图旧德，兹锡赞书。具官某道广器固，才雄识敏，文章至于刚大之气，问学得于深湛之思。粤自艰虞，召还禁近，屡罄谋猷之益，旋登宥密之司。谢公实赖于同忧，汲黯固优于补过。浩然辞位，久矣奉祠。观钟鼎犹山林，岂特栖心于澹泊；以翰墨为主客，殆将卒岁以优游。惟是上饶，号称名郡，教条简肃，足以绥彼远民，岩壑览观，足以休其暇日。往钦成命，毋或留行。可。

出处：《苕溪集》卷四六。
撰者：刘一止
考校说明：编年据《建炎以来系年要录》卷一三〇补。

京畿都转运使司属官李阊之等循转官资制
（暂系于绍兴九年七月前后）

敕具官某：朕简求漕臣，经理畿甸，凡其僚属，听以名闻。尔等获在选中，以才自奋，进官一等，以宠其行。尚勉之哉！可。

出处：《苕溪集》卷四五。
撰者：刘一止
考校说明：编年据同集前后文时间补。"都转运使司"，清抄本作"都转运司"。

逢汝霖利州路运副徐天民广东运判赵不凡
淮东提盐陈正由福建提举茶事制
（暂系于绍兴九年七月前后）

敕具官某：郡邑之赋，山泽之利，以佐大农，部使者总其政令，稽其出入多寡之数，以告于上，赏勉而罚偷，其事重矣。尔等皆以才选分任一道，轺车之出，远而有光，其思所以称焉。可。

出处：《苕溪集》卷四五。

撰者：刘一止

考校说明：编年据同集前后文时间补。

利州路运副钩光祖落职放罢降一官制
（暂系于绍兴九年七月前后）

敕具官某：尔为漕臣，总司金谷，出纳之吝，在所当先。而法守荡然，擅行货易，成案来上，朕何敢私。褫职贬官，以戒不敏。可。

出处：《苕溪集》卷四五。

撰者：刘一止

考校说明：编年据同集前后文时间补。

汪藻磨勘转左太中大夫制
（暂系于绍兴九年七月前后）

敕：虞舜三载考绩之法，成周因之，大计群吏，其详莫得闻焉。后世遵用，以为序进之典，务适厥中而已。具官某法从之懿，为今老成，声华复绝于一时，出处不愆于素履。奉祠真秩，阅日既多，会课三铨，进官一列。虽非异数，庸示不忘。可。

出处：《苕溪集》卷四五。

撰者：刘一止

考校说明:编年据同集前后文时间补。

马纯江西运副制
(暂系于绍兴九年七月前后)

　　敕具官某:大江以西,地称沃壤,赋租之入,视他路为多,而艰难以来,使者数易,鲜克胜其任者。以尔达练明敏,智术甚优,博识多闻,论议衮衮,兹用命尔往司漕计。事无剧否,惟才是须,行尔所知,则有余地。尚勉之哉! 可。

出处:《苕溪集》卷四六。
撰者:刘一止
考校说明:编年据同集前后文时间补。

曾几广西运副吕用中福建提举茶事制
(暂系于绍兴九年七月前后)

　　敕具官某:闽峤去朝廷远,郡县之吏,玩治病民,视部使者能不能以为廉贪勤惰,其来久矣。尔几文学志节,出入数等。尔用中识虑明审,达于事情。兹锡赞书,分行一道。耳目所及,靡有逸遗,使彼远民,不病于吏,则为尔能。转之勤,摘山之秩,尔等所能习闻也。成法在焉,勉之而已。可。

出处:《苕溪集》卷四六。
撰者:刘一止
考校说明:编年据同集前后文时间补。

程克俊起居郎王铢起居舍人制
(绍兴九年八月五日)

　　敕具官某:朕设左右程史之职,簪笔殿筦,言动必书,实用自警,非但率循故事而已,选任之重,异于庶官。惟克俊、铢,博物能言,绝出伦类。铢由识耀,克俊次迁,蔽自朕心,式昭宠遇。勉之无致,将观尔能。可。

出处:《苕溪集》卷四六。又见《永乐大典》卷一三四九九。

撰者:刘一止

考校说明:编年据《建炎以来系年要录》卷一三一补。

范同除检正制
(绍兴九年八月五日)

敕具官某:两禁腹心之地,带辖万务,赋于中台,爰置属僚,总司其出。以尔同学问淹贯,志行卓伟,更阅既久,声称蔚然。稽于群言,宜在兹选。呜呼,命令之出,实艰厥初,毫厘之差,缪以寻丈。尔居其位,职思其称焉,勉之毋忽。可。

出处:《苕溪集》卷四六。

撰者:刘一止

考校说明:编年据《建炎以来系年要录》卷一三一补。

随龙庆国柔懿淑美保慈夫人吴氏上遗表
特赠柔懿淑美端靖肃恭保慈夫人制
(绍兴九年八月六日)

敕:朕隆恩念旧,追往厚终,眷惟慈保之勋,敢后哀荣之典? 庆国某夫人吴氏婉嬺淑美,端庄裕和,行悉中于壸彝,言不逾于内则。仪型禁掖,居有令名;拥佑眇躬,至登大宝。念艰虞之方靖,固康乐之是图,庶安钟鼎之荣,遽觅壑舟之远。愍章虽宠,顾莫写于予悲;素号有加,冀益昭于尔德。惟光灵之未泯,尚诚意之可通。可。

出处:《苕溪集》卷四六。

撰者:刘一止

考校说明:编年据《宋会要辑稿》后妃三补。

朱松吏部郎官张宦司勋郎官喻汝砺驾部郎官制
(绍兴九年八月七日)

敕具官某:中台总天下之政,列属分曹,序于左右,既重其选,旋以次迁。将使明习宪章,周知其故,则朕储蓄待问,不为无人。惟松与宦,一时之望,汝砺召自遐服,敷表可观。兹锡赞书,各事其事,无使来效,有愧朕言。可。

出处:《苕溪集》卷四六。

撰者:刘一止

考校说明:编年据《建炎以来系年要录》卷一三一补。

李仲孺知庐州制
(绍兴九年八月九日)

敕具官某:合肥地控江淮,为今重镇,抢攘之后,民物尚繁,必得一时通敏之才,付以千里帅守之任。尔器能宏博,论议激昂,奉使典州,所临底绩,易俾方面,以究尔长。《诗》曰:"不刚不柔,敷政优优。"又曰:"岂弟君子,神所劳矣。"服我明训,毋失厥中。可。

出处:《苕溪集》卷四六。

撰者:刘一止

考校说明:编年据《建炎以来系年要录》卷一三一补。

程迈就升徽猷阁直学士知饶州制
(绍兴九年八月十一日)

敕:鄱阳古郡,控江带湖,民物阜饶,甲于一道。属者岁饥艰食,农夫皆病,师帅之任,求所以恻怛忧民如朕心者付之,则庶几焉。具官某法从老成,志行坚正,政术之敏,为时吏师,是用异畀左符,就升内阁,辍自近甸,往绥远民。尔其振廪劝分,薄敛已责,荒政所急,罔有遗逸。长材固异于侏儒,利刃不辞于盘错。钦予成命,益懋乃猷。可。

出处:《苕溪集》卷四七。

撰者:刘一止

考校说明:编年据《建炎以来系年要录》卷一三一补。

王次翁工部侍郎制
(绍兴九年八月十三日)

敕:宫室器械之政,营田山泽之令,名在冬官,职存事典。惟时卿贰,选任匪轻。具官某行称其言,识根于学。项自柱史,擢居掖垣,谋猷卑郑国之讨论,制作得汉家之深厚。回翔既久,进秩是宜。畴若予咨,莫如汝可。往钦成命,无替厥终。可。

出处:《苕溪集》卷四六。

撰者:刘一止

考校说明:编年据《建炎以来系年要录》卷一三一补。

程克俊中书舍人制
(绍兴九年八月十三日)

敕:柱史记言动之官,中书基命令之地,非一时之杰,不与选抡,而两禁之严,均为邃密。兹锡赞书之宠,序升法从之功。具官某志行不群,论议守正,履圣贤之阃阈,咀典籍之英华,发为文辞,最宜训诰。服我新渥,摅尔旧闻。予欲观仲舒之古风,见于有作;予欲问崔琳之今事,益所未能。勉追昔人,以称朕意。可。

出处:《苕溪集》卷四六

撰者:刘一止

考校说明:编年据《建炎以来系年要录》卷一三一补。

周葵起居郎制
(绍兴九年八月十三日)

敕:左史载笔,职在记动,进直螭陛,退居鸾台,是惟儒者一时之荣。以尔葵执德清夷,秉心端亮,两居御史,风节凛然,有藜藿不采之风,见松柏后凋之操。引以自近,益观厥猷。我乃正心,尔无曲笔,庶几终誉,不愧前闻。可。

出处:《苕溪集》卷四六。

撰者:刘一止

考校说明:编年据《建炎以来系年要录》卷一三一补。

令礼部太常寺讨论明堂祭服礼器诏
(绍兴九年八月十五日)

将来行明堂大礼,其祭服礼器,令礼部、太常寺更加讨论。

出处:《宋会要辑稿》礼二四之九二。

晁谦之权户部侍郎制
(绍兴九年八月十六日)

敕:朕惟艰难以来,费出日广,金谷之问,朝廷是忧,岂无精敏之才,任此盈虚之责。畴咨在位,我得其人。具官某谋府靓深,器资宏远,洊更烦使,绰有能名。兹从宰士之联,摄贰版曹之政。进班侍从,宠绝等夷。往尽乃心,务扬厥职。惟心计之妙,接武于孔、桑,而钱流之称,抗行于晏、巽,斯为称职,不愧异恩。可。

出处:《苕溪集》卷四七。又见《永乐大典》卷七三〇三。

撰者:刘一止

考校说明:编年据《建炎以来系年要录》卷一三一补。

梁汝嘉宝文阁直学士提举江州太平观制
(绍兴九年八月十六日)

敕:朕于近臣,视同一体,谓出处之事虽异,而劳逸之任宜均,曲轸其私,率归于厚。具官某平由简拔,洊试剧烦,识洞照于几微,才每优于盘错。再复版曹之贰,旋跻常伯之联。方须经久之图,遽上乞闲之疏。西清通籍,真馆奉祠,钦予从欲之仁,适尔会心之乐。往思其称,无替厥终。可。

出处:《苕溪集》卷四七。

撰者:刘一止

考校说明:编年据《建炎以来系年要录》卷一三一补。

陕西诸路依旧行使铁钱诏
（绍兴九年八月二十二日）

陕西诸路自祖宗以来,行使铁钱,昨缘废齐毁弃不用,遂致公私交易不便。可依旧,仍与见今钱引相兼行使。

出处:《建炎以来系年要录》卷一三一。

不许拘占诸路报恩光孝观诏
（绍兴九年八月二十九日）

敕:诸路报恩光孝观系专一追崇徽宗皇帝去处,与其他寺院不同,应官员、军兵等并不许拘占安下,及不得丛寄,仍免非时借什物。

出处:《庆元条法事类》卷五一。

王璧秘书省正字制
（绍兴九年八月）

敕具官某:以言取人尚矣,朕又网罗博洽能文之士,习为典章,复其科目以别异之。尔在选中,既阅岁矣,禁林发策,酬对衮衮,亦复可观。夫道山藏书之府,朕所以养贤而待问,尔往读未见之书,增其所闻,扬榷古今,令可施用,无自画焉。可。

出处:《苕溪集》卷四六。
撰者:刘一止
考校说明:编年据《南宋馆阁录》卷八补。

祝师龙太府寺丞制
（暂系于绍兴九年八月前后）

敕具官某:太府之职,出纳邦财,丞于其间,事任惟剧。尔才能小异,达于听闻,往服厥官,以佐尔长。可。

出处:《苕溪集》卷四六。又见同集卷四七。

撰者:刘一止

考校说明:编年据同集前后文时间补。

故保慈夫人亲属孙女雍氏故男新妇陈氏并封孺人制
（暂系于绍兴九年八月前后）

敕某氏:眷惟保慈之德,实佑朕躬,奄其云亡,中心是悼。疏恩之典,并及懿亲,祗服宠休,毋忘所自。可。

出处:《苕溪集》卷四六。又见《永乐大典》卷二九七二。

撰者:刘一止

考校说明:编年据同集前后文时间、保慈夫人吴氏卒年补,见《宋会要辑稿》礼四一。

故保慈夫人本位官承节郎代手分苏练特与转两官制
（暂系于绍兴九年八月前后）

敕具官某:眷惟保慈之德,实佑朕躬,奄其云亡,中心是悼。疏恩之典,下及储胥,祗服宠休,毋忘所自。可。

出处:《苕溪集》卷四六。

撰者:刘一止

考校说明:编年据同集前后文时间、保慈夫人吴氏卒年补,见《宋会要辑稿》礼四一。

陈昱大理寺丞制
（暂系于绍兴九年八月前后）

敕具官某:狱重事也,人有智愚,官有上下,狱疑者谳,至移廷尉,则他无所控告矣。今命尔往为之属,以观厥能,俾民自以为不冤,则为称职。可。

出处:《苕溪集》卷四六。

撰者:刘一止

考校说明:编年据同集前后文时间补。

林积仁广东运副刘景真淮西运判沈禹卿江西提盐制
(暂系于绍兴九年八月前后)

敕具官某:丁口田赋之入,榷山煮海之利,以佐大农,部使者实司其责,故于选任,未尝敢轻。尔等皆以才称,屡更试用,分行一道,往究厥能。至于问俗观风,禁奸戢暴,亦尔等所宜也,可不懋哉! 可。

出处:《苕溪集》卷四七。

撰者:刘一止

考校说明:编年据同集前后文时间、《艾轩先生文集》卷八《林公行状》补。

右迪功郎于定远管押广南市舶司乳香至行在与循一资制
(暂系于绍兴九年八月前后)

敕具官某:有司以舶商之货,归于朝廷,驰驱迢途,视惟谨,进阶一列,用答尔勤。可。

出处:《苕溪集》卷四七。

撰者:刘一止

考校说明:编年据同集前后文时间补。

曹伟明自陕西诸路节制司差赴行在陛对特改合入官制
(暂系于绍兴九年八月前后)

敕具官某:尔保心王室,悔罪却归,赐对使朝,敷奏有序。超升官秩,并涤旧污,祗服训辞,无忘报塞。可。

出处:《苕溪集》卷四七。

撰者:刘一止
考校说明:编年据同集前后文时间补。

游损金部郎官制
(暂系于绍兴九年八月前后)

敕具官某:文昌列属,匪贤不居,而职金总财用之出入,其事为重。以尔损名卿之子,行义甚修,俾服厥官,公议惟允。尚思砥砺,以称茂恩。可。

出处:《苕溪集》卷四七。
撰者:刘一止
考校说明:编年据同集前后文时间补。

李维浙东提刑除直秘阁制
(绍兴九年九月前)

敕具官某:朕于遣使授指,未尝不训告烦悉,而况刑狱之事乎。汉景之诏曰:"狱,人之大命,死者不可复生。"言至切也。尔学古入官,为时望仰顾,平昔讲论,必有得朕心之所同者。与其杀不辜,宁失不经,不易此言矣。寓直中秘,以宠尔行,往其懋哉。可。

出处:《苕溪集》卷四五。
撰者:刘一止
考校说明:编年据《宝庆会稽续志》卷二补。

赐新除礼部侍郎苏符辞免恩命不允诏
(绍兴九年九月六日后)

敕苏符:省所奏辞免礼部侍郎恩命事,具悉。朕于六卿之贰,必求望人,共理之司,尤为异选。卿宏才伟识,博物洽闻,言必据经,事皆守古,论思之省,裨益居多。至于蒐补阙文,参稽旧典,宜卿之所乐闻也。卿不知礼,当谁知之?其思承命之恭,毋事循墙之避。所请宜不允。故兹诏示,想宜知悉。

出处:《苕溪集》卷四七。

撰者:刘一止

考校说明:编年据《建炎以来系年要录》卷一三二补。

苏符礼部侍郎制
(绍兴九年九月六日)

敕:朕惟先王备礼通于天地,和乐格于祖考,制作之妙,必既其实,不于其文。后世礼乐之意既亡,而钟鼓玉帛之末尚多阙焉,况其实乎。祝史于是揖逊其间,其君以为迂阔,于是则所谓宗伯之职,盖亦名存而已。具官某学有家法,行如古人,回翔禁省之严,备罄讨论之益。李揆第一,岂惟推重于中朝;张鷟无双,颇亦见询于异域。春官之贰,名实具宜。尔其引义据经,斟酌损益,使一代之典,复出于抢攘之余,则朕复古之功,于是乎在,可不勉哉!可。

出处:《苕溪集》卷四七。

撰者:刘一止

考校说明:编年据《建炎以来系年要录》卷一三二补。

胡士将除宝文阁学士川陕宣抚副使诸路并听节制制
(绍兴九年九月六日)

敕:三秦天下兵劲之地,全蜀坤维斗绝之区,并列师屯,宏开幕府,以壮山河之势,以张貔虎之威,不有重人,孰膺异选。具官某疏通英特,笃厚粹深,学博古而达今,气绝群而迈往。雍容持橐,有献可替否之风;慷慨从戎,有扶颠持危之志。资实兼于文武,身每系于重轻。一昨蔽自朕心,出当阃寄,方略夐超于前古,精神坐折于遐冲。兹锡赞书,益隆眷委。正斋坛之宠数,俨上将之威容。井钺参旗,制两地兵戎之命;云章金画,冠五阁英俊之游。久矣畴咨,莫如汝可。噫,谋晋国之帅,盖难其人;顾汉廷之臣,无出其右。祗服明训,适观壮猷。可。

出处:《苕溪集》卷四七。又见《三朝北盟会编》卷一九七。

撰者:刘一止

考校说明:编年据《建炎以来系年要录》卷一三二补。《三朝北盟会编》卷一九七系于绍兴九年九月十五日壬辰。"胡士将"原作"胡士特",《全宋文》据《三朝北盟会编》改为"胡士将"(第一五二册,第九六页),仍误,当作"胡世将"。

刘一止除给事中制
(绍兴九年九月七日)

　　敕:朕惟基命令于西省,谨出纳于东台,责任虽同,恩章则异。肆畴望实之懿,俾专论驳之司,匪以叙迁,其惟德进。左朝奉郎、试中书舍人兼侍讲、赐紫金鱼袋刘某,资涵夷粹,学造深醇。峻节清规,早著士林之誉;英词丽藻,蔚为文苑之华。暨曲领于赞书,擅声称于手笔。徊翔滋久,褒擢是宜。其自纶闱,进居琐闼。盖致尽规之义,无惭批敕之风,尚懋乃猷,以服予训。可特授依前官、试给事中兼侍讲,赐如故。

出处:《苕溪集》卷五五。又见民国《平阳县志》卷六三。
撰者:林待聘
考校说明:编年据《建炎以来系年要录》卷一三二补。

赐新除工部侍郎李谊辞免恩命不允诏
(绍兴九年九月七日后)

　　敕李谊:省所奏辞免工部侍郎恩命事,具悉。卿秉心端悫,植学粹醇。往在谏垣,著直谅多闻之益;继居词掖,见深厚尔雅之风。誉处之休,回翔久矣,朕所深知而熟察也。六卿之贰,选任则优,非予敢私,实有公议。往祗成命,勿复多云。所请宜不允。故兹诏示,想宜知悉。

出处:《苕溪集》卷四七。
撰者:刘一止
考校说明:编年据《建炎以来系年要录》卷一三二补。

东京远来宗子补官给廪诏
(绍兴九年九月二十四日)

　　东京首先远来宗子实及二十岁,并特补承信郎,未及,令大宗正司支给钱米养赡,候年及日取旨。

出处:《宋会要辑稿》帝系六之一二。又见《建炎以来系年要录》卷一三二。

宣赐讲官等吃食事诏
（绍兴九年九月二十八日）

每遇讲筵宣赐讲官等吃食,内有食素员数,将已定荤料令御厨变造宣赐。

出处:《宋会要辑稿》崇儒七之五。

余应求除福建路转运副使郑侨年除浙西提举茶盐制
（绍兴九年九月二十九日）

敕具官某等:朕惟国家之政,财用为先。挽粟飞刍,实资于转漕;摘山煮海,尤贵于阜通。惟使者之得人,则事功之自济。以尔应求学有根柢,见于为政之方;以尔侨年风力敏强,克成济美之誉,其并持于使节,以分按于外台。已试之能,益思懋勉。

出处:《东窗集》卷六。
撰者:张扩
考校说明:编年据《建炎以来系年要录》卷一三二补。此文或非张扩所撰。

奖谕王莘诏
（绍兴九年十月）

敕王莘:汝咸以儒学,擢在道山,比赞相臣,纂修巨典。凡笔削之去取,兼载不遗;核朱墨之异同,咸得其当。按指事实录之法,彰辨是与非之明。备一代之成书,诏万世而垂宪。首嘉事领之绩,可忘绅绎之劳。恭览奏篇,叹美无致。故兹奖谕,想宜知悉。绍兴九年十月。

出处:《王著作集》卷一。又见《赵氏铁网珊瑚》卷二,乾隆《震泽县志》卷三五。

授诸路军兵并汉蕃弓箭手付身诏
（绍兴九年十一月四日）

诸路军兵并汉蕃弓箭手已授行台,并废齐省部三衙,留府总制经府司补转资级,并仰逐路帅司取索元授付身勘验批凿,并同真命。如有该载未尽名色,比拟申三省、枢密院看详司;若已到行在之人,令所属曹部、三衙依此施行。

出处:《宋会要辑稿》兵一五之七。

令改正人口附种田土诏
（绍兴九年十一月二十六日）

人口附种田土并改正,如敢依前违戾,当议重置典宪。余令本路营田官措置讫以闻。

出处:《宋会要辑稿》食货六三之一一三。

内军器库人吏迁补条约诏
（绍兴九年十二月五日）

内军器库前行依条迁补副知与监专,自来年正月一日立界。其副知请给止依见请手分则例,仍作内军器库副知,其余已并六库,更不阙迁补。

出处:《宋会要辑稿》食货五二之二九。

审验诸州上供军器诏
（绍兴九年十二月九日）

诸州军岁额上供军器遇纳到日,仰帅司差计议官审验最精及最不勘去处,申朝廷取旨赏罚。

出处:《宋会要辑稿》职官一六之八。

刘一止罢给事中宫祠制
（绍兴九年十二月二十九日）

敕：比诏从臣，咸举其类。庶几得士，协济康功。倘所举非所知，顾有阿徇之私，安所逃罪哉！具官刘某，蚤由推择，进服通联。谓宜事君以人，副兹简拔之意，而乃陷朋附之迹，乖论荐之公。清议靡容，弹章具在。其呕镌于荷橐，尚退食于琳宫。服我宽恩，无忘自讼。可罢给事中，特授依前官提举江州太平观，任便居住，赐如故。

出处：《苕溪集》卷五五。

撰者：程克俊

岳飞乞罢军政退休就医不允诏
（绍兴九年）

敕：具悉。卿竭忠诚而卫社，迪果毅以临戎，元勋既著于鼎彝，余暇尚闲于俎豆。蕃宣所赖，体力方刚，遽欲言归，殊非所望。顾安危注意，朕岂武备之可忘；惟终始一心，汝亦戎功之是念。益敦此义，勿复有云。所请宜不允。

出处：《鄂国金佗续编》卷四。

封善应侯敕
（绍兴九年）

敕：朕惟山林川谷，出云气为风雨者，必加礼秩，以谨奉祠。矧兹洞天，神灵所宅，屈伸变化，呼吸风云，若时愆阳，旋施膏泽。有司言状，宠锡侯封，用孚惠于烝黎，以钦承于涣綍。可特封善应侯。

出处：《洞霄图志》卷一。

赐岳飞御札
（绍兴九年）

朕委任卿严饬边备。唯是过界招纳，得少失多，已累行约束，丁宁详尽。今后虽有三省、密院文字，亦须缴奏，不得遣发。付此亲札，想宜体悉。付岳飞。御押。

出处：《鄂国金佗稡编》卷二。

赐岳飞屯田三事御书
（绍兴九年）

曹操尝苦军食不足，羽林监颍川枣祇建置屯田，于是以任峻为典农中郎将，募百姓屯田于许下，得谷百万斛。郡国例置田官，数年之中，所在积粟，仓廪皆满。诸葛亮与司马宣王对于渭南，每患粮不继，分兵屯田，为久驻之基。耕者杂于渭滨居民之间，而百姓安堵，军无私焉。羊祜都督荆州诸军事，率营兵出镇南夏，开设庠序，绥怀远近，甚得江、汉之心。吴石城守去襄阳七百余里，每为边害，以诡计令吴罢守。于是戍逻减半，分以垦田八百余顷，大获其利。祜之始至也，军无百日之粮；及至季年，有十年之积。赐岳飞。御押。

出处：《鄂国金佗续编》卷一。

高宗朝卷十四　绍兴十年(1140)

徽猷阁待制提举江州太平观尹焞转一官致仕制
(绍兴十年正月二十一日)

　　昔孔戣告老,韩愈上疏请留言贪贤之美;疏广乞骸,道路观者有贤哉之叹。夫贪贤而惜其去,固朝廷之美事;而据经引年,以全进退之节者,亦士君子之素风也。我有耆德之臣,兹上乞身之请。宜颁涣渥,以示至怀。具官某行配古人,名垂当世。蚤受大儒之道,独传圣学之归。顷以特招,来仪迩列。露门劝讲,顾未厌于详延;真馆奉祠,遽愿即于闲燕。阅时甫迈,抗章复来。乃备沥于恳诚,祈悉远于官政。虽嘉尔志,良咈予衷。其仍次对之班,往遂丘园之乐。勉亲药石,益介寿祺。

出处:《新安文献志》卷二。

撰者:程克俊

考校说明:编年据《建炎以来系年要录》卷一三四补。

郑亿年复资政殿学士制
(绍兴十年正月二十八日)

　　还秘殿之隆名,赋殊庭之厚禄,非为尔宠,盖所以昭大信于四方。

出处:《建炎以来系年要录》卷一三四。

撰者:林待聘

大理寺决罚官告去失之人事诏
（绍兴十年二月一日）

敕大理寺：参详有官人去失付身有照证者,已有绍兴玖年柒月贰拾肆日命官犯罪有去失许召保指挥自合遵守外,所有无照证官司难以据凭之人,缘有荫人犯罪,尚许收赎,其有官去失之人,虽无照证,即难以便作无官人决罚,亦合召保施行；其再失已给到去失公据付身人,亦难以作无官人决罚。

出处：《庆元条法事类》卷一七。

省殿试更展一年诏
（绍兴十年二月八日）

永惟三岁兴贤之制,肇自治平,爰暨累朝,遵用彝典。顷缘多事,洊展试期,致取士之年,属当宗祀。宜从革正,用复故常。可除科场于绍兴十年,仰诸州依条发解外,将省、殿试更展一年 ,于绍兴十二年正月锁院省试,三月择日殿试。其向后科场,仍自绍兴十二年省试为准,于绍兴十四年令诸州依条发解。内将来绍兴十二年特奏名合出官人,有年六十一岁者,许出官一次。

出处：《建炎以来系年要录》卷一三四。又见《宋会要辑稿》选举四之二六,《咸淳临安志》卷一二。
考校说明：《宋会要辑稿》选举四系于绍兴十年二月十七日。

刘一止复秘阁修撰告词
（绍兴十年二月二十八日）

敕左朝奉郎、提举江州太平观赐紫金鱼袋刘某：朕称禋合宫,肆眚象魏。开弃咎之路,既一洒于庶尤；闵负罪之臣,宜稍还于故秩。矧乃甘泉之旧,尝诒刑史之书,其需恩荣,以除筹娆。以尔操行坚正,文辞深纯,爰以修能,遂跻从列。自干物议,用致烦言,顾阅岁之已多,谅思愆之既久。兹因需宥,肆举彝章,爰升论撰之华,庸示甄收之渥。广仁恩之意,朕方厚于臣工；复玷缺之艰,尔毋忘于饬厉。可特授依前官充秘阁修撰差遣,赐如故。

出处:《茗溪集》卷五五。

撰者:张嵲

考校说明:张嵲此时似未任两制,存疑待考。

史馆官吏并归实录院诏
(绍兴十年二月二十九日)

史馆提举诸司承受等并官吏并并归实录院,依旧接续支破见请给,其本院每月添破犒设钱更不支破。

出处:《宋会要辑稿》职官一八之六一。

臣僚论事不得以崇观宣政为口实诏
(绍兴十年三月二日)

臣僚论事,自今只陈事之当否,无或蹈袭前日崇、观、宣、政为口实。可告戒中外,务尽致恭之礼。

出处:《建炎以来系年要录》卷一三四。

追封汉严子陵奉议大夫制
(绍兴十年三月八日)

制曰:抒抱匡时,勋业固垂万世;羽仪示则,清标永著千秋。尔子陵为光武之故人,坚衡泌之雅志。知经济之多才,甘隐遁以植节。枕流漱石,垂一线以扶突;山高水长,振千仞以起懦。不受征辟于汉,宁甘爵秩于今。但朕企仰之私,合锡褒嘉之典。晋阶为奉议大夫。於戏,一字之褒,有光泉壤;万民之式,永表寰区。惟尔明灵,尚其歆服。绍兴十年三月初八日颁。

出处:乾隆《桐庐县志》卷一四,乾隆二十一年刻本。

川陕有警急令胡世将随宜措置诏
(绍兴十年三月二十二日)

川陕宣抚司自今或有警急,其调发军马、措置钱粮应干军事待报不及,并许胡世将随宜措置。

出处:《建炎以来系年要录》卷一三四。

令侍从访士诏
(绍兴十年三月二十三日)

朕遭世艰难,临朝愿治,思得一时俊杰、博古通今、质直忠谠之士,讲求治道,以成当世之务。乃远稽汉唐之遗文,近循祖宗之旧制,屡下诏书,开贤良方正之科,将加详延,冀闻至言,以辅不逮。十年于兹,未有称荐以名来上者。岂访求之道有未至邪,何为久之而未有闻也? 侍从之臣,其思为朕益广搜择,以副侧席之求。庶几得人,追配前古,以共济于斯时。宜体至怀,钦承毋忽。

出处:《宋会要辑稿》选举一一之二四。

熟药所监官添给钱诏
(绍兴十年三月二十三日)

熟药所监官依编估局,每月各添给钱一十贯,于本部一文息钱内支给。

出处:《宋会要辑稿》职官二七之六七。

带节钺官等起居班序诏
(绍兴十年四月四日)

今后起居班,三公三少带节钺者,序班在宗室开府仪同三司不带三公三少班前。其外官不带三公三少使相,自合并入带节钺三公三少一班起居;如无外官带节钺三公三少班,其外官开府仪同三司依旧在宗室开府仪同三司后起居。

出处:《宋会要辑稿补编》第一二六页。又见《建炎以来系年要录》卷一三五。

有事明堂御札
（绍兴十年四月十五日）

敕内外文武臣僚等:朕图济艰难,赖眷佑于天地;钦承继序,荷诒燕于祖宗。必修报本之义,以尽其诚;必极奉先之礼,以致其孝。爰因□岁之彝制,申讲九筵之上仪。祗饬精衷,冀格于上下;□祈蕃祉,以燕及于迩遐。蒇事有赖于庶工,助祭实来于四海。宜颁涣号,用戒前期。朕以今年九月有事于明堂。咨尔攸司,各扬厥职,相予肆祀,罔或不恭。故兹札示,想宜知悉。

出处:《中兴礼书》卷四四。

禁阻抑新复州军官员赴阙整会差遣诏
（绍兴十年四月二十一日）

新复州军官员到行在整会差遣之类,如所属胥吏非理阻抑,乞觅一钱以上,取与并过渡人并一等计赃重行科罪,不以赦降原免。许告,赏钱五百贯。仍令尚书省出榜。

出处:《宋会要辑稿》刑法二之一五〇。

赐岳飞诏
（绍兴十年五月前）

昨因虏使至,虑传播不审,妄谓朝廷专意议和,是用累降旨,严饬边备。近据诸路探报,虏人举措,似欲侵犯。卿智谋精审,不在多训,更须曲尽关防,为不可胜之计,斯乃万全。朕比因伤冷作疾,凡十日不视朝,今则安和无事。虑贻卿远忧,故兹亲诏,想宜知悉。付岳飞。御押。

出处:《鄂国金佗稡编》卷二。

申严金翠诏
（绍兴十年五月四日）

其犯金翠人，并当职官除依条坐罪外，更取旨重作行遣。

出处:《宋会要辑稿》刑法二之一一六。

置敷文阁官属诏
（绍兴十年五月七日）

恭惟徽宗皇帝躬天纵之睿资，辅以日就之圣学，因时致治，修礼乐，恢学校，发挥典坟，缉熙治具，宸章奎翰，发号施令，著在简编者，焕乎若三辰之文，丽天垂光，贲饰群物。所以贻谋立教，作则万世者，殆与诗书相表里。将加衰辑，崇建层阁，以严宝藏，用传示于永久。其阁恭以"敷文"为名。祗遹旧章，宜置学士、直学士、待制、直阁，以次列职。备西清之咨访，为儒学之华宠。其著于令。

出处:《三朝北盟会编》卷二〇〇。又见《愧郯录》卷一四，《宋朝事实》卷九，《宋会要辑稿》职官七之一五，《咸淳临安志》卷二，《翰苑新书》前集卷三五。

赐岳飞诏
（绍兴十年五月十三日后）

金人过河，侵犯东京，复来占据已割旧疆。卿素蕴忠义，想深愤激。凡对境事宜，可以乘机取胜，结约招纳等事，可悉从便措置。若事体稍重，合禀议者，即具奏来。付卿亲札，相宜体悉。付岳飞。御押。

出处:《鄂国金佗稡编》卷二。
考校说明:月、日据文中史事补，见《建炎以来系年要录》卷一三五。

赐岳飞诏
（绍兴十年五月十三日后）

金人再犯东京，贼方在境，难以召卿远来面议。今遣李若虚前去，就卿商量。凡今日可以乘机御敌之事，卿可一一筹画措置，先入急递奏来。据事势，莫须重兵持守，轻兵择利。其施设之方，则委任卿，朕不可以遥度也。盛夏我兵所宜，至秋则彼必猖獗，机会之间，尤宜审处。遣亲札，指不多及。付岳飞。御押。

出处：《鄂国金佗稡编》卷二。
考校说明：月、日据文中史事补，见《建炎以来系年要录》卷一三五。

付李显忠御札
（绍兴十年五月十五日后）

卿将所部与张俊会合，如立奇功，与卿建节。

出处：《琬琰集删存》卷三《李公行状》。
考校说明：编年据原书所述史事补，见《宋史》卷二九《高宗纪》。

赐韩世忠御札
（绍兴十年五月十六日后）

金人复占据已割旧疆，卿素蕴忠义，想深愤激。凡对境事宜，可以结约招纳等事，可悉从便宜措置。若事体稍重，即具奏来。

出处：《名臣碑传琬琰之集》卷一三《韩忠武王世忠中兴佐命定国元勋之碑》。
考校说明：编年据原书前文所述"兀术既再陷三京，又犯涟水"补，见《宋史》卷二九《高宗纪》。原书载宋高宗赐韩世忠此诏后，"诏除（韩世忠）少师，余官悉如故"。然韩世忠除少师事在绍兴九年正月（见《宋史》卷二八《高宗纪》），原书疑误。

谕诸路大将各竭忠力以图大事诏
（绍兴十年五月二十五日）

　　昨者金国许归河南诸路，及还梓宫、母、兄。朕念为人子弟，当申孝悌之意；为民父母，当兴拯救之思。是以不惮屈己，连遣信使，奉表称臣，礼意备厚。虽未尽复故疆，已许每岁银、绢至五十万。所遣信使，有被拘留，有遭拒却，皆忍耻不问，相继再遣。不谓设为诡计，方接使人，便复兴兵。今河南百姓休息未久，又遭侵扰，朕蠡然痛伤，何以为怀！仰诸路大帅各竭忠力，以图国家大计，以慰遐迩不忘本朝之心，以副朕委任之意。故兹诏示，想宜知悉。

出处：《建炎以来系年要录》卷一三五。又见《三朝北盟会编》卷二〇〇,《鄂国金佗续编》卷四。

激励中原忠义之士诏
（绍兴十年五月二十五日）

　　金人侵犯中原，兵革不息，已逾一纪，天下忠臣义士，虽在沦陷之中，乃心不忘国家。今兀术无名再起兵端，南北云扰，未知休息之日。凡尔怀忠抱义乡里豪杰之士，有能杀戮首恶，或生擒来献者，并与除节度使，仍加不次任使；其余能取一路者，即付以一路，取一州者，即付以一州，便令久任。应府库所有金帛，并留赏给战士。其余忠力自奋，随力大小，高爵重禄，朕无所吝。

出处：《三朝北盟会编》卷二〇〇。又见《建炎以来系年要录》卷一三五原注。

募擒杀兀术诏
（绍兴十年五月二十五日）

　　两国罢兵，南北生灵方得休息。兀术不道，戕杀其叔，举兵无名，首为乱阶。将帅军民，有能擒杀兀术者，见任节度使以上，授以枢柄；未至节度使者，除节度使；官高者除使相，见统兵者除宣抚使；余人仍赐银绢五万匹两，田一千顷，第宅一区。

出处:《三朝北盟会编》卷二〇〇。又见《建炎以来系年要录》卷一三五原注。

存恤三京陕西路军民诏
（绍兴十年五月二十六日）

三京、陕西路见在行在官员,并与添差,军校愿从军者听;百姓令临安府优加存恤,无令失所。

出处:《建炎以来系年要录》卷一三五。

赐岳飞诏
（绍兴十年五月）

览卿来奏,欲赴行在奏事,深所嘉叹,况以戎事之重,极欲与卿相见。但虏酋在近,事机可乘,已委卿发骑兵至陈、许、光、蔡,出奇制变,因以应援刘锜,及遣舟师至江州屯泊。候卿出军在近,轻骑一来,庶不废事。卿忧国康时,谋深虑远,必有投机不可淹缓之策,可亲书密封,急置来上,朕所虚伫也。遣此亲札,想宜体悉。付岳飞。御押。

出处:《鄂国金佗稡编》卷二。

岳飞特授少保兼河南府路陕西河东
河北路招讨使加食邑制
（绍兴十年六月一日）

门下:艾凶蕲乱,救民本仁义之兵;料敌出奇,命克必神明之将。眷予阃帅,久抚戎昭。俾宣布于皇灵,用外攘于寇侮。惟日之吉,敷告于廷。武胜定国军节度使、开府仪同三司充湖北京西路宣抚使兼营田大使、武昌郡开国公、食邑四千户、食实封壹阡柒伯户岳飞,智合韬钤,灵钟河岳。气吞强虏,壮哉汉将之威棱;志清中原,奋若晋臣之忠概。师屡临于京洛,名远震于荒夷。念国步之方艰,顾戎心之未革。诡谋行诈,以为盗贼之计;阻兵怙乱,以重涂炭之灾。信义俱忘,群情共恶;残虐不道,神理靡容。其遂整于我师,用奉行于天讨,默用万全之计,亟收九伐之功。乃宠畀以使名,斯示濯征之义;仍进跻于孤棘,特隆委寄之权。於戏！一弛一张，文武乘时而致用；百战百胜，方略因敌以为师。举素定之成谋，摅久怀之宿愤，往底必禽之利，丕昭不世之勋。勉尔壮猷，钦予时命。可特授少保，依前武胜定国军节度使充湖北京西路宣抚使兼河南北诸路招讨使兼营田大使，加食邑七百户、食实封叁伯户，封如故。

出处：《鄂国金佗续编》卷二。

岳飞辞免少保兼河南府路陕西河东北路招讨使加食邑七百户食实封叁伯户不允诏
（绍兴十年六月一日后）

敕：具悉。朕以恢复大计，望于尔二、三大帅，肆于授任之际，并涣恩徽，所以示注意之渥。而卿抗章陈谊，力欲恳辞，既尝申谕至怀，乃复固守谦抑。虽嘉尔志，良咈朕心，勉立殊勋，是为异报。所辞宜不允。

出处：《鄂国金佗续编》卷四。
考校说明："一日后"据岳飞宦历补，见《建炎以来系年要录》卷一三六。

岳飞再辞免少保兼河南府路陕西河东北路招讨使加食邑不允诏
（绍兴十年六月一日后）

敕：具悉。卿每拜官，必力恳避，诚知卿怀冲逊之实，非但为礼文之虚也。今复以将士方冒矢石，当锋镝，而不欲独先被厚赏为言，陈谊甚高，朕所嘉叹。第惟同时并拜二、三大帅，皆以次受命，卿欲终辞，异乎蘧伯玉之用心矣。尚体兹义，勿复有云。所辞宜不允。

出处：《鄂国金佗续编》卷四。
考校说明：月、日据岳飞宦历补，见《建炎以来系年要录》卷一三六。

将佐士卒立功赏格诏
（绍兴十年六月三日）

比以金贼侵犯东京，已策用兵征讨。应诸军将领有能建立奇功者，推赏至于使相、建节，仍不次任以职事；将校士卒不以资级高下，但能立奇功，并依前件推赏，仍升近上职任，令吏部别选一等官告旌别功赏。自节度使至横行以下，并空名临军给授，不待保明申请，不碍止法，并与转行。所有将来合得战功恩数亦已于告前明白开说，不须节次整会，仍比旧法更加优异。仰将佐士卒等各思奋励，用命杀敌，以赴功名之会。

出处：《宋会要辑稿》兵一八之三九。

曹伯达为系赵荣带到一行官属及焚毁
了番人文榜特与补正迪功郎制
（绍兴十年六月五日）

敕具官某：向者敌人传檄城邑，尔能率众守义抗贼，不有褒荣，何以示劝！俾起家于文吏，以风动于迍邅。益励尔图，无忘忠力。可。

出处：《紫微集》卷一九。
考校说明：编年据《建炎以来系年要录》卷一三六补。《建炎以来系年要录》卷一三六：“诏右迪功郎、权虹县李讽，主簿、右迪功郎曹伯达并改京秩，仍更转二官，县尉、秉义郎崔彦文，监酒务、承信郎陈卞并除閤门祗候，其余见任寄居官各转一官资。以其焚天眷三年文榜，抗拒金人故也。”与此制不合。张嵲此时未任两制，此文或为《紫微集》误收。

赐岳飞诏
（绍兴十年六月六日前）

金贼背约，兀术见据东京。刘锜在顺昌，虽屡有捷奏，然孤军不易支吾。已委卿发骑兵策应，计已遣行。续报撒离喝犯同州，郭浩会合诸路，扼其奔冲。卿之一军，与两处形势相接，况卿忠义谋略，志慕古人，若出锐师邀击其中，左可图复京师，右谋援关陕，外与河北相应，此乃中兴大计。卿必已有所处，唯是机会不可不乘。付此亲札，想宜体悉。付岳飞。御押。

出处：《鄂国金佗稡编》卷二。

赐岳飞诏
（绍兴十年六月六日）

刘锜在顺昌府，捍御金贼，虽屡杀获，其贼势源源未已。卿依已降诏旨，多差精锐人马，火急前去救援，无致贼势猖狂，少落奸便，不得顷刻住滞。六月六日巳时。付岳飞。御押。

出处：《鄂国金佗稡编》卷二。

赐岳飞诏
（绍兴十年六月六日后）

已降指挥，委卿遣发军马，往光、蔡以来，策应刘锜，以分贼势。缘锜首与虏人相角，稍有龃龉，即于国体士气，所系非轻。卿当体国，悉力措置，无致少失机会。付卿亲札，想宜体悉。付岳飞。御押。

出处：《鄂国金佗稡编》卷二。

赐岳飞诏
（绍兴十年六月六日后）

览卿奏，已差发张宪、姚政军马至顺昌、光、蔡，深中机会。卿乞赴行在所奏事，甚欲与卿相见。缘张俊亲率大兵在淮上，已降指挥委卿统兵并力破贼。卿可疾速起发，乘此盛夏，我兵得利之时，择利进取，候到光、蔡，措置有绪，轻骑前来奏事，副朕虚伫也。付此亲札，想宜体悉。付岳飞。御押。

出处：《鄂国金佗稡编》卷二。

赐岳飞诏
(绍兴十年六月十一日)

览卿亲书奏,深用嘉叹,非忱诚忠说,则言不及此。卿识虑精深,为一时智谋之将,非他人比。兹者河南复陷,日夕怆然。比遣兵渡淮,正欲密备变故,果致偰扰。刘锜战退三路都统、龙虎等军,以捷来上。顾小敌之坚,深轸北顾之念。卿可附近乘此机会,见可而进,或掎角捣虚,或断后取援,攻守之策,不可稽留。兵难遥度,卿可从宜措置,务在取胜,用称引望。已进卿秩,并有处分,想已达矣。建不世之勋,垂名竹帛,得志之秋,宜决策于此。他处未曾谕旨,今首以诏卿,蔽自朕意,想宜体悉。十一日。御押。

出处:《鄂国金佗稡编》卷二。

考校说明:"六月"据王曾瑜《鄂国金陀稡编续编校注》(中华书局,一九八九年,第二九页)补。

赐岳飞诏
(绍兴十年六月十二日)

累降诏旨,令发精锐人马应援刘锜。今顺昌与贼相对日久,虽屡杀获,恐人力疲困不便。卿可促其已发军马,或更益其数,星夜前去协助刘锜,不可少缓,有失机会。卿体朕此意,仍具起发到彼月日奏来。六月十二日。付岳飞。御押。

出处:《鄂国金佗稡编》卷二。

将士战死者赠官推恩如故事诏
(绍兴十年六月十五日)

今后应将士临轩战斗捐躯之人,并仰一一着实具奏。有官人赙赠官及子孙恩泽;军兵依旧支破请给,存恤其家,并比旧法增重。其重伤人合得支赐,亦仰日下支给本色。内有官人因此不堪披带,与添差近便差遣;军兵不任征役,愿放停及改换军额者,各听从便,仍支破请给,以终其身。不得循袭前弊仍作名目,使忠义之人有功不报。

出处：《宋会要辑稿》兵一八之三九。又见《建炎以来系年要录》卷一三六。

赐胡世将御笔
（绍兴十年六月十八日）

石壁去河池不及十程，料此敌有窥川之意，卿须明远斥堠，勉励将士，要是虑常在敌先。仙人关虽险，切不可因循，纵敌稍近也。

出处：《建炎以来系年要录》卷一三六。

赐岳飞诏
（绍兴十年六月十九日）

刘锜在顺昌屡捷，兀术亲统精骑到城下，官军麾击，狼狈遁去。今张俊提大军在淮西，韩世忠轻骑取宿，卿可依累降处分，驰骑兵兼程至光、蔡、陈、许间，须七月以前乘机决胜，冀有大功，为国家长利。若稍后时，弓劲马肥，非我军之便。卿天资忠智，志慕古人，不在多训。十九日三更。付岳飞。御押。

出处：《鄂国金佗稡编》卷二。

以用兵起发见管钱物诏
（绍兴十年六月十九日）

敌人侵犯河南，已决策用兵，所宜经理财用，以赡军旅。帅守诸司，自当体国，协济大计。可将应见管钱物量留经费外，尽数起发。有能率先应办，当加褒擢；如隐占不实，必置于法。并谓在官钱物，不得因缘扰民。

出处：《建炎以来系年要录》卷一三六。

王植减三年磨勘诏
（绍兴十年六月十九日）

监杂卖场王植任内收趁钱五十一万八千九百余贯，减三年磨勘。

出处：《宋会要辑稿》食货五四之二〇。

岳飞复蔡州因奏贼虏之计奖谕诏
（绍兴十年六月二十日后）

敕：具悉。比以虏寇猖獗，我师克捷，惧或狃于屡胜，忽被不虞。乃申饬于戎臣，俾各严于武备，过为待敌之计，用收全胜之功。今览奏陈，大契朕意，有以见卿料事精审，为国深谋，披采以还，良多嘉叹。故兹奖谕，想宜知悉。

出处：《鄂国金佗续编》卷四。
考校说明：月、日据《鄂国金陀稡编》卷八《行实编年》补。

罢措置赡军酒库诏
（绍兴十年闰六月一日）

罢措置赡军酒库，所管官吏悉归户部，仍委一左曹郎官专领。

出处：《宋会要辑稿》食货五六之四四。

令三衙管军等举将帅诏
（绍兴十年闰六月四日）

三衙管军及观察已上，各举智勇猛略、才堪将帅者二人，不拘资格。

出处：《建炎以来系年要录》卷一三六。

赐岳飞御札
(绍兴十年闰六月上旬)

览卿六月二十二日奏,得顺昌府陈规所申,见亲提兵前去措置。可见卿忠义许国之诚,嘉叹不已。今虏兵虽退,若不乘时措置,恐他时愈见费力。已令张俊措置亳州,韩世忠措置宿州、淮阳军,卿可乘机进取陈、蔡,就闰六月终,一切了毕。候措置就绪,卿可轻骑一来相见也。付岳飞。御押。

出处:《鄂国金佗稡编》卷二。
考校说明:月、日据王曾瑜《鄂国金陀稡编续编校注》(中华书局,一九八九年,第二九页)补。

复陕西赦书
(绍兴十年闰六月十三日)

眷惟陕右,初复版图,深念疮痍之遗民,未洽朝廷之德泽。蠢兹羯虏,怀彼狼贪,诡计潜师,实同寇盗。背天违众,荐肆侵陵。踩践我土疆,蟊贼我黎庶。幸赖神人助顺,宗社降灵。将士摧锋,争贾无前之勇;吏民徇国,共坚不贰之心。捷奏已传,师徒再克。尚以蜂屯假息,虎帐戒严。介胄苦暴露之劳,丁壮疲转输之苦,由朕菲德,致尔阽危。惕若厉以疚怀,轸如伤而在己。宜敷涣泽之渥,用慰西土之人。於戏!击虏以殄灭为期,方折冲于万里;得道者多助之至,况有臣惟一心。尚赖帷幄协谋,爪牙宣力。庶永清于四海,庸共底于丕平。咨尔多方,体兹至意。

出处:《三朝北盟会编》卷二〇二。

诚谕诸帅诏
(绍兴十年闰六月十四日)

敌人不道,荐肆凶残,王师所临,无往不克。捷奏继至,俘获踵庭。尚虑狃吾屡胜之威,忽彼不虞之戒。天下本吾一家,岂贪尺寸之利;敌人亡在朝夕,必以殄灭为期。咨尔六师,咸体朕意。

出处:《建炎以来系年要录》卷一三六。又见《中兴小纪》卷二八,《太平宝训政事纪年》卷五。

赦顺昌官吏军民手诏
(绍兴十年闰六月十五日)

顺昌府官吏军民等:狂虏犯境,王师歼冲,惟尔吏民,协济军事,保捍城垒,驱遏寇攘。眷乃忠勤,宜加抚惠。应本府见禁罪人,除犯劫杀、故杀、斗杀并为已杀人者,并十恶罪至死、伪造符印、放火、官员犯入己赃、将校军人公人犯枉法、监主自盗赃,并依法,内枉法自盗罪至死、情理轻者,奏取指挥,斗杀罪至死情理轻者,减一等,刺配千里外牢城,断讫录案闻奏。其余死罪降从流,流罪已下并放。官员在城守御者,并与转一资,军人等第犒设一次。民间租税昨降赦已放三年外,更与放免二年。管下诸县及乡村人户曾被贼马焚劫财产屋业者,并依灾伤法赈济。旧给使效曾经放散委有武艺才力可使者,依旧收补,支给请受。管内铺兵级更与犒设一次。逃亡军人限指挥到百日内,许于所在首身,依旧收管;限满不首,复罪如初。应本府县有民间利害,守臣条具以闻。诏书到日,明告吏民,各令知悉。

出处:《三朝北盟会编》卷二○四。又见《宋会要辑稿》帝系九之二九、食货五九之三○、食货六八之一二三,《建炎以来系年要录》卷一三六。
考校说明:原书绍兴十年七月十九日庚申,据《宋会要辑稿》改。

京西路复置漕臣一员诏
(绍兴十年闰六月二十二日)

京西路复置漕臣一员,兼提举茶盐常平等公事,襄阳府置司。

出处:《宋会要辑稿》食货四九之四三。

弹劾违戾刑狱诏
(绍兴十年闰六月二十七日)

应有刑狱去处,狱具违戾,令御史台弹劾以闻。

出处:《宋会要辑稿》职官五五之二〇。

赐杨沂中御札
(绍兴十年闰六月二十七日)

近据诸处探报及降虏面奏,皆云兀术与龙虎议定,欲诱致王师相近汴都,并力一战。卿切须占稳自固,同为进止。虏或时遣轻骑来相诱引,但挫其锋,勿贪小利,堕其诡计。俟有可乘之隙,约定期日,合力并举,以保万全。廿七日。付沂中。押。

出处:《式古堂书画汇考》卷一三。又见《赵氏铁网珊瑚》卷二。

赵鼎责授清远军节度副使湖州安置制
(绍兴十年闰六月二十八日)

朋奸罔上,恶殆并于共、兜;专制擅权,罪实侔于杨、李。

出处:《建炎以来系年要录》卷一三六。

赐岳飞御札
(绍兴十年闰六月二十八日)

览卿奏,提兵已至蔡州,暑行劳勚,益见忠诚许国,嘉叹无已。朕意初欲擒取孽酋,庶几群丑自溃,两国生民有息肩之期。然贼情敌势,必已在卿目中,迟速进退,卿当审处所宜。廿八日。付岳飞。御押。

出处:《鄂国金佗稡编》卷二。

张致远致仕转官制
(绍兴十年闰六月后)

贤者于世,分出处之二涂;明君待臣,唯始终之一道。进必由礼,退而示恩。

具官某仕逢其时,学见于用。入居琐闼,星郎高侍从之班;出拥朱幡,竹使抚雕题之俗。联荣次对,均佚真祠,偶因婴疾之微,遂有引年之请。重违雅尚,爰举彝章,用增阶品之荣,听遂林泉之适。

出处:《东牟集》卷七。

考校说明:编年据张致远官历补,见《宋史》卷三七六《张致远传》、《建炎以来系年要录》卷一三六。王洋此时未任两制,此文当为《东牟集》误收。

推赏马秦诏
(绍兴十年七月一日)

马秦首先率众来归,与补正,见带官资特转行右武大夫,除遥郡防御使,仍赐袍笏金带。

出处:《宋会要辑稿》兵一五之七。

赐岳飞御札
(绍兴十年七月三日)

览卿奏,克复颍昌,已离蔡州,向北措置。大帅身先士卒,忠义许国,深所嘉叹。然须过为计虑,虏怀蛮毒,恐至高秋马肥,不测豕突,当使许、蔡遗民前期保聚。大军进退之宜,轻重缓急,尽以委卿,朕不从中御也。初三日。付岳飞。御押。

出处:《鄂国金佗稡编》卷二。

考校说明:"七月"据王曾瑜《鄂国金陀稡编续编校注》(中华书局,一九八九年,第三三页)补。

赐岳飞御札
(绍兴十年七月三日后)

得卿奏,提兵在道,暑行劳勤,朕念之不忘。狂虏尚在近境,今已入秋,预当严备,以防豕突。蔡、颍旧隶京西,今专付卿措置,当分兵将屯守防捍,并谋绝其粮道,使虏有腹背之顾。在卿方略,随宜处画。朕久欲与卿相见,事毕,轻骑一来为佳。余候面议。遣此亲札,想宜体悉。付飞。御押。

出处:《鄂国金佗稡编》卷二。
考校说明:月、日据此诏在前后相关诏令中的排序补,见王曾瑜《鄂国金陀稡编续编校注》(中华书局,一九八九年,第二九页)。

<h1 style="text-align:center">赐岳飞御札</h1>

(绍兴十年七月三日后)

览卿奏,知已遣兵下郑州,自许、陈、蔡一带,形势皆为我有。又大军去贼寨止百余里,想卿忠义许国之心,必期殄灭残虏,嘉叹无已。然贼计素挟狙诈,虽其奸谋不能出卿所料,更在明斥堠,谨间谍,乘机择利,必保万全。兵事难以隃度,迟速进退,朕专付之卿也。已差中使劳卿一军,未到间,卿有所欲,前期奏来。入觐无早晚,但军事可以委之僚属,即便就途。遣此亲札,想宜体悉。付岳飞。御押。

出处:《鄂国金佗稡编》卷二。
考校说明:月、日据此诏在前后相关诏令中的排序补,见王曾瑜《鄂国金陀稡编续编校注》(中华书局,一九八九年,第三二页)。

<h1 style="text-align:center">赐岳飞御札</h1>

(绍兴十年七月二十二日前)

览卿七月五日及八日两奏,闻虏并兵东京,及贼酋率众侵犯,已获胜捷。卿以忠义之气,独当强敌,志在殄灭贼众,朕心深所倾属。已遣杨沂中悉军起发,自宿、亳前去牵制,闻刘锜亦已进至项城。卿当审料事机,择利进退,全军为上,不妨图贼,又不堕彼奸计也。遣此亲札,谅深体悉。付岳飞。御押。

出处:《鄂国金佗稡编》卷二。
考校说明:月、日据此诏在前后相关诏令中的排序补,见王曾瑜《鄂国金陀稡编续编校注》(中华书局,一九八九年,第三五页)。

赐岳飞御札
（绍兴十年七月二十二日）

览卿奏，八日之战，虏以精骑冲坚，自谓奇计。卿遣背嵬、游奕迎破贼锋，戕其酋领，实为隽功。然大敌在近，卿以一军，独与决战，忠义所奋，神明助之，再三嘉叹，不忘于怀。比已遣杨沂中全军自宿、泗前去，韩世忠亦出兵东向。卿料敌素无遗策，进退缓急之间，可随机审处，仍与刘锜相约同之。屡已喻卿，不从中御，军前凡有所须，一一奏来。七月廿二日。付岳飞。御押。

出处：《鄂国金佗稡编》卷二。

奖谕武胜定国军节度使湖北京西宣抚使
岳飞郾城胜捷仍降犒赏诏
（绍兴十年七月二十二日后）

敕岳飞：自羯胡入寇，今十五年。我师临阵，何啻百战。曾未闻远以孤军，当兹巨擘，抗犬羊并集之众，于平原旷野之中，如今日之用命者也。盖卿忠义贯于神明，威惠孚于士卒。暨尔在行之旅，咸怀克敌之心。陷阵摧坚，计不反顾，鏖斗屡合，丑类败奔。念兹锋镝之交，重有伤夷之苦。俾尔至此，时予之辜。惟虏势之已穷，而吾军之方振。尚效功名之志，亟闻殄灭之期。载想忠勤，弥深嘉叹。降关子钱二十万贯，犒赏战士。故兹奖谕，想宜知悉。

出处：《鄂国金佗续编》卷四。又见《鄂国金佗稡编》卷八，《新安文献志》卷二。
撰者：程克俊
考校说明：编年据《鄂国金佗续编》卷一○《奖谕郾城获捷省札》补。此诏《金佗续编》原题作《郾城斩贼将阿李孛堇大获胜捷赐诏奖谕仍降关子钱犒赏战士》，未署撰人。《新安文献志》题为"程章靖公"即程克俊撰，今据以收录，并改用《新安文献志》篇题。

赐岳飞御札
(绍兴十年七月二十二日后)

　　览卿奏,兀术见聚兵对垒,卿欲乘时破灭渠魁。备见忠义之气,通于神明,却敌兴邦,唯卿是赖。已令张俊自淮西,韩世忠自京东,择利并进。若虏势穷蹙,便当乘机殄灭,如奸谋诡计尚有包藏,谅卿亦能料敌,有以应之。杨珪自虏中逃归,有所见事宜,今录本付卿,亦欲一知也。遣此亲札,想宜体悉。付岳飞。御押。

出处:《鄂国金佗稡编》卷二。
考校说明:月、日据此诏在前后相关诏令中的排序补,见王曾瑜《鄂国金陀稡编续编校注》(中华书局,一九八九年,第三六页)。

赐岳飞御札
(绍兴十年七月二十二日后)

　　得卿十八日奏,言措置班师,机会诚为可惜。卿忠义许国,言词激切,朕心不忘。卿且少驻近便得地利处,报杨沂中、刘锜同共相度,如有机会可乘,约期并进。如且休止,以观敌衅,亦须声援相及。杨沂中已于今月二十五日起发,卿可照知。遣此亲札,谅宜体悉。付岳飞。御押。

出处:《鄂国金佗稡编》卷三。
考校说明:月、日据此诏在前后相关诏令中的排序补,见王曾瑜《鄂国金陀稡编续编校注》(中华书局,一九八九年,第三八页)。

赐胡世将御札
(绍兴十年七月二十九日)

　　今日事势,以力保关隘为先。又陕西将士与右护军不同,正当兼容,有仗义自奋者,优奖之,以励其余。

出处:《建炎以来系年要录》卷一三七。

赐杨沂中御札
（绍兴十年七月）

览卿奏,已渡江,暂驻兵泗州。比得韩世忠报,提兵往淮阳。卿可审度事机,若当应援,即一面策应,宜以体国为念,勿分彼此。岳飞近奏,留王贵等在蔡州,已过顺昌,由淮西前来奏事,俟有定议,即报卿知。特遣亲札,谅宜体悉。付沂中。押。

出处:《式古堂书画汇考》卷一三。又见《赵氏铁网珊瑚》卷二。

赐杨沂中御札
（绍兴十年七月）

得岳飞奏,措置班师,刘锜奏复入顺昌。已令各且驻军近便去处,报卿同共相度,如机会可乘,即约期并进;如未可,亦可驻军相近,声援相接,勿致为贼所窥。卿可悉急遣人与飞、锜议定卿一军所向,庶几不失期会也。付沂中。押。

出处:《式古堂书画汇考》卷一三。又见《赵氏铁网珊瑚》卷二。

严行谒禁之制诏
（绍兴十年八月四日）

谒禁之制,具有成法,仰御史台觉察弹劾。

出处:《宋会要辑稿》刑法二之一一四。

明堂大礼诫谕行事执事官诏
（绍兴十年八月七日）

九月十日明堂大礼,应行事、执事官等务在严肃,如有懈怠不恭,令阁门取旨送御史。

出处:《宋会要辑稿》礼二四之九三。

太史局额外学生权行收试一次诏
（绍兴十年八月十日）

太史局额外学生,依本局所申权行收试一次。候召募试补了当,如日后再有阙,即依自来试法。

出处:《宋会要辑稿》职官一八之九〇。

颍昌捷后俄诏班师岳飞上章力请解兵柄致仕不允诏
（绍兴十年八月十一日前）

敕:具悉。卿勇略冠时,威名服众。分镇一道,使敌人无侵侮之虞;尽节本朝,致将士有忠诚之效。方资长算,助予远图,未有息戈之期,而有告老之请。虽卿所志,固尝在于山林;而臣事君,可遽忘于王室?所请宜不允。

出处:《鄂国金佗续编》卷四。
考校说明:月、日据文中所述史事补,见《鄂国金陀粹编》卷八《行实编年》、《三朝北盟会编》卷二〇四。

张九成为臣寮上言落职依旧知邵州制
（绍兴十年八月十五日）

朕务推大德,加厚庶工,虽愆过之已彰,尚优容而未替。既国言之不置,岂朕念之敢私?以尔早首俊科,旋参法从。义当报国,而出处乃视于权臣;名为好修,而趋操务欺于愚俗。日缘边警,妄肆违言,阴遣朋徒,鼓惑群听。既非公义,奚逭宽科?其镌论撰之华,尚俾民社之寄。往图循省,毋重悔尤。

出处:《紫微集》卷一七。
撰者:张嵲
考校说明:编年据《建炎以来系年要录》卷一三七补。

宋万年为金人内侵纠集军马竭力保捍敦减过官依旧给还仍差权知庆阳军府兼主管经略安抚司公事节制鄜延环庆路军马换给仍升除直显谟阁制
（绍兴十年八月二十一日）

朕惟强敌入寇,自非智者献谋,勇者出力,以逆折其锋,曷能有济哉！尔奋身儒学,擢任边琐,纠合义旅,为国保民。大帅上功,三复嘉叹。升华延阁,用劝忠勤。尚懋尔图,以底成绩。

出处:《紫微集》卷一六。又见《永乐大典》卷一三四九九。
撰者:张嵲
考校说明:编年据《建炎以来系年要录》卷一三七补。

职事官封赠诏
（绍兴十年八月二十三日）

曾任职事官合得封赠,而去官在大礼前者,不问久近,如非降责,并与封父母一次。

出处:《建炎以来系年要录》卷一三七。

赐岳飞御札
（绍兴十年八月）

比闻卿已趣装入觐,其慰朕虚伫欲见之意。但以卿昨在京西,与虏接战,遂遣诸军掎角并进。今韩世忠在淮阳城下,杨沂中已往徐州,卿当且留京西,伺贼意向,为牵制之势。俟诸处同为进止,大计无虑,然后相见未晚也。遣此亲札,谅深体悉。付岳飞。御押。

出处:《鄂国金佗稡编》卷三。
考校说明:月份据王曾瑜《鄂国金陀稡编续编校注》（中华书局,一九八九年,第五八一页)补。

赐岳飞御札
(绍兴十年八月)

昨以韩世忠出军淮阳,委卿留京西,为牵制之势。今闻卿已至庐州,世忠却已归楚。卿当疾驰入觐,以副朕伫见之切,军事足得面议。遣此亲札,谅深体悉。付岳飞。御押。

出处:《鄂国金佗稡编》卷三。

考校说明:月份据王曾瑜《鄂国金陀稡编续编校注》(中华书局,一九八九年,第五八一页)补。

赐杨沂中御札
(绍兴十年八月)

得韩世忠初七日奏,见驻军淮阳城下,并捉获淮阳告急天使,称已乞兵东京、南京,极力来援。卿可与世忠期约,择利策应,毋失机会。初遣卿行,与岳飞合力,今飞方赴行在奏事,世忠见已出师。国事一也,不得辄分彼此。遣此亲札,谅宜体悉。付沂中。押。

出处:《式古堂书画汇考》卷一三。又见《赵氏铁网珊瑚》卷二。

赐杨沂中御札
(绍兴十年八月)

览卿十一日奏,前去徐州,与韩世忠相为声援,兼欲到徐亲见世忠议事,深见卿忠纯体国。徐在淮阳西北,敌人来援,恐此犯卿。切须明远斥候,常为大敌之备,仍与世忠势力相接。进退之间,预相期约,勿各自为前却,皆成孤军。已亲札付世忠,密告以专遣卿竭力应援,阙令协和,以济国事。再遣亲札,谅宜体悉。付沂中。押。

出处:《式古堂书画汇考》卷一三。又见《赵氏铁网珊瑚》卷二。

明堂赦文
（绍兴十年九月十日）

门下：朕嗣承大统，躬履多虞。属炎正之中微，致绵区之俶扰。惟二帝出狩，不敢忘者亲爱之恩；而一纪拿兵，尤可痛者生灵之命。邦之不靖，罪实在予。每念累朝之至仁，兼爱两国之赤子，冀休兵革，各保封疆。徒以安天下为心，岂在修匹夫之怨！至于遣使致币，屈己讲和。然朕诚不足以孚强敌而俾革心，德不足以保遗民而俾安宅。靡成言之固守，复始乱以侵陵。是使南北之民，永无休息之日。咎繇菲薄，疢切矗伤。幸赖帝鉴孔昭，大界丰穰之岁；人心共愤，咸怀敌忾之忠。兵民足食以无虞，将士叶谋而有济。载念九筵之盛典，盍循三岁之彝章。合天地以奉圭币之恭，侑圣明而登牢醴之荐。式崇大报，庸致精禋。惟上下神祇临我而格思，惟祖宗功德在人而未艾。两仪助顺，傥开偃革之期；九庙垂休，益壮肯堂之业。是用诞敷霈泽，溥及多方。示孚惠于函生，庶导迎于和气。云云。於戏！精意以享，熙事既成。敛福锡民，忍向隅之独泣；同仁一视，期率土之举安。尚赖文武一心，忠贤同德，共戡多难，永底丕平。

出处：《新安文献志》卷二。又见《中兴礼书》卷八五。
撰者：程克俊

钱忱辞免恩命不允诏
（暂系于绍兴十年九月十日后）

朕拜贶明禋，均厘绵宇。既霈漏泉之泽，固无反汗之文。况卿位亚公台，贤称戚畹，疏恩近地，为国彝章。趣祗眷意之承，勿重奏封之请。

出处：《紫微集》卷一一。
撰者：张嵲
考校说明：编年据张嵲任两制时间、南宋明堂大礼时间补，见《宋史》卷二九《高宗纪》。

太尉保成军节度使杨沂中故曾祖仲臣可特赠少保制
（绍兴十年九月十日后）

敕:朕钦柴宗祈,以严祖考之侑;锡福四海,以广上帝之仁。经略所逮,靡不普洽;怀生之类,靡不闿泽。眷吾贵宠之臣,可后追褒之典? 其施名命,以及曾门。具官某曾祖某秉德慈祥,造行醇固;潜德不耀,垂裕后人。东宫调护之地,未极于追崇;左棘孤卿之联,益隆于等级。九原有识,歆服予恩。可。

出处:《紫微集》卷一四。
撰者:张嵲
考校说明:编年据张嵲任两制时间、杨沂中宦历、南宋明堂大礼时间补,见《建炎以来系年要录》卷一二五等。

太尉保成军节度使杨沂中故曾祖母
檀氏可特赠崇国夫人制
（绍兴十年九月十日后）

敕:肃祇禋祀,神示燕娭;荐献大宫,祖考来格。大事获考,既均福于左右之良;惠泽四施,宜推本其源流之自。既已逮曾门之远,顾可遗内助之贤? 具官某曾祖母某氏,顺靖以辑其闺门,淑慎以修其妇道,遂蓄余庆,施及后昆。矧兹庙泽之行,可无赍饰之典? 易封大国,尚克嘉之。可。

出处:《紫微集》卷一四。
撰者:张嵲
考校说明:编年据张嵲任两制时间、杨沂中宦历、南宋明堂大礼时间补,见《建炎以来系年要录》卷一二五等。

太尉保成军节度使杨沂中故曾祖母
雍氏可特赠康国夫人制
（绍兴十年九月十日后）

敕:具官某曾祖母某氏,躬织纴之勤,服图史之训,溯其居有环佩之节,动无燕惰之容。垂裕后人,用袭其庆。既正小君之号,益荒大国之封。精识不渝,尚知歆贲。可。

出处:《紫微集》卷一四。

撰者:张嵲

考校说明:编年据张嵲任两制时间、杨沂中宦历、南宋明堂大礼时间补,见《建炎以来系年要录》卷一二五等。

太尉保成军节度使杨沂中故祖宗闵可特赠少傅制
(绍兴十年九月十日后)

敕:朕惟国家既赖人之子孙,以同恤四方之虞,可不推本其欲致尊亲之意,而宠绥其先哉?具官祖某,笃厚提身,谦恭居职。顾顺德之行,虽勤于没世;而为善之报,不在于厥身。傅导之官,益隆于品秩;岁时之祀,永贲于宗祧。可。

出处:《紫微集》卷一四。

撰者:张嵲

考校说明:编年据张嵲任两制时间、杨沂中宦历、南宋明堂大礼时间补,见《建炎以来系年要录》卷一二五等。

太尉保成军节度使杨沂中故祖母贾氏可特赠丰国夫人制
(绍兴十年九月十日后)

敕:朕惟祭泽之行,既下均于胞翟;哀崇之典,固无间于显幽。本原内助之贤,宜需从夫之宠。具官某祖母某氏,供苹藻之荐,而有季兰之钦;应彤管之诗,而钟静女之美。四德兼备,宜膺令名。其即小君之封,益荒大国之壤。尚其精爽,知服予恩。可。

出处:《紫微集》卷一四。

撰者:张嵲

考校说明:编年据张嵲任两制时间、杨沂中宦历、南宋明堂大礼时间补,见《建炎以来系年要录》卷一二五等。

太尉保成军节度使杨沂中故祖母刘氏可特赠惠国夫人制
（绍兴十年九月十日后）

敕：某氏婉娈之资，内宜其族姻；慈祥之行，密相于夫子。遂储百年之庆，至于再世而昌。有嘉闺则之贤，具应追荣之典，益荒大国，尚或能歆。可。

出处：《紫微集》卷一四。
撰者：张嵲
考校说明：编年据张嵲任两制时间、杨沂中宦历、南宋明堂大礼时间补，见《建炎以来系年要录》卷一二五等。

太尉保成军节度使杨沂中故父震可特赠少师制
（绍兴十年九月十日后）

敕：朕观《盘庚》告戒其群臣曰："古我先王，暨乃祖乃父，胥及逸勤。""兹予大享于先王，尔祖其从与享之。作福作灾，予不敢动用非德。"其中篇曰："古我先王，既劳乃祖乃父，汝有戕则在乃心。乃祖乃父，乃断弃汝，不救乃死。"用是知先王之于其臣，善则称其先以劝之，不善则称其先以惧之，可不有报哉！具官某故父某，资材之美，足致通显，而赍志不试，诒庆嗣人。肆因惠泽之施，爰举憝书之典，其跻荣于三少，以大慰于九原。俾尔子孙，毋坠厥绪。可。

出处：《紫微集》卷一四。
撰者：张嵲
考校说明：编年据张嵲任两制时间、杨沂中宦历、南宋明堂大礼时间补，见《建炎以来系年要录》卷一二五等。

太尉保成军节度使杨沂中故母董氏可特赠淑国夫人制
（绍兴十年九月十日后）

敕：妇人有三从之义，服饰则系其夫；国家广五教之风，褒扬盖因其子。属者大事获考，均厘万官，宜霈湛恩，以加泉壤。具官某故母某氏，柔仪婉娈，令德幽闲。躬《采蘩》法度之防，致《鹊巢》积累之盛。并袭余庆，以启后人。其即故封，益荒大国。知气如在,祗服明纶。可。

出处:《紫微集》卷一四。

撰者:张嵲

考校说明:编年据张嵲任两制时间、杨沂中宦历、南宋明堂大礼时间补,见《建炎以来系年要录》卷一二五等。

太尉保成军节度使杨沂中故母张氏可特赠永国夫人制
(绍兴十年九月十日后)

敕:具官某故母某氏,成其妇训,克谨彝仪;用其雍睦,以宜室家。柔正以事夫子,可无密印之章,用慰寒泉之念? 俾易封于汤邑,用益耀于幽泉。尚其有知,歆予顾恤。可。

出处:《紫微集》卷一四。

撰者:张嵲

考校说明:编年据张嵲任两制时间、杨沂中宦历、南宋明堂大礼时间补,见《建炎以来系年要录》卷一二五等。

太尉保成军节度使杨沂中故妻赵氏可特赠清源郡夫人制
(绍兴十年九月十日后)

敕:朕并赖庶工之力,以共济国家;本原内助之资,而诞施褒渥。漏泉之泽,何间显幽。具官某故妻某氏,行不越于阃彝,德足书于图史。早以令善,归逢其良。极勤劳于室家,每同甘苦;殆良人之通显,已隔存亡。用需恩章,增其称谓。纳书以禭,尚克歆承。可。

出处:《紫微集》卷一四。

撰者:张嵲

考校说明:编年据张嵲任两制时间、杨沂中宦历、南宋明堂大礼时间补,见《建炎以来系年要录》卷一二五等。

太尉保成军节度使杨沂中妻赵氏可特封华原郡夫人制
（绍兴十年九月十日后）

敕:朕褒宠贵近,务极优隆。矧庙泽毕逮于翟闺,顾福叚可遗其家室? 具官某妻某氏,凝资婉约,秉德闲幽。如桃夭之宜室家,躬采苹以承祭祀。宜因惠术,以示褒荣。益开汤沐之封,以耀筓珈之德。钦承恩命,毋怠相成。可。

出处:《紫微集》卷一四。

撰者:张嵲

考校说明:编年据张嵲任两制时间、杨沂中宦历、南宋明堂大礼时间补,见《建炎以来系年要录》卷一二五等。

和众辅国功臣太保护国镇安保静军节度使
刘光世故曾祖绍能可特追封鲁国公制
（绍兴十年九月十日后）

敕:朕钦柴宗祈,以严祖考之侑;锡福四海,以广上帝之仁。经略所逮,靡不普洽;怀生之类,靡不闿泽。眷吾贵宠之臣,可后追褒之典? 其施名命,以及曾门。具官某故曾祖某,天资鸷勇,辅之韬略,威名振乎敌邻,功绩藏于盟府。虽登勇爵,未极显荣。三世其昌,遂跻公保。其以曲阜之号,冠于五等之封。若节春秋,来慕黍稷。施及孙子,尚永赖之。可。

出处:《紫微集》卷一四。

撰者:张嵲

考校说明:编年据张嵲任两制时间、刘光世宦历、南宋明堂大礼时间补,见《宋史》卷三六九《刘光世传》等。

和众辅国功臣太保护国镇安保静军节度使
刘光世故曾祖母黄氏可特赠郓国夫人制
（绍兴十年九月十日后）

敕:朕修礼合宫,天地并况;流泽寰宇,胞翟靡遗。恩加贵臣,既以宠褒其宗祖;推本内助,顾可忽遗其室家？具官某故曾祖母某氏,婉娈之资,内宜其姻族;慈祥之行,密相于夫子。遂蓄余庆,施及后昆。惟尔闻孙,实予公保。其徙商于之旧国,胙以东平之大邦,以为尔宠,尚克嘉之。可。

出处:《紫微集》卷一四。

撰者:张嵲

考校说明:编年据张嵲任两制时间、刘光世宦历、南宋明堂大礼时间补,见《宋史》卷三六九《刘光世传》等。

和众辅国功臣太保护国镇安保静军节度使刘光世故曾祖母白氏可特赠吴国夫人制
(绍兴十年九月十日后)

敕:某氏淑慎以修其妇道,顺靖以辑其闺门。正其貌足以称笄珈之饰,饬其行足以蓄有后之庆。洊膺褒赏,已即封于于越;其因故号,俾胙土于勾吴。钦我恩荣,永光厚夜。可。

出处:《紫微集》卷一四。

撰者:张嵲

考校说明:编年据张嵲任两制时间、刘光世宦历、南宋明堂大礼时间补,见《宋史》卷三六九《刘光世传》等。

和众辅国功臣太保护国镇安保静军节度使刘光世故祖永年可特追封越国公制
(绍兴十年九月十日后)

敕:朕惟国家既赖其孙子,以同恤四方之虞,可不推本其欲致尊亲之意,而宠绥其先哉！若夫用其力而蔑其报,及其近而忘其远,则先后本末,岂为称乎？具官某故祖某,少以勇闻,怀韬略之秘;晚为名将,有疆场之功。虽才器足致通显,然蓄庆以垂后人。肆因需泽之流,用举追褒之典。冠五等之号,已赐履于三吴;慰九泉之灵,俾苴茅于百粤。歆予时命,尚克享之。可。

出处:《紫微集》卷一四。

撰者：张嵲

考校说明：编年据张嵲任两制时间、刘光世宦历、南宋明堂大礼时间补，见《宋史》卷三六九《刘光世传》等。

和众辅国功臣太保护国镇安保静军节度使 刘光世故祖母马氏可特赠韩国夫人制

（绍兴十年九月十日后）

敕：夫荣于朝，妇贵于室，古今之通义也。顾惟伉俪之私，岂有幽明之间？且愍册既加于祖庙，则施恩宜逮其闺门。具官某故祖母某氏，为妇为母，不愧于图史；如山如河，克称其象服。遂蓄百年之庆，至于三世而昌。复以所承，上休祢室。胙之成国，既已有此冀方；为尔相攸，宜其莫如韩乐。尚歆明命，即彼新封。可。

出处：《紫微集》卷一四。
撰者：张嵲
考校说明：编年据张嵲任两制时间、刘光世宦历、南宋明堂大礼时间补，见《宋史》卷三六九《刘光世传》等。

和众辅国功臣太保护国镇安保静军节度使 刘光世故祖母李氏可特赠唐国夫人制

（绍兴十年九月十日后）

某氏浣濯以致其俭勤，苹藻以供其祭祀。彤管有炜，无惭《静女》之章；象服是宜，不愧夫人之德。克昌厥后，为吾贵臣。爰因惠术之行，用锡追褒之命。筓珈有耀，既正小君之名；汤沐徙封，益荒大国之履。惟其精识，尚或能歆。可。

出处：《紫微集》卷一四。
撰者：张嵲
考校说明：编年据张嵲任两制时间、刘光世宦历、南宋明堂大礼时间补，见《宋史》卷三六九《刘光世传》等。

和众辅国功臣太保护国镇安保静军节度使
刘光世故父延庆可特追封楚国公制
(绍兴十年九月十日后)

敕:朕观《盘庚》告戒其群臣曰:"古我先王,暨乃祖乃父,胥及逸勤。""兹予大享于先王,尔祖其从与享之。作福作灾,予不敢动用非德。"其中篇曰:"古我先王,既劳乃祖乃父,汝有戕则在乃心。乃祖乃父,乃断弃汝,不救乃死。"用是知先王之于其臣,善则称其先以劝之,不善则称其先以惧之,可不有报哉! 具官某故父某,智勇绝伦,为国名将。折冲御侮,用力先朝。功伐之高,载诸典册;威名之盛,传诵在人。遂生光世,能世其家。比礼成于合宫,以恤章而告第。昔常赐履,已荒嬴氏之山河;今俾苴茅,昨以荆芊之封畛。尚启尔子,无忘报予。可。

出处:《紫微集》卷一四。
撰者:张嵲
考校说明:编年据张嵲任两制时间、刘光世宦历、南宋明堂大礼时间补,见《宋史》卷三六九《刘光世传》等。

和众辅国功臣太保护国镇安保静军节度使
刘光世故嫡母葛氏可特赠镇国夫人制
(绍兴十年九月十日后)

敕:某氏成其家室,克谨闺仪;相其良人,致位通显。副笄之盛,既荣耀于生平;汤沐之封,益侈大于身后。其即小君之号,益荒大国之履。阴启尔后,尚图显庸。可。

出处:《紫微集》卷一四。
撰者:张嵲
考校说明:编年据张嵲任两制时间、刘光世宦历、南宋明堂大礼时间补,见《宋史》卷三六九《刘光世传》等。

和众辅国功臣太保护国镇安保静军节度使
刘光世故所生母杨氏可特赠邓国夫人制
(绍兴十年九月十日后)

敕:朕推昔人福不专飨之心,既广漏泉之施;念《春秋》母以子贵之义,俾笃显亲之仁。矧乃慈祥,实生贤将,追崇泉壤,尚何爱焉。具官某所生母某氏,钦翼自居,靖端率下。考提身之令德,固不惭络秀之贤;顾生子之显融,岂待著潜夫之论。宜推惠术,增贲幽扃。赐脂泽之封,已开于成国;广汤沐之奉,益大于新邦。俾尔后人,毋坠乃力。可。

出处:《紫微集》卷一四。
撰者:张嵲
考校说明:编年据张嵲任两制时间、刘光世宦历、南宋明堂大礼时间补,见《宋史》卷三六九《刘光世传》等。

和众辅国功臣太保护国镇安保静军节度使
刘光世妻向氏可特封秦国夫人制
(绍兴十年九月十日后)

敕:朕闻将受命之日忘其家,则夫凿凶门制阃外者,义不得反顾其私,古今一也。然君人者既赖其力,以之安边境而救民死,得不丰其报哉?庙泽之施,宜首逮其家室。具官某妻某氏,出于名族,来嫔将门。以供先祀,则孝而恭;以事夫子,则柔而正。山河之德,不愧其服饰;婉嫕之行,能宜其家人。即膺成国之封,已正小君之号。俾颁书命,增广封圻,遂荒嬴秦,为之奉邑。无忘劝勉之义,同肩报国之心。可。

出处:《紫微集》卷一四。
撰者:张嵲
考校说明:编年据张嵲任两制时间、刘光世宦历、南宋明堂大礼时间补,见《宋史》卷三六九《刘光世传》等。

参知政事王次翁故曾祖异可特赠少保制
(绍兴十年九月十日后)

朕建广大之祀,既逆厘于三神;湛汪瀲之恩,复施泽于四海。乃眷熙事涓成之自,实惟耆俊显相之勤。用布闵章,逮其重祖。具官某醇笃之行修于家庭,孝谨之风刑于邑里,位不配德,寂寥百年。庆钟闻孙,焜耀一世。东宫调护之地,未极于追崇;左棘孤卿之联,益隆于等级。九原有识,歆服予恩。可。

出处:《紫微集》卷一四。
撰者:张嵲
考校说明:编年据张嵲任两制时间、王次翁宦历、南宋明堂大礼时间补,见《宋史》卷二一三《宰辅表》等。题后原注:"系该郊礼封赠。"

参知政事王次翁故曾祖母刘氏可特赠崇国夫人制
(绍兴十年九月十日后)

朕肃祇禋祀,神示燕娱,荐献大宫,祖考来格。大事获考,既均福于左右之良;惠泽四施,宜推本其源流之自。既以逮曾门之远,顾可遗内助之贤!具官某曾祖母某氏,少服组纴之勤,中勤苹蘩之奉。迨其晚岁,阃则弥修;贻其后人,遂钟厥庆。贲之象服,恩既茂于小君;胙以脂田,宠益加于成国。俾其后嗣,勿替于时。可。

出处:《紫微集》卷一四。
撰者:张嵲
考校说明:编年据张嵲任两制时间、王次翁宦历、南宋明堂大礼时间补,见《宋史》卷二一三《宰辅表》等。

参知政事王次翁故曾祖母吴氏可特赠荣国夫人制
(绍兴十年九月十日后)

某氏粤从大家,来嫔冠族。早躬妇顺,则有少君、孟光之懿;晚严内治,则有孟母、敬姜之贤。惟其阃则之修,终遗后人之庆。载观具美,宜应彤管之褒;式胙大邦,益峻小君之号。施及孙子,世世赖之。可。

出处:《紫微集》卷一四。

撰者:张嵲

考校说明:编年据张嵲任两制时间、王次翁官历、南宋明堂大礼时间补,见《宋史》卷二一三《宰辅表》等。

参知政事王次翁故祖寂可特赠太子太傅制
(绍兴十年九月十日后)

朕谒款天地,延脤及于百神;锡羡祖宗,惠泽加乎四海。相予祀事之懿,孰先近弼之良;以予报本之心,知其尊祖之意。爰推愍典,用贲幽扃。具官某祖某,秉德慈祥,造行醇固。苾官从政,不过于一同之间;积善降祥,遂彰于再世之后。则笃其庆,莫之与京。东宫傅导之官,用申于赠襚;九原濡露之感,少慰于烝尝。可。

出处:《紫微集》卷一四。

撰者:张嵲

考校说明:编年据张嵲任两制时间、王次翁官历、南宋明堂大礼时间补,见《宋史》卷二一三《宰辅表》等。

参知政事王次翁故祖母赵氏可特赠蕲春郡夫人制
(绍兴十年九月十日后)

推庙中之泽,有界于胞阃辉翟;而尊祖之意,惟上于学士大夫。既以推原其本心,而极祖庙之褒;宜亦顾恤其室家,而下追荣之典。具官某祖母某氏,躬环佩之节,以肃其威仪;谨苹藻之奉,以供其祭祀。蓄德不耀,庆钟乃孙。显相有成,益大其宠。已正小君之号,爰开大郡之封。尚俾后人,封殖厥福。可。

出处:《紫微集》卷一四。

撰者:张嵲

考校说明:编年据张嵲任两制时间、王次翁官历、南宋明堂大礼时间补,见《宋史》卷二一三《宰辅表》等。

参知政事王次翁故祖母丘氏可特赠博平郡夫人制
(绍兴十年九月十日后)

　　某氏出自巨室,来仪德门。躬婉嫕以宜家人,体顺正以成妇道。早同先世,实居隐约之间;诒庆后人,允赖扶持之助。刻章告第,既正小君;竣事均厘,益荒大郡。惟其冥寞,尚克歆承。可。

出处:《紫微集》卷一四。
撰者:张嵲
考校说明:编年据张嵲任两制时间、王次翁宦历、南宋明堂大礼时间补,见《宋史》卷二一三《宰辅表》等。

参知政事王次翁故父禔可特赠太子太师制
(绍兴十年九月十日后)

　　敕:士有怀抱器业,简淡自居,脱屣功名,饰巾田野。岁久而道弥茂,身隐而名益尊。正恐事来偪人,不得已而后起,未阅旬岁,遂闻政机。原本其来,得无所自?具官某父某,养素山泽,名闻京师。潜心麟经,得圣人褒贬之意;教授闾里,兼东州邴、郑之学。光远有耀,不在其身;天命不慆,克昌厥后。遂生贤佐,方资扶危而定倾;顾念前人,岂可登枝而捐本?其因祭泽,载刻蜜章。储副之师,益隆于品秩;岁时之祀,永贲于宗祧。可。

出处:《紫微集》卷一四。
撰者:张嵲
考校说明:编年据张嵲任两制时间、王次翁宦历、南宋明堂大礼时间补,见《宋史》卷二一三《宰辅表》等。

参知政事王次翁故母张氏可特赠饶阳郡夫人制
(绍兴十年九月十日后)

　　敕:朕广坛场珪币,所以昭孝息民;下恩泽诏书,不敢专乡独美。眷吾四近之贵,宠加三世之褒。有如母慈,而缺追贲!具官某母某氏,山河其德,婉娈其容。

逮事舅姑,早奉执笲之馈;无违夫子,有严举案之仪。训教具终,闺门载睦。虽三徙实资于陟岵,而重茵永悼于终天。可无密印之章,用慰寒泉之念! 俾易封于汤沐,用益耀于封君。持节来临,永光庙室。可。

出处:《紫微集》卷一四。

撰者:张嵲

考校说明:编年据张嵲任两制时间、王次翁宦历、南宋明堂大礼时间补,见《宋史》卷二一三《宰辅表》等。

参知政事王次翁故妻赵氏可特赠同安郡夫人制
(绍兴十年九月十日后)

敕:妇人有三从之义,而荣宠则系其夫;王者施配天其泽,而存殁皆锡之福。况于辅弼之佐,岂无伉俪之私! 苟礼貌之不登,将褒荣其焉往? 具官某妻某氏,体幽闲之德,服图史之规。正顺以助其夫子,则莱氏之逸妻;雍睦以齐其家人,则文伯之令母。虽牛衣之言,共甘于隐约;而象服之饰,不逮于光荣。爰因惠术之施,益茂饰终之典。岂徒慰于泉壤,亦以厚于人伦。尚其精爽之存,当识宠绥之意。可。

出处:《紫微集》卷一四。

撰者:张嵲

考校说明:编年据张嵲任两制时间、王次翁宦历、南宋明堂大礼时间补,见《宋史》卷二一三《宰辅表》等。

武泰军节度使刘锜故曾祖玉可特赠太子太傅制
(绍兴十年九月十日后)

敕:登颂祇之堂,膺受多福;施配天其泽,锡厥庶民。顾吾制阃之良,可后扬亲之宠? 具官某故曾祖某,笃厚褆身,谦恭居里。顾顺德之行,虽勤于没世;而为善之报,不在于厥身。远逮曾孙,遂跻通贵。可无贲饰之典,以为庙室之光? 东宫前傅之官,申荣于赠襚;九原濡露之感,少慰于烝尝。可。

出处:《紫微集》卷一四。

撰者:张嵲

考校说明:编年据张嵲任两制时间、刘锜宦历、南宋明堂大礼时间补,见《宋史》卷三六六《刘锜传》等。

武泰军节度使刘锜故曾祖母王氏可特赠大宁郡夫人制
(绍兴十年九月十日后)

敕:朕致力于神,既已格三灵之休;移福于下,又以及四海之远。惟时追赉,已推重祖之恩;逮其室家,可后从夫之宠? 具官某故曾祖母某氏,被服女戒,饰修妇仪,雍睦以宜家人,柔正以事夫子。深蓄余庆,以施后昆。既正位于小君,益衍封于大郡。光尘如在,歆我恩荣。可。

出处:《紫微集》卷一四。

撰者:张嵲

考校说明:编年据张嵲任两制时间、刘锜宦历、南宋明堂大礼时间补,见《宋史》卷三六六《刘锜传》等。

武泰军节度使刘锜故祖恂可特赠太子太师制
(绍兴十年九月十日后)

敕:朕钦柴宗祈,以严祖考之侑;锡福四海,以广上帝之仁。经略所逮,靡不普洽;怀生之类,靡不闿泽。眷吾贵宠之臣,可后追褒之典? 具官某故祖某,笃尚诗书之习,被服仁义之风。善誉闻于里间,才器足致通显。赍志不试,庆诒后昆。储副之师,益隆于品秩;岁时之祀,永贲于宗祧。可。

出处:《紫微集》卷一四。

撰者:张嵲

考校说明:编年据张嵲任两制时间、刘锜宦历、南宋明堂大礼时间补,见《宋史》卷三六六《刘锜传》等。

武泰军节度使刘锜故祖母王氏可特赠通义郡夫人制
(绍兴十年九月十日后)

敕:朕惟祭泽之行,既下均于胞翟;褒崇之典,固无间于显幽。本原内助之贤,宜需从夫之宠。具官某故祖母某氏,柔仁端靖,孝爱慈祥。为女而教不烦,为妇而家以义。四德兼备,宜膺令名,矧兹庙泽之行,可无赍饰之典? 易封大郡,尚克嘉之。可。

出处:《紫微集》卷一四。
撰者:张嵲
考校说明:编年据张嵲任两制时间、刘锜官历、南宋明堂大礼时间补,见《宋史》卷三六六《刘锜传》等。

武泰军节度使刘锜故祖母孙氏可特赠濮阳郡夫人制
(绍兴十年九月十日后)

敕:某氏供苹藻之荐,而有季兰之钦;应彤管之诗,而钟静女之美。遂相夫子,克成其家;垂裕后人,用袭其庆。既正小君之号,益荒大郡之封。精识不渝,尚知歆贲。可。

出处:《紫微集》卷一四。
撰者:张嵲
考校说明:编年据张嵲任两制时间、刘锜官历、南宋明堂大礼时间补,见《宋史》卷三六六《刘锜传》等。

武泰军节度使刘锜故父仲武可特封英国公制
(绍兴十年九月十日后)

敕:朕肇禋重屋,大祀休成。推上帝之仁,既锡福于四海;广教孝之义,以加惠于庶工。使显扬者获报亲之心,追远者慰濡露之感。矧吾良将,可后褒亲! 具官某故父某,智勇绝伦,忠诚徇国,勒功王府,垂称塞垣。朕远览汉唐,有怀忠烈,如辛氏之宣劳于边圉,西平之赞业于中兴,父子继承,焜耀当世。以今准古,可无愧焉。其需纳书之命,以光刘氏之祧。峻宠维师,既跻于一品;启封公社,益慰于九泉。尚俾后人,封建厥福。可。

出处:《紫微集》卷一四。
撰者:张嵲
考校说明:编年据张嵲任两制时间、刘锜官历、南宋明堂大礼时间补,见《宋史》卷三六六《刘锜传》等。

武泰军节度使刘锜故母薛氏可特赠韩国夫人制
(绍兴十年九月十日后)

敕:朕惟惠泽之行,下浸于黎元;追褒之文,复加于祢室。岂其内助,不与湛恩,如是则何以慰人子念母之心,彰妇人从夫之义乎? 具官某故母某氏,成其家室,克谨阃彝;相其良人,致位通显。副笄之盛,既荣辉于生平;汤沐之封,益侈大于身后。其即小君之号,益封大国之封,俾尔后人,毋坠乃力。可。

出处:《紫微集》卷一四。
撰者:张嵲
考校说明:编年据张嵲任两制时间、刘锜官历、南宋明堂大礼时间补,见《宋史》卷三六六《刘锜传》等。

武泰军节度使刘锜故母王氏可特赠越国夫人制
(绍兴十年九月十日后)

敕:某氏柔嘉其德,婉娈其容。逮事舅姑,早奉执笄之馈;无违夫子,有严举案之仪。训教具修,闺门载睦。虽三徙实资于陟岵,而重茵永悼于终天。可无蜜印之章,用慰寒泉之念! 俾易封于汤沐,用益耀于褒荣。可。

出处:《紫微集》卷一四。
撰者:张嵲
考校说明:编年据张嵲任两制时间、刘锜官历、南宋明堂大礼时间补,见《宋史》卷三六六《刘锜传》等。

武泰军节度使刘锜故妻薛氏可特赠安化郡夫人制
(绍兴十年九月十日后)

敕:朕并赖庶工之力,以共济国家;本原内助之贤,而诞施褒渥。漏泉之泽,何间显幽。具官某故妻某氏,山河之德,称其象服;柔正之行,克相夫子。逮兹祭泽之广,宜膺褒宠之命。畀肇开于大郡,益峻宠于小君。尚其有知,歆承顾恤。可。

出处:《紫微集》卷一四。
撰者:张嵲
考校说明:编年据张嵲任两制时间、刘锜宦历、南宋明堂大礼时间补,见《宋史》卷三六六《刘锜传》等。

武泰军节度使刘锜妻邹氏可特封信安郡夫人制
(绍兴十年九月十日后)

敕:朕褒宠贵近,务极优隆。矧庙泽毕逮于翟阃,顾福嘏可遗其家室? 其施恩渥,以贲柔徽。具官某妻某氏,秉德幽闲,凝姿婉娈。既笄而承父母,能尽于女工;执馈以事尊嫜,遂成于妇顺。其锡赞书之茂,俾增称谓之隆。象服是宜,方膺于来宠;君子偕老,无怠于相成。可。

出处:《紫微集》卷一四。
撰者:张嵲
考校说明:编年据张嵲任两制时间、刘锜宦历、南宋明堂大礼时间补,见《宋史》卷三六六《刘锜传》等。

检校少保潘正夫故曾祖承允可特赠太师制
(绍兴十年九月十日后)

敕:朕钦柴宗祈,以严祖考之侑;锡福四海,以广上帝之仁。经略所逮,靡不普洽;怀生之类,靡不阊泽。眷吾贵戚之良,可后追褒之典? 其施名命,以及曾门。具官某曾祖某,处己靖端,莅官明恕。潜德不耀,莫跻通籍之荣;诒庆后人,遂膺筑馆之宠。可无贲饰之典,以为庙室之光？位峻维垣,宠加纳襚,并举恤章之旧,用绥潘氏之祧。可。

出处:《紫微集》卷一五。

撰者:张嵲

考校说明:编年据张嵲任两制时间、潘正夫官历、南宋明堂大礼时间补,见《建炎以来系年要录》卷一三三等。

检校少保潘正夫故曾祖母王氏可特赠荆国夫人制
(绍兴十年九月十日后)

敕:朕致力于神,既已格三灵之休;移福于下,又以及四海之广。惟时追贲,已推重祖之惠;逮其室家,可后从夫之宠？具官某故曾祖母某氏,躬鱼菽之祭,恪谨于春秋;服织纴之勤,不忘于旦暮。深蓄余庆,以及后昆。既正位于小君,可益封于大国。光尘如在,歆我恩荣。可。

出处:《紫微集》卷一五。

撰者:张嵲

考校说明:编年据张嵲任两制时间、潘正夫官历、南宋明堂大礼时间补,见《建炎以来系年要录》卷一三三等。

检校少保潘正夫故祖考存可特追封济国公制
(绍兴十年九月十日后)

敕:朕将以明禋于天地,必先有事于宗祧,神祇奄虞,祖考咸格。庙泽之施,已浃寰区。顾其戚畹之良,可后祭泽之及？具官某故祖某,资材毕给,荫籍高华。顾顺德之行,虽勤于没世;而为善之报,不在于厥身。顷以刻章,既极师垣之宠;今兹告第,遂开公社之荣。知气不忘,尚歆休渥。可。

出处:《紫微集》卷一五。

撰者:张嵲

考校说明:编年据张嵲任两制时间、潘正夫官历、南宋明堂大礼时间补,见《建炎以来系年要录》卷一三三等。

检校少保潘正夫故祖母孙氏可特赠周国夫人制
(绍兴十年九月十日后)

敕:朕惟祭泽之行,既下均于胞翟;褒崇之典,固无间于显幽。本原内助之贤,宜霈从夫之宠。具官某故祖母某氏,出于望族,来嫔大家。礼法之严,兼资于钟郝;容润之美,并茂于山河。遂储百年之庆,至于再世而昌。象服鱼轩,既正小君之号;脂田汤沐,益荒大国之封。可。

出处:《紫微集》卷一五。
撰者:张嵲
考校说明:编年据张嵲任两制时间、潘正夫官历、南宋明堂大礼时间补,见《建炎以来系年要录》卷一三三等。

检校少保潘正夫故祖母陈氏可特赠唐国夫人制
(绍兴十年九月十日后)

敕:具官某故祖母某氏,凝资婉约,秉德柔嘉。其事舅姑有色养之孝,训诸子有义方之益。约素自处,诒厥后人;再世而昌,有光祖室。小君正位,已荒荆芊之山川;大国徙封,更胙叔虞之土略。春秋时祀,尚侈褒荣。可。

出处:《紫微集》卷一五。
撰者:张嵲
考校说明:编年据张嵲任两制时间、潘正夫官历、南宋明堂大礼时间补,见《建炎以来系年要录》卷一三三等。

检校少保潘正夫故祖母赵氏可特赠雍国夫人制
(绍兴十年九月十日后)

敕:具官某故祖母某氏,被服女戒,饬修妇仪。当其雍睦以宜家人,柔正以事夫子,深蓄余庆,以诒后昆。顾庙泽之已行,岂愍书之可后? 其即小君之号,益荒大国之封,春秋时祀,永贲宗祧。可。

出处：《紫微集》卷一五。

撰者：张嵲

考校说明：编年据张嵲任两制时间、潘正夫宦历、南宋明堂大礼时间补，见《建炎以来系年要录》卷一三三等。

检校少保潘正夫故祖母江氏可特赠秦国夫人制
（绍兴十年九月十日后）

敕：具官某故祖母某氏，被服图史，恪谨苹藻。当其处富贵而无骄侈之风，齐闺门而有肃雍之美。昨于成国，已正小君之名；荒以大邦，益衍脂田之奉。惟其精识，尚克嘉之。可。

出处：《紫微集》卷一五。

撰者：张嵲

考校说明：编年据张嵲任两制时间、潘正夫宦历、南宋明堂大礼时间补，见《建炎以来系年要录》卷一三三等。

检校少保潘正夫故父绛可特追封景国公制
（绍兴十年九月十日后）

敕：肇裕重屋，大祀伏成。推上帝之仁，既锡福于四海；广教孝之义，以加惠于庶工。使显扬者获报亲之心，追远者慰濡露之感。其施恩渥，以赍幽局。具官某故父某，笃厚提身，谦恭居里，深蓄余庆，以遗嗣贤。遂袭传家之休，以膺下嫁之宠。肆颁惠泽，爰举愍书。师垣峻秩，公社启封，并示恩荣，以光厚夜。可。

出处：《紫微集》卷一五。

撰者：张嵲

考校说明：编年据张嵲任两制时间、潘正夫宦历、南宋明堂大礼时间补，见《建炎以来系年要录》卷一三三等。

林季仲元系左朝奉郎中书门下省检正诸房公事自陈宫观除直龙图阁主管洪州玉隆观所犯因臣僚上言巧于身谋探伺言章之出未及进呈之间先为诡计幸免罪去事落职依旧宫祠该遇大礼赦复直秘阁制

（绍兴十年九月十日后）

敕:朕施配天之泽,以一洗于庶辜;悯负罪之臣,用稍还于故秩。尔早承简拔,荐抵尤违。既更岁月之淹,亦既思愆之久,其从荡宥,以示甄收。钦服予恩,毋忘尔戒。可。

出处:《紫微集》卷一七。

撰者:张嵲

考校说明:编年据南宋明堂大礼时间、林季仲官历补,见《建炎以来系年要录》卷一二二等。

感德军节度使高世则故祖母郭氏可特赠陈国夫人制

（绍兴十年九月十日后）

敕:朕谒款上帝,以迪于保之休;祗见祖宗,克笃传序之庆。不敢专享其美,用将敷锡于民。矧吾外氏之亲,可后均厘之典!具官某故祖母某氏,出自冠族,具闻仪训;来嫔戚畹,益袭令猷。谨苹藻之供,春秋不懈;奉珩璜之节,动静以时。已锡号于封君,兹更荒于赐履。钦承命绶,永贲宗祧。可。

出处:《紫微集》卷一八。

撰者:张嵲

考校说明:编年据张嵲任两制时间、高世则官历、南宋明堂大礼时间补,见《建炎以来系年要录》卷一〇一等。

感德军节度使高世则故祖母王氏可特赠韩国夫人制
（绍兴十年九月十日后）

某氏被服图史，恪谨苹蘩。处富贵而无骄侈之风，齐闺门而有肃雍之美。胙于成国，已正小君之名；荒以大邦，益衍脂田之奉。惟其精爽，尚克嘉之。可。

出处：《紫微集》卷一八。
撰者：张嵲
考校说明：编年据张嵲任两制时间、高世则官历、南宋明堂大礼时间补，见《建炎以来系年要录》卷一〇一等。

感德军节度使高世则故母杨氏可特赠邓国夫人制
（绍兴十年九月十日后）

敕：朕练时日以修重屋之义，既蒙嘉应；均福厘而被四方之远，以迪惠心。顾辉胞毕待于下流，矧肺腑宜膺于茂典。具官某故母某氏，柔仪婉娈，令德幽闲。躬《采蘩》法度之防，致《鹊巢》积累之盛，并袭余庆，以启后人。胙淮海之封，已正笄珈之位；赐吾离之履，益荒汤沐之畲。祇服明纶，永光庙室。可。

出处：《紫微集》卷一八。
撰者：张嵲
考校说明：编年据张嵲任两制时间、高世则官历、南宋明堂大礼时间补，见《建炎以来系年要录》卷一〇一等。

感德军节度使高世则故妻魏氏可特赠卫国夫人制
（绍兴十年九月十日后）

敕：朕有事合宫，神祇并覗。既推配天之泽，以宠赉于周行；又广漏泉之恩，以悯仁其既殁。汪濊之施，幽显被焉。具官某故妻某氏，为妇为妻，皆合于礼典；宜家宜室，并著于闺仪。虽秉德甚休，宜膺于寿嘏；而赋命不淑，久隔于存亡。其易故封，更荒大国，尚诏渥泽，以慰幽扃。可。

出处:《紫微集》卷一八。

撰者:张嵲

考校说明:编年据张嵲任两制时间、高世则官历、南宋明堂大礼时间补,见《建炎以来系年要录》卷一〇一等。

感德军节度使高世则妻周氏可特封福国夫人制
（绍兴十年九月十日后）

敕:朕惟国朝母后之家,皆膺寿宠;若乃宣仁功德之盛,覆被本宗。故其后人,冠族不坠。至于保家家族,致位将相,不凭贵以傲物,不恃宠以干泽。虽承世德之教,惟其家室,亦有助焉。具官某妻某氏,山河之德,称其象服;柔正之行,克相夫子。逮兹祭泽之广,宜膺褒宠之荣。俾开大国之封,益峻小君之号。训尔孙子,毋怠厥修。可。

出处:《紫微集》卷一八。

撰者:张嵲

考校说明:编年据张嵲任两制时间、高世则官历、南宋明堂大礼时间补,见《建炎以来系年要录》卷一〇一等。

保庆军承宣使士会故妻郭氏可特赠硕人制
（绍兴十年九月十日后）

敕:朕惟人臣之于室家,生已共其甘苦,殁则致其哀荣。况吾磐维之亲,岂无伉俪之念? 庙泽之施,追贲可遗! 具官某妻某氏,山河之德,称其象服;柔正之行,克相夫子。宜加愍典,增美号名。精识不渝,尚知歆享。可。

出处:《紫微集》卷一八。

撰者:张嵲

考校说明:编年据张嵲任两制时间、赵士会官历、南宋明堂大礼时间补,见《建炎以来系年要录》卷一二二、《宋会要辑稿》选举二九等。

保庆军承宣使士衮故妻郭氏可特赠硕人制
（绍兴十年九月十日后）

敕：具官某故妻郭氏，秉德幽闲，凝姿婉娈。当其既笄而承父母，能尽于女工；执馈以事尊章，遂成于妇顺。其锡赞书之茂，俾增称谓之隆。尚其有知，歆承褒恤。可。

出处：《紫微集》卷一八。又见《永乐大典》卷二九七二。

撰者：张嵲

考校说明：编年据张嵲任两制时间、赵士衮官历、南宋明堂大礼时间补，见《建炎以来系年要录》卷一二二、《宋会要辑稿》选举二九等。

保庆军承宣使士衮故妻郑氏可特赠硕人制
（绍兴十年九月十日后）

敕：某氏行不越于阃彝，德足书于图史。早以令善，归于宗支，克躬苹藻以承祭祀，宜加恤典以示褒荣。增贲嘉名，以光庙室。惟其知气，尚或能歆。可。

出处：《紫微集》卷一八。又见《永乐大典》卷二九七二。

撰者：张嵲

考校说明：编年据张嵲任两制时间、赵士衮官历、南宋明堂大礼时间补，见《建炎以来系年要录》卷一二二、《宋会要辑稿》选举二九等。

龙神卫四厢都指挥使张中彦妻宁氏可特封硕人制
（绍兴十年九月十日后）

敕：朝廷遇臣之章，位高则宠渥；人臣事上之礼，恩厚则报丰。今庙中之泽，曲加于中阃，恩则厚矣；其所以辅相其夫，以图报予者，独无望于尔乎！具官某妻某氏，秉资令柔，归于良奥。从夫之爵，称号益隆。惟使尔夫于所以事国者无愧，则尔益荣矣。尚勉之哉！可。

出处：《紫微集》卷一八。又见《永乐大典》卷二九七二。

撰者:张嵲

考校说明:编年据张嵲任两制时间、赵士会官历、南宋明堂大礼时间补,见《建炎以来系年要录》卷一二二、《宋会要辑稿》选举二九等。

徽猷阁待制曾统故妻张氏可特赠令人制
(绍兴十年九月十日后)

敕:朕穆卜季秋,大称禋礼,发明号,拥神休,以与海内同函蒙之福。顾吾甘泉之旧,夙资内助之勤,可无追荣,以慰幽歾!具官某故妻某氏,行不越于闺彝,德足书于图史。早以令善,归逢其良。极勤劳于室家,每同甘苦;殆良人之通显,已隔存亡。用需恩章,增其称谓,纳书以禭,尚克歆承。可。

出处:《紫微集》卷一八。又见《永乐大典》卷二九七二。

撰者:张嵲

考校说明:编年据张嵲任两制时间、曾统官历、南宋明堂大礼时间补,见《建炎以来系年要录》卷一三三等。

显谟阁直学士汪藻故父榖可特赠特进制
(绍兴十年九月十日后)

朕本秩礼以严天地之奉,荐大乐以格神灵之和。仪物备陈,缊豫纷列,莆禄并况,肸蠁丰融。嘉与臣民,均兹祉福。顾乃甘泉之旧,可稽陟岵之褒!具官某故父某,孝谨提身,最高乡曲之誉;恬素自守,不求闻达于时。修之方寸之间,责报必世之后,乃蓄余庆,笃生显人。文章独行中朝,安和备于诸事,早以德义,为吾近臣。方倚牧民,不与侍祠之列;式宽濡露,用敷告第之章。尚其可作之灵,歆兹进位之宠。惟尔孙子,勿替引之。可。

出处:《紫微集》卷一八。

撰者:张嵲

考校说明:编年据张嵲任两制时间、汪藻官历、南宋明堂大礼时间补,见《建炎以来系年要录》卷一三二、卷一五〇等。"显谟阁直学士",《建炎以来系年要录》卷一三二、卷一五〇及《鸿庆居士文集》卷三四《汪君墓志铭》均作"显谟阁学士"。

试兵部尚书胡交修故父宗旦可特赠宣奉大夫制
（绍兴十年九月十日后）

敕：朕览观汉唐衣冠之盛，或四世五公而袭簪绂之旧，或一门七叶而并术艺之兴。孰兼二者之荣？繄我世臣之后。国朝胡氏，江介大家，爵位文章，相继不坠。伯仲父子，鼎立于时，蝉联百年，寄深一代。具官某故父某，凭藉甚厚，资才绝伦，称其世德之余，绰有名家之韵。未冠登名于计吏，中年振业于虞庠。谓当勃兴，继承于世烈；遂蓄余庆，克开于嗣人。硕德懿文，为吾法从；清流雅望，无愧前修。迹其事国之方，益见教忠之训。肆惟庙泽，敷锡闵章。一品崇资，用褒于泉壤；九原英爽，尚服夫恩光。可。

出处：《紫微集》卷一八。

撰者：张嵲

考校说明：编年据张嵲任两制时间、胡交修官历、南宋明堂大礼时间补，见《建炎以来系年要录》卷一三一、卷一三八等。

徽猷阁直学士赵霈故父峻可特赠通议大夫制
（绍兴十年九月十日后）

朕肃祗明禋，荷三神之锡羡；肆省象魏，举有截以均厘。岂吾侍从之臣，不预宠鸿之福！以吾报本之义，宜推锡类之心。乃涣湛恩，以光祢庙。具官某故父某，材资毕给，学行深纯；处己靖端，莅官明恕。潜德不耀，莫迹通籍之荣；阴报可期，终笃有后之庆。升华二品之贵，以慰九泉之幽。尚其有知，歆兹哀恤。可。

出处：《紫微集》卷一八。

撰者：张嵲

考校说明：编年据张嵲任两制时间、赵霈官历、南宋明堂大礼时间补，见《建炎以来系年要录》卷一二七等。

枢密直学士陈规故父昇可特赠太中大夫制
(绍兴十年九月十日后)

敕:礼有隆杀,惟尊者之事亲,得极其至。若夫显扬欲光之意,则上下同之。乃者称秩元祀,登配祖考,事亲之礼,无以复加矣。思与群臣,共由斯义,肆推惠泽,俾得追荣其先。本之以恩,行之以制,远近世数,惟所应得而无不及者焉,况吾甘泉之旧哉!具官某故父某,经行推于乡里,德善教其子孙。虽冲约自居,位官莫极于通显;而遗庆于后,懋章数逮于幽扃。秩序益崇,光荣有耀。刻书告第,尚克享之。可。

出处:《紫微集》卷一八。

撰者:张嵲

考校说明:编年据张嵲任两制时间、陈规官历、南宋明堂大礼时间补,见《建炎以来系年要录》卷一三六、卷一三九等。

徽猷阁待制董弅故父逌可特赠正奉大夫制
(绍兴十年九月十日后)

敕:朕禋祀合宫,上仪获考,大赉四海,以侈神休,内外遐迩,咸蒙嘉况。矧吾侍从之旧,福祚有不登者焉!其畀追命之书,以慰扬亲之意。具官某故父某,学问博洽,驰骤千载以还;文辞纵横,独高当世之誉。备先朝之法从,颇著尽规;蓄余庆于后人,终然济美。文阶三品,极纳禄之至荣;营魄九原,尚焄蒿之如在。可。

出处:《紫微集》卷一八。

撰者:张嵲

考校说明:编年据张嵲任两制时间、董弅官历、南宋明堂大礼时间补,见《建炎以来系年要录》卷一一六、卷一六三等。

徽猷阁待制董弅故妻李氏可赠令人制
（绍兴十年九月十日后）

敕：朕惟人臣之于室家，生则共其甘苦，没则致其哀荣，贵贱一也。庙泽之行，顾可忘褒贲之典哉！具官某故妻某氏，禀德令柔，凝姿婉娈。造行甚美，夙有宜家之称；赋命不融，中乖偕老之约。增宠号名之美，以为闾阀之光。尚其有知，歆承嘉命。可。

出处：《紫微集》卷一八。又见《永乐大典》卷二九七二。
撰者：张嵲
考校说明：编年据张嵲任两制时间、董弅官历、南宋明堂大礼时间补，见《建炎以来系年要录》卷一一六、卷一六三等。

徽猷阁待制程瑀故父朴可特赠朝奉大夫制
（绍兴十年九月十日后）

敕：朕燎熏皇天，举合法之典；登配祖考，严并侑之文。乐奏接和，礼仪肸饰，膺受多福，敷施庶民。眷吾侍从之良，岂无明发之感！其施恩渥，以贲幽扃。具官某故父某，文学起家，经术自著。仕不配德，卒莫登于显官；庆垂厥后，遂钟美于嗣人。声震一时，仪吾迩列。寄深牧养，不预侍祠之班；恩不远遗，爰推祢庙之宠。升华郎内，尚克钦承。可。

出处：《紫微集》卷一八。
撰者：张嵲
考校说明：编年据张嵲任两制时间、程瑀官历、南宋明堂大礼时间补，见《建炎以来系年要录》卷八七、卷一四五等。

徽猷阁待制程瑀妻沈氏可特封令人制
（绍兴十年九月十日后）

敕：朕惟侍从之臣，入则馨论思之益，出则寄藩宣之重。顾其德义之美，繄有内馈之助焉，可无褒崇，以风德化。具官某故妻某氏，柔仁端靖，孝爱慈祥。为女而教不烦,为妇而家以义。四德兼备,宜膺令名。矧兹庙泽之行,可无贲饰之典!钦承荣命,无怠相承。可。

出处:《紫微集》卷一八。又见《永乐大典》卷二九七二。

撰者:张嵲

考校说明:编年据张嵲任两制时间、程瑀官历、南宋明堂大礼时间补,见《建炎以来系年要录》卷八七、卷一四五等。

桂林为因擅差官兵过淮摧砍竹木等事于遥郡阶官上各降一官遇绍兴九年正月五日赦叙中侍大夫及遇绍兴十年九月十日赦叙遥郡防御使制
(绍兴十年九月十日)

敕:朕合宫礼成,肆眚象魏,往愆宿负,咸得亏除。具官某顷以将屯,发兴自擅,有司丽法,当以夺官。兹用赦原,比还故秩。尚思惩慎,毋贰其尤。可。

出处:《紫微集》卷一九。

撰者:张嵲

考校说明:编年据文中所述史事补。

王仲嶷为该大礼赦叙左通奉大夫制
(绍兴十年九月十日后)

敕:朕致选贤能,欲同跻于平定;容忍臣子,用保护其初终。虽尝触于宪条,其卒归于荡宥。爰以祭泽之布,诞敷蠲略之文。况吾迩臣,岂限常典?具官某学问传其素业,德厚殆其天资。雄深之文不施于典诰,孝谨之行徒行于里间。曩以微文,尝治吏议。既会赦而一解,宜故秩之稍还。御众以宽,朕所以广仁恩之意;计过无憾,尔无忘复玷缺之艰。可。

出处:《紫微集》卷一九。

撰者:张嵲

考校说明:编年据张嵲任两制时间、王仲嶷官历、南宋明堂大礼时间补,见《建炎以来系年要录》卷一〇三、卷一五〇等。

陈靖直元系右中奉大夫利州路提刑所犯因在买
贩盐货等事先次放罢特降三官后该遇明堂赦与
叙右中散大夫致仕制
（绍兴十年九月十日后）

　　敕：朕施配天之泽，以一洗于庶辜；悯负罪之臣，用稍还于故序。尔顷承委寄，荐抵尤违。既更岁月之淹，亦既思愆之久，其从荡宥，畀复官联。虽筋力已惫，顾无尸于事任；然德义自饬，宜尚慎于桑榆。可。

出处：《紫微集》卷一九。

撰者：张嵲

考校说明：编年据张嵲任两制时间、南宋明堂大礼时间补，见《宋史》卷二九《高宗纪》。

曾彦元系中卫大夫秀州刺史所犯因淮东宣抚使司
按发为封闭门户致饿死将司韩全并受豪户孙承事
木绵等入己事特旨降横行遥郡七官勒停今该遇明
堂赦恩勘会昨于淮阳军两次立功理宜优叙特与叙
亲卫大夫秀州刺史制
（绍兴十年九月十日后）

　　敕：朕施配天之泽，以一洗于庶辜；悯负罪之臣，用稍还于故秩。具官某顷以贪虐，自抵宪网；兹更赦令，已复官联。念岁月之既淹，加功能之可录，爰推异渥，畀叙横班。祗服予恩，无忘念咎。可。

出处：《紫微集》卷一九。

撰者：张嵲

考校说明：编年据张嵲任两制时间、南宋明堂大礼时间补，见《宋史》卷二九《高宗纪》。

许中广东经略司申海贼詹德劫虏作过其降授
右修职郎潮州推官许中躬亲捕获詹德等与叙
复右从仕郎制
(绍兴十年九月十日后)

敕具官某:比者负海之郡,久罹寇攘,既以文降,复为桀恶。尔能迹捕,一境为清,其畀官荣,以为劝奖。益图饬厉,以称宠名。可。

出处:《紫微集》卷一九。

撰者:张嵲

考校说明:编年据张嵲任两制时间、南宋明堂大礼时间补,见《宋史》卷二九《高宗纪》。

仇愈为该大礼赦左朝散郎制
(绍兴十年九月十日后)

敕:君子修己,以毋贰过为贤;王者用人,岂以一眚废德!矧吾近列,尝丽宽科,宜从洒心之文,以开弃咎之路。具官某早以文学而进,晚闻吏职之修。事不辞劳,治皆可迹。逮阅岁时之久,益抒屏翰之功。中以辞难,尝治吏议。既会赦而一解,宜故秩之稍还。御众以宽,朕所以广仁恩之意;计过无憾,尔勿忘复玷缺之艰。可。

出处:《紫微集》卷一九。

撰者:张嵲

考校说明:编年据张嵲任两制时间、仇念宦历、南宋明堂大礼时间补,见《建炎以来系年要录》卷一三六等。"仇愈"当为"仇念"之误。

张琦昨在淮西宣抚司水军统领为冒请逃亡事
故人钱米事除名勒停送吉阳军编管今两遇赦
特与叙成忠郎制
(绍兴十年九月十日后)

敕:朕施恩于海内,虽昆虫草木,莫不阌泽,顾如尔等,亦所不遗也。尚祗明命,毋怠。可。

出处:《紫微集》卷一九。

撰者:张嵲

考校说明:编年据张嵲任两制时间、南宋明堂大礼时间补,见《宋史》卷二九《高宗纪》。

宋超为首先将带军马一城官吏渡淮来归淮西宣抚差权知亳州乌珠亲率重兵攻打遂致失守除名勒停今该遇大礼赦系归正之人特与叙从义郎制
(绍兴十年九月十日后)

敕:夫军败不面夷,城陷不能死,在于理法,固有常刑矣。朕惟使过之义,责尔后图;施甄收之恩,复尔秩序。朕与尔则厚矣,而尔所以报朕者谓何? 尚思勉哉,以盖前耻。可。

出处:《紫微集》卷一九。

撰者:张嵲

考校说明:编年据张嵲任两制时间、宋超宦历、南宋明堂大礼时间补,见《建炎以来系年要录》卷一三七等。

资政殿学士韩肖胄故父治可特赠少师制
(绍兴十年九月十日后)

敕:朕广大建祀,以礼承天之休,神贶昭答,不敢专飨。既以推之县内,岂吾元臣之后,尝预四近之列,追褒宠奖,而有不被其先者乎! 具官某故父某,以绝异之姿,承世济之美,所凭既厚,所见又大。宜其光融休显,克配前人。虽中外践扬,不为不遇;而蓄德未究,宜开嗣贤。尝以谘谋,典吾几秘。上休祢室,既跻前傅之崇;其敷命书,更陟维师之峻。俾其庙祀,永耀宠绥。可。

出处:《紫微集》卷二〇。

撰者:张嵲

考校说明:编年据张嵲任两制时间、韩肖胄宦历、南宋明堂大礼时间补,见《建炎以来系年要录》卷一三六等。

资政殿学士韩肖胄故母文氏可特赠冀国夫人制
(绍兴十年九月十日后)

敕:朕褒厚臣工,显扬先世,凡我在列,均被湛恩。顾吾大臣,尝登宥密,既以追荣考庙,若其内助忽遗不录,何以慰其凯风寒泉之思乎? 具官某故母某氏,出于大家,来嫔相室,所凭厚矣。令善之资,不移于骄贵;廉约之操,克谨于阃彝。遂蓄余休,以诒后嗣。既已正位小君,笄珈有耀,其易封于大国,用永赉于庙祧。精识不渝,服予休宠。可。

出处:《紫微集》卷二〇。
撰者:张嵲
考校说明:编年据张嵲任两制时间、韩肖胄官历、南宋明堂大礼时间补,见《建炎以来系年要录》卷一三六等。

资政殿学士韩肖胄继母文氏可特封镇国夫人制
(绍兴十年九月十日后)

敕:昔颍考叔以封人之贱,能以尝羹之语,感移其君,《传》以为"能锡其类"。矧吾有四海之富,而东朝之养,犹隔晨昏,爰推陟岵之思,成尔将母之庆。兹因庙泽,以迪惠心。具官某继母某氏,凭藉之美,容服之盛,归于大门,克配君子。既享从夫之荣,复以因子而贵。已开成国,号曰小君,既无以加矣,其赠脂田之奉,以申宠秩之懿。俾尔孙子,永嘉赖之。可。

出处:《紫微集》卷二〇。
撰者:张嵲
考校说明:编年据张嵲任两制时间、韩肖胄官历、南宋明堂大礼时间补,见《建炎以来系年要录》卷一三六等。

试御史中丞何铸故父瓘可特赠朝请大夫制
（绍兴十年九月十日后）

朕惟天之报施,不遽在于朝夕之间;君子修身,亦将期于必世之后。百年之计,莫如植德。谅前人之本心,非此其身,在其子孙,固今日之可验。具官某故父某,经术绝世,孝谨刑家。抱修能而不施,卒赍志于黄壤;有德器而自过,能遂致于青云。因大享之涓成,方均厘于海县,如吾执法,可后褒亲? 进秩疏荣,足慰风木之念;刻章纳禭,用绥何氏之祧。可。

出处:《紫微集》卷二〇。
撰者:张嵲
考校说明:编年据张嵲任两制时间、何铸宦历、南宋明堂大礼时间补,见《建炎以来系年要录》卷一三七等。

试御史中丞何铸母吴氏可特封太硕人制
（绍兴十年九月十日后）

朕肃祗旧典,称秩明禋,神灵宴娭,祝嘏并告。幸大事之获考,岂丰福之敢专! 顾通籍众臣,咸被扬亲之宠;矧甘泉法从,可稽寿母之褒。具官某母某氏,生于大家,来嫔令族。山河象德,图史提身。事夫以恭,凤有如宾之誉;生子而令,咸多称愿之言。遂以才贤,为吾执法,合宫大享,实预侍祠。顾黇假之无哗,繄纠绳之是赖,用颁书命,以慰亲慈。名称益隆,不愧武昌之号;脂泽有奉,仁开石窌之封。祗服恩荣,益绥祉福。

出处:《紫微集》卷二〇。又见《永乐大典》卷二九七二。
撰者:张嵲
考校说明:编年据张嵲任两制时间、何铸宦历、南宋明堂大礼时间补,见《建炎以来系年要录》卷一三七等。

试御史中丞何铸妻张氏可特封硕人制
（绍兴十年九月十日后）

朕御"彤管"之诗,而叹妇德之贤;览《采蘩》之什,而知保家之助。属者涓成盛礼,大赉四方。均厘既以尽褒扬之典,自外及内,顾可遗家室之私?具官某妻某氏,奉养无违,体柔而正。山河象德,具容润之仪;礼法兼资,全钟郝之懿。左右夫子,裨益宏多;辑宁亲连,门风载睦。用锡号名之美,以为闺门之光。宜尔家人,嗣膺褒宠。

出处:《紫微集》卷二〇。又见《永乐大典》卷二九七二。

撰者:张嵲

考校说明:编年据张嵲任两制时间、何铸宦历、南宋明堂大礼时间补,见《建炎以来系年要录》卷一三七等。

试中书舍人王铢故父仁恕可特赠承议郎制
（绍兴十年九月十日后）

敕:朕顾瞻许、洛之间,皆吾世臣之后。侍祠致胙,无废于时。方其平居,流风具在;丧乱以后,乔木莫存。属当明禋,怀旧太息。惟兹王氏,实彼大家,其视诸韩,为外王父。方称大礼,有子在庭。具官某故父某,土风钟汝颍之奇,资质挺家庭之秀。既成世德之积累,兼资外氏之渐摩,于其少时,已成令器。出居官守,所临有声;归教儿曹,其言可训。虽积德之不耀,果天命之靡慆。肆因惠泽之施,爰举愍书之典。千钟不洎,何胜罔极之悲;十世其昌,以彰有后之报。可。

出处:《紫微集》卷二〇。

撰者:张嵲

考校说明:编年据张嵲任两制时间、王铢宦历、南宋明堂大礼时间补,见《建炎以来系年要录》卷一三七等。

试中书舍人王铢母余氏可特封太令人制
（绍兴十年九月十日后）

　　敕：升侑合宫，谓其禋亲而先帝；锡福群下，故将自叶以流根。惟予侍臣，既褒祢庙，顾其寿母，可后疏恩？ 具官某母某氏，如山如河，有容润之德；其华其实，兼室家之宜。为妇而恭，为妻而义。恪修祭祀，辑睦闺门，躬勤瘁于早年，享光荣之后福。以子而贵，显膺名称之崇；俾寿而昌，仍启脂泽之奉。钦予明命，益介尔祺。可。

出处：《紫微集》卷二〇。又见《永乐大典》卷二九七二。
撰者：张嵲
考校说明：编年据张嵲任两制时间、王铢官历、南宋明堂大礼时间补，见《建炎以来系年要录》卷一三七等。

试中书舍人王铢故妻余氏可特赠令人制
（绍兴十年九月十日后）

　　敕：承天地之福，蒙祖宗之休，不敢专乡而独私，既以推之天下，遍于群物矣。徒欲德施之广，宁有存没之间？ 具官某故妻某氏，幼服训戒，以自约饬；及事君子，率礼无违。虽秉德甚贤，当膺服饰之盛；而赋命勿永，不及光荣之日。宜疏恤典，增宠号名。尚服明恩，以绥厚夜。可。

出处：《紫微集》卷二〇。又见《永乐大典》卷二九七二。
撰者：张嵲
考校说明：编年据张嵲任两制时间、王铢官历、南宋明堂大礼时间补，见《建炎以来系年要录》卷一三七等。

试中书舍人王铢妻余氏可特封令人制
（绍兴十年九月十日后）

　　敕：朕广大建祀，并侑祖宗。承神至尊，罔弗祗若；克绥厥福，均被迩遐。既先侍从之臣，亦逮室家之壸。具官某妻某氏，凝姿婉约，秉德柔嘉。如《桃夭》之宜室家,躬采苹以承祭祀。穆然阃则,足称妇师。静女其姝,宜载彤管之盛;君子偕老,允膺称谓之隆。仁开汤沐之封,以耀筓珈之德。钦承恩命,祚嗣其昌。可。

出处:《紫微集》卷二〇。又见《永乐大典》卷二九七二。

撰者:张嵲

考校说明:编年据张嵲任两制时间、王鈇宦历、南宋明堂大礼时间补,见《建炎以来系年要录》卷一三七等。

资政殿学士李光故父高可特赠太子太保制
(绍兴十年九月十日后)

敕:朕交神于祀,既祇若于旧章;锡福于民,以风示其符应。惟我三朝之旧,尝联四近之班,可无褒赉之恩,用以宠绥其祢? 具官某故父某,慈祥居里,孝谨刑家。抱能不施,莫展平生之用;余庆于后,遂储奕叶之休。爰以才猷,预吾几政,考之彝典,锡以蜜书。东宫调护之官,益隆于秩序;庙室烝尝之奉,永燕于云来。可。

出处:《紫微集》卷二〇。

撰者:张嵲

考校说明:编年据张嵲任两制时间、李光宦历、南宋明堂大礼时间补,见《建炎以来系年要录》卷一三三、卷一四二等。

资政殿学士李光故母史氏可特赠文安郡夫人制
(绍兴十年九月十日后)

敕:朕燎薰皇天,受神明之况;荐祼太室,蒙祖考之休。敢怀专乡之心,用举均厘之典。眷吾旧弼,可后褒亲? 爰施刻蜜之章,用慰寒泉之念。具官某故母某氏,生有令德,嫔于甲族。其华其实,早闻家室之宜;如山如河,克成容润之美。蓄庆于后,以大厥家。命世生贤,尝预吾政。筓珈有耀,既正小君之名;汤沐增封,更荒大郡之履。精爽不昧,尚克享之。可。

出处:《紫微集》卷二〇。

撰者:张嵲

考校说明:编年据张嵲任两制时间、李光宦历、南宋明堂大礼时间补,见《建炎以来系年要录》卷一三三、卷一四二等。

权尚书礼部侍郎郑刚中故父卞可特赠奉议郎制
(绍兴十年九月十日后)

敕:朕还观扈从,皆吾近臣。视其经术深醇,则知有传家之学;顾其仕宦崛起,则知席积庆之余。推本源流,可无追贲?具官某故父某,以行义发闻于闾里,以文学见推于士林。抱修能而不施,赍高志而独老。修之在我,责报于天。有子而贤,德器自过;逢时奋发,遂大厥家。肆因有界之恩,用慰无穷之念。议郎告第,以贲幽窀。尚其有知,歆予褒恤。可。

出处:《紫微集》卷二〇。
撰者:张嵲
考校说明:编年据张嵲任两制时间、郑刚中宦历、南宋明堂大礼时间补,见《建炎以来系年要录》卷一三四、卷一四〇等。

权尚书礼部侍郎郑刚中故母盛氏可特赠令人制
(绍兴十年九月十日后)

敕:妇人有三从之义,服饰则系其夫;国家广教孝之风,品秩或视其子。属者大事获考,均厘万官,宜沛湛恩,用褒泉壤。具官某母某氏,少有贤行,嫔于德门。奉事良人,则甘乎牛衣之贫;逮抚幼孤,则几于织屦自给。虽隐约之备至,终操行之不移。卒成其儿,以儒自显。千钟不洎,虽深风木之悲;四德无亏,终被恤章之报。尚其精识,永亢而宗。可。

出处:《紫微集》卷二〇。又见《永乐大典》卷二九七二。
撰者:张嵲
考校说明:编年据张嵲任两制时间、郑刚中宦历、南宋明堂大礼时间补,见《建炎以来系年要录》卷一三四、卷一四〇等。

权尚书礼部侍郎郑刚中妻石氏可特封令人制
(绍兴十年九月十日后)

敕:朕笃报本之诚,既承神于胖飨;广敷锡之义,遂浸福于黎元。顾吾侍从腹心之臣,实有室家左右之助,可无褒宠,以逮其私?具官某妻某氏,秉德幽闲,凝姿婉娈。既笄而承父母,能尽于女工;执馈以事尊章,遂成于妇顺。其锡赞书之茂,俾增称谓之隆。象服是宜,方膺于来宠;君子偕老,无愆于相成。可。

出处:《紫微集》卷二〇。又见《永乐大典》卷二九七二。
撰者:张嵲
考校说明:编年据张嵲任两制时间、郑刚中官历、南宋明堂大礼时间补,见《建炎以来系年要录》卷一三四、卷一四〇等。

洪州观察使呼延通故父昌可特赠武义郎制
(绍兴十年九月十日后)

敕:朕祗见合宫,上仪获考,均厘遐迩,无间显幽。具官某故父某,潜德莫知,庆开厥嗣,正位廉车,既通显矣。俾申追贲之恩,益进武阶之峻。惟其有知,尚或能歆。可。

出处:《紫微集》卷二〇。
撰者:张嵲
考校说明:编年据张嵲任两制时间、呼延通官历、南宋明堂大礼时间补,见《建炎以来系年要录》卷一三八等。

洪州观察使呼延通母刘氏可特赠太硕人制
(绍兴十年九月十日后)

敕:庙泽之行,既追褒其祢室,若其内馈或遗,则何以慰人子念母之心哉!具官某母某氏,柔德懿行,虽不著闻,有子而贵,遂从其秩,亦可知其积累所自矣。称谓甚隆,尚能顾享。可。

出处:《紫微集》卷二〇。又见《永乐大典》卷二九七二。

撰者:张嵲

考校说明:编年据张嵲任两制时间、呼延通宦历、南宋明堂大礼时间补,见《建炎以来系年要录》卷一三八等。

洪州观察使呼延通妻宋氏可特封硕人制
（绍兴十年九月十日后）

敕:朝廷褒崇之典,下逮室家,岂无意乎? 盖将责其内馈之助,相成以图报焉。具官某妻某氏,禀资柔令,归逢其良,遂阶光显,洊膺封号,每加益隆。其相尔夫,仰酬恩礼。可。

出处:《紫微集》卷二〇。又见《永乐大典》卷二九七二。

撰者:张嵲

考校说明:编年据张嵲任两制时间、呼延通宦历、南宋明堂大礼时间补,见《建炎以来系年要录》卷一三八等。

宝文阁直学士綦崇礼故父亢可特赠银青光禄大夫制
（绍兴十年九月十日后）

敕:朕昭事上帝,及延胾之百神;敷惠庶工,逮辉胞之众隶。有如迩列,不与湛恩! 庆赐之行,固以克绰厥福;追崇之典,必也揆厥所元。宜锡命书,以光祢室。具官某故父某,学问深博,经术通明。官政饰修,独高循吏之誉;阴德凭厚,克开后嗣之贤。德义文章,著称当世。还以所袭,上休其先。三品崇阶,荣其告第;九原英爽,尚服予恩。可。

出处:《紫微集》卷二〇。

撰者:张嵲

考校说明:编年据张嵲任两制时间、綦崇礼宦历、南宋明堂大礼时间补,见《建炎以来系年要录》卷七八、卷一四六等。《宋史》卷三七八《綦崇礼传》:"再入翰林凡五年……以宝文阁直学士知绍兴府……退居台州。卒年六十,赠左朝议大夫。"《建炎以来系年要录》卷七八、卷一四六及《嘉泰会稽志》卷二均作"宝文阁学士"。

宝文阁直学士綦崇礼故母赵氏可特赠文安郡夫人制
（绍兴十年九月十日后）

敕:朕惟惠泽之行,下浸于黎元;追褒之文,复加于祢室。岂其内助,不与湛恩! 如是则何以慰人子念母之心,彰妇人从夫之义乎？具官某故母某氏,苹藻之奉,素严于承祀;山河之德,夙著于宜家。为妇而有相成之贤,为母而有义方之训。原闺阃之素修,固厥后之宜大。是生贤子,坐振一时。还以休光,显扬先德。副笄之盛,已正位于小君;脂田之腴,其更荒于大郡。俾其后嗣,毋怠厥成。可。

出处:《紫微集》卷二〇。

撰者:张嵲

考校说明:编年据张嵲任两制时间、綦崇礼官历、南宋明堂大礼时间补,见《建炎以来系年要录》卷七八、卷一四六等。《宋史》卷三七八《綦崇礼传》:"再入翰林凡五年……以宝文阁直学士知绍兴府……退居台州。卒年六十,赠左朝议大夫。"《建炎以来系年要录》卷七八、卷一四六及《嘉泰会稽志》卷二均作"宝文阁学士"。

利州观察使王胜故父名阙可特赠武略郎制
（绍兴十年九月十日后）

敕:朕祗见合宫,上仪获考,均厘遐迩,无间显幽。具官某故父某,潜德莫知,庆开厥嗣。正位廉车,既通显矣,俾申追赉之恩,益进武阶之峻。惟其知识,尚或能歆。可。

出处:《紫微集》卷二〇。

撰者:张嵲

考校说明:编年据张嵲任两制时间、王胜官历、南宋明堂大礼时间补,见《建炎以来系年要录》卷一四〇等。

利州观察使王胜故母周氏可特赠硕人制
（绍兴十年九月十日后）

敕:庙泽之行,既追褒于祢室,若其内馈或遗,则何以慰人子之念哉! 具官某故母某氏，柔德懿范，虽不著闻，有子而贵，遂从其秩，亦可知其积累所自矣。称谓甚隆，尚能顾享。可。

出处：《紫微集》卷二〇。又见《永乐大典》卷二九七二。

撰者：张嵲

考校说明：编年据张嵲任两制时间、王胜宦历、南宋明堂大礼时间补，见《建炎以来系年要录》卷一四〇等。

利州观察使王胜继母牛氏可特封太硕人制
（绍兴十年九月十日后）

敕：升侑合宫，锡福群下；顾其寿母，可后疏恩？具官某继母某氏，为妇而恭，为妻而义。爰以子贵，显膺褒荣。俾寿而昌，益介厥福。可。

出处：《紫微集》卷二〇。又见《永乐大典》卷二九七二。

撰者：张嵲

考校说明：编年据张嵲任两制时间、王胜宦历、南宋明堂大礼时间补，见《建炎以来系年要录》卷一四〇等。

利州观察使王胜故妻杨氏可特赠硕人制
（绍兴十年九月十日后）

敕：朕惟人臣之于室家，生则共其甘苦，没欲致其哀荣，贵贱一也。庙泽之行，顾可亡褒贲之典哉！具官某故妻某氏，禀资柔令，赋命不融。兹因庙泽，俾增称谓。惟其知气，尚克能歆。可。

出处：《紫微集》卷二〇。又见《永乐大典》卷二九七二。

撰者：张嵲

考校说明：编年据张嵲任两制时间、王胜宦历、南宋明堂大礼时间补，见《建炎以来系年要录》卷一四〇等。

利州观察使王胜故妻张氏可特赠硕人制
（绍兴十年九月十日后）

敕：具官某故妻某氏，秉德柔嘉，凝姿婉约。逮良人之通显，既已隔于存亡，祂以恩章，尚知歆服。可。

出处：《紫微集》卷二〇。又见《永乐大典》卷二九七二。
撰者：张嵲
考校说明：编年据张嵲任两制时间、王胜官历、南宋明堂大礼时间补，见《建炎以来系年要录》卷一四〇等。

资政殿学士左中大夫富直柔故父绍庭可特赠太子太傅制
（绍兴十年九月十日后）

敕：肇裸重屋，大祀休成。推上帝之仁，既锡福于四海；广教孝之义，以加惠于庶工。矧吾旧德之良，尝预几庭之列，其于祢庙，可后褒扬？具官某故父某，资才绝伦，凭籍甚厚。绰有名家之韵，称其世德之余。谓当勃兴，继承于世烈；在储余庆，克闻于嗣人。因兹庙泽之行，用沛纳书之宠。东宫调护之地，益峻于品秩；春秋烝尝之奉，永熙于云来。可。

出处：《紫微集》卷二〇。
撰者：张嵲
考校说明：编年据张嵲任两制时间、富直柔官历、南宋明堂大礼时间补，见《建炎以来系年要录》卷九八、卷一四四等。

资政殿学士左中大夫富直柔故母刘氏
可特赠普宁郡夫人制
（绍兴十年九月十日后）

敕：妇人有三从之义，服饰则系其夫；国家广教孝之风，褒扬盖因其子。属者大事获考，均厘万官，宜需湛恩，以加泉壤。具官某故母刘氏，山河其德，婉娈其容。逮事舅姑，早奉执笄之馈；无违夫子，有严举案之仪。训教具修，闺门载睦。

虽三徙实资于陟穑,而重茵永悼于终天。可无蜜印之章,用慰寒泉之念？俾易封于汤沐,用益耀于春秋。可。

出处:《紫微集》卷二〇。
撰者:张嵲
考校说明:编年据张嵲任两制时间、富直柔宦历、南宋明堂大礼时间补,见《建炎以来系年要录》卷九八、卷一四四等。

武功大夫解忠故父青可特赠武经大夫制
(绍兴十年九月十日后)

敕:朕祗见合宫,上仪获考,均厘遐迩,无间显幽。具官某故父某,潜德莫知,庆开厥嗣。其推饰壤之典,以为庙室之光。可。

出处:《紫微集》卷二〇。
撰者:张嵲
考校说明:编年据张嵲任两制时间、南宋明堂大礼时间补,见《宋史》卷二九《高宗纪》。

武功大夫解忠故母薛氏可特赠硕人制
(绍兴十年九月十日后)

敕:庙泽之行,既追褒于祢室,若其内馈或遗,则何以慰人子念母之心哉！具官某故母某氏,柔顺辑其闺门,淑慎修其妇道。有子而贵,遂从其秩。称谓甚隆,尚能顾享。可。

出处:《紫微集》卷二〇。又见《永乐大典》卷二九七二。
撰者:张嵲
考校说明:编年据张嵲任两制时间、南宋明堂大礼时间补,见《宋史》卷二九《高宗纪》。

武功大夫解忠故妻房氏可特赠硕人制
（绍兴十年九月十日后）

敕：朕惟人臣之于室家，生则共其甘苦，没则致其哀荣。庙泽之行，岂可忘赍之典哉！具官某故妻某氏，禀资柔令，赋命不融。兹锡赞书，俾增称谓。知气如在，尚克能歆。可。

出处：《紫微集》卷二〇。又见《永乐大典》卷二九七二。

撰者：张嵲

考校说明：编年据张嵲任两制时间、南宋明堂大礼时间补，见《宋史》卷二九《高宗纪》。

武功大夫解忠妻孟氏可特封硕人制
（绍兴十年九月十日后）

敕：朕褒宠之典，务极优隆。庙泽既行，下逮家室。具官某妻某氏，禀资柔令，归逢其良。遂阶光荣，浡膺封号。益加美称，以示恩光。其相尔夫，共图报塞。可。

出处：《紫微集》卷二〇。又见《永乐大典》卷二九七二。

撰者：张嵲

考校说明：编年据张嵲任两制时间、南宋明堂大礼时间补，见《宋史》卷二九《高宗纪》。

徽猷阁直学士向子諲弟右朝散郎子謨
故父宗明可特赠沂州防御使制
（绍兴十年九月十日后）

敕：朕肇禋重屋，大祀休成。推上帝之仁，广教孝之义，使显扬者获报美之效，追远者慰明发之思。顾吾扈从之臣，可后褒亲之典？具官某故父某，资材毕给，荫藉高华。德足以及物，而不被于人；材足以当世，而不见于用。遂蓄余庆，垂裕后昆。列城御侮之崇，用告其第；九原悽怆之识，尚或能歆。可。

出处：《紫微集》卷二〇。

撰者：张嵲

考校说明：编年据张嵲任两制时间、向子谭宦历、南宋明堂大礼时间补，见《建炎以来系年要录》卷一二三等。

徽猷阁直学士向子谭弟右朝散郎子谟
故母李氏可特赠硕人制
（绍兴十年九月十日后）

敕：朕惟惠泽之行，下逮于臣工；追褒之文，既加于祢室。岂其内助，不与湛恩，如是则何以慰人子念母之心，彰妇人从夫之义乎？具官某故母某氏，柔仪婉娈，令德幽闲。躬《采苹》法度之防，致《鹊巢》积累之盛。并袭余庆，以启后人。悯册之行，益隆位号，光尘如在，歆我恩荣。可。

出处：《紫微集》卷二〇。又见《永乐大典》卷二九七二。

撰者：张嵲

考校说明：编年据张嵲任两制时间、向子谭宦历、南宋明堂大礼时间补，见《建炎以来系年要录》卷一二三等。

利州观察使翟琮故父兴可特赠少傅制
（绍兴十年九月十日后）

敕：朕祗见合宫，上仪获考，均厘遐迩，无间显幽。具官某故父某，潜德莫知，庆开厥嗣。其推饰壤之典，以为庙室之光。可。

出处：《紫微集》卷二〇。

撰者：张嵲

考校说明：编年据张嵲任两制时间、翟琮宦历、南宋明堂大礼时间补，见《建炎以来系年要录》卷七五等。

利州观察使翟琮母聂氏可特封越国太夫人制
(绍兴十年九月十日后)

敕:朕升侑合宫,锡福群下,顾其寿母,可后疏恩? 具官某母某氏,蓄德于身,庆流于裔,遂以子贵,显膺褒荣。益加美称,用介厥福。可。

出处:《紫微集》卷二〇。

撰者:张嵲

考校说明:编年据张嵲任两制时间、翟琮官历、南宋明堂大礼时间补,见《建炎以来系年要录》卷七五等。

左朝散郎充徽猷阁待制潘良贵故父
祖仁可特赠朝奉大夫制
(绍兴十年九月十日后)

敕:朕本秩礼以严天地之奉,荐和乐以格神灵之和。仪物备陈,缊豫纷列,萧禄并觊,肸蠁丰融。嘉与臣民,均兹祉福。顾兹甘泉之旧,可稽陟岵之褒。具官某故父某,孝谨刑家,经术自著。最高乡曲之誉,不求闻达于时;修之方寸之间,责报必世之后。乃蓄余庆,笃生显人。兹因庙泽之行,用沛纳书之宠。春秋时祀,尚侈褒荣。可。

出处:《紫微集》卷二〇。

撰者:张嵲

考校说明:编年据张嵲任两制时间、潘良贵官历、南宋明堂大礼时间补,见《建炎以来系年要录》卷一三五等。

左朝散郎充徽猷阁待制潘良贵故母施氏可特赠令人制
(绍兴十年九月十日后)

敕:庙泽之行,既追褒于祢室,若其内馈或遗,则何以慰人子念母之心哉! 具官某故母某氏,柔德懿范,虽不著闻,有子而贵,遂从其秩。亦可知其积累有所自矣。称谓甚隆,尚能歆享。可。

出处:《紫微集》卷二〇。又见《永乐大典》卷二九七二。
撰者:张嵲
考校说明:编年据张嵲任两制时间、潘良贵宦历、南宋明堂大礼时间补,见《建炎以来系年要录》卷一三五等。

左通议大夫王庶故父茂可特赠太子太保制
（绍兴十年九月十日后）

敕:朕肇禋重屋,大祀休成。推上帝之仁,既锡福于四海;广教孝之义,以加惠于庶工。使显扬者获报亲之心,追远者慰濡露之感。其施恩渥,以贲幽扃。具官某故父某,笃厚提身,谦恭居里。素高乡曲之誉,不求闻达于时;修之方寸之间,责报必世之后。乃蓄余庆,笃生显人。兹因庙泽之行,用沛纳书之宠。东宫调护之地,益崇于品秩;春秋烝尝之奉,永燕于云来。可。

出处:《紫微集》卷二〇。
撰者:张嵲
考校说明:编年据张嵲任两制时间、王庶宦历、南宋明堂大礼时间补,见《建炎以来系年要录》卷一三八等。

左通议大夫王庶故母刘氏可特赠大宁郡夫人制
（绍兴十年九月十日后）

敕:庙泽之行,既追褒于祢室,若其内馈或遗,则何以慰人子之念哉! 具官某故母某氏,柔德懿范,虽不著闻,有子而贵,遂从其秩,亦可知积累之自矣。称谓甚隆,尚能顾享。可。

出处:《紫微集》卷二〇。
撰者:张嵲
考校说明:编年据张嵲任两制时间、王庶宦历、南宋明堂大礼时间补,见《建炎以来系年要录》卷一三八等。

显谟阁直学士郑滋故父集成可特赠银青光禄大夫制
(绍兴十年九月十日后)

敕:朕登颂祇之堂,膺受多福;施配天之泽,锡厥庶民。顾吾迩列之良,可后扬亲之典? 具官某故父某,禀敦厚慈和之质,负博闻多识之懿。而赋命不偶,赍志莫伸。蓄其余泽,以诒后嗣,笃生令子,为时闻人。还以休光,追褒祢室。银印青绶之贵,光禄古官之崇,以告于第,尚克嘉之。可。

出处:《紫微集》卷二○。

撰者:张嵲

考校说明:编年据张嵲任两制时间、郑滋宦历、南宋明堂大礼时间补,见《建炎以来系年要录》卷八八、卷一五七等。

显谟阁直学士郑滋故母李氏可特赠蕲春郡夫人制
(绍兴十年九月十日后)

敕:朕惟惠泽之行,下浸于黎元;追褒之文,复加于祢室。岂其内助,不与湛恩,如是则何以慰人子念母之心,彰妇人从夫之义乎? 具官某故母某氏,德合闺彝,动应图史。虽积行累功之勤,不显生平之日;而锡羡流光之庆,宣惟后嗣之承。推其欲报之心,祚以刻章之命。锡号小君,虽云其旧;更食大郡,褒赍则新。知气不忘,尚歆斯宠。可。

出处:《紫微集》卷二○。

撰者:张嵲

考校说明:编年据张嵲任两制时间、郑滋宦历、南宋明堂大礼时间补,见《建炎以来系年要录》卷八八、卷一五七等。

直徽猷阁所犯因知潼州府为于川陕大军券食折伏钱
内别作名目侵支使用不行起发事奉圣旨特降一官后
该遇明堂赦恩合叙复元降一官许中任左朝请大夫直
宝文阁知静江府为收买战马例皆不堪披带降两官未
叙间又为奏本路管下州军多有待阙官员寄居乞依三
路沿边州事降充直秘阁又因在任罢行后不觉察市买
于元认逐厅铺户处依市价买物等事先次落职令湖南
转运使根勘具案闻奏特降三官勒停后遇明堂大礼赦
本官见左朝请郎主管台州崇道观依刑部所申与叙一
官曾班为臣寮上言金人登泰州城知通亲往军前和议
差官吏根刷金银等事奉旨曾班追毁出身以来文字除
名勒停送雷州编管后该遇明堂赦与叙左朝散大夫安
邡右朝散郎成都府路转运判官所犯因应副王彦一军
钱粮未见起发数目等事先次降两官又为因吴玠军前
粮食阙乏不行装发放罢追五官添差监郴州在城酒税
后遇明堂大礼赦与叙左通直郎侯恚元系右朝请大夫
江南西路安抚大使司参谋官所犯因措置招安建昌军
叛兵事务冗并不觉察诸项人马因而作过等事特降两

官后该遇明堂赦恩叙右朝请大夫制

（绍兴十年九月十日后）

　　敕：朕施配天之泽，以一洗于庶辜；悯负罪之臣，用稍还于故叙。尔顷承委寄，荐抵尤违。既更岁月之淹，亦既思愆之久，其从宽宥，畀复官联。钦服予恩，毋忘尔戒！可。

出处:《紫微集》卷一九。

撰者:张嵲

考校说明:编年据张嵲任两制时间、南宋明堂大礼时间补,见《宋史》卷二九《高宗纪》。"潼州府"当为"潼川府"之误。

承直郎以下改官事诏
(绍兴十年九月十四日)

敕:勘会所举承直郎以下改官贰员以上者,分上下半年举官,其上半年多是便举改官贰员,下半年止有从事郎一员,委是未均。今将合举改官三员处,三分之一举充从事郎,内改官贰员上下半年各举一员,从事郎一员上半年荐,若上半年举到改官第二员,自不合收使,合作从事郎员数。

出处:《庆元条法事类》卷一四。

霍蠡为擅离职守及收馈送特落职令吏部
与监当差遣其馈送归还制
(绍兴十年九月十四日)

敕:吏之交通货赂,与夫畔官离次,皆部使者所当谨察而举法也。顾乃身自犯之,复何赖焉!尔顷从闲废,擢备外台,奉使失指,一至是。其镌职于内阁,且左官于管库,以示惩创。益思念咎,毋贰其尤。朕之于人,亦不终弃,尔尚勉之!可。

出处:《紫微集》卷一六。
撰者:张嵲
考校说明:编年据《建炎以来系年要录》卷一三七补。

陈桷韩世忠奏为与金牌郎君迎敌自淮阳城下差
委去湖陵千秋同共措置逐次获捷欲乞除落过其
元带贴职详察施行奉旨右朝请大夫参谋官依旧
右文殿修撰制
(绍兴十年九月十五日)

敕:慴威于境,固资阃外之良;揆策于军,亦赖幕中之彦。尔顷治吏议,名在刑书,荐历岁时,既从昭雪。逮此偏师之出,具宣赞画之劳,宜还论撰之华,以示褒优之渥。尚殚夙夜,益茂远图。可。

出处:《紫微集》卷一六。又见《永乐大典》卷一三四九九。

撰者:张嵲

考校说明:编年据《建炎以来系年要录》卷一三七补。

四川选人改官诏
（绍兴十年九月十六日）

四川选人改官,令经本路运司公参,理当到部,就申宣抚司。磨勘无违碍,与放散举主保明闻奏,付吏部审验诣实,奏钞给告。选人并举主若有罪犯,且令出给先次放散举主实日公据,宣抚司保明申奏,声说放散月日,付部契勘。如举主有事故违碍在未放散日以前,即依条施行;如在放散之后,即与收使,仍后授告,方许系衔。候回銮日,依旧法。

出处:《宋会要辑稿》职官一一之三五。

得解得贡举人推恩事诏
（绍兴十年九月二十五日）

应得解、得贡诸路举人,自省试下至绍兴十一年已及一十二年之人,如有绍兴十年秋试得解,候将来过省殿试,唱名取旨,别与升名推恩。

出处:《宋会要辑稿》选举四之二七。

祝永之为元申朝廷乞于对岸江南池管界移治已札下只于本军管界内措置今来却于行在官散纳札子称两淮之民方且归业若降移治指挥民间惶惶莫知所向显见用意二三鼓惑众听奉圣旨特降三官制
（绍兴十年九月二十五日）

敕具官某:比建请移治江南,朝廷不尔听也,姑令即尔境内保险以便民。乃复以为移治非是。前后异言,皆自尔口,徒欲归非于朝,掠名自誉,法当诛殛。然念比年以来,俗不长厚,贤士大夫犹或为尔所为,况如尔者,足与治乎? 姑夺三官,以视远迩。岂为尔惩,将使两淮之民知朝廷之意也。可。

出处:《紫微集》卷一三。

撰者:张嵲

考校说明:编年据《建炎以来系年要录》卷一三七补。

侯信为河北却破金人大寨等忠义奋
果立奇功特转武义大夫遥郡刺史制
(绍兴十年十月一日)

敕:尔忠勇自奋,绝河津而北,直抵敌营,挠乱其众。载观献状,深嘉尔劳,进陟武阶,遥分符竹。钦承恩命,更立尤功。可。

出处:《紫微集》卷一二。

撰者:张嵲

考校说明:编年据文中所述史事补,见《宋会要辑稿》兵一四。

张浚为前宰相该遇明堂大礼赦恩合行
检举叙复奉圣旨复观文殿大学士制
(绍兴十年十月二日)

敕:总揆岳而居中,夙赖爽邦之哲;位山川而作镇,方资表海之勋。熙事休成,湛恩诞布,将善人之是赖,岂旧德之或遗! 具官某道贯古今,学该流略。计安天下而厉其志,心在王室而有其功。诚悫不移,陈义有大臣之节;危难自任,许国有古人之风。勋庸少迕于初心,意气已吞于仇敌。虽孔明街亭之败,以三等而自贬;而仲华龙章之裞,无二色之可窥。逮起奉于东藩,赖绥安于南纪。既民人甚便其政,故绩状稔闻于朝。爰因惠泽之敷,俾冠侍班之宠。噫! 翰藩强固,所以增廉陛之安荣;职秩优隆,既已均弼谐之体貌。尚无内外之间,共须平定之期。可。

出处:《紫微集》卷一九。

撰者:张嵲

考校说明:编年据《建炎以来系年要录》卷一三八补。

观文殿大学士张浚故祖伉可特追封嘉国公制
(绍兴十年十月二日后)

敕:朕穆卜休宬,严禋帝考。神况允答,百顺毕臻,思与寰区,同兹祉福。惟吾旧德,功在王家,揆厥所元,可无追赉?具官某故祖某,孝悌著于宗族,仁惠行于里间。才足以自致,而命不融;德足以有施,故后宜大。再世之庆,实为相臣。顷以刻章,既极师垣之宠;今兹告第,遂开公社之荣。知气不忘,尚歆休渥。可。

出处:《紫微集》卷一一。

撰者:张嵲

考校说明:编年据张浚宦历补,见《建炎以来系年要录》卷一三八。

观文殿大学士张浚故祖母赵氏可特赠越国夫人制
(绍兴十年十月二日后)

敕:朕致力于神,既以格三灵之休;移福于下,又以及四海之远。惟时追赉,已推及祖之恩;逮其室家,可后从夫之宠?具官某故祖母某氏,孝恭之行,不懈于春秋;慈祥之风,甚宜于闺阃。积累丰厚,流光自长,至于闻孙,硕大休显。脂泽有奉,既赐履于三吴;汤沐增畚,更徙封于百越。尚歆贵宠,以慰幽扃。可。

出处:《紫微集》卷一一。

撰者:张嵲

考校说明:编年据张浚宦历补,见《建炎以来系年要录》卷一三八。

观文殿大学士张浚故祖母王氏可特赠陈国夫人制
(绍兴十年十月二日后)

出于良奥,来嫔令族。事舅姑有色养之孝,训诸子有义方之益。约素自处,诏厥后人;再世而昌,遂相天下。小君正位,已荒毕万之山川;大国徙封,更昨故公之土略。春秋时祀,尚侈褒荣。可。

出处:《紫微集》卷一一。

撰者:张嵲

考校说明:编年据张浚官历补,见《建炎以来系年要录》卷一三八。

观文殿大学士张浚故父咸可特追封庆国公制
(绍兴十年十月二日后)

　　敕:朕肇禋重屋,大祀休成。推上帝之仁,既锡福于四海;广教孝之义,以加惠于庶功。使显扬者获报亲之心,追远者慰濡露之感 。若元功旧德之先,不被于恤章;则辉胞翟阁之贱,何有于祭泽?具官某故父某,德足以及物,何不逮于生民;文足以行远,而不施于廊庙。徒擢贤科于异等,莫韫英声于士林。虽无一时之遭,遂蓄百年之庆,至其嗣子,为吾相臣。曩以维垣之崇,启兹公社之贵。其因惠术,祚以大邦。歆承光荣,慰彼厚夜。可。

出处:《紫微集》卷一一。

撰者:张嵲

考校说明:编年据张浚官历补,见《建炎以来系年要录》卷一三八。

观文殿大学士张浚故前母任氏可特赠潭国夫人制
(绍兴十年十月二日后)

　　敕:朕惟祭泽之行,既下均于胞翟;褒崇之典,固无间于显幽。本原内助之贤,宜沛从夫之宠。具官某故前母某氏,被服女戒,饬修妇仪,雍睦以宜家人,柔正以事夫子。深蓄余庆,以施后昆。既正位于小君,益衍封于大国。光尘如在,歆我荣恩。可。

出处:《紫微集》卷一一。

撰者:张嵲

考校说明:编年据张浚官历补,见《建炎以来系年要录》卷一三八。

观文殿大学士张浚故前母赵氏可特赠楚国夫人制
（绍兴十年十月二日）

供苹藻之荐,而有季兰之钦;应彤管之诗,而重静女之美。遂相夫子,克成其家;垂裕后人,用袭其庆。既正小君之称号,益荒大国之封圻。阃则未遥,尚知歆贲。可。

出处:《紫微集》卷一一。

撰者:张嵲

考校说明:编年据张浚宦历补,见《建炎以来系年要录》卷一三八。

观文殿大学士张浚母计氏可特封镇国夫人制
（绍兴十年十月二日后）

敕:朕惟熙事庆成,均厘宇县。推体群臣之义,莫大于褒亲;念为人子之荣,孰加于将母。矧乃致位将相,勒功鼎彝,入则趣养堂以奉甘旨,出则奉安舆而穷逸乐。历观今古,光耀鲜并。宜放书命之荣,以侈庙泽之广。具官某母某氏,出于望族,来嫔大家。静专柔顺以肃其闺彝,端毅方严以成其母道。容润之美,并茂于山河;礼法之严,兼资于钟郝。吉祥善事,举集令门。象服鱼轩,既正小君之位;脂田汤沐,益荒大国之封。钦承明纶,永绥寿嘏。可。

出处:《紫微集》卷一一。

撰者:张嵲

考校说明:编年据张浚宦历补,见《建炎以来系年要录》卷一三八。

观文殿大学士张浚故妻乐氏可特赠冀国夫人制
（绍兴十年十月二日后）

敕:朕并赖庶工之力,以共济国家;本原内助之贤,而诞施褒渥。漏泉之泽,何间显幽。具官某故妻某氏,植德之美,宜膺寿宠;赋命不永,遽即幽窀。俯仰岁时,墓木未拱,可无隐饰,以慰营魂? 徙封大邦,益昭顾恤;尚其有识,克嘉赖之。可。

出处:《紫微集》卷一一。

撰者:张嵲

考校说明:编年据张浚宦历补,见《建炎以来系年要录》卷一三八。

观文殿大学士张浚妻宇文氏可特封益国夫人制
(绍兴十年十月二日后)

敕:朕褒宠旧德,务极优隆。矧庙泽毕逮于翟闱,福嘏可遗于家室?其施恩渥,以贲柔徽。具官某妻某氏,族属之华,门阀之盛,容德之茂,组纴之修,而奉姑嫜惟孝谨之共,事夫子有劝勉之义。辑此令善,宜服宠荣。汤沐启封,已彻淇澳之境土;笄珈增辉,再荒蜀道之封圻。益相所天,钦承勿替。可。

出处:《紫微集》卷一一。

撰者:张嵲

考校说明:编年据张浚宦历补,见《建炎以来系年要录》卷一三八。

刘岑为臣寮上言先次落职与宫观令于
邻近建昌军听候指挥制
(绍兴十年十月十八日)

敕:朕爱惜民力,深戒妄费,故掖庭无见亲之赐,近习无非时之锡。欲迪在位,率由俭德,以宽元元衣食之奉焉。具官某为吾近臣,职斯牧养,所为不度,施予自恣,斩艾民力,所至为空。责言来上,良用慨然。姑镌延阁之华,尚食奉祠之禄。俾居旁近,以听有司。民政所关,朕不得而尔私也。

出处:《紫微集》卷一六。

撰者:张嵲

考校说明:编年据《建炎以来系年要录》卷一三八补。

川陕官员陈乞覃恩转官等事诏
（绍兴十年十月二十日）

川陕官员陈乞覃恩转官、磨勘、奏荐、封赠、循资、致仕、遗表恩泽，依得著令者，令宣抚司施行。

出处：《建炎以来系年要录》卷一三八。

范冲为臣寮上言禀倾邪之资肆贪墨之行落职依旧宫观制
（绍兴十年十月二十八日）

敕：朕进拔人才以为侍从，冀收其用也。而功效不著，隐匿暴陈，犹务优容，以蒙其过；至于责言来上，复何敢私？具官某名臣之子，趋操不端。早交结于左貂，信踪迹之诡秘；晚依附于时宰，通权顾之金钱。欺愚自同于今人，考行难逃于清议。姑从末减，俾丽宽科。其镌延阁之华，尚食真祠之奉。毋忘念咎，以重悔尤。可。

出处：《紫微集》卷一六。
撰者：张嵲
考校说明：编年据《宋会要辑稿》职官七〇补。

王居正为臣寮上言天资凶悍学术迂疏好
文奸言以欺世俗落职依旧宫观制
（绍兴十年十月二十八日）

具官某迂疏自任，恶戾为资。依倚权臣，公肆豪夺。暴妄其偶，不以仁恩；骄傲恣睢，好行凶德。顾造行之若此，岂清议之可逃？尚矜重刻之加，姑俾宽科之丽。其镌华于延阁，仍受禀于真祠。祗服明恩，无忘念咎。可。

出处：《紫微集》卷一六。
撰者：张嵲
考校说明：编年据《宋会要辑稿》职官七〇补。

四孟朝献不排办逍遥辇诏
(绍兴十年十月)

四孟朝献,自常御殿步至承元、顺承殿行礼,更不排办逍遥辇。今后准此。

出处:《宋会要辑稿补编》第三四页。又见《中兴礼书》卷一〇八。

杂买务杂卖场事诏
(绍兴十年十一月四日)

杂买务杂卖场监门朱记,以"杂买务杂卖场门朱记"九字为文。杂买务杂卖场监门合行隔点秤制,关防亏少及夹带之弊。今添置隔点库子一名并法物、盘秤等。

出处:《宋会要辑稿补编》第九二页。

王忠植为收复石州等十一处近因将带军马前来会合到延安府被叛贼赵惟清囚执要拜金国诏书忠植毁骂惟清遂将忠植解赴金国元帅府元帅道你拜我四拜却与大官做忠植毁骂元帅又道你只拜两拜忠植亦不肯元帅差甲军监忠植到庆阳城下忠植道我是河东步佛山忠义人被赵惟清捉了解赴元帅府要忠植来招本府不要负违朝廷坚守城壁忠植只死在城下番人却押赴元帅府元帅问所说言忠植自袒剥下衣服掀开胸前道你与我快死遂刺死特赠奉国军节度使开府仪同三司

仍赠谥制
(绍兴十年十一月十五日后)

敕:朕瞻顾中原,念侵疆之未复;选任将帅,方辟国之是谋。岂图枭俊之臣,忽动鼓鼙之感！其推愍册,以励庶工。具官某奋身阡陌之中,雅意功名之会。忠壮殆其天赋,韬略本于生知。越岁未淹,彻声已茂。纠虔义旅,居多于景从;传檄列城,已闻于风靡。天为不吊,人忽沦亡。孰云貔虎之资,遽陷敌人之计。临孤城而励众,宁反解扬之辞;蹈白刃而不回,益抗杲卿之节。览兹赴告,深所悼伤。是用追褒齐越之雄,视秩宰司之峻,易名而节惠,延赏以字孤。具严庙貌之崇,并示哀荣之渥。呜呼！刻鲍信而旌义烈,岂但无惭;斩士政以慰忠魂,其将有日。谅犹未泯,尚或能歆。可。

出处:《紫微集》卷一八。

撰者:张嵲

考校说明:编年据《建炎以来系年要录》卷一三八补。

魏经为城破战死赠武翼郎阁门宣赞舍人两资恩泽制
（绍兴十年十一月十八日）

敕:朕惟亳社,方得复失,此将帅不任之咎也。守者既不能死城郭,委之出走;尔乃率众拒敌,城已陷而不为屈。予念元元之遭罹,嘉尔之死义,良用悼伤。武阶之峻,上阁之华,并告其第,又官其嗣子二人。岂徒为尔报哉,将以励庶臣之节,且使所任不肖者知焉。可。

出处:《紫微集》卷一九。

撰者:张嵲

考校说明:编年据《建炎以来系年要录》卷一三七补。

郑昌龄除太府寺主簿事诏
（绍兴十年十一月）

左宣教郎郑昌龄除太府寺主簿,填复置阙,所有本官请给、人从、白直,并依太常寺已得指挥。

出处:《宋会要辑稿》职官二七之二九。

正显庙封侯制
(绍兴十年八月至十二月间)

惟神夙著惠政,怀于一方,遗爱流传,庙食殊久。凡雨旸之所祷,皆响答而感通。功既及民,可无褒典! 锡兹美号,宠以侯封。永孚灵休,副我显渥。

出处:《紫微集》卷一七。
撰者:张嵲
考校说明:编年据张嵲任两制时间、《金石萃编》卷一四九《溧水县正显庙碑》补。

耿著为殴打百姓致死特贷命追毁除名停配降承信郎续为起发大金留务计议使应办一行舟船脚乘同共交纳官奉圣旨降五官与叙系已叙未复旧今来该遇绍兴十年九月十日明堂赦文与叙武略大夫制
(绍兴十年九月至十二月间)

敕具官某:杀人者死,古今不易之道也。其或降宥,得以官爵自赎;既更赦令,又得稍还故秩,其为恩亦厚矣。然尔之官爵可以复得,而死者不可复生也。其祗茂恩,毋忘念咎。无或狃于幸免,再抵罪诛,他日有司以义固争,虽予不得而尔私也,尔其戒之!

出处:《紫微集》卷一九。
撰者:张嵲
考校说明:编年据张嵲任两制时间、文中所述史事、耿著官历补,见《建炎以来系年要录》卷一三八。

陈正由为臣寮上言特降一官制
(绍兴十年十二月九日)

敕:尔蒙其世阀,幸得备使一路,不思所以严分守、厚风俗之义,而包藏私憾,逞志于人。迹其言辞,可见妄作。抑尔懵不足以知此耶? 将狡很而无忌惮也?

除申已令考按事实外,惟尔犯分之过,何可不惩? 姑镌一官,尚宽罢黜。益思戒慎,无贰厥愆。可。

出处:《紫微集》卷一五。

撰者:张嵲

考校说明:编年据《宋会要辑稿》职官七〇补。

上皇太后册宝册文
(绍兴十年十二月十二日)

嗣皇帝臣某谨稽首拜言曰:臣闻自昔受命而帝者,基德发祥,必推本其所自出。瑞乙生商,履武造周,声之雅颂,荐之郊庙,以章神物锡符之休,以开万叶绍统之庆。于皇盛炳,其不可诬已。天祚圣母,系隆我家,诞毓菲冲,嗣守大器,永为劬劳。诒翼委祉于我一人,俾克祗德御以奉宗庙,辑宁四方,用宏济于艰难,泽厚流光,与覆载并德,将竭四海之奉美。万物之报,无足称者。粤若稽盛节,尊鸿名,参天贰地,以崇施罔极。率吁众志,忻合一词,恳恳惓惓,不胜大愿。谨遣太傅秦桧奉玉册金宝,上尊号曰皇太后。恭惟皇太后柔闲渊懿,体备坤顺,清净淡泊,用合道冲。自天生德,而保阿之训丕勤;动容中礼,而珮珩之度可则。佑我文考,假于有家。有葛覃恭俭之风,有卷耳忧勤之志。章明阴教,协内治之助;峻避私恩,抑外家之宠。至于德隆行尊,淑闻浚发,九嫔帅之,六宫化之,天下诵之,上帝临之,有赫厥灵,集大命于眇躬。予末小子,惧德弗类,无以答扬宏休,惟顺天经,叙民彝,通神明,美教化,实本于孝。夙夜业业,尽钦爱以事亲,期于上下明察,合三才之义,中外和平,得万国之欢,盖庶几焉。呜呼! 礼莫严于报本,唯圣人为能完备而事时;孝莫大于尊亲,唯天子为能以天下养。予小子非曰能之,惟我圣母莫盛之礼惟称。秩叙腯,受典册,导迎休命,还御慈宁。母仪家邦,于万斯年,受福无疆,博厚持载,燕及群生,予小子其永有依赖。

出处:《三朝北盟会编》卷二二三。又见《中兴礼书》卷一七三。

考校说明:编年据《宋史》卷二九《高宗纪》补。

总制钱亏欠展磨勘诏
(绍兴十年十二月十五日)

总制钱若比额亏欠,并依经制钱展一年磨勘,二分以上取旨施行。

出处:《宋会要辑稿》食货三五之二四。又见同书食货六四之九三。

勾龙如渊元是御史中丞为因施庭臣语言狂率不即弹劾奉圣旨罢御史中丞今遇明堂大礼赦合检举复敷文阁待制制
(绍兴十年十二月十八日)

朕称禋合宫,肆眚象魏。开弃咎之路,以一洒于庶尤;闵负罪之臣,宜稍还于故秩。矧乃甘泉之旧,尝诏刑史之书,其需恩荣,以除苟绕。具官某材资毕给,学问深明。早振誉于时流,遂升华于法从。西垣乌府,两所践扬;风采文辞,具存称绩。一诒吏议,骤阅岁时,兹举彝章,俾还次对。广仁恩之意,朕方厚于臣工;复玷缺之难,尔毋忘于饬厉。

出处:《紫微集》卷一二。
撰者:张嵲
考校说明:编年据《建炎以来系年要录》卷一三八补。

吕本中元是中书舍人为臣寮上言职掌外制率寓己私奉圣旨与宫观遇明堂大礼合行检举复秘阁修撰制
(绍兴十年十二月十八日)

敕具官某:以尔文词华国,笃厚操身。顷以汇征,遂仪从列。

出处:《紫微集》卷一七。
撰者:张嵲
考校说明:编年据《建炎以来系年要录》卷一三八补。

周葵元是起居郎为臣寮上言挟私荐吕广问奉圣旨落职与宫祠遇明堂大礼合行检举复直秘阁制
（绍兴十年十二月十八日）

敕：以尔文行之美，精于搢绅；称绩之休，著于台省。日干清议，用致烦言。既阅岁时，省愆兹久，寓直中秘，稍示甄收。往服恩章，毋忘愆慎。可。

出处：《紫微集》卷一七。

撰者：张嵲

考校说明：编年据《建炎以来系年要录》卷一三八补。

刘一止元是给事中为臣寮上言挟私荐吕广问奉圣旨落职与宫祠该遇明堂大礼赦合检举复秘阁修撰制
（绍兴十年十二月十八日）

敕具官某：以尔操行坚正，文词深纯，爰以修能，遂跻从列。自干物议，用致烦言。顾阅岁之已多，谅思愆之既久。兹因需宥，爰举彝章，稍还论撰之华，庸示甄收之渥。

出处：《紫微集》卷一八。

撰者：张嵲

考校说明：编年据《建炎以来系年要录》卷一三八补。

施庭臣元系左朝奉郎守起居郎所犯因语言狂率令吏部与广南监当今该遇明堂赦恩复直秘阁宫观制
（绍兴十年十二月二十一日）

敕：朕待遇臣子，以公议而行与夺。其罪之也，必有以取之；其舍之也，亦有以恕之。务广恩以略其不及，无淹恚而疾之已甚。况于姓名状貌，尝简朕心者乎。尔顷以猷为，擢侍帷幄，不能自靖，以抵罪辜。惟原情之无他，宜会赦而一解。寓直中秘，稍示甄收；秩以真祠，俾安闲逸。尚慎吹齑之戒，无忘复玷之艰。可。

出处:《紫微集》卷一七。

撰者:张嵲

考校说明:编年据《建炎以来系年要录》卷一三八补。

柳约昨系左朝散大夫户部侍郎所犯因臣寮上言罢差
提举江州太平观后该赦复秘阁修撰系已叙未复旧职
今又该明堂赦复敷文阁待制依旧提举江州太平观制
(绍兴十年十二月二十一日)

敕:朕称禋合宫,肆眚象魏。开弃咎之路,俾一洒于庶尤;闵负罪之臣,宜稍还于故秩。矧乃甘泉之旧,尝诒刑史之书,其霈恩荣,以除苛挠。具官某顷由材谞,见被使令;稍以宠能,爰跻扈从。一离谴责,遂阔岁时。虽秩令之荐更,终责言之不置。兹因彝典,加贲宠章,超升次对之华,仍处真祠之逸。广仁恩之意,朕方厚于臣工;复玷缺之难,尚无忘于饬励。可。

出处:《紫微集》卷一八。

撰者:张嵲

考校说明:编年据《建炎以来系年要录》卷一三八补。

耿著昨自淮阳军军前赍奏赴行在内殿引
对特与叙复旧官制
(绍兴十年十二月二十三日)

敕:抵罪以情,则法不嫌于太密;推恩以恕,则理有贵与从宽。具官某顷以贼杀不辜,已从末减;后以荐逢赦令,稍复官联。朕惟擅杀者非贬降之可惩,而责效者在仁恩之加厚,是用尽还故秩,计其来功。尚无忽于思愆,深自图于报国。可。

出处:《紫微集》卷一九。

撰者:张嵲

考校说明:编年据耿著官历补,见同集同卷《耿著为殴打百姓致死特贷命追毁除名停配降承信郎续为起发大金留务计议使应办一行舟船脚乘同共交纳官奉圣旨降五官与叙系已叙未复旧今来该遇绍兴十年九月十日明堂赦文与叙武略大夫制》,《建炎以来系年要录》卷一三二、卷一三八。

太庙时享袷享诏
（绍兴十年十二月二十九日）

太庙时享以少牢,袷享以太牢,如旧典。

出处:《建炎以来系年要录》卷一三八。

喜雪御筵口宣
（暂系于绍兴十年冬）

季冬调吕,瑞雪应时。肆颁燕豆之丰,用表化均之燮。衍其和乐,体此眷怀。

出处:《紫微集》卷二一。
撰者:张嵲
考校说明:编年据张嵲任两制时间、文中所述史事补。

喜雪御筵赐酒果口宣
（暂系于绍兴十年冬）

一元调化,六出瑞时。颁内府之甘珍,侑初筵之燕衍。庸昭眷意,共乐岁祥。

出处:《紫微集》卷二一。
撰者:张嵲
考校说明:编年据张嵲任两制时间、文中所述史事补。

高宗朝卷十五　绍兴十一年(1141)

刘宝许世安王升并除正任防御使制
(暂系于绍兴十年八月至绍兴十一年正月间)

　　敕具官某:怀许国之忠,骁雄自命;厉杀敌之果,敏锐无前。兹因王旅之修封,遂奋兵威而压难。载嘉武节,俾进列于捍防;益茂壮图,尚毕精于报称。夙宵自励,毋废前劳。可。

出处:《紫微集》卷一一。
撰者:张嵲
考校说明:编年据张嵲任两制时间、刘宝官历补,见《建炎以来系年要录》卷一三九。

推赏悉心捕捉吃菜事魔者诏
(绍兴十一年正月九日)

　　自今州县守令能悉心措置,许本路监司审核以闻,除推赏外;量加奖擢。

出处:《宋会要辑稿》刑法二之一一二。

赐岳飞御札
(绍兴十一年正月二十九日)

　　据探报,虏人自寿春府遣兵渡淮,已在庐州界上,张俊、刘锜等见合力措置掩杀。卿可星夜前来江州,乘机照应,出其前后,使贼腹背受敌,不能枝梧。投机之会,正在今日,以卿忠勇,志吞此贼,当即就道。付此亲札,卿宜体悉。付飞。御押。

出处:《鄂国金佗稡编》卷三。又见《永乐大典》卷六六九七。

许青为与乌珠接战能奋不顾死贾勇先登奇功显著众所信服特于正法上两转遥郡防御使制
(暂系于绍兴十年八月至绍兴十一年二月间)

敕具官某:奋身以徇国家之急,虽资主将之谋;刬手以冲仇人之胸,实赖摧锋之勇。申敷褒命,以奖尤功。以尔果毅无前,技能绝众,久将屯而卫塞,积战伐以知名。不介而驰,敌人望风皆靡;横戈而斫,壁垒终夜有声。再观献状之来,允谓军威之冠。俾以武阶之峻,遥分捍御之崇。祗服异恩,更图显绩。可。

出处:《紫微集》卷一一。
撰者:张嵲
考校说明:编年据张嵲任两制时间、许青官历补,见《建炎以来系年要录》卷一三五。

盖成授承信郎制
(暂系于绍兴十年八月至绍兴十一年二月间)

朕赏恐逾时,付便宜于帅阃;功图实效,严考核于吏铨。兹命为真,往勤图报。可特授承信郎。

出处:《紫微集》卷一一。又见《永乐大典》卷七三二七。
撰者:张嵲
考校说明:编年据张嵲任两制时间补。

盖城转保义郎制
(暂系于绍兴十年八月至绍兴十一年二月间)

尔戮力从军,宣劳励众,两受权宜之令,一颁宠锡之恩。铨次功能,叙升阶品,往袛异数,益励壮图。可保义郎。

出处:《紫微集》卷一二。又见《永乐大典》卷七三二六。

撰者:张嵲

考校说明:编年据张嵲任两制时间补。同集卷一一有《盖成授承信郎制》,与本制"盖城"疑为同一人。

员延年为金人攻取怀德军陷没特赠朝请大夫换给制
(暂系于绍兴十年八月至绍兴十一年二月间)

尔顷以城陷捐躯,既加恤典,其敛申命,用贲幽宅。尚其有知,歆承褒录。可。

出处:《紫微集》卷一二。

撰者:张嵲

考校说明:编年据张嵲任两制时间补。

雷仲宋福为杀退金人各转一官制
(暂系于绍兴十年八月至绍兴十一年二月间)

间者敌兵匪茹,王旅麇兵,既以胜归,书劳可后?具官某发迹万人之众,收功百战之余。雄勇虽其土风,忠赤殆其天性。方郾城之合战,命将帅以济师,实为先登,勇冠士卒。既至质而不爽,复系获以居多。扬威而历子阳之城,良嘉武节;坚壁而观钜鹿之战,独不愧心。进陟武阶,用示劝奖。尚图显绩,以报恩荣。

出处:《紫微集》卷一二。

撰者:张嵲

考校说明:编年据张嵲任两制时间、文中所述史事补,见《建炎以来系年要录》卷一三七。

逯选潘林袁珏张天民杨诏戴道陈叡张宝刘公卞祝居黄温王恭为敕令所编修在京通用条册成书系本所供检文字等各转一官制
（绍兴十年八月至绍兴十一年二月间）

敕：朕惟中都庶府，总统非一，不有法令，何以为治？设官置局，俾定章程。尔等隶职其间，皆雠有劳，因其成书，迁秩示宠。尚思勉哉！可。

出处：《紫微集》卷一二。

撰者：张嵲

考校说明：编年据张嵲任两制时间、文中所述史事补，见《建炎以来系年要录》卷一三三。

周三畏为敕令所编修在京通用条册成书转一官制
（绍兴十年八月至绍兴十一年二月间）

敕：朕惟中都之治，以法令为先。国家科条品式，具在攸司，兵火以来，淆乱不理，肆加绪正，以示四方。尔以仁恕笃厚，为吾法卿；详练通明，定吾令甲。参以故实旧章之善，去其他请寄比之繁，成书粲然，足开后嗣。俾迁秩序，用奖劳能。勉祗恩荣，尚膺褒陟。可。

出处：《紫微集》卷一二。

撰者：张嵲

考校说明：编年据张嵲任两制时间、文中所述史事补，见《建炎以来系年要录》卷一三三。

陈橐为敕令所编修条册成书转一官制
（绍兴十年八月至绍兴十一年二月间）

朕制法议令，尝资绪正之能；懋赏劝功，可后褒升之典？具官某操履端靖，学术渊深，敏于文辞，兼通吏道。朕以众大之地，治乱所原；总统之方，教条是赖。虽故实旧章之犹在，而他请寄比之已繁，患其猥并，俾加刊定。逮成书之来上，嘉分部之可观,秩以官荣,酬其劳勚。勿曰叙进,而怠钦承。可。

出处:《紫微集》卷一二。

撰者:张嵲

考校说明:编年据张嵲任两制时间、文中所述史事补,见《建炎以来系年要录》卷一三三。

尚惟贤为敕令所编修条册成书系本所供检文字转一官制
（绍兴十年八月至绍兴十一年二月间）

敕:朕惟中都庶府,总统非一,不有法令,何以为治? 设官置局,俾定章程。尔以公府掾谨饰无害,有职兢为。因其奏篇,迁秩示宠。尚思勉哉! 可。

出处:《紫微集》卷一二。

撰者:张嵲

考校说明:编年据张嵲任两制时间、文中所述史事补,见《建炎以来系年要录》卷一三三。

孙近为同提举敕令所编修条册成书转一官制
（绍兴十年八月至绍兴十一年二月间）

敕:朕惟展义而巡方岳,即所幸以为京师。虽化民成俗之方,莫先仁义之统;然御众经邦之要,亦资法令之修。乃饬司存,俾加定著。逮奏篇之来上,观治具之昭陈。载惟参领之臣,可后褒优之典? 具官某负复变知贯之学,而行之以敏;蕴尊主庇民之业,而济之以和。深厚之文足以发挥号令,练达之识足以裨赞缉熙。方眷上都,实观万国。当平定之日,品式具存;遭兵乱之余,文籍几尽。是欲小纪大纲之备设,以为百司庶府之章程;俾参前后之请书,约以祖宗之故实,辑成挈令,以付攸司。总裁专委于相臣,科指更资于近辅。既成书之进御,嘉立制之可稽,宜宠锡于纶言,俾增崇于秩序,以隆体貌,以重恩荣。噫! 示四方礼俗之中,虽远师于商德;立三辅尤异之法,亦杂用于汉条。其共守于成规,以克臻于至治。可。

出处:《紫微集》卷一二。

撰者:张嵲

考校说明:编年据张嵲任两制时间、文中所述史事补,见《建炎以来系年要录》卷一三三。

徐宠杨申陈廷圭焦义为掩捕海贼生擒贼首卓全高等徐宠转两官资杨申陈廷圭焦义各转一官制
(暂系于绍兴十年八月至绍兴十一年二月间)

乃者盗发海滨,里闾废乱;将吏扑讨,遂有成劳。尔等佐其发兴,协心戮力,用能无乏,皆雠有功,第服恩荣,以示劝奖。往祗明命,益懋乃心。

出处:《紫微集》卷一二。

撰者:张嵲

考校说明:编年据张嵲任两制时间补。

蒋元高师说潘褒刘玘张谅贺允丁成王喜张㘈万超王侁杨皋黄寿马信费景李倩为敌人入侵顺昌并系在城守御者各转一官资制
(绍兴十年八月至绍兴十一年二月间)

属者敌人连侵汝阴,不有战者,孰遏兵锋?不有居者,孰与共守?虽劳烈之有间,岂劝赏之可遗!各进一阶,用酬戮力。服我休命,毋替忠勤。

出处:《紫微集》卷一二。

撰者:张嵲

考校说明:编年据张嵲任两制时间、文中所述史事补,见《建炎以来系年要录》卷一三六。

林觉祥为应募战船防秋转一官资制
(暂系于绍兴十年八月至绍兴十一年二月间)

朕比敕负海之郡,营舟楫之事。尔能应募,忠慨可嘉,进秩示恩,以为众劝。

出处:《紫微集》卷一二。

撰者:张嵲

考校说明:编年据张嵲任两制时间补。

裴铎为杀获贼首卢成生擒龚利胜等转一官制
（暂系于绍兴十年八月至绍兴十一年二月间）

　　属者群盗就降,复肆攻剽。尔能用命,首歼凶渠,芽蘖既除,闾里安妥。进官一列,祗服恩荣。

出处:《紫微集》卷一二。

撰者:张嵲

考校说明:编年据张嵲任两制时间补。

孙泉等为权寿春府郑絪奏亳州使臣颜林赍到番众归德府路招谕使诱胁文字要本府投拜本府众官等同心一意不肯顺番死守府城其立功人武翼大夫孙泉等乞推恩奉圣旨并与转一官制
（绍兴十年八月至绍兴十一年二月间）

　　敕具官某:向者强寇传檄寿春,尔等守义一心,有死无二。忠壮之节,宜用褒劝。进官一列,以示恩荣。尚皆勉之,益图称效。可。

出处:《紫微集》卷一二。

撰者:张嵲

考校说明:编年据张嵲任两制时间、郑絪宦历补,见《建炎以来系年要录》卷一三五。

张明为捉杀虔贼刘宣转一官更减一年磨勘卢璿为捉杀虔贼增吉垣九转一官制
（暂系于绍兴十年八月至绍兴十一年二月间）

　　敕:尔顷捕贼,有功应赏。其祗明命,以服恩荣。可。

出处:《紫微集》卷一二。

撰者:张嵲

考校说明:编年据张嵲任两制时间补。

方与为捉获凶恶海贼吴宥一等十四人全夥
并妇女六人连贼赃等物转一官制
(暂系于绍兴十年八月至绍兴十一年二月间)

敕:尔职求盗,捕获凶渠,俾进官阶,用为奖劝。可。

出处:《紫微集》卷一二。

撰者:张嵲

考校说明:编年据张嵲任两制时间补。

周林陈抃石延庆方云翼为敕令所编修
在京通用条册成书各转一官制
(绍兴十年八月至绍兴十一年二月间)

敕:朕惟京师物众地大,四民杂居,百司庶府,总治非一。祖宗法令备具,内作章程,外示方夏,垂统之懿,超轶百王。兵火以来,颇或散落,加以他请寄比,皆益猥众,吏得以并缘,下无以考信。曩诏更定,将以近古而便民。尔等咸以杰异之材,职司刊剟,成书来上,整理可观。俾升秩序,以示劝奖。益率乃事,无废前劳。可。

出处:《紫微集》卷一二。

撰者:张嵲

考校说明:编年据张嵲任两制时间、文中所述史事补,见《建炎以来系年要录》卷一三三。

李海为御敌人得功并该喝转暴露特转七资及解围方出原授一资因随薛仁辅等远赴行在寄两资共寄一十一资每资合比折减三年磨勘依例每满五年转一官制

（暂系于绍兴十年八月至绍兴十一年二月间）

敕：尔顷以军候,屡立战功。骤升武阶,益思奋厉。可。

出处：《紫微集》卷一二。

撰者：张嵲

考校说明：编年据张嵲任两制时间补。

刘光远为金人逼近顺昌府奋不辞难协赞军务提举四壁别无疏虞横行上转一官制

（绍兴十年八月至绍兴十一年二月间）

敕：夫兵戈锋刃之地,人所委之而去者也。非忠壮义烈,以报国为意,而无苟免之虑,乌能同舟共济,而无二心也哉？具官某出自将门,早登勇爵。护边积久,战伐知名。间者径顺昌,与敌遇,能与共守,立义可嘉。若古有言,无德不报,其班名命,益进横阶。是为异恩,尚图称效。可。

出处：《紫微集》卷一二。

撰者：张嵲

考校说明：编年据张嵲任两制时间、文中所述史事补,见《建炎以来系年要录》卷一三六。

刘浒刘钊王羲宾安世用马绶王侁为措置捍御金人有功并各转一官制

（绍兴十年八月至绍兴十一年二月间）

敕具官某等：间者顺昌御敌,城守之劳,尔亦预焉。稍以叙升,用示劝奖。尚思勉哉！可。

出处:《紫微集》卷一二。

撰者:张嵲

考校说明:编年据张嵲任两制时间、文中所述史事补,见《建炎以来系年要录》卷一三六。

张忠顺换给敦武郎更转一官制
(暂系于绍兴十年八月至绍兴十一年二月间)

尔沦陷既久,幡然改图。嘉其反正之忠,俾与武阶之列。益思厉勉,以报国恩。

出处:《紫微集》卷一二。

撰者:张嵲

考校说明:编年据张嵲任两制时间补。

韩海为生擒贼首王念一等千里招复归业江西
安抚大使司保明申与转一官制
(暂系于绍兴十年八月至绍兴十一年二月间)

敕具官某:大江以西,群盗蚁结,尔能讨捕,闾里为安。宠进官阶,尚思厉勉。可。

出处:《紫微集》卷一二。

撰者:张嵲

考校说明:编年据张嵲任两制时间补。

薛纶为差往沿黄河探报金人动息与转一官制
(暂系于绍兴十年八月至绍兴十一年二月间)

敕:尔顷为国觇敌,劳能自著。申加褒命,益务忠勤。可。

出处:《紫微集》卷一二。

撰者:张嵲

考校说明:编年据张嵲任两制时间补。

<h1 style="text-align:center">梁吉等为与乌珠接战获捷各转一官制</h1>
(绍兴十年八月至绍兴十一年二月间)

敕:向者大将鏖战郾城,尔等实豫戎行,皆克致命。譬如捕鹿,或角其前,或掎其侧,用能使敌人之强,不得逞志。于我宜颁显赏,以酬尔庸。益图尤功,嗣有褒陟。可。

出处:《紫微集》卷一二。
撰者:张嵲
考校说明:编年据张嵲任两制时间、文中所述史事补,见《建炎以来系年要录》卷一三七。

<h1 style="text-align:center">程诜为先因杀获虏贼刘宣等转一官制</h1>
(暂系于绍兴十年八月至绍兴十一年二月间)

敕:尔顷以捕贼,有功应赏。祗承明命,毋替尔勤。可。

出处:《紫微集》卷一二。
撰者:张嵲
考校说明:编年据张嵲任两制时间补。

<h1 style="text-align:center">李政等权太康县与县尉巡检作刘锜向道掩杀
金人捷各与转一官制</h1>
(绍兴十年八月至绍兴十一年二月间)

敕:太康之役,尔等实导吾军,以克有胜,不可以莫之酬也。各服官荣,无怠尔力。可。

出处:《紫微集》卷一二。
撰者:张嵲
考校说明:编年据张嵲任两制时间、文中所述史事补,见《建炎以来系年要录》卷一三七。

方喜远来归正特与转一官制
(暂系于绍兴十年八月至绍兴十一年二月间)

尔沦陷异域,不忘秦声,反自敌中,能以情告。嘉其忠谅,秩以官荣。益懋尔为,尚图称塞。

出处:《紫微集》卷一二。

撰者:张嵲

考校说明:编年据张嵲任两制时间补。

孙撝手诏顺昌府官吏军民等敌兵犯境王师拒冲惟尔吏民协济军事保捍城垒驱遏寇攘眷乃忠勤宜加抚惠数内官员在城守御者并与转一官右文林郎沈丘知县与转一官制
(绍兴十年八月至绍兴十一年二月间)

敕:间者强敌侵败王略,向非壮者奋其勇,敏者供其事,何以有成功哉! 有司按状,尔预有劳,其施官荣,以示劝奖。尚思勉之! 可。

出处:《紫微集》卷一二。

撰者:张嵲

考校说明:编年据张嵲任两制时间、文中所述史事补,见《建炎以来系年要录》卷一三六。

王照提举淮东措置料角斥堠王安道申统领官张宗王照一般在料角防托委实宣力检照张宗已转官特令王照一例推赏奉圣旨与转一官于正名目上收使制
(绍兴十年八月至绍兴十一年二月间)

疆埸之司,所以备豫不虞之患,固莫先于候望,而尔能致力于斯焉。俾进武阶,以劳勤恪。益修乃职,毋懈于前。

出处:《紫微集》卷一二。

撰者:张嵲

考校说明:编年据张嵲任两制时间、王安道官历补,见《建炎以来系年要录》卷一三六。

杨宏刘锜奏金人攻打顺昌府将士背城血战敌败委获大捷吏部勘会本官先立奇功于武节大夫上转左武大夫今来合转两官系碍止法奉旨命与横行上转行一官其一官碍止法人依条回授制
(绍兴十年八月至绍兴十一年二月间)

敕:胜敌与战,既宣徇国之劳;行爵有功,岂限彝章之等。具官某忠在王室,志歼敌人。顾蓄愤之有年,果申威于一举。既宠升于横列,且流虵于本宗。祗服异恩,益图显绩。

出处:《紫微集》卷一二。

撰者:张嵲

考校说明:编年据张嵲任两制时间、文中所述史事补,见《建炎以来系年要录》卷一三六。

张温同杨宏刘锜奏破金人转官回授制
(暂系于绍兴十年八月至绍兴十一年二月间)

敕:尔以骁雄自奋,忠徇国家。遏寇淮濆,居多疾力。朕审赏以战,虽每厚于图功;然名不假人,固难越于彝典。其考稽于故实,俾虵爵于本宗。益茂尔图,嗣膺褒陟。可。

出处:《紫微集》卷一二。

撰者:张嵲

考校说明:编年据张嵲任两制时间补。

焦义为捕获到海上劫贼钟十三等八名委
有功效转一官于正名目上收复制
（暂系于绍兴十年八月至绍兴十一年二月间）

敕：尔捕获凶盗，有功中率。有司按状，俾服官荣。益厉远图，以思报效。可。

出处：《紫微集》卷一二。

撰者：张嵲

考校说明：编年据张嵲任两制时间补。"收复"疑为"收使"之误。

陈元裴铎胡昭为讨捕李朝贼尽静各转一
官内胡昭系文臣选人比类施行制
（暂系于绍兴十年八月至绍兴十一年二月间）

潢池弄兵，久而未殄；讨捕既靖，劝赏斯行。往服恩荣，益思报称。

出处：《紫微集》卷一二。

撰者：张嵲

考校说明：编年据张嵲任两制时间补。

张宗广为捕获姜贵一十四人谋叛转一官换给制
（暂系于绍兴十年八月至绍兴十一年二月间）

敕：尔顷迹捕奸宄，进官一列，申锡书命，以为尔荣。尚勉之哉，毋忘勤力。可。

出处：《紫微集》卷一二。

撰者：张嵲

考校说明：编年据张嵲任两制时间补。

王良存朱芾为随岳飞应办钱粮有劳效各转一官内王良存除直徽猷阁朱芾为系参谋官措置杀敌马有劳制
（绍兴十年八月至绍兴十一年二月间）

敕具官某：古人尝怪持文墨议论者与战功同赏，而不知行军用师之道，必赖政事谋获之助，然后能有济也。尔等或董将输于漕挽，师不乏兴；或参机略于中权，虑无遗策。并与其佐，皆雠有功。并宠秩于阶资，用褒优于绩效。益思厉勉，无废前劳。

出处：《紫微集》卷一二。

撰者：张嵲

考校说明：编年据张嵲任两制时间及王良存、朱芾官历补，见《建炎以来系年要录》卷一四〇、卷一四五。

睢贵等先因程待制依分镇便宜指挥将前项功赏与转官并同职昨随殿前太尉剿杀刘猊立到奇功特与转行一官制
（暂系于绍兴十年八月至绍兴十一年二月间）

敕：尔积战伐之功，既高武爵矣，兹又以旧自言。虽版授官阶，出于一切之政；然赏疑从予，始遵宁僭之言。用稍越于彝章，俾遥分于图结。尚多好爵，以俟尤功。益茂尔图，嗣膺褒陟。可。

出处：《紫微集》卷一二。

撰者：张嵲

考校说明：编年据张嵲任两制时间补。

刘文昇为刘锜申发机速文字遣发官兵奏捷干事并专委本官承接捍干办及解发俘获番贼之类亦只是本官独力应办委是别无不了奉圣旨转两官制
（暂系于绍兴十年八月至绍兴十一年二月间）

尔以刀笔，从事兵间。方边境之始骚，正羽书之沓至，服勤夙夜，以办治闻。

进秩二阶,用酬劳勘。益思尽瘁,以称茂恩。

出处:《紫微集》卷一二。

撰者:张嵲

考校说明:编年据张嵲任两制时间补。

杜亨道为系干预机速军务等宣力尤多转两官制
(绍兴十年八月至绍兴十一年二月间)

朕推毂将帅,以宣阃外之威;筹策兵机,盖仗幄中之画。尔奋由儒士,有志功名;出从元戎,预闻密议。淮濆之胜,盖有助焉。并锡二阶,以为尔宠。祗服恩命,益厉良图。

出处:《紫微集》卷一二。

撰者:张嵲

考校说明:编年据张嵲任两制时间、文中所述史事补,见《建炎以来系年要录》卷一三六。

巩澒岳飞申契勘掩杀金人收服州县累获胜捷今将随军转运使官属应副钱粮官欲转两官奉旨并依制
(暂系于绍兴十年八月至绍兴十一年二月间)

敕:向遣大帅,出修封疆,馈饷不乏,尔实有司焉。可无恩奖,以报劳勤! 祗服官荣,益茂乃职。可。

出处:《紫微集》卷一二。

撰者:张嵲

考校说明:编年据张嵲任两制时间补。

李宝系义兵统制将带京东忠义兵马与金人斗敌同逐人老小转清河前来归投本朝与转两官仍除遥郡刺史制

（绍兴十年八月至绍兴十一年二月间）

　　敕：朝廷崇尚武勇,所以厉三军之心；褒表忠义,所以为四海之劝。况于二者,实所兼资。以尔纠率义旅,出入两河；式遏寇锋,间关百战。自拔归国,忠壮可旌。俾亟进于武阶,且遥分于符竹。尚俟可为之会,更立昭明之功。立厉尔心,毋坠乃力。可。

出处：《紫微集》卷一二。

撰者：张嵲

考校说明：编年据张嵲任两制时间补、李宝官历补,见《建炎以来系年要录》卷一三五、卷一三八。

何皋同前与转四官兼閤门宣赞舍人制

（暂系于绍兴十年八月至绍兴十一年二月间）

　　敕具官某：审赏则可战,既垂封爵之科；饮至而策勋,可后书劳之典？其敷明命,以答尤功。以尔怀许国之荣,骁雄自命；历杀敌之果,敏锐无前。兹因王旅之修封,遂奋兵威而压难。俾骤升于武爵,且赞谒于帝宸。祗服宠荣,尚图称塞。可。

出处：《紫微集》卷一二。

撰者：张嵲

考校说明：编年据张嵲任两制时间补。

韩之美系湖北京西宣抚司干办公事累与乌珠等见大阵获捷转右朝议大夫依前直秘阁制

（绍兴十年八月至绍兴十一年二月间）

　　敕：尔赞画大将,遏寇有庸。既畴尔劳,以行赏典；载稽故事,更锡命书。特越录于彝章,俾进秩于少列,上还故印,往服新褒。深惟绝异之施,无效众人之报。可。

出处:《紫微集》卷一二。

撰者:张嵲

考校说明:编年据张嵲任两制时间、文中所述史事补,见《建炎以来系年要录》卷
一三六、卷一三七。

焦文通等五人为杀败金人出等奇功各
转武功大夫除遥郡刺史制
（绍兴十年八月至绍兴十一年二月间）

审赏则可战,既垂封爵之科;饮至而策勋,可后书劳之典? 其敷明命,以答尤
功。尔等战伐有声,技能绝众。奋身以徇国家之急,本其素心;刻手以冲仇人之
胸,义无反顾。比敌师之犯境,临淮浦以鏖兵,既成一战之功,遂振三军之气。及
观献状,宜锡赞书,用骤进于武阶,兼遥分于郡寄。朕惟爱惜襦袴之意,每忧名器
之轻;推饶爵邑之心,何吝忠劳之劝。往祇殊宠,益厉壮图。

出处:《紫微集》卷一二。

撰者:张嵲

考校说明:编年据张嵲任两制时间、文中所述史事补,见《建炎以来系年要录》卷
一三六。

刘广为杀败金人出等奇功转武功大夫除遥郡团练使制
（绍兴十年八月至绍兴十一年二月间）

尔志徇国家,功高阀阅。禀资壮烈,众许摧锋;挺志骁雄,能推陷陈。比敌师
之犯境,临淮浦以鏖兵,既成一战之功,遂振三军之气。及观敌壮,宜锡赞书,进
升武列之崇,兼领兵团之寄。

出处:《紫微集》卷一二。

撰者:张嵲

考校说明:编年据张嵲任两制时间、文中所述史事补,见《建炎以来系年要录》卷
一三六。

宋谨与转行右武大夫遥郡刺史制
(暂系于绍兴十年八月至绍兴十一年二月间)

敕具官某:怀许国之忠,骁雄自命;厉杀敌之果,敏锐无前。兹因王旅之修封,遂奋兵威而压难。越于常典,俾骤列于横班;酬其余劳,且遥分与符竹。宿宵自励,毋废前劳。

出处:《紫微集》卷一二。
撰者:张嵲
考校说明:编年据张嵲任两制时间补。

柳倪为金人攻围顺昌府城系提举四壁射杀敌兵甚众兼自中箭略不退避委是忠勇转行右武大夫制
(绍兴十年八月至绍兴十一年二月间)

敕具官某:拳勇自将,浸高武爵。属者顺昌之役,有义城守之劳。若古有言,无德不报,其班名命,益进横阶。是为异恩,尚图称效。

出处:《紫微集》卷一二。
撰者:张嵲
考校说明:编年据张嵲任两制时间、文中所述史事补,见《建炎以来系年要录》卷一三六。

程师回收捕广贼及提举修缉虔州城壁劳绩特与转行右武大夫制
(绍兴十年八月至绍兴十一年二月间)

敕:捍城珍寇,既宣许国之忠;行赏报功,岂限彝章之等。具官某秉资骁果,久历戎行,积伐宏多,宜膺异奖。其申敫于名命,俾进于横班。是为茂恩,益思显报。

出处:《紫微集》卷一二。

撰者：张嵲

考校说明：编年据张嵲任两制时间、程师回官历补，见《建炎以来系年要录》卷八四、卷一四二。

<h2 style="text-align:center">员青为保护七殿神御并杀获群寇伪大王等有劳正补敦武郎阁门祗候又干当年终转武翼郎又训阅不易赏转武经郎又与金人见阵军前喝暴露转武功郎该磨勘转武经大夫又该磨勘曾立战功贴转武略大夫依旧阁门祗候换给制</h2>

（暂系于绍兴十年八月至绍兴十一年二月间）

敕：尔以积劳，浸高武爵，有司按法，具以状闻。申锡命书，用昭宠奖。往祗明命，毋废前劳。

出处：《紫微集》卷一二。

撰者：张嵲

考校说明：编年据张嵲任两制时间补。

<h2 style="text-align:center">刘光为擒获契丹千户耶律温等转一官合武略大夫兼阁门宣赞舍人制</h2>

（绍兴十年八月至绍兴十一年二月间）

敕：尔转战用命，俘获有劳，载稽厥庸，宜加褒陟。武阶益竣，祗服明命。

出处：《紫微集》卷一二。

撰者：张嵲

考校说明：编年据张嵲任两制时间、文中所述史事补，见《建炎以来系年要录》卷一三七、《宋会要辑稿》兵一七。

赵云李宝各转左武大夫樊贵李仪刘深各转拱卫大夫秦祐除遥郡刺史并系掩杀金人立功制
(绍兴十年十月至绍兴十一年二月间)

敕:朕记人之功,尝思于厚报;故赏国之典,无避于过优。宜锡命书,申褒虎士。具官某固吾之圉,既久积于功伐;退敌于陈,比更立于战多。既茂恩光,俾正班于横列;载稽典故,宜辞职与帝宸。复进一阶,并章异数。祇服休命,益励远图。可。

出处:《紫微集》卷一二。

撰者:张嵲

考校说明:编年据张嵲任两制时间及赵云、李宝官历补,见《宋会要辑稿》仪制一〇、《建炎以来系年要录》卷一三八。

李成为结集同华一带乡村土豪保险抗敌屡立功效备见忠义特转行履正大夫遥郡观察使节制同华等处忠义军马制
(暂系于绍兴十年八月至绍兴十一年二月间)

敕:朕捐爵赏,以任天下武勇;审计虑,以复前人土疆。其有果毅奋勇、忠诚徇国、坚守要害之地,支抗强敌之锋,立义足嘉,褒荣可后? 具官某禀山西之壮烈,习塞下之风声。沉雄犯难而不回,功业遇时而自见。厄山川之固,既尽保于遗民;收战伐之多,遂益增于士气。横阶廉察,并奖尔劳;批难折冲,更扬我武。祇承明命,勿怠远图。

出处:《紫微集》卷一二。

撰者:张嵲

考校说明:编年据张嵲任两制时间补。

王世昌为首先乞归正本与转一官合转承节郎制
（暂系于绍兴十年八月至绍兴十一年二月间）

敕：尔沦陷既久，不忘秦声。嘉其反正之忠，俾与褒升之宠。益思励勉，以报国恩。可。

出处：《紫微集》卷一三。

撰者：张嵲

考校说明：编年据张嵲任两制时间补。

李岊为因父李弼阵亡初补承信郎次因金人内侵三泉县应副宣抚使司一行军须最为宣力转承节郎换给制
（暂系于绍兴十年八月至绍兴十一年二月间）

尔父顷死吾事，未尔恤也。今并举尔给军之劳，以施宠奖。其祗明命，思报国恩。

出处：《紫微集》卷一三。

撰者：张嵲

考校说明：编年据张嵲任两制时间补。

蒲彦为措置杀捉王辟郭守忠贼马收复归州了当等立功转承节郎换给制
（暂系于绍兴十年八月至绍兴十一年二月间）

敕具官某：顷以捕贼有劳，升秩武列。有司按状，申锡命书。其祗服无怠！可。

出处：《紫微集》卷一三。

撰者：张嵲

考校说明：编年据张嵲任两制时间补。

郝致和为父仲与金人迎敌阵亡特补承信郎后因差充良家子随军勤劳训阅不易转承节郎换给制
（暂系于绍兴十年八月至绍兴十一年二月间）

尔父没于行阵，赏延及尔；复因劳勋，进陟武阶。申锡命书，毋忘厉勉。

出处：《紫微集》卷一三。

撰者：张嵲

考校说明：编年据张嵲任两制时间补。

林景广东潮州海界有贼臣作过本州遣使臣林景部领战船追捕各得宁息承信郎上转承节郎制
（暂系于绍兴十年八月至绍兴十一年二月间）

乃者盗发海滨，里闾告病；尔职讨捕，遂有成劳。嘉其功庸，可无褒命？祗服官列，益懋乃心。

出处：《紫微集》卷一三。

撰者：张嵲

考校说明：编年据张嵲任两制时间补。

朱懋为杀获兴国县凶贼首王大老等转承信郎制
（暂系于绍兴十年八月至绍兴十一年二月间）

敕：尔顷以捕贼，有功应赏。祗承明命，毋替尔勤。可。

出处：《紫微集》卷一三。

撰者：张嵲

考校说明：编年据张嵲任两制时间补。

余龄为招到贼首夏德等有劳转承信郎制
（暂系于绍兴十年八月至绍兴十一年二月间）

敕：尔以招徕盗贼，有功应赏。秩以武阶，祇承毋怠。可。

出处：《紫微集》卷一三。

撰者：张嵲

考校说明：编年据张嵲任两制时间补。

张守约因黔州团结义军应副宣抚司使唤
依期起发在路无扰转忠训郎制
（暂系于绍兴十年八月至绍兴十一年二月间）

敕：尔顷以有劳，秩迁官列。申锡书命，无替尔勤。可。

出处：《紫微集》卷一三。

撰者：张嵲

考校说明：编年据张嵲任两制时间补。

张贵为管押生擒到番寨中一行人等到行在
与转一官合授忠翊郎制
（暂系于绍兴十年八月至绍兴十一年二月间）

敕：尔护送俘囚，致之行阙，迹其劳勚，宜有褒优。往其祇承，益勤乃事。可。

出处：《紫微集》卷一三。

撰者：张嵲

考校说明：编年据张嵲任两制时间补。

冯大昕因任黔江县日因珍州夷人骆旅作过攻围州城调发本县义军应副解围了当改转右宣教郎制
(暂系于绍兴十年八月至绍兴十一年二月间)

敕:顷者小夷跳梁,敢侵边徼。尔率众赴难,城守无虞。载稽功庸,宜应迁序。祗承明命,益励尔图。可。

出处:《紫微集》卷一三。

撰者:张嵲

考校说明:编年据张嵲任两制时间补。

郑俊等并差出干事各与转一资制
(暂系于绍兴十年八月至绍兴十一年二月间)

敕:尔各以勤劳,见知主将。俾加恩奖,无怠夙宵。可。

出处:《紫微集》卷一三。

撰者:张嵲

考校说明:编年据张嵲任两制时间补。题后原注:"系杨沂中奏。"

刘元等二十三人为怀忠守义思慕朝廷前来归正各与转一官资制
(暂系于绍兴十年八月至绍兴十一年二月间)

敕:某等沦异域有年数矣,而能怀思其旧,越吟不忘。有嘉反正之图,宜畀官荣之宠。尚精忠恳,以报国恩。可。

出处:《紫微集》卷一三。

撰者:张嵲

考校说明:编年据张嵲任两制时间补。

张志为掩杀虔贼减二年磨勘系右迪功郎比类合循一资制
（暂系于绍兴十年八月至绍兴十一年二月间）

尔以文吏,预诘盗之功。甄序官资,用为尔宠。尚勉之哉!

出处:《紫微集》卷一三。

撰者:张嵲

考校说明:编年据张嵲任两制时间补。

右迪功郎陆釜循一资制
（暂系于绍兴十年八月至绍兴十一年二月间）

嵊县尉,比较茶增赏。摘山之利,以丰羡计功。汝既应格,宜有加赏。

出处:《紫微集》卷一三。

撰者:张嵲

考校说明:编年据张嵲任两制时间补。

贾叔愿为院庆等结集作过措置颇有劳效循一资制
（暂系于绍兴十年八月至绍兴十一年二月间）

敕:盗发外区,虑其侵轶,有司捍圉,尔与有劳。服我恩荣,益图称效。可。

出处:《紫微集》卷一三。

撰者:张嵲

考校说明:编年据张嵲任两制时间补。

陈发武冈县丞右文林郎卢械武冈知县右文林郎
孙镇安抚司属官左从事郎循一资制
（暂系于绍兴十年八月至绍兴十一年二月间）

敕:乃者盗发湖湘,里闾废乱,将吏拨讨,遂有成劳。尔等佐其发兴,与有劳绩。视成行赏,以劝尔勤。可。

出处:《紫微集》卷一三。

撰者:张嵲

考校说明:编年据张嵲任两制时间补。

李械祖大亨刘孝杰并系金人来侵顺昌府
守御官各循两资制
(绍兴十年八月至绍兴十一年二月间)

敕具官某:间者顺昌被寇,城守之劳,尔亦预焉。稍以叙升,用示初奖。尚思勉哉! 可。

出处:《紫微集》卷一三。

撰者:张嵲

考校说明:编年据张嵲任两制时间、文中所述史事补,见《建炎以来系年要录》卷一三六。

赵玢先任秦州士曹日被敌驱掳自敌中
前来归朝循左儒林郎制
(暂系于绍兴十年八月至绍兴十一年二月间)

尔遭罹寇祸,顷见系以囚俘;间关土思,卒自拔于殊俗。迹其趣舍,宜有褒嘉。申锡命书,以为尔宠。毋忘饬厉,自献于时。

出处:《紫微集》卷一三。

撰者:张嵲

考校说明:编年据张嵲任两制时间补。

赵澈番人侵犯楚州当时与贼斗敌立功之人循右从事郎制
(暂系于绍兴十年八月至绍兴十一年二月间)

敕:尔顷以成厥劳能,甄予官荣,以为尔宠。尚勤乃事,毋怠后图。可。

出处:《紫微集》卷一三。

撰者:张嵲

考校说明:编年据张嵲任两制时间补。

蔡长民为杀获马吉等循右从事郎制
（暂系于绍兴十年八月至绍兴十一年二月间）

尔顷在兵间,清洁群盗,与有劳焉。其服恩劳,益自勉厉。

出处:《紫微集》卷一三。

撰者:张嵲

考校说明:编年据张嵲任两制时间补。

安世用系点检医药饭食昨因金人来侵数
内立功人与循右承直郎制
（绍兴十年八月至绍兴十一年二月间）

乡者敌人攻围颍尾,城守之役,汝与有劳。甄序之恩,祗服无怠。

出处:《紫微集》卷一三。

撰者:张嵲

考校说明:编年据张嵲任两制时间、文中所述史事补,见《建炎以来系年要录》卷一三七。

杨光凝系左修职郎湖北京西宣抚司准备
差遣节次与乌珠等见阵皆获胜捷合循两
资吴师中事同前循左承直郎制
（绍兴十年八月至绍兴十一年二月间）

敕:朕推毂将帅,以宣阃外之威;佐其发兴,亦赖幕中之士。乃者郾城之役,尔预有劳。秩以官荣,用示劝奖。可。

出处:《紫微集》卷一三。

撰者:张嵲

考校说明:编年据张嵲任两制时间、文中所述史事补,见《建炎以来系年要录》卷
一三七。

牟彦为番人赍到文字要寿春府投拜众官等不肯
顺番死守府城并转一官选人比类循右修职郎制
(绍兴十年八月至绍兴十一年二月间)

向者强寇传檄寿春,尔等守义一心,有死无二。忠壮之节,宜用褒劝。进官
一列,以示恩荣。尚皆勉之,益图称效。

出处:《紫微集》卷一三。

撰者:张嵲

考校说明:编年据张嵲任两制时间、文中所述史事补,见《建炎以来系年要录》卷
一三九。

赵干为讨捕凶贼黄文等有功转一官选人
比类循右从事郎制
(暂系于绍兴十年八月至绍兴十一年二月间)

尔以文吏,而有武功,有司阅实,具应赏格。申锡书命,往其钦承。

出处:《紫微集》卷一三。

撰者:张嵲

考校说明:编年据张嵲任两制时间补。

孙绎为前权房州司理日将俸麦折请秔粟米等降一资制
(暂系于绍兴十年八月至绍兴十一年二月间)

尔不自检饬,遂诒吏议。夺官一列,以示创惩 。其思刻责,用自洒濯。

出处:《紫微集》卷一三。

撰者:张嵲

考校说明:编年据张嵲任两制时间补。

蔡運系湖南安抚使抚干为杀降武冈贼唐明
有功循三资合授右承直郎制
(暂系于绍兴十年八月至绍兴十一年二月间)

敕:乃者盗发湖湘,里闾废乱;将吏扑讨,遂有成劳。录其协赞之力,秩以官荣。往其祗承,益勤乃事。可。

出处:《紫微集》卷一三。

撰者:张嵲

考校说明:编年据张嵲任两制时间补。

苏良翰为任成都府广都县尉捕获贼徒陈亨等
奉便宜改次等合入官授右承务郎换给制
(暂系于绍兴十年八月至绍兴十一年二月间)

敕:尔以获盗中率,进改京秩。申锡命书,以为尔劝。尚勉思哉! 可。

出处:《紫微集》卷一三。

撰者:张嵲

考校说明:编年据张嵲任两制时间补。

朱勇为金兵来侵陕西将带官兵前来应副使唤
转武节郎兼阁门宣赞舍人换给制
(绍兴十年八月至绍兴十一年二月间)

属者强敌再犯陕服,尔假守支郡,自将营屯,远来赴援,非有汉虎符召也。徇国之志,可验于斯。载嘉忠劳,不无褒劝。进官联于武爵,参赞道于帝阍。是为异恩,往其祗服。尚图来效,嗣有褒升。

出处:《紫微集》卷一三。

撰者:张嵲

考校说明:编年据张嵲任两制时间、文中所述史事补,见《建炎以来系年要录》卷一三七。

闵俱为差赴宣抚使司交领支降耕牛三十二头管押赴将其牛节次倒死过二十三头等降两官伊重为监造平躬弓不合令弓匠将木胎错磨怯薄就材改作软弓特降两官史信为队下效用高仪与妻相打令节级用荆棒决本人臂上疮发身死追三官勒停制
(暂系于绍兴十年八月至绍兴十一年二月间)

敕:尔等或护送孳畜,多至毙踣;或董作器用,不中程式;或笞人过律,遂至非命:皆从贬夺,以示创惩。尚体宽恩,益思毖慎。可。

出处:《紫微集》卷一三。

撰者:张嵲

考校说明:编年据张嵲任两制时间补。

王默为不肯追赎田与王洙虚有陈论特降两官其王默系进纳成忠郎制
(暂系于绍兴十年八月至绍兴十一年二月间)

敕:尔以资得列武阶,而敢怙势欺诬贫弱,抵冒不忌,理无可矜。虽更赦令,犹不汝置。尚从贬降,祗服宽恩。可。

出处:《紫微集》卷一三。

撰者:张嵲

考校说明:编年据张嵲任两制时间补。

晏胜系泾原将下新立功人比拍事艺
特降二等换保义郎制
（暂系于绍兴十年八月至绍兴十一年二月间）

　　敕：尔往在边陲，有功应赏。有司按状，尚秩武阶。申命之荣，祗承毋怠。

出处：《紫微集》卷一三。
撰者：张嵲
考校说明：编年据张嵲任两制时间补。

刘公达为将带人马前去山东以来招抚探得符
离镇南有番人下寨便却众私逃回特降三官制
（暂系于绍兴十年八月至绍兴十一年二月间）

　　敕：尔比者受令招抚山东，不至职而擅还，岂刑书之可逭！ 姑从贬降，尚体宽恩。可。

出处：《紫微集》卷一三。
撰者：张嵲
考校说明：编年据张嵲任两制时间补。

柴斌系武功大夫忠州团练使新知辰州特改
差知唐州岳飞奏斌迁延不赴特降三官制
（绍兴十年八月至绍兴十一年二月间）

　　敕：夫平居无事时，工为好言以眩众；一旦有警，则畏愞无趋事之意。此鼠黠之尤者也，斌之谓矣。褫官三列，薄示创惩。毋狃尔为，更干重劾！

出处：《紫微集》卷一三。
撰者：张嵲
考校说明：编年据张嵲任两制时间、柴斌官历补，见《建炎以来系年要录》卷一三七。

李舜元马子韶为押番人一十九人
走失一十三人各特降三官制
(暂系于绍兴十年八月至绍兴十一年二月间)

敕:尔护送俘囚,道亡过半,虽有司迹捕已得,而慢令之罪,不可不惩。姑从降黜,尚体宽恩。可。

出处:《紫微集》卷一三。

撰者:张嵲

考校说明:编年据张嵲任两制时间补。

洪邦美为效用韩政偷盗人民阿蔡家
钱物并不钤束特降三官制
(暂系于绍兴十年八月至绍兴十一年二月间)

敕具官某:招来之人,既隶属于尔,而纵其草窃,不禁则比与盗盗者何异焉?姑从降黜,以为不逮之戒。尚思毖慎,毋抵重尤。可。

出处:《紫微集》卷一三。

撰者:张嵲

考校说明:编年据张嵲任两制时间补。

赵子砥为叙元降一官制
(暂系于绍兴十年八月至绍兴十一年二月间)

过而不法,何以示惩?夺而不还,何以示劝?朕率是道,以为国典。尔顷尝贬秩,亦既满岁,其从甄叙之科,复畀官联之旧。往祗恩命,毋贰厥愆。

出处:《紫微集》卷一五。

撰者:张嵲

考校说明:编年据张嵲任两制时间补。

沈伯逵为失收侵隐总制司钱降一官制
（暂系于绍兴十年八月至绍兴十一年二月间）

尔司缗钱,乃使放散,若不举法,惰吏曷惩? 姑褫一官,尚思毖慎。

出处:《紫微集》卷一五。

撰者:张嵲

考校说明:编年据张嵲任两制时间补。

许良辅为决打女使戴荣奴身死特降一官制
（暂系于绍兴十年八月至绍兴十一年二月间）

敕:部曲有罪,惩之可也;杖之至死,不亦甚乎? 其即尔罚,尚祗宽典。可。

出处:《紫微集》卷一五。

撰者:张嵲

考校说明:编年据张嵲任两制时间补。

王璪为阙草喂马将官草一百束喂马及公使造酒库阙少酒林于省仓节次借过年计小麦白米豌豆钱等事罚铜伍斤特降一官制
（暂系于绍兴十年八月至绍兴十一年二月间）

敕:尔庇官不饬,以赃抵罪,若不惩艾,尚有重刑。尔其戒之! 可。

出处:《紫微集》卷一五。

撰者:张嵲

考校说明:编年据张嵲任两制时间补。

符思桌为偷盗官钱擅离职守特降一官制
(暂系于绍兴十年八月至绍兴十一年二月间)

敕具官某:职司税隶,出纳不谨,致有告言,离局自匿。有司论罪,姑褫一官。勿以幸免,而忘毖慎。可。

出处:《紫微集》卷一五。

撰者:张嵲

考校说明:编年据张嵲任两制时间补。

王全为驱逐杨德著热身死特降一官制
(暂系于绍兴十年八月至绍兴十一年二月间)

敕:尔遇下惨礉,方其盛夏暑时,与众在道,远其途而责不至,鞭笞迫趣,致人于死。若不有罚,何以为暴刑之戒？贬官一列,祇服宽恩。可。

出处:《紫微集》卷一五。

撰者:张嵲

考校说明:编年据张嵲任两制时间补。

张仲宁为前监小富镇酒税务合同场日于本镇上等井户处人夫搬取宅眷及失觉察公人商友等取乞客人铺户井户等钱事降一官冲替制
(暂系于绍兴十年八月至绍兴十一年二月间)

敕:尔犯法在吏,复肆抵谰。会逢赦原,姑从末减,镌官一等,祇服宽恩。可。

出处:《紫微集》卷一五。

撰者:张嵲

考校说明:编年据张嵲任两制时间补。

宋辩赵汝霖为监袁州萍乡县酒税节次折欠官钱及于醋库节次贷钱助买常令入家及于醋钱内克请逐月合得供给钱例外请过入己特降一官冲替制

（暂系于绍兴十年八月至绍兴十一年二月间）

敕：尔等坐赃抵罪，会逢赦恩，姑从夺官，以示惩创。益思愧悔，以服宽恩。可。

出处：《紫微集》卷一五。

撰者：张嵲

考校说明：编年据张嵲任两制时间补。

曾怀前知温州平阳县为在任日召募壮丁金元将虾乾前去镇江府本家投下计役过四十八日及差杖直买栗子山药并差耆长于薑户边买生薑大理寺勘当徒一年余徒半年更合罚铜十斤入官勒停放缘犯在赦前特降一官仍依冲替人例制

（暂系于绍兴十年八月至绍兴十一年二月间）

敕：尔为县令，事役人过律，且市物有所附益，为不仂矣。当抵以罪，会逢赦原，姑褫一官，以示惩艾。尚慎之哉！可。

出处：《紫微集》卷一五。

撰者：张嵲

考校说明：编年据张嵲任两制时间补。

陈彦达等系恭州知州为温济编管万安军到州故纵留滞当职官先次各降一官令提刑司取勘制

（暂系于绍兴十年八月至绍兴十一年二月间）

敕：奸命之臣，宥之以远，所过郡邑，若或稽留不前，此属二千石以下所宜察而行法也。而乃固纵不问,何其无首公之义乎? 先贬厥职,俾令按治;尚虔尔守,以听刑书。可。

出处:《紫微集》卷一五。

撰者:张嵲

考校说明:编年据张嵲任两制时间补。

王挺因叶祚学乡谈相争打叶祚上齿一角断折二分系有战功特降一官制

(暂系于绍兴十年八月至绍兴十一年二月间)

敕:尔击人折其齿,若不有罚,何以为暴桀之戒? 贬官一列,祗服宽恩。可。

出处:《紫微集》卷一五。

撰者:张嵲

考校说明:编年据张嵲任两制时间补。

张成大等为温州遗火延烧千余家成大通判权摄郡事罪不可逃知通兵官各降一官制

(暂系于绍兴十年八月至绍兴十一年二月间)

敕:比者永嘉大火,初缘民屋之延烧;至于郡邑一空,实坐有司之不职。顾万室重罹于灾煇,为中宵重念于黎蒸。尔以郡丞,实参寄委,不能督趣所部,以拯吾民,初无濡幦之劳,殆同拾渖之喻。若无惩艾,曷慰人心? 姑夺官阶,祗服宽典。可。

出处:《紫微集》卷一五。

撰者:张嵲

考校说明:编年据张嵲任两制时间补。

李应赵士霱崔越田冲田沂桂谅并系温州兵官及巡
检并船场官缘本州城外遗火并不部带兵弁前去救
扑以致延烧入城州东一半居民屋宇兼其夜民心惊
扰之际致兵士抢夺其纵容受乞钱物各降一官制
（暂系于绍兴十年八月至绍兴十一年二月间）

　　敕：比者永嘉大火，初缘民屋之延烧；至于郡邑一空，实坐有司之不职。顾万室重罹于灾燀，为中宵轸念于民氓。尔等始或坐视其焚如，以致燎原之炽；中或徒趋于火所，仅同拾渖之为。至于弗戢盗偷，剽夺不忌，故纵吏卒，匄取为奸，若不有惩，何以示戒？聊从薄责，少慰民心。

出处：《紫微集》卷一五。
撰者：张嵲
考校说明：编年据张嵲任两制时间补。

井溥系刘相公差作回易因刘相公罢宣抚使拘收回易
钱为溥名下钱未见下落及虚摊盐铺户钱特降一官制
（暂系于绍兴十年八月至绍兴十一年二月间）

　　敕：尔肆行无赖，侵冤平民，夺官一阶，姑以示众。如尔者顾足责哉！可。

出处：《紫微集》卷一五。
撰者：张嵲
考校说明：编年据张嵲任两制时间补。

皇后曾祖邢允迪可特赠太傅制
（绍兴十年八月至绍兴十一年二月间）

　　敕：昔邓训多所全活，而信家之蒙福；翁孺虽坐畏懦，而知后之有封。历选作合之祥，必有流光之自。眷吾外戚，何异昔人。肆因大享之涓成，爰举纳书之令典。具官某居乡有孝谨之誉，为吏有平允之称。顾顺德之行，虽勤于没世；而为善之报，不在于厥身。远逮孙曾，来仪宸极。厘均庙泽，既周浃于寰区；恩隆外

731

亲,可忽遗于泉壤? 九原有识,尚服予休。可。

出处:《紫微集》卷一六。

撰者:张嵲

考校说明:编年据张嵲任两制时间、邢允迪赠官迁转经历补,见《宋会要辑稿》仪制一二。

<h1 style="text-align:center">皇后故曾祖母李氏可特赠蜀国夫人制</h1>
(绍兴十年八月至绍兴十一年二月间)

敕:朕称秩明禋,祼献上及于始祖;加惠臣庶,追荣远逮于曾门。有加戚婉之贤,莫究愍书之赠,顾其内助,宜沛湛恩。具官某曾祖母某氏,躬织纴之勤,服图史之训。靖顺之德,风行于外姻;淑均之和,克成于内治。积善有庆,爰集曾孙,乃应倪天之求,遂正皇孋之号。即荆河之旧壤,荒汶蜀之大邦。尚服休光,永绥宗祐。可。

出处:《紫微集》卷一六。

撰者:张嵲

考校说明:编年据张嵲任两制时间、李氏赠官迁转经历补,见《宋会要辑稿》仪制一二。

<h1 style="text-align:center">皇后故曾祖母郭氏可特赠秦国夫人制</h1>
(绍兴十年八月至绍兴十一年二月间)

清姿玉洁,令德兰芬。服女工之勤,惟组纴之是事;有妇人之德,非傅姆而不行。深惟坤载之贤,实齐式家之训。顾合宫之竣事,罄率土以蒙休,岂无光荣,慰彼泉壤? 其易冀方之号,遂荒秦土之封。尚克钦承,永绥胄嗣。可。

出处:《紫微集》卷一六。

撰者:张嵲

考校说明:编年据张嵲任两制时间、郭氏赠官迁转经历补,见《宋会要辑稿》仪制一二。

皇后故祖邢宗贤可特赠太师制
（绍兴十年八月至绍兴十一年二月间）

敕：朕将明禋于天地，必先有事于宗祧。馘假在庭，嘉奉璋之有翼；衮冕承祀，叹元紞之莫供。顾其大父之亲，可后祭泽之及？具官某祖某，儒雅自奋，可凭文吏之茵；官学知名，晚从大夫之后。德虽积而不耀，庆既久而乃彰。储祉发祥，既已受神明之贶；布德施惠，宜益隆肺腑之恩。位峻维垣，宠加纳陛，并举恤章之旧，用绥邢氏之祧。可。

出处：《紫微集》卷一六。

撰者：张嵲

考校说明：编年据张嵲任两制时间、邢宗贤赠官迁转经历补，见《宋会要辑稿》仪制一二。

皇后故祖母侯氏可特赠韩国夫人制
（绍兴十年八月至绍兴十一年二月间）

敕：朕定宗庙仪法，隆并侑之文；下恩泽诏书，举追贵之典。既已遍于寰海，岂或遗于外亲！爰推茂恩，以广祭泽。具官某故祖母某氏，躬鱼菽之祭，恪谨于春秋；服织纴之勤，不忘于旦暮。居有佩环之节，动无燕婧之容。积茂阃仪，遂光奕叶。笲珈象德，既荒吴地之山河；汤沐徙封，更启韩侯之土宇。尚歆令典，相尔后人。可。

出处：《紫微集》卷一六。

撰者：张嵲

考校说明：编年据张嵲任两制时间、侯氏赠官迁转经历补，见《宋会要辑稿》仪制一二。

皇后故父邢焕可特追封楚国公余如故制
（绍兴十年八月至绍兴十一年二月间）

敕：国家恩隆外亲，褒崇后父。用汉家之故事，或谓过元舅之尊；考《春秋》之旧文,则当大纪侯之国。岂有惠术之布,而遗左戚之良!具官某故父某,荫藉高华,资材毕给。初仪从列,有论思献替之称;晚建节旄,赖固圉折冲之略。岂顾弛张之或异,盖由文武之兼资。寿止中身,庆钟椒屋。庙中之泽,或下及于辉胞;福祚之登,顾莫先于肺腑。维垣峻宠,遂冠于周行;南国启封,更荒于赐履。尚歆涣渥,永亢宗家。可。

出处:《紫微集》卷一六。
撰者:张嵲
考校说明:编年据张嵲任两制时间、邢焕赠官迁转经历补,见《宋会要辑稿》仪制一二。

皇后故母熊氏可特赠魏国夫人制
(绍兴十年八月至绍兴十一年二月间)

敕:朕追惟代邸之旧,孰先故剑之思。虽荇菜之求,本资于窈窕;而袆褕之饰,未及于深严。念其母慈,可无追赉?肆均飨帝之福,用广漏泉之恩。具官某故母某氏,秉德幽闲,饬躬柔正。奉顺君子,色不形于燕私;辑和闺门,言不逾于阃阈。笃生令女,实处中闱。已正位于小君,更启封于大国。筓珈有耀,汤沐增畚。尚其淑灵,歆承惠泽。可。

出处:《紫微集》卷一六。
撰者:张嵲
考校说明:编年据张嵲任两制时间、熊氏赠官迁转经历补,见《宋会要辑稿》仪制一二。

李昉直龙图阁宫观制
(暂系于绍兴十年八月至绍兴十一年二月间)

延阁河图之峻,先皇奎画之藏,用待俊游,时为异选。以尔褆身于学,饰吏以儒。入联卿棘之班,出领群麾之寄,备宣劳效,力丐优闲。爰升绿字之华,勉徇真祠之请。往祗锡宠,毋怠告猷。

出处:《紫微集》卷一六。

撰者:张嵲

考校说明:编年据张嵲任两制时间补。李昉卒于至道二年而龙图阁建于成平四年,受诏者当另有其人,待考。

王胜为收复海州除正任观察使制
(绍兴十年八月至绍兴十一年二月间)

朕十年生聚,导迎恢复之期;千里折冲,允赖神明之将。乃者遣偏师而薄伐,陷坚垒以成功,献状既闻,畴庸敢后! 具官某忠诚许国,骑射绝人。结发从戎,功浸高于百战;忘躯赴难,勇常贯于万夫。顾彼孤城,敢抗吾旅。数门阖而视暇,气已无前;濡马褐以救焚,敌不及拒。既扫金汤之险,致俘讯馘之多,载嘉显庸,宜膺懋赏。俾正观风之任,上还宣化之章。往体褒优,益思奋励。

出处:《紫微集》卷一六。

撰者:张嵲

考校说明:编年据张嵲任两制时间、文中所述史事补,见《建炎以来系年要录》卷一三六。

岳云为与番人接战大获胜捷除左武大夫遥郡防御使制
(绍兴十年八月至绍兴十一年二月间)

敕:师以胜归,策勋于庙,礼也。若夫成功行封,犹有遗者,何以为劳臣之劝哉! 具官某大帅之子,能以勇闻。比从偏师,亲与敌角,刘旗斩将,厥功为多,显赏未行,殊非国典。其升庸于横列,且遥领于捍防。益务忠勤,无堕乃力。可。

出处:《紫微集》卷一六。

撰者:张嵲

考校说明:编年据张嵲任两制时间、岳云官历补,见《宋史》卷三六五《岳云传》等。

范直言为臣寮上言落职与远小监当制
(暂系于绍兴十年八月至绍兴十一年二月间)

敕:顷者台臣言尔甚丑,朕越拘挛之议,不汝瑕疵,起于弃废之中,擢之居乡之列。甚厚而不图报称,顾乃选懦畏避,便文自营,何其无竭节首公之义乎! 责言荐至,殊乖委任,若置不问,何以使人? 其免所居之官,兼镌寓直之职,宥汝以远,往其思愆。管库虽卑,尚食禄廪;吾之遇汝,不为无恩也。

出处:《紫微集》卷一六。
撰者:张嵲
考校说明:编年据张嵲任两制时间补。

梁杨祖为措置擒捕虔吉州盗贼今已尽静除显谟阁学士制
(绍兴十年八月至绍兴十一年二月间)

敕:潢池诘盗,既收方面之功;循吏著称,宜用增秩之典。载之盟府,行以赞书。具官某荫藉高华,材资毕给。初从行于天下,居多负绁之劳;逮法从于甘泉,益振侍臣之誉。深通明于吏理,克绍续于家声。眷此江西,久离寇扰。吏惟忧于坐课,但肆谩言;贼率用于文降,未尝自出。爰资敏政,辅以兵威,取彼凶渠,破其奸橐。里闾安堵,枹鼓稀鸣,曾无旬岁之间,尽去积年之害。载嘉献状,宜贲恩章,升华学士之班,增重价藩之寄。令行禁止,既严连帅之威棱;俗易风移,尚慕古人之条教。益殚夙夜,以惠黎蒸。可。

出处:《紫微集》卷一六。又见《永乐大典》卷一三四九九。
撰者:张嵲
考校说明:编年据张嵲任两制时间、梁扬祖官历补,见《建炎以来系年要录》卷一四四。"梁杨祖"当为"梁扬祖"之误。

牛霆为措置捍御敌马保守宿州备见宣力忠义可嘉特除阁门祗候兼殿前司选锋军将官依旧添差宿州兵马钤辖纯制本州管内诸山寨乡义民兵制
(暂系于绍兴十年八月至绍兴十一年二月间)

敕:符离今最被边,密迩仇雠,为朝夕释憾之地。朕念其余民,不忘日夜。尔能纠合义旅,全父兄之亲,见忠勇之节,可无宠奖,以厉其余! 俾庀职于九闉,兼将屯于七萃。益思奋发,嗣有褒升。可。

出处:《紫微集》卷一六。又见《永乐大典》卷一三四九九。

撰者:张嵲

考校说明:编年据张嵲任两制时间补。

汪召嗣知潼川府制
（暂系于绍兴十年八月至绍兴十一年二月间）

具官某:朕思民丙夜,欲其宅田之安;择守坤维,付以蕃宣之任。以尔缘饰吏事,通达民情。纡郡绂以拊绥,有嘉惠术;驰使辂而将漕,克著贤劳。眷言梓潼,邈在剑蜀,往布惟良之政,庶分乃顾之忧。勉服训言,益图报效。

出处:《紫微集》卷一六。

撰者:张嵲

考校说明:编年据张嵲任两制时间补。

张逵为男中孚奏先父逵于靖康二年勤王杀败金兵又随解潜应援太原奋不顾死遂至战没特加赠开府仪同三司制
（暂系于绍兴十年八月至绍兴十一年二月间）

朕嘉致果之烈,而高勇爵之科;悲死事之臣,而厚饰终之典。其有纾忠疆埸,陨命戎行,未加隐恤之恩,曷尽褒崇之意! 具官某禀山西之鸷勇,袭将种之余风,贯总韬钤,便习骑射。早繇疾战,屡多传校之功;遂以勇闻,累赐上闻之爵。乃眷靖康之末,尝兴奔命之师,逮战南关,颇闻嘉绩。至解围于大敌,倏遭难于颜行。寻王室之方骚,致道忠之未录。兹由冢嗣,具列前劳,深慨予衷,遂疏恤典。俾视仪于三事,用追赍于九原。

出处:《紫微集》卷一六。

撰者:张嵲

考校说明:编年据张嵲任两制时间补。

进武校尉至守阙进义副尉制
（暂系于绍兴十年八月至绍兴十一年二月间）

朕惟陕西、河外,沦陷积年,忠义之徒,未尝忘汉,卒皆自奋,以报国家。用敷锡于赞书,俾登秩于七校。尚有好爵,尔其勉哉!

出处:《紫微集》卷一七。
撰者:张嵲
考校说明:编年据张嵲任两制时间补。

员法为用妻父阵亡合得下班祗应恩泽
比类转一官授保义郎换给制
（暂系于绍兴十年八月至绍兴十一年二月间）

敕:尔以外舅死事,流驰见及,有司引类,用进官阶。申敓书命,祗服恩渥。可。

出处:《紫微集》卷一七。
撰者:张嵲
考校说明:编年据张嵲任两制时间补。

高好古为该建炎元年五月一日覃恩转进武校尉并
因磁州守御无虞随宗泽勤王有金人内侵开德府率
先用命殄灭强敌转承信郎绍兴元年终赏转承节郎
绍兴二年终赏转保义郎换给制
（暂系于绍兴十年八月至绍兴十一年二月间）

敕:尔积功累日,屡进官阶。申锡命书,无忘报力。可。

出处:《紫微集》卷一七。
撰者:张嵲

考校说明:编年据张嵲任两制时间补。

孙师望初补进武校尉日因事除名勒停到绍兴元年叙复因随宣司措置边防事转一官授承信郎三年五月随中军正将前去兴元府招诱金人转承节郎又因勤劳训阅转保义郎五年随吴璘弓门寨与伪贼战立功转成忠郎除叙复进武校尉付身外合给今来付身制

(暂系于绍兴十年八月至绍兴十一年二月间)

敕:尔以积功,稍迁官列。申敉书命,以宠尔劳。尚思自竭,毋堕乃力。可。

出处:《紫微集》卷一七。

撰者:张嵲

考校说明:编年据张嵲任两制时间补。

阎琪为擒获顺蕃人张崇转拱卫大夫果州团练使升充永兴军路兵马都监权知耀州秉管内安抚依前统领忠义军马换给制

(暂系于绍兴十年八月至绍兴十一年二月间)

属者强敌犯境,方华原之被围;有倅二心,欲幡城而应外。乃因变告,已即大刑,封畛无虞,忠勤是赖。具官某出入行阵,勇敢无前;抚辑屯营,恩威有护。因奸谋之窃发,爰武断以知名,事已殆而复安,计将成而卒败。载观献状,良用叹嘉。俾进横列之阶,兼委郡符之寄。益坚勤略,以称恩荣。

出处:《紫微集》卷一七。又见《永乐大典》卷一三五〇七。

撰者:张嵲

考校说明:编年据张嵲任两制时间补。

成闵同前除正任团练使制
（绍兴十年八月至绍兴十一年二月间）

　　敕具官某:怀许国之忠,骁雄自命;厉杀敌之果,敏锐无前。兹因王旅之修封,遂奋兵威而压难。载嘉武节,俾进列于兵团;益茂壮图,尚毕精于报国。夙宵自励,毋废前劳。可。

出处:《紫微集》卷一七。
撰者:张嵲
考校说明:编年据张嵲任两制时间、成闵官历补,见《建炎以来系年要录》卷一四〇。

薛昭右通直郎延安府通判因割河南故地了差人赍咨目与都统制李显忠言拜赦意欲早为归附委是忠义特转右承议郎制
（绍兴十年八月至绍兴十一年二月间）

　　敕:尔顷沦陷异域,良非本心。逮闻赦令之敷,自喜王灵之及,移书将士,劝勉来归。有嘉忠诚,宜示褒宠。往祗成命,毋替厥初。可。

出处:《紫微集》卷一七。
撰者:张嵲
考校说明:编年据张嵲任两制时间、文中所述史事、李显忠官历补,见《建炎以来系年要录》卷一二九等。

杨兴为岳飞奏部领官兵数十人于淮宁府沿河与金人
铁骑数百骑斗敌自辰时至申时杀敌退走杀死金兵数
人伤中数多其杨兴虽左臂中六箭入骨犹坚力向前并
不退却委是出力转武翼郎兼阁门宣赞舍人制
（绍兴十年八月至绍兴十一年二月间）

　　淮宁之役,尔与寇确,短兵既接而方奋,金镞次骨而不言,既怀徇国之心,宁复旋踵之计。有士如此,敌何足虞！原致汝之夷伤,谅由予之不德,载观献状,良所叹咨。虽嘉卫社之忠,重轸纳隍之愧。其峻陟于武爵,用昭示于恩光。往其钦承,益思蹈厉。

出处:《紫微集》卷一七。
撰者:张嵲
考校说明:编年据张嵲任两制时间、文中所述史事补,见《建炎以来系年要录》卷一三六。

宋林等为自来训练武艺比拍得事艺高强弓马
精熟累经战阵谙晓出入转武翼郎换给制
（暂系于绍兴十年八月至绍兴十一年二月间）

　　敕某等:有司言尔等便习骑射,久更戎行,申锡命书,俾阶武列。尚思奋厉,图报国恩。可。

出处:《紫微集》卷一七。
撰者:张嵲
考校说明:编年据张嵲任两制时间补。

张伯望为杀获虔贼刘宣等转修武郎制
（暂系于绍兴十年八月至绍兴十一年二月间）

　　尔顷迹捕奸宄,进官一列,申锡命书,以为尔荣。尚勉之哉,毋忘勤力！

出处:《紫微集》卷一七。

撰者:张嵲

考校说明:编年据张嵲任两制时间补。

綦辛为随张浚至关陕转秉义郎又因措置军期事务普转授从义郎又因三泉县捍御转修武郎换给制
(暂系于绍兴十年八月至绍兴十一年二月间)

敕某:顷以积劳,荐升秩序,申敷书命,以为尔宠。尚思勉哉! 可。

出处:《紫微集》卷一七。

撰者:张嵲

考校说明:编年据张嵲任两制时间补。

宫正张金奴转郡夫人制
(暂系于绍兴十年八月至绍兴十一年二月间)

朕妙选良家,备充后宫之列;分厘庶务,助成内治之严。具官某氏静顺流风,柔和毓德,擢居尹正之职,具著夙夜之勤。用锡号于小君,仍疏封于名郡。勉图恪慎,思副褒嘉。

出处:《紫微集》卷一七。

撰者:张嵲

考校说明:编年据张嵲任两制时间补。

何岳为部领义兵有劳转保义郎换给制
(暂系于绍兴十年八月至绍兴十一年二月间)

尔顷奉职关陕,卓行殊远。申锡书命,慰尔劳勤。

出处:《紫微集》卷一七。

撰者:张嵲

考校说明:编年据张嵲任两制时间补。

韩仲通大理卿制
(绍兴十年八月至绍兴十一年二月间)

具官某:理官典国五刑,务就居之克允;廷尉名家三世,由法律之持平。已试可观,叙迁惟当。以尔禀姿通亮,莅事审详。周旋棘路之班,究心谳议;参赞秋官之治,著绩郎曹。逮升亚卿,益无留狱,因能而任,进长厥僚。体予钦恤之怀,懋尔平反之意。毋深文以为察,毋纵吏以为宽。时乃之休,同底于治。

出处:《紫微集》卷一七。
撰者:张嵲
考校说明:编年据张嵲任两制时间、韩仲通宦历补,见《建炎以来系年要录》卷八五、卷一五八。

又许大英大理少卿制
(绍兴十年八月至绍兴十一年二月间)

具官某:朕三覆示木行之仁,五刑取天数之中,专职掌于大理,方畴咨于亚卿。以尔更事为多,持法甚允。翱翔棘寺,备见哀矜;参赞秋官,讫无枉滞。载嘉绩用,进贰廷平。惟法家者流不至于冤民,则天道之报常任于阴德。往思汝守,其体予怀。

出处:《紫微集》卷一七。
撰者:张嵲
考校说明:编年据张嵲任两制时间、许大英宦历补,见《建炎以来系年要录》卷一五六等。

王俊为统兵收复陷没州县与贼交战大获胜捷转履正大夫武胜军承宣使制
(绍兴十年八月至绍兴十一年二月间)

敕:寇为不道,荐流毒于我民;士有壮猷,用克绥于吾圉。惟时命绶,可后疏荣！具官某骁果为资,本山西之风俗;战伐自奋,擅塞下之威名。每怀敌忾之忠,卒建御戎之绩。览观献状,良所叹嘉。俾进陟于横班,且遥分于留务。十年生聚,方迎天节之丕;一日献高,尚慎古人之戒。益思励勉,嗣有褒升。可。

出处:《紫微集》卷一八。

撰者:张嵲

考校说明:编年据张嵲任两制时间、文中所述史事补,见《宋会要辑稿》兵一四等。《建炎以来系年要录》卷四三:"(绍兴元年四月)癸酉,右武大夫、康州防御使知汝州兼河东招捉使王俊为淮康军承宣使。俊遣閤门祇候高彦忠以收复颍昌府告于朝,故有是命……癸未,襄阳镇抚使桑仲陷邓州,杀右武大夫、淮康军承宣使、河东招捉使、知汝州王俊。"非此王俊。制文称"十年生聚,方迎天节之丕"即是一证。

王胜同前除正任承宣使制
（绍兴十年八月至绍兴十一年二月间）

敕具官某:怀许国之忠,骁雄自命;励杀敌之果,敏锐无前。兹因王旅之修封,遂奋兵威而压难。载嘉武节,俾进列于承流;益茂壮图,尚毕精于报国。凤宵自励,毋废前劳。可。

出处:《紫微集》卷一八。

撰者:张嵲

考校说明:编年据张嵲任两制时间、王胜官历补,见《建炎以来系年要录》卷一四〇。

王进为元系振武指挥使累年教阅委是整肃降
等换承节郎换给制
（暂系于绍兴十年八月至绍兴十一年二月间）

敕:尔顷由军校,以鱼丽、鹳鹅之法训齐士卒,有劳中率,遂齿阶列。申畀书命,毋替尔勤。可。

出处:《紫微集》卷一八。

撰者:张嵲

考校说明:编年据张嵲任两制时间补。

解元先入京东亲率军马往沂州泇口迎敌乌珠见阵
掩杀实立奇功除龙神卫四厢都指挥使制
(绍兴十年八月至绍兴十一年二月间)

敕:偏师薄伐,既收略地之功;舍爵书劳,可后逾时之报!第其等级,行以赞书。具官某怀许国之忠,骁雄自命;励杀敌之果,敏锐无前。兹因王旅之修封,遂奋兵威而压难。冠秩厢部,其参营卫之华;总众边陲,尚赖折冲之略。祗承明命,益励壮猷。可。

出处:《紫微集》卷一八。

撰者:张嵲

考校说明:编年据张嵲任两制时间、解元官历补,见《建炎以来系年要录》卷一三七、卷一四四。

潘谨燾系迎敌金兵掩杀入河大获胜捷内有阵
殁人欲赠遥郡防御使制
(暂系于绍兴十年八月至绍兴十一年二月间)

敕:奋身而犯锋镝,本以输忠;殒命而徇国家,至于死义。念立节之如此,顾恤章之可忘!具官某早以沉雄,骤登勇爵。果于犯难,卒殒颜行。即其横列之崇,祗以捍防之峻。尚其不昧,宜克歆承。可。

出处:《紫微集》卷一八。

撰者:张嵲

考校说明:编年据张嵲任两制时间补。

郭闰系前知洮州因男从政状昨人马侵犯纠集百姓王德等送蜡弹结连熙秦统制关师古有外地熙河经略慕浯生疑以此拘管斩首乞恤念父亲忠孝乞推恩奉旨于武功大夫上特赠遥郡防御使制

（暂系于绍兴十年八月至绍兴十一年二月间）

敕:朕不爱高爵重秩,以旌忠义之士。生有荣号,死加愍册,所以为臣子之劝也。尔顷以输忠本朝,遇害奸逆。今其孙子,能以状言。立义不侵,虽古何愧!其霈饰终之赠,骤跻御侮之阶。尚其有知,歆予顾恤。可。

出处:《紫微集》卷一八。
撰者:张嵲
考校说明:编年据张嵲任两制时间补。"慕浯",《建炎以来系年要录》卷八六等作"慕容浯"。

桑彦修为金人来侵华州日没于王事赠承务郎与一子下州文学制

（暂系于绍兴十年八月至绍兴十一年二月间）

敕具官某:尔比因守御,城陷没阵,既加悯典,且录嗣人。尚其有知,钦承命渥。可。

出处:《紫微集》卷一八。
撰者:张嵲
考校说明:编年据张嵲任两制时间补。

胡存等二十五人邢慎等一十三人崔平等十二人王琳等十九人田立等十二人王叔等四人谢青等四人为与贼接战阵殁并赠承信郎制
（暂系于绍兴十年八月至绍兴十一年二月间）

尔等越自行间，挺身死国，载观忠壮，良用盡伤。其并秩于武阶，用追荣其营魄。

出处：《紫微集》卷一八。

撰者：张嵲

考校说明：编年据张嵲任两制时间补。

巨麟系虢州虢略县尉因金人来侵本州同都巡张志前去把截不期张志叛用枪刺死麟麟赠承信郎制
（暂系于绍兴十年八月至绍兴十一年二月间）

敕：尔顷奉简书，捍敌于境。岂期共事，实有兽心，遂殒厥身，良可伤盡。武阶纳禠，尚歆享之。可。

出处：《紫微集》卷一八。

撰者：张嵲

考校说明：编年据张嵲任两制时间补。"虢略"，原脱"虢"字，据《宋史》卷八七《地理志》补。

齐万等田埠等系城父县及南京下邑县等处迎敌金兵杀败敌众所有阵亡人欲赠承信郎制
（暂系于绍兴十年八月至绍兴十一年二月间）

敕：尔等北与敌确，殒命戎行。嘉其死国之忠，宜有追荣之典。其敓书命，禠以武阶。精诚不渝，尚服予宠。可。

出处：《紫微集》卷一八。

撰者:张嵲

考校说明:编年据张嵲任两制时间补。

郑挺为自行在至关陕道途万里备见忠劳转承信郎换给制
(暂系于绍兴十年八月至绍兴十一年二月间)

尔顷奉职关陕,卓行殊远。申锡书命,慰尔勤劳。可。

出处:《紫微集》卷一八。

撰者:张嵲

考校说明:编年据张嵲任两制时间补。

裴信翟文简范广各赠三官王胜苏卞各赠
两官秦通等三十员各赠承信郎制
(暂系于绍兴十年八月至绍兴十一年二月间)

敕具官某等:尔等退敌于阵,不避死亡;飞矢扬兵,卒至沦没。惜无万金之药,可全尔躯;庸霈九原之恩,以将予意。忠诚未泯,尚服官荣。可。

出处:《紫微集》卷一八。

撰者:张嵲

考校说明:编年据张嵲任两制时间补。题后原注:"并系与金人见阵阵没。"

祝次龄王穗邵从陈生为与海贼战没祝次龄赠
两官外余赠承信郎各与一子恩泽制
(暂系于绍兴十年八月至绍兴十一年二月间)

属者海寇蚁结,震扰齐民;尔等捕逐,殒于锋镝。可无襃恤,以慰营魂! 既追赉其官资,且收录其嗣子。尚其不爽,服我恩荣。

出处:《紫微集》卷一八。

撰者:张嵲

考校说明:编年据张嵲任两制时间补。

刘青赠忠翊郎刘义赠成忠郎张俊等赠保义郎
宋俊等赠承节郎吴庆孙通等并赠承信郎制
（暂系于绍兴十年八月至绍兴十一年二月间）

敕具官某：尔等咸以下秩，捐躯国事，载加忠壮，良用盡伤。并锡官资，追褒泉壤；或加赠磴，以示哀荣。尚其有知，歆予休命。可。

出处：《紫微集》卷一八。

撰者：张嵲

考校说明：编年据张嵲任两制时间补。题后原注："并系掩杀金兵阵没。"

蔡扶孟甲为游说陕西帅府臣河北忠义之士被金人
觉察得知已被处斩各赠奉义郎与一子恩泽制
（暂系于绍兴十年八月至绍兴十一年二月间）

顷有义士，深蹈虎穴，游说沦陷之众，导之以正，不幸殒于非命，既以隐恤其终矣。乃者大将言尔等向者之役，实为少从，何可不报也哉！并追贲以通籍，且录官其嗣人。尚其有知，歆予褒恤。可。

出处：《紫微集》卷一八。

撰者：张嵲

考校说明：编年据张嵲任两制时间补。

吕言为管押钱粮随军应副支散被谢二花贼
徒杀伤身死赠两官与一子进义校尉制
（暂系于绍兴十年八月至绍兴十一年二月间）

尔率职供军，殒命贼手。既加褒恤，且录嗣人。尚其有知，歆承明命。可。

出处：《紫微集》卷一八。

撰者：张嵲

考校说明：编年据张嵲任两制时间补。

董福赠承信郎与一子父职名张宣与一子进武校尉制
(暂系于绍兴十年八月至绍兴十一年二月间)

尔顷与敌战,殁于行前,死事之节,不可以莫之酬也。既追赏其泉壤,又恤录其嗣人。尚其有知,歆予渥泽。可。

出处:《紫微集》卷一八。
撰者:张嵲
考校说明:编年据张嵲任两制时间补。题后原注:"并系与金人接战陷殁。"

曹深为因差出催发入礼钱物督捕盗贼在路被凶贼谢五军等杀戮身亡赠两官与一子进义副尉制
(暂系于绍兴十年八月至绍兴十一年二月间)

敕:尔率职在途,殒命贼手。既加褒恤,且录嗣人。尚其有知,歆承明命。可。

出处:《紫微集》卷一八。
撰者:张嵲
考校说明:编年据张嵲任两制时间补。

罗偊赠官换给制
(暂系于绍兴十年八月至绍兴十一年二月间)

固围于边,久擅总戎之略;丧元于阵,有嘉卫社之忠。其施悯典之褒,以宠义臣之节。具官罗偊,材足以当万人之敌,勇足以率三军之心。方大敌之被围,乃整军而赴难,遇贼中路,以没厥身。遭时多虞,未遑尔恤。俾陟官于横列,用追赏于新阡。尚其神灵,歆予顾报。可。

出处:《紫微集》卷一八。
撰者:张嵲
考校说明:编年据张嵲任两制时间补。

王仲山为知抚州失守日除名勒停绍兴九年正月五日赦文应军兴以来州县官曾经失守投降之人不以存亡并与叙复生前系中大夫与叙复原官制
(绍兴十年八月至绍兴十一年二月间)

　　敕：朝廷每赦令之下，一洗庶尤，虽其沦谢，亦蒙降宥。尔顷诒吏议，夷于士伍。既没之后，数更霈泽。今其遗孤，援恩自列。惟尔宿负，既隔于存亡；而吾湛恩，何间于幽显！俾还故秩，尽削丹书。启尔后人，毋忘报塞。可。

出处：《紫微集》卷一九。
撰者：张嵲
考校说明：编年据张嵲任两制时间、文中所述史事补。

伍昌禹元系凤翔府僧因金人犯陕西麟游知县赵璧守节不屈招集忠义万五千人后来陷伪更不出官依旧为僧藏泊川陕宣抚司申已差充凤翔府推官奉旨特与补迪功郎制
(暂系于绍兴十年八月至绍兴十一年二月间)

　　敕：尔本以浮屠，能知忠义，守节自好，不污伪官。申敉命书，俾齿仕列。尚思饬厉，以报国恩。可。

出处：《紫微集》卷一九。
撰者：张嵲
考校说明：编年据张嵲任两制时间补。

赵裔为充泸州都知兵马使年满补承信郎换给制
(暂系于绍兴十年八月至绍兴十一年二月间)

　　尔积劳累日之效，既不可得而考矣。徒以尝经大臣阅实，特越有司之文而申命。汝亦能祗承恩渥，而图报称乎？

出处:《紫微集》卷一九。

撰者:张嵲

考校说明:编年据张嵲任两制时间补。

怀德崇义体性率义归仁刘信为前来归正
供说事宜忠义可嘉特补承信郎制
(暂系于绍兴十年八月至绍兴十一年二月间)

敕具官某人:尔沦陷既久,幡然改图,嘉其反正之忠,俾与武阶之列。益思厉勉,以报国恩。可。

出处:《紫微集》卷一九。

撰者:张嵲

考校说明:编年据张嵲任两制时间补。

徐三儿补承节郎齐二哥补承信郎为远来归正委实忠义制
(暂系于绍兴十年八月至绍兴十一年二月间)

尔以裔民,志慕华夏,可无宠奖,以慰其心?并列武阶,祗服恩渥。

出处:《紫微集》卷一九。

撰者:张嵲

考校说明:编年据张嵲任两制时间补。

陈在杨沂中申蕲县管界巡检李温将带兵甲前来荆涂山择稳便下寨其李温原于客人船上安泊不期上件船不觉入淮前去窃虑别有疏虞众军张言等状推许陈在权摄上件职事率众与番人斗敌委见忠义可嘉伏望详

酌特补一使臣名目奉圣旨特补承信郎制

（暂系于绍兴十年八月至绍兴十一年二月间）

敕：尔以军伍，威摄巨寇，嘉其忠力，俾服武阶。务立尤功，以图报事。可。

出处：《紫微集》卷一九。

撰者：张嵲

考校说明：编年据张嵲任两制时间补。

王叔哥为远来归正本朝委实忠义补承信郎制

（暂系于绍兴十年八月至绍兴十一年二月间）

敕：尔沦陷既久，幡然改图。嘉其反正之忠，俾与武阶之列。益思勉厉，以报国恩。可。

出处：《紫微集》卷一九。

撰者：张嵲

考校说明：编年据张嵲任两制时间补。

陆保儿系北来归正与补承信郎制

（暂系于绍兴十年八月至绍兴十一年二月间）

尔以裔民，归心华夏，俾秩官资，以为慕义者之劝。尚思勉哉！

出处：《紫微集》卷一九。

撰者：张嵲

考校说明：编年据张嵲任两制时间补。

金穆昆于俊成契丹长行李嘉努为远来归
附于俊成补保义郎李嘉努补承信郎制
（暂系于绍兴十年八月至绍兴十一年二月间）

尔等皆以裔民,归心华夏,并秩官资,以为慕义者之劝。尚思勉哉！

出处:《紫微集》卷一九。

撰者:张嵲

考校说明:编年据张嵲任两制时间补。

马兴为忠义首领不忘朝廷见团集民社保护乡间
与补承信郎制
（暂系于绍兴十年八月至绍兴十一年二月间）

敕:尔天资忠赤,志徇国家,保固乡间,不污不义。俾跻武列,以劝劳忠。益勉尔图,无堕乃力。可。

出处:《紫微集》卷一九。

撰者:张嵲

考校说明:编年据张嵲任两制时间补。

赵舜举因妻父武功大夫刘奇掩杀叛贼阵亡与补承信郎制
（暂系于绍兴十年八月至绍兴十一年二月间）

敕:尔之外舅顷没于贼,弛爵及尔,遂列武阶。申锡命书,毋忘恭慎。可。

出处:《紫微集》卷一九。

撰者:张嵲

考校说明:编年据张嵲任两制时间补。

王处仁为岳飞申自绍兴七年承受本司往来军期机速文字到今无稽迟伏乞指挥依一般进奏官邢子文苏公亮体例先次补授合得出职名目依旧在院祗应奉圣旨补承节郎制

（绍兴十年八月至绍兴十一年二月间）

敕：尔为邸吏，隶大将幕府积年矣。羽书往来，道路无壅，俾登武列，用劝勤劳。是为异恩，益殚尔力。可。

出处：《紫微集》卷一九。

撰者：张嵲

考校说明：编年据张嵲任两制时间、王处仁宦历补，见《建炎以来系年要录》卷一四三。

宋彪为自番人围闭宿州至今坚守山寨捍御金人不顺番前来归朝委实忠义特与补正承节郎制

（绍兴十年八月至绍兴十一年二月间）

尔脱身贼围，义不反顾，载嘉忠顺，宜有褒优。即其武阶，遂俾真授。益思勉厉，以答恩荣。

出处：《紫微集》卷一九。

撰者：张嵲

考校说明：编年据张嵲任两制时间、文中所述史事补，见《建炎以来系年要录》卷一三七。

潘田为自密州将家远来归正并供到京东事特与补正承节郎制

（暂系于绍兴十年八月至绍兴十一年二月间）

敕：尔脱身贼中，能图反正，探刺事实，以谂有司。宜加褒优，用劝忠义。其祗恩命,益务输忠。可。

出处:《紫微集》卷一九。

撰者:张嵲

考校说明:编年据张嵲任两制时间补。

鲁和刘锜申契勘进奏官鲁和自承受本司军期奏报等文字并无稽滞乞昨来湖北京西宣抚司进奏官王处仁体例先次与补授出职名目依旧在院承发本司文字奉旨与补承节郎制
(暂系于绍兴十年八月至绍兴十一年二月间)

敕:尔为吏郡邸,且司边遽,奏报毋壅,是为有劳。俾列王官,尚服乃事。益务勤恪,毋懈于前。

出处:《紫微集》卷一九。

撰者:张嵲

考校说明:编年据张嵲任两制时间补。此制时间当在同集同卷《王处仁为岳飞申自绍兴七年承受本司往来军期机速文字到今无稽迟伏乞指挥依一般进奏官邢子文苏公亮体例先次补授合得出职名目依旧在院祗应奉圣旨补承节郎制》之后。

张公举李进刘荣为杀败金兵张公举转武显郎李进转修武郎刘荣循一资通五资补成忠郎换给制
(暂系于绍兴十年八月至绍兴十一年二月间)

尔等奋由行伍,自致战多,宜有褒嘉,以示劝奖。往祗甄叙之宠,无忘力疾之图。

出处:《紫微集》卷一九。

撰者:张嵲

考校说明:编年据张嵲任两制时间补。

崔纺为上殿特与改合入官制
（暂系于绍兴十年八月至绍兴十一年二月间）

敕：以假版而为真授，与自选调而迁京秩，皆异恩也。汝未阅岁，而得异恩者再焉，尔将何以报国乎？尚思勉之！可。

出处：《紫微集》卷一九。

撰者：张嵲

考校说明：编年据张嵲任两制时间补。

朱之彦为应副大军粮草循一资又为措置良家子弟籍为义士五万余人特改宣教郎换给制
（暂系于绍兴十年八月至绍兴十一年二月间）

尔顷为令，馈军无乏，又能纠集义旅，助宣兵威，宜有褒嘉，以示劝奖。祗服明命，无替厥勤。

出处：《紫微集》卷一九。

撰者：张嵲

考校说明：编年据张嵲任两制时间补。

王存为于未交地界已前与蔡缓等结集忠义游说陕西诸帅为叛逆投番人朱光庭李觉先捉获事发并追摄赴开封送狱枷项禁勘存以父祖世食朝廷爵禄委与蔡缓等同谋存等招伏之后金国留守刘陶百端拷讯在狱一百四十余日合断绞罪缘与南使王伦亲戚特议放免乞推恩特改承务郎制
（绍兴十年八月至绍兴十一年二月间）

敕：尔顷与蔡缓等游说陷没之人于关右，事觉，被害者甚众。其生者既秩以官荣，而死者亦加隐恤矣，岂独遗于尔乎！俾升京秩，以劳忠勤。祗服明恩，勉之无致。可。

出处:《紫微集》卷一九。

撰者:张嵲

考校说明:编年据张嵲任两制时间及刘陶、王伦官历补,见《建炎以来系年要录》卷一一七、卷一二一等。

费枢为告发结集陈享等劳效改承务郎换给制
(暂系于绍兴十年八月至绍兴十一年二月间)

尔往以变告,群盗迹捕,皆得大臣承制,宠以京秩。有司按状,遂俾为真。往服恩荣,无忘自好。

出处:《紫微集》卷一九。

撰者:张嵲

考校说明:编年据张嵲任两制时间补。

某某特赠两官制
(暂系于绍兴十年八月至绍兴十一年二月间)

敕:荷戈而出,已输卫社之忠;裹创而还,终遂捐躯之节。其施愍典,以励庶臣。具官某以沉毅之资,更战伐之久。义勇奋发,不避死亡;矢刃交加,卒至沦没。惜无万金之药,可全尔躯;其稽二等之褒,以昭予宠。尚或未泯,庶克歆承。可。

出处:《紫微集》卷一九。

撰者:张嵲

考校说明:编年据张嵲任两制时间补。"某某",原小字注"名阙"。

杨再兴王兰高林罗彦等为与番兵接战阵殁各赠五官制
(绍兴十年八月至绍兴十一年二月间)

捐躯徇义者,臣子之极忠;隐恤崇终者,国家之盛典。其敷锡于名命,以风示于迍邅。具官某拔由间伍之中,奋迹戎行之右,秉怀壮烈,挺志沉雄。比随票姚之师,深入强敌之境。方幸金吾之击郾,屡以胜闻;复悲国子之归元,遂推闵典。俾进阶于横列,用追赉于营魂。岂徒章死事之褒,亦以为在列之劝。惟其英爽,尚识哀荣。

出处:《紫微集》卷一九。

撰者:张嵲

考校说明:编年据张嵲任两制时间、杨再兴等人卒年补,见《建炎以来系年要录》卷一三七。

田守忠等因功合转武功郎已赠三官欲各更赠两官吕福等因功合转从义郎已赠两官欲各更赠一官制
(绍兴十年八月至绍兴十一年二月间)

敕:尔等比遏敌锋,转战疾力,遂捐躯命,深恻予衷。考退敌之功,固应显赏;稽加等之命,宜厚饰终。精识不渝,尚膺休宠。可。

出处:《紫微集》卷一九。

撰者:张嵲

考校说明:编年据张嵲任两制时间、田守忠卒年补,见《建炎以来系年要录》卷一三六。题后原注:"并系顺昌府与金人乌珠等节次见阵战殁。"

邢方为与敌接战阵亡赠两官与一子恩泽制
(暂系于绍兴十年八月至绍兴十一年二月间)

尔顷与敌战殁于行前,死事之节,不可以莫之酬也。既追赉其泉壤,又收录其嗣人。尚其有知,歆予渥泽。

出处:《紫微集》卷一九。

撰者:张嵲

考校说明:编年据张嵲任两制时间补。

乐遇梅永亨各赠两官与一资恩泽更各名守阙进
义副尉赵宣周孝曲育各赠两官与一资恩泽制
（暂系于绍兴十年八月至绍兴十一年二月间）

敕:尔等顷缘国事,殒命颜行,向隔王灵,未遑褒恤。昨令搜访,遂以名闻。嘉其忠诚,痛悼曷已。追荣秩序,恤录嗣人。魂而有知,尚服予宠。可。

出处:《紫微集》卷一九。

撰者:张嵲

考校说明:编年据张嵲任两制时间补。题后原注:"并系建炎年间因随军阵亡官兵。"

张顺等系收复海州与金兵战亡之人各赠
两官恩泽两资及银绢钱米羊面酒制
（绍兴十年八月至绍兴十一年二月间）

敕:尔等比与敌角,殒命戎行。嘉其死国之忠,宜有追荣之典。其敷书命,褫以武阶,仍锡官荣,恤录嗣子。或以故秩,即界后人。赙赠有加,并申褒恤。惟其未泯,尚克歆承。可。

出处:《紫微集》卷一九。

撰者:张嵲

考校说明:编年据张嵲任两制时间、文中所述史事补,见《建炎以来系年要录》卷一三六。

丘赟刘辅之韩元各赠二官恩泽五资周瞻左迪马赟
杜横各赠六官恩泽依旧使臣李友等依旧制
（暂系于绍兴十年八月至绍兴十一年二月间）

敕具官某等:朕比敕大将,上予死事之臣,追赉以官,录后恤孤,既施闵典矣。念其徇国之意,犹未厌于予心,申锡金书,载加隐恤。尚其不泯,服我渥恩。非将悼痛之思,亦以为忠义之劝。可。

出处:《紫微集》卷一九。

撰者:张嵲

考校说明:编年据张嵲任两制时间补。

杨再兴高林王兰罗彦姚侑李德为岳飞奏已蒙赠五官今乞赠七官恩泽六资姚侑李德各赠六官恩泽依旧罗彦依旧制

(绍兴十年八月至绍兴十一年二月间)

敕:朕闵死事之臣,既加追贲;虑未尽于隐恤,肆申锡于命书。具官某捐躯百战之余,殒命锋刃之下。原其积志,悼痛不忘。深陋齐人,尚稽涿聚之赏;远师汉武,更字羽林之孤。俾再刻于蜜章,示极隆于闵策。精爽未泯,尚服哀荣。可。

出处:《紫微集》卷一九。

撰者:张嵲

考校说明:编年据张嵲任两制时间、杨再兴等人卒年补,见《建炎以来系年要录》卷一三七。此制时间当在同集同卷《杨再兴王兰高林罗彦等为与番兵接战阵殁各赠五官制》之后。

王昌固与赠三官恩泽五资田守忠赠三官恩泽四资陶靖赠三官恩泽两资更与一名下班祗应吕福赠两官恩泽两资李福赠两官恩泽两资宋纲赠两官恩泽一资更与一名守阙进义副尉张宥系自效人赠承信郎与一子守阙进义副尉王胜赠两官恩泽一资何谭赠两官与一子父职名卢城赠承信郎与一子父职制

(绍兴十年八月至绍兴十一年二月间)

敕尔官某等:退敌于阵,不避死亡,飞矢扬兵,卒至沦殁。朕惟《春秋》死事之义,加序愍章;稽羽林字孤之文,恤录嗣子。多寡有等,一视厥功。精爽如存,尚歆恩渥。可。

出处:《紫微集》卷一九。

撰者:张嵲

考校说明:编年据张嵲任两制时间、文中所述史事补,见《建炎以来系年要录》卷
一三六。"职制","职"字后疑脱"名"字。此制时间当在同集同卷《田守忠等因功
合转武功郎已赠三官欲各更赠两官吕福等因功合转从义郎已赠两官欲各更赠一
官制》之前。

庞仲先赠三官与恩泽四资南坚赠两官与恩泽两资潘兴赠两官与恩泽一资更与一名守阙进义副尉承节郎李福赠两官各与恩泽一资贾义赠两官各与一子父职名王京赠承信郎各与一子父职名制
(绍兴十年八月至绍兴十一年二月间)

敕具官某等:比战符离,殒于行阵,虽功庸之弗就,顾节义之可旌。纳䃁赏
延,并申褒录,或以故秩,即畀嗣人。尚其有知,服予恩渥。可。

出处:《紫微集》卷一九。

撰者:张嵲

考校说明:编年据张嵲任两制时间、文中所述史事补,见《建炎以来系年要录》卷
一三六、卷一三七。题后原注:"并系宿州阵亡官兵。"

尚奇赠两官与一子父职名开遇赛音蒙香唐仲来勇安胜都商石有伊克刘彦李晖并赠承信郎各与一子父职名制
(绍兴十年八月至绍兴十一年二月间)

某等比战符离,殒于行阵。追褒秩序,以慰营魂。具以故官,命其嗣子。尚
其不寐,歆服予恩。可。

出处:《紫微集》卷一九。

撰者:张嵲

考校说明:编年据张嵲任两制时间、文中所述史事补,见《建炎以来系年要录》卷

一三六、卷一三七。题后原注："并系同前阵亡官兵。"

王仲为因自南路将到吴介蠟书兄王武认得更不拆开将王仲同书申送官伪齐称王武委是忠赤转武翼郎伪齐禁勘王仲隐讳不得将仲免死决脊杖二十送北京编管到东京趱走经由陕府以西脱身兵部称王仲已因随统制姚仲迎敌伪官并往伪地王武处干事忠义为国理宜优赏转忠训郎閤門祗候制

（暂系于绍兴十年八月至绍兴十一年二月间）

尔兄事伪，得书不发，示无贰心，且致尔于重刑而不恤；尔心许国，既罹凶害，益坚忠赤，卒脱身于贼而不悔。逆顺之相远，方如此夫！尔之节可以无负；如尔兄之行，虽狗彘之不若也。有司按状，兼举旧劳，并为尔宠。其进陟于武阶，且服官于上閤，将使天下知忠善之报也。

出处：《紫微集》卷一三。
撰者：张嵲
考校说明：编年据张嵲任两制时间补。

郑思诚右承事郎知建州建阳县对移古田县丞为与部民接坐借钱应副盘运官盐不觉察男盗取官酒百姓郑坦诈作亲戚乞取阿黄银及依随人吏郑达应人户倒死牛请凭令纳水脚钱直将上件钱和雇脚子送张朝请等及借支买筵会食物管待过往官并借支与诸处下书人力于寺院内科买公库糯米依随押录王补阙借开福寺修殿钱起造盐仓使用并借官米造酒自盗官酒入己特降两官冲替制

（暂系于绍兴十年八月至绍兴十一年二月间）

敕：尔为字民之吏，而乃贪残自肆，以赃抵罪，尚何言乎！镌官两列，以示创惩。祗服宽恩,无忘念咎。

出处:《紫微集》卷一三。

撰者:张嵲

考校说明:编年据张嵲任两制时间补。

林衡蔺康伯向子能为两浙运副黄敦书申近准枢密院札子秀州通判叶栋申准枢密院指挥雇募湖船遂牒委华亭知县青龙监镇雇募续据逐官申本界内从来即无上件平底湖船可以雇募申闻事续据本州申雇募到船只今来却称从来即无上件船可以雇募显是妄乱回申知华亭县事林衡监青龙镇酒税向子能奉圣旨各特先次降一官仍令本路提刑司取勘具按闻奏制

(绍兴十年八月至绍兴十一年二月间)

敕:尔等慢令不恪,公肆谰辞,先夺官阶,仍以属吏。尚恭尔职,以听刑书。可。

出处:《紫微集》卷一五。

撰者:张嵲

考校说明:编年据张嵲任两制时间、黄敦书宦历补,见《咸淳临安志》卷五〇等。

夏爽监井研县赖藕镇酒税为收到税钱已收上都钱历
外不即转结子历并盗税钱买草喂自己马并支与栏头
将僧修天王阁材料修庙宇并于比较店取洗棕袋哨喂
猪于人户家寄养鹅将本务杂用钱一面自行支给俸钱
及因井研县丞赵修职亲戚张雄飞前来本镇干索夏爽
请上户黄泽等说与因依差所由同去裱名纸谒见乞得
钱引事被提刑司按发特降一官罚铜十斤制
（暂系于绍兴十年八月至绍兴十一年二月间）

敕：尔效官管库，以赃抵罪，有司按法，当以赎论。俾夺一阶，以示惩艾。尚思悔愧，复齿平人。可。

出处：《紫微集》卷一五。
撰者：张嵲
考校说明：编年据张嵲任两制时间补。

蒋琏因兄琳被阮德强偷盗去木札又妄论宰牛等官司
追理保正押德强到琳住处琳押德强归家缚打问琏亦
为德强盗本家木札遂打德强有伤经御史台陈论法寺
称缘犯在赦前合该恩原
（暂系于绍兴十年八月至绍兴十一年二月间）

敕：尔暴横里间，当抵罪罚，会逢赦令，姑夺官秩。尚思畏慎，祗服宽恩。可。

出处：《紫微集》卷一五。
撰者：张嵲
考校说明：编年据张嵲任两制时间补。

赐杨沂中御札
（绍兴十一年二月四日）

张俊初二日发火头,初三日起发前去和州。卿可星夜蹉程前去会合,不可时刻住滞,有误国事。具知委奏。四日申时,付沂中。押。

出处:《式古堂书画汇考》卷一三。又见《赵氏铁网珊瑚》卷二。

赐岳飞御札
（绍兴十一年二月四日后）

比以金贼侵犯淮西,已在庐州,张俊、杨沂中、刘锜见并力与贼相拒。已亲札喻卿,乘此机会,提兵合击,必成大功,副卿素志。卿可星夜倍道来江州,或从蕲、黄绕出其后,腹背击贼。机会在此,朝夕须报,再遣亲札,想宜体悉。付飞。御押。

出处:《鄂国金佗稡编》卷三。

赐岳飞御札
（绍兴十一年二月七日）

虏犯淮西,与张俊和州相拒。已遣亲札,趣卿倍道前来,合力击贼,早夜以俟。卿忠智冠世,今日之举,社稷所系,贵在神速,少缓恐失机会也。再遣手札,卿当深悉。七日。付岳飞。御押。

出处:《鄂国金佗稡编》卷三。

赐岳飞御札
（绍兴十一年二月十日）

虏寇聚于淮西,张俊、杨沂中、刘锜已于和州巢县下寨,与贼相拒。韩世忠出兵濠上。卿宜倍道,共乘机会。前所发亲札,卿得之,必已就道。今遣张去为往喻朕意,卿更须兼程,无诒后时之悔。谅卿忠智出于天性,不俟多训也。付岳飞。御押。

出处:《鄂国金佗稡编》卷三。

赐张俊诏
(绍兴十一年二月十日后)

自卿提兵渡江,晓夕为念,得报已复和州。卿谋虑精审,分朕忧顾,不胜叹嘉。

出处:《三朝北盟会编》卷二〇五。

赐岳飞御札
(绍兴十一年二月十一日前后)

昨得卿奏,欲合诸帅兵破敌,备见忠谊许国之意,嘉叹不已。今虏犯淮西,张俊、杨沂中、刘锜已并力与贼相拒。卿若乘此机会,亟提兵会合,必成大功。以朕所见,若卿兵自蕲、黄绕出其后,腹背击贼,似为良策。卿更审度,兵贵神速,不可失机会也。再遣亲札,想宜体悉。付飞。御押。

出处:《鄂国金佗稡编》卷三。

赐岳飞御札
(绍兴十一年二月十五日)

比屡遣手札,并面谕属官,仍遣中使趣卿提兵前来,共破虏贼。谅卿忠愤许国之心,必当力践所言,以摅素志。今据归正人备说,金贼桀黠头首皆在淮西。朕度破敌成功,非卿不可。若一举奏功,庶朕去年宥密之诏,不为虚言。况朕素以社稷之计,倚重于卿,今机会在此,晓夕以伫出师之报。再遣此札,卿宜体悉。十五日。付飞。御押。

出处:《鄂国金佗稡编》卷三。

赐岳飞御札
(绍兴十一年二月十七日)

屡发手诏,及毛敦书、张去为继往喻旨,朝夕需卿出师之报。览二月四日奏,备悉卿意。然事有轻重,今江、浙驻跸,贼马近在淮西,势所当先。兼韩世忠、张俊、杨沂中、刘锜、李显忠等皆已与贼对垒,卿须亲提劲兵,星夜前来蕲、黄,径趋寿春,出其贼后,合力剿除凶渠,则天下定矣。想卿闻此,即便就道。再遣亲札,宜深体悉。付岳飞。御押。

出处:《鄂国金佗稡编》卷三。

赐岳飞御札
(绍兴十一年二月十七日)

得卿奏,欲躬亲前去蕲、黄州,相度形势利害,贵得不拘于九江。以卿天资忠义,乃心王室,谅惟畚夜筹画,必思有以济国家之急。若得卿出蕲、黄,径捣寿春,与韩世忠、张俊相应,大事何患不济?中兴基业,在此一举。览奏不胜嘉叹。再遣亲札,卿宜体悉。十七日未时。付岳飞。御押。

出处:《鄂国金佗稡编》卷三。

赐岳飞御札
(绍兴十一年二月十九日)

得卿九日奏,已择定十一日起发,往蕲、黄、舒州界。闻卿见苦寒嗽,乃能勉为朕行,国尔忘身,谁如卿者!览奏再三,嘉叹无敁。以卿素志殄虏,常苦诸军难合。今兀术与诸头领尽在庐州,接连南侵。张俊、杨沂中、刘锜等共力攻破其营,退却百里之外。韩世忠已至濠上,出锐师要其归路。刘光世悉其兵力,委李显忠、吴锡、张琦等夺回老小、孳畜。若得卿出自舒州,与韩世忠、张俊等相应,可望如卿素志。惟贵神速,恐彼已为遁计,一失机会,徒有后时之悔。江西漕臣至江州,与王良存应副钱粮,已如所请,委赵伯牛,以伯牛旧尝守官湖外,与卿一军相谙熟也。春深,寒暄不常,卿宜慎疾,以济国事。付此亲札,卿须体悉。十九日二更。付岳飞。御押。

出处:《鄂国金佗粹编》卷三。又见《大观录》卷三。

赐张俊诏
（绍兴十一年二月二十日后）

卿以身徇国,雅志捍敌,总干以俟,仗义而趋,忘家室以专征,冒水潦而不顾。虽南仲之出车就牧,莱公之受命饮冰,方之于卿,未足多尚。

出处:《三朝北盟会编》卷二〇五。

茶盐官计日推赏诏
（绍兴十一年二月三十日）

茶盐推赏,其本务郎官、太府寺及榷货务都茶场官自绍兴元年以后到任之人,并计日推赏。

出处:《宋会要辑稿》食货五五之二九。

赐岳飞御札
（绍兴十一年三月一日）

闻虏人已过寿春,卿可与张俊会合,率杨沂中、刘锜并往克复。得之,则尽行平荡,使贼不得停迹,以除后患,则卿此来不为徒行也。有所措置,开具奏来。一日。付飞。御押。

出处:《鄂国金佗粹编》卷三。

赐岳飞御札
（绍兴十一年三月一日后）

韩世忠奏,已亲提兵自濠往寿春府。卿可约与相见,从长措置。虏人若未全退，或已退复来接战，即当乘其既败，痛与剿戮，使知惩畏；若已退不复来，即寿春、顺昌皆可平荡静尽，免其后来之害。以卿体国之意，必协心共济，不致二三也。遣此亲札，谅宜深悉。付飞。御押。

出处：《鄂国金佗稡编》卷三。

淮西德音
（绍兴十一年三月七日）

上穹悔祸，副生灵愿治之心；大国行仁，遂子道事亲之孝。可谓非常之盛事，敢忘莫报之深恩。而况申遣使轺，许敦盟好。来存殁者万余里，慰契阔者十六年。礼备送终，天启固陵之吉壤；志伸就养，日承长乐之慈颜。

出处：《程史》卷五。
考校说明：此德音内容原书未载，《宋会要辑稿》载有部分内容，今录以备考：

寿春府、庐、濠、滁、和、舒州，无为军应投降女真、契丹、渤海奚家、汉儿家头领甲军，除已等第补转官资外，其生擒不杀见在军下者，亦与支破请给，并加存恤，以称朝廷兼爱南北生灵之意。（《宋会要辑稿》兵一七）

赐岳飞御札
（绍兴十一年三月十日）

得卿奏，知卿属官自张俊处归报，虏已渡淮，卿只在舒州听候朝廷指挥。此以见卿小心恭慎，不敢专辄进退，深为得体，朕所嘉叹。据报，兀术用郦琼计，复来窥伺濠州。韩世忠已与张俊、杨沂中会于濠上，刘锜在庐州、柘皋一带屯军。卿可星夜提精兵，裹粮起发，前来庐州就粮，直趋寿春，与韩世忠等夹击，可望擒杀兀术，以定大功。此一机会，不可失也。庐州通水运，有诸路漕臣在彼运粮。急遣亲札，卿切体悉。十日二更。付飞。御押。

出处：《鄂国金佗稡编》卷三。
考校说明：此诏原书编于十一日诏之后，岳珂又称"庚戌之夕，先臣（岳飞）还舒之奏始至，乃赐御札"。庚戌为十一日，王曾瑜《鄂国金佗稡编续编校注》据此疑"十日"乃"十一日"之误（中华书局，一九八九年，第四七页）。

赐韩世忠御札
（绍兴十一年三月十日后）

闻卿亲率将士，与贼接战，追逼直至城下，贼马一发奔溃过淮，卿已复据州。卿忠义之气，身先士卒，亲遇大敌，嘉叹何已！况卿前后所料贼情，一一必中，今日善后之策，更为深加思虑，措置以闻也。

出处：《名臣碑传琬琰之集》卷一三《韩忠武王世忠中兴佐命定国元勋之碑》。

考校说明：编年据韩世忠宦历补，见《建炎以来系年要录》卷一三九。

赐杨沂中御札
（绍兴十一年三月十一日）

兀术复窥濠州，朕已降手诏与韩世忠、张俊，皆于濠州附近克期同日出战。卿等各体此意，不得前却。卿比之他人，更宜为朕出力，想不待朕言也。曹勋想已到军前也。卿家中平安，朕□人照管，卿知。十一日，付沂中。押。

出处：《式古堂书画汇考》卷一三。又见《赵氏铁网珊瑚》卷二。

赐岳飞御札
（绍兴十一年三月十一日）

兀术再窥濠州，韩世忠、张俊、杨沂中、刘锜皆已提军到淮上。以卿忠智许国，闻之必即日引道。切须径赴庐州，审度事势，以图寿春。庐通水运，而诸路漕臣皆萃于彼，卿军至，粮草不乏，又因以屏蔽江上，军国两济，计无出此。已行下诸漕，为卿一军办粮草，不管阙乏。付此亲札，卿须体悉。十一日未时。付飞。御押。

出处：《鄂国金佗稡编》卷三。

依崇宁谒禁旧法诏
(绍兴十一年三月十三日)

依崇宁旧法,给事中、中书舍人,起居郎、舍人,并禁出谒,假日许见客。

出处:《宋会要辑稿》刑法二之一一四。

赐岳飞御札
(绍兴十一年三月十一日至十七日间)

得卿奏,卿闻命即往庐州。遵陆勤劳,转饷艰阻,卿不复顾问,必遄其行,非一意许国,谁肯如此? 据探报,兀术复窥濠州,韩世忠八日乘捷至城下,张俊、杨沂中、刘锜先两日尽统所部,前去会合。更得卿一军同力,此贼不足平也。中兴勋业,在此一举,卿之此行,适中机会。览奏再三,嘉叹不已。遣此奖谕,卿宜悉之。付飞。御押。

出处:《鄂国金佗稡编》卷三。
考校说明:月、日据此诏在前后相关诏令中的排序补,见王曾瑜《鄂国金陀稡编续编校注》(中华书局,一九八九年,第四八页)。

赐岳飞御札
(绍兴十一年三月十七日)

累得卿奏,往来庐、舒间,想极劳勚。一行将士日夜暴露之苦,道路登涉之勤,朕心念之不忘。比以韩世忠尚在濠州,与贼相拒,独力恐难支梧,累奏告急。卿智略有余,可为朕筹度,择利提师,一出濠、寿间,牵制贼势,以援世忠。想卿忠义体国,必以宗社大计为念,无分彼此。刘锜一军,已专令间道先行,张俊、杨沂中亦遣兵前去,并欲卿知。十七日。付飞。御押。

出处:《鄂国金佗稡编》卷三。

公私和买物色令依市直诏
（绍兴十一年四月八日）

公私和买物色并依市直，违者以自盗论。

出处：《建炎以来系年要录》卷一四〇。

毁弃讯囚非法之具诏
（绍兴十一年四月十七日）

讯囚非法之具，并行毁弃。尚或违戾，委御史台弹劾以闻。

出处：《宋会要辑稿》职官五五之二〇。

韩世忠除枢密使制
（绍兴十一年四月二十四日）

合将相之权，均任安危之寄；兼文武之用，式恢长久之图。乃眷勋贤，宜膺荣宠。爰契华戎之望，俾亲帷幄之咨。载协刚辰，诞扬显册。具官韩世忠才资刚果，智虑精深。英规默合于孙吴，义概羞称于贲育。忠贯日月，靡渝金石之坚；功若丘山，具焕旂常之纪。属东巡于吴会，资外屏于淮壖，虽固垒深军，志必以全取胜；而枕戈待旦，誓不与虏偕存。蠢尔逆胡，扰我近服，幸偷生于泚水，复送死于濠梁。露桡千艘，实赞征南之策；夹道万弩，旋致马陵之师。方摩牙摇毒而竞前，忽洞胸达腋而俱靡。拆奸挫锐，宁论破敌之奇；禁暴息民，正赖兴邦之略。朕惟膏梁不可以愈疾，尸祝不可以代庖。观时适变，则事得其宜；因能授职，则才周于用。故勾践以二臣治国，蠡盖总于甲兵；汉高以三杰开基，信实颛于征伐。是用分命隽哲，延登庙堂，越升枢极之崇，仍复公台之贵。益封多户，衍食真租。哀是徽章，庸昭异数。於戏！贵谋贱战，是谓王者之兵；同寅协恭，乃大贤人之业。钦承丕训，益厉远猷。

出处：《宋宰辅编年录》卷一六。
撰者：朱震

张俊枢密使制
(绍兴十一年四月二十四日)

　　虞舜命官,咎繇以五刑弼教;周卿分职,司马以九伐正邦。朕远稽帝王之令猷,仰奉祖宗之治训。今朝廷多故,属方用武之时;而智勇兼资,宜总本兵之务。肆颁大号,敷告庶工。具官张俊识洞沉几,气函远略。厉忠忱而挺节,馨共恪以事君。边陲不宁,弭患必咨于耿秉;国家有急,论功孰拟于陈汤?顷繇陪扈眷倚之亲,出膺镇御绥怀之寄。逮虏骑之南牧,饬戎车而北征。首率锐师,身先诸将。深思熟虑,谅计策之无遗;陷阵摧锋,曾枭禽之不暇。趣凶渠殄灭之势,启中兴绍述之图。潍水乜奔,初笑淮阴之怯;先零既破,卒推充国之谋。朕惟黜陟明则人尽其材,责任专则事无不理。矧军国之容异尚,而文武之用殊途。多垒息烽,顾未忘于治外;岩廊侧席,盍求助以处中。是用晋擢元勋,延登近弼。位正枢廷之峻,班联宰席之崇。增衍新畬,陪敦真食。於戏! 修政事而攘夷狄,允资借箸之筹;櫜弓矢而戢干戈,终辅垂衣之治。尚体朕意,勉称异恩。

出处:《宋宰辅编年录》卷一六。

岳飞拜枢密副使制
(绍兴十一年四月二十四日)

　　朕躬履多虞,规恢大业。惟文武并用,有严宥密之司;必智勇兼全,克任本兵之寄。眷时人杰,久总戎昭,肆畴勋望之隆,俾赞枢机之要。诞扬涣号,敷告明廷。具官岳飞果毅而明,深沉以武。奇谋秘计,夙惟韬略之高;英概雄姿,凛有威名之盛。自服勤于边围,实修捍于我家。作镇上流,屹若金汤之势;宣威遐俗,震于羊犬之群。功屡纪于旂常,任实同于柱石。念提军百战,已深料敌制胜之方;而授任一隅,未究折冲销难之略。郁雄图而弗展,慨平世之何时。是用蔽自朕心,付以国柄,参畀事枢之重,仍班孤棘之崇。近资发踪指示之奇,远辑摧陷廓清之绩,庶极用人之效,乜成戡难之图。於戏! 上下交而志同,朕方深于注意;将相和则士附,尔益务于协心。其懋壮猷,用服明训。

出处:《宋宰辅编年录》卷一六。又见民国《平阳县志》卷六三。
撰者:林待聘

岳飞辞免枢密副使不允诏
（绍兴十一年四月二十四日后）

敕：具悉。朕以虏寇未平，中原未复，更定大计，登用枢臣。惟吾制阃之良，宜有筹帷之略，俾参密席，庶协庙谟。当思注意之隆，遂展济时之志。守谦避宠，非予望焉。所辞宜不允。

出处：《鄂国金佗续编》卷四。
考校说明：编年据岳飞宦历补，见《宋史》卷二九《高宗纪》。

岳飞再辞免枢密副使不允诏
（绍兴十一年四月二十四日后）

敕：具悉。朕焦心劳思，宵衣旰食，所愿训武厉兵，一洒仇耻。寤寐贤佐，协济良图。卿忠勇自奋，材智有余，是宜左右赞襄，以辅不逮，蔽自朕意，擢贰枢廷。尚体异知，勉摅素蕴，毋稽成命，固执谦辞。所辞宜不允。

出处：《鄂国金佗续编》卷四。
考校说明：编年据岳飞宦历补，见《宋史》卷二九《高宗纪》。

赐少保枢密副使岳飞乞叙立参知政事王次翁之下不允批答
（绍兴十一年四月二十五日后）

敕岳飞：得卿奏："近蒙恩除枢密副使，令参知政事王次翁叙位在臣之下。契勘参知政事叙位，旧例在枢密副使之上，臣虽谬忝孤卿，岂得遽紊班列？欲望圣慈令臣只依旧例，叙位在参知政事之下。庶使邦仪不易，愚分可安。"具悉。卿盖建殊勋，显登亚保。虽赞西枢之务，实联左棘之班。肆同列之有陈，请会朝而居下。朕嘉其自抑，盖有能逊之风；俾尔在前，且昭右武之意。情文俱得，礼法无嫌。胡为守谦，未安厥服？勉体眷意，勿复有言。所请宜不允。

出处：《新安文献志》卷二。又见《鄂国金佗续编》卷四。
撰者：程克俊

考校说明:编年据文中所述史事补,见《宋会要辑稿》仪制三。

奖谕张浚辞解所统兵诏
(绍兴十一年四月二十七日)

李、郭在唐俱称名将,有大功于王室。然光弼负不释位之衅,陷于嫌隙;而子仪闻命就道,以勋名福禄自终。是则功臣去就趋舍之际,是非利害之端,岂不较然著明!

出处:《建炎以来系年要录》卷一四〇。又见《续资治通鉴》卷一二四。
撰者:林待聘

罢韩世忠张俊岳飞领宣抚司诏
(绍兴十一年四月二十七日)

韩世忠、张俊、岳飞已除枢密使、副,其旧领宣抚等司可罢,遇出师,临时取旨。其宣抚等司见今所管统制、统领官,将副以上,并改充御前统制、统领官、将副,隶枢密院,各带"御前"字入衔,有司铸印给付,且令依旧驻札。将来调发,并三省、枢密院得旨施行。仍令逐司统制官等各以职次高下轮替入见,委赏功司将未了功赏疾速取旨推恩。

出处:《宋会要辑稿》职官三二之三七。又见同书职官四一之三四。

赐三宣抚司统制官诏
(绍兴十一年五月三日)

朕延登秉钺之元勋,并任本兵之大计,凡尔有众,朕亲统临,肆其偏裨,咸得专达。尚虑令行之始,或堕素习之规,其各励于乃心,以务肃于所部。

出处:《建炎以来系年要录》卷一四〇。
撰者:林待聘

胡纺等分别总领诸路财赋诏
（绍兴十一年五月四日）

胡纺为司农少卿,总领淮东军马钱粮;吴彦璋为太府少卿,总领淮西、江东军马钱粮,曾慥为太府卿,总领湖广、江西、京西路财赋,湖北、京西军马钱粮。各专一报发御前军马文字,诸军不听节制。

出处:《宋会要辑稿》职官四一之四六。

岳飞乞罢枢密副使仍别选异能同张俊措置战守不允诏
（绍兴十一年五月四日前后）

敕:具悉。朕以前日兵力分,不足以御敌,故命合而为一,悉听于卿。朕以二三大帅各当一隅,不足以展其才,故命登于枢机之府,以极吾委任之意。凡为此者,而岂徒哉。战守之事,固将付之卿也。今卿授任甫及旬浃,乃求去位,行府之命,措置之责,乃辞不能。举措如此,朕所未喻。夫有其时,有其位,有其权,而谓不可以有为,人固弗之信也。毋烦费辞,稽我成命。所请宜不允。

出处:《鄂国金佗续编》卷四。
考校说明:编年据岳飞宦历文中所述"今卿授任甫及旬浃"补,见《宋史》卷二九《高宗纪》。

谕诸军诏
（绍兴十一年五月七日）

朕昨命虎臣,各当阃寄。虽相望列戍,已大畅于军声;而专统一隅,顾犹分于兵力。爰思更制,庶集全功。延登秉钺之元勋,并任本兵之大计。凡尔有众,朕亲统临,肆其偏裨,咸得专达。尚虑令行之始,或隳素习之规。其当励于乃心,以务肃于所部。简阅无废其旧,精锐有加于初。异绩殊庸,人苟自懋,高爵重禄,朕岂遐遗! 尚思忠义之诚,共赴功名之会。咨尔任事,咸服训言。

出处:《三朝北盟会编》卷二〇六。

官员遇恩该赠父祖文资诏
（绍兴十一年五月九日）

应官员遇恩该赠父祖文资,如系有官有出身,与带左字;无出身及白身,并带右字。

出处:《宋会要辑稿》职官九之一〇。

张俊岳飞出外按阅军马诏
（绍兴十一年五月十日）

韩世忠听候御前委使,张俊、岳飞带本职前去按阅御前军马,专一措置战守。

出处:《建炎以来系年要录》卷一四〇。

岳飞带枢密本职前去按阅御前军马措置战守诏
（绍兴十一年五月十日）

敕:保大定功,武有经邦之略;蚤正素治,戒惟先事之防。将救溢以求全,必因时而适变。连百万虎貔之旅,自我翕张;择一二股肱之良,为予奔奏。卿勋在社稷,名震华戎。谦退踵征西之风,廉约蹈祭遵之节。比从人望,入赞枢庭。方国步之多艰,念寇仇之尚肆。未反采薇之戍,将亲细柳之军。谅匪忠贤,孰膺寄委。当令行阵之习有素,战守之策无遗。伐彼奸谋,成兹善计。尚体眷注,无惮勤劳。故兹诏示,想宜知悉。

出处:《鄂国金佗续编》卷四。

王德田师中为张俊提统前去应援顺昌府
及收复宿亳州并除正任承宣使制
（绍兴十一年五月十四日）

敕:比遣大将,往修封疆,立功而还,具以状献。宜敩书命,用奖劳能。具官某等拔自雁行，居多诞节。知勇自见，屡收不战之功；果毅敢前，若践无人之境。逮兹一出，遂以胜归，其正任于承流，以耀明于武略。尚图来效，期称国恩。可。

出处：《紫微集》卷一六。又见《江苏金石志》卷一一《王公神道碑》。

考校说明：编年据《建炎以来系年要录》卷一四〇补。张嵲此时未任两制，此文或为《紫微集》误收。

王德马立为收复宿亳州等处立功并
除龙神卫四厢都指挥使制
（绍兴十一年五月十四日后）

敕：疆场之邑，虽彼此之何常；封爵之科，惟优饶之是务。具官某秉资沉毅，挺志忠诚，累立战功，遂高勇爵。比从偏师而出，复收二郡以还。曾未淹时，已闻沦陷。顾彼州来之所在，一何介于予衷；故如置楮之有言，亦不忘于尔报。俾参华于部督，尚计效于方来。勉图异等之功，以慰国人之望。可。

出处：《紫微集》卷一八。

考校说明：编年据张嵲任两制时间、王德官历补，见《江苏金石志》卷一一《王公神道碑》、《建炎以来系年要录》卷一四〇。张嵲此时未任两制，此文或为《紫微集》误收。

綦崇礼转朝散郎制
（绍兴十一年五月二十三日）

敕：联法从之迩列，虽无待于次升；严考绩之彝章，固必繇于叙进。爰举陟明之典，式膺增秩之恩。宝文阁学士、左朝散郎、江州太平观、北海县开国伯、食邑九百户、赐紫金鱼袋綦某，辞俪卿、云，学穷游、夏。蚤持荷橐，入践玉堂。顾相应以义理之文，乃闵劳于侍从之事。迄兹满岁，在法当迁。通班内阁之华，仍处珍台之逸。并畴爵邑，就峻文阶，祗服赞书，毋亡献纳。可特授左朝散郎、依前宝文阁学士、进封高密郡开国侯、加食邑三百户，差遣、赐如故。

出处：《北海集》附录上。

王德加清远军节度使制
(绍兴十一年五月二十七日)

属狂胡之匪茹,哀丑类以深侵。初豕突于淮壖,浸鸱张于江浒。赖尔先登之勇,遏其方锐之锋。

出处:《三朝北盟会编》卷二〇六。

御辇院所管辇官责罚条约诏
(绍兴十一年六月二日)

御辇院所管辇官等,有犯勘责罪状同职官签书,仍从长官依条书断。若犯杖以上,或事应追究者,送所属。诸应差破当直辇官辄于数外差占,妄作缘由差占同。徒二年。即干托差借及借之,罪亦如之。诸干办官当内宿,遇实有缘故若病患、听给假,即牒以次官趁赴,参假日补填。

出处:《宋会要辑稿》职官一九之一七。

名行在之仓诏
(绍兴十一年六月六日)

行在三仓以行在省仓上、中、下界为名,监官"监行在省仓上、中、下界"系衔称呼,所有监专理任、请给、差置,并给纳应干约束事件等,并依见行条法。

出处:《宋会要辑稿》食货六二之一四。

秦桧左仆射制
(绍兴十一年六月八日)

临政愿治,孰先考谨之图;当轴处中,莫重弼谐之长。眷惟人杰,实秉国均。具殚独任之劳,未正久虚之位。肆颁制綍,孚告朝绅。具官秦桧惇大而直方,刚明而和达。学穷六艺之蕴,行全九德之纯。气节冠于古今,声名震乎夷貊。早膺柄用,再践鼎司。忠惟社稷之安,志切生灵之念。耻君不及尧舜,有言可稽;致治庶几成康,惟力是竭。属履多虞之运,方恢拨乱之基。用兵行师,则赖指踪于萧何;解纷维艰,则寄安危于裴度。国以身徇,谋必予同。终始倚爱之亲,岂他人之可冀;谈笑规为之际,皆前哲之所难。虽荐陟于台衡,顾未专于魁席。是用蔽自朕志,俯协佥俞。名跻左揆之崇,望耸百寮之冠。超秩赐位,锡壤大邦。增陪多邑之封,并衍真输之赋。兼资异宠,庸厚褒章。於戏! 勤于求贤,逸于得人。既获仰成之效,文能附众,武能威敌。尚观绥定之勋,茂对殊休,益终远业。

出处:《宋宰辅编年录》卷一六。

镇江府仓屋不须修盖诏
(绍兴十一年七月七日)

镇江府起盖仓屋二百间,计其费不下十数余万缗,方此农务之时,遽有追呼之扰。特令有司措置,不须修盖。

出处:《宋会要辑稿》食货五四之七。

岳飞辞免男除带御器械宜允诏
(绍兴十一年七月八日后)

敕:具悉。朕眷若勋臣,任以本兵之寄;宠其嗣子,俾居扈从之联。盖昭信倚之诚,岂拘文法之末。而卿秉心廉慎,执德谦冲,力抗封章,固求逊避。援三尺而有请,谅一意之莫回。勉徇雅怀,不忘嘉叹。所请宜允。

出处:《鄂国金佗续编》卷四。
考校说明:月、日据《鄂国金陀稡编》卷一五《辞男云除御带札子》补。

徽宗实录修毕推恩诏
(绍兴十一年七月十四日)

实录院进呈徽宗实录了毕,修撰检讨官各特转行一官,更减二年磨勘;首尾修书不经进书官并修书不全首尾官,各特转行一官,更减二年磨勘;开院在院供职官,特转行一官;都大提举诸司承受诸司官,各特转行一官,更减二年磨勘;实录院点检文字、书库官、楷书、进奏官,各特转行一官资,更减三年磨勘,选人比类循资施行。三省、枢密院专差供检文字、三省礼房职级行遣人各特转行一官资,更减二年磨勘。应合寄资人仍寄资,守当官守阙减半,点检催驱印房依条施行,专差承发巡白文字各与减二年磨勘,愿支赐者,依昨进《哲宗实录》例。三省转资人候入正额日与支破请给,诸厅供检楷书、引接、提举诸司下人吏各特转一官资,内碍止法人依条回授。天文官各与减二年磨勘。应该今来转官减年,内未有官、未有名目及未合收使人,并候有官或有名目日,依今降指挥特作转官资减半数目收使,磨勘年限不同人,依四年法比折,内减年愿依条回授者听。实录院守门、亲事官、库子、装界作、投送文字大程官、亲事官、厨子、仪鸾、翰林司兵士、提举诸司承受、诸司下背印投送文字亲事官、军典兵士、剩员、潜火兵级,各特转一资;内不愿转资人,令实录院于杂支钱内各支二十贯。秘书省经修书不经进书使臣人使,犒设一次。

出处:《宋会要辑稿》职官一八之六二。

梁邦彦落阶官提举江州太平观诏
(绍兴十一年七月十四日)

属者祗严宝册,勒成信书,皆一时大典。而尔庇战其间,咸有绩用。

出处:《建炎以来系年要录》卷一四一。

以旱遣官决滞狱出系囚诏
(绍兴十一年七月十九日)

旱暵既久,雨未沾足,已差官躬亲前去决狱。可丁宁告戒,务要去淹滞,察非辜,无或苟简,徒为文具。其干连逮捕,先令州县即时疏放,无令愁叹之声,致伤和气。

出处:《宋会要辑稿》刑法五之三六。

阶成等州军州县官到任减年磨勘迁官诏
（绍兴十一年七月十九日）

阶、成、岷、凤、金、商、秦、陇州、永兴军、凤翔府州县官，并依光州已得旨，到任半年，减二年磨勘，任满迁一官。

出处:《建炎以来系年要录》卷一四一。

诸路尽公推排免行钱诏
（绍兴十一年七月二十二日）

令诸路免行钱有推排不公去处，令诸路提刑司照应元降指挥尽公推排，及密行询究。如州县用情，将上户合纳数目科与下户，并仰即时改正施行；若推排尽公，别无情弊，即将委的贫乏不能输纳下户保明诣实，申尚书省。

出处:《宋会要辑稿》食货六四之六七。

文武官陈乞致仕荫补条约诏
（绍兴十一年七月二十四日）

文武官陈乞致仕身亡，虽在给敕之前，并听荫补。

出处:《建炎以来系年要录》卷一四一。

不得干托州县辄差科诏
（绍兴十一年八月七日）

应干托州县雇人辄差科，或以官钱应付，及于寺观人户借夫，或以借夫为名收受雇直入己，本罪轻者并以违制论，不以赦降原减。按官属出巡及官员被差干办公事合雇人夫辄过数，及于街市驱逐卖物村民，准此。

出处:《宋会要辑稿》刑法二之一五一。

岳飞再乞检会前陈还印枢庭投身散地不允诏
（绍兴十一年八月九日前）

　　敕：具悉。朕登用元勋，图回密务，方赖同心之助，式恢驭远之规。曾居位之日几何，乃丐闲之章踵至，无亦过矣，为之怃然。其体注怀，尚安厥位。所请宜不允。

出处：《鄂国金佗续编》卷四。
考校说明：月、日据岳飞官历补，见《宋会要辑稿》职官七八。

岳飞罢枢密副使依前少保武胜定国军
节度使充万寿观使制
（绍兴十一年八月九日）

　　联枢管而赞庙谟，方重股肱之寄；拥节旄而奉朝请，盖隆体貌之恩。乃眷勋臣，方居密席，遽沥退身之恳，盍推从欲之仁。爰告大廷，用孚尔众。具官岳飞禀资肃毅，挺质沉雄，方略得古良将之风，忠勇有烈丈夫之气。奋身许国，影赵士之曼缨；厉志图功，抚臧宫之鸣剑。自总干方之任，久颛制阃之权。惟绩用之殊方，亦恩褒之备至。戎骖导节，既叠组于大邦；孤棘位朝，遂晋班于亚保。兹图茂阀，俾翼鸿枢，庶资筹幄之奇，用辑平戎之略。欻烦言之荐至，摘深衅以交攻，有骇予闻，良乖众望。朕方记功掩过，事将抑而不扬；尔乃引咎自言，章既却而复上。谅忱诚之已确，虽敦谕其莫回。是用崇使秩于殊庭，畀齐坛于旧服，留以自近，示不遐遗，以全终始之宜，以尽君臣之契。於戏！宠以宽科全禄，光武所以保功臣之终；曾无贰色猜情，邓公所以得君子之致。朕方监此以御下，尔尚念兹而事君。往哉惟钦，服我明训。

出处：《宋宰辅编年录》卷一六。又见民国《平阳县志》卷六三。
撰者：林待聘

岳飞辞免武胜定国节度使依前少保充万寿观使
仍奉朝请乞一在外宫观差遣不允诏
（绍兴十一年八月九日后）

敕:具悉。卿登翊枢管,曾未淹时,乃以人言,遽求释位。惟去就之义,卿之所敦;顾终始之恩,朕安敢废? 兹用宠以节旄之旧,畀之祠禄之优。君臣之间,庶几无愧。令弗惟反,又何辞焉。所请宜不允。

出处:《鄂国金佗续编》卷四。

考校说明:月、日据岳飞宦历补,见《宋会要辑稿》职官七八。

诸王之后以最长一人权主奉祠事诏
（绍兴十一年八月十日）

诸王之后,各以最长一人权主奉祠事,不改环卫官。

出处:《建炎以来系年要录》卷一四一。

酬奖宗正寺编修太祖皇帝下仙源庆系属籍官吏诏
（绍兴十一年八月十一日）

宗正寺编修太祖皇帝下《仙源庆系属籍》,已进呈讫,少卿江公亮、丞邵大受各与减磨勘二年,人吏量行犒设。

出处:《宋会要辑稿》职官二〇之一四。

增赏押及两全纲者诏
（绍兴十一年八月十六日）

敕:勘会诸路管押纲运赴行在,依格二万贯为全纲。若押及两全纲,令户部对数增赏。今后管押人听押至两全纲止。

出处:《宋会要辑稿》食货四五之一八。又见同书食货四四之一。

罗汝楫除起居郎手札御书
(绍兴十一年八月二十三日前)

罗汝楫除起居郎,日下供职,若便除中书舍人,如何? 可奏来。

出处:《宝真斋法书赞》卷二。
考校说明:编年据《建炎以来系年要录》卷一四一补。本诏为"高宗皇帝除目手札御书"其中一种。

胡世将特起复诏
(绍兴十一年八月二十八日)

川陕军旅事重,胡世将可特起复,候指挥到,不拘常制,日下供职,不许辞避。

出处:《宋会要辑稿》职官七七之一九。

綦崇礼转左朝请郎致仕制
(绍兴十一年九月一日前后)

敕:弹冠筮仕,尝殚夙夜之勤;解组告归,毋替始终之遇。宝文阁学士、左朝散郎、提举江州太平观、高密郡开国侯、食邑一千二百户、赐紫金鱼袋綦某,自致多闻之誉,时推富赡之辞。昔视草于禁林,复联华于内阁。出分帅阃,归奉真祠。心宜切于兢辰,义遽陈于知止。乃露章而沥恳,祈谢事以养疴。爰涉天阶,载扬命綍。往优游于燕处,务保啬于冲和。勿药可期,嘉猷上告。可特授左朝请郎、充前件官。

出处:《北海集》附录上。
考校说明:编年据綦崇礼卒年补,见《建炎以来系年要录》卷一四六。

宗室任环卫官身亡赐钱有差诏
（绍兴十一年九月九日）

宗室缌麻亲任环卫官身亡者,赐钱三百千,祖免减三之一。

出处:《建炎以来系年要录》卷一四一。

军器所干办等官罢任日与堂除见阙差遣一次诏
（绍兴十一年九月十四日）

军器所干办提辖监造受给监门官罢任日,与堂除见阙差遣一次,立为永法。

出处:《宋会要辑稿》职官一六之九。

承受枢密行府札付到官员等封赠加恩放行条约诏
（绍兴十一年九月十九日）

应承受枢密行府札付到官员等封赠加恩缴到合用付身朱钞等,已圆备之人,并与放行;内未圆者,即行下本处取会。

出处:《宋会要辑稿》职官九之一〇。

令刘光远赴行在奏事诏
（绍兴十一年九月二十日）

左武大夫、忠州团练使刘光远令赴行在奏事,仰秀州守臣方滋不移时刻津遣,须管来晚到行在。

出处:《建炎以来系年要录》卷一四一。

答金国元帅宗弼第一书
(绍兴十一年九月二十三日)

　　某启:季秋霜冷,伏惟太保、左丞相、侍中、都元帅领省国公台候起居万福。军国任重,仰劳经画,莫将等回,特承惠书,祗荷记存,不胜感激。某昨蒙上国皇帝推不世之恩,日夜思念,不知所以图报,故遣使奉表,以修事大之礼。至于奏禀干请,乃是尽诚,不敢有隐,从与未从,谨以听命。不意上国遽起大兵,直渡浊河,远逾淮浦,下国恐惧,莫知所措。夫贪生畏死,乃人之常情,将士临危,致失常度,虽加诛戮,有不能禁也。今闻兴问罪之师,先事以告,仰见爱念至厚,未忍弃绝。下国君臣既畏且感,专遣广州观察使武功县开国子食邑五百户刘光远、成州团练使武功县开国子曹勋往布情恳,望太保左丞相侍中都元帅领省国公特为敷奏,曲加宽宥,许遣使人,请命阙下,生灵之幸,下国之愿,非所敢忘也。惟祈留神加察,幸甚。向寒,窃冀保重,有少礼物,具于别封,伏乞容留。不宣。

出处:《建炎以来系年要录》卷一四一。又见《三朝北盟会编》卷二〇六。

将作军器监长贰举本属人充京官诏
(绍兴十一年九月三十日)

　　将作、军器监如诸寺长贰例,举本属人充京官,三员以上岁举二员,六员以上岁举三员。

出处:《建炎以来系年要录》卷一四一。

郝义等一十人为收复商虢等州并名各与转两官制
(绍兴十一年九月后)

　　敕某等:乃者第功行赏,以劳战士,宜若无遗,而大将继言尔等未被甄奖。用放赞命,俾服官荣。益厉壮心,以图称塞。可。

出处:《紫微集》卷一二。
考校说明:编年据文中所述史事补,见《建炎以来系年要录》卷一三九、卷一四一。

此时张嵲未任两制,此文或为《紫微集》误收。

答金国元帅宗弼第二书
（绍兴十一年十月十七日）

某启:孟冬渐寒,伏惟太保、丞相、侍中、都元帅领省国公钧候起居万福。军国重任,悉勤筹画。刘光远、曹勋等回,特承惠示书翰,不胜忻感。窃自念昨蒙上国皇帝割赐河南之地,德厚恩深,莫可伦拟,而愚识浅虑,处事乖错,自贻罪戾,虽悔何及! 今日太保、左丞相、侍中、都元帅领省国公奉命征讨,敝邑恐惧,不知所图。乃蒙仁慈,先遣莫将、韩恕明以见告,今又按甲顿兵,发回刘光远、曹勋;惠书之外,将以币帛,仰承宽贷,未忍弃绝之意,益深惭荷。今再遣左参议大夫尚书吏部侍郎文安郡开国侯食邑一千户魏良臣、保信军承宣使知阁门事兼客省四方馆事武功县开国伯食邑七百户王公亮充禀议使、副,伏蒙训谕,令敷陈画一。窃惟上令下从,乃分之常,岂敢辄有指述,重蹈僭越之罪? 专令良臣等听取钧诲,顾力可遵禀者,敢不罄竭,以答再造。仰祈钧慈特赐敷奏,乞先敛士兵,许敝邑遣使拜表阙下,恭听圣训。向寒,伏冀倍保钧重,有少礼物,具于别封,窃冀容留。不宣。

出处:《建炎以来系年要录》卷一四二。又见《三朝北盟会编》卷二〇六。

知秀州方滋除直秘阁制
（绍兴十一年十月十九日）

敕:三馆登贤,无非盛选;一时寓直,是谓宠襃。尔夙负通材,能济剧务,与我共理,惟尔之能。比大集于舟师,颇宣劳于匠事。其下玺书之渥,俾从藏室之游。毋坠能声,嗣膺明陟。

出处:《东窗集》卷八。
撰者:张扩
考校说明:编年据《宋会要辑稿》选举三四补。

韩世忠罢枢密使制
(绍兴十一年十月二十八日)

　　进则颛密席之崇,允赖威名之重;退而处殊庭之秩,盖从偃息之休。眷若勋贤,劳于事任。兹力祈于闲佚,其宠涣于恩褒。爰造治朝,诞敷明命。具官韩世忠忠怀亢烈,风概沉雄。伟然一世之英,凛有万夫之望。陈军谟而训旅,勇且知方;持师律以临戎,多而益办。自历艰虞之险,备殚攻守之勤。勋在王家,烂若旂常之纪;威行夷裔,烈如雷电之驰。比繇外阃之严,入斡鸿枢之柄。予深注意,日观前箸之筹;敌亦耸闻,固已侧席而坐。何忽陈于悃愊,愿即遂于燕申。谓收身于百战之余,难复靡以万微之务。冀黄枢之得谢,追赤松而与游。载嘉止足之风,固宜从欲;独念倚毗之久,弗忍遐遗。是用斥帝傅之峻班,还将坛之叠组。乃冠灵台之号,并增井食之封。俾谐就第之荣,不废造朝之礼。有蕃命数,式侈宠光。於戏!知臣下勤劳,朕尚迪宽洪之度;以功名终始,尔克遵明哲之规。虽出处之或殊,实安危之并倚。勿云释位,不我告猷。

出处:《宋宰辅编年录》卷一六。又见《宋会要辑稿》职官七八之四二。

御辇院辇官犯罪移降条约诏
(绍兴十一年十一月七日)

　　御辇院辇官犯罪,合行移降左右厢、店宅务,今后令本院行下步军司,比附在京日店宅务一般军分收管。

出处:《宋会要辑稿》职官一九之一七。

曹勋除容州观察使充奉使大金国报谢副使制
(绍兴十一年十一月二十三日)

　　敕:朕慎择肤使,修好殊邻,必得一时通敏之材,远达两国协和之意。具官某,早通文艺,详练朝仪,事不辞难,言皆诣理。比奉军前之聘,有嘉复命之词。载因尔能,往将朕指,宜有涣渥,以示宠嘉。其擢正于廉车,用增华于使节。益思自励,期称茂恩。

出处：《东窗集》卷六。

撰者：张扩

考校说明：编年据《建炎以来系年要录》卷一四二补。

与金国元帅宗弼书
（绍兴十一年十一月二十三日）

　　仲冬严寒，伏惟太保、左丞相、侍中、都元帅、魏国公钧候起居万福。军国重寄，悉劳筹画，特蒙专遣信使，惠以书翰，良马厚币，礼意勤腆。鄙情感激，已难具陈，至许成就大计，最为重恩。自惟孤危，何以得此？又如逐件事目，一一曲荷开谕，虽甚愚暗，岂不省会。即奉钧谕，逐项遵承。再惟大计已定，其闲不免少有恳告，如坟域所在，至甚紧切，计钧鉴处之，必是不错。上国方以孝理天下，若使祖宗不阙祭享，是为至望。岁贡银绢，见排办来年数目，先次发纳，已差端明殿学士朝奉大夫签书枢密院事文安郡开国侯食邑一千户赐紫金鱼袋何铸、容州观察使知阁门事兼客省四方馆事武功县开国子食邑五百户曹勋充报谢进誓表使、副，专附此书，叙谢钧造。益寒，敢冀曲加保重。有少礼物，具于别封，惟幸容纳。不宣。

出处：《建炎以来系年要录》卷一四二。

官司文字称大金诏
（绍兴十一年十一月二十四日）

　　大金国已遣使通和，自今官司文字，并称"大金"，不得指斥。

出处：《建炎以来系年要录》卷一四二。

与大金国讲和誓书
（绍兴十一年十一月二十四日）

　　臣构言：窃以休兵息民，帝王之大德；体方述职，邦国之永图。顾惟孤藐之踪，猥荷矜存之赐。敢望自竭，仰答殊恩。事既系于宗祧，理盖昭于誓约。契勘今来画疆,合以淮水中流为界。西有唐、邓二州,割属上国,自邓州南四十里、西南四十里为界,属邓州;其四十里外南并西南尽属光化军,为敝邑沿边州军。既蒙恩造,许备藩方,世世子孙,谨守臣节。每年皇帝生辰并正旦,遣使称贺不绝。所有岁贡银、绢二十五万匹、两,自壬戌年为首,每春季差人般送至泗州交纳。淮北、京东西、陕西、河北自来流移在南之人,经官陈理,愿归乡者,更不禁约。其自燕以北人,见行节次遣发。今后上国逋亡之人,无敢容隐,寸土匹夫,无敢侵掠。其或叛亡之人,入上国之境者,不得进兵袭逐,但移文收捕。沿边州城,除自来合该置射粮军数并巡尉等外,不得屯军戍守。上国之于敝邑,亦乞并用此约。既盟之后,必务遵承。有渝此盟,神明是殛,坠命亡氏,踣其国家。臣今既进誓表,伏望上国蚤降誓诏,庶使弊邑永有凭焉。

出处:《建炎以来系年要录》卷一四二。又见《金史》卷七七《宗弼传》,《金史》卷七九《宇文虚中传》,《宋史纪事本末》卷七二。

诫约川陕宣抚司不得出兵生事诏
(绍兴十一年十一月)

大金已遣使通和,令川陕宣抚司照会保守见存疆界,不得出兵生事,招纳叛亡。

出处:《建炎以来系年要录》卷二四二。

扬武翊运功臣太傅横海武宁安化军节度使
充醴泉观使韩世忠曾祖则追封营国公制
(绍兴十一年十一月后)

敕:朕亲仁善邻,成孝治之大;行庆施惠,均海宇之欢。眷予旧弼之良,宜厚一门之宠。具官故曾祖某,潜德弗耀,至行无疵,誉蔼一时之芳,泽钟三世之远。兹因沛渥,申锡愍章,列国疏封,用光窀穸。

出处:《东窗集》卷一二。
撰者:张扩
考校说明:编年据韩世忠官历补,见《宋会要辑稿》职官一。

韩世忠曾祖母郝氏赠兖国夫人制
（绍兴十一年十一月后）

敕：朕亲仁善邻，成孝治之大；行庆施惠，均海宇之欢。眷予旧弼之良，宜厚一门之宠。具官故曾祖母某氏，礼容淑慎，德范静专，善独积于厥躬，福遂绵于三世。兹因霈泽，申锡愍章。载疏东兖之封，益侈幽扃之渥。

出处：《东窗集》卷一二。

撰者：张扩

考校说明：编年据韩世忠官历补，见《宋会要辑稿》职官一。

韩世忠祖广追封代国公制
（绍兴十一年十一月后）

敕：漏泉之泽，方覃及于群工；显亲之章，式上休于王父。具官故祖某，行高乡党，惠洽宗姻，善既积而有余，名益彰而不朽。施于孙子，为时勋臣。兹颁庆赉之恩，用极追荣之典。易封代壤，式贲重泉。

出处：《东窗集》卷一二。

撰者：张扩

考校说明：编年据韩世忠官历补，见《宋会要辑稿》职官一。

韩世忠祖母高氏赠雍国夫人制
（绍兴十一年十一月后）

敕：漏泉之泽，方覃及于群臣；显亲之章，式上休于王母。具官故祖母某氏，饬躬淑慎，睦族慈祥，早殚助内之勤，遂享方来之祉。宜尔孙子，为时勋臣。兹因庆赉之行，可后追荣之渥？易封大国，增贲幽窀。

出处：《东窗集》卷一二。

撰者：张扩

考校说明：编年据韩世忠官历补，见《宋会要辑稿》职官一。

韩世忠父庆追封唐国公制
(绍兴十一年十一月后)

敕:配天其泽,式恢至治之休;自仁率亲,莫重严君之报。具官故父某,诚明遇物,节义起家。宜大门闾,验于公之阴德;有光祭祀,彰狐突之教忠。属兹庆赉之行,宜涣追荣之宠。易封唐国,增贲幽扃。

出处:《东窗集》卷一二。

撰者:张扩

考校说明:编年据韩世忠宦历补,见《宋会要辑稿》职官一。

韩世忠母贺氏赠扬国夫人制
(绍兴十一年十一月后)

敕:旷荡之泽,式昭漏泉之恩;鞠养之慈,宜隆报本之礼。具官故母某氏,早由令族,来嫔高门,是钟男子之祥,实我筹帷之旧。爰因大赉,申锡愍章,用更维扬之封,以厚幽宅之宠。

出处:《东窗集》卷一二。

撰者:张扩

考校说明:编年据韩世忠宦历补,见《宋会要辑稿》职官一。

韩世忠故妻白氏赠潭国夫人制
(绍兴十一年十一月后)

敕:朕荷天之休,丕隆孝治,爰敷厚泽,以惠多方。恩及闺门之私,礼无存殁之间。具官故妻某氏,温恭禀质。勤俭宜家,义虽重于齐眉,寿卒乖于偕老。属兹大赉,申锡愍章,易封长沙,永贲幽壤。

出处:《东窗集》卷一二。

撰者:张扩

考校说明:编年据韩世忠宦历补,见《宋会要辑稿》职官一。"潭国夫人"原作"谭国夫人",据文中所述"易封长沙"改。

韩世忠故妻梁氏赠閤国夫人制
（绍兴十一年十一月后）

敕：朕荷天之休，丕隆孝治，爰敷厚泽，以惠多方。恩及闺门之私，礼无存殁之间。具官故妻某氏，柔嘉有则，恭顺而慈，警戒虽笃于相成，富贵莫终于偕老。属兹大赉，申锡愍章，易封于閤，永作尔宠。

出处：《东窗集》卷一二。

撰者：张扩

考校说明：编年据韩世忠宦历补，见《宋会要辑稿》职官一。

韩世忠妻茅氏封苏国夫人制
（绍兴十一年十一月后）

敕：夫妇有相成之道，兹本人伦；室家申燕喜之私，莫逾国宠。具官妻某氏，动容有礼，箴诲是遵，慈惠宜其家人，柔嘉克配君子。属兹大赉，申锡徽章，用疏汤沐之封，载易姑苏之壤。是为异数，毋怠钦承。

出处：《东窗集》卷一二。

撰者：张扩

考校说明：编年据韩世忠宦历补，见《宋会要辑稿》职官一。

押赴行在纲运推赏事诏
（绍兴十一年十二月四日）

敕：今后管押外路州军合赴行在钱物，承朝廷指挥支移应副别路屯驻军兵支用，其管押人如押及两全纲已上，据地里远近，与作一纲半推赏；如所押官钱物不及两全纲之人，止作一全纲，余依见行条法。

出处：《宋会要辑稿》食货四五之一八。

监司州县不得将总制钱擅行应副等诏
（绍兴十一年十二月十日）

敕:监司州县辄将经、总制钱擅行应副兑借,拘截取拨、侵支互用者,所委官并当职及取拨官并先次降两官放罢,人吏徒二年,各不以去官赦降原减。仍令提刑司检察按劾施行。

出处:《庆元条法事类》卷三〇。

诚谕监司知通检察职田租赋诏
（绍兴十一年十二月十一日）

诸州县职田令提点刑狱司核实,使佃民按实输租,毋得代纳并抑配;如监司、知通失于检察,与犯人减二等断罪。

出处:《宋会要辑稿》职官五八之二四。

与金国元帅宗弼书二
（绍兴十一年十二月十一日）

某启:季冬极寒,伏惟钧候起居万福。整军安民,悉赖全德。特承惠书,佩荷记存。垂谕大事已定,若非国公以生灵为念,他人岂能办此? 天下幸甚,北人敢不如命。今就近先次津发耶律温等,余当节次发遣,唐、邓二州,已遣尚书莫将、侍郎周聿于此月十一日星夜前去交割,陕西地界,亦已差枢密都承旨郑刚中同宣抚司官前去,趁明年正月下旬计议。海州、泗州、连水军在南百姓,见今根刷发过淮北。先蒙遣还濠州、楚州、招信、盱眙等县户口,又许根刷应江南商贾隔在淮北者,亦便发归,卑情岂胜感激! 恐遣人在路迟滞,今专发书,计会泗州差走马传到府下,伏冀照察。向春,气候渐和,窃望倍保钧重。不宣。

出处:《建炎以来系年要录》卷一四三。又见《三朝北盟会编》卷二〇八。

监当资序人勿除郡守诏
（绍兴十一年十二月十五日）

监当资序人勿除郡守，知县资序勿除监司。其已除未到者，令吏部供具姓名罢之；内曾任监察御史以上职事，则不拘。令三省遵守。

出处：《宋会要辑稿》职官一之五一。又见《建炎以来系年要录》卷一四三。

高宗朝卷十六 绍兴十二年(1142)

薛仁辅李若虚罢职诏
(绍兴十二年正月十一日)

大理少卿薛仁辅持心不平,用法反覆。秘阁修撰、知宣州李若虚附丽罪人,好恶自口。可并罢。

出处:《建炎以来系年要录》卷一四四。

朱芾落敷文阁待制知徽州制
(绍兴十二年正月十四日)

敕:奸轨败谋,既申邦宪;金壬附会,难逭刑章。具官某早预选抡,屡更任使。意其详练,俾参军旅之谋;庶无诡随,少副朝廷之委。而乃阿谀希宠,暗默保身,阙然裨补之劳,坐阅贯盈之恶,滋长稂莠,遂寻斧柯。致物论之沸腾,岂宠荣之冒据?其罢西清之职,仍还南国之符。服我宽恩,无忘内讼。

出处:《东窗集》卷一二。
撰者:张扩
考校说明:编年据《建炎以来系年要录》卷一四四补。

李若虚落秘阁修撰制
(绍兴十二年正月十四日)

敕具官某:奸人败谋,即申邦宪;余党附会,难逭刑章。以尔凡陋,本无他能,每恣轻儇,殊乏素行。顷预军谘之列,专为利禄之图。诞谩不根,好荐自口。甘奴隶之鄙态,曾市廛之弗为。豢成狡兔之谋,卒陷鸣枭之恶。论撰之职,叨据何安? 其从罢黜之科,以厌沸腾之议。服我宽典,益务省循。

出处:《东窗集》卷一四。

撰者:张扩

考校说明:编年据《建炎以来系年要录》卷一四四补。

建国公就外第诏
(绍兴十二年正月十六日)

建国公就外第,加检校官、郡王,令吏、礼部、太常寺讨论祖宗故事,申尚书省取旨。

出处:《建炎以来系年要录》卷一四四。

刘子羽复徽猷阁待制制
(绍兴十二年正月十六日)

敕:朕慎用名器以叙群臣,敦劝事功而行信赏。矧乃甘泉之旧,分予外屏之忧,宜涣恩章,以旌治最。具官某,美繇世济,材应时须,达应变之方,蔼剸烦之誉。自堕华于侍从,每茂著于猷为。比以丹阳,起之散地,适届防秋之候,允资御众之良,曾未淹时,亟闻报政。方列戍营屯之密,捍防各得其宜;而流民襁负而来,安集不劳而办。其复西清之次对,以重北固之长城。益懋尔能,期称朕命。

出处:《东窗集》卷六。

撰者:张扩

考校说明:编年据《建炎以来系年要录》卷一四四补。

福建添认盐钞钱诏
(绍兴十二年正月十七日)

福建近年买盐增羡,宽剩数多,于见认钱上添认一十万贯,通计三十万贯。

出处:《宋会要辑稿》食货二六之二七。

知泉州富直柔落资政殿学士制
(绍兴十二年正月二十四日)

敕:朕仁爱黎元,矜愍庶狱。每戒州县,必惟三尺之循;惧差毫厘,或起一夫之悔。岂意用刑之误,成吾旧弼之愆。具官某,早被简知,浸登严近,备更夷险,多历岁时。比从祠馆之淹,再畀侯藩之重,宜祗朕宝慈之训,以成而共理之良。乃于重囚,曾不关意。意繇玩习养成于平日,致纷纭莫救于临时。传闻之初,疑骇相半。虽从坐本焉非首,情或可矜;然死者遂不复生,咎将谁执?其镌秘殿之职,以申司寇之刑。服我宽恩,无忘内省。

出处:《东窗集》卷六。
撰者:张扩
考校说明:编年据《建炎以来系年要录》卷一四四补。

杨愿除起居舍人制
(绍兴十二年正月二十六日)

敕具官某:柱史载笔,君举必书,岂独记一时言动之详,盖将示万世是非之实。膺是选者,宣惟其人。以尔问学渊源,词章敏妙。上庠校艺,每冠群英;潜府服勤,尝从初载。望耸乌台之劲特,誉高薇省之弥纶。爰锡赞书,蔽自朕志。其入侍丹墀之近,以进参西掖之华。益懋猷为,嗣有褒陟。

出处:《东窗集》卷七。
撰者:张扩
考校说明:编年据《建炎以来系年要录》卷一四四补。

李若谷除屯田郎官制
(绍兴十二年正月二十六日)

敕具官某:文昌设属,其选甚高,惟时司田,必用吉士。以尔学问该洽,吏能敏强。出守偏州，茂著于蕃之绩；入丞大匠，备观济剧之能。载酬誉处之休，俾预甄升之列。往祗厥次，益懋尔为。

出处：《东窗集》卷八。

撰者：张扩

考校说明：编年据《建炎以来系年要录》卷一四四补。

孙近落资政殿学士依旧宫观制
（绍兴十二年正月二十六日）

敕：进参机政，既彰误国之谋；退处私庭，犹冒通班之宠。以大臣而废法，岂明主之用心？其议薄惩，少申公论。具官某早被简拔，浸更险夷，遂由清切之班，入预弼谐之列。不务竭忠而图报，徒知利己以自营。忌刻本于天资，乖疏何但晚谬？关通近属，欲借誉于齿牙之余；串昵佞人，颇缔交于胶漆之固。昨下诏收权纲之始，以元勋居廊庙之严。尔侍宸旒，曾陪国论，乃退有二三之说，冀阴为附丽之图。初务涵容，姑从善罢，犹怀觖望，重致烦言。其镌秘殿之隆名，尚食珍祠之厚禄。服我宽典，无忘省循。

出处：《东窗集》卷一三。

撰者：张扩

考校说明：编年据《建炎以来系年要录》卷一四四补。

供御辇官填阙条格诏
（绍兴十二年正月二十九日）

供御辇官遇阙，令本院量度合用人数，于次供御、应奉、下都辇官、指挥使、长行内，拣选投名实及三年、五十岁以上、两眼各一十五步见指明、走跳得无腋气残疾外，权依供御等朴样插两指板；过犯已满之人拣试，申尚书兵部，限日审验讫，填阙放行请给。

出处：《宋会要辑稿》职官一九之一七。

供御辇官填阙条格诏
(绍兴十二年正月二十九日)

供御辇官从本院量度合用人数,于应奉、下都辇官十将至长行内拣选投名实及三年、五十岁已下,权依次供御等样插两指板,过犯已满之人拣试,申尚书兵部,限日下审验,充填阙额,放行请给。

出处:《宋会要辑稿》职官一九之一七。

应奉下都两营辇官填阙条格诏
(绍兴十二年正月二十九日)

应奉、下都两营辇官阙人,先次招填二百人,依条拣试,不系河东、河北、陕西并沿边化外归明徭人、年二十岁、依见今等样插一指板,及依在京措置体例招收;微有杖痕之人,逐旋申解尚书兵部,限日下审验,刺填收管,依已招新人则例支破请给。

出处:《宋会要辑稿》职官一九之一七。

史愿除敷文阁待制制
(绍兴十二年正月二十九日)

敕:事君不择事而安,允资于忠力;有功而见知则说,宜厚于恩章。具官某,智术疏通,吏能敏健,顷预军谘之列,每输筹画之良,备著勤劳,见称详练。属重湖之寇未殄,奉枢府之檄以行。果平蜂蚁之屯,尽复农桑之业。有嘉茂绩,爰锡赞书。惟次对之迩联,实侍臣之高选,往钦朕命,益殚尔忠。

出处:《东窗集》卷六。
撰者:张扩
考校说明:编年据《建炎以来系年要录》卷一四四补。

郗渐除直秘阁制
(绍兴十二年正月二十九日)

敕具官某:朕比遣枢辅,案行营屯,戒边吏以守为功,致人兵不战而屈。解严江浒,归觐阙庭。以尔早有能名,曾参军议,念周旋之甚久,行裨赞之云多,载酬尔劳,用颁茂典,俾寓直于中秘,以往参于俊游。兹为异恩,勿忘忠报。

出处:《东窗集》卷八。

撰者:张扩

考校说明:编年据《建炎以来系年要录》卷一四四补。

张子仪转右朝奉郎制
(绍兴十二年正月二十九日)

敕具官某:以尔婉画与闻,小心可倚,周旋之久,见谓贤劳,宜颁增秩之恩,以最第功之赏。

出处:《东窗集》卷九。

撰者:张扩

考校说明:编年据《建炎以来系年要录》卷一四四补。

知台州胡交修守端明殿学士左朝散大夫致仕制
(绍兴十二年正月后)

敕:人臣徇知止之诚,既从其欲;王者厚褒贤之典,式荣其归。具官某,早有能名,屡膺器使。伟哉济时之论,蔚然华国之文,称重儒林,遍仪禁路。顷以北门之旧,载升常伯之崇。既倦直于承明,乃分符于临海。遽观剡牍,遂欲乞身。用不尽其才,朕深起慨然之叹;官以华其老,汝预有终焉之荣。益慎节宣,永绥寿考。

出处:《东窗集》卷六。

撰者:张扩

考校说明：编年据胡交修宫历补，见《建炎以来系年要录》卷一四四。

侍卫亲军都虞候清远军节度使御前都统制
王德曾祖永赠太子少保制
（绍兴十二年正月后）

敕：朕外敦邻盟，内隆孝治，爰敷惠泽，诞播宏休。惟时在服之臣，咸茂显亲之典。具官故曾祖某，抱材不试，秉礼自防，行实懿于群伦，庆遂延于三世。为时名将，繄尔曾孙。属兹大赉之颁，宜锡愍章之渥，秩以宫保，用光重泉。

出处：《东窗集》卷一二。

撰者：张扩

考校说明：编年据王德宫历补，见《建炎以来系年要录》卷一四四。"清远"后原衍"将"字，"御前"后原脱"都"字，据《宋史》卷三六八《王德传》改。

王德曾祖母郭氏赠高平郡夫人制
（绍兴十二年正月后）

敕：朕外敦邻盟，内隆孝治，爰敷惠泽，诞播宏休。惟时在服之臣，咸茂显亲之典。具官故曾祖母某氏，斋庄秉质，勤俭肥家，常种德于百年，遂流光于三世。为时名将，繄尔曾孙。兹属大赉之颁，宜涣愍章之渥。小君锡号，幽壤增荣。

出处：《东窗集》卷一二。

撰者：张扩

考校说明：编年据王德宫历补，见《建炎以来系年要录》卷一四四。

王德祖忠立赠太子少傅制
（绍兴十二年正月后）

敕：朕外敦邻盟，内隆孝治，爰敷惠泽，诞播宏休。惟时在服之臣，咸茂显亲之典。具官故祖某，素行表于乡里，雅志乐于丘园，流庆闻孙，为时节将。属兹大赉，爰锡愍章，其官宫傅之荣，以涣泉扃之宠。

出处:《东窗集》卷一二。

撰者:张扩

考校说明:编年据王德宦历补,见《建炎以来系年要录》卷一四四。

王德祖母韩氏赠恩平郡夫人制
(绍兴十二年正月后)

敕:朕外敦邻盟,内隆孝治,爰敷惠泽,诞播宏休。惟时在服之臣,咸茂显亲之典。具官故祖母某氏,修身淑慎,合族慈祥,善有余于一身,福遂昌于再世。属兹大赉,宜举愍章,其锡号于小君,用增光于幽壤。

出处:《东窗集》卷一二。

撰者:张扩

考校说明:编年据王德宦历补,见《建炎以来系年要录》卷一四四。

王德父达赠太子少师制
(绍兴十二年正月后)

敕:朕外敦邻盟,内隆孝治,爰敷惠泽,诞播宏休。惟时在服之臣,咸茂显亲之典。具官故父某,秉心忠孝,植德温恭,善积之庆有余,源深而流益远。有子甚伟,为时而生。属兹大赉之颁,申锡愍章之渥。宫师增秩,泉户用光。

出处:《东窗集》卷一二。

撰者:张扩

考校说明:编年据王德宦历补,见《建炎以来系年要录》卷一四四。

王德母李氏封信安郡夫人制
(绍兴十二年正月后)

敕:朕外敦邻盟,内隆孝治,爰敷惠泽,诞播宏休。惟时在服之臣,咸茂显亲之典。具官母某氏,令仪著于闺阃,慈训协于家庭,繇积善之弥深,致流芳之不替。遂从子贵,休有恩封。其正位于副笄,益钦承于异数。

出处:《东窗集》卷一二。

撰者:张扩

考校说明:编年据王德宦历补,见《建炎以来系年要录》卷一四四。

王德妻尹氏封永嘉郡夫人制
(绍兴十二年正月后)

敕:朕丕隆孝治,施泽臣工,眷惟节钺之英,亦燕室家之喜。具官妻某氏,芳猷茂著,懿范夙成,推内助室家之贤,严中馈率职之礼。属颁大赍,用锡徽章。其正位于小君,往钦承于明命。

出处:《东窗集》卷一二。

撰者:张扩

考校说明:编年据王德宦历补,见《建炎以来系年要录》卷一四四。

贡院合避亲人系孤经人考试事诏
(绍兴十二年二月四日)

贡院合避亲人内系孤经人,止令就贡院与同经人一处收试,止避所避之官,令过落司送别位考校。

出处:《宋会要辑稿》职官一三之九。

婉仪张氏赠贤妃制
(绍兴十二年二月六日)

敕:正九嫔之仪,秩峻宫中之贵;缀四星之位,礼隆身后之章。嗟予邦媛之良,啬彼天年之永,爰加赠襚,以笃始终。故婉仪张氏,圭璧粹温,芝兰芬馥,懿范可垂于闺壸,令德兼备于言容。早傅宸闱,密扶阴教。久恪凤宵之奉,顿愆调护之宜。遂及沦亡,良深悼念。遗衣不曳,犹彰吾克俭之风;彤管有光,足著尔无穷之闻。具升极品,用贲幽扃。尚惟精爽之存,歆此殊尤之宠。

出处:《东窗集》卷一四。

撰者:张扩

考校说明:编年据《建炎以来系年要录》卷一四四补。

伯琮特授检校少保制
(绍兴十二年二月十三日)

治自内则先亲,式重本根之辅;礼沿情而异制,丕昭明器之公。嘉我宗藩,久隆隽望。将即居攸之吉,宜颁徽数之崇。爰辑廷绅,诞扬显册。保庆军节度使、建国公、食邑二千户、食实封七百户伯琮,体壮而志正,气裕而识融。聪敏天成,允矣神明之胄;温良自得,浑然金玉之资。凤承训于宸闱,日陈经于传学。雍容文艺,工郢客肄业之诗;蹈履中和,得东平为善之乐。朕深惟属籍之懿,仰承祖武之休。乃考龟犹,俾涓辰而授第;参稽邦典,兹序爵以造朝。峻升亚保之班,荣视二公之贵。金印盘授,肇疏王社之封;玉节珩戈,仍令将旄之旧。申陪多井,并衍真租。金论允谐,予衷先定。岂特示帝室惇宗之盛,亦以彰庆源流泽之光。於戏!顾乃德而远乃猷,朕方稽古以明训;高不危而满不溢,尔其励志以砥身。永监忠孝之诚,益壮翰维之势。往祗涣渥,茂对荣怀。可特授检校少保,依前保庆军节度使,进封普安郡王,加食邑七百户,食实封三百户。

出处:《中兴礼书》卷一九七。

陈时举除考功郎官制
(绍兴十二年二月十五日)

敕具官某:吏部在六官号称繁剧,然而左右铨各有攸司。乃若司绩,则凡累日月而考绩,积功阀而为任者,无问左右铨,皆关决焉,事固倍矣;而尊名节惠之文,与奉常者犹未论也,其任顾不重欤?以尔学术纯正,气节刚方,顷自外服,擢置纪纲之地,阅岁未久,誉望甚休。今朕辍汝,往列天官之属,尔其修明职业,检柅吏奸,以无负朕知,则尔亦有无穷之闻。尚勉之哉!

出处:《东窗集》卷八。

撰者:张扩

考校说明:编年据《建炎以来系年要录》卷一四四补。

婉仪张氏赠贤妃内职本位官推恩诏
（绍兴十二年二月十七日）

本位官可特各转两官,内邵鄂、赵辙、梁璋并阶官遥郡上各转行一官,张去为、冯觊并遥郡上转行,黎琦皆官上转行,陈诚之、莫钺各转两官,内合寄资者依旧寄资。亲弟张莘与转三官,姪张子晋、张子习各补承信郎,主管文字。使臣并诸色祗应人各与转两官资,碍止法之人依条支赐,令户部支本色。

出处:《宋会要辑稿》后妃四之一五。

解元除侍卫亲军马军都虞候制
（绍兴十二年二月二十二日）

敕:朕亲董六师,壮中国安强之势;遴择宿将,任列营统御之权。宠升扈卫之联,增重爪牙之寄。具官某,天资忠恪,武略沉雄。以勇得名,可当八面之敌;先登取胜,屡举万全之功。昨严淮上之屯,久赖师中之律。虑无遗算,坐折遐冲。载畴乃劳,申锡尔祉。其超迁于军候,式示宠于边防。服我恩荣,毋忘报称。

出处:《东窗集》卷七。
撰者:张扩
考校说明:编年据《建炎以来系年要录》卷一四四补。

蠲广南东西路经盗贼残破去处二税诏
（绍兴十二年二月二十七日）

令广南东西路安抚、转运司取见实经盗贼残去处,特予蠲免今年夏秋二税,应已前拖欠税租,并权住催。

出处:《宋会要辑稿》食货六三之八。

令指定普安郡王上下马侍班幕次等事诏
(绍兴十二年二月二十八日)

普安郡王上下马侍班幕次,及合与不合诸处朝谒、烧香等事,并令所属指定。

出处:《建炎以来系年要录》卷一四四。

中亮大夫康州防御使程俊母邵氏特封恭人制
(绍兴十二年三月一日)

敕:朕展采神祇,均厘臣庶,惟事君既尽其节,则涣宠斯及其亲。具官母某氏,礼法奉身,柔嘉作则,积善之庆,有息而贤。比乖隔于封陲,盖备尝于险阻。岂其忠义之感,遂致母子如初。属熙事之告成,宜湛恩之下逮。申锡懿号,增贲私庭。服我宠荣,益绥寿祉。

出处:《东窗集》卷八。又见《永乐大典》卷二九七二。
撰者:张扩
考校说明:编年据《宋会要辑稿》仪制一〇补。

普安郡王出外第赴起居班序诏
(绍兴十二年三月二日)

普安郡王出外第,朔望日赴起居,于太尉后、外官节度使前起居。

出处:《宋会要辑稿补编》第一〇〇页。

赈粜绍兴府诏
(绍兴十二年三月二日)

绍兴府旱伤秋苗,令于义仓米内支拨一万石,置场出粜。

出处:《宋会要辑稿》食货六八之六〇。

以旱断遣罪人诏
（绍兴十二年三月三日）

日近雨泽稍愆，切虑刑狱淹延，在内委刑部郎官、监察御史，在外委提点刑狱官躬亲逐一虑问，责限结绝。虽小节未圆、不碍大情，并免追逮；或有冤滥，即与申理。干连无罪人日下便行责放。各具已检察断放过名件闻奏。

出处：《宋会要辑稿》刑法五之三六。

罗汝楫兼侍讲制
（绍兴十二年三月七日）

敕：贤王好善而忘势，盖输乐取之诚；上智就学而愈明，必务多闻之益。是资鸿博，式副详延。具官某，秉心不回，养气至大。充真积力久之美，所造者深；当言听计从之时，为利则博。擅兹儒术之富，适应天人之求。宜自谏坡，入陪经幄。鉴古而知兴替，朕方慕文皇之勤；告后而善谋猷，汝宜励君陈之志。展尽底蕴，无惭古人。

出处：《东窗集》卷六。
撰者：张扩
考校说明：编年据《建炎以来系年要录》卷一四四补。

令临安府建筑社稷坛壝诏
（绍兴十二年三月八日）

令临安府于域内择地，依礼制建筑社稷坛壝，并修盖行事官致斋所，亦随宜修盖。

出处：《宋会要辑稿》方域二之一六。

进士贡士特与奏名殿试条约诏
（绍兴十二年三月十四日）

进士、贡士已系四举年五十以上，七举年四十以上，各许将昨展过省、殿试三年理为一举，并自到省试至今已及二十七年，前后实得两解、贡，并免解共及两举人，并特与奏名，许就殿试。

出处：《宋会要辑稿》选举四之二七。

严禁私渡过淮诏
（绍兴十二年三月十四日）

两淮漕臣严切禁止私渡过淮之人，毋得少有透漏。

出处：《建炎以来系年要录》卷一四四。

王贵除侍卫亲军步军指挥使添差福建路副都总管制
（绍兴十二年三月十四日）

敕：典禁旅之严，内则资其扈卫；总兵符之重，外则薄其威名。兼此异恩，属吾骁将。具官某早亲行阵，素习韬钤。抚众甚宽，列营驯其号令；临机必果，强敌避其锋棱。屡收斩获之功，方倚训齐之政。胡抗章而自列，遽引疾以为辞。载畴盟府之战多，参领瓯闽之军律，仍升侍卫之职，以壮董兵之权。服我宠荣，毋忘报称。

出处：《东窗集》卷一四。
撰者：张扩
考校说明：编年据《建炎以来系年要录》卷一四四补。

与金国元帅宗弼书三
(绍兴十二年三月十七日)

　　某启:即日春和,伏惟钧候起居万福。某前日遣人赴泗州上状,续次津发耶律温等,今必皆达府下。近据边界申报,合具咨禀:唐、邓界上,缘李骠骑将军带甲军到来,民户不知,多有惊移;陕西陇城寨将官王吉带领军马于冶坊镇等处行劫挚畜,驱掠户口,杀害人民,致使相近去处皆不安帖。窃虑引惹生事,致伤和好,敢望严赐约束,实为幸甚。兼告指挥泗州,今后遇有书信,即为收接发纳,庶得情愫即达,不致留滞。向暖,窃冀倍保钧重。不宣。

　　出处:《建炎以来系年要录》卷一四四。又见《三朝北盟会编》卷二〇八。

试礼部奏名进士制策
(绍兴十二年三月二十二日)

　　朕以凉薄之资,抚艰难之运。宵衣旰食,未知攸济。今朕祗承上帝,而宠绥之效未著;述追先烈,而绍复之勋未集。至德要道,圣治之所本也,而欲未得;散利薄征,王政之所先也,而势未行。设科以取士,而或以为虚文;休兵以息民,而或以为不武。至若宗社迁寄,扈卫单寡,士狃见闻而专用私智,民习偷惰而莫知返本,子大夫所宜共忧也。其何以助朕拯几坠之绪,振中兴之业?详著于篇,朕将亲览焉。

　　出处:《宋会要辑稿》选举八之五。又见《建炎以来系年要录》卷一四五。

关师古守侍卫亲军马军都虞候雄武军承宣使致仕制
(绍兴十二年三月后)

　　敕:卫上以忠,既尽为臣之义;乞身而退,盍推从欲之仁。具官某,结发临戎,执戈就列。应机料敌,推明果之兼资;御众行师,得宽严之相济。方倚训齐之政,遽形引疾之章。言念其劳,勉从所请。宜益勤于药石,庶永保于寿祺。

　　出处:《东窗集》卷六。

撰者:张扩

考校说明:编年据关师古宦历补,见《建炎以来系年要录》卷一四四。

奉迎梓宫礼仪使司礼官吴械转左承议郎制
(绍兴十二年四月一日后)

敕具官某:朕惟梓宫北归,中外悲慕,言念入疆之始,有资迎护之劳。礼官在旁,实备咨访。肆增厥秩,用劝尔勤。

出处:《东窗集》卷八。

撰者:张扩

考校说明:编年据《建炎以来系年要录》卷一四五补。

奉迎梓宫礼仪使司属官曹云等各转一官制
(绍兴十二年四月一日后)

敕具官某等:第赏有差,各增尔秩,朕命甚渥,其务钦承。

出处:《东窗集》卷八。

撰者:张扩

考校说明:编年据《建炎以来系年要录》卷一四五补。

攒宫总护使司属官朱敦儒等各转一官制
(绍兴十二年四月一日后)

敕具官某等:朕怆念宁神之孝,有严复土之期。肆命大臣,俾之总护,因事设属,亦惟其人。尔等吏能敏强,典故详练,礼无违者,抑有助焉。增秩示恩,往承毋怠。

出处:《东窗集》卷八。

撰者:张扩

考校说明:编年据《建炎以来系年要录》卷一四五补。

攒宫桥道顿递使司属官王循友等各转一官制
（绍兴十二年四月一日后）

敕具官某等：朕怆念宁神之孝，有严复土之期。方辒车之载途，必顿舍之如礼。尔等咸以健敏，列属攸司，见谓贤劳，宜颁信赏。其增厥秩，往务钦承。

出处：《东窗集》卷八。

撰者：张扩

考校说明：编年据《建炎以来系年要录》卷一四五补。

攒宫总护使司属官王曦等各转一官制
（绍兴十二年四月一日后）

敕具官某等：朕怆念宁神之孝，有严复土之期，肆命大臣，使之总护。尔等咸以材谞，列属其间，见谓贤劳，宜颁信赏。各增尔秩，往务钦承。

出处：《东窗集》卷八。

撰者：张扩

考校说明：编年据《建炎以来系年要录》卷一四五补。

攒宫修奉司属官王滋刘皓孟逢原各于遥郡上转行一官制
（绍兴十二年四月一日后）

敕具官某等：朕怆念祐陵送终之礼，肇兴东越因山之工，肆命虎臣，董兹大役。尔等咸以材谞，列属其间，趋事劝功，迄底成绩。用颁信赏，以旌其勤。服我恩劳，毋忘勉励。

出处：《东窗集》卷八。

撰者：张扩

考校说明：编年据《建炎以来系年要录》卷一四五补。

攒宫按行使司复按使司属官李廙杨忞各转一官制
（绍兴十二年四月一日后）

敕具官某等：朕怆念宁神之孝，有严复土之期，爰遣近臣，按行兆域。尔等咸以材谞，协助惟勤，肆增厥官，以厚贤劳之报。

出处：《东窗集》卷八。

撰者：张扩

考校说明：编年据《建炎以来系年要录》卷一四五补。

奉迎两宫主管所官属张莘等各转一官制
（绍兴十二年四月一日后）

敕具官某等：朕恭惟太母回銮，中外称贺，奉迎官吏，趋走在途，肆酬其劳，各增尔秩。往思勉励，用称朕恩。

出处：《东窗集》卷八。

撰者：张扩

考校说明：编年据《建炎以来系年要录》卷一四五补。

两宫扈从主管官昭宣使贵州团练使内侍省
副都知蓝珪转两官制
（绍兴十二年四月一日后）

敕：朕恭膺上帝之休，获奉东朝之养，凡兹祗事之列，预有奉迎之劳，申锡赞书，以彰宠渥。具官某诚信自竭，谨厚有闻，典司官省之严，弥励公忠之操。比因临遣，式副予怀，龙舆在途，礼无违者。峻陟观风之任，用增使范之华。服我恩休，益勤夙夜。

出处：《东窗集》卷八。

撰者：张扩

考校说明：编年据《建炎以来系年要录》卷一四五补。

武显大夫孔礼等迎护梓宫属官各转一官制
(绍兴十二年四月一日后)

救具官某等:间者梓宫言还,中外兴慕,入境之始,迎护良劳。尔等来自营屯,不爱其力,各增厥秩,用答尔劳。

出处:《东窗集》卷八。
撰者:张扩
考校说明:编年据《建炎以来系年要录》卷一四五补。

迎护梓宫礼仪使司属官唐裕等二十九员各转一官制
(绍兴十二年四月一日后)

救具官某等:朕怆念祐陵,克备送终之礼;近瞻东越,爰兴卜宅之工。凡兹祇事之人,宜有录劳之赏。肆增厥秩,往务钦承。

出处:《东窗集》卷八。
撰者:张扩
考校说明:编年据《建炎以来系年要录》卷一四五补。

广西路经略安抚使等招马有功推恩诏
(绍兴十二年四月五日)

广西路经略安抚使胡舜陟、提点买马降授武显大夫吉州防御使权发遣邕州俞儋、措置支拨钱物左儒林郎准备差遣权干办公事贾叔愿、招马官保义郎黄汴、守阙进义副尉黄述、降授敦武郎提举右江都巡检使苏述、降授从义郎横山知寨王伸、降授承信郎横山寨兵马监押李肇,各特与转一官,点检起发纲马右承奉郎干办公事王次张、右从事郎书写机宜文字胡仔、右从事郎干办公事赵伯柽、右迪功郎监经抚犒赏库收支买马钱物宋许,各减二年磨勘,内选人比类施行。招马官四员:内忠翊郎农案存、承信郎农意,各招马不及五百五十匹,更不推恩。

出处:《宋会要辑稿》兵二二之二四

婉仪吴氏进位贤妃制
（暂系于绍兴十二年四月六日）

璇霄宪象,元妃冠四星之躔;椒掖视仪,硕媛首六宫之进。维时华缀,克振芳徽。式禆阴教之修,以厚人伦之化。肆畴厥位,诞告在庭。婉仪吴氏毓德贤明,流风涓靓。言容合于法相,惠敏通乎诗书。动则唯和,允蹈鸣环之节;恭而有礼,雅遵流荇之歌。繇良家八月之求,席宸扆九重之眷。每勤夙夜,密侍邃严。旋升宫秩之崇,益播休声之茂。属国家之多故,乃嫔御之靡充。爰举旧章,庶扬内治。是用擢自婉仪之懿,进膺褕翟之华。宠贯异鱼,祺恭祀燕。秩峻公台之右,名超德淑之称。匪出朕私,盖昭国体。於戏! 化由近始,王者必务于家齐;式教外孚,天下举明于妇顺。期协和平之美,聿成辅佐之功。祗服宠光,以对嘉命。可特进位贤妃,仍令所司择日备礼册命。

出处:《中兴礼书》卷一九六。
考校说明:编年据《建炎以来系年要录》卷一四五补。原书系于绍兴十四年四月,然吴氏已于绍兴十三年闰四月册封为皇后。"贤妃",《建炎以来系年要录》卷一四五作"贵妃",存疑待考。

唱正奏名进士进卷升降添入首末诏
（绍兴十二年四月十三日）

唱正奏名进士进卷,内"升一甲"字下可添入"末"字,其"降一甲"字下亦合添入"首"字。余举人升降依此,以为定法。

出处:《宋会要辑稿》选举八之四二。

秦桧王次翁各与一子职名诏
（绍兴十二年四月十三日）

去岁金人犯淮,捍御有方,将帅成不战却敌之功,乃辅弼奇谋指纵之力,秦桧、王次翁各与一子职名。

出处:《建炎以来系年要录》卷一四五。

张弼押归本贯诏
(绍兴十二年四月十八日)

张弼于唱名唐突,又进状告论。有司为系举子,不欲付于理。令临安府差人押归本贯收管,日后更不得奏名。

出处:《宋会要辑稿》选举八之四二。

令御史台检察行在鞠狱干证等人诏
(绍兴十二年四月二十一日)

鞠狱干证等人,行在委御史台常切检察,月具有无违戾闻奏。

出处:《宋会要辑稿》职官五五之二〇。

恩赏支赐本色条约诏
(绍兴十二年四月二十三日)

今后恩赏支赐绢帛,除依绍兴二年九月七日指挥,禁中宫人、公主、命妇,军功、捕盗、军前遣来之人,两府除转厅及中丞除授,收茶盐钱及数,支赐许支本色外,其余覃名并每匹折钱三贯文。如特降指挥令支本色者,每匹增钱一贯文。

出处:《宋会要辑稿》食货五一之二八。

增御医员额御批
(绍兴十二年四月二十四日)

皇太后非晚还阙,见今诊御脉御医员额数少,虑妨应奉。自今后诊御脉十人为额,御医十人为额,分番应奉。

出处:《宋会要辑稿》职官三六之一〇四。

王绾除湖南路提点刑狱贾思诚夔州路转运判官
施舜显江西提举茶盐制
(绍兴十二年正月至五月间)

敕具官某等:朕分道而择能臣,临轩而授使者。朝廷德意,欲速于下究;民间疾苦,忌壅于上闻。苟非其人,孰任此寄? 以尔绾儒学决事,见于屡试;以尔思诚、以尔舜显才术盖众,沛然有余,其分节于远方,益尽心于乃职。夫刑平则狱市弗扰,财裕则民力自宽。三尺具存,奚俟多训?

出处:《东窗集》卷一三。
撰者:张扩
考校说明:编年据《四川盐法志》卷二八补。

及第进士第一人陈诚之授官诏
(绍兴十二年五月二日)

以及第进士第一人陈诚之为左承事郎、签书镇东军节度判官厅公事。

出处:《宋会要辑稿》选举二之一七

及第进士秦熺许用第一人恩例诏
(绍兴十二年五月二日)

及第进士秦熺许用第一人恩例,转三官,为左朝奉郎、添差通判临安府,仍赐章服。

出处:《宋会要辑稿》选举二之一七

知池州陈桷特转一官制
(绍兴十二年五月二日)

敕:王者孝格神明,宜召非常之庆;人臣义均休戚,爰输享上之诚。可无恩章,以示褒劝?具官某辍自甘泉之列,出分南国之符。治郡有方,已屡闻于报政;身虽处外,常不替于爱君。属皇家修举于盛仪,虑国计或资于调度,能以支郡,率先众人。何爱一官,亦示长才之有赏;夷考平日,则知善政之得民。

出处:《东窗集》卷八。

撰者:张扩

考校说明:编年据《建炎以来系年要录》卷一四五补。

受理词诉不得辄委所讼官司诏
(绍兴十二年五月六日)

帅臣、诸司、州郡自今受理词诉辄委送所讼官司,许人户越诉。违法官吏并取旨重行黜责。在内令御史台弹纠,外路监司互察以闻。仍月具奉行有无违戾申尚书省。

出处:《宋会要辑稿》刑法三之二六。

梁扬祖除宝文阁学士宫观制
(绍兴十二年五月六日)

敕:列圣有训,藏诸内阁之严;联职其间,尤高学士之选。朕搆此举,不以假人,眷时老成,用颁明命。具官某,风猷敏劭,智术疏通,早似续于家声,屡肃将于使指。拨繁济剧,事无肯綮之难;发伏擿奸,政多神明之誉。顷繇帅阃,入觐阙庭,擢居武部之联,仍峻贰卿之列。方观治最,遽爽节宣,是用宠以隆名,必增禄之珍馆。朕念旧恩于攀附,如汝岂忘?尔图后效于论思,有猷则告。

出处:《东窗集》卷六。

撰者:张扩

考校说明:编年据《建炎以来系年要录》卷一四五补。

禁约皇城周回高阜处视禁中诏
（绍兴十二年五月十四日）

皇城周回高阜望见禁中去处并州城上人行，先立法收捉，从徒二年科断。其候潮门上及城上平视禁庭，并不禁止。可令临安府日下垒塞踏道。有犯罪，依已降指挥施行。

出处：《宋会要辑稿》刑法二之一五一。

礼部度牒权住给降诏
（绍兴十二年五月十四日）

礼部度牒自五月十四日以后权住给降，其紫衣师号除应副军需外，余并住给。仍依绍兴七年六月四日旨挥施行。

出处：《宋会要辑稿》职官一三之三三。

陈靖上书特补右迪功郎制
（绍兴十二年五月十九日）

敕：朕广取人之门，务求其实；勤乙夜之览，时拔其尤。尔来自远方，奏篇甚富。有用之学，岂惊空言；论事之余，文采自见。縻尔以爵，朕将有所试焉。

出处：《东窗集》卷一三。又见《永乐大典》卷七三二五。
撰者：张扩
考校说明：编年据《建炎以来系年要录》卷一四五补。

置场出粜衢州义仓米诏
（绍兴十二年五月二十二日）

衢州米贵，细民不易，将义仓米置场出粜一万硕，具实价供申朝廷，并户部不得容令合干人作过低估亏本，计会占籴，不及细民。仍令浙东常平司检察施行。

出处:《宋会要辑稿》食货六二之二八。又见同书食货五三之二四。

考校说明:"二十二日",《宋会要辑稿》食货五三作"二十三日"。

礼部试教官诏
(绍兴十二年五月二十三日)

礼部依旧制试教官,仍先纳所业经义、诗赋各三首,会刑寺无过,下国子监看详,礼部覆考,然后许试,附省试院,分两场。非取士之岁,附吏部铨试院。不限人数,以文理优长为合格。

出处:《建炎以来系年要录》卷一四五。

徽猷阁待制苏迟转左中大夫致仕制
(绍兴十二年五月二十四日)

敕:大夫引年之制,著在《礼》经;君子知止之仁,能敦风俗。眷予次对之旧,遽沥言归之诚。爰举褒章,以光晚节。具官某,天资浑厚,家学深醇,简自朕心,列于禁路。迪忠嘉而弥厉,更夷险而弗渝。朕方厚奉祠之恩,闵劳以事;尔乃形引疾之请,将老于家。有嘉易退之风,徒郁贪贤之志。俾升崇秩,用为尔荣。尚勤药石之功,益介年龄之永。

出处:《东窗集》卷六。

撰者:张扩

考校说明:编年据《建炎以来系年要录》卷一四五补。

赐程瑀诰
(绍兴十二年五月二十四日)

文章贰卿,莫高于武部;金华劝读,式重于儒臣。我有老臣,克膺是选。左朝议大夫、充徽猷阁待制、赐紫金鱼袋程瑀,器资浑厚,志节方刚。行兼忠孝之纯,学探圣贤之奥。绳愆南省,蕲推补衮之功;平奏东台,凤蔼回天之誉。践扬兹久,望实弥孚。比促召于远方,亟对扬于便殿。十年去国,恍惊华发之多;一节事君,终全赤心之在。往祗旧服,益励乃猷。渴闻启沃之言,伫尔清闲之燕。可特授依前左朝议大夫、试尚书兵部侍郎、兼侍读,特封鄱阳县开国男,食邑三百户,赐如故。绍兴十二年五月二十四日下。

出处:乾隆《浮梁县志》卷一一,乾隆四十八年刻本。

特蠲免安丰军进奉天申节银诏
(绍兴十二年五月二十六日)

安丰军并属县各系极边,大兵往来蹂践至极去处,绍兴十二年合发进奉天申节银五百两,特予蠲免。

出处:《宋会要辑稿》食货六三之八。

草料场监门官推赏格诏
(绍兴十二年五月二十九日)

草料场监门官任满,能搜检、无透漏官物,比本场监官减半推赏,武臣依四年法比折。

出处:《宋会要辑稿》食货五四之一六。

程瑀除兵部侍郎兼侍读制
(绍兴十二年五月)

敕:文昌贰卿,莫高于武部;金华劝读,式重于儒臣。我有老成,克膺是选。具官某器识浑厚,执节刚方,行兼忠孝之纯,学探圣贤之奥。绳愆谏省,早推补衮之功;平奏东台,夙蔼回天之誉。践扬滋久,望实益孚。比走召于远方,亟对扬于便殿。十年去国,恍惊华发之多;一节事君,终念赤心之在。往祗旧服,益励乃猷。渴闻启沃之言,伫尔清闲之燕。

出处:《东窗集》卷九。
撰者:张扩

考校说明:编年据《建炎以来系年要录》卷一四五补。

莫将磨勘转左朝散郎制
(绍兴十二年六月前)

敕:言扬德进,越等夷所以用人;月要日成,循资格所以计治。从臣虽吾之亲擢,考绩必付于至公。具官某识造几微,学通今古。议论辩博,每高专对之能;容止详华,式壮周行之观。顷自冬官之贰,擢升常伯之联。嘉乃靖共,载稽阀阅,用申颁于明命,俾序进于文阶。虽有司存,为恩则宠。

出处:《东窗集》卷一三。
撰者:张扩
考校说明:编年据莫将官历补,见《建炎以来系年要录》卷一四五。《建炎以来系年要录》卷一四六作"右朝散郎",莫将绍兴八年赐同进士出身,"右朝散郎"当为"左朝散郎"之误。

懿节皇后谥册文
(绍兴十二年六月三日)

皇帝若曰:内外正者天地之大义,教化明者风俗之大原。其生也荣,必严名号以崇之;其死也哀,必显声称以褒之。斯万世不易之礼,而百王共守之规。虽在艰难,敢违典故!大行皇后邢氏,温良之性,谨淑之姿,诞降华宗,作嫔朱邸。有《葛覃》之恭俭,有《卷耳》之忧勤,有《关雎》进贤之心,有《兔罝》好德之化。洽之阳、渭之涘,显为阀阅之光;沼之沚、涧之滨,虔恭祭祀之职。固可以母仪四海,而妇承九祧矣。褕狄未施,翟车从狩。仿佛玉衣之瑞,注想平生;契阔金屋之恩,未谐素志。载惟菲德,嗣守丕基。虽汉宣求剑之情,每怀旧念;然《周雅》造舟之咏,尚阻新仪。此所以寤寐展转,望吾良佐而不能忘也。兹者大邦修好,和议告成,庶迎魏驭之还,安飨椒房之奉。主张阴教,似续徽音。如涂山,如沩汭,如嫄如姒,如娀如莘。于以厚人伦,于以固邦本,以示天地之大义,以恢风俗之大原,岂特耀一时而荣九嫔哉!天固难谌,事靡前料。雕面鹭总,方俟南归;疏璧驵圭,遽惊北讣。闻问失措,茹痛何言。朕孝于事亲,欲同侍慈宁之温凊;尔超然遗世,乃遽追显肃之仙游。象服具存,音容永闷。六宫子慕,难忘逮下之仁;四德星昭,可复饰终之典。今遣太傅秦桧册谥曰懿节皇后。精爽不昧,肸蠁可凭。风闭长秋，犹想当时之辅佐；芳流彤管，永赠奕世之光华。呜呼哀哉！

出处：《中兴礼书》卷二七八。

撰者：王次翁

虞祺除夔州路转运判官制
（绍兴十二年六月三日）

敕具官某：部使者分道持节，委寄非轻。维时将漕之臣，实总裕民之政，求诸已试，兹谓得人。以尔学术深醇，吏能精敏，顷膺推择，往任转输，发軔而民忘劳，峙任而食已足，载酬治最，俾案巴东。其殚夙夜之勤，以称光华之遣。

出处：《东窗集》卷八。

撰者：张扩

考校说明：编年据《建炎以来系年要录》卷一四五补。

贾思诚除都大主管川陕茶马制
（绍兴十二年六月三日）

敕具官某：朕惟川陕互市之法，实祖宗之宏规。外通有无，内蓄牧圉。往将使指，必务得人。以尔心术疏明，吏能强济，持节于外，治最有闻。必能为朕讲贯利源，辑和种落，博收驵骏，以助吾富国强兵之术。祗服朕训，益尽心焉。

出处：《东窗集》卷一三。

撰者：张扩

考校说明：编年据《建炎以来系年要录》卷一四五补。

谕淮东官吏军民诏
（绍兴十二年六月七日）

淮南东路官吏军民等：昔者明王务隆孝治，必得四海之欢心，以事其先王，朕甚慕之。朕嗣守丕图，躬行要道，盖将教孝，夫岂病民？仰惟母后回銮，获伸天下之养。比命礼仪使迎护徽宗皇帝、显肃皇后梓宫，大行皇后翌御，一时仪物之奉，供亿之须,取具有司,靡劳民力,盖欲自治,以笃宁神。尚虑州县奉行违戾,烦扰百姓,失其欢心,岂朕事先之意哉!吏悦若兹,罚其可逭?今来皇太后一行应沿路州县合供办陈设什物之类,并令户部科拨的确系官钱物应副,不得少有科敷搔扰。如违,许越诉;监司失于按劾,并一等科罪。

出处:《中兴礼书》卷二四一。又见同书卷一七六,《宋会要辑稿》后妃二之七。

郑亿年除提举醴泉观兼侍读制
(绍兴十二年六月八日)

敕:朕万机之暇,间御迩英,旁招鸿博之儒,以辅缉熙之学。维时俊乂,式副详延。具官某早登巍科,称重多士。元成经旨,独承乃父之渊源;崔琳家声,深识本朝之典故。屡膺推择,浸历清华。进长书林,曾冠英游之列;联华禁路,莫高秘殿之班。嘉乃践扬,弥休誉处。朕方留神载籍,群萃耆英,乐闻祖宗垂裕之言,如陈尧舜可行之道。是用逸之珍馆,俾侍前旒,庶几从容,少资启沃。尔其务展底蕴,益尊所闻,时于劝读之余,不废告猷之益。

出处:《东窗集》卷一三。
撰者:张扩
考校说明:编年据《建炎以来系年要录》卷一四五补。

与金国元帅宗弼书四
(绍兴十二年六月八日)

某启上太傅、左丞相、都元帅领省钧座:即日极暑,伏惟钧候万福,区区不胜瞻仰。近何铸等回,伏蒙远枉钧翰,副以甲马厚币,岂胜珍感。又承传谕钧意,所以存抚有加,及何铸等往回,种种荷照恤,但深感佩。书中首蒙论及坟域不在虑,此日夕有望于上国者,自非仁厚特留矜念,何以及此?谕早发遣北人过界,敢不承禀。但中闲尝以北人畏罪之意上闻,欲得上国降一放罪文字,使之释然无疑,即可发遣,免致艰难。及谕唐、邓二州交割官所说原约多有不同,亦不经再三讨论,又不告而去。已追原差官根问,从初差官前去,只要仔细讨论。今承来谕,显是原差官商量未尽,今当如钧意。唯是乌陵尚书与郑刚中分画陕西地界,和尚原、方山原两处依旧保守。今画图两本,用硃红拟画,以一本纳呈,乞降下乌陵尚书照行。纵有少侵刘豫曾占地界去处，止是欲与川路留少藩篱，以安彼中人心，亦乞矜允，实荷大赐。其一本已降与郑刚中遵用，伏乞钧照。又谕发遣张中孚及其弟中彦并张孝纯、宇文虚中、王进等家属，谨当一一依禀。为各人居处远近不同，已令所在津遣，候到，即发去次。惟杜充家口自充离江南之后，其家分散，久经岁月，亲故绝少，故难根刷。郑亿年虽系汴梁人，但亿年初自上国来时，称鲁公恩造放归，今亲加体问，更不愿前去，其母亦以此中亲眷不少，只欲留此养老，诚出恳切，取到亲书供状缴纳，想蒙情察也。其余曲折，已一面照应行遣。暑次时，惟冀倍保钧重。谨奉状，不宣。

出处:《建炎以来系年要录》卷一四五。又见《三朝北盟会编》卷二〇八。

亲卫大夫忠州刺史权发遣河南府路兵马副都监御前同副都统制梁兴父建赠武翼郎制
（绍兴十二年六月十一日）

敕:尽臣节者，求诸孝子之门；蹈义方者，必本严君之训。傥有士能自奋立，则于亲安可弭忘？具官故父某，由闾阎而兴，识逆顺之理，亲诏乃子，纠合义兵。虽间关同厄于百罹，然忠愤独先于一死。迨此策勋之际，难从常典之拘，其超赠于武阶，以申恩于幽壤。营魂未泯，尚克歆承。

出处:《东窗集》卷七。
撰者:张扩
考校说明:编年据《宋会要辑稿》仪制一〇补。

梁兴母乔氏赠恭人制
（绍兴十二年六月十一日）

敕:尽臣节者，求诸孝子之门；蹈义方者，必本慈母之训。傥有士能自奋立，则于亲安可弭忘？具官故母某氏，起由隐微，早识逆顺，是为烈妇，生此奇男。虽间关同厄于百罹，然忠愤何辞于一死！逮此策勋之际，难从常典之拘。其增封号之华，以示褒恩之厚。营魂未泯，尚克歆承。

出处:《东窗集》卷七。

撰者:张扩

考校说明:编年据《宋会要辑稿》仪制一〇补。

镇江府鄂州总领所各置甲仗库诏
(绍兴十二年六月十二日)

镇江府、鄂州总领所各置甲仗库,逐军所造军器,每月委总领官置籍桩管,月具所交收数闻奏,仍各许辟差管甲仗库官一员。

出处:《宋会要辑稿》职官四一之四六。

与金国元帅宗弼书五
(绍兴十二年六月十八日)

某启:季夏极热,伏惟某官钧候万福。何铸等还,所蒙惠书,近已草略修报。伏蒙上国曲轸仁慈,悉从所请,深念恩德,实是国公特留钧意,力赐赞成,区区铭感,何有穷已!比睹泗州关报,备悉指挥送护一行人使等,约七月末过界。闻令鼓舞,举国之幸,已取八月闲遣使报谢阙下,敢先次奏知。有新茶五百斤,聊以将意便中,未能多致,窃幸笑留,余续上状次。不宣。

出处:《建炎以来系年要录》卷一四五。又见《三朝北盟会编》卷二〇八。

奉迎皇太后还宫贺表
(绍兴十二年六月十九日)

伏以瞻望慈闱,喜言旋于北道;肃迎彩仗,获就养于东朝。构诚欢诚忭、稽首顿首:恭惟皇太后殿下位尊母仪,德隆坤载。六馹在御,将承长乐之颜;四海均欢,永被思齐之化。谨遣左中大夫、参知政事、同提举详定一司敕令、奉迎扈从礼仪使王次翁捧表恭迎以闻。

出处:《三朝北盟会编》卷二二三。又见《宋会要辑稿》后妃二之八。

王继先转遥郡承宣使制
(绍兴十二年六月二十七日)

敕：礼隆宫壶，恩及外廷，凡尔服勤之人，咸蒙增秩之赏。具官某善于择术，仁以存心，虽隐于医，盖进乎技。属掖庭之有庆，举令典以旌劳。其奉纶言之华，遥膺留务之寄。益思自励，以称所蒙。

出处：《东窗集》卷一四。

撰者：张扩

考校说明：编年据《建炎以来系年要录》卷一四五补。

潼川府显济威惠公加普应二字制
(绍兴十二年六月)

敕：惟神名载祀典，血食一方，水溢旱乾，有祈必应，受职不废，厥闻惟馨。比观奏章，备状灵迹，申加显号，用涣湛恩。

出处：《东窗集》卷九。

撰者：张扩

考校说明：编年据《宋会要辑稿》礼二〇补。

孙渥赠节度使制
(绍兴十二年六月)

敕：朕念爪牙之臣，厚始终之礼。听其谢去，方抚髀以兴嗟；胡不憖遗，遽盖棺而永已。岂无愍典，以永异恩！具官某早有威名，闻于士伍。负陷阵摧锋之勇，所向无前；推临机料敌之明，有攻必克。比宿师于利阆，尤谨备于边陲。忽骇讣音，忍披遗奏。悼尔素志，每怀马革裹尸之忠；涣予恤章，岂后斋坛授钺之宠？尚几精爽，歆此哀荣。

出处：《东窗集》卷一四。

撰者：张扩

考校说明：编年据《宋会要辑稿》仪制一一补。

翟琮守利州观察使致仕制
（绍兴十二年六月后）

敕：事君以忠，既竭致身之义；引疾谢事，爰推从欲之仁。具官某，禀志不回，抱材甚武，早殚卫社之勇，克著干城之勋。比外总于兵钤，方训齐于军列，遽形奏牍，谓染沉疴。宜颁申命之荣，俾遂言归之适。益亲药石，以介寿康。

出处：《东窗集》卷六。
撰者：张扩
考校说明：编年据翟琮官历补，见《建炎以来系年要录》卷一四五。

卫茂实永祐陵攒宫钤辖阶官遥郡上各转一官制
（绍兴十二年六月后）

敕：朕怆念祐陵，克备送终之礼；近瞻东越，爰兴卜宅之工。乃资信臣，式董大役。逮兹复土，用旌殊劳。具官某抑畏秉心，靖共就列。进退可度，尤严帅属之仪；夙夜惟勤，弥厉在公之操。属因山之庀众，节蘲鼓以劝功。茔域肇新，神灵载妥。申锡异数，以示湛恩。其升留务之华，并陟横阶之峻。往祗朕命，毋忘乃忠。

出处：《东窗集》卷八。
撰者：张扩
考校说明：编年据《建炎以来系年要录》卷一四五补。

宋唐卿永祐陵攒宫复按副使横行遥郡上各转一官制
（绍兴十二年六月后）

敕：朕怆念祐陵，克备送终之礼；近瞻东越，爰兴卜宅之工。临遣从臣，按行封域；爰资内侍，往介使华。逮兹第赏之初，宜厚录劳之报。具官某塞渊内秉，恭恪外持。左右罔匪正人，备勤夙夜；动容莫不中礼，尤肃宫庭。属复土之告期，首捧图而来上，有嘉尽瘁，宜锡异恩。峻横列以增华，陟观风之重寄。往祗朕命，益励乃心。

出处:《东窗集》卷八。

撰者:张扩

考校说明:编年据《建炎以来系年要录》卷一四五补。

李珪永祐陵攒宫复按副使阶官遥郡上各转一官制
（绍兴十二年六月后）

敕:朕怆念祐陵,克备送终之礼;近瞻东越,爰兴卜宅之工。抻图虽属于攸司,复按实资于迩列。往介使事,尤资信臣。逮兹第赏之初,宜厚录劳之报。具官某秉心忠恪,履位靖共。帅属宫庭,善多仪于可则;在公夙夜,坚一节而不渝。属届因山之期,有嘉陟巇之役。见知则说,锡命惟新。升横列以增华,陟兵团之重寄。往祗殊渥,益励乃心。

出处:《东窗集》卷八。

撰者:张扩

考校说明:编年据《建炎以来系年要录》卷一四五补。

韩宗颜永祐陵攒宫用过地段特赠将仕郎制
（绍兴十二年六月后）

敕:尔子忠恕以地临陵寝,愿入于官,嘉乃悃诚,肆颁惠泽。而乃请貤恩于汝,朕益谅其志而从之。宠及九泉,庶以旌教忠之训也。

出处:《东窗集》卷九。

撰者:张扩

考校说明:编年据《建炎以来系年要录》卷一四五补。

检校少师镇西军节度使充侍卫亲军步军都虞候行营右护军都统制阶成岷凤州经略使吴璘曾祖谦赠少保制
（绍兴十二年六月后）

敕：朕惟皇天垂休，群工协力，诚孝所格，率土蒙恩。眷时大将之良，俾厚曾门之报。具官故曾祖某，躬载令德，行高乡评，是生闻孙，为时名帅。属兹大赉之庆，宜增上世之荣。亚保秩崇，永光泉壤。

出处：《东窗集》卷一二。

撰者：张扩

考校说明：编年据吴璘官历补，见《建炎以来系年要录》卷一四五。

吴璘曾祖母李氏赠温国夫人制
（绍兴十二年六月后）

敕：朕惟皇天垂休，群工协力，诚孝所格，率土蒙恩。眷时大将之良，俾厚曾门之报。具官故曾祖母某氏，闺风淑慎，妇德令柔，善积厥躬，庆延其后。维时名帅，繄尔闻孙。属兹大赉之行，宜增上世之宠。易封列国，式示湛恩。

出处：《东窗集》卷一二。

撰者：张扩

考校说明：编年据吴璘官历补，见《建炎以来系年要录》卷一四五。

吴璘祖遂赠少傅制
（绍兴十二年六月后）

敕：国有大赉，泽罩四方。眷予在服之臣，咸励显亲之念。申举禫典，增贲重泉。具官故祖某，励志无渝，怀材不试，行既孚于故里，庆遂溢于后人。有孙方贵而拥旄，追赠宜申于刻蜜。促登亚傅，光贲幽冥。

出处：《东窗集》卷一二。

撰者：张扩

考校说明:编年据吴璘官历补,见《建炎以来系年要录》卷一四五。

吴璘祖母齐氏赠润国夫人制
(绍兴十二年六月后)

敕:国有大赉,泽覃四方。眷予在服之臣,咸励显亲之念。申举礿典,增赉重泉。具官故祖母某氏,淑慎饬躬,慈祥睦族,早有功于内助,遂贻庆于方来。有孙方贵而拥旄,追赠宜申于刻蜜。易封列国,式示湛恩。

出处:《东窗集》卷一二。

撰者:张扩

考校说明:编年据吴璘官历补,见《建炎以来系年要录》卷一四五。

吴璘父扆赠太保制
(绍兴十二年六月后)

敕:国举大典,式昭漏泉之恩;家有严君,敢忘报本之礼? 不问存殁,用极哀荣。具官故父某,节义起家,严明盖众,令誉蔼闻于关陕,有子并建于节旄。方兹庆赉之行,宜厚追荣之渥。峻升宫保,增赉幽窀。

出处:《东窗集》卷一二。

撰者:张扩

考校说明:编年据吴璘官历补,见《建炎以来系年要录》卷一四五。

吴璘母刘氏赠庆国夫人制
(绍兴十二年六月后)

敕:国举大典,式昭漏泉之恩;家有严君,敢忘报本之礼? 不问存殁,用极哀荣。具官故母某氏,德范静专,礼容淑慎,凤茂家人之誉,挺生男子之祥。方兹庆赉之行,宜厚追荣之渥。易封大国,用贲幽窀。

出处:《东窗集》卷一二。

撰者:张扩

考校说明：编年据吴璘官历补，见《建炎以来系年要录》卷一四五。

郑德年永祐陵攒宫复按使转左朝请郎制
（绍兴十二年六月后）

敕：朕怆念梓宫之言归，获备送终之礼；乃眷越冈之在望，爰兴卜宅之工。抨图虽属于有司，复按必资于迩列。逮兹第赏，可后扬功？具官某识照几先，智周物表。探圣哲书言之奥，洞见是非；考国家制度之详，灼知本末。顷以经术，入侍讲帷，每殚告后之献，尤见钦王之义。

出处：《东窗集》卷一三。

撰者：张扩

考校说明：编年据《建炎以来系年要录》卷一四五补。

诸州军添置诸县教阅弓手准备将领诏
（绍兴十二年七月五日）

诸州军添置诸县教阅弓手准备将领，自今后并差大使臣年五十以下、应材武亲民资序、无赃罪及私罪重、有举主二员人充，诸路安抚司辟差准备将领准此。其日前已差下小使臣充逐件窠阙未赴任之人，依省罢法；已列任人，且令终满今任。

出处：《宋会要辑稿》兵三之二四。又见《宋会要辑稿补编》第四二八页。

推赏告获吃菜事魔者诏
（绍兴十二年七月十三日）

吃菜事魔，夜聚晓散，传习妖教，情涉不顺者，及非传习妖教，止吃菜事魔，并许诸色人或徒中告首，获者依诸色人推赏，其本罪并同原首。自今指挥下日，令州县多出印榜晓谕，限两月出首，依法原罪。限满不首，许诸色人告如前。及令州县每季检举，于要会处置立粉壁大字书写，仍令提刑司责据州县有无吃菜事魔人月具奏闻。

出处:《宋会要辑稿》刑法二之一一二。

均州州县官到任任满赏格诏
（绍兴十二年七月二十三日）

均州依荆南、荆门、复州、汉阳军、归、峡七州军例,文武官到任与减一年磨勘,任满更减一年,选人比类施行。

出处:《宋会要辑稿》职官一〇之二七。又见同书职官一〇之六。

量与蠲减广南湖北沿边免行钱诏
（绍兴十二年七月二十四日）

广南、湖北沿边偏远州合纳免行钱,令提刑司相度,量与蠲减。

出处:《建炎以来系年要录》卷一四六。

翟琮赠承宣使制
（绍兴十二年七月）

敕:朕以礼厚下,哀亡如存,矧吾敌忾之英,可后恤终之典? 具官某临难思奋,视敌如仇。国尔忘家,捍陪危之孤堞;父诏其子,成忠义于一门。胡不憖遗,良深悼叹。其升留务之秩,示为泉户之光。尚几营魂,歆此殊宠。

出处:《东窗集》卷一四。
撰者:张扩
考校说明:编年据《宋会要辑稿》仪制一一补。

万俟卨兼侍读制
（绍兴十一年十月至绍兴十二年八月间）

敕:朕深惟治乱之原,具载祖宗之训,昭若日星之可仰,信如龟筮之不诬。孰与畴咨,惟时英杰。具官某学贯九流之富,智周万事之微,服在近班,望隆专席。

气以直养,岂外物之能移;问无不知,盖前言之多识。是用擢侍迩英之读,进陪经帷之游。方宣室延见贾生,朕何取鬼神之问? 且齐人莫如孟子,尔悉惟尧舜之陈。眷乃老成,奚烦多训!

出处:《东窗集》卷一三。
撰者:张扩
考校说明:编年据张扩任两制时间、万俟高官历补,见《建炎以来系年要录》卷一四六。

令诸路常平司主管官乘秋熟收籴诏
（绍兴十二年八月五日）

令诸路提举常平司主管官遍诣所部州县点检,将日前籴米并以陈易新未还之数,乘此秋熟收籴拨还,早令数足,如法桩管。仍开具本路州县已、未补还实数保明申尚书省,当议核实赏罚施行,先具知禀状闻奏。

出处:《宋会要辑稿》职官四三之二七。

更差杂卖场杂买务把门兵士诏
（绍兴十二年八月十二日）

杂卖场杂买务旧差把门兵士二名,令步军司更差拨兵士四名,马军司差拨一名,不隶本场事务。如有透漏,并依左藏库法断罪。

出处:《宋会要辑稿补编》第九二页。

杂卖场手分书手迁补事诏
（绍兴十二年八月十三日）

杂卖场权手分阙改为正额,通建康府本场共二名为额;添置书手一名,通建康府本场共三名为额。令本场并依见行条例踏逐召募一次,各理到场月日先后俟排节次。如日后有阙及专知官界满,许将建康府并行在本场头名手分依次第迁补,充专知官。以三年界满通役二十年无遗阙,依祗候库与进义副尉发遣赴都官,以次分手依名次递迁。

出处:《宋会要辑稿》食货五四之二〇。

吴桌进官制
（绍兴十二年八月十四日）

朕惟王道隆而颂声作,盖将告诸神明而无愧,岂徒中外相应,以义理之文而为观美哉！汉宣虽兴协律之事,至王褒侈辞,亦莫敢当也,其贤于武帝远矣！比者东朝旋軫,尔援大喜而献颂,材藻甚巨丽,然朕取汉宣则虚美薰心,固在所畏,特喜尔能得思齐推本,与进一官,勉行所学。

出处:《三朝北盟会编》卷二二三。

邢孝扬除保信军承宣使充奉使大金国报谢副使制
（绍兴十二年八月十五日）

敕:朕宝亲仁善邻之图,讲休兵息民之计,遴简忠信之士,往修聘好之诚。爰得其人,俾副兹选,庸加涣渥,申锡赞书。具官某,褆身甚恭,率履无玷,早服诗书之训,尝陪英杰之游。文雅雍容,举独高于肺腑；威仪戒慎,职久属于囊鞬。用畴专对之能,式介皇华之遣。其蹑升于留务,以增重于使华。益励尔为,期称朕指。

出处:《东窗集》卷六。
撰者:张扩
考校说明:编年据《建炎以来系年要录》卷一四六补。《建炎以来系年要录》卷一四六:"(绍兴十二年八月)乙亥,荣州防御使、带御器械邢孝扬充大金报谢副使。翌日,迁孝扬保信军承宣使,官孝扬及万俟高家各二人。"

供进皇太后每日常膳并生料诏
（绍兴十二年八月十七日）

供进皇太后每日常膳并生料,每月实计用羊九十口,及节料节序添供,每年实计用羊一十八口,令两浙转运司收买,赴司交纳宰供。所有阙少事件等,依例下临安府市令司取索。

出处:《宋会要辑稿》职官二一之一三。又见同书职官一三之四四。

奉迎皇太后失仪人特与放罪诏
(绍兴十二年八月二十三日)

今月二十一日进发登州,奉迎皇太后,应从驾诸班直、天武、亲从亲事官、亲兵、军兵将校并诸色祗应人失仪落马,拽断围子,排立交互,赶队不上,损坏仪仗军器等、衣甲器械等,并特与放罪,仍免估剥陪偿。

出处:《宋会要辑稿》方域二之一六。

漳州威惠庙神英烈忠泽显佑公加康庇二字制
(绍兴十二年八月)

敕:朕慎名器,非独不以假人,虽鬼神之幽,必其迹状暴白,然后宠之,以示公也。惟尔神自唐以来,庙食一方,捍患御灾,民实赖之,利物之功,久而弥著。增崇显号,以昭威灵,惟神尚克享之。

出处:《东窗集》卷九。
撰者:张扩
考校说明:编年据《宋会要辑稿》礼二〇补。

与金国元帅宗弼书六
(绍兴十二年八月)

仲秋渐凉,伏惟某官钧候万福。还归,备言国公恩德,不敢弭忘。专人来,又承书翰,岂胜感荷!所谕陕西地界,大约已定。凤、成、阶、祐四州,已荷恩照前日所纳地图,乃是恃赖情契,不敢自外。今蒙谆谕,何敢固必,已令郑刚中遵依五月中已报公文内备坐已降指挥分画去讫。其商州亦当属上国,并令郑刚中等差官交割,今当不住催趣也。前日图内,止是告求川口关隘去处,故不言及商州,亦乞赐察。淮北人民愿归乡者,更不禁约,据誓表中明言经官陈理,今当遵依来训,许其自陈。至若文字往来告请指挥，止令就泗州及邓州关报，庶得沿边官司专一承领，不致差失。从来边州多是用此体例，望详度之。北人及张中孚兄弟、张孝纯、宇文虚中、王进家属，见行津遣。所有稽迟，皆有因由，只如虚中家属往就赵恬迟留，见已重作行遣，勒停赵恬，又专遣内侍许公彦前往迎押，师瑗到上国日，可以细质问也。杜充家口尚在广州，实缘当时帅臣连南夫纵其自便，近还行遣，南夫落职名，又督责见今帅臣陈囊于当时经由州军已行根刷，犹未见得着落，只俟寻见，便当驰报。郑亿年过蒙恩念，特为取降圣旨，已令遵守。其他俟报谢使、副早晚启行，别得上状。时中伏，乞善保钧重。谨奉启，不宣。

出处：《建炎以来系年要录》卷一四六。

左中大夫参知政事万俟卨曾祖琰赠太子太保制（绍兴十二年八月后）

敕：朕讲信修睦，以厚邻盟；事亲宁神，以隆孝治。爰敷德泽，均惠多方。赞予政机，赖我良弼。宜举令典，式光曾门。具官曾祖某，行高乡评，躬载令德，怀孚尹旁达之信，却形光外镇之浮。宜尔闻孙，为时硕辅。属湛恩之诞布，正宫保以加崇。尚几营魂，亦克歆享。

出处：《东窗集》卷一二。
撰者：张扩
考校说明：编年据万俟卨官历补，见《建炎以来系年要录》卷一四六。

万俟卨曾祖母杨氏赠蕲春郡夫人制（绍兴十二年八月后）

敕：上穹垂祐，既推从欲之仁；万方均休，爰举显亲之典。矧予近弼，可后懋章？具官故曾祖母某氏，夙以令仪，来嫔华族，休有贤德，庆钟后人。宜尔曾孙，参予机密。式因盛礼，申锡湛恩。易汤邑于蕲春，厚幽扃之光宠。

出处：《东窗集》卷一二。
撰者：张扩
考校说明：编年据万俟卨官历补，见《建炎以来系年要录》卷一四六。

万俟卨祖敏赠少傅制
（绍兴十二年八月后）

敕：配天其泽，式恢至治之休；自仁率亲，莫严尊祖之义。繄予硕辅，宜举徽章。具官故祖某，忠孝起家，诗书贻训。世仰义方之教，有子则贤；神扶积善之休，至孙而贵。故兹赠襚之典，益彰名数之荣。位列三孤，式光幽壤。

出处：《东窗集》卷一二。
撰者：张扩
考校说明：编年据万俟卨官历补，见《建炎以来系年要录》卷一四六。

万俟卨祖母赵氏赠荣国夫人制
（绍兴十二年八月后）

敕：天生杰才，克正弼臣之位；国有大赉，宜增王母之封。具官故祖母某氏，植德温恭，律身勤俭，礼谨四时之祀，仁均九族之和。泽迨闻孙，位于二府。属兹沛渥，申举蜜章。开国以封，式光泉户。

出处：《东窗集》卷一二。
撰者：张扩
考校说明：编年据万俟卨官历补，见《建炎以来系年要录》卷一四六。

万俟卨父湜赠太子太师制
（绍兴十二年八月后）

敕：德厚者报必丰，位隆者礼亦异。有贤嗣既陪于帷幄，岂恩休可后于彝章？具官故父某，学通大方，政称循吏。名实相副，世共推其老成；年德俱高，晚乃位于通显。宜尔教忠之训，为予同德之良。用颁襚典之华，宠以宫师之峻。九原冥漠，尚几歆承。

出处：《东窗集》卷一二。
撰者：张扩

考校说明:编年据万俟禼官历补,见《建炎以来系年要录》卷一四六。

万俟禼前母李氏赠平原郡夫人制
(绍兴十二年八月后)

敕:国举大典,式昭漏泉之恩;家有严君,宜隆报本之礼。矧于近辅,可后懋章? 具官故前母某氏,恭顺而慈,于家有则。不废箴图之戒,尤严苹藻之羞。德厚流光,庆钟贤嗣。肆追崇于异数,兹易郡于平原。尚几营魂,歆此休渥。

出处:《东窗集》卷一二。

撰者:张扩

考校说明:编年据万俟禼官历补,见《建炎以来系年要录》卷一四六。

万俟禼故母侯氏赠通义郡夫人制
(绍兴十二年八月后)

敕:国举大典,式昭漏泉之恩;家有严君,宜隆报本之礼。矧于近辅,可后懋章? 具官故母某氏,妇则令柔,闺风淑慎,蔼休名以配君子,躬懿行以宜家人。德厚流光,庆钟贤嗣。爱举追荣之典,益新汤沐之封。尚几营魂,歆此休渥。

出处:《东窗集》卷一二。

撰者:张扩

考校说明:编年据万俟禼官历补,见《建炎以来系年要录》卷一四六。

万俟禼妻侯氏封同安郡夫人制
(绍兴十二年八月后)

敕:事君以忠,必赖股肱之力;勉夫以正,本其闺门之贤。爱因沛泽之施,用举徽章之渥。具官妻某氏,言容兼备,礼法交修。职中馈之勤,不忘妇顺;积内助之德,宜致身荣。易封同安,用绥尔祉。

出处:《东窗集》卷一二。

撰者:张扩

考校说明:编年据万俟卨官历补,见《建炎以来系年要录》卷一四六。

奉国军节度使充侍卫亲军步军都虞候永兴军路经略安抚使马步军都总管知金州军州事兼枢密院都统制节制陕西诸路军马郭浩曾祖父贵赠太子少保制
(绍兴十一年十月至绍兴十二年九月间)

敕:朕肇禋重屋,既兴九庙之思;均厘群臣,爰及三世之远。具官故曾祖某,素行表于乡里,雅志乐于丘园。流庆闻孙,为世名将。属告成于熙事,用诞布于湛恩。特升宫傅之联,以厚幽扃之宠。魂其不泯,尚克歆承。

出处:《东窗集》卷一一。
撰者:张扩
考校说明:编年据张扩任两制时间、郭浩官历补,见《建炎以来系年要录》卷一四六。"奉国军",原作"秦国军",据《宋史》卷三六七《郭浩传》改。"节度使",《建炎以来系年要录》卷一四六作"承宣使"。

郭浩曾祖母王氏赠永嘉郡夫人制
(绍兴十一年十月至绍兴十二年九月间)

敕:朕展合宫之仪,疏恩在位;推重祖之配,锡命幽扃。具官故曾祖母某氏,夙以柔仪,来嫔华族,泽钟余庆,施及祖曾。属咸秩于无文,宜肆颁于令典。小君之号,封爵惟崇,是为殊尤之恩,并为存殁之宠。

出处:《东窗集》卷一一。
撰者:张扩
考校说明:编年据张扩任两制时间、郭浩官历补,见《建炎以来系年要录》卷一四六。

郭浩祖用赠太子少傅制
(绍兴十一年十月至绍兴十二年九月间)

敕:朕祀明堂而教孝,赉四海以疏恩,眷予分阃之臣,亦怀尊祖之义。具官故祖某,秉心忠厚,基德温恭,善积而庆有余,源深而流必远。有孙甚伟,为时而生。属熙事之告成,稽彝章而嘉赠。秩以宫傅,是为异恩,精爽如存,歆承无致。

出处:《东窗集》卷一一。

撰者:张扩

考校说明:编年据张扩任两制时间、郭浩宦历补,见《建炎以来系年要录》卷一四六。

郭浩祖母赵氏赠齐安郡夫人制
(绍兴十一年十月至绍兴十二年九月间)

敕:朕遵祖宗之制,既葳事于合宫;涣臣邻之恩,俾进封于王母。具官故祖母某氏,休有令德,宜其家人,流泽甚长,及孙而贵。骏奔在列,方均宣室之厘;幽暗与荣,宜易小君之号。魂其不泯,服此异恩。

出处:《东窗集》卷一一。

撰者:张扩

考校说明:编年据张扩任两制时间、郭浩宦历补,见《建炎以来系年要录》卷一四六。

郭浩父成赠太师制
(绍兴十一年十月至绍兴十二年九月间)

敕:秉节钺之雄,忠本遵于父教;涣丝纶之宠,泽宜厚于宗禋。具官故父某,誉蔼乡评,名高仕族,虽隐德无求于当世,而流光实裕于后昆。眷予虎臣,实绍贤业,式因盛礼,申举彝章。加祓维垣之崇,嗣昭幽壤之宠,魂其不泯,尚克歆承。

出处:《东窗集》卷一一。

撰者:张扩

考校说明:编年据张扩任两制时间、郭浩宦历补,见《建炎以来系年要录》卷一四六。

郭浩前母赵氏赠蜀国夫人制
(绍兴十一年十月至绍兴十二年九月间)

敕:朕躬三岁之祀而受福,臣必馂君之余;序群工之位而疏恩,母应以子而贵。具官故前母某氏,令仪著于闺闼,慈训协于箴图。繄积善之弥深,致流芳之不替。眷我节旄之贵,宜推祢配之荣。全蜀易封,名数益茂,尚惟幽壤,歆此异恩。

出处:《东窗集》卷一一。
撰者:张扩
考校说明:编年据张扩任两制时间、郭浩官历补,见《建炎以来系年要录》卷一四六。

郭浩故母范氏赠汉国夫人制
(绍兴十一年十月至绍兴十二年九月间)

敕:朕躬三岁之祀而受福,臣必馂君之余;序群工之位而疏恩,母应以子而贵。具官故母某氏,修身淑慎,合族慈祥,繄积善之弥深,致流芳之未艾。眷我节旄之贵,宜推祢配之荣。易汉以封,得名益大,尚惟幽壤,歆此异恩。

出处:《东窗集》卷一一。
撰者:张扩
考校说明:编年据张扩任两制时间、郭浩官历补,见《建炎以来系年要录》卷一四六。

郭浩故妻张氏赠和义郡夫人制
(绍兴十一年十月至绍兴十二年九月间)

敕:国事之大在祀,既施泽以昭神祇之休;妇人之爵从夫,宜颁恩而侈室家之庆。具官故妻某氏,温柔毓德,勤俭宜家。嫔于高门,克配君子。奄伤沦谢,不终显荣。属予禋事之成,式被纶言之宠。用易小君之号,并疏列郡之封。尚繄遗灵,膺此殊渥。

出处:《东窗集》卷一一。

撰者:张扩

考校说明:编年据张扩任两制时间、郭浩宦历补,见《建炎以来系年要录》卷一四六。

郭浩故妻折氏赠咸安郡夫人制
(绍兴十一年十月至绍兴十二年九月间)

敕:国事之大在祀,既施泽以昭神祇之休;妇人之爵从夫,宜颁恩而侈室家之庆。具官故妻某氏,静专禀质,勤俭律身,以礼来嫔,不克偕老,屡膺徽典,益著令名。属予禋事之成,俾易小君之号。灵其如在,尚克歆承。

出处:《东窗集》卷一一。

撰者:张扩

考校说明:编年据张扩任两制时间、郭浩宦历补,见《建炎以来系年要录》卷一四六。

罢鄂州诸军酒库诏
(绍兴十二年九月一日)

鄂州诸军酒库,令总领司罢置,曲院,令军中一面措置。

出处:《宋会要辑稿》食货二〇之一九。

与金国元帅宗弼书七
(绍兴十二年九月十二日)

某启:即日秋凉,伏惟某官钧候万福。专使两辱惠问,感荷契爱垂谕。上国讲修和好,开示大信,含生蒙福,遐迩同之,此敝邑之幸也。叙谢之诚,言不能尽。窃闻元帅府自班师之后,每常丁宁诸路帅守,应守把兵官吏人等,咸使仰体德意,谨守封疆,不得生事。如此处置,则天下举安。六合之外,四海之内,孰不钦服!又闻近日诸处申达,北界人马无故侵掠,及谋画出入,至于收纳叛人,强夺鞍马,又纵群寇攻掠县道,杀伤官吏,驱虏人畜,焚毁舍屋,及假装饰,以草贼为名,公然犯界,惊扰百姓。远烦开谕,不胜骇愕!虽是听闻未及,已蒙矜恕,然边吏妄作,不遵约束,甚不称某畏天事大之诚意也。已备录所示付四川宣抚郑刚中,根刷南来人马,依数交割与对境州军,取收管公文。仍戒沿路诸将不得令人过界劫掠,收接投来人马。今出榜界上晓谕,庶得疆场安静,人民乐业,信义敦笃,垂裕无穷。少副来海,老母还归,知恩有自,已就报谢使、副赍书信布叙。前书所谕陕西地界,亦已别修报书。向寒,窃冀倍保钧重。不宣。

出处:《建炎以来系年要录》卷一四六。又见《三朝北盟会编》卷二〇八。

禁囚贫乏无家饮食官给诏
(绍兴十二年九月十三日)

禁囚贫乏无家,供送饮食依法官给,委御史台常切检举约束。

出处:《宋会要辑稿》职官五五之二〇。

大赦天下制
(绍兴十二年九月十三日)

门下:朕以寡昧之资,履艰难之运。上穹悔祸,副生灵愿治之心;大国行仁,遂子道事亲之孝。可谓非常之盛事,敢忘莫报之深恩!而况申遣使轺,许敦盟好。来存殁者万余里,慰契阔者十六年。礼备送终,天启固陵之吉壤;志伸就养,日承长乐之慈颜。宗社再安,遹迹用义。庆来从于天上,泽周浃于人闲。櫜弓矢而戢干戈,式昭偃武;省刑罚而薄税敛,庶用还淳。宜均惠泽之施,以侈有邦之福。可大赦天下。於戏!去兵而未尝去信,蹈前古之格言;宁亲而有以宁神,懋大君之至德。惟比屋克跻于仁寿,在庶政宜尚于中和。其一心辅弼之臣,暨百职文武之士,交修不逮,永孚于休。

出处:《三朝北盟会编》卷二一二。又见《建炎以来系年要录》卷一四六,《桯史》卷五,《续宋编年资治通鉴》卷五,《宋史纪事本末》卷七二。
撰者:程克俊
考校说明:此赦文内容原书未载,《宋会要辑稿》载有部分内容,今录以备考:

应宗女在外,因夫亡亲死,无所依倚,听于所在自陈,仰州县当职官验实,量支盘费,差厢军或舟船津发赴宗正司。责委本位尊长抚养,与计口依孤遗法给钱米,勿令失所。(《宋会要辑稿》帝系六)

累降指挥,禁杀耕牛,州县或不奉行,纵令宰杀,或抬拚到官审验,因缘搔扰。仰今后只依旧法,勒耆保验实申官,不得追呼,致妨农务。又今岁缘牛疫,民间少阙耕牛,应人户典卖耕牛,特与免纳税租一年;客旅兴贩处准此。广西、湖南、福建、江浙起发耕牛,偶因暑月疫病致死,可令所属勘验,如有官司干照见得别无欺弊者,保明特与除放。(《宋会要辑稿》食货一)

诸县起催官物,依条合抄录人户应纳实数,预给凭由。近年令佐弛慢,但凭乡司印给,其间脱漏增加,情弊不一。或已输纳,不将县钞销簿,致纳与未纳,例被追呼。仰监司觉察,今后凭由如有脱漏,止勒元给散公吏陪填。其增加之数与不即销簿,吏人断停,永不得充役;县官失觉察,按劾以闻。勘会人户畸零税赋令合钞送纳,本以便民,行之岁久,寖生奸弊。谓如十户合钞,当纳米一石、绢一匹之类。一户既已凑纳,尚不住勾呼其余,或将凭由多填姓名,妄有催理。愚民无知,惮于追扰,不免认纳,甚非优恤下户之意。自今应畸零米斛、丝绵匹帛,许人户取便,或愿合钞凑成匹石等,或愿挽先折纳见钱,并许送纳,与免收头子糜费。限日下给钞销簿,各不得循袭,以取赢余,重困民力。访闻州县催理税赋,多因形势、官户及胥吏之家不输纳,或典买之际,并不推割,产去税存,无从催理。官司取办一时,勒令催税保长等出备,类至破家。日后尚敢勒令出备,当职官远窜,人吏决配。若豪滑之户故不输纳,及典买之际,不依条推割税赋,择其甚者,具名申尚书省。(《宋会要辑稿》食货九)

川陕类试正奏名趁赴殿试不及赐同进士诏
(绍兴十二年九月十四日)

川陕类试正奏名来行在趁赴殿试不及,赐同进士出身人,与免铨试。

出处:《宋会要辑稿》选举二之一八。又见《宋会要辑稿补编》第三四三页。

定大金使下节人从上下马处所诏
(绍兴十二年九月十五日)

主管往来国信所,大金使人见辞,所有下节人从,并许于皇城门里宫门外上下马。

出处:《宋会要辑稿》职官三六之四四。

秦桧加太师制
(绍兴十二年九月十六日)

三公论道,莫隆帝者之师;一德格天,乃大贤人之业。眷时真宰,为世宗臣。事有至难,收成功于指顾;人无远虑,独克定于规摹。力辅眇躬,通诚大国。荷上天之从欲,成爱孝以事亲。悉出赞襄,宜崇褒陟。爰正久虚之位,用告大昕之朝。具官秦桧硕大而光明,忠肃而恭懿。心潜于圣,有孟轲命世之才;道致其君,负伊尹觉民之任。早中异科之目,旋跻要路之津。节义著于艰难,正程婴存赵孤之比;平生仗于忠信,见子卿持汉节而还。亟登次辅之联,再执元台之柄。险夷一致,首尾七年。谋皆同予,国无异政。归兵权而营屯自肃,定浮议而反侧以安。庙算无遗,固众人之所不识;征车远狩,惟君子以为必归。盖信既结而情通,则恩必赐而欲得。龙輴来返,视西洛以寓永固之灵;騕驭惟迎,肃东朝以极慈宁之养。庶事备矣,厥功茂焉。宜进大名之封,宠拜维垣之贵。并加圭食,增重钧衡。弥耸具瞻,式昭深眷。於戏!吕望尚父,西伯之业所以成;周公为师,成王之勋所以集。永惟耆德,毋愧前人。其祗邦休,以副朕命。

出处:《宋宰辅编年录》卷一六。又见《三朝北盟会编》卷二一二。
撰者:程克俊

施垌除敷文阁待制与郡制
(绍兴十二年九月十九日)

敕:入而持橐,缀甘泉侍从之联;出则剖符,当列郡于蕃之寄。势虽分于内外,任皆取于贤能。眷时耆英,申锡书命。具官某,靖共不挠,恻愊无华,早被师儒之联,洊膺遗补之选。议曲台之礼,援据甚详;赞宗伯之仪,情文兼茂。其升次对之列,式宠朱轓之行。毋金玉其音,遂自同于远外;告谋猷于后,尚曰倚于老成。

出处:《东窗集》卷六。

撰者:张扩

考校说明:编年据《建炎以来系年要录》卷一四六补。

程克俊除翰林学士知制诰制
(绍兴十二年九月十九日)

敕:禁林之地邃严,密承顾问;学士之职清峻,专取文章。必求天下之英髦,以重词臣之极选。具官某性资敏悟,术业精深,早登甲科,荐历华贯。贾君房言语之妙,见重一时;苏廷硕制诰之优,咸称大笔。惟学问有功于自得,故翰墨应用而不穷。比由东省之联,进预北门之直,书诏填委,占答辄工。属邦家方厚于邻盟,凡典册动关于国体。虽润色皆归汝手,然曲折必当予心。谁谓才难,尚兹虚位之久;尔既试可,岂待满岁而真?往祗申命之荣,益励为儒之效。

出处:《东窗集》卷八。

撰者:张扩

考校说明:编年据《建炎以来系年要录》卷一四六补。

王赏除权礼部侍郎兼实录院修撰制
(绍兴十二年九月十九日)

敕:文昌分职,春官首于四时;法从联华,贰卿次于八座。是为高选,以待耆英。具官某早中巍科,见推令器。襟怀冲澹,雅忘声利之嚣;学问淹该,曲尽词章之妙。顷从蜀道,召置郎闱,洊升卿寺之联,遂峻少常之列。朕方举一时典册之盛,谁其尸之?尔乃陈六经援证之详,礼无违者。俾佐秩宗之治,仍兼论撰之华。益励尔猷,无烦多训。

出处:《东窗集》卷九。

撰者:张扩

考校说明:编年据《建炎以来系年要录》卷一四六补。

张中孚除使相张中彦除节度使手札御书
(绍兴十二年九月二十日前)

张中孚除使相,中彦除节度使,卿等若议定,今晚或二十一日,可进熟状。

出处:《宝真斋法书赞》卷二。

考校说明:编年据《建炎以来系年要录》卷一四六及文中所述"今晚或二十一日"补。本诏为"高宗皇帝除目手札御书"其中一种。

李易除给事中制
(绍兴十二年九月二十二日)

敕:言扬德进,朝廷实萃于群贤;地禁职亲,东西尤严于两省。矧黄扉乃出纳之地,而夕郎专论驳之司,傥非其人,岂以轻授? 具官某蕴自得之学,负兼人之材,名先诸儒,文配前哲。订曲台之礼,论必据经;守柱史之官,言皆有法。进掌丝纶之久,益殚润色之工。其更琐闼之严,以高殿内之列。往思举职,奚俟予言。

出处:《东窗集》卷九。

撰者:张扩

考校说明:编年据《建炎以来系年要录》卷一四六补。

陈靖转阁门宣赞舍人制
(绍兴十二年九月二十三日)

敕具官某:赞义上阁,实号华资,非有殊劳,岂以轻授? 尔祗事殿陛,屡阅岁时,夙夜在公,见称详练。就升厥次,用旌尔勤。

出处:《东窗集》卷七。

撰者:张扩

考校说明:编年据《宋会要辑稿》职官三四补。

孔履常上书中书后省召诏特补右迪功郎制
（绍兴十二年九月二十三日）

敕某人：朕数路取人，犹惧失士，间阅囊奏，有味其言，则爵以縻之，所以示劝也。尔以书生，言达予听，试诸有司，词彩粲然。命尔以官，往图报效。

出处：《东窗集》卷一三。又见《永乐大典》卷七三二五。

撰者：张扩

考校说明：编年据《建炎以来系年要录》卷一四六补。

令福建制造大龙饼子茶诏
（绍兴十二年九月二十八日）

仰福建路转运司将逐年供进京铤茶料制造作大龙饼子，依数如法封角，依大龙茶题写，充国信使用，令别作一项差人投进。

出处：《宋会要辑稿》职官三六之四四。又见同书食货三一之六。

程敦厚除起居舍人制
（绍兴十二年九月二十八日）

敕具官某：柱史载笔，君举必书，岂独记一时言动之详，盖将示万世是非之实。膺是选者，亶惟其人。以尔天资高明，词采英发。瀛洲学士，猎四库之菁华；南宫舍人，妙一时之章奏。宜膺遴柬，入簉近班。往思载笔之公，以尽守官之义。

出处：《东窗集》卷七。

撰者：张扩

考校说明：编年据《建炎以来系年要录》卷一四六补。

郑朴除起居郎制
(绍兴十二年九月二十八日)

敕具官某:左右置史,分直螭坳,谨言动于一时,信是非于万世。是为清切之
选,必取端良之才。以尔学问淹该,议论宏博,郎闱更践,省闼弥纶,薰然君子之
仁,籍甚纯儒之誉,宜膺妙柬,入簉近班。往思载笔之公,以尽守官之义。

出处:《东窗集》卷一〇。
撰者:张扩
考校说明:编年据《建炎以来系年要录》卷一四六补。

皇叔士峥赠州防御使追封济阳侯制
(绍兴十二年九月)

敕:生有爵禄之宠,殁有赠禭之章,驭臣之方,古今一体。矧予宗属,可后疏
恩? 具官某法度持身,夙夜匪懈,久居环卫,靖共弗渝。胡不慭遗,遽伤沦谢! 侯
封使范,并示哀荣,尚其有知,歆此休渥。

出处:《东窗集》卷一四。
撰者:张扩
考校说明:编年据《宋会要辑稿》帝系三补。

显济庙加封灵信昭应侯制
(绍兴十二年九月)

敕扬州江都县瓜州镇显济庙灵信侯:乃者梓宫言还,经涉川途。骏奔持护,
虽神之职,嘉其冥祐,有不可忘。爰示褒荣,就加显号。

出处:《樵溪居士集》卷五。
考校说明:编年据《宋会要辑稿》礼二〇补。《宋会要辑稿》礼二〇:"扬州江都县
瓜洲镇有迎潮大王祠,封灵应侯。徽宗政和二年赐庙额'显济'。光尧皇帝绍兴
十二年九月加封灵信应昭侯。"此与所述文中"迺者梓宫言还,经涉川途"相合(宋

徽宗梓宫于绍兴十二年八月抵行在,见《建炎以来系年要录》卷一四六)。然刘才邵时任军器监,似未兼任两制(见《建炎以来系年要录》卷一四一、卷一四九),此文或为《檆溪居士集》误收。

起复检校少傅宁国军节度使开府仪同三司
充醴泉观使张中孚曾祖遇赠太子太保制
(绍兴十二年九月后)

　　敕:朕讲信修睦,克敦上国之盟;事亲宁神,允格一人之孝。爰敷惠泽,以绥万方。眷予齐钺之臣,宜厚曾门之宠。具官故曾祖某,怀材不试,抱节无渝,荣名不显于一时,余庆遂绵于三世。有孙忠勇,为朕爪牙。肆推锡类之仁,用举报亲之典,进升宫保,增贲重泉。

出处:《东窗集》卷一一。

撰者:张扩

考校说明:编年据张中孚宦历补,见《建炎以来系年要录》卷一四六。

张中孚曾祖母王氏赠定襄郡夫人制
(绍兴十二年九月后)

　　敕:朕讲信修睦,克敦上国之盟;事亲宁神,允格一人之孝。爰敷惠泽,以绥万方。眷予齐钺之臣,宜厚曾门之宠。具官故曾祖母某氏,温恭内秉,法度时循。鉴箴图之戒以自防,共苹藻之羞而不怠。善积诸己,庆迨闻孙。肆推锡类之仁,用举显亲之典,疏封大郡,式贲幽扃。

出处:《东窗集》卷一一。

撰者:张扩

考校说明:编年据张中孚宦历补,见《建炎以来系年要录》卷一四六。

张中孚祖存赠太子太傅制
(绍兴十二年九月后)

　　敕:配天其泽,式恢至治之休;自仁率亲,莫严尊祖之义。维时名将,就列在廷,爰举彝章,以昭异数。具官故祖某,性资沈毅,志节忠纯,禀劲气于金行,探微言于兵法。材屈于用,庆钟乃孙。肆推锡类之仁,用厚显亲之典,位正宫傅,式贲下泉。

出处:《东窗集》卷一一。

撰者:张扩

考校说明:编年据张中孚官历补,见《建炎以来系年要录》卷一四六。

张中孚祖母贺氏赠同安郡夫人制
(绍兴十二年九月后)

敕:天生杰材,克配虎臣之列;国有大赉,用增王母之封。具官故祖母某氏,德范静专,礼容淑慎,蚤有功于内助,遂贻庆于方来。繄尔闻孙,为时名将,爰因霈泽之渥,载荒大郡之封。尚几营魂,式克歆享。

出处:《东窗集》卷一一。

撰者:张扩

考校说明:编年据张中孚官历补,见《建炎以来系年要录》卷一四六。

张中孚祖母仇氏赠文郡夫人制
(绍兴十二年九月后)

敕:天生杰材,克配虎臣之列;国有大赉,用增王母之封。具官故祖母某氏,恭顺而慈,柔嘉有则,早腾芳于中馈,遂贻庆于方来。繄尔闻孙,为时名将,爰因霈泽之渥,载荒大郡之封。尚几营魂,式克歆享。

出处:《东窗集》卷一一。

撰者:张扩

考校说明:编年据张中孚官历补,见《建炎以来系年要录》卷一四六。"文郡"疑有脱字,或为"文安郡"之误。

张中孚父逵追封荣国公制
（绍兴十二年九月后）

敕:配天其泽,式恢至治之休;自仁率亲,莫重严君之报。具官故父某,早登膴仕,休有令名,心存素节之坚,位列横阶之峻。流光甚远,有子象贤。兹因庆赉之行,宜举褒扬之典。上公锡爵,列国疏封。尚几营魂,歆此殊渥。

出处:《东窗集》卷一一。

撰者:张扩

考校说明:编年据张中孚宦历补,见《建炎以来系年要录》卷一四六。

张中孚前母岳氏赠华国夫人制
（绍兴十二年九月后）

敕:国举大典,式昭漏泉之恩;家有严君,可望报本之礼。具官故前母某氏,闺风淑慎,妇则令柔,尤严苹藻之羞,不废箴图之戒。泽钟子舍,贵列节旄。兹因庆赉之行,宜厚褒扬之宠,易封大国,式贲下泉。

出处:《东窗集》卷一一。

撰者:张扩

考校说明:编年据张中孚宦历补,见《建炎以来系年要录》卷一四六。

张中孚故母李氏赠瀛国夫人制
（绍兴十二年九月后）

敕:国举大典,式昭漏泉之恩;家有严君,可望报本之礼。具官故母某氏,律身勤俭,植德温恭,仁均三族之和,礼谨四时之祀。泽钟子舍,贵列节旄。兹因庆赉之行,宜厚褒扬之宠,易封大国,式贲下泉。

出处:《东窗集》卷一一。

撰者:张扩

考校说明:编年据张中孚宦历补,见《建炎以来系年要录》卷一四六。

张中孚妻王氏封平原郡夫人制
（绍兴十二年九月后）

敕：朕丕隆孝治，大赍臣工。眷惟将帅之联，亦燕室家之喜。具官妻某氏，持身专静，赋性柔明，雅推内助之贤，克笃相成之美。兹因霈泽，申锡令名，其更大郡之封，以侈小君之宠。祇我殊渥，毋怠钦承。

出处：《东窗集》卷一一。

撰者：张扩

考校说明：编年据张中孚官历补，见《建炎以来系年要录》卷一四六。

秦太师曾祖知古追封秦国公制
（绍兴十二年九月后）

敕：维时上宰，实赖保衡。如周公有人，不能为之功；待伊尹以学，而后臣之职。位登极品，恩迨曾门。具官故曾祖某，抱节陆沉，怀才蠖屈。名振于远，何殊谷口之珍；行纯可师，无愧鹿门之隐。流泽甚衍，三世而昌。宜尔曾孙，为予硕辅。畴咨勋业，超冠公师。属兹进拜之初，可后追荣之宠？申颁命綍，增贲幽扃。

出处：《东窗集》卷一一。

撰者：张扩

考校说明：编年据秦桧（"秦太师"）官历补，见《建炎以来系年要录》卷一四六。

秦太师曾祖母王氏赠秦国夫人制
（绍兴十二年九月后）

敕：位冠面槐之列，式是百僚；恩疏刻蜜之章，及于三世。念兹重祖之配，可后一时之荣？具官故曾祖母某氏，依仁而行，以俭为度。身迪肥家之道，美则有余；世推积善之芳，久而未艾。位予上相，繄尔闻孙。嘉修文偃武之勋，冠论道经邦之任，追贲远庙，申颁异恩。殁而不忘，尚歆殊宠。

出处：《东窗集》卷一一。

撰者:张扩

考校说明:编年据秦桧("秦太师")官历补,见《建炎以来系年要录》卷一四六。

秦太师祖仲淹追封秦国公制
(绍兴十二年九月后)

敕:惟圣王能自得师,莫重维垣之职;惟士夫则知尊祖,宜申告第之恩。具官故祖某,行履中庸,性敦孝悌。有模有范,高循循善诱之风;知柔知刚,适谦谦平施之义。德厚百世,泽流诸孙。赤舄衮衣,既极槐庭之贵;隆名缛典,用彰家庙之光。尚几营魂,歆此殊渥。

出处:《东窗集》卷一一。

撰者:张扩

考校说明:编年据秦桧("秦太师")官历补,见《建炎以来系年要录》卷一四六。

秦太师祖母喻氏赠秦国夫人制
(绍兴十二年九月后)

敕:武王之烈无竞,嘉尚父之维时;成周之治克昌,进周公而论道。予有一德,名冠三台,推本庆源,用光祖配。具官故祖母某氏,令柔作则,淑慎为仪,佩箴图之训以律身,洁苹藻之羞而尽礼。流泽甚远,有孙而贤,名位极于簪绅,勋劳著于钟鼎。属兹册拜之始,宜申追赠之荣。载颁愍章,永贲幽壤。

出处:《东窗集》卷一一。

撰者:张扩

考校说明:编年据秦桧("秦太师")官历补,见《建炎以来系年要录》卷一四六。

秦太师父敏学追封秦国公制
(绍兴十二年九月后)

敕:盛德之祀百世,存古今不易之经;阴功之活千人,享子孙无穷之报。于公之生定国,虞氏之子升卿,信天理之不诬,如券书之可验。念尔有子,何殊古人。具官故父某,学穷渊源,行立坊表,登名俊造之籍,试吏子男之邦。勿翦甘棠,久彰听讼之迹;令容高盖,果符治狱之言。是生英贤,再执魁柄。勋在王室,朝不忌于汾阳;位登公师,官莫酬于德裕。推本教忠之训,载颁告第之恩。申命维新,永绥尔祀。

出处:《东窗集》卷一一。

撰者:张扩

考校说明:编年据秦桧("秦太师")官历补,见《建炎以来系年要录》卷一四六。

秦太师前母强氏赠秦国夫人制
(绍兴十二年九月后)

敕:三公上应台象,官惟其人;太师实秉国均,礼亦异数。推德厚流光之泽,申母从子贵之恩。具官故前母某氏,宽裕为仁,斋庄有礼,禀山河之容润,钟圭璧之粹温。命乃不融,数乖偕老,庆贻后嗣,位冠百僚。属兹登拜之初,宜厚追荣之宠。载颁襚典,式贲幽宅。

出处:《东窗集》卷一一。

撰者:张扩

考校说明:编年据秦桧("秦太师")官历补,见《建炎以来系年要录》卷一四六。

秦太师故母王氏赠秦国夫人制
(绍兴十二年九月后)

敕:三公上应台象,官惟其人;太师实秉国均,礼亦异数。推德厚流光之泽,申母从子贵之恩。具官故母某氏,系出华宗,少有贤行。外姻内睦,咸推兼爱之仁;夫义妇从,雅尽相成之戒。有子而令,赖亲之慈。追兹富贵之鼎来,宜尔哀荣之兼称。申锡异数,增贲九泉。

出处:《东窗集》卷一一。

撰者:张扩

考校说明:编年据秦桧("秦太师")官历补,见《建炎以来系年要录》卷一四六。

秦太师妻王氏封魏国夫人制
（绍兴十二年九月后）

　　敕：朕惟自古忠良之臣，致身辅弼之地，英声茂实焜耀于一时，异数隆名超冠于百辟。迹其积行累功之美，亦由中相内助之贤。可无褒嘉，以厚燕喜？具官妻某氏，蝉貂华胄，诗礼名家，来嫔高门，克配君子。《鸡鸣》警戒之义，夙著令妻之名；《鹊巢》居有之功，克尽夫人之德。载荒大国，申锡徽章，式贲尔私，永膺偕老。

出处：《东窗集》卷一一。

撰者：张扩

考校说明：编年据秦桧（"秦太师"）官历补，见《建炎以来系年要录》卷一四六。

秦太师故母王氏特追封秦魏国夫人制
（绍兴十二年九月后）

　　敕：眷时元宰，茂建殊勋。周官兹为三公，冠槐鼎而经体；成季间于两社，兼秦魏以疏封。乃怀遗母之心，遽上貤恩之恺。有嘉成孝，用锡愍章。具官故母王氏，贤范凤成，妇德甚备。方在家则致阃门之睦，既有适则为姻党之师。虽良人乖百年之期，然有子实万民之望。训以诗礼，自兼严父之义方；位登公台，弗洎三钟之荣养。兴言有请，深慨予怀。朕方娱侍东朝，丕隆孝治，爰推锡类之祉，以均报本之仁。念偃武之休功，虽朕志之先定；叶重欢之吉庆，赖尔子之钦承。宜申告第之恩，以极显亲之典。名数既异，岂特为私庙之光；汤沐所加，未有如二国之大。永绥尔祀，惟时之休。

出处：《东窗集》卷一一。

撰者：张扩

考校说明：编年据秦桧（"秦太师"）官历补，见《建炎以来系年要录》卷一四六。

太师尚书左仆射同中书门下平章事魏国公秦桧曾祖知古追封秦国公制
（绍兴十二年九月后）

敕：朕敦盟大国，格中兴孝治之隆；扬功一时，繄上宰庙谟之远。肆颁沛泽，惠及多方，申举徽章，上休重祖。具官故曾祖某，种德深厚，持躬清明，令誉高于月评，流波溢于后裔。惟时硕辅，实尔闻孙，勤劳百为，首尾七载，历风雨不渝之节，成简册所无之勋。用锡湛恩，以光泉户，申赉旧壤，式慰营魂。

出处：《东窗集》卷一一。

撰者：张扩

考校说明：编年据秦桧官历补，见《建炎以来系年要录》卷一四六补。标题"事"字原脱，据《宋史》卷四七三《秦桧传》补。

秦桧曾祖母王氏赠秦国夫人制
（绍兴十二年九月后）

敕：朕惟上天垂休，元辅协力，诚孝所格，臣庶均欢。用畴不世之勋，远推重祖之配。具官故曾祖母某氏，温恭植德，勤俭律身，仁均三族之和，礼谨四时之祀。宜其泽厚，贻尔孙曾。摅命世之才猷，邦家允赖；建回天之功业，社稷再安。兹因惠泽之颁，式厚幽扃之宠，庶增光于故壤，以侈大于后人。

出处：《东窗集》卷一一。

撰者：张扩

考校说明：编年据秦桧官历补，见《建炎以来系年要录》卷一四六补。

秦桧祖仲淹追封秦国公制
（绍兴十二年九月后）

敕：盛德之祀，燕百世而不穷；仁泽之流，漏九泉而无间。朕涣大号，以绥四方，赉善人是富之恩，申大夫尊祖之义。具官故祖某，乐丘园之志，遗轩冕之荣。造次颠沛必于仁，岂违终食；动容周旋中乎礼，允蹈大方。启我后人，蔚为名相。

励见危致命之节,首奋孤忠;怀休兵息民之图,卒成远业。宜颁襚典,申锡旧邦。尚几营魂,歆我休命。

出处:《东窗集》卷一一。

撰者:张扩

考校说明:编年据秦桧宦历补,见《建炎以来系年要录》卷一四六补。

秦桧祖母喻氏赠秦国夫人制
(绍兴十二年九月后)

敕:德厚者其流远,天理固不可诬;功大者报必丰,国章所宜具举。肆因沛泽之渥,用增王母之封。具官某故祖母某氏,禀性惠和,修身淑慎。洁苹蘩蕴藻之荐,神其吐之;善父母昆弟之言,人无间者。宜尔余波之衍,启兹硕辅之贤,名闻华夷,勋在社稷。推本所自,追荣何穷?饰脂泽之旧封,昭泉扃于厚夜。灵其未泯,尚克歆承。

出处:《东窗集》卷一一。

撰者:张扩

考校说明:编年据秦桧宦历补,见《建炎以来系年要录》卷一四六补。

秦桧父敏学追封秦国公制
(绍兴十二年九月后)

敕:治乌乎定,主圣实自臣贤;亲不可忘,阴德必有阳报。推本严君之训,爰昭有国之章。具官故父某,道积厥躬,行孚于众。明经而拾地芥,早列儒科;宰邑而用牛刀,雅闻善政。位不充德,人惜其才;有子皆贤,卒光其业。矧今丞相,为时公师,位冠百僚,功高一代。义方可考,固知狐突之教忠;令名不穷,益信臧孙之有后。爰因涣泽,申锡懋章,不改旧封,用彰新渥。

出处:《东窗集》卷一一。

撰者:张扩

考校说明:编年据秦桧宦历补,见《建炎以来系年要录》卷一四六补。

秦桧前母强氏赠秦国夫人制
（绍兴十二年九月后）

敕：朕孝以宁亲，格欢心于四海；仁而锡类，敷厚泽于多方。矧尔严君，可稽赠典？具官故母某氏，尽睦姻之义，怀钦爱之诚，佩箴帨以奉舅姑，洁粢盛而共祭祀。积善有衍，流庆甚长，蔚然子舍之光，致位公台之贵。肆颁涣泽，申举愍章。国莫大于秦，已光三锡；命不改其旧，益安诸幽。

出处：《东窗集》卷一一。
撰者：张扩
考校说明：编年据秦桧宦历补，见《建炎以来系年要录》卷一四六补。

秦桧故母王氏赠秦国夫人制
（绍兴十二年九月后）

敕：名不虚授，惟实浮则远而光；母主于慈，以子贵者重其报。肆因霈泽，申举愍章。具官故母某氏，早以名家，嫔于厚德。事夫尽礼，得孟光举案之恭；教子有方，迈宋母传经之益。致兹通显，启于后人。肆颁涣泽，申举愍章。国莫大于秦，已光三锡；命不改其旧，益安诸幽。

出处：《东窗集》卷一一。
撰者：张扩
考校说明：编年据秦桧宦历补，见《建炎以来系年要录》卷一四六补。

秦桧妻王氏封魏国夫人制
（绍兴十二年九月后）

敕：大臣以道事君，功既高于不伐；妇人从夫之爵，名亦与之俱荣。有嘉内助之贤，用锡既多之祉。具官妻某氏，凝姿婉娈，赋性柔和，席蝉貂累世之休，盛忠孝一门之配。勉夫以义，方险阻乐于共尝；开国而封，虽富贵自其固有。爰颁惠泽，载举徽章，用易封国之大名，益兆相门之后福。往祇宠渥，无怠钦承。

出处:《东窗集》卷一一。

撰者:张扩

考校说明:编年据秦桧官历补,见《建炎以来系年要录》卷一四六补。

资政殿学士左朝奉大夫知绍兴军府事充两浙
东路安抚使楼炤曾祖关赠太子太保制
（绍兴十二年九月后）

敕:朕肇禋重屋,既兴九庙之思;均厘群功,爰及三世之远。具官故曾祖某,素行表于乡里,雅志乐于丘园。流庆闻孙,为时近弼。属告成于熙事,用追贲于曾门。其升宫保之联,以厚泉扃之宠。魂其未泯,用克歆承。

出处:《东窗集》卷一二。

撰者:张扩

考校说明:编年据楼炤官历补,见《建炎以来系年要录》卷一四六。

楼炤曾祖母吴氏赠琅琊郡夫人制
（绍兴十二年九月后）

敕:朕受厘上帝,均福寰区,维时枢辅之贤,宜厚曾门之宠。具官故曾祖母某氏,温恭禀质,勤俭宜家,早以令仪,来嫔隐德。肇禋既事,方疏大赉之恩;慇典增荣,用涣小君之渥。易封大郡,式慰营魂。

出处:《东窗集》卷一二。

撰者:张扩

考校说明:编年据楼炤官历补,见《建炎以来系年要录》卷一四六。

楼炤祖定国赠少保制
（绍兴十二年九月后）

敕:祀事甚大,幽以格祖考神祇之欢;祭泽不遗,下犹及辉炮翟闱之贱。眷乃机庭之贵,宜增上世之荣。具官故祖某,潜德有闻,抱材不试,迹其流庆之远,嗣有闻孙之贤。位居弼臣,恩及祖庙。其峻升于亚保,用增贲于幽窀。

出处:《东窗集》卷一二。

撰者:张扩

考校说明:编年据楼炤官历补,见《建炎以来系年要录》卷一四六。

楼炤祖母郭氏赠申国夫人制
(绍兴十二年九月后)

敕:朕藏事合宫,均厘在列,既涣祖庙之宠,必申王母之恩。具官故祖母某氏,淑慎为仪,柔恭作则,系出令族,来嫔高门。德推内助之贤,庆袭闻孙之远。易封申国,用涣湛恩。魂其有知,尚克歆享。

出处:《东窗集》卷一二。

撰者:张扩

考校说明:编年据楼炤官历补,见《建炎以来系年要录》卷一四六。

楼炤祖母葛氏赠莱国夫人制
(绍兴十二年九月后)

敕:朕藏事合宫,均厘在列,既涣祖庙之宠,必申王母之恩。具官故祖母某氏,礼以宜家,仁而厚下,盥馈勤循于壸则,组纴不废于妇功。德推内助之贤,庆袭闻孙之远。疏封列国,用涣湛恩。魂其有知,式克歆享。

出处:《东窗集》卷一二。

撰者:张扩

考校说明:编年据楼炤官历补,见《建炎以来系年要录》卷一四六。

楼炤父居明赠太子少师制
(绍兴十二年九月后)

敕:达人生明德之后,允推积善之休;忠臣出孝子之门,宜厚显亲之报。爰因庆赉,申锡愍章。具官故父某,纯诚内融,景行外著。易退而安其位,虽终老于郎潜;丰报则责之天,遂晚从于子贵。秩高名显,生荣死哀。用峻陟于宫师,以增光于泉户。魂其未泯,尚克歆承。

出处:《东窗集》卷一二。

撰者:张扩

考校说明:编年据楼炤官历补,见《建炎以来系年要录》卷一四六。

<h2 style="text-align:center">楼炤母范氏赠高平郡夫人制</h2>
(绍兴十二年九月后)

敕:朕躬三岁之祀而受福,臣必馂君之余;序群工之位而疏恩,母应以子而贵。具官故母某氏,令仪著于闺阃,慈训协于箴图。繇积善之弥深,致流芳之不替。眷我机庭之旧,宜推祢配之荣。正位小君,疏封列郡,时乃异数,增贲幽窀。

出处:《东窗集》卷一二。

撰者:张扩

考校说明:编年据楼炤官历补,见《建炎以来系年要录》卷一四六。

<h2 style="text-align:center">楼炤母欧阳氏赠始兴郡夫人制</h2>
(绍兴十二年九月后)

敕:朕躬三岁之祀而受福,臣必馂君之余;序群工之位而疏恩,母应以子而贵。具官故母某氏,修身淑慎,合族慈祥,繇积善之弥深,致流芳于未艾。眷我机庭之旧,宜推祢配之荣。正位小君,疏封列郡,时乃异数,增贲幽窀。

出处:《东窗集》卷一二。

撰者:张扩

考校说明:编年据楼炤官历补,见《建炎以来系年要录》卷一四六。"欧阳氏"原作"欧氏",据同集卷七改。

<h2 style="text-align:center">楼炤故妻林氏赠通郡夫人制</h2>
(绍兴十二年九月后)

敕:朕躬三岁之祀而受福,臣必馂君之余;序群工之位而疏恩,妻应以夫而贵。具官故妻某氏,礼法持身,静专禀质,克配善士,休有令名。用正位于小君,仍启封于列郡。裘褐故在,犹彰德耀隐居之风;笄珈虽华,终负山涛布衣之约。尚几不昧,歆此殊休。

出处:《东窗集》卷一二。

撰者:张扩

考校说明:编年据楼炤宦历补,见《建炎以来系年要录》卷一四六。"通郡"疑有脱字,或为"通义郡"之误。

李涧御史台主簿制
(绍兴十二年十月前)

敕具官某:朕惟宪府之属,中执法得以自择,盖欲其以类举也。尔学问操履,有闻于时,朴茂详明,形于荐牍,俾其往任钩检。傥无诿簿书之劳,是为不负所知,亦庶几纪纲之助。

出处:《东窗集》卷一三。又见《永乐大典》卷一四六〇七。

撰者:张扩

考校说明:编年据李涧宦历补,见《建炎以来系年要录》卷一四七。

右通直郎试尚书刑部侍郎周聿故父子通赠右太中大夫制
(绍兴十一年十月至绍兴十二年十月间)

敕:朕荷天垂休,丕隆孝治,诞敷惠泽,以绥四方。惟时持橐之联,咸举显亲之典。具官故父某,操履无玷,政事有闻。于公高治狱之功,狐突著教忠之训,宜尔有子,列于近班。属兹大赉之恩,庸厚追荣之宠。载升崇秩,式贲下泉。

出处:《东窗集》卷七。

撰者:张扩

考校说明:编年据张扩任两制时间、周聿宦历补,见《建炎以来系年要录》卷一四七。

周聿前母王氏赠硕人制
(绍兴十一年十月至绍兴十二年十月间)

敕:具官故前母某氏,温恭秉德,勤俭宜家,妇功不废于组䌽,祀事克羞于苹藻。宜有子舍,列予从班。属颁大赉之恩,庸厚追荣之宠。疏封益显,增贲幽扃。

出处:《东窗集》卷七。

撰者:张扩

考校说明:编年据张扩任两制时间、周聿官历补,见《建炎以来系年要录》卷一四七。

周聿故母王氏赠硕人制
(绍兴十一年十月至绍兴十二年十月间)

敕:具官故母某氏,修身淑慎,睦族慈祥,懿行宜其家人,令名克配君子。是生贤嗣,为时从臣。属颁大赉之恩,庸厚追荣之宠。疏封益显,增贲幽扃。

出处:《东窗集》卷七。

撰者:张扩

考校说明:编年据张扩任两制时间、周聿官历补,见《建炎以来系年要录》卷一四七。

周聿故妻于氏赠硕人制
(绍兴十一年十月至绍兴十二年十月间)

敕:国有大赉,泽覃庶工,恩逮闺门之私,礼无存殁之间。具官故妻某氏,柔嘉有则,箴诲是遵。德既笃于宜家,寿莫谐于偕老。属颁涣渥,锡命有加。魂其有知,式克歆享。

出处:《东窗集》卷七。

撰者:张扩

考校说明:编年据张扩任两制时间、周聿官历补,见《建炎以来系年要录》卷一四七。

周聿妻石氏封硕人制
（绍兴十一年十月至绍兴十二年十月间）

敕：国有大赉，泽覃庶工，眷予侍从之联，亦燕室家之喜。具官妻某氏，宅心渊净，植德温柔，早以令仪，克配君子。属皇家之有庆，宜显号之申颁。往服异恩，无忘钦慎。

出处：《东窗集》卷七。

撰者：张扩

考校说明：编年据张扩任两制时间、周聿宦历补，见《建炎以来系年要录》卷一四七。

安民靖难功臣太傅枢密使广国公
张俊曾祖守明追封虢国公制
（绍兴十一年十月至绍兴十二年十月间）

敕：朕讲信修睦，克敦大国之盟；事亲宁神，昭格一人之孝。爰敷惠泽，以绥万方。眷予西府之臣，宜厚曾门之宠。具官故曾祖某，行高里社，志乐丘园，荣名不显于一时，余庆遂绵于三世。有孙甚显，秉国之枢。宜荒虢略之封，以称褒章之渥。尚几精爽，亦克歆承。

出处：《东窗集》卷一一。

撰者：张扩

考校说明：编年据张扩任两制时间、张俊宦历补，见《建炎以来系年要录》卷一四七。

张俊曾祖母石氏赠邓国夫人制
（绍兴十一年十月至绍兴十二年十月间）

敕：漏泉之泽，方覃及于绵区；显亲之章，宜上休于三世。矧予近弼，用锡湛恩。具官故曾祖母某氏，静以无华，温而有礼。宾客推中馈之吉，祭祀称宜家之贤。祚启后人,进登廊庙。盛笄珈之饰,屡涣渥于恩纶;易长乐之封,益增光于脂泽。精爽如在,尚克歆承。

出处:《东窗集》卷一一。

撰者:张扩

考校说明:编年据张扩任两制时间、张俊宦历补,见《建炎以来系年要录》卷一四七。

张俊祖庆追封相国公制
(绍兴十一年十月至绍兴十二年十月间)

敕:配天其泽,式恢至治之休;自仁率亲,莫严尊祖之义。维时近弼,就列在廷,爰举彝章,以昭异数。具官故祖某,行高州党,惠浃宗姻。善既积而有余,名益彰而不朽。施于孙子,蔚为忠荩之臣;秉我事枢,宜锡哀荣之典。进封大国,用涣湛恩。尚惟营魂,式克歆享。

出处:《东窗集》卷一一。

撰者:张扩

考校说明:编年据张扩任两制时间、张俊宦历补,见《建炎以来系年要录》卷一四七。

张俊祖母田氏赠兖国夫人制
(绍兴十一年十月至绍兴十二年十月间)

敕:天生杰才,克正弼臣之位;国有大赉,用增王母之封。具官故祖母某氏,淑慎饬躬,慈祥睦族,早有功于内助,遂贻庆于方来。繄尔闻孙,位予枢管,爰因霈泽之渥,进疏大国之封。尚惟营魂,式克歆享。

出处:《东窗集》卷一一。

撰者:张扩

考校说明:编年据张扩任两制时间、张俊宦历补,见《建炎以来系年要录》卷一四七。

张俊父密追封鲁国公制
（绍兴十一年十月至绍兴十二年十月间）

敕：源深则流派斯远，本固则枝叶必繁。惟予本兵之官，实自严君之训，肆颁惠泽，盍举愍章。具官故父某，节义起家，严明服众。于公之阴德甚厚，宜大门间；狐突之教忠犹存，有光祭祀。繄尔令子，实勤王家，用荒鲁国之封，以厚幽扃之宠。尚惟未泯，丕显其承。

出处：《东窗集》卷一一。
撰者：张扩
考校说明：编年据张扩任两制时间、张俊宦历补，见《建炎以来系年要录》卷一四七。

张俊母谢氏赠魏国夫人制
（绍兴十一年十月至绍兴十二年十月间）

敕：旷荡之泽，式昭漏泉之恩；鞠养之慈，宜隆报本之礼。矧予枢辅，可后愍章？具官故母某氏，德范静专，礼容淑慎。夙著家人之誉，挺生男子之祥，为时名臣，有功社稷。肇颁脂泽，已茂会稽之封；畀以大名，其更全魏之宠。尚惟精爽，不昧其承。

出处：《东窗集》卷一一。
撰者：张扩
考校说明：编年据张扩任两制时间、张俊宦历补，见《建炎以来系年要录》卷一四七。

张俊妻魏氏封镇国夫人制
（绍兴十一年十月至绍兴十二年十月间）

敕：夫妇有相成之道，兹本人伦；室家申燕喜之私，莫逾国宠。具官妻某氏，柔嘉有礼，恭顺而慈。洁苹藻之羞，克承祭祀；服箴图之训，能肃闱门。有嘉内助之贤，宜受既多之祉。改封大国，用侈新恩。服我方来之荣，益思长守之戒。

出处:《东窗集》卷一一。

撰者:张扩

考校说明:编年据张扩任两制时间、张俊宦历补,见《建炎以来系年要录》卷一四七。

纪交除淮南转运判官制
(绍兴十二年正月至十月间)

敕具官某:朕惟长淮以东,户口凋瘵,田莱多荒,民力未裕,转输之任,尤务得人。尔敏于吏才,缘以儒雅,比更郡寄,休有政声,其分使节之华,益究利源之入。必使财丰而民不告病,法行而吏不敢欺,足食足兵,是为称职。

出处:《东窗集》卷八。

撰者:张扩

考校说明:编年据张扩任两制时间、纪交宦历补,见《建炎以来系年要录》卷一四七。

武功大夫荣州团练使潘长卿落阶官制
(绍兴十二年十月五日)

敕:朕敦睦姻之义,厚戚畹之恩。惟吴国之贤姬,实泰陵之爱女,宜举异数,以畀诸甥。具官某,律身无疵,率履不越,靖共在位,温清奉亲。有嘉肺腑之良,俾正兵团之任。祇予休命,慰尔母心。

出处:《东窗集》卷六。

撰者:张扩

考校说明:编年据《建炎以来系年要录》卷一四七补。

武功大夫惠州团练使潘粹卿落阶官制
(绍兴十二年十月五日)

敕:朕敦睦姻之义,厚戚畹之恩。惟吴国之贤姬,实泰陵之爱女,宜举异数,以畀诸甥。具官某,秉心甚诚,乐善无倦,诗书早习,法度自循。有嘉肺腑之良,俾正兵团之任。祗予休命,慰尔母心。

出处:《东窗集》卷六。
撰者:张扩
考校说明:编年据《建炎以来系年要录》卷一四七补。

何若除监察御史制
(绍兴十二年十月六日)

敕具官某:朕深惩官邪,能害政事,众建御史,以赞台纲,傥非直谅之才,岂在柬求之列? 以尔学深而博,气劲以直,进陪英俊之游,服在校雠之选,见闻日富,议论自深,其升乌府之联,以肃外朝之治。勉行尔志,无负朕知。

出处:《东窗集》卷六。
撰者:张扩
考校说明:编年据《建炎以来系年要录》卷一四七补。

徽宗皇帝哀册文
(绍兴十二年十月七日)

维绍兴五年岁次乙卯,四月乙亥朔,二十一日乙未,徽宗皇帝崩于五国城。十二年八月己丑,归殡于龙德别宫;十月庚申朔,七日丙寅,迁座于永固陵攒宫,从变礼也。十年生别,万里丧归,望巩原其复隔,寄稽阴兮畴依! 孝子嗣皇帝位构悼至寝之弗泊,儳凭泐以如闻。思乐思嗜,载恢载焚。乃诏近辅,追扬清芬。其词曰:宋受天命,同乎舜禹。讴歌讼狱,悦归艺祖。六宗绍休,述修厥德。升平百年,不睹兵革。于皇徽考,□考古道。广声继文,昭公克孝。粤自初载,涣其大号。拔贤任耉,除烦解娆。尊礼东朝,肃钦九庙。乐备韶英,礼参忠质。庠序崇儒,旌车招逸。轻□恤辜,施仁先疾。抚驾登三,袭经为七。治内既定,柔远是图。固存□弱,集散安居。一视遐迩,罔间遂疏。南洽北畅,东渐西濡。龙卷非心,崆峒高蹈。命乃元子,付以大宝。昔在汉祖,世推豁达。情牵私爱,尤不坚决。又如唐宗,凄凉西内,诰册灵武,盖非本志。于皇徽考,惟天为大。脱屣九州,曾不蒂芥。揆所元以要终,允超今而冠古。伣尘区之迫隘,驷玉虬以轻举。

呜呼哀哉！勋华拱揖兮皋夔该辅，文武启佑兮周召扶将。仰成能之卓伟，孰克堪于对扬。呜呼哀哉！遐睇要荒兮均之邦内，深轸茕独兮出诸死中。世已跻于仁寿，躬乃罹兹厄穷。呜呼哀哉！寒暖之节，永违于在视；苦甘之剂，罔效于先尝。哀莫报于劳瘁，胡宁忍乎苍穹。呜呼哀哉！江涛万古兮有潮有汐，嵩峰千仞兮靡骞靡崩。猗泽流而德立，尚神游之亿宁。呜呼哀哉！

出处：《中兴礼书》卷二四五。
撰者：秦桧
考校说明：秦桧时任左仆射。

显肃皇后哀册文
（绍兴十二年十月七日）

维建炎四年岁次庚戌，九月庚子朔，五日甲辰，宁德皇后崩于五国城。绍兴七年九月庚申朔，五日甲子，上尊谥曰显肃皇后。绍兴十二年十月庚申朔，七日丙寅，迁座于永固陵攒宫，从变礼也。嗣皇帝圣孝格天，追慕罔既，礼饰厚终，哀荣备至。复命迩臣，铺张往事，寓歌《薤露》，以写哀思。其词曰：乾健坤承，日照月俪。坤月之祥，应时内治。昔郑司徒，启封受氏。荥泽之阳，寿星之次。原性之本，实姬之裔，历汉及唐，世济其美。三祖七房，益昌而炽。宋以火兴，实周之对。列圣临御，天作之配。岂无莘宗，姬姓是最。坤柔月彩，庆阀钟瑞。诞降嘉德，倪天之妹。曰嫔于京，辅佐丹宸。逮下之仁，躬俭之懿。忧在进贤，而无险詖。阴教是孚，徽音亦嗣。比迹涂山，追踪汭沩。固已超越，姜嫄妊姒。昔在文考，久御神器。心疲万机，思托思寄。乃眷东宫，曰吾有子。社稷宗庙，克绍克继。后实赞之，而成内禅之志。龙德宁德，两宫对峙，飨天下养，释天下累，无伦无敩，至富至贵。否泰有极，或反其类。时运之艰，百六之会，翟车褕狄，从狩万里。衣有浣濯，饰屏珠翠，险阻艰难，尝之既备。侍我文考，愈寅愈畏。谓宜遐寿，万有千岁。昊天不弔，事惊意外。坤并乾圻，月随日逝。文考神灵，脱屣尘世，后亦从之，乘云御气。挥斥八极，哀福集祉，阴相中兴，是基是址。永永绵绵，歆飨庙祀。皇帝孝思，守文继体。惟宅惟歼，一谨于礼。呜呼哀哉！洛水烟昏，崧岳云翳。祖宗在天，园陵茸地。如何归祔，道涂荆屺。礼有从权，随时之义。呜呼哀哉！稽山巍巍，浙江瀰瀰，峰峦之秀，龙虎之势。宅兆之安，吉协灶筮。攒而未封，从权之制。呜呼哀哉！龙輴雾骖，羽翣封厉。六宫子慕，雨零其涕。音容如存，象服永闶。惟有懿范，光昭彤史。呜呼哀哉！

出处:《中兴礼书》卷二四五。

撰者:王次翁

<h1 style="text-align:center">懿节皇后哀册文</h1>
(绍兴十二年十月七日)

维绍兴九年岁次己未六月己酉朔二日庚戌,懿节皇后崩于五国城,启殡于龙德宫之西阶。粤以十二年十月庚申朔七日丙寅,迁祔于永固陵攒宫之次,从变礼也。画翟霄严,雕辀凤驾。素月堕于长,秋风回于广厦。皇帝缅怀丽极,亲御奠楹。备百礼以迎送,望九宫而启行。挽铎凄凉,鸣箫怨咽。爰命迩联,式扬芳烈。其词曰:胄自姬周,赐姓受祉。爵列邢侯,以国为氏。奕烨汉唐,蝉联鲁卫。祚启前人,庆钟来裔。有美邦媛,叶瑞菖花。姿凝娟靓,德茂柔嘉。筴图是则,服御无华。天作之合,王假有家。宠被绿缇,光生朱邸。二女同风,四妃继美。动中珩璜,躬勤沼沚。厉节含章,称时由礼。岁丁协洽,雾塞宫闱。羌逢时之多故,乃从狩于六騩。祸机叵测,天理难知。掖庭之草兮自绿,汾水之雁兮空飞。呜呼哀哉!中壸初崇,化基攸赖。将还践于青规,遽兴悲乎素奈。沦精轩象之躔,阒迹瑶池之会。莫揽褘衣,徒存羽素。仙游兮缥缈间,讣音来兮沙漠外。呜呼哀哉!宸襟感怆,戚畹哀伤。涕霣黎庶,恸绝嫔嫱。念死生之契阔,杳南北之相望。属宝邻兮敦好,饰輴御兮归藏。俨万乘以迎奠,拱千官而肃将。呜呼哀哉!眉然兮启蕢涂,纰如兮催漏鼓。聂城阃以陆转,溯涛江而横度。风萧萧兮绛旟番,露漫漫兮红日暮。卜吉壤于稽山,附神灵于永固。呜呼哀哉!涓辰庀事,瘗玉埋香。集凫群于银海,燎漆焰于金釭。从先后而不返,嗟大夜之何长。姑寓攒于东越,伫还□于北邙。惟惇史之述德,亘亿载而垂芳。呜呼哀哉!

出处:《中兴礼书》卷二四五。

撰者:程克俊

<h1 style="text-align:center">刘尧佐尧仁孙正平并除直秘阁制</h1>
(绍兴十二年十月十二日)

敕具官某等:延阁寓直,号称华资,以待贤能,朕所购用,惟勋臣有功于社稷,或垂老以宠其子孙。尔先世勤劳王家,位至公保。奉身而退,推高知止之风;力疾造朝,尤见尽恭之义。嘉尔有后,并锡荣名。汝尧佐等,宜忠恪以自持,益操修而罔怠,克祗朕命,毋坠家声。

出处:《东窗集》卷八。
撰者:张扩
考校说明:编年据《建炎以来系年要录》卷一四七补。

程克俊除签书枢密院事兼权参知政事手札御书
(绍兴十二年十月十六日前)

程克俊除端明殿学士、签书枢密院事,日下供职,可兼权参知政事。

出处:《宝真斋法书赞》卷二。
考校说明:编年据《建炎以来系年要录》卷一四七补。本诏为"高宗皇帝除目手札御书"其中一种。

程克俊除端明殿学士签书枢密院制
(绍兴十二年十月十六日)

敕:朕图回大业,责成二府之臣;延登伟人,参乘五兵之柄。惟兼资于文武,乃协济于事功。冠予侍从之联,爰得英髦之士。载稽众志,诞锡明纶。具官某学博而精,器宏而重,议论得深切著明之体,词章推尔雅温厚之风。早以才名,扬于禁路。柱史经幄,西掖东垣,凡由进用以来,皆极清华之选。浸专玉堂之润色,遂副廊庙之柬求。式资儒者之功,以济天下之务。虽游、夏高圣门之列,文学见称;而颇、牧居禁籞之中,讦谟已久。进陟机庭之峻,宠兼秘殿之崇。庸厚褒嘉,益昭体貌。噫!武不可黩,朕方善休兵息民之图;安霓败名,尔宜赞保大定功之计。必使照临所及,悉怀道德之威。其务同寅,底于至治。

出处:《东窗集》卷一一。
撰者:张扩
考校说明:编年据《建炎以来系年要录》卷一四七补。

定太史局额外学生额诏
（绍兴十二年十月十七日）

太史局额外学生通见额权以二十五人为额。曾召募草泽，遵依绍兴十年八月十日已降指挥，再行试补一次。

出处：《宋会要辑稿》职官一八之九〇。又见同书职官三一之七。

李涧除监察御史制
（绍兴十二年十月十七日）

敕具官某：朕与二三大臣日论人材，凡授受之初，必关进拟。乃若御史府之属，则命由中出，顾岂尔私哉？盖纲纪之地，耳目所寄，任之专而责重故也。孰在此选，其惟吉人。以尔问学之纯，操履之固，不自表襮，岂求闻知。方虚六察之员，仪图一德之彦，无以易汝，亟务钦承。

出处：《东窗集》卷六。
撰者：张扩
考校说明：编年据《建炎以来系年要录》卷一四七补。

郑亿年除资政殿大学士提举在外宫观制
（绍兴十二年十月十七日）

敕：朕登崇畯良，左右自近。不累以事，庶屡闻于谠言；乃迫尔私，谓不遑于将母。念东朝方喜于就养，岂迩臣可阙于承颜！爰颁殊恩，载锡休命。具官某，议论辩博，词章菁华，行蹈中庸而抗之以高明，学富闻见而守之以卓约。早被先朝之眷，久仪禁路之华。比从琳馆之优游，俾侍经帷之密勿。方万几兢业之际，补助居多；亦平时人物之英，典型犹在。重惜其去，有慨予怀。峻秘殿学士之隆名，视二府大臣之异数。蔽自朕志，式副金谐。噫！朝廷执尊，每资有德之在列；王室未远，毋忘我后之告猷。其竭尔忠，奚俟多训！

出处：《东窗集》卷六。

撰者：张扩

考校说明：编年据《建炎以来系年要录》卷一四七补。

令成都府路潼川府路收买绫锦供进诏
（绍兴十二年十月十九日）

成都府路转运司收买川锦二十万缗，潼川府路转运司收买青丝樗蒲绫三十万缗，准备礼物使用。

出处：《建炎以来系年要录》卷一四七。

修奉徽宗皇帝显肃皇后懿节皇后攒宫宽恤人户诏
（绍兴十二年十月十九日）

绍兴府应办修奉徽宗皇帝、显肃皇后、懿节皇后攒宫，有劳民力，理宜宽恤。可依下项：修奉永固陵攒宫占用过人户山地，仰绍兴府委通判躬亲前去打量，据地段优支值直，豁除地内合输税赋，仍与推恩。昨修奉昭慈圣献皇后攒宫用过人户山地，当时虽已支还值直，访闻止依空闲地段估计，致曾有陈诉。仰守臣相度，特与添还价钱。如有愿添还价钱、愿补名目者，许经尚书省自陈。其修奉攒宫，绍兴府属县于民间买到砖瓦、竹木、石段，并排顿犒设买过物色，逐急借用钱物、陈设器皿什物之类，并仰守臣限五日当官逐一支还，毋令欺弊及妄作名目占留。应缘修奉攒宫差顾民户工役，并采取石段、盖造席屋、修治堰闸桥梁道路、搬运砖瓦石段之类，仰本府守臣取见逐县实曾被差应办人户，酌度工力等第，各具本户下合减放上供苗税数目，申尚书省取旨除放。应梓宫经由去处，应办官司借人户屋舍，仰计日优支赁直。应合还人户价钱，仰先将本府元桩备钱物支还。如不足，于合发上供经总制钱内贴支，具数申尚书省。其合支还钱物，仰守臣觉察，如有阻节欺弊，按劾闻奏，官当远窜，人吏决配。仍出榜晓谕，许人户越诉。应缘修奉应办事务违慢官吏，见被体量取勘者，并特与放免。应诸处差到修奉工役、逃走兵级，限一月许令首身，与免罪收管。限满不首，复罪如初。邻近州县民间如有应办过事务，令两浙转运司比类条具，申尚书省取旨施行。

出处：《宋会要辑稿》礼三七之二〇。

韦太后曾祖舜臣追封广王制
(绍兴十二年十月十九日)

敕:朕惟上天垂休,爰锡一人之庆;东朝回驭,式均四海之欢。诞布湛恩,以昭景贶。推本外家之泽,宜旌重祖之封。具位故曾祖某,秉德不回,持躬甚厚。安时处顺,虽名位之莫彰;积善流光,致曾孙之丕显。恭惟太母,诞育眇躬,方申东朝就养之诚,盍厚曾门加赠之典!载荒大国,益慰营魂。

出处:《东窗集》卷七。

撰者:张扩

考校说明:编年据《宋会要辑稿》仪制一二补。

韦太后曾祖母段氏赠秦国夫人制
(绍兴十二年十月十九日)

敕:丕隆孝治,既承长乐之颜;惇叙外姻,宜厚曾门之宠。具位故曾祖母某氏,温恭秉德,勤俭宜家,鉴箴图之戒以自防,共苹藻之羞所勿怠,庆流后裔,位正母仪。用荒大国之封,易畀全秦之壤。魂其未泯,尚克歆知。

出处:《东窗集》卷七。

撰者:张扩

考校说明:编年据《宋会要辑稿》仪制一二补。

韦太后祖子华追封福王制
(绍兴十二年十月十九日)

敕:长孙稽厚坤之占,祥开文德;邓氏活千人之报,庆在和熹。繄大任之称尊,由显祖之积善。用举愍典,以振幽光。具位故祖某,内恕及人,至诚格物,行若高山之可仰,德如韫玉之有辉。再世而昌,惟天作合。兹因霈泽,载启大邦。用增侈于王封,以永绥于泉户。

出处:《东窗集》卷七。

撰者：张扩

考校说明：编年据《宋会要辑稿》仪制一二补。

韦太后祖母杜氏赠镇国夫人制
（绍兴十二年十月十九日）

敕：漏泉之泽，方覃及于绵区；显亲之章，宜上推于再世。恩厚祖配，义先母家。具位故祖母某氏，淑慎柔嘉，均于九族；惠和雍肃，仪于高门。富贵不在其身，子孙克昌于后。光启濯龙之御，诞膺履亩之祥。爰举愍章，再荒大国，用侈小君之宠，永为幽壤之荣。

出处：《东窗集》卷七。

撰者：张扩

考校说明：编年据《宋会要辑稿》仪制一二补。

韦太后父安礼追封充王制
（绍兴十二年十月十九日）

敕：德厚者报必丰，位隆者礼亦异。繄眇躬诞育于文母，惟庆源实本于严君。可无徽章，以贲幽壤？具位故父某，抱材弗试，循理而趋。至行无瑕，如珪璋之特达；刚节弗改，若松柏之后凋。庆钟子女之祥，尊为天下之母。充国甚大，王爵弥隆，永彰赠祕之荣，克慰焄蒿之感。

出处：《东窗集》卷七。

撰者：张扩

考校说明：编年据《宋会要辑稿》仪制一二补。

韦太后母宋氏赠陈曹国夫人制
（绍兴十二年十月十九日）

敕：旷荡之泽，式昭漏泉之恩；鞠养之慈，宜隆报本之礼。茂建增封之典，有光刻蜜之章。具位故母某氏，嫔于高门，休有令德。蕴山河容润之美，克配善人；严舅姑盥馈之仪，以肥家道。方慈宁就九重之养，宜称配荒两国之封。名数益隆,情文具称,营魂如在,茂渥其承。

出处:《东窗集》卷七。

撰者:张扩

考校说明:编年据《宋会要辑稿》仪制一二补。"陈曹国夫人",《宋会要辑稿》仪制一二作"陈鲁国夫人"。

诸路常平司见卖官田增租诏
(绍兴十二年十月二十一日)

诸路常平司见卖官田,并令见佃人增租三分。如不愿增者,许人划佃。

出处:《建炎以来系年要录》卷一四七。

广西钦廉等州所产盐并令官卖诏
(绍兴十二年十月二十二日)

广西钦、廉、雷、高、化州所产盐,并令官卖,内钦州所收钱赴鄂州军前送纳。

出处:《建炎以来系年要录》卷一四七。

程敦厚兼侍讲制
(绍兴十二年十月二十二日)

敕具官某:王人建事,必求多闻,上智愈明,盖由就学。朕广览载籍,执古御今,旁招鸿硕之英,以善缉熙之助,取诸近列,申锡纶言。以尔博通群书,推重多士。智识敏悟,见圣贤之门墙;词章瑰奇,超笔墨之畦径。比自南宫之选,擢升柱史之华,阅日尚新,厥闻弥著。是用进陪俊乂,劝讲金华。其陈有补之言,勿负平生之蕴。

出处:《东窗集》卷六。

撰者:张扩

考校说明:编年据《建炎以来系年要录》卷一四七补。

刘光世除太傅守和众辅国功臣护国镇安保静军节度使扬国公致仕制
（绍兴十二年十月二十三日）

敕：功成则身退，知天道者以曲为全；位高则礼隆，遇功臣者慎终如始。眷乃勋劳之旧，有恣调护之宜。遽形谢事之章，宜举褒贤之典。具官某，禀资英果，励节忠纯。妙算无遗，每攻城而破的；沉机不露，常缓带以临戎。顷扶国步之屯，久总中权之重。建羊祜抚循之策，得崇文选练之方。艰难百罹，夷险一节。屡受上赏，式旌元勋。属销多垒之锋，浒享珍祠之禄。方自娱于闲燕，俄有爽于节宣。遂辞簪绂之荣，欲遂林泉之适。重违雅志，申锡赞书，其加帝傅之尊，以厚家庭之宠。往祗涣渥，益介寿祺。

出处：《东窗集》卷六。

撰者：张扩

考校说明：编年据《建炎以来系年要录》卷一四七补。

侍臣不得系犀带诏
（绍兴十二年十月二十七日）

已降指挥，本省使臣冠带出入皇城门，仍今后不得依旧系犀带。

出处：《宋会要辑稿》职官三六之二五。

荣嶷除成都府路转运判官制
（绍兴十二年十月二十七日）

敕具官某：朕惟川陕之区，重兵列屯，馈饷之资，实仰全蜀，将漕之职，必惟其人。以尔政术吏能，见称强敏，飞刍挽粟，课最甚优。有嘉湖外之勤，其易坤维之节。效见已试，益殚厥心。

出处：《东窗集》卷八。

撰者：张扩

考校说明:编年据《建炎以来系年要录》卷一四七补。

秦梓兼侍读制
(绍兴十二年十月二十七日)

敕:朕尊用耆哲,以广聪明。六经之旨甚深,既详闻其议论;列圣之谟具在,则当奉以周旋。申锡明纶,使之进读。具官某气以直养,学称多闻。翰墨新功,得大手固嘉其有助;国朝故事,非旧德其孰能深知。遂以言扬,岂云次补!用峻金华之列,益增儒者之荣。问神策建置之因,抑惟蒋乂知耳;条汉家便宜之实,要自魏相发之。益励尔猷,式当朕意。

出处:《东窗集》卷一三。
撰者:张扩
考校说明:编年据《建炎以来系年要录》卷一四七补。

修盖皇太后殿宇门廊并创造到铺设什物推恩诏
(绍兴十二年十月三十日)

陈永锡特转行一官,于使额上转行;王晋锡、邵谔并转行遥郡刺史。第一等各转行一官,更减一年磨勘,第二等各转一官,第三等各减三年磨勘,内白身人并候有名目或出职日收使。兵匠第一等各支钱一十二贯,第二等各支钱一十贯,第三等并在外津般交拨官物财植等兵级、和雇作家、甲头、工匠各支钱八贯,并令户部支给。

出处:《宋会要辑稿》方域二之一六。
考校说明:原书系于绍兴九年,据前后文所述史事改。

张叔献除两浙路转运副使制
(绍兴十二年十月)

敕具官某:朕图回中兴,财赋莫急,内助大农,外实边备,漕计是赖。而两浙视他路尤号富饶,实东南根本也,膺是寄者,可非其人哉?以尔敏悟天资,锐于立事,忠义世济,灼知事君,其必能为朕抉剔蠹弊,检柅吏奸,使利源无夺于兼并,催科不困于追扰,上下既宽,国用自足。肆以命汝,谁曰不宜? 乃若襄帷问俗,激浊扬清,屡试已乎,奚俟多训!

出处:《东窗集》卷六。

撰者:张扩

考校说明:编年据《绍定吴郡志》卷七补。《建炎以来系年要录》卷一四七:"(绍兴十二年十一月壬辰)直敷文阁、两浙路转运副使张汇,直秘阁、两浙西路提点刑狱公事张叔献各进职一等。"不知是否即指除两浙路转运副使。

常州武进县嘉山善利庙龙封二字侯制
(绍兴十二年十月)

敕:朕惟龙神变化不测,潜跃以时,出云山川,施泽万物,功利既溥,爵秩宜颁。今嘉山之祠,灵状显著,用宠加于命綍,以进列于通侯。祇服朕恩,永绥尔祀。

出处:《东窗集》卷七。

撰者:张扩

考校说明:编年据《宋会要辑稿》礼二〇补。

筠州利贶庙神封忠显灵应侯制
(绍兴十二年十月)

敕:惟尔神生蕴忠义,捍蔽一方;殁而不忘,斯民永赖。属时艰棘,草窃纵横,潜却妖氛,具有影响。申颁显号,以表威灵。益侈朕恩,式昌尔祀。

出处:《东窗集》卷七。

撰者:张扩

考校说明:编年据《宋会要辑稿》礼二〇补。

常州晋陵县横山潜灵庙龙册封二字夫人制
（绍兴十二年十月）

敕：龙善变化，潜升以时，出云山川，施泽品汇。眷功利之既溥，宜爵秩之再颁。横山高庙龙母，祈祷不慝，灵状显著，用宠加于命綍，以锡号于小君。祗服朕恩，永绥尔祀。

出处：《东窗集》卷九。

撰者：张扩

考校说明：编年据《宋会要辑稿》礼二〇补。

敷文阁待制陈公辅转左朝请大夫致仕制
（绍兴十二年十月后）

敕：人臣徇知止之诚，既从其欲；王者厚褒贤之典，式荣其归。具官某，早以雄文，冠乎多士。屡膺推择，浸历清华。雅高谏省之绳愆，进预春官之帅属。久安词馆，未究尔猷，遽观奏牍之陈，遂上乞身之请。肆增厥秩，以示异恩。尚宝荣名，永绥寿祉。

出处：《东窗集》卷六。

撰者：张扩

考校说明：编年据陈公辅官历补，见《建炎以来系年要录》卷一四七。

端明殿学士左朝奉郎签书枢密院事
程克俊曾祖居吉赠太子少保制
（绍兴十二年十月后）

敕：惟程受氏，于古有人。婴存赵孤，伯率淮浦。卫尉憺威名于汉，袁师著孝友于唐。寥寥泊乎本朝，奕奕振于江表。有儒者登二府之列，谱系可寻；推异恩及三世之亲，典章惟旧。具官故曾祖某，早迪贤行，雅高月评。内怀忠信之纯，外履中庸之正。宜尔积善，及于曾孙，为时名臣，参我兵柄。东宫亚保，位峻秩尊，昭示恩荣，式光泉户。

出处:《东窗集》卷一一。

撰者:张扩

考校说明:编年据程克俊宦历补,见《建炎以来系年要录》卷一四七。

程克俊曾祖母朱氏赠新兴郡夫人制
(绍兴十二年十月后)

敕:朕惟右府之本兵,实资人杰;推曾门之贤配,爰锡恩章。具官故曾祖母某氏,勤俭起家,慈祥睦族。内谨箴图之戒,外严宾客之羞。庆溢后人,位于近辅。宠锡小君之号,肇新汤沐之封。尚几营魂,歆此殊渥。

出处:《东窗集》卷一一。

撰者:张扩

考校说明:编年据程克俊宦历补,见《建炎以来系年要录》卷一四七。

程克俊曾祖母姚氏赠威宁郡夫人制
(绍兴十二年十月后)

敕:朕登用本兵之臣,图回共政之效。嘉乃同德,福自曾门,爰举愍章,式颁异数。具官故曾祖母某氏,惠和雍肃,备于一身;孝顺慈祥,均于九族。泽钟余庆,祚启后人,宜尔孙曾,位予枢管。属兹超拜之始,庸后追荣之恩。锡号小君,疏封名郡,时乃优宠,式慰营魂。

出处:《东窗集》卷一一。

撰者:张扩

考校说明:编年据程克俊宦历补,见《建炎以来系年要录》卷一四七。

程克俊祖世显赠太子少傅制
(绍兴十二年十月后)

敕:惟纯臣能事君,式畀机廷之重;惟学士知尊祖,爰推襚典之隆。具官故祖某,孝悌修身,中和植德。义方训以诗礼,有子则贤;阴德大其门闾,至孙而贵。

位列右府,恩沾私庭。载升宫傅之崇,式厚泉扃之宠。营魂未泯,茂渥其承。

出处:《东窗集》卷一一。

撰者:张扩

考校说明:编年据程克俊宦历补,见《建炎以来系年要录》卷一四七。

程克俊祖母赠缙云郡夫人制
(绍兴十二年十月后)

敕:朕延登英杰,参秉枢机,位为大臣,礼亦异数。既厚私门之宠,宜推王母之恩。具官故祖母某氏,法度自循,孝慈有则。仁以厚下,而均宗族之惠;礼以奉先,而严祭祀之羞。庆溢后人,位予近辅。宠以小君之号,肇启缙云之封。尚几营魂,歆此殊渥。

出处:《东窗集》卷一一。

撰者:张扩

考校说明:编年据程克俊宦历补,见《建炎以来系年要录》卷一四七。

程克俊祖母胡氏赠齐安郡夫人制
(绍兴十二年十月后)

敕:朕延登英杰,参秉枢机,位为大臣,礼亦异数,既厚私门之宠,宜推王母之恩。具官故祖母某氏,慈惠静专,柔嘉淑慎。壶则共推其可仰,家道固因而自肥。庆溢后人,位予近辅。宠以小君之号,肇启齐安之封。尚几营魂,歆此殊渥。

出处:《东窗集》卷一一。

撰者:张扩

考校说明:编年据程克俊宦历补,见《建炎以来系年要录》卷一四七。

程克俊祖母王氏赠昌元郡夫人制
(绍兴十二年十月后)

敕:朕延登英杰,参秉枢机,位为大臣,礼亦异数,既厚私门之宠,宜推王母之恩。具官故祖母某氏,早以华宗,嫔于厚德,动必遵于法礼,行固宜于室家。庆溢后人,位予近辅。宠以小君之号,肇启昌元之封。尚几营魂,歆此殊渥。

出处:《东窗集》卷一一。

撰者:张扩

考校说明:编年据程克俊宦历补,见《建炎以来系年要录》卷一四七。

程克俊父逵赠少师制
(绍兴十二年十月后)

敕:朕惟大江以东,将相蝉联,而鄱阳为州,亦号多士,顾未有列二府而执国政者,岂人杰地灵,将有待欤？今克俊以儒学进用,遂升枢管。虽数至毕万而始大,亦本由狐突之教忠。宜举徽章,以光祢庙。具官故父某,饱于学问,见推一时,风流实被于乡间,材具卒沉于州县。惟天予善,有子跻登,擢縻翰墨之司,入侍筹帷之密。亚师之命,秩峻春坊,尚想九泉,克歆殊宠。

出处:《东窗集》卷一一。

撰者:张扩

考校说明:编年据程克俊宦历补,见《建炎以来系年要录》卷一四七。

程克俊母朱氏封永嘉郡夫人制
(绍兴十二年十月后)

敕:韦逞幼则侍经,仰亲慈之可恃;颍人食而舍肉,念君惠之未尝。繄予辅臣,乃有寿母,属此延登之始,可无褒宠之章？具官母某氏,生忠孝之门,嫔礼义之族,令名克配君子,懿范宜其家人。占自维熊之祥,及见升卿之贵。视小君而锡号,新汤沐以疏封。嗣有荣华,永绥难老。

出处:《东窗集》卷一一。

撰者:张扩

考校说明:编年据程克俊宦历补,见《建炎以来系年要录》卷一四七。

程克俊妻朱氏封和义郡夫人制
（绍兴十二年十月后）

敕：忠良显用，实朝廷辅弼之华；警戒相成，亦闺门夙夜之助。既诞扬于褒律，宜燕及于令妻。具官妻某氏，来嫔高门，休有贤誉。朱陈合好，见婚姻之典刑；夫妇如宾，谨姑章之训戒。追此延登之始，式申优渥之恩。正位小君，疏封名郡，并昭异数，往务钦承。

出处：《东窗集》卷一一。
撰者：张扩
考校说明：编年据程克俊官历补，见《建炎以来系年要录》卷一四七。

宝文阁学士左朝请大夫知明州军州事
梁汝嘉父固赠右通议大夫制
（绍兴十一年十月至绍兴十二年十一月间）

敕：朕荷天垂休，丕隆孝治，格欢心于四海，敷厚泽于群工。眷予持橐之良，肆茂显亲之渥。具官故父某，纯诚内秉，景行外章，实孚于名，爵不充德，庆钟子舍之远，位联常伯之华。属锡赉之涣恩，宜追荣之申命。用升崇秩，以慰营魂。

出处：《东窗集》卷七。
撰者：张扩
考校说明：编年据张扩任两制时间补、梁汝嘉官历补，见《宝庆四明志》卷一。

梁汝嘉母何氏赠淑人制
（绍兴十一年十月至绍兴十二年十一月间）

敕：具官故母某氏，温恭内秉，淑慎外持，胄出相门，德配君子，庆遂钟于贤嗣，位尝冠于地官。属颁大赉之恩，宜厚追荣之典。锡名甚宠，式慰重泉。

出处：《东窗集》卷七。
撰者：张扩

考校说明:编年据张扩任两制时间补、梁汝嘉宦历补,见《宝庆四明志》卷一。

梁汝嘉妻叶氏封淑人制
(绍兴十一年十月至绍兴十二年十一月间)

敕:国有大赉,泽覃四方,凡兹在服之臣,咸锡既多之祉。恩章甚渥,下逮室家。具官妻某氏,柔静宅心,温恭植德。来仪令族,礼先中馈之羞;善相其夫,位致甘泉之列。爰颁惠霈,用锡休称。永贻偕老之荣,尚懋相成之道。

出处:《东窗集》卷七。
撰者:张扩
考校说明:编年据张扩任两制时间补、梁汝嘉宦历补,见《宝庆四明志》卷一。

钱时敏除兵部郎官王言恭除驾部郎官
吴秉信除屯田郎官制
(绍兴十一年十月至绍兴十二年十一月间)

敕具官某等:朕旁求多士,置彼周行。为郎省闱,兹谓高选,取诸久次,俾能其官。以尔时敏蔚然文华,见推流辈;以尔言恭通达世务,详练有闻;以尔秉信业藉于勤,议论不苟;用并颁于书命,以列属于文昌。益究尔猷,往赞而长。

出处:《东窗集》卷八。
撰者:张扩
考校说明:编年据张扩任两制时间、吴秉信宦历补,见《建炎以来系年要录》卷一四七。

敷文阁直学士右朝散大夫知临安军府事两浙
西路安抚使俞俟父温赠左银青光禄大夫制
(绍兴十二年四月至十一月间)

敕:朕荷天垂休,丕隆孝治,爰敷德泽,以惠多方。眷予持橐之良,肆茂显亲之渥。具官故父某,令名表世,博学决科,效官著清白之规,通籍及高华之秩。庆钟令子,位列从班。属颁大赉之恩,宜厚追荣之宠。其陟文阶之峻,式为幽壤之光。

出处:《东窗集》卷七。

撰者:张扩

考校说明:编年据俞俟宦历补,见《建炎以来系年要录》卷一四五、卷一四七。

俞俟故母万氏赠文安郡夫人制
(绍兴十二年四月至十一月间)

敕:具官故母某氏,柔嘉有则,淑慎其仪,佩箴图之戒以自防,奉苹藻之羞而不怠。庆钟令子,位列从班。属颁大赍之恩,宜厚追荣之典。其易封于大郡,以申贲于幽扃。

出处:《东窗集》卷七。

撰者:张扩

考校说明:编年据俞俟宦历补,见《建炎以来系年要录》卷一四五、卷一四七。

俞俟母林氏封孺人制
(绍兴十二年四月至十一月间)

敕:具官母某氏,仁而厚下,礼以齐家,令名久而愈芳,眉寿宜其偕老。庆流子舍,位列天官。其申封号之华,以侈私庭之宠。往祗朕命,益务钦承。

出处:《东窗集》卷七。

撰者:张扩

考校说明:编年据俞俟宦历补,见《建炎以来系年要录》卷一四五、卷一四七。

俞俟故妻史氏赠硕人制
(绍兴十二年四月至十一月间)

敕:国有大赍,泽覃庶工,恩及闺门之私,礼无存殁之间。具官某故妻某氏,奉身勤俭,睦族慈祥,作配善人,不克偕老。兹属漏泉之惠,宜疏刻蜜之章。申锡荣名,永光窀穸。

出处:《东窗集》卷七。

撰者:张扩

考校说明:编年据俞俟官历补,见《建炎以来系年要录》卷一四五、卷一四七。

俞俟故妻陈氏赠硕人制
(绍兴十二年四月至十一月间)

　　敕:具官某故妻某氏,静专禀质,柔惠宜家,裔出高门,配于厚德。生莫谐于偕老,逝宜厚于追荣。显号载加,幽宅其吉。

出处:《东窗集》卷七。

撰者:张扩

考校说明:编年据俞俟官历补,见《建炎以来系年要录》卷一四五、卷一四七。

俞俟妻赵氏封硕人制
(绍兴十二年四月至十一月间)

　　敕:国有大赉,泽均四方,惟时侍从之联,亦燕室家之喜。具官某妻某氏,修身淑慎,秉德惠和,不忘夙夜之勤,克谨舅姑之奉,尽妇之道,成夫之名。宜申锡于徽章,以增光于私室。往服朕命,益务钦承。

出处:《东窗集》卷七。

撰者:张扩

考校说明:编年据俞俟官历补,见《建炎以来系年要录》卷一四五、卷一四七。

王铢除两浙西路提点刑狱制
(绍兴十二年十一月二日前)

　　敕具官某:朕深惩法家奉三尺律令以从事,苛刻少恩,故于诸路平反,必择忠厚之人,庶几持议宽平,辅以经术。以尔儒学名家,直清试吏,风绩之劭,达于予闻。煮海摘山,已上裕民之最;缓刑议狱,宜从易节之华。自浙以西,皆吾辅郡,往宣德意,益尽心焉。

出处:《东窗集》卷九。

撰者:张扩

考校说明:编年据《绍定吴郡志》卷七补。

王晚除知临安府手札御书
(绍兴十二年十一月四日前)

王晚除敷文阁待制、知临安府,日下供职。

出处:《宝真斋法书赞》卷二。

考校说明:编年据《建炎以来系年要录》卷一四七补。本诏为"高宗皇帝除目手札御书"其中一种,注曰"案:前标题注及后跋语作十一幅,此分为七,或有缺佚与误连之处,今并仍其旧"。原书将此诏与"王珉除右正言,日下供职;施钜除参知政事,郑仲熊除端明殿学士、签书枢密院事,并日下供职。郑仲熊合得恩数,并依执政例施行"合为一诏,然王珉除右正言、施钜除参知政事、郑仲熊除签书枢密院事皆在绍兴二十四年十一月(见《建炎以来系年要录》卷一六七),故此诏与"王珉除右正言,日下供职;施钜除参知政事,郑仲熊除端明殿学士、签书枢密院事,并日下供职。郑仲熊合得恩数,并依执政例施行"非同一诏。

议加徽宗谥号诏
(绍兴十二年十一月四日)

朕恭惟徽宗皇帝躬神明之德,有尧舜之仁。绍累圣之丕基,当四海之全盛。储精渊默,体道穆清。盖垂拱优游于十闰之间,而功德度越于百王之上。逢时初否,弃赜若遗。暨讣驿之远来,举敷天而感痛。朕缵承大业,遭罹百难。力修邻国之和,亟致辒车之复。已卜会稽之地,权行陵寝之仪。先远告成,升祔云毕。顾徽号之莫称,在眇躬而惕然。虽藏用之神,无得而名言;而显仁之迹,可求于拟象。矧祖宗之明训,有追崇之旧章。宜扬显功,以垂来世。徽宗皇帝谥号见今六字,宜加十字为十六字,如祖宗故事。令三省、枢密院、侍从、台谏以上同太常寺集议,仍令礼官详具典礼以闻。

出处:《宋会要辑稿》帝系一之一五。又见《中兴礼书》卷一一二。

修奉攒宫了毕推恩诏
（绍兴十二年十一月四日）

修奉攒宫掩攒了毕，万俟卨、郑亿年、宋唐卿、李珪各转两官；一行官属、人吏、诸色人，等第推恩有差。

出处:《宋会要辑稿》礼三七之二一。

张汇进直徽猷阁张叔献进直敷文阁吕用
中王铁并除直秘阁制
（绍兴十二年十一月四日）

敕具官某等:朕念裕陵，克备送终之礼;近瞻东越，爰兴卜宅之工。庀众聚材，旁资诸郡，提纲挈领，在得其人。尔等咸以才猷，各将使指。缓急中节，民靡告劳;剧易随宜，事无愆素。嘉其协济之效，宜从第赏之科。或内阁升华，或中秘寓直，是为高选，益励尔忠。

出处:《东窗集》卷七。
撰者:张扩
考校说明:编年据《建炎以来系年要录》卷一四七补。

王晚除敷文阁待制知临安府制
（绍兴十二年十一月四日）

敕:西清高华，次对为侍臣之列;天府浩穰，尹正居诸夏之先。眷兹委任之难，必求名实之副。我有髦士，用颁明纶。具官某早以能名，屡更器使。缘吏事以儒雅，何施不宜? 溢政声于严明，所至称治。望雅高于郎省，节屡易于外台。遍仪论撰之华，深见典刑之旧。其辍甘泉之从，以增帅阃之权。夫道德之威成安强，朕方极四方之选;而辇毂之下先弹压，尔其试三辅之能。治最上闻，期月可待。

出处:《东窗集》卷一三。

撰者:张扩
考校说明:编年据《建炎以来系年要录》卷一四七补。

张俊罢枢密使制
(绍兴十二年十一月五日)

仗钺秉旄,出尝颛于军旅之事;弁冕端委,入或惮于朝廷之仪。矧边陲戍兵,已见于沉烽;则将帅大臣,乐居于散地。眷惟我勋贤之旧,闵劳以枢机之烦。咨尔在廷,咸听朕命。具官张俊才资俊伟,谋略雄深。语多赤气之浮,性得金行之正。初拜大将,无复一军之惊;屡奏肤功,自是万人之敌。志雅奋于忠义,识暗合于韬钤。多修捍我于艰,勤劳靡懈;师众以顺为武,号令惟明。自升宥密之司,尤切安危之寄。适邻封之敦睦,幸寰宇之小康。而乃数贡诚忧,力祈闲退。智同乃祖,欲寻黄石之老人;虑创前贤,不断长城之地脉。虽失倚毗之重,良嘉止足之风。是用兼三镇之节旄,次上公之衮绣。昨开茅社,荣疏王爵之封;名列云台,宠冠功臣之号。俾就琳宫之佚,仍趋玉殿之朝。增衍爰田,申加干食。以懋爪牙之力,以隆心膂之私。於戏!李卫公之称疾阖门,最为明哲;郭汾阳之闻命引退,岂俟嫌疑。罔俾斯人,专美唐室。

出处:《宋宰辅编年录》卷一六。又见《宋会要辑稿》职官七八之四二。

李椿年除直显谟阁两浙路转运副使制
(绍兴十二年十一月六日)

敕具官某:朕维士大夫有能秉德自信,不惑浮议,徇公灭私,事无辞难,慨然有志于功名之会,则朕所敦奖,要官剧职、举而任之,何中外之间哉?以尔儒学登科,文艺盖众,深疾虚名之无补,欲资实用以济时。戢吏爱民,始于治县;抑强扶弱,久而益坚。朕念艰难以来,财用最急,将漕之职,尤慎其人。矧惟二浙之富饶,实乃东南之根本,肆以命汝,人皆谓宜。辍从宰掾之联,宠以西清之直。往贰使事,宜究乃心,古人所谓敛弗及民而用度足者,不于汝责而谁责也?

出处:《东窗集》卷六。
撰者:张扩
考校说明:编年据《建炎以来系年要录》卷一四七补。

黄达如除监察御史制
（绍兴十二年十一月六日）

敕具官某：朕众建御史，维持纪纲，惟时六察之联，实参三院之列，孰在简拔，必资俊明。以尔学问精醇，气节刚劲，虽回翔州县之久，实深知治体之归。来自远方，扬于便殿，详观奏对，有契朕心。嘉其议论之公，宜膺耳目之寄。往务举职，无负朕知。

出处：《东窗集》卷六。
撰者：张扩
考校说明：编年据《建炎以来系年要录》卷一四七补。

刘光世赠太师制
（绍兴十二年十一月十三日）

敕：知命为贤，死生何殊于夜旦；念封有礼，哀荣欲极其始终。怆予勋阀之英，忽动鼓鼙之戚，宜颁禭典，增贲隆名。具官某沉鸷有谋，纯诚自信，果敢挟万夫之勇，间关收百战之奇。早推枭将之雄，式付中权之重。能擒能纵，得兵家韬略之余；且守且攻，出敌人筹画之外。嘉恩威之兼济，致功业之弥隆。制阃节旄，屡叠斋坛之组；清都香火，久安真馆之游。屡形引疾之章，俾遂言归之志。方高得谢，遽骇云亡。念凌烟之旧勋，当垂不朽；加维垣之一品，追耀无穷。尚想凛然，歆此殊宠。

出处：《东窗集》卷一四。
撰者：张扩
考校说明：编年据《建炎以来系年要录》卷一四七补。

令邵相收籴米斛另项桩管诏
（绍兴十二年十一月十六日）

令邵相取拨本路应管经总制钱并日后收到数措置，委官于沿流丰熟州县收籴米斛，另项桩管，听候指挥。

出处:《宋会要辑稿》食货四〇之二四。

赵鼎王庶令赦更不检举曾开李弥远并落职制
(绍兴十二年十一月十八日)

方同恶而相济,肯信君子以为必归;逮宁亲而解忧,是宜国人皆曰可杀。

出处:《建炎以来系年要录》卷一四七。
撰者:程敦厚

川陕类试举人诏
(绍兴十二年十一月十九日)

川陕类试过省第一人,特赐进士及第,与依行在殿试第三人恩例;余并赐同进士出身。仍令川陕宣抚司开具姓名申尚书省给敕牒。

出处:《宋会要辑稿》选举二之一六。

陈诚之除秘书省正字制
(绍兴十二年十一月十九日)

敕具官某:去古既远,图书所传,日益讹谬。朕开册府,设属其间,岂徒然哉?以尔文艺英华,学问该洽,大廷赐对,方嘉尔能,顷披请事之章,欲遂挂冠之乐。用增尔秩,庶荣其归。尚勤药石之功,以厚寿祺之报。

出处:《东窗集》卷八。
撰者:张扩
考校说明:编年据《建炎以来系年要录》卷一四七补。《南宋馆阁录》卷八系于绍兴十三年二月。

医官局生员额依旧制诏
(绍兴十二年十一月二十一日)

医官局生员额并依旧制。内局生请给,令户部措置量行增添,申尚书省。

出处:《宋会要辑稿》职官二二之四〇。

孟忠厚罢枢密使判福州制
(绍兴十二年十一月二十二日)

官以孤少之贵,位以枢廷之崇。庶俾同寅,用期至治。曾坐席之未暖,遽封囊而请闲。

出处:《宋会要辑稿》职官七八之四二。

特奏名不该出官人与免纳敕牒诏
(绍兴十二年十一月二十五日)

特奏名不该出官人,与免纳敕牒,许赴十五年再试。

出处:《宋会要辑稿》选举八之四二。

吴芾除秘书省正字制
(绍兴十二年十一月)

敕具官某:图书之府,凤号清华,顾匪时髦,曷膺妙选?以尔学造乎理,行适厥中,见称士林,久而弥劭,往参群彦,刊正秘文。益励才猷,嗣有褒陟。

出处:《东窗集》卷八。
撰者:张扩
考校说明:编年据《南宋馆阁录》卷八补。

兰整守平海军承宣使充两浙东路马步军
副都总管致仕制
（绍兴十二年十一月后）

敕：事君以忠，既竭致身之义；引疾谢事，爰推从欲之仁。眷予虎臣，用颁涣渥。具官某，早以艺勇，冠于戎行。御众有方，允著绥怀之略；临机以果，屡收斩获之勋。比参总于戎昭，益播名于浙右。遽上言归之请，有嘉知止之风。申锡赞书，式彰晚节。其往绥于寿祉，以永保于恩休。

出处：《东窗集》卷六。
撰者：张扩
考校说明：编年据兰整官历补，见《建炎以来系年要录》卷一四七。

左承议郎权工部尚书莫将父援赠左太中大夫制
（绍兴十一年十二月至绍兴十二年十二月间）

敕：朕孝以宁亲，格欢心于四表；仁而锡类，敷惠泽于多方。虽七品归休，位不充德；而八座通贵，子则象贤。属兹庆赍之行，宜厚褒扬之典。太中显秩，实次从班。侈我恩休，永光幽壤。

出处：《东窗集》卷七。
撰者：张扩
考校说明：编年据莫将官历补，见《建炎以来系年要录》卷一四三、卷一四七。

莫将母胡氏赠硕人制
（绍兴十一年十二月至绍兴十二年十二月间）

敕：朕丕隆孝治，覃泽四方，惟时侍从之臣，咸举显亲之典。具官故母某氏，早以华族，嫔于高门，躬懿行以宜家人，蔼令名以配君子。泽钟贤嗣，位长冬官。属兹庆赍之行，宜厚褒扬之典。申锡封号，永贲幽扃。

出处：《东窗集》卷七。

撰者:张扩

考校说明:编年据莫将官历补,见《建炎以来系年要录》卷一四三、卷一四七。

莫将故妻李氏赠硕人制
(绍兴十一年十二月至绍兴十二年十二月间)

敕:旷荡之泽,均被四方,兼存殁以疏恩,极哀荣而从厚。眷予从列,宜迨室家。具官故妻某氏,孝顺慈祥,均于九族;惠和雍肃,仪于高门。善相其夫,致位通显。德则甚厚,命乃不融。申锡荣名,永光泉户。

出处:《东窗集》卷七。

撰者:张扩

考校说明:编年据莫将官历补,见《建炎以来系年要录》卷一四三、卷一四七。

莫将故妻李氏赠硕人制
(绍兴十一年十二月至绍兴十二年十二月间)

敕:具官故妻某氏,法度自循,少有贤行,盥馈动循于壶则,组纴不废于妇功。善相其夫,致位通显。德则甚厚,命乃不融。申锡荣名,永光泉户。

出处:《东窗集》卷七。

撰者:张扩

考校说明:编年据莫将官历补,见《建炎以来系年要录》卷一四三、卷一四七。

莫将妻章氏封硕人制
(绍兴十一年十二月至绍兴十二年十二月间)

敕:夫妇有相成之道,兹本人伦;室家申燕喜之私,莫逾国宠。具官妻某氏,幼亲姆训,胄出相门。典刑余谢女之风,伉俪得梁鸿之配。休有令闻,宜其家人。兹因庆赉之行,式厚褒荣之典。锡以显号,往务钦承。

出处:《东窗集》卷七。

撰者:张扩

考校说明：编年据莫将官历补，见《建炎以来系年要录》卷一四三、卷一四七。

左朝奉郎新除给事中兼侍讲李易父孝友赠右朝请郎制
（绍兴十二年九月至十二月间）

敕：朕荷天之休，丕隆孝治，爰敷惠泽，以赍多方。眷予持橐之臣，咸动显亲之念。申颁愍典，式示湛恩。具官故父某，好礼不逾，躭书自信。多能而弗蕲盖众，无求而安守贫。以利物存心，以教子为乐。是宜流庆，享此褒荣。其从升秩之华，以厚幽扃之宠。

出处：《东窗集》卷七。

撰者：张扩

考校说明：编年据李易官历补，见《建炎以来系年要录》卷一四六、卷一四七。

李易母蒋氏赠令人制
（绍兴十二年九月至十二月间）

敕：载稽令典，用锡宠章。具官故母某氏，妇义而从，母严而爱，坐致闺门之肃，不因贫窭而忧。尝鬐发以延宾，亦断机而诲子。老而享福，危则教忠。遂沐湛恩，特加异数。兹因霈渥，申赍令名。尚几营魂，歆此殊宠。

出处：《东窗集》卷七。

撰者：张扩

考校说明：编年据李易官历补，见《建炎以来系年要录》卷一四六、卷一四七。

李易妻牛氏封令人制
（绍兴十二年九月至十二月间）

敕：朕荷天之休，丕隆孝治，爰敷惠泽，以赍多方。眷予侍从之臣，亦燕室家之喜。具官妻某氏，早有贤行，宜其家人，克修盥馈之仪，凤谨闺门之戒。既尽相成之义，宜蒙偕老之荣。载锡令名，式彰内助。

出处：《东窗集》卷七。

撰者：张扩

考校说明：编年据李易官历补，见《建炎以来系年要录》卷一四六、卷一四七。

米友仁除屯田郎官制
（绍兴十二年十二月一日）

敕具官某：朕罢兵留屯，经理边备，考古人便宜之计，图当今耕殖之功。惟时司田，实任是责。以尔风力强敏，智术疏通，出膺使节之华，入贰缮工之剧，践扬滋久，誉处弥休，其列属于冬官，俾交修于职业。往佐而长，益懋尔为。

出处：《东窗集》卷八。

撰者：张扩

考校说明：编年据《建炎以来系年要录》卷一四七补。

李易除敷文阁待制宫观制
（绍兴十二年十二月一日）

敕：入而居献纳之地，近臣所以尽规；出而奉燕闲之祠，明主所以从欲。内外之势虽异，待遇之礼惟均。具官某学问淹该，文词敏赡，早飞声于多士，浡扬誉于禁涂。西掖代言，号令得中和之气；东台平奏，对章推论驳之公。方厚倚于老成，乃力祈于引去。重违尔志，宜锡异恩，其升次对之华，俾遂珍庭之逸。毋忘忠告，而有退心。

出处：《东窗集》卷八。

撰者：张扩

考校说明：编年据《建炎以来系年要录》卷一四七补。

吴秉信除枢密院检详诸房文字制
（绍兴十二年十二月一日）

敕具官某：西枢宥密之地，设属以纠稽违，盖视文昌左右司、东西台检正之员也。其选可谓重矣，非疏通明敏之士，孰膺是选哉？以尔学博而知方，智周而行远，奉常议礼，起部为郎，俱以能称，扬于在列。往赞本兵之寄，益殚事上之忠。

出处:《东窗集》卷一四。

撰者:张扩

考校说明:编年据《建炎以来系年要录》卷一四七补。

州县出纳钱物等并克纳头子钱诏
(绍兴十二年十二月七日)

　　敕:州县出纳钱物及官员请给衣赐米麦,并行纽计,每贯克纳头子钱四十三文省。所有职田钱物一体收纳头子钱,分隶诸司拘收起发施行。

出处:《庆元条法事类》卷三七。

入赀授官人免役条例诏
(绍兴十二年十二月七日)

　　入赀授官通及二万贯以上人,方许作官户免役。

出处:《宋会要辑稿》职官五五之四六。

人户典卖田宅税钱留充经总制钱事诏
(绍兴十二年十二月七日)

　　人户典卖田宅交易如系足钱,每贯状一百文足。除三十五文充经制钱,余一半州用,一半作总制钱。及人户自首典卖田宅违限投纳牙契倍税钱,三分州用,七分总制钱。

出处:《庆元条法事类》卷三〇。

措置增展太学诏
(绍兴十二年十二月十二日)

　　太学养士,权于临安府府学措置增展。所有府学先次别选去处建置,其增展屋宇约可容生员三百人。斋舍并官吏直舍等,并临安府措置修盖。

出处:《宋会要辑稿》方域二之一六。

故相余深家藏监书令投进诏
(绍兴十二年十二月十二日)

福州故相余深家所藏监书,令宪臣说谕投进,取旨推恩。

出处:《建炎以来系年要录》卷一四七。

孟忠厚知建康府制
(绍兴十二年十二月十二日)

敕:建业名城,负山川形势之胜;江东会府,据舟车往来之冲。今为陪都,尤慎居守。衹膺师帅之托,必藉股肱之良。具官某识照几微,学穷今古。君子之行正众,高一时肺腑之英;贤牧之政近民,余两郡棠阴之爱。顷畴德望,入长枢庭,侍帷幄之邃严,资谋猷之佐助。属上请闲之悃,用推均逸之恩。肆颁赞书,俾重制阃。初分长乐之寄,既壮其行;载更金陵之符,庶几未远。尚烦卧治,其体眷怀。

出处:《东窗集》卷一三。
撰者:张扩
考校说明:编年据《建炎以来系年要录》卷一四七补。

奉上徽宗皇帝徽号行礼诏
(绍兴十二年十二月二十日)

签书枢密院事、兼权参知政事程克俊为奉册读册,中书令、户部尚书张澄为奉宝读宝,侍中、大理卿周三畏,大理少卿姜师中举册,秘书少监秦熺、军器监刘才邵举宝,吏部侍郎魏良臣进接大圭,礼部侍郎王赏奏中严外办,中书舍人张扩御前奏中严外办,右谏议大夫罗汝楫礼仪使,前导皇帝行礼,祠部员外郎段拂奏解严,权太常少卿王师心御前奏解严,太常博士刘嵘赞引礼仪使。

出处:《宋会要辑稿》帝系一之一六。

关注除太学正制
(绍兴十二年十二月二十二日)

敕具官某:朕偃革修文,恢复庠序,肆求髦彦,纠正诸生。以尔学约词华,见称流辈,必能为朕讲求旧典,作新斯文。使士如平时,则汝职举矣。

出处:《东窗集》卷六。
撰者:张扩
考校说明:编年据《建炎以来系年要录》卷一四七补。

周三畏除刑部侍郎兼详定一司敕令制
(绍兴十二年十二月二十二日)

敕:秋官之贰,参掌邦宪,议狱行法,必务平允。盖毫厘之差,能致千里之谬;向隅之泣,感伤满堂之和。膺是选者,固亦难矣。具官某灵台清明,璞玉浑厚,自棘寺之属,至于列卿,求情必以哀矜,持议初无挠曲,阅岁滋久,全活甚众,岂非所谓确乎能其事者欤? 朕善因任之图,肆命尔为小司寇。汝其夙夜究心,辅以忠恕,庶几知朕所以用汝者,不专在于惠文之书也,可不勉哉!

出处:《东窗集》卷一〇。
撰者:张扩
考校说明:编年据《建炎以来系年要录》卷一四七补。

罢宿卫亲兵诏
(绍兴十二年十二月二十四日)

宿卫亲兵非祖宗法,可罢。内有三路人,并改刺充皇城司亲从亲事官。

出处:《建炎以来系年要录》卷一四七。

程瑀兼资善堂翊善制
（绍兴十二年十二月二十六日）

敕：朕惟宗藩就学，习与性成，肆求端良之人，以资调护之力，得诸侯列，申锡赞书。具官某内刚而怀君子之仁，辞寡而具吉人之德。任牧养之寄，则风俗为之纯厚；居献纳之地，则朝廷赖以尊荣。进陪资善之游，实藉老成之助。尔其夙夜匪懈，辅以多闻，庶几易直子谅，油然而生，动容周旋，咸中于礼。是为称职，予则汝嘉。

出处：《东窗集》卷九。
撰者：张扩
考校说明：编年据《建炎以来系年要录》卷一四七补。

太史局许召募草泽诏
（绍兴十二年十二月二十七日）

太史局除子弟依条合行附试全经，仍许召募草泽，遵依绍兴十年八月十日已降指挥，再行试补一次。

出处：《宋会要辑稿》职官一八之九一。又见同书职官三一之八。

差殿前司军兵防护大辇诏
（绍兴十二年十二月二十九日）

制造大辇成，已降指挥于殿前司差拨巡防潜火军兵五十人，管押人在内分番昼夜巡警防护，令权隶御辇院管辖。若有罪犯，牒本司施行。仍不得别行占破差使。如违，依私役禁军法科罪。

出处：《宋会要辑稿》职官一九之一八。

供御次供御下都辇官员额诏
（绍兴十二年十二月二十九日）

供御、次供御、下都辇官，权以一千人为额：供御营二百人，次供御营一百五十人，下都营六百五十人。

出处：《宋会要辑稿》职官一九之一八。

拣充御辇院供御次供御辇官诏
（绍兴十二年十二月二十九日）

御辇院见阙供御、次供御辇官，令殿前司、马步军司于所管指挥内十将至长行内拣不系三路沿边傜人年四十岁已下、不曾犯赃盗及五赤七寸五分并五赤六寸五分等样、各一十五步见指明、走跳得无腋气残疾之人，割籍充填阙额。其请给衣赐，据见今职名各从多给，粮审院日下放行，仍免申兵部审验，从本院改刺。如有一切拘碍，且依今降指挥施行。

出处：《宋会要辑稿》职官一九之一八。

招置下都营辇官支破请给诏
（绍兴十二年十二月二十九日）

下都营依绍兴十二年正月二十九日并四月十三日降指挥招置，支破请给。如有不插板及五尺五寸五分等样之人，依在京体例给与例物，每名支钱五贯文。令户部据合用数目，逐旋入本院历内先次批勘桩管，招刺支给。

出处：《宋会要辑稿》职官一九之一八。

御辇院差拨医官一名诏
（绍兴十二年十二月二十九日）

御辇院令翰林院差拨医官一名，每月支给合药钱七贯文。后有阙，准此。

出处:《宋会要辑稿》职官一九之一八。

御辇院请领诸色纸事诏
（绍兴十二年十二月二十九日）

御辇院令户部每月余本院历内批勘池表纸五十张、大歘表纸一百张、小表纸二百张、毛头纸五百纸、朱红一两,于左藏库请领,应副行遣造帐等使用。

出处:《宋会要辑稿》职官一九之一八。

陕西转运使副判官合举改官县令诏
（绍兴十二年十二月三十日）

陕西旧系六路五十州军内,除沙苑监系马监、司竹监系管竹木、太平监系铸钱监,不系州军外,其转运使副、判官三员合举改官十七员、县令二十七员,令除割属佗路外,止有阶、成、岷、凤四州通举改官县令等员数,可以九员为额,仍自绍兴十三年为始。

出处:《宋会要辑稿》选举二九之三〇

高闶除国子司业制
（绍兴十二年十二月）

敕具官某:朕久厌干戈,善载戢之计;肇复学校,恢右文之图。维时司业之联,实贰成均之政。孰应遴选,必取纯儒。以尔怀静退之风,得渊源之学,早升东观,沵列南宫,缙绅所推,誉处弥劭。其为朕表倡缝掖,作新斯文,使士如平时,则汝为称职。

出处:《东窗集》卷九。
撰者:张扩
考校说明:编年据《续宋编年资治通鉴》卷五补。

梁汝嘉授官制
（暂系于绍兴十一年七月十七日）

朕惟内阁之严，用闳祖宗之谟训；而学士之重，实储天下之贤才。就正班联，式旌治效。宝文阁直学士、右朝请大夫、知明州军事、兼管内劝农使、兼两浙东路沿海制置使、开国伯、食邑九百户、赐紫金鱼袋梁汝嘉，气冲而裕，识敏于明。中外践扬，声绩茂著。文昌分职，蚤列于六卿；民部阙庸，沴升于八座。逮均劳于辅郡，旋报政于中朝。易畀东藩之雄，仍作西清之序。其锡书以赞，庸示眷怀。尚究乃心，克祗予训。可特授阙，依前阙，封、赐如故。

出处：光绪《宣平县志》卷一三，光绪四年刻本。
考校说明：原书系于绍兴十二年，然是年梁汝嘉已是宝文阁学士，与文中所称"宝文阁直学士"不合。据文中所述"而学士之重，实储天下之贤才……易畀东藩之雄"，此制疑即梁汝嘉授宝文阁学士之制。《建炎以来系年要录》卷一四一："（绍兴十一年七月癸丑）宝文阁直学士、新知明州梁汝嘉落'直'字。"此篇《全宋文》题作《赐开国伯梁汝嘉敕》（第二〇四册，第三四页）。

敷文阁待制李易转左朝散郎致仕制
（绍兴十二年十二月后）

敕：贤者立身，知止惟能不殆；人君厚下，从欲所以推仁。具官某，早以词华，登于法从。曲台柱史，雅高博洽之能；西掖东垣，兼尽论思之益。引疾而去，曾未淹时，遽形谢悃。尝冠诸儒，刊正秘文，肆以命汝。豕亥鱼鲁，可胜计乎？往究乃心，亦以资汝之学。

出处：《东窗集》卷六。
撰者：张扩
考校说明：编年据李易官历补，见《建炎以来系年要录》卷一四七。

刘尧佐加官制
（绍兴十二年后）

朕向以龙輴返国，厪炭修陵，载畴卜兆之功，宜锡进官之宠。用增厥秩，益谨尔猷。

出处：《东牟集》卷七。
撰者：王洋
考校说明：编年据文中所述"朕向以龙輴返国，厪炭修陵，载畴卜兆之功"补，见《宋史》卷三〇《高宗纪》。

三节官属转官制
（绍兴十二年后）

具官某：朕率常遣使，修好睦邻，凡从驰驱，宜有甄奖。叙迁厥秩，式宠其行。往祗恩光，毋惮劳勚。

出处：《东牟集》卷七。
考校说明：编年据文中所述史事补，见《宋史》卷三〇《高宗纪》。题后原注："贺正旦生辰。"王洋此时未任两制，此文当为《东牟集》误收。

方泾循资制
（绍兴十二年后）

具官某：朕通好殊邻，聘问岁遣，凡庀职于其行者，定为彝典，以赏其劳。循尔文阶，时乃异数。往思懋勉，以副恩光。

出处：《东牟集》卷七。
考校说明：编年据文中所述"朕通好殊邻，聘问岁遣"补，见《宋史》卷三〇《高宗纪》。王洋此时未任两制，此文当为《东牟集》误收。

樊琏转官制
（暂系于绍兴十二年后）

　　具官某：朕崇东朝而备孝养，品上药以辅天和。尔父供奉有劳，宠光宜锡。既引年而致事，爰及嗣以颁恩，用陟美阶，往祗异数。

出处：《东牟集》卷七。
考校说明：编年据文中所述"朕崇东朝而备孝养"补，见《宋史》卷三〇《高宗纪》。王洋此时未任两制，此文或为《东牟集》误收。

刁廱转官制
（暂系于绍兴十二年后）

　　具官某：朕睦邻遣使，率属在涂，肆畴万里之劳，特懋三官之赏。一更华秩，两进美阶。兹谓异恩，勉思报效。

出处：《东牟集》卷七。
考校说明：编年据文中所述"朕睦邻遣使"补，见《宋史》卷三〇《高宗纪》。王洋此时未任两制，此文或为《东牟集》误收。

廖供循资制
（暂系于绍兴十二年后）

　　具官某：《诗》至于《颂》，盛德之事也。朕不以位为乐，而得奉东朝之养。尔职儒官，形容孝道，灿然归美。用循华阶，以示嘉奖。

出处：《东牟集》卷七。
考校说明：编年据文中所述"朕不以位为乐，而得奉东朝之养"补，见《宋史》卷三〇《高宗纪》。王洋此时未任两制，此文或为《东牟集》误收。

篇名索引

卷十　绍兴六年

卷十三　绍兴九年

635　和众辅国功臣太保护国镇安保静军节度使刘光世故嫡母葛氏可特赠
　　　镇国夫人制

636　和众辅国功臣太保护国镇安保静军节度使刘光世故所生母杨氏可特
　　　赠邓国夫人制

636　和众辅国功臣太保护国镇安保静军节度使刘光世妻向氏可特封秦国
　　　夫人制

637　参知政事王次翁故曾祖异可特赠少保制

637　参知政事王次翁故曾祖母刘氏可特赠崇国夫人制

637　参知政事王次翁故曾祖母吴氏可特赠荣国夫人制

638　参知政事王次翁故祖寂可特赠太子太傅制

638　参知政事王次翁故祖母赵氏可特赠蕲春郡夫人制

639　参知政事王次翁故祖母丘氏可特赠博平郡夫人制

639　参知政事王次翁故父褆可特赠太子太师制

639　参知政事王次翁故母张氏可特赠饶阳郡夫人制

640　参知政事王次翁故妻赵氏可特赠同安郡夫人制

640　武泰军节度使刘锜故曾祖玉可特赠太子太傅制

641　武泰军节度使刘锜故曾祖母王氏可特赠大宁郡夫人制

641　武泰军节度使刘锜故祖恂可特赠太子太师制

642　武泰军节度使刘锜故祖母王氏可特赠通义郡夫人制

642　武泰军节度使刘锜故祖母孙氏可特赠濮阳郡夫人制

642　武泰军节度使刘锜故父仲武可特封英国公制

643　武泰军节度使刘锜故母薛氏可特赠韩国夫人制

643　武泰军节度使刘锜故母王氏可特赠越国夫人制

644　武泰军节度使刘锜故妻薛氏可特赠安化郡夫人制

644　武泰军节度使刘锜妻邹氏可特封信安郡夫人制

644　检校少保潘正夫故曾祖承允可特赠太师制

645　检校少保潘正夫故曾祖母王氏可特赠荆国夫人制

645　检校少保潘正夫故祖考存可特追封济国公制

646　检校少保潘正夫故祖母孙氏可特赠周国夫人制

646　检校少保潘正夫故祖母陈氏可特赠唐国夫人制

646　检校少保潘正夫故祖母赵氏可特赠雍国夫人制

647　检校少保潘正夫故祖母江氏可特赠秦国夫人制

647　检校少保潘正夫故父绛可特追封景国公制

658　仇愈为该大礼赦左朝散郎制

658　张琦昨在淮西宣抚司水军统领为冒请逃亡事故人钱米事除名勒停送
　　　吉阳军编管今两遇赦特与叙成忠郎制

659　宋超为首先将带军马一城官吏渡淮来归淮西宣抚差权知亳州乌珠亲
　　　率重兵攻打遂致失守除名勒停今该遇大礼赦系归正之人特与叙从义
　　　郎制

659　资政殿学士韩肖胄故父治可特赠少师制

660　资政殿学士韩肖胄故母文氏可特赠冀国夫人制

660　资政殿学士韩肖胄继母文氏可特封镇国夫人制

661　试御史中丞何铸故父瓘可特赠朝请大夫制

661　试御史中丞何铸母吴氏可特封太硕人制

662　试御史中丞何铸妻张氏可特封硕人制

662　试中书舍人王鈇故父仁恕可特赠承议郎制

663　试中书舍人王鈇母余氏可特封太令人制

663　试中书舍人王鈇故妻余氏可特赠令人制

663　试中书舍人王鈇妻余氏可特封令人制

664　资政殿学士李光故父高可特赠太子太保制

664　资政殿学士李光故母史氏可特赠文安郡夫人制

665　权尚书礼部侍郎郑刚中故父卞可特赠奉议郎制

665　权尚书礼部侍郎郑刚中故母盛氏可特赠令人制

666　权尚书礼部侍郎郑刚中妻石氏可特封令人制

666　洪州观察使呼延通故父昌可特赠武义郎制

666　洪州观察使呼延通母刘氏可特赠太硕人制

667　洪州观察使呼延通妻宋氏可特封硕人制

667　宝文阁直学士綦崇礼故父兄可特赠银青光禄大夫制

668　宝文阁直学士綦崇礼故母赵氏可特赠文安郡夫人制

668　利州观察使王胜故父名阙可特赠武略郎制

668　利州观察使王胜故母周氏可特赠硕人制

669　利州观察使王胜继母牛氏可特封太硕人制

669　利州观察使王胜故妻杨氏可特赠硕人制

670　利州观察使王胜故妻张氏可特赠硕人制

670　资政殿学士左中大夫富直柔故父绍庭可特赠太子太傅制

670　资政殿学士左中大夫富直柔故母刘氏可特赠普宁郡夫人制

依旧右文殿修撰制

695	盖城转保义郎制
696	员延年为金人攻取怀德军陷没特赠朝请大夫换给制
696	雷仲宋福为杀退金人各转一官制
697	逯选潘林袁珏张天民杨诏戴道陈叡张宝刘公卞祝居黄温王恭为敕令所编修在京通用条册成书系本所供检文字等各转一官制
697	周三畏为敕令所编修在京通用条册成书转一官制
697	陈橐为敕令所编修条册成书转一官制
698	尚惟贤为敕令所编修条册成书系本所供检文字转一官制
698	孙近为同提举敕令所编修条册成书转一官制
699	徐宠杨申陈廷圭焦义为掩捕海贼生擒贼首卓全高等徐宠转两官资杨申陈廷圭焦义各转一官制
699	蒋元高师说潘襄刘圮张谅贺允丁成王喜张珊万超王侁杨皋黄寿马信费景李倩为敌人入侵顺昌并系在城守御者各转一官资制
699	林觉祥为应募战船防秋转一官资制
700	裴铎为杀获贼首卢成生擒龚利胜等转一官制
700	孙泉等为权寿春府郑絪奏亳州使臣颜林赍到番众归德府路招谕使诱胁文字要本府投拜本府众官等同心一意不肯顺番死守府城其立功人武翼大夫孙泉等乞推恩奉圣旨并与转一官制
700	张明为捉杀虏贼刘宣转一官更减一年磨勘卢璿为捉杀虏贼增吉垣九转一官制
701	方与为捉获凶恶海贼吴宥一等十四人全夥并妇女六人连贼赃等物转一官制
701	周林陈抃石延庆方云翼为敕令所编修在京通用条册成书各转一官制
702	李海为御敌人得功并该喝转暴露特转七资及解围方出原授一资因随薛仁辅等远赴行在寄两资共寄一十一资每资合比折减三年磨勘依例每满五年转一官制
702	刘光远为金人逼近顺昌府奋不辞难协赞军务提举四壁别无疏虞横行上转一官制
702	刘浒刘钊王羲宾安世用马绶王侁为措置捍御金人有功并各转一官制
703	张忠顺换给敦武郎更转一官制
703	韩海为生擒贼首王念一等千里招复归业江西安抚大使司保明申与转一官制
703	薛纶为差往沿黄河探报金人动息与转一官制

大夫依前直秘阁制

711 焦文通等五人为杀败金人出等奇功各转武功大夫除遥郡刺史制

711 刘广为杀败金人出等奇功转武功大夫除遥郡团练使制

712 宋谨与转行右武大夫遥郡刺史制

712 柳倪为金人攻围顺昌府城系提举四壁射杀敌兵甚众兼自中箭略不退避委是忠勇转行右武大夫制

712 程师回收捕广贼及提举修缉虔州城壁劳绩特与转行右武大夫制

713 员青为保护七殿神御并杀获群寇伪大王等有劳正补敦武郎阁门祇候又干当年终转武翼郎又训阅不易赏转武经郎又与金人见阵军前喝暴露转武功郎该磨勘转武经大夫又该磨勘曾立战功贴转武略大夫依旧阁门祇候换给制

713 刘光为擒获契丹千户耶律温等转一官合武略大夫兼阁门宣赞舍人制

714 赵云李宝各转左武大夫樊贵李仪刘深各转拱卫大夫秦祐除遥郡刺史并系掩杀金人立功制

714 李成为结集同华一带乡村土豪保险抗敌屡立功效备见忠义特转行履正大夫遥郡观察使节制同华等处忠义军马制

715 王世昌为首先乞归正本与转一官合转承节郎制

715 李昺为因父李弼阵亡初补承信郎次因金人内侵三泉县应副宣抚使司一行军须最为宣力转承节郎换给制

715 蒲彦为措置杀捉王辟郭守忠贼马收复归州了当等立功转承节郎换给制

716 郝致和为父仲与金人迎敌阵亡特补承信郎后因差充良家子随军勤劳训阅不易转承节郎换给制

716 林景广东潮州海界有贼臣作过本州遣使臣林景部领战船追捕各得宁息承信郎上转承节郎制

716 朱懋为杀获兴国县凶贼首王大老等转承信郎制

717 余龄为招到贼首夏德等有劳转承信郎制

717 张守约因黔州团结义军应副宣抚司使唤依期起发在路无扰转忠训郎制

717 张贵为管押生擒到番寨中一行人等到行在与转一官合授忠翊郎制

718 冯大昕因任黔江县日因珍州夷人骆旅作过攻围州城调发本县义军应副解围了当改转右宣教郎制

718 郑俊等并差出干事各与转一资制

昨来湖北京西宣抚司进奏官王处仁体例先次与补授出职名目依旧在
院承发本司文字奉旨与补承节郎制

756 张公举李进刘荣为杀败金兵张公举转武显郎李进转修武郎刘荣循一
资通五资补成忠郎换给制

757 崔纺为上殿特与改合入官制

757 朱之彦为应副大军粮草循一资又为措置良家子弟籍为义士五万余人
特改宣教郎换给制

757 王存为于未交地界已前与蔡绶等结集忠义游说陕西诸帅为叛逆投番
人朱光庭李觉先捉获事发并追摄赴开封送狱枷项禁勘存以父祖世食
朝廷爵禄委与蔡绶等同谋存等招伏之后金国留守刘陶百端拷讯在狱
一百四十余日合断绞罪缘与南使王伦亲戚特议放免乞推恩特改承务
郎制

758 费枢为告发结集陈享等劳效改承务郎换给制

758 某某特赠两官制

758 杨再兴王兰高林罗彦等为与番兵接战阵殁各赠五官制

759 田守忠等因功合转武功郎已赠三官欲各更赠两官吕福等因功合转从
义郎已赠两官欲各更赠一官制

759 邢方为与敌接战阵亡赠两官与一子恩泽制

760 乐遇梅永亨各赠两官与一资恩泽更各名守阙进义副尉赵宣周孝曲育
各赠两官与一资恩泽制

760 张顺等系收复海州与金兵战亡之人各赠两官恩泽两资及银绢钱米羊
面酒制

760 丘赟刘辅之韩元各赠二官恩泽五资周瞻左迪马赟杜横各赠六官恩泽
依旧使臣李友等依旧制

761 杨再兴高林王兰罗彦姚侑李德为岳飞奏已蒙赠五官今乞赠七官恩泽
六资姚侑李德各赠六官恩泽依旧罗彦依旧制

761 王昌固与赠三官恩泽五资田守忠赠三官恩泽四资陶靖赠三官恩泽两
资更与一名下班祗应吕福赠两官恩泽两资李福赠两官恩泽两资宋纲
赠两官恩泽一资更与一名守阙进义副尉张宥系自效人赠承信郎与一
子守阙进义副尉王胜赠两官恩泽一资何谭赠两官与一子父职名卢城
赠承信郎与一子父职制

762 庞仲先赠三官与恩泽四资南坚赠两官与恩泽两资潘兴赠两官与恩泽
一资更与一名守阙进义副尉承节郎李福赠两官各与恩泽一资贾义赠